HISTOIRE
DE PARIS

IMPRIMERIE DE J. BELIN-LEPRIEUR FILS, 11 RUE DE LA MONNAIE.

HISTOIRE

civile, morale et monumentale

DE PARIS

DEPUIS LES TEMPS LES PLUS RECULÉS JUSQU'A NOS JOURS

PAR

J.-L. BELIN ET A. PUJOL

PARIS
BELIN-LEPRIEUR, LIBRAIRE-ÉDITEUR
RUE PAVÉE SAINT-ANDRÉ, 5
AU COMPTOIR DES IMPRIMEURS-UNIS
QUAI MALAQUAIS, 15

1843

HISTOIRE DE PARIS

CHAPITRE I.

PARIS DEPUIS SON ORIGINE JUSQU'A LA FIN DE LA DOMINATION ROMAINE.

(De l'an 50 avant J.-C. — Au Ve siècle de l'ère chrétienne.)

Si l'origine des nations se perd dans une profonde obscurité, le commencement des grandes villes ne présente pas moins de ténèbres et d'incertitude. Chaque peuple a bâti les fables les plus singulières pour trouver des fondateurs illustres de sa puissance : ainsi Rome attribuait sa création à un fils du dieu Mars. Dans un but de flatterie que notre siècle ne peut comprendre, les premiers historiens de Paris ont désigné pour fondateur de cette ville un prince qu'ils ont nommé Francus, fils d'Hector et neveu de *Pâris*, le ravisseur d'Hélène ; mais les écrivains des âges suivants ont fait tomber ce brillant échafaudage, et ont déterminé la véritable origine de Paris, origine plus simple et moins fastueuse.

La nation des *Parisii* ou Parisiens, fuyant, à ce qu'il paraît, la Belgique, sa première patrie, et chassée par un puissant ennemi, vint demander un asile à la grande nation des Senones, et s'établit sur une partie de leurs frontières et sur les bords de la Seine. Cet établissement eut lieu un demi-siècle avant l'invasion romaine. Du temps de César, le premier écrivain qui mentionne les *Parisii*, le souvenir de cette émigration existait encore chez les vieillards, ainsi que celui de la soumission aux Senones.

Le petit territoire accordé aux *Parisii* pouvait avoir à peu près dix ou douze lieues dans sa plus grande dimension ; il était borné au nord par celui des *Silvanectes* (habitants de Senlis), à l'est par celui des *Meldi* (peuples de Meaux), à l'est et au sud par le pays des *Senones*, au sud et à l'ouest par celui des *Carnutes*. La Seine, qui baignait le territoire des *Parisii*, formait cinq îles au point où s'élève aujourd'hui la capitale. La plus étendue de ces îles, nommée *Lutèce*, fut choisie par les habitants pour la place de guerre où ils devaient se retirer, en cas d'attaque, en abandonnant leurs cabanes dispersées dans la campagne.

C'est là l'origine que l'histoire assigne à Paris ; c'est au sein d'une île de médiocre étendue, que commence l'existence d'une des plus grandes villes du monde, appelée à remplir de si hautes destinées dans l'histoire des nations.

Nous ne rechercherons pas l'étymologie du nom de *Parisii*. La meilleure explication qu'on en ait donné est celle qui consiste à regarder le radical celtique *bar* ou *par* comme désignant des *frontières*, et par conséquent à traduire le mot *Parisii* par ceux d'*habitants des frontières*.

L'histoire se tait sur les premières années qui suivirent l'établissement des *Parisii* sur les bords de la Seine. Ce petit peuple, sans doute peu nombreux et peu puissant, dut vivre en paix et rester étranger aux querelles des nations voisines. Il ne commence à paraître qu'à l'époque de l'invasion des Romains dans les Gaules. Le territoire des Parisiens fut alors le théâtre de quelques combats, et ce fut à Lutèce que César réunit les principaux chefs gaulois, pour en obtenir des secours de cavalerie ; mais les *Parisii* prirent peu de part à la guerre : ils restèrent constamment unis avec les peuples voisins, auxquels ils envoyaient un faible contingent de guerriers.

A l'époque de l'invasion des Romains, Lutèce était

couverte de petites cabanes éparses sans ordre sur la surface de cette île. César y fit construire de nouvelles maisons, rétablit les deux ponts, l'un au nord, l'autre au midi, qui avaient été détruits pendant la guerre, et les défendit par de grosses tours élevées à leurs extrémités. Paris grandit très peu sous la domination romaine; il avait une bien faible importance, lorsque Julien, vers le milieu du VIe siècle, y fut proclamé empereur par les soldats. Julien se plaisait beaucoup dans cette ville : « Je passais, dit-il, l'hiver dans ma chère Lutèce; elle est située dans une petite île, où l'on n'entre que par deux ponts de bois; il y croit d'excellent vin, et on commence à y connaître aussi l'art d'élever les figuiers. » Les figues et le vin de Paris n'ont pas conservé la réputation qu'ils avaient du temps de Julien; il fallait que ces produits eussent alors une certaine valeur pour être loués par un homme né sous le magnifique ciel d'Orient.

Depuis Julien, l'histoire s'occupe à peine de Lutèce et de ses habitants. Auguste les rangea dans la Gaule lyonnaise. Lutèce ne jouit, sous la domination romaine, d'aucune prérogative. Vers la fin du VIe siècle, elle fut comprise dans la quatrième Lyonnaise ou *Senonia*, dont Sens était la capitale; c'est aussi à cette époque qu'elle changea son nom primitif en celui de *Parisii*. Ce changement de nom est commun à la plupart des villes gauloises : ces villes quittèrent leur premier titre pour prendre celui de *cité*; chaque petit peuple eut sa *cité*, qui fut comme un chef-lieu de province; cette cité prit ensuite le nom du peuple dont elle était la capitale : Sens s'appela *civitas Senonum*, Paris *civitas Parisiorum*, cité des Parisiens, ou plus brièvement *Parisii*; on trouve pour la première fois ce nom dans l'histoire, sous la date de l'an 358.

Tout ce que nous savons sur le reste de l'histoire de Paris à cette époque est bien peu de chose. Les empereurs Valentinien et Valens y résidèrent. Il est permis de croire qu'à l'imitation des autres villes des Gaules, Paris dut avoir des institutions municipales de bonne heure; mais on ne peut rien affirmer à ce sujet.

L'île où était située Lutèce n'était pas, même du temps de Julien, protégée par un mur d'enceinte. Elle avait, pour communiquer avec les campagnes voisines, comme nous l'avons déjà dit, deux ponts en bois, le *Petit-Pont* du côté du midi, placé au même point où se trouve aujourd'hui celui qui porte le même nom, et le *Grand-Pont*, situé à peu près à l'emplacement du *Pont-au-Change* actuel. On a découvert dans cette île des restes nombreux d'antiquités, des bas-reliefs, des autels à Jupiter et à d'autres divinités du paganisme; quelques statues ou monuments de dieux topiques ou locaux, comme *Esus* et *Cernunnos*; un monument triomphal sous l'église de Saint-Landri, des médailles, presque toutes romaines, etc. Ces restes sembleraient prouver que le quartier de la *Cité*, c'est-à-dire le Paris primitif, avait pris quelque développement à la fin de la domination romaine.

Dans les premiers temps de cette période, le vaste terrain situé entre la Seine, les hauteurs de Chaillot, de Montmartre et de Charonne, n'était qu'une solitude occupée par des forêts et des marécages. Ce terrain dut subir de grands bouleversements; au IVe siècle, il était défriché et cultivé; bien plus, des édifices nombreux y furent construits. La découverte de monuments antiques ne permet aucun doute à cet égard: on y a trouvé un aqueduc qui commençait sur les hauteurs de Chaillot; il venait aboutir au centre de Paris actuel, peut-être au Palais-Royal, où l'on a découvert de vastes bassins de construction romaine et des médailles d'empereurs romains; l'emplacement de la rue Vivienne a donné plusieurs beaux sépulcres de marbre ou de pierre, et des urnes cinéraires; à Montmartre, nommé *mont de Mercure* ou *de Mars*, par les plus anciens historiens francs, *mont des Martyrs* par les autres, on a fait aussi des découvertes intéressantes, mais qui ne donnent aucune idée certaine sur l'étymologie du nom de Montmartre. Plusieurs cimetières étaient placés de ce côté de la Seine, l'un sur l'emplacement de la rue Vivienne, l'autre vers les rues de la Verrerie, de la Tixeranderie, le marché Saint-Jean, etc.

Mais ces monuments ne prouvent pas l'existence d'une ville; ils indiquent seulement la présence d'un grand nombre de maisons de campagne, de ces *villas* dont les Romains introduisirent l'usage dans les Gaules.

Sur le terrain situé au sud de la Cité, s'élevait pendant la période romaine un faubourg nommé *Lucotitius* ou *Locotitie*. Sans nous arrêter à la description de plusieurs voies romaines dont on a pu retrouver les traces, nous parlerons de quelques monuments remarquables qui étaient situés dans ce faubourg, et en premier lieu du *palais des Thermes*.

Le mot de thermes, consacré pendant longtemps à désigner des édifices destinés à des bains chauds, était devenu, sous l'empire, l'appellation de palais somptueux réservés aux empereurs. Les Thermes de Paris furent de ce nombre; mais il est impossible d'assigner une date précise à leur construction. L'empereur Julien en parle comme d'un palais existant avant lui; ce prince et quelques Césars habitèrent les Thermes. Cet édifice, alors très vaste, occupait, outre l'emplacement où se voient encore ses principaux restes (rues de la Harpe, du Foin-Saint-Jacques, des Mathurins), un espace considérable dans les quartiers environnants, jusqu'aux approches de la Sorbonne, au sud; jusqu'à la rive de la Seine, au nord. Il ne reste plus de ce monument qu'une salle immense, d'une architecture simple et majestueuse, et de grands souterrains, qu'on n'a pas encore explorés. Ses ruines sont aujourd'hui entourées de maisons. Le gouvernement s'occupe, dit-on, d'en faire, avec l'hôtel de Cluny, qui en est tout voisin, un musée d'antiquités gallo-romaines.

Rien ne prouve que Julien, comme une opinion généralement répandue porterait à le croire, ait fait bâtir ce palais. Cette construction doit être attribuée à des empereurs antérieurs à ce prince. Quelques écrivains ont pensé qu'elle était due à Constance-Chlore. Ce sentiment, préférable au premier, a besoin lui-même de nouvelles preuves. Ainsi, nous n'avons rien de certain à l'égard du palais des Thermes, que de rares données historiques au moyen âge remettent en mémoire, sans parler des nouvelles destinations qu'on lui avait fait subir. L'on croit que Childebert et son épouse Ultrogothe habitèrent ce palais, ou du moins un palais voisin, que Fortunat nous désigne comme situé près de l'église actuelle de Saint-Germain-des-Prés. L'existence de beaux jardins, remontant au séjour des empereurs dans les Gaules, appelés ensuite *jardins de la reine Ultrogothe* et du *clos de Lias* ou de *Laas* (c'est-à-dire du palais, de la citadelle), est affirmée par plusieurs historiens. Le monastère des Grands-Augustins et ses dépendances, les rues de la Huchette, Saint-André-des-Arcs, etc., étaient ou sont situés sur leur emplacement.

L'aqueduc d'Arcueil, dont on voit encore des ruines près de l'aqueduc moderne, amenait l'eau dans le palais des Thermes; on a retrouvé à diverses époques, et sur différents points, des portions de son canal de conduite.

Ces ruines sont, avec celles des Thermes, les seules qui aient quelque importance actuelle. Elles prouvent que le côté gauche de la Seine était, pendant le règne des Romains dans les Gaules, couvert de somptueux édifices, dus à la magnificence des empereurs qui habitèrent Lutèce.

Au milieu d'une population encore inculte et sauvage, les lettres et les arts ne durent avoir aucun développement. Nous savons seulement que Julien forma une espèce d'académie, composée entièrement de savants venus de divers autres pays ; mais cette institution, qui n'avait pas de caractère fixe et définitif, dut disparaître après le départ du prince qui l'avait établie.

Les détails sur les premiers siècles de Paris sont rares et épars dans les pages des écrivains de cette époque. Les Romains s'occupèrent peu de cette ville et beaucoup de leur propre bien-être. Toutes leurs constructions n'eurent qu'un but d'intérêt privé; aucune n'avait un but d'utilité pour la ville.

Notre travail est le résumé de tout ce qu'ont écrit les historiens sur les premières années de Paris. Un plus long récit serait lu avec ennui et serait d'ailleurs peu profitable. Nous abandonnerons la période romaine, pour entrer dans une ère nouvelle, où les documents historiques nous mettront plus à même d'apprécier l'agrandissement progressif de Paris.

CHAPITRE II.

PARIS SOUS LA PREMIÈRE RACE DES ROIS FRANCS.

(445 — 752.)

L'invasion des barbares dans l'empire romain, au ve siècle, amène une nouvelle période historique, caractérisée surtout par le renversement de la centralisation romaine. Des hordes sauvages, des peuples inconnus vinrent briser ce vieil empire, que l'éclat de son nom soutenait encore. Les pays qu'il avait réunis sous une domination de fer en furent violemment séparés, et il resta écrasé sous ce dernier coup comme un cadavre que les hommes abandonnent à la dent des bêtes féroces. Ces barbares se partagèrent les fruits de leur conquête. C'est ainsi que les Wisigoths et les Bourguignons s'établirent les uns dans le midi, les autres dans la partie orientale de la Gaule. Un peu plus tard (vers 445), les Francs s'élancèrent des forêts de la Germanie, franchirent le Rhin, et se fixèrent dans diverses villes de la Gaule septentrionale, où ils établirent des chefs particuliers. Childéric, auquel on fait remonter la race des rois francs, demeurait à Tournai.

Clovis, fils de Childéric, parvint à chasser les Romains de Soissons et de Reims, qu'il leur enleva, et à étendre son royaume jusqu'à la Loire. Il se rendit maître de Paris, qui ne lui opposa point de résistance, et où il fixa sa résidence, en 508. Cette ville devint alors la capitale des états des Francs. Après sa mort, Childebert, un de ses fils, prit le titre de *roi de Paris*, parce que cette ville lui était échue pour sa part de l'héritage paternel. Son frère, Clotaire, devenu, par la mort des autres fils de Clovis, maître unique des royaumes francs, les réunit sous sa main, mais ne prit pas le titre de *roi de Paris*. Les fils de ce prince se partagèrent ses domaines : Charibert eut Paris, qu'il conserva jusqu'à sa mort, arrivée en 567. A cette époque, Chilpéric réunit les royaumes de Soissons et de Paris, et fixa sa résidence dans cette dernière ville. Les anciens historiens ne nous montrent plus de *rois de Paris* depuis Charibert.

Paris était alors compris dans la division de la Gaule franque appelée *Neustrie*, c'est-à-dire dans la partie occidentale. Cette ville devint, vers l'an 600, le chef-lieu d'un duché, nommé *Dentelin*, qui s'étendait entre l'Océan, l'Oise et la Seine. Ce duché, dont les bornes durent souvent changer, ne reparaît plus dans l'histoire à partir de 638. Devenu tour à tour la proie des divers princes francs, il fut définitivement compris dans la Neustrie depuis cette époque.

L'histoire de Paris est liée d'une manière intime à celle de la France. Sa position centrale au milieu des possessions franques dans la Gaule, au milieu d'une belle et riche plaine, sur le bord d'une rivière grande et navigable, dut engager les chefs francs à en faire la capitale de leurs états, et à la préférer à d'autres villes alors plus considérables et plus peuplées.

Avant de décrire les institutions existantes à Paris sous la première race, nous devons rechercher l'histoire de l'établissement du christianisme dans cette ville.

Les Gaules reçurent de bonne heure le bienfait de la religion chrétienne. Grégoire de Tours dit que, sous le consulat de Décius et Gratus, c'est-à-dire l'an 250 de J.-C., sept évêques furent envoyés dans les Gaules pour y prêcher l'Évangile. Selon le pieux écrivain, Saturnin se fixa à Toulouse, Gratien à Tours, Trophime à Arles, Paul à Narbonne, Denis à Paris, Strémonius à Clermont et Martial à Limoges. Grégoire ajoute ces paroles : « L'un d'eux, le bienheureux saint Denis, évêque des Parisiens, plein de zèle pour le nom du Christ, souffrit diverses peines, et un glaive cruel l'arracha de cette vie. »

Les actes de saint Denis diffèrent beaucoup entre eux. Nous avons cité l'opinion de Grégoire de Tours. Une légende du saint fixe sa venue et celle des autres évêques vers la fin du 1er siècle; enfin, l'abbé Hilduin, au IXe siècle, rejette ce Denis, et lui substitue *Denis l'Aréopagite*, évêque d'Athènes, institué par l'apôtre saint Paul. Les actes de ce saint indiquent qu'il fut brûlé vif dans sa patrie; Hilduin soutient, au contraire, qu'il vint à Paris, avec les saints *Rustique* et *Éleuthère*; il y subit le martyre, et, par une faveur spéciale de la Providence, il prit sa tête entre ses mains, et la transporta au lieu de sa sépulture, qui fut depuis l'abbaye de Saint-Denis (1). Ce récit est conforme à celui de plusieurs autres saints révérés dans quelques villes de France. Pour concilier la mort de saint Denis à Athènes et sa mort à Paris, on alla jusqu'à supposer qu'il était

---

(1) La légende de sainte Geneviève désigne ce lieu sous le nom de *Catolocus*. Est-ce *Saint-Denis*, est-ce *Châteuil* ou *Chaillot* ? On l'ignore complétement.

ressuscité à Athènes, et qu'après sa résurrection, il était venu subir le martyre dans les Gaules.

On n'a donc rien de certain sur l'existence de saint Denis. Ce saint a été l'objet de travaux nombreux et importants qui n'ont pu rien éclaircir. Cependant, il est impossible de nier positivement qu'un évêque appelé *Denis* ne soit venu prêcher l'Evangile à Paris, et n'y ait été décapité. Il dut sans doute avoir peu de succès, et ne laisser que des souvenirs confus, qui s'égarèrent avec la suite des âges. Il est également impossible d'accepter l'étrange explication que donne, avec réserve il est vrai, M. Dulaure, qui veut voir dans le culte rendu à saint Denis une continuation des fêtes de Bacchus; son opinion est surtout déterminée par la conformité de nom (1).

Les légendes mentionnent d'autres apôtres de Paris. L'un d'eux est saint Lucain; mais on ignore l'époque de sa mission. Sa légende contient le récit d'un supplice semblable à celui de saint Denis l'Aréopagite; il porta, comme lui, sa tête jusqu'au lieu de sa sépulture, qu'on croit être Ligni, près de Corbeil. Sa fête se célébrait le 30 octobre.

Le premier évêque dont l'existence soit bien démontrée est *Victorin*. Il vivait vers l'an 346.

Après Victorin, viennent *Paul*, *Prudentius* et saint *Marcel* ou *Marceau*. A ce dernier, mort en 436, ont été attribués, par les légendaires, de nombreux miracles.

Il aurait, dit-on, tué un énorme dragon qui répandait la terreur dans Paris; il aurait eu la propriété de transformer en vin l'eau de la Seine; mais nous ne devons pas nous arrêter à ces naïves croyances.

Une sainte figure se détache sur le sombre tableau de ces temps barbares, c'est celle de sainte Geneviève, dont une touchante légende a consacré le souvenir. Née à Nanterre, et vouée dès son enfance au service de Dieu, la

---

(1) En grec, Bacchus est nommé Διόνυσος, et Denis Διονύσιος.

pieuse bergère est devenue la patronne de Paris. La légende dit que Geneviève détourna de Paris, par ses prières, le farouche Attila, et qu'elle contribua à la conversion de Clovis. Morte en 511, elle fut ensevelie dans la basilique de *Saint-Pierre* et *Saint-Paul* qui prit son nom. Un simple oratoire fut élevé sur sa tombe, que saint Éloi décora plus tard avec magnificence. La dévotion à sainte Geneviève, dont on promenait autrefois la châsse dans les rues de Paris, pour apaiser le courroux du Ciel et arrêter les désastres qui venaient fondre sur la capitale, a survécu à toutes les révolutions.

On prétend qu'un concile fut tenu à Paris vers l'an 360, mais rien n'est certain à cet égard; d'ailleurs, les conversions étaient encore peu nombreuses à cette époque, et les idoles romaines continuaient à être l'objet du culte de la majorité des Gaulois. L'invasion des Francs dut faire quelque tort aux progrès de la nouvelle religion : ces barbares, lorsque leur chef eut courbé sa tête sous les mains du saint évêque de Reims, ne se convertirent pas tous; Clovis lui-même conserva les usages superstitieux des païens ; c'est ainsi qu'il alla prendre les auspices à Tours, avant de combattre les Wisigoths.

Sous Childebert, roi de Paris, l'idolâtrie subsistait encore (550). Une loi de ce prince ordonne de renverser ou de ne pas s'opposer au renversement des idoles qui sont placées dans les champs ou dans tout autre lieu; cette loi défend les désordres qui se commettaient la veille des fêtes, et enjoint aux femmes qui, le dimanche, « parcouraient les campagnes en dansant, de cesser cette pratique qui offense Dieu. »

Les habitants de la Gaule mêlaient leur ancien culte au nouveau : « Vous devez avec modération, écrivait le pape Grégoire à Brunehaut (568), contraindre vos sujets à se soumettre à la discipline de l'église, de sorte qu'ils n'adorent plus des arbres, qu'ils n'immolent plus aux idoles, qu'ils n'étalent plus les têtes des animaux dont ils ont fait des sacrifices impies. Nous savons aussi que plusieurs chrétiens, qui accourent aux églises, continuent cependant, chose abominable ! à rendre un culte aux démons. »

La religion chrétienne dut être bien dénaturée par ces pratiques superstitieuses, malgré les efforts des évêques pour les empêcher ou les détruire. Nous compléterons son histoire, sous la première race de nos rois, par la description des monuments religieux qui furent bâtis à cette époque, sur le sol de la capitale; nous commencerons par ceux de la Cité.

On a cru longtemps que l'*église de Sainte-Croix et de Saint-Vincent* (aujourd'hui *Saint-Germain-des-Prés*) avait été cathédrale de Paris sous la première race; mais il est solidement établi que la première cathédrale porta le nom de *Saint-Étienne*; elle était située dans la Cité; on l'a appelée aussi *Sainte-Marie*, parce qu'une église de ce nom, ou une simple chapelle, était adjacente à la cathédrale. Le concile de Paris de 829 se tint à la cathédrale *Saint-Étienne*. On ne connaît pas les époques de fondation de ces deux églises, qui subsistèrent jusqu'à la construction de *Notre-Dame de Paris*, au XIIe siècle; mais des témoignages nombreux attestent qu'elles existaient sous la première race.

Les autres monuments religieux de cette époque sont : 1° *Saint-Denis de Paris, de la Prison* ou *de la Chartre*, dont on ignore l'époque de construction, mais qui existait sous nos premiers rois. Cet édifice, rebâti aux XIVe et XVe siècles, possédait une crypte (église souterraine) où l'on voulait voir la prison de Saint-Denis; on y conservait aussi une pierre carrée, percée d'un trou circulaire, que l'on regardait comme l'instrument du supplice de ce saint. Cette église fut démolie en 1810; sur son emplacement est aujourd'hui l'ouverture du quai de la Cité. 2° *Saint-*

Symphorien ou *chapelle de Saint-Leu*. Cette chapelle, située près de Saint-Denis de la Chartre, rue du Haut-Moulin, porta d'abord le nom de *Sainte-Catherine*. Rebâtie et agrandie au XIIIe siècle, elle eut le titre de paroisse jusqu'en 1698. Cédée en 1704 à la compagnie des peintres, sculpteurs et graveurs, elle devint en 1792 propriété nationale, et n'a pas été rendue au culte depuis cette époque. 3° *L'abbaye de Saint-Martial*, située sur l'emplacement contenu entre les rues de la Barillerie, de la Calandre, aux Fèves et de la Vieille-Draperie, à la place d'un ancien oratoire. Saint Eloi y fit bâtir une abbaye de femmes, qui reçut, sous la seconde race, le nom de son fondateur. Incendiée au XIe siècle, et rebâtie, cette abbaye fut donnée à des moines de Saint-Maur-des-Fossés. L'emplacement et le voisinage de ce monastère ont porté longtemps le titre de *Ceinture de Saint-Éloi*. 4° *L'église de Saint-Christophe*, située dans la rue de ce nom. Elle fut érigée en abbaye de filles, et au IXe siècle, en hôpital de pauvres. Devenue paroisse au XIIe siècle, elle fut démolie en 1747, lorsqu'on établit l'hospice des Enfants-Trouvés. 5° *Saint-Jean-le-Rond*. Cette chapelle, dont l'origine est douteuse, était située près de l'église Notre-Dame, dont elle fut, dit-on, le baptistère. Elle a été démolie en 1748. Sur son emplacement se voit aujourd'hui l'entrée de la rue du Cloître.

Les établissements religieux étaient, à cette époque, beaucoup plus nombreux dans la partie méridionale de Paris. Nous citerons d'abord la *basilique de Saint-Pierre et Saint-Paul*, depuis nommée *abbaye de Sainte-Geneviève*, et fondée, vers l'an 508, par Clovis et son épouse Clotilde. On donnait alors le titre de basilique aux édifices de fondation royale consacrés au culte chrétien. Les fondateurs de cette église y furent ensevelis. Cette basilique fut détruite par les Danois, en 857, mais elle fut rebâtie par la suite.

La *basilique de Saint-Vincent et de Sainte-Croix*, depuis

nommée *église de l'abbaye de Saint-Germain-des-Prés*, fut fondée par Childebert, vers l'an 543. Ce prince la dota richement : il lui donna le fief d'*Issiac* ou Issy, et ses dépendances, le cours de la Seine, ses deux rives, des bois et des prés, plusieurs terres, moulins, etc. Ces donations furent faites à saint Germain, évêque de Paris, qui fit la dédicace de l'église en 558. Un légendaire fait une brillante description de cet édifice. Voici le texte :

« Les arceaux de chaque fenêtre étaient supportés par des colonnes de marbre très précieux ; des peintures rehaussées d'or brillaient au plafond et sur les murs ; les toits, composés de lames de bronze doré, lorsque les rayons du soleil venaient à les frapper, produisaient des éclats de lumière qui éblouissaient les yeux. Ce n'était pas sans raison, d'après tant de magnificence, qu'on nommait autrefois cet édifice, par métaphore, *le palais doré de Germain.* »

Le roi Childebert, sa veuve Ultrogothe, ses deux filles, Chrotheberge et Chrothesinde, furent ensevelis dans cette église, ainsi que l'évêque Germain. On y a découvert les tombeaux de Chilpéric Ier, de son épouse Frédégonde, de Childéric II, et de plusieurs personnages éminents. Cette église, ruinée à plusieurs reprises par les Normands, pendant la seconde race, conserva peu de restes de sa première construction ; il n'en subsiste plus qu'une tour carrée, dont la partie inférieure paraît remonter au vi^e siècle, et un clocher qui surmonte cette tour et qui appartient au xie. Il y avait, avant la révolution, huit statues placées sous le porche, et qui paraissaient dater du vi^e siècle. Enfin, on peut encore voir un bas-relief représentant la Cène, au fond du porche et au-dessus de la porte de l'église : il appartient aux premiers siècles du christianisme. Le *puits de saint Germain*, dont les eaux avaient la réputation de guérir plusieurs maladies, était situé près du sanctuaire. Ce puits est maintenant fermé.

Saint-Julien-le-Pauvre, situé dans la rue de ce nom, existait au VIIe siècle. Les maisons dépendantes de cette église servaient d'asile aux pauvres voyageurs. On sait que les voyageurs récitaient l'oraison de saint Julien pour obtenir un bon gîte. L'église de Saint-Julien et son hospice étaient situés hors Paris. Lorsqu'on établit une seconde enceinte, dont nous parlerons plus tard, l'hospice Saint-Benoît, fondé à l'entrée de cette enceinte, remplaça celui de Saint-Julien. Ruiné par les Normands, puis rebâti, Saint-Julien fut dans la suite érigé en prieuré, et réuni, en 1665, à l'Hôtel-Dieu. Cette église, détruite en partie en 1820, possédait un puits dont l'eau opérait des guérisons miraculeuses. On dit encore l'office dans ce qui reste de cet édifice.

Saint-Séverin, situé dans la rue de ce nom, paraît remonter au IVe ou au Ve siècle. Elle était paroissiale au XIIIe siècle. Cet édifice a été reconstruit à plusieurs époques. On voit à son entrée principale deux lions en pierre, entre lesquels l'on rendait autrefois la justice. Sur la porte du passage qui mène à la rue de la Parcheminerie, on lisait, il y a peu d'années, ces quatre vers :

> Passant, penses-tu passer par ce passage,
> Où, pensant, j'ai passé ?
> Si tu n'y penses pas, passant, tu n'es pas sage ;
> Car, en n'y pensant pas, tu te verras passé.

En 1812, cette église fut érigée en succursale de la paroisse Saint-Sulpice.

L'église Saint-Étienne-des-Grès, située dans la rue de même nom, semble remonter à l'époque de nos premiers rois ; mais on n'a à cet égard que des données incertaines. Cette église, qui devint collégiale au XIe siècle, a été démolie à la révolution.

L'église Saint-Benoît, située rue Saint-Jacques, n° 96, a aussi une origine fort peu connue. Près de ses murailles s'élevait une aumônerie qui succéda à celle de Saint-Julien, et qui fut cédée, au XIIIe siècle, aux religieux dits depuis *Mathurins*. Ces religieux l'érigèrent en couvent. L'église de Saint-Benoît, qui en fut séparée, présentait une singularité remarquable : contre le rite catholique, son autel était placé vers l'occident, ce qui lui valut le surnom de *mal tournée* ou *bétournée*. Au XIVe siècle, on plaça l'autel à l'orient, et le surnom changea en celui de *bien tournée*. Rebâtie en 1517, cette église eut pour curé, en 1586, Jean Boucher, un des plus ardents prédicateurs de la ligue, apologiste de Jacques Clément, et qui fut chassé de Paris par Henri IV. Saint-Benoît avait des prisons et une juridiction particulière. Il fut fermé en 1813, et a reçu depuis cette époque diverses destinations : c'est aujourd'hui le théâtre du Panthéon.

Notre-Dame-des-Champs, située rue d'Enfer, n° 67, était primitivement un oratoire ; elle prit plus tard le nom d'*église des Carmélites*.

L'église Saint-Marcel ou *Saint-Marceau* était située dans le quartier de ce nom, au bout de la rue des Francs-Bourgeois, place de la Collégiale, n° 3. Elle tirait son nom du saint évêque. Ce saint, mort vers l'an 436, fut enterré sur une éminence nommée *Mont-Cétard* ; c'est sur son tombeau que l'église prit naissance, et autour de l'église il se forma un bourg nommé d'abord *Mont-Cétard* (d'où est venu le nom de *Mouffetard*), puis *Chambois*. Ce bourg eut sa juridiction particulière, et fut entouré de fossés. Compris plus tard dans l'enceinte de Paris, il prit le nom de *faubourg Saint-Marcel*.

La fondation de l'église a été attribuée au vaillant paladin Roland, neveu de Charlemagne. Sous la première race, cet édifice consistait en un mémorial ou petit oratoire élevé sur le tombeau du saint. En 811, il y avait déjà une église ; cette église, ruinée par les Normands, et rebâtie au XIe siècle, a été démolie en 1806. Elle possédait jadis le corps de saint Marcel, et une pierre dont la poussière, infusée dans de l'eau, guérissait plusieurs maladies ; le corps est à l'église Notre-Dame ; la pierre fut égarée. Une autre pierre de 14 pieds de long, placée à un des angles du clocher, représentait un taureau couché. La tradition populaire a vu dans cette pierre le souvenir d'un miracle de saint Marcel, qui aurait, dit-on, calmé un taureau furieux, et arrêté les ravages que cet animal faisait dans les rues de Paris. D'autres savants y ont vu un objet sacré du paganisme, l'image du taureau céleste placé dans le zodiaque ; enfin, un monument du culte de Mithra. Le champ est ouvert à toutes les conjectures. Cette pierre se voit au Musée des antiques, au Louvre.

Nous devons parler maintenant des établissements religieux qui s'élevaient dans la partie septentrionale de Paris.

L'église Saint-Germain-l'Auxerrois, située sur la place de ce nom, vis-à-vis le Louvre, entre cette place, les rues de l'Arbre-Sec, des Prêtres, et Chilpéric, a été élevée en 606, par le roi Chilpéric, en l'honneur de saint Germain, évêque de Paris, et pour y placer le tombeau de ce saint, mais le corps de l'évêque n'y fut jamais transféré. Il est évident que cette église ne reçut pas pour patron saint Germain l'Auxerrois, mais bien saint Germain de Paris. Pendant la première race, en effet, on la nomma constamment *Saint-Germain* ; sous la seconde race, *Saint-Germain-le-Rond,* nom qui subsista encore longtemps. Ce ne fut que lorsque le roi Robert fit rebâtir cette église, détruite par les Normands, qu'elle prit le titre de *Saint-Germain-l'Auxerrois,* titre qui a propagé et affermi une erreur.

L'église Saint-Gervais, située entre les rues du Monceau, du Pourtour, des Barres et de Long-Pont, existait sous l'épiscopat de saint Germain, qui, selon un ancien historien, y opéra plusieurs miracles. Devenue église paroissiale, elle appartint, au XIe siècle, aux comtes de Meulan. Cette église, qui existe encore, était évidemment, à cette époque, située hors de l'enceinte de Paris.

L'église Saint-Paul, située dans la rue de ce nom, était d'abord un oratoire bâti par saint Éloi, au milieu d'un cimetière appartenant à l'abbaye Saint-Martial, dans la cité. Il fut réuni, en 1107, à l'abbaye de Saint-Maur-des-Fossés.

L'église Saint-Laurent, située rue du faubourg Saint-Denis, paraît remonter au VIe siècle; on croit quelle occupait d'abord l'emplacement actuel de Saint-Lazare. Elle fut rebâtie plus tard à la place qu'elle occupe encore de nos jours; entièrement reconstruite au XVe siècle, puis au XVIe, cette église est aujourd'hui paroisse du cinquième arrondissement.

Saint-Martin-des-Champs était le nom d'une église et d'un monastère, situés rue Saint-Martin, entre les numéros 208 et 210. L'église existait dès le commencement du VIIIe siècle. Détruite par les Normands, elle fut rebâtie au XIe siècle. Saint Martin fut d'abord le patron des Français, et resta longtemps un de leurs saints les plus révérés: sa chape était portée aux armées, comme le fut plus tard l'oriflamme de Saint-Denis.

L'église Saint-Pierre, située rue Saint-Martin, entre les numéros 2 et 4, était d'abord une chapelle existant au VIe siècle. Saint Médéric ou Merry y mourut vers l'an 700, et y fut enseveli. L'église prit le nom de ce saint en 820.

Nous compléterons ces détails sur l'histoire des édifices religieux de Paris, à mesure que nous suivrons le développement même de cette ville.

Ces établissements religieux furent les seuls fondés sous la première race. Vers la fin de la domination romaine, un mur d'enceinte protégeait l'île de la Cité; les faubourgs n'en eurent que plus tard, comme nous le verrons par la suite de cette histoire. Dans l'île, s'élevait un palais qu'habitèrent les rois des deux premières races: il était situé sur l'emplacement où l'on voit de nos jours, le Palais de justice; les jardins occupaient le reste du terrain jusqu'à la pointe occidentale de l'île. Cette île, qui en reçut le nom d'*Ile du Palais*, prit définitivement, en 508, celui de *la Cité*, au moment où Clovis la déclara capitale de ses états et y fixa sa résidence. Le palais, où plutôt le château, avait dû, sous la domination romaine, servir à l'ordre municipal.

Sur le bord septentrional de l'île, près de *Saint-Denis-de-la-Chartre* (de la prison), était une prison appelée *de Glaucin*; on croit que la tour nommée *Tour Rolland* ou *de Marquefas* en faisait partie.

Il paraît aussi qu'entre l'église cathédrale et le palais se trouvait une place consacrée au commerce; depuis, cette place a reçu le nom de Saint-Michel, à cause d'une petite chapelle ainsi nommée.

Sous la première race, la cité eut à souffrir plusieurs désastres, entre autres une grande inondation des eaux de la Marne et de la Seine, en 583; les incendies qui furent favorisés par la mauvaise construction en usage à cette époque, ruinèrent à plusieurs reprises cette ville; le plus violent fut celui de 586; enfin les guerres intestines des descendants de Clovis lui causèrent beaucoup de mal; en 574, Sigebert brûla une grande partie des quartiers de Paris.

Il convient de jeter ici un coup d'œil sur les institutions politiques en usage dans la capitale sous la première race des rois francs.

Les Francs, en venant occuper les Gaules, conservèrent leurs usages: ils laissèrent aux Gaulois les lois romaines, et respectèrent jusqu'à un certain point les coutumes des vaincus; mais, au milieu du conflit continuel de ces deux races, les coutumes romaines durent subir de nombreux changements: c'est ainsi que les ordres municipaux des villes cessèrent d'exister. Paris eut un comte et des scabins, depuis nommés *échevins;* ces derniers magistrats, chargés de la juridiction de la ville, se transformèrent plus tard en officiers municipaux.

Les lois romaines s'altérèrent de plus en plus par les ordonnances particulières des rois francs ; le caprice des juges devint plus fort que la voix de cette législation décrépite. La condition des Gaulois n'était pas heureuse à cette époque : les titres de noblesse furent répartis entre les Francs ; hors de là, il n'y eut que des esclaves. Cependant le commerce parisien fit quelques progrès : il était alors entre les mains d'hommes de diverses nations étrangères, car la population parisienne n'était pas encore définitivement formée. Il est difficile d'expliquer l'accroissement du commerce de cette ville : les rivières encombrées de pirates, les routes peuplées de brigands, les contributions, au nombre de quinze, que prélevaient les seigneurs ou le roi, devaient le gêner beaucoup. Dagobert établit une foire dans un lieu nommé *le Petit-Pas de Saint-Martin,* entre l'église de ce nom et celle de St-Laurent, mais il mit de grands impôts sur la tête des commerçants, impôts qui devaient revenir à l'abbaye de Saint-Denis. Le commerce consistait alors en objets de luxe, et l'art de l'orfévrerie était un des plus honorés ; le négoce des objets de première nécessité, était bien loin de l'égaler. La plupart de ces articles venaient des pays étrangers.

Les Francs apportèrent dans les Gaules leurs mœurs féroces et sauvages. L'histoire n'est remplie que de traits de cruauté, de crimes horribles, des premiers rois et de leurs seigneurs ; les évêques, au lieu de résister à ces affreux débordements, ne cherchèrent qu'à accroitre leur puissance et leurs richesses. Sans doute il y eût de saintes voix qui firent entendre les cris de la religion, de l'humanité outragée; mais elles expièrent cruellement leur courage. Un usage, alors répandu, consistait à donner ses biens aux églises ou aux monastères, pour l'expiation de fautes ou de crimes ; on pensait ainsi gagner le ciel.

Au milieu de ces scènes, dignes des temps de barbarie, le peuple opprimé et avili était à la merci des seigneurs et du clergé ; imbu d'idées superstitieuses, porté, comme les grands, à la croyance des présages et des divinations, la moralité du peuple n'existait pas plus que celle des seigneurs. L'histoire raconte aussi des traits de débauche infâme, que nous ne citerons pas, parce qu'ils répugnent.

Les lettres n'étaient plus cultivées ; au goût pour les études paisibles, avait succédé l'ardeur des combats, la soif de l'or et du pillage. Après le ve siècle, on ne peut citer aucun nom célèbre; au vi^e siècle, l'évêque Avitus renonce à la poésie, en disant que bientôt il ne se trouvera personne capable d'entendre ce genre de composition, Grégoire de Tours, dont le style est très incorrect, se plaint lui-même du dépérissement des arts, des lettres, des sciences et des écoles publiques : « Le malheureux temps que celui où nous vivons ! s'écrie-t-il ; l'amour pour l'étude s'éteint de plus en plus ; bientôt il n'existera plus d'hommes qui puissent transmettre à la postérité les événements les plus remarquables. » Le clergé avait seul de l'instruction, et encore cette instruction était-elle fort grossière. La langue latine s'altéra par l'alliance de mots d'origine germanique, et ne fut plus qu'un horrible jargon, premier acheminement vers cette langue du moyen âge, qu'on a nommée *langue romane*.

Les arts n'étaient pas mieux cultivés que les lettres. L'architecture de cette époque est lourde, massive et écrasée; la peinture n'existe pas; enfin la musique se réduit à un mauvais chant d'église, dont la notation est barbare et difficile à comprendre.

Nous allons voir les efforts que firent les souverains de la seconde et de la troisième race pour tirer la Gaule de cet abrutissement.

CHAPITRE III.

PARIS SOUS LA SECONDE RACE.

(752 — 987.)

Un maire du palais, Pepin, usurpateur de la couronne sur le dernier descendant de Clovis, fut le fondateur de la seconde race de nos rois. Son fils Charlemagne devint maître de presque toute la Gaule et de la Germanie, et reçut des mains du pontife romain la couronne impériale. Ce roi, doué d'un génie supérieur, apparaît à cette époque comme un flambeau destiné à dissiper les épaisses ténèbres de la barbarie. Il promulgua un grand nombre de *capitulaires*, le premier recueil de lois publié en France; il s'attacha à améliorer l'état civil et l'état moral de son empire; il chercha à ramener dans les Gaules le culte des lettres et des arts; mais il conserva malheureusement les principes en vigueur chez les rois de la première race, et entre autres la coutume qui autorisait les fils à se partager les états de leur père. Tant que ce prince vécut, l'empire s'éleva à un haut degré de splendeur; mais après sa mort, cet empire, laissé à des mains faibles ou inhabiles, marcha à grands pas vers son déclin.

Paris subit le sort de l'empire. Cette ville fut aussi affligée par le brigandage des Normands, qui envahirent la Gaule au commencement du VIIe siècle. En 841, ils remontèrent la Seine, pillèrent ses rives, et se retirèrent chargés de butin; en 845, ils entrèrent à Paris, qui ne leur opposa point de résistance, et traitèrent avec Charles-le-Chauve, qui leur donna la somme de 7,000 livres pesant d'argent. En 856 et 857, ils reparurent de nouveau, et commirent beaucoup de dégâts : « Les pirates danois, dit un vieil historien, envahissent la Lutèce des Parisiens et y mettent le feu ; ils brûlent la basilique du bienheureux Pierre et de sainte Geneviève ; d'autres basiliques, telles que les églises de Saint-Étienne, de Saint-Vincent et de Saint-Germain, et celle de Saint-Denis-de-la-Chartre, se rachetèrent de l'incendie moyennant des sommes considérables. » Ces barbares dévastèrent aussi les faubourgs de Paris ; l'abbaye de Saint-Germain fut presque détruite. Une nouvelle incursion de Normands eut lieu en 801 : Paris fut incendié, ainsi que la basilique de Saint-Vincent (Saint-Germain-des-Prés).

Instruits par ces malheurs, les rois prirent des mesures pour en empêcher le retour. Charles-le-Chauve fit fortifier le petit Pont et le grand Pont de la Cité, fit rebâtir ce dernier, détruit par les Normands, plaça des tours à leurs extrémités, et ordonna de rétablir les châteaux situés sur la Seine. Lorsque les Normands reparurent en 885, ils trouvèrent la ville en état de défense, et se décidèrent à en faire le siége qui dura près de treize mois, pendant lesquels on compta huit assauts successifs. Charles-le-Gros éloigna les Normands (traité du 30 nov. 886), en s'engageant à leur payer, en mars 887, quatorze cents marcs d'argent. Ne pouvant faire passer leurs barques sous les arches pressées et fort basses du grand Pont, les Normands les tirèrent hors de l'eau, les traînèrent par terre jusqu'au-dessus de Paris, et les remirent à flot, pour aller dévaster les contrées arrosées par la Seine, la Marne et l'Yonne.

Un moine nommé Abbon a composé, sur les événements de ce siége, un long poëme : c'est le document le plus certain qui en fasse mention.

A leur retour, les Normands firent quelques dégâts dans la capitale, mais s'éloignèrent promptement ; depuis 890, leurs incursions cessèrent pour toujours.

Ce ne furent pas les seuls malheurs que Paris eut à déplorer. En 978, l'empereur Othon II, en guerre avec Lothaire, fit incendier un faubourg de Paris, sans doute celui du nord, et fit de grands ravages dans les environs. Fier d'avoir frappé d'un coup de lance une des portes de la cité, cet empereur fit chanter *l'alleluia* sur les hauteurs de Montmartre ; mais bientôt Lothaire le força à fuir.

L'histoire de Paris n'est, sous la seconde race, qu'une suite de déplorables événements. Nous quittons ce triste sujet pour jeter un regard sur les édifices construits à cette époque.

L'église Saint-Germain-le-Vieux, située dans la Cité, place du Marché-Neuf, numéros 6 et 8, fut d'abord un baptistère dédié à saint Jean-Baptiste, puis une chapelle. Érigée en paroisse vers le XIe ou le XIIe siècle, elle fut reconstruite et agrandie en 1458 et 1560. Cette église, qui possédait un bel autel, quelques tableaux de mérite et une tapisserie du temps de Charles V, a été démolie en 1802.

La chapelle de Saint-Leufroi, située vers le milieu de la place du Grand-Châtelet, a une origine incertaine. Elle avait en 1246 le titre de cure ; elle a été démolie en 1684, lors de l'agrandissement du Grand-Châtelet.

Saint-Magloire, église située rue Saint-Denis, numéro 166, était d'abord un oratoire sous l'invocation de saint Georges. Lors de l'incursion des Normands, on y déposa les reliques de saint Magloire, et cet oratoire prit le nom du saint. Les religieux de Saint-Barthélemy de la Cité, dans le cimetière desquels il était situé, érigèrent un monastère proche l'oratoire. En 1572, Catherine de Médicis y transféra les religieuses pénitentes, lorsque sur une partie de l'emplacement du monastère de ces religieuses on éleva l'hôtel de Soissons. L'église et le couvent de Saint-Magloire ont été démolis.

Saint-Barthélemy, situé rue de la Barillerie, en face le Palais de justice, était d'abord une chapelle du palais, construite ou réparée par Eudes, qui prit le titre de roi vers l'an 890. Elle devint alors église royale, et prit le nom de *Saint-Magloire*, dont elle possédait le corps.

Lorsque les religieux qui la desservaient transportèrent ce corps dans l'oratoire de Saint-Georges (voyez le paragraphe précédent), elle reprit son ancien nom, et fut érigée en paroisse en 1140.

La reconstruction de ce monument fut entreprise en 1772 ; mais la révolution vint arrêter le cours des travaux, et l'on établit sur son emplacement le *Théâtre de la Cité*, auquel succéda la *Salle des Veillées*, puis des loges de francs-maçons et le *Prado*. Au rez-de-chaussée sont des passages publics sales et obscurs.

L'église de Sainte-Opportune, située sur la place de ce nom, s'appelait, dit-on, primitivement *Notre-Dame-des-Bois*, et était alors une petite chapelle du faubourg septentrional de Paris. Elle prit le nom de Sainte-Opportune, lorsque les reliques de cette sainte y eurent été transférées, au temps des incursions des Normands. Cette chapelle devint par la suite église collégiale. Le chœur fut démoli en 1154 ; la nef a subsisté jusqu'en 1797 ; aujourd'hui une maison particulière occupe son emplacement. Cette église possédait un grand candélabre de bronze, que lui avait donné Charles-Quint pendant son séjour à Paris.

L'église de Saint-Landri, située rue de ce nom, numéro 1, dans la Cité, a une origine inconnue. Il paraît que c'était d'abord une chapelle nommée *Saint-Nicolas*, et qu'à l'époque des ravages des Normands, on transféra dans cette chapelle les restes de saint Landri, déposés auparavant dans l'église de Saint-Germain-le-Rond (plus tard nommé *l'Auxerrois*). Depuis lors, la chapelle prit le nom de Saint-Landri ; elle devint église paroissiale, et fut supprimée, puis démolie à la révolution. Ses fonts baptismaux, composés d'une grande cuvette de porphyre, enrichie d'ornements de bronze doré, et ouvrage de Lapierre (1705), passaient pour les plus beaux de Paris.

L'église Saint-Pierre-des-Arcis, située dans la Cité, rue de la Vieille-Draperie, paraît remonter à l'an 926. Elle fut fondée, dit-on, à la place d'une chapelle qui portait aussi le nom de Saint-Pierre. Le surnom de cette église (*des Arcis*, en latin, *de Arsionibus*) n'a pu encore être expliqué. La conjecture qui offre le plus de probabilité est celle qui fait dériver ce mot du vieux latin *arsitium*, arcade. Quoi qu'il en soit, une rue située près de l'église dont nous parlons, et une autre rue, qui se voit près de la rue Saint-Martin, portent le même nom.

Cette église, devenue paroissiale en 1130, fut rebâtie en 1424, et démolie en 1800. Sur son emplacement est aujourd'hui une rue qui va rejoindre celle de la Pelleterie.

Saint-Merry, est une église située rue Saint-Martin, entre les numéros 2 et 4. Nous avons déjà parlé de la chapelle de Saint-Pierre, qui fut le fondement de cette église; nous avons dit aussi quelle reçut son nom actuel lorsque le corps de saint Médéric ou Merry y eut été enseveli, vers l'an 700. Au Xe siècle cette chapelle fut érigée en église collégiale, et entièrement reconstruite par Eudes Fauconnier. Nous y reviendrons plus tard.

Tels sont les monuments religieux de la seconde race. A cette époque les noms des églises subirent de nombreux changements : ainsi l'abbaye de Saint-Pierre et de Saint-Paul prit le nom de *Sainte-Geneviève*; celle de Sainte-Croix et de Saint-Vincent reçut celui de *Saint-Germain*; celle de Saint-Martial, le nom de *Saint-Éloi*; l'église de Saint-Georges et l'église de Saint-Barthélemy, celui de *Saint-Magloire*; la chapelle de Saint-Pierre, celui de *Saint-Merry*; l'église de *Saint-Germain-le-Rond*, celui de *Saint-Germain-l'Auxerrois*.

Quant aux établissements séculiers, ils se bornèrent à des écoles que Charlemagne fit élever dans les monastères ou près des églises. Il fallait que l'ignorance fût alors à son comble dans les Gaules, car ce roi fut obligé, pour entretenir ces écoles, d'appeler auprès de lui des savants anglais ou allemands, ou des chantres d'Italie.

On enseignait dans ces écoles, la lecture, l'écriture, l'arithmétique, l'astrologie, et l'art du plain-chant, première ébauche de l'art musical. On a prétendu que Charlemagne avait fondé l'université de Paris, mais cette opinion ne repose sur aucune donnée certaine. Parmi les écoles célèbres de son temps, on cite celle de Saint-Germain-des-Prés. A part de ces écoles, il y en avait d'autres privées, c'est-à-dire tenues par de simples particuliers : c'est ainsi qu'un moine, nommé Rémi, fonda, en 900, une école de philosophie dans la capitale, et eut pour successeur Odon, son disciple. Mais ces écoles isolées, sans législation uniforme, ne pouvaient pas constituer une université ; du reste, comme nous le verrons plus tard, ce mot ne figure dans l'histoire que sous le règne de Louis IX.

Sous la première et la seconde race, l'île de la Cité était la seule qu'une enceinte protégeât. Ces fortifications, dont l'origine est attribuée à César, ou du moins à ses successeurs dans les Gaules, furent augmentées à l'époque de l'invasion des Normands. Nous avons vu les deux ponts de l'île fortifiés par des tours en bois, que le moine Abbon nomme *phalæ*; une autre tour était située à l'extrémité occidentale de la Cité : «Ville de Paris, s'écrie le poëte que nous venons de nommer, tu es heureuse d'être placée dans une île ! un fleuve te serre doucement dans ses bras, et circule tout autour de tes murailles ; à ta droite, à ta gauche, des ponts qui s'étendent jusqu'aux rives opposées, sont fermés par des portes, et protégés par des tours élevées, tant du côté de la Cité, qu'au delà des deux bras de la rivière. »

Les faubourgs de Paris n'étaient alors défendus par aucune fortification. Le moine Abbon n'en dit pas un mot : il n'aurait pas manqué d'en parler, s'il en eût existé à l'époque du siége qui fait l'objet de son poëme.

La Cité était divisée en deux parties par une voie qui

conduisait d'un pont à l'autre en tournant par la rue de la Calandre. A l'ouest, était le palais du comte; à l'est, résidait l'évêque; au delà de la Cité, s'étendaient les faubourgs; enfin, derrière ces faubourgs, alors très petits, étaient dispersées des habitations assises à l'abri des églises ou des monastères. Paris devait être fort laid à cette époque, car il paraît que, sauf les principaux édifices, tout était bâti en bois.

Sous la seconde race, Paris fut rarement résidence royale : Charlemagne résidait à Aix-la-Chapelle; Charles-le-Chauve, à Senlis, etc. Cet état de choses, joint aux événements déplorables de cette époque, arrêtèrent l'accroissement de Paris. Michel le Syncelle dit que cette ville était alors inférieure, sous le rapport de la grandeur, à toutes les autres villes. Sa population devait naturellement être peu considérable.

Pendant la durée de l'empire fondé par Charlemagne, la France fut considérée comme une province, et eut le titre de duché; Paris devint la résidence d'un comte, et le chef-lieu du duché de France.

Les comtes de Paris dont l'histoire a conservé les noms sont : Gérard, vers 760; Étienne, sous Charlemagne, et en 811; Bigon, Biegon ou Picopin, mort en 816, et gendre de Louis-le-Débonnaire; Gérard II, vers 837; Eudes, vers 860; Conrad, vers 879; Robert, vers 922. Ces comtes, qui occupaient dans l'origine un rang très inférieur, virent avec la faiblesse des rois accroître leur puissance.

Nous avons parlé du duché de France : ce duché comprenait, vers la fin du IXe siècle, époque à laquelle il fut formé, une partie de la Neustrie, depuis Laon jusqu'à Orléans. Plus tard le royaume, c'est-à-dire le domaine des rois, se borna à ce duché, qui ne s'étendit que depuis Pontoise jusqu'à Montereau. C'est ce pays qui forma les états des premiers rois de la troisième race.

Les ducs de France les mieux connus sont : Hugues,

comte d'Anjou et d'Orléans, surnommé *l'Abbé*, vers 884 ; Robert, successeur et frère du roi Eudes, comte de Paris et duc de France en 932 ; Hugues-le-Grand, fils du roi Robert, reçut le titre de duc en 943 ; Hugues-Capet, fils de Hugues-le-Grand, le remplaça dans le comté de Paris et le duché de France : il fut assez puissant pour enlever la couronne au dernier roi de la seconde race, et se faire nommer à sa place.

Les comtes de Paris s'occupaient peu de l'administration de la ville ; il paraît qu'ils en chargèrent des vicomtes. L'histoire nous a conservé les noms de plusieurs de ces fonctionnaires.

La juridiction n'avait à cette époque aucun caractère d'unité. Le comte, l'évêque, les abbés de Paris, exerçaient, sur le territoire qui leur était départi, une autorité sans limites ; ils avaient leurs troupes et leurs officiers, levaient des contributions, et même des armées. En dehors de ces petits souverains était le peuple, divisé en hommes libres ou esclaves : la position des uns et des autres était bien mauvaise ; ils étaient l'objet de vexations continuelles. Les guerres, les exactions des seigneurs, ruinaient le commerce, l'industrie et l'agriculture. De 779 à 940, éclatèrent d'horribles famines ; les historiens en comptent jusqu'à vingt, et plusieurs de ces fléaux forcèrent les hommes à s'entre-détruire, pour se nourrir de chair humaine.

En 945, le territoire des Parisiens fut désolé par un fléau non moins terrible, la maladie dite *des ardents, feu sacré* ou *mal d'enfer*, ainsi nommée parce que ceux qui en étaient atteints mouraient après avoir senti un feu intérieur qui les consumait. Cette maladie, qui fit de nombreuses victimes, dut avoir pour cause les désastres et la mauvaise nourriture du peuple.

Le commerce de Paris fit quelques progrès sous Charlemagne ; mais après la mort de cet empereur, les querelles des seigneurs et les incursions des Normands le ruinèrent complétement. D'après les annalistes, ces derniers mirent en fuite les négociants et les firent prisonniers. Depuis cette époque, on n'entend plus parler de la navigation sur la Seine : elle ne semble avoir été reprise qu'au XIIe ou au XIIIe siècle.

Dès l'an 804, il y avait à Paris un établissement où l'on frappait monnaie : il devait sans doute exister auparavant ; mais le premier document qui en fasse mention est de l'époque précitée.

L'état moral de Paris sous la deuxième race n'est guère meilleur que sous la première ; les capitulaires de Charlemagne en fournissent la preuve : on le voit, dans le code des lois, défendre aux évêques, sous peine d'être privés de leurs fonctions, d'aller à la chasse, de répandre le sang des hommes, et d'avoir plusieurs épouses (1), de fréquenter les tavernes et de s'enivrer, de prendre part aux affaires séculières, etc. Mais ces évêques, guerriers par instinct et par la soif des richesses, n'observèrent ces règlements que pendant la vie de Charlemagne. Nous ne parlerons pas des vices des seigneurs ; l'histoire nous en fait un assez long tableau. Le peuple participa à ces vices, et les malheurs du temps durent accroître son immoralité.

Le costume avait revêtu les formes les plus somptueuses. Pour en donner une meilleure idée, il convient de rapporter la description que fait le moine de Saint-Gall, des vêtements des anciens Francs :

« Leur chaussure, dit-il, est dorée en dehors, et soutenue par de longues courroies. L'étoffe qui couvre leurs jambes et leurs cuisses est entourée de bandelettes qui se croisent : ces bandelettes, quoique de la même couleur que l'étoffe qu'elles entourent, sont d'un travail plus recherché. Le

---

(1) On sait qu'à cette époque le clergé n'observait pas le célibat.

corps des Francs est recouvert d'une camisole ou veste. A leur ceinturon ou baudrier est attachée une épée placée dans son fourreau, et fixée par des courroies et par une étoffe blanche et luisante. Un manteau double, de couleur blanche ou bleue et de forme carrée, leur sert de surtout : ce manteau descend, devant et derrière, depuis les épaules jusqu'aux pieds ; sur les côtés, il couvre à peine les genoux. Ils portent à la main droite un gros bâton de pommier, dont les nœuds sont à égale distance, et dont la pomme d'or ou d'argent est ornée de ciselures. »

Voyons maintenant ce que le moine Abbon, auteur du poëme sur le siége de Paris par les Normands, dit du costume de ces mêmes Francs à l'époque de son récit, c'est-à-dire sous la seconde race.

« Une agrafe d'or, dit-il, fixe la partie supérieure de votre habillement ; pour vous préserver du froid, vous couvrez votre corps de la pourpre de Tyr ; vous ne voulez d'autre manteau qu'une chlamyde chargée d'or ; la ceinture qui presse vos reins doit être ornée de pierres précieuses ; enfin il faut que l'or brille sur votre chaussure et sur la canne que vous portez.... Telles sont vos mœurs, s'écrie-t-il ensuite ; les autres nations n'en ont point d'aussi dépravées. O France ! si tu ne repousses de ton sein ces trois vices (l'orgueil, la débauche et le luxe des habits, qu'il reproche à ses compatriotes, comme étant leurs vices principaux), ces vices qui, suivant le témoignage de l'Écriture sainte et des prophètes, sont la source de tous les vices, tu perdras ton courage et ta patrie ! »

Le peuple devait sans doute avoir peu de part à ce luxe de vêtements ; nous conjecturons même qu'il conserva longtemps, et même sous la seconde race, les costumes gaulois. Chez les Gaulois, les gens pauvres avaient la tête, les jambes et les pieds nus, avec une tunique de laine assez semblable aux blouses de nos voituriers. Les femmes avaient une plus longue tunique, serrée à la taille par une ceinture soutenant une pièce d'étoffe en forme de tablier. Les hommes riches avaient les jambes nues, et les pieds garantis par des sandales ; une tunique étroite, et de courtes jaquettes ou braies, recouvertes d'un manteau assez large (*cucullus*), auquel était attaché un capuchon, composaient leur costume. Les dames gauloises avaient une longue robe recouverte d'une tunique à mantelet ; une coiffe carrée couvrait leurs cheveux, séparés sur le front, et rattachés par derrière.

Pour compléter ces détails sur le costume des Parisiens aux IXe et Xe siècles, nous dirons que les dames portaient des robes faites avec les tissus les plus précieux ; elles entouraient leurs cheveux de bandelettes, et les cachaient, à la façon des religieuses, ainsi que leurs oreilles et leur cou ; sur leur tête était une espèce de turban, où était fixée une longue pièce d'étoffe qui leur servait à la fois de voile et de manteau.

Les écoles fondées par Charlemagne ne purent contribuer à polir et à réformer les mœurs du peuple ; elles n'étaient guère fréquentées que par ceux qui se destinaient aux fonctions ecclésiastiques ; cependant elles produisirent, sous le règne de Charlemagne, quelques hommes dignes d'être distingués dans ces temps de barbarie ; mais, après sa mort, les ténèbres de l'ignorance redevinrent aussi épaisses qu'auparavant, et avec elles les vices levèrent une tête plus hardie ; les lois n'existaient plus que de nom ; les superstitions les plus grossières, telles que les épreuves par le feu et le fer chaud, par l'eau froide ou bouillante, etc., furent mises en pratique ; on en était venu, au Xe siècle, à ce point d'ignorance, que les évêques de Paris et de Poitiers durent charger le moine Abbon d'écrire des sortes d'instructions, afin que les prêtres pussent les réciter au peuple.

Nous laissons là ces tristes détails, car nous avons hâte de passer à l'histoire de temps meilleurs, et de contempler le développement successif de la civilisation, et les tentatives laborieuses de notre patrie, mais surtout de la capitale, pour sortir de ce déplorable état de barbarie.

CHAPITRE IV.

PARIS SOUS LES PREMIERS ROIS DE LA TROISIÈME RACE.

(987 — 1180.)

Paris sous Hugues Capet.

Ici, les détails devenant plus nombreux, les documents plus pressés, les faits plus saillants, nous sommes forcés de suivre, non plus par dynastie, mais règne par règne, l'histoire du développement de Paris. Ce développement est désormais plus appréciable que dans les périodes que nous venons de parcourir; aussi avons-nous dû nous arrêter plus longtemps aux époques qui vont suivre.

L'année 987 vit tomber la seconde race de nos rois, et s'élever une nouvelle dynastie plus forte, plus vigoureuse. Hugues Capet, comte de Paris, duc de France, abbé de Saint-Germain-des-Prés, de Saint-Denis, près Paris, de Saint-Martin de Tours, etc., se fit élire par quelques seigneurs, et sacrer par l'archevêque de Reims. Il eut à soutenir son usurpation par des guerres avec son compétiteur, Charles de Lorraine, et plusieurs grands vassaux qui refusaient de le reconnaître pour roi. Adelbert, comte de Périgueux, ayant reçu de lui une lettre où il lui disait : *Qui t'a fait comte?* lui répondit : *Qui t'a fait roi?*

Hugues Capet résida constamment à Paris, et mourut dans cette ville, le 24 octobre 996. Il fut enseveli à Saint-Denis. Sous son règne, aucun établissement ne fut fondé dans la capitale.

Paris sous Robert II.

Robert, qui succéda à son père Hugues Capet, fut un

prince dévot et faible. Le clergé, qu'il enrichit de ses libéralités, fut son plus ferme soutien, mais ne le préserva point de l'excommunication que le pape Grégoire V lança contre lui, parce qu'il avait épousé Berthe, sa cousine. Il se hâta de répudier cette princesse. Robert, qui avait porté dans sa jeunesse les armes contre son père, vit ses fils s'armer contre lui, et mourut en 1031. On lui a attribué plusieurs miracles : celui par lequel il aurait rendu la vue à un aveugle, en lui jetant de l'eau au visage, n'est pas le moins curieux.

Sous le règne de ce prince, l'église de Saint-Germain-l'Auxerrois fut reconstruite; le palais de la Cité fut réédifié ou considérablement réparé, et dans ce palais fut bâtie une chapelle consacrée à saint Nicolas. Cette chapelle, reconstruite en 1160, a été plus tard démolie. Robert fit aussi reconstruire le monastère de Saint-Germain-des-Prés, détruit par les Normands.

Paris sous Henri Ier.

Les commencements de ce règne ne sont que des guerres continuelles entre les deux fils de Robert. L'agriculture négligée, par suite de la dévastation des campagnes, amena d'horribles famines : les mêmes calamités se renouvelaient constamment, et se succédaient à chaque règne. Henri Ier, devenu paisible possesseur de la couronne, mourut en 1060.

La chapelle de Sainte-Marine, dans la Cité, cul-de-sac de Sainte-Marine, numéro 6, paraît remonter à cette époque. Elle devint église paroissiale. C'était la plus petite paroisse de Paris. Le bâtiment de cette église sert aujourd'hui d'atelier.

Henri Ier fit reconstruire *l'abbaye de Saint-Martin-des-Champs*, située rue Saint-Martin, numéros 208 et 210, et qui sans doute avait été détruite par les Normands. Cette abbaye, située hors de la ville, et dans un champ alors inculte, comme l'indique son surnom, fut achevée en 1067, et reçut d'abord des chanoines réguliers, puis (1079) des moines de Cluny. Elle prit alors le titre de prieuré, et fut entourée d'une enceinte de murailles garnie de tourelles. Le prieur était seigneur haut justicier dans les dépendances de son abbaye. L'église fut reconstruite au XIIIe siècle. Le cloître, commencé en 1702, fut achevé en 1720. Ce monastère fut détruit en 1790. Ses bâtiments sont aujourd'hui occupés par les bureaux de la mairie du 6e arrondissement et par le Conservatoire des arts et métiers.

Il existait devant Saint-Martin un marché que l'on rétablit en 1765, sur une partie du territoire de ce monastère. Ce marché, ayant été supprimé, a été remplacé en 1811 par un autre, situé sur le jardin même de l'abbaye.

Paris sous Philippe Ier.

C'est sous le règne de ce prince que s'établit à Paris la magistrature appelée *prévôté*, dont les attributions étaient très étendues; nous en parlerons à la suite de ce chapitre. Philippe Ier, qui fut excommunié pour avoir épousé la femme du comte d'Anjou, fut le premier roi franc qui altéra les monnaies. Il mourut en 1108.

Sous ce règne, l'ancien oratoire de *Notre-Dame-des-Vignes* ou *des Champs*, situé rue d'Enfer, n° 67, et qui était devenu successivement chapitre et monastère, fut cédé, par des seigneurs laïques qui le possédaient, à des religieux de l'abbaye de Marmoutier, qui s'y établirent et furent remplacés, en 1608, par des Carmélites.

Paris sous Louis VI.

Ce roi fut perpétuellement en lutte avec les seigneurs du voisinage, sans cesse révoltés contre le trône. Il ne pouvait sortir de Paris sans craindre d'être harcelé par les seigneurs; les forteresses de Montlhéry, de Château-Fort et de la Ferté-Baudouin, l'empêchaient d'aller de Paris à Étampes; sur la route d'Étampes à Orléans, le château du Puiset lui barrait le passage. Ce roi, qui accorda à quelques villes le droit de régir elles-mêmes leurs propres affaires, mourut en 1137. On lui a attribué la faculté de guérir les écrouelles.

Sous ce règne, les lettres firent quelques progrès; des écoles existaient dans les églises cathédrales et dans les monastères. Les plus connues à Paris étaient celles de Saint-Germain-des-Prés et de Sainte-Geneviève. L'école épiscopale, qui existait dès le IXe siècle, acquit dans le XIIe une grande célébrité, due surtout aux maîtres qui professaient dans cette école. Adam de Petit-Pont y enseignait la grammaire, la rhétorique et la dialectique; Pierre *le Mangeur* (*comestor*), Michel de Corbeil, Pierre *le Chantre* et Guillaume de Champeaux, y donnaient des leçons de théologie. C'est à cette école, qui se tenait dans le cloître Notre-Dame, que les enfants des rois venaient s'instruire.

Il y avait alors des écoles particulières qui jouissaient d'une grande réputation. Abeilard, que ses talents et ses malheurs ont rendu célèbre, fonda, en 1118, une école de dialectique à Paris, et attira dans cette ville une grande affluence d'écoliers, avides d'entendre un si grand professeur : on porte leur nombre à trois mille. Faute d'espace, les cours se tenaient en plein champ. De ces disciples, cinquante devinrent évêques ou archevêques, vingt cardinaux, et un fut pape, sous le nom de Célestin II. C'est Abeilard qui commença la réputation des écoles de Paris; ses élèves propagèrent sa méthode avec succès, et, au milieu du XIIe siècle, la multitude des étudiants fut telle, que l'on avait peine à trouver des logements : aussi un écrivain du temps donne-t-il à Paris le nom hébreu de *Cariath-Sepher* (ville des lettres).

Du temps d'Abeilard, d'autres maîtres, comme Josselin,

depuis évêque de Soissons, et Albéric de Reims, professèrent à Paris, mais n'atteignirent pas au succès et à la renommée de ce grand maître. L'abbaye de Saint-Victor, fondée sur l'emplacement d'une petite chapelle dédiée à Saint-Victor, eut une école où se retira Guillaume de Champeaux, et qui devint une des plus célèbres de France.

Il faut maintenant examiner les établissements qui appartiennent au règne de Louis VI.

Saint-Jacques-la-Boucherie, église paroissiale, située rue des Arcis, a une origine incertaine. Le curé de cette paroisse était du nombre des treize prêtres-cardinaux du diocèse de Paris. Cette église s'agrandit dans les XIVe et XVe siècles, mais sa construction ne fut terminée que sous le règne de François Ier. Un simple scribe, Nicolas Flamel, fit construire à ses frais le petit portail de la rue des Ecrivains; la fortune de cet homme, ses libéralités, le firent passer pour un être mystérieux et surnaturel : un écrivain du XVIe siècle, Paul Lucas, a été jusqu'à affirmer que Flamel n'était pas mort, et qu'il vivait retiré dans la haute Egypte, avec sa femme Pernelle.

La porte construite par ce personnage a été murée en 1781; on y voyait son portrait et celui de sa femme. L'église, qui avait droit d'asile, a été démolie pendant la révolution. Parmi les usages qu'on y observait, nous citerons le spectacle de la *Gésine*, ou de l'enfantement de la sainte Vierge, que l'on offrait à la curiosité du public le jour de Noël.

De l'église Saint-Jacques il reste encore une tour, qui est l'une des plus hautes de Paris, et d'un aspect très pittoresque. Cette tour, commencée en 1508 et achevée en 1522, coûta 1350 livres. Sa hauteur est de 155 pieds; elle est de forme carrée, et chacun de ses côtés a près de 31 pieds. Autrefois, on voyait s'élever à une hauteur de 30 pieds au-dessus de la balustrade la figure de saint Jacques, ouvrage d'un sculpteur nommé Raulf.

Cette tour appartient depuis 1836 à la ville de Paris.

Sainte-Geneviève-des-Ardents ou *la Petite*, était située rue Neuve-Notre-Dame. On a voulu faire remonter sa fondation à un miracle opéré par la châsse de Sainte-Geneviève, mais il paraît que cette église existait avant la *maladie des ardents*. Elle a été démolie en 1747, et sur son emplacement s'éleva l'hospice des Enfants-Trouvés.

Saint-Pierre-aux-Bœufs, situé autrefois dans la Cité, a une origine inconnue. On ignore également le motif de son surnom. Cette église paroissiale fut reconstruite au XIIIe siècle et supprimée en 1790. Ses bâtiments ont été démolis, lorsqu'on a percé la rue d'Arcole qui a remplacé la rue Saint-Pierre-aux-Bœufs. Le joli portail de l'église a été transporté et appliqué sur la façade de l'église Saint-Séverin.

L'église paroissiale de Saint-Martin, située à l'angle septentrional de la rue des Francs-Bourgeois, existait en 1158; c'était alors une chapelle dépendante de l'église de Saint-Marcel. Érigée en paroisse au XIIIe siècle, et réparée à plusieurs époques, elle a été démolie en 1808.

Sainte-Croix, rue de la Vieille-Draperie, au coin de la rue Sainte-Croix, existait avec le titre de chapelle, au XIIe siècle, et dépendait alors de l'abbaye de Saint-Maur-des-Fossés. Érigée en paroisse dans le XIVe siècle, elle fut reconstruite dans les deux siècles suivants. On y établit la confrérie des *cinq plaies de Notre-Dame-de-Pitié*. Elle a été démolie en 1797, et l'on voit aujourd'hui à sa place une maison particulière.

Saint-Éloi était le titre d'une église et d'une abbaye situées dans la Cité. Nous avons vu comment s'était opéré la transformation du nom de Saint-Martial, premier titre de ces établissements, en celui de Saint-Éloi. Des religieuses furent placées dans le monastère, mais elles en furent chassées au XIIe siècle. A cette époque, l'abbaye, qui prit le nom de *prieuré*, fut donnée à l'abbé de Saint-Maur-des-

Fossés. On réserva des droits dont jouissait auparavant l'évêque de Paris sur cette maison, qui devait en outre fournir deux repas par an aux chanoines de Notre-Dame; une partie du monastère qui tombait en ruines, fut plus tard abattue, et l'on y pratiqua la rue de Saint-Éloi. Le chœur de l'église forma celle de Saint-Martial, et la nef fit place à une autre église, sur l'emplacement de laquelle a été depuis bâtie celle des Barnabites. Sous François 1er, le vaste enclos qui comprenait l'espace de terrain entre les rues aux Fèves, de la Calandre, de la Barillerie et de la Vieille-Draperie, portait encore le nom de *Ceinture de Saint-Éloi*.

Saint-Nicolas-des-Champs, situé rue Saint-Martin, entre les numéros 200 et 202, était au XIIe siècle une chapelle. Érigée en paroisse en 1176, elle fut rebâtie en 1420 et agrandie en 1575. Le portail méridional, où l'on remarque de belles sculptures, fut érigé à cette dernière époque. Cette église, qui est aujourd'hui paroisse du 6e arrondissement, contenait les tombeaux de Pierre Gassendi, des historiographes Henri et Adrien de Valois, de Madeleine de Scudéry, auteur de *Cyrus* et autres romans autrefois très recherchés, etc.

Saint-Denis-du-Pas était une église située au chevet de l'église Notre-Dame; elle fut rebâtie en 1150, et ne portait alors que le titre d'oratoire. Après la démolition de l'église de Saint-Jean-le-Rond, le chapitre et le titre de paroisse de cette église passèrent à celle de Saint-Denis-du-Pas. Après la révolution, Saint-Denis a été affecté au service de l'Hôtel-Dieu, ainsi que l'ancien palais des évêques; c'est aujourd'hui une salle de réception pour l'admission des malades.

La chapelle de Saint-Bon, située dans la rue de ce nom, 7e arrondissement, appartenait à l'abbaye de Saint-Éloi, et ensuite à celle de Saint-Maur-des-Fossés. Elle avait une tour qui remontait au XIe siècle. Cette chapelle a été démolie en 1792. On a élevé à sa place un corps de garde, puis une maison particulière.

Les autres monuments de cette époque sont la *chapelle de Saint-Aignan*, fondée vers 1120, par Étienne de Garlande, chancelier de France, et située rue Chanoinesse, numéro 22, dans la Cité; et *l'église de Montmartre*, située dans le village de ce nom. Cette église fut d'abord possédée par des seigneurs laïques, qui la vendirent à la fin du XIe siècle aux religieux de Saint-Martin-des-Champs. Ceux-ci l'échangèrent avec Louis VI, en 1133, contre l'église de Saint-Denis-de-la-Chartre. Louis VI fonda près de cette église un monastère de religieuses.

Quant aux établissements, autres que ceux affectés au service de la religion, voici les principaux qui remontent à ce temps.

L'origine du *Grand-Châtelet* est fort douteuse. Plusieurs historiens en ont attribué la fondation à Jules César; mais aucune preuve ne vient à l'appui de cette opinion. Nous préférons celle qui désigne pour son constructeur Louis VI : ce prince aurait, dit-on, élevé le Grand-Châtelet à la place d'une tour en bois qui était située à la partie septentrionale du Pont-au-Change. Sous Louis VII, cet édifice était la demeure du prévôt de Paris. Nous en reparlerons dans la suite.

Pour l'origine du *Petit-Châtelet*, situé à l'extrémité méridionale du Petit-Pont, même incertitude. Cet édifice a été fondé en même temps que le précédent. C'est au passage du Petit-Châtelet, que se percevaient, au XIIIe siècle, les péages et droits d'entrées. L'on sait qu'au moyen âge, le goût des singes était presque général dans les grandes maisons. Les rois n'avaient pas dédaigné de spéculer sur cette passion. Les marchands devaient payer, à l'entrée de Paris, quatre deniers par singe ; mais, si le singe appartenait à un jongleur, celui-ci devait faire danser l'animal, et n'était plus passible d'aucun droit : « Li singes (est-il dit dans les *établissements des métiers de Paris*, par Estienne Bolève, prévôt de cette ville), li singes au marchant doit quatre deniers, se il pour vendre le porte ; et se li singes est à home qui l'ait acheté pour son déduit, si est quitte ; et se li singes est au joueur, jouer en droit devant le paagier, et par son jeu doit être quitte de toute la chose qu'il achète à son usage ; et aussitost li jongleur sont quite por un ver de chanson. » C'est probablement de cet usage que vient le proverbe *payer en monnaie de singe*. Les jongleurs étaient quittes du péage en chantant un couplet devant le péager.

Charles V fit reconstruire en pierre, en 1369, le Petit-Châtelet, qu'une inondation de la Seine avait détruit en 1296. Ce fut le prévôt de Paris, Hugues Aubriot, qui fut chargé de cette construction. Charles VI, en 1402, en fit le logement des prévôts de la capitale. Cet édifice a été détruit en 1782.

La première enceinte de Paris, qui ne comprit d'abord que la Cité, datait de la domination romaine. Quelques historiens ont prétendu qu'à cette époque les faubourgs (qui n'existaient cependant pas) avaient été entourés de fortifications ; d'autres les ont attribuées à des rois de la seconde race, quoique du temps des Normands il n'y en eût pas. Nous partageons l'opinion de ceux qui regardent Louis VI comme l'auteur d'une muraille destinée à défendre les faubourgs, et à enclaver ainsi la Cité, comme centre de cette enceinte nouvelle. La muraille, partant de la rive droite de la Seine, dans le voisinage de Saint-Germain-l'Auxerrois, devait suivre la direction des rues des Fossés-Saint-Germain, de Béthisy, des Deux-Boules, de la rue et de la place du Chevalier-du-Guet, de la rue Perrin-Gasselin, et aboutir à la rue Saint-Denis, où était une porte située en face du Grand-Châtelet ; elle se dirigeait ensuite le long de la rue d'Avignon, des Écrivains, enveloppait l'église de Saint-Jacques-la-Boucherie, et aboutissait à la rue des Arcis, où se trouvait une porte nommée *porte* ou *archet de Saint-Merry* De cette porte, le mur d'enceinte suivait les rues Jean-Pain-Mollet et Jean-l'Épine, et aboutissait à la place de Grève et au bord de la Seine. Plus tard, et à une époque inconnue, il enveloppa le bourg du Monceau-Saint-Gervais, où était située l'église de ce nom, et qui formait, à ce qu'il paraît, au XIIe siècle, un bourg distinct de Paris.

La partie méridionale de Paris ne reçut des fortifications que plusieurs années après la partie située au nord. Le mur d'enceinte, au midi, devait partir du bord de la Seine, près du marché actuel de la Volaille, en face de la pointe occidentale de la Cité. Atteignant la rue de Saint-André-des-Arcs, où se trouvait une porte nommée *La Barre*, le mur aboutissait à la rue Hautefeuille (ou *de La Barre*), suivait celle de Pierre-Sarrazin, et, traversant la rue de La Harpe, devait longer la rue des Mathurins et aboutir à la rue Saint-Jacques (*voie Royale, Grande Rue*), où se trouvait sans doute une porte. L'enceinte suivait ensuite la direction de la rue des Noyers jusqu'à la place Maubert, où était une autre porte, et, se prolongeant entre les rues Perdue et de Bièvre, aboutissait à la Seine, à un point nommé les *Grands-Degrés*, vis-à-vis la pointe orientale de l'île. En cet endroit était une tour nommée de *Saint-Bernard*, ou *tournelle des Bernardins*.

En dehors de cette enceinte s'étendaient divers bourgs et quelques monastères. Il paraît qu'il existait sur la rive gauche de la Seine, et à l'origine de la muraille, une tour appelée *Château-Gaillard*. Cet édifice a subsisté jusque sous Louis XIV. Brioché y donnait des représentations de marionnettes.

On sait que Louis VI fit bâtir un château-fort, près de Paris, dans un lieu nommé *Karoli-Vana*. Les auteurs se sont accordés à dire que ce château était situé sur l'emplacement actuel de Saint-Germain-en-Laye.

Paris sous Louis VII, dit le Jeune.

Louis VII, roi en 1137, fit, comme les rois ses aïeux, sa résidence à Paris, capitale de son royaume. Il partit pour la croisade, qui eut une issue déplorable, et fut presque continuellement en guerre avec ses voisins. Il mourut en 1180, et fut enseveli à l'abbaye de Barbeau, près Melun, qu'il avait fondée en 1147. Voici les établissements qui eurent lieu à Paris sous ce règne.

Le *collége des Danois* ou *de Dace*, situé d'abord rue Sainte-Geneviève, fut fondé vers l'an 1147 : ce fut le premier collége établi à Paris; il paraît qu'il le fut par des Danois. En 1380, ce collége fut transféré dans un autre bâtiment de la même rue, et, en 1430, on le plaça près le Petit-Pont, dans la rue Galande.

Saint-Lazare, rue du Faubourg-Saint-Denis, n° 117, était anciennement un hospice de lépreux, et se nommait d'abord *Saint-Ladre*. On ignore son origine; mais il existait en 1147. Il avait une église, qui fut, dit-on, élevée sur l'ancienne basilique de Saint-Laurent. Il possédait aussi une foire que Philippe-Auguste acheta et transféra au lieu de Champeaux, en 1183. Dans l'enclos de Saint-Lazare était un bâtiment appelé le *logis du roi*: c'était là que les rois recevaient le serment de fidélité des habitants de Paris avant de faire leur entrée dans la ville, et où l'on déposait leurs cercueils avant de les porter à Saint-Denis.

En 1632, cette maison fut donnée à saint Vincent de Paul, qui en fit le chef-lieu de sa congrégation des Missions; mais elle continua à recevoir des lépreux. Saint-Lazare a depuis servi de maison de correction. On y renferme aujourd'hui les femmes condamnées à la réclusion.

L'enclos de cette maison, qui fut pillée et dévastée le 13 juillet 1789, est, depuis 1821, couvert de rues et de maisons particulières.

L'hôpital de Saint-Gervais, situé d'abord au parvis de l'église de Saint-Gervais, fut fondé, en 1171, pour donner un asile aux pauvres passants. Au xiv⁰ siècle, il reçut les religieuses hospitalières de saint Anastase, qui, détournant le but de l'institution, en firent peu à peu un monastère. En 1655, ces religieuses se transportèrent à l'hôtel d'O, vieille rue du Temple, et s'y maintinrent jusqu'en 1750. Elles n'avaient conservé de leur premier séjour qu'une chapelle, située rue de la Tixeranderie. Sur l'emplacement de l'hôtel d'O est aujourd'hui un marché.

Le Temple est le nom de l'édifice qu'habitaient les templiers, moines-soldats qui s'établirent à l'époque des croisades. Il y en avait à Paris en 1147, car ils tinrent un chapitre cette même année. On ne sait l'époque de leur établissement dans le lieu nommé aujourd'hui le Temple; ils y étaient toutefois avant 1182; ils possédaient aussi, au xii⁰ siècle, une maison voisine de Saint-Gervais. Nous reparlerons plus tard de ces chevaliers et du lieu qu'ils habitaient.

Saint-Jean-de-Latran, situé rue de Cambrai, en face du collége de France, fut fondé en 1171, dans un clos de vignes appelé *Clos-Bruneau*. Cet établissement, destiné aux hospitaliers de Saint-Jean-de-Jérusalem, nommés aussi *Chevaliers de Rhodes* ou *de Malte*, porta le titre de *Commanderie de Malte*. Il consistait en un clos, qui s'étendait de la place de Cambrai à la rue des Noyers, et communiquait à la rue de Saint-Jean-de-Beauvais; il possédait une tour où logeaient les pèlerins qui se rendaient à Jérusalem, et une église paroissiale. Cette église contenait de beaux monuments funéraires, entre autres celui du poëte tragique Crébillon. L'hôtel du commandeur et plusieurs maisons particulières étaient compris dans le clos de l'établissement qui fut vendu après la suppression de l'ordre de Malte, en 1792. L'église a été démolie en 1824.

Saint-Médard, rue Mouffetard, entre les numéros 161 et 163, était, avant 1163, une chapelle dépendante de l'abbaye de Sainte-Geneviève. Cette chapelle devint, on ne sait à quelle époque, l'église paroissiale d'un bourg nommé *Riche-bourg, village de Saint-Mard* ou de *Saint-Médard*. Ce bourg, très peu considérable au XIIe siècle, se peupla au XVIe. On y trouvait les clos du *Breuil*, du *Chardonnet*, du *Mont-Cétard*, des *Mors-Fossés*, des *Treilles*, de *Copeau*, de *Gratard*, des *Saussayes*, de la *Cendrée* ou *locus cinerum* (lieu de cendres), etc.

L'église, qui est aujourd'hui la troisième succursale de la paroisse de Saint-Étienne-du-Mont, au 12e arrondissement, présente plusieurs genres d'architecture, signe des réparations qui y ont été faites à diverses époques; le sanctuaire est assez remarquable. Olivier Patru et Pierre Nicole ont reposé dans cette église; derrière le chœur, est un petit cimetière où l'on voit la tombe du fameux diacre François Pâris.

Saint-Hippolyte, rue de ce nom, quartier de Saint-Marcel, était au XIIe siècle une chapelle. Érigée en paroisse au XIIIe siècle, reconstruite ou réparée dans les XVIe et XVIIe siècles, elle a été démolie à la révolution.

Sainte-Geneviève, abbaye dont nous avons parlé plus haut, fut reformée sous ce règne; elle reçut des chanoines de Saint-Victor. Le monastère, ruiné par les Normands, fut réparé en 1177. Ses voûtes furent couvertes de lames de plomb. Sainte-Geneviève eut deux écoles : l'une dans l'intérieur, pour les religieux, l'autre, placée à l'entrée, pour les élèves du dehors.

L'église de Saint-Germain-des-Prés, fondée par Childebert au VIe siècle, avait été ravagée par les Normands, puis reconstruite au commencement du XIe siècle (*voy*. page 34). Cette reconstruction ne s'acheva entièrement qu'en 1163; le pape Alexandre III en fit la dédicace et la consécration. L'abbaye possédait de grands priviléges; elle était affranchie de toute autorité, excepté de celle des rois; aucun évêque ne pouvait entrer dans ce monastère, qui avait une juridiction sans limites sur le bourg de Saint-Germain.

L'église de Saint-Germain a 298 pieds de long, hors d'œuvre, sa largeur est de 70 pieds. La nef est séparée des bas-côtés par cinq piliers à droite et autant à gauche. Ces piliers, qui se composent chacun d'un massif où sont engagées des colonnes de diverse dimension, supportent des arcades à plein cintre; vers les deux tiers de la longueur de cette église est un grand autel, et plus loin, à l'extrémité du chœur, un autre autel consacré à la Vierge, derrière lequel s'élève un contre-rétable (1), avec une niche où est placée une statue de Marie. Ce dernier morceau a été fait de 1816 à 1819.

Le chœur est entouré de colonnes isolées qui supportent sur les côtés des arches à plein-cintre, et, au rond-point du chœur, des arches en ogives.

L'ensemble de cette construction présente de grandes différences de caractère. Nous avons déjà parlé de la grosse tour carrée qui s'élève à l'entrée, et du clocher plus moderne qui la surmonte; deux tours latérales terminées en obélisques et couvertes d'ardoise, placées à l'autre extrémité de l'église, et démolies en 1822 et 1823, appartenaient au XIe siècle; les piliers de la nef sont du même temps, tandis que le rond-point du chœur, où l'ogive domine, est d'une époque plus récente, peut-être du règne de Louis VII. En 1653, on a fait plusieurs réparations que l'on distingue parfaitement.

Ce monument, aujourd'hui le plus ancien de Paris, a cela de remarquable, que l'axe de la nef et celui du chœur ne forment pas une ligne droite. Il renfermait, comme nous l'avons déjà dit, les tombeaux de plusieurs rois; on y a déposé, en 1819, ceux de Boileau, de Montfaucon, de Mabillon, de René Descartes, qui avaient été transférés, sous la révolution, au Musée des monuments français.

(1) On appelle ainsi, en architecture, le fond d'un autel où on met un tableau ou un bas-relief, et contre lequel le tabernacle est appuyé.

Le premier est dans la chapelle de saint Paul, les autres dans celle de saint François de Sales.

Sous le règne de Charles V, l'enclos de Saint-Germain-des-Prés fut fortifié et entouré de fossés. Ces réparations amenèrent la démolition de plusieurs édifices voisins, et entre autres de la chapelle de Saint-Martin-des-Orges. La principale entrée était située à l'est, vers l'emplacement où s'élève aujourd'hui la prison de l'abbaye, et menait à la porte méridionale de l'église. Une autre entrée, nommée *porte papale*, était à l'ouest de l'enclos, dans la rue depuis appelée de Saint-Benoît. Le mur de clôture était crénelé et s'étendait de l'endroit où la rue Furstemberg aboutit à celle du Colombier, jusqu'à la rue Saint-Benoît, qu'il suivait dans toute sa longueur; il parcourait ensuite la direction de la rue Sainte-Marguerite, jusqu'à une forteresse, où se trouvait l'entrée principale du monastère. Le fossé était rempli par les eaux de la Seine, qu'y conduisait le canal appelé *Petite-Seine*.

Dans cet enclos, s'élevait au sud, et à l'entrée de l'église, la chapelle de Saint-Symphorien, où saint Germain, qui l'avait fait construire, fut enterré en 576; son corps y demeura jusqu'en 754. Cette chapelle existe encore. Au nord de l'église était la sacristie, qui possédait la ceinture de sainte Marguerite, à laquelle on attribuait le don de faire des miracles. Le réfectoire, construit en 1239, par Pierre de Montreuil, était remarquable par son architecture et ses grandes dimensions; il avait 115 pieds de longueur, 32 de largeur, et 48 pieds de hauteur. Il servit de prison en 1793. La chapelle de la Vierge, située au nord et à quelque distance de l'église, avait été construite sur les dessins de Montreuil, au xiiie siècle, sur l'emplacement d'une autre chapelle en ruines. Cet édifice avait 100 pieds de longueur sur 30 de largeur et 48 de hauteur; on y voyait la tombe de l'architecte et de sa femme Agnès. Cette chapelle a été détruite pendant la révolution. La rue Neuve-de-l'Abbaye occupe aujourd'hui la place d'une partie des bâtiments du grand cloître, du chapitre, de l'ancienne sacristie; des maisons particulières se sont élevées à la place du réfectoire et de la chapelle de la Vierge.

Aux XVe et XVIe siècles, cet enclos subit quelques changements : les fossés y furent enclavés, et de nouveaux murs s'élevèrent sur leur bord extérieur. Un des abbés de ce monastère, le cardinal de Furstemberg, acheva la construction du palais Cardinal, commencé par Charles de Bourbon, et fit construire la rue qui porte encore son nom, et qui rejoint la rue du Colombier.

La bibliothèque, une des plus curieuses de Paris, faisait partie d'un des corps de bâtiments du cloître, et atteignait le réfectoire : elle contenait, entre autres choses remarquables, quelques ouvrages de saint Augustin écrits sur papyrus, au VIe siècle, et un cabinet d'antiquités établi par Montfaucon. Cette bibliothèque, où le public entrait librement, fut en partie détruite par l'explosion de plusieurs milliers de salpêtre placés dans le réfectoire en 1794. Les manuscrits qu'on parvint à sauver ont été transportés à la Bibliothèque royale.

Dans le XVIIe siècle, les fossés se comblèrent, les fortifications furent détruites, et l'on vit s'élever à leur place des maisons particulières et les rues *Abbatiale* et *Cardinale*; dans l'enclos des religieux, on ouvrit (1715) les rues Childebert et de Sainte-Marthe; on établit un porche et un parvis devant la principale entrée de l'église. Quatre entrées furent percées : la porte de Bourbon-Château, celle de Sainte-Marguerite, celle de Saint-Benoît, en face des rues de même nom, et la porte de Furstemberg, sur la rue du Colombier, qui servait d'entrée au palais de l'abbé. Pendant la révolution, on perça dans cet enclos la rue de Saint-Germain, qui a son origine à la place située devant l'entrée principale de l'église, et traversant l'ancienne grande cour et l'ancien jardin, aboutit à la rue du Colombier, en face de celle des Petits-Augustins, et la rue de l'Abbaye, qui part de la précédente, suit l'église et le palais de l'abbé, et va rejoindre l'extrémité de la rue de Bourbon-Château.

Au XIVe siècle, à l'est de l'enclos du monastère, se trouvaient quelques maisons bâties sans ordre, entre autres l'hôtellerie du *Chapeau-Rouge*. Au milieu de la place occupée par ces maisons, était le *pilori*, espèce de tour ronde à un étage, percée de fenêtres, où l'on exposait les coupables aux regards du peuple. On y établit dans la suite un corps de garde nommé *Barrière des Sergents*, supprimé sous le règne de Louis XV. Au sud de l'enclos était un terrain vague, où l'on pratiqua un chemin ; puis, vers 1635, une rue nommée Madame-Valence, et plus tard de Sainte-Marguerite. C'est cette même année que fut construite la prison de l'Abbaye, à l'extrémité orientale de cette rue. A l'ouest de l'enclos était la *Courtille* ou *clos de l'Abbaye*, entouré de murailles. Ce clos, qui s'étendait de la rue Jacob au passage du Dragon, fut vendu, en 1637, à des particuliers qui y établirent la rue Taranne. Au delà de cet enclos était la chapelle de Saint-Pierre, près d'un chemin qui est devenu par la suite la rue des Saints-Pères. Au nord, et au-delà du fossé, était le *Chemin des Clercs*, qui longeait le petit Pré-aux-Clercs, couvert de maisons vers 1640 ; il prit alors le nom de rue du Colombier. Ces détails indiquent les changements qu'ont éprouvés l'Abbaye et ses dépendances.

Nous avons vu que l'abbaye de Saint-Germain-des-Prés était indépendante de l'évêque de Paris : l'abbé ne relevait que du pape ; il avait son grand-vicaire et son official, publiait des mandements, tenait sous sa juridiction spirituelle et temporelle la partie méridionale de Paris que l'on nomme faubourg Saint-Germain ; il avait en fief presque toute cette étendue de terrain. En 1667, l'archevêque de Paris parvint à regagner l'autorité spirituelle sur le faubourg Saint-Germain, et la juridiction de l'abbé fut restreinte à l'enclos de l'Abbaye. En 1674, Louis XIV supprima toutes les justices particulières de Paris, et les réunit au Châtelet. L'Abbaye, qui avait un prévôt, des archers, une prison, et qui jouissait de divers droits, fit faire un mémoire pour réclamer contre cet édit; Pélisson en fut l'auteur. Un arrêt du conseil d'état laissa la haute justice à l'abbaye, dans son enclos seulement, et lui permit d'établir un bailli et autres officiers de justice. Elle conserva la haute justice sur les seigneuries qu'elle possédait hors de Paris.

Cette abbaye, qui reçut en 1631 la règle de la congrégation de saint Maur, fut supprimée en 1792. Son église est aujourd'hui succursale de la paroisse de Saint-Sulpice.

La Grande-Boucherie était située au nord, et près du Grand-Châtelet. Louis VI la céda à l'abbaye de Montmartre; mais, sur les réclamations des bouchers, on l'abandonna à ces derniers, moyennant une redevance de 30 livres parisis, qu'ils durent payer à l'abbaye de Montmartre. Cette boucherie avait à cette époque vingt-trois étaux.

Au XIIe siècle, se trouvaient aux environs de Paris de nombreux espaces de terrains cultivés ou couverts de maisons; ils portaient le nom de *clos*, à cause des enceintes de murailles qui les entouraient. Dans la partie méridionale de Paris étaient les clos de Sainte-Geneviève, de Saint-Germain-des-Prés, de Saint-Victor, de Saint-Médard et de Saint-Marcel, qui contenaient ces abbayes et leurs dépendances; le *clos des Vignes* ou *Courtilles*, s'étendant de la rue des Saints-Pères aux rues Saint-Benoit et de l'Égout, et appartenant à l'abbaye de Saint-Germain-des-Prés; le *clos Saint-Sulpice*, sur l'emplacement du jardin du Luxembourg; le *clos Vignerai*, sur une partie de ce jardin et de l'enclos des Chartreux ; le *clos Saint-Étienne-des-Grès*, contigu à l'église de ce nom et au clos de Sainte-Geneviève : près de ce clos était le *pressoir* du roi ; les *clos de Mauvoisin et de Garlande*, séparés par la rue Galande et voisins de la place Maubert ; le *clos l'Évêque*, situé près des précédents. Il y avait encore le *clos du Chardonnet*, sur lequel fut construite l'église de Saint-Nicolas-du-Chardonnet ; le *clos Bruneau*, situé entre les rues des Noyers, des Carmes, Saint-Hilaire et Saint-Jean-de-Beauvais ; un autre de même nom, entre les rues de Tournon et de l'Odéon : la rue de Condé est située sur son emplacement ; le *clos Saint-Symphorien*, grand vignoble situé entre les rues de Reims, des Cholets, des Sept-Voies et de Saint-Étienne-des-Grès ; le *clos Tyron*, compris entre les rues des Fossés-Saint-Victor et des Boulangers ; le *clos Saint-Victor*, distinct de l'abbaye de ce nom, et compris entre les rues du faubourg Saint-Victor, Neuve-Saint-Étienne, des Boulangers et le clos des Arènes ; le *clos des Arènes*, compris entre les rues Copeau, de Saint-Victor et des Fossés-Saint-Victor ; le *Clos-le-Roi*, sur l'emplacement duquel ont été bâtis l'église et l'hôpital de Saint-Jacques-du-Haut-Pas. On connaît enfin les *clos des Mureaux, de Cuvron* ou *des Francs-Mureaux*, au sud du précédent, au nord de la rue de la Bourbe, dans le faubourg Saint-Jacques ; le *clos des Bourgeois* ou de la *confrérie des bourgeois de Paris*, situé, à ce qu'on croit, entre les rues d'Enfer et de Saint-Jacques, au nord du Clos-le-Roi ; le *clos des Jacobins*, situé au nord du précédent, entre la rue d'Enfer, la rue Saint-Jacques et les fossés de Paris ; le *clos des Poteries* ou *des Métairies*, auquel aboutissait la rue des Postes et sur l'emplacement duquel a été bâti le cul-de-sac des Vignes.

Nous avons déjà parlé (page 45) des clos que renfermait le bourg de Saint-Médard ; nous n'y reviendrons pas. Nous passerons sous silence plusieurs clos dont on ignore l'emplacement, comme le clos *Drapelet*, le clos *Entechelière*, etc.

On nommait *terre d'Alez* un vaste territoire compris entre le clos du Chardonnet et le point où la Bièvre se jetait dans la Seine : il renfermait d'abord l'emplacement de l'abbaye de Saint-Victor et de ses dépendances, celui du Jardin des Plantes, etc. Au XIVe siècle on voyait une *rue d'Alez*, parallèle à celle des Fossés-Saint-Bernard, aujourd'hui cul-de-sac. Le nom d'*Alez* signifie *terre de limites*.

Dans la partie septentrionale, à l'est de la Grève, étaient le *clos de Saint-Gervais*, entre les rues Saint-Gervais, Culture-Saint-Gervais, du Temple, etc.; le *clos* ou *cimetière Saint-Éloi*, sur l'emplacement de la rue et de l'église de Saint-Paul et de l'Arsenal; le *clos Margot*, au nord du précédent, et sur lequel a été ouverte, en 1481, la rue Saint-Claude, au Marais. Les *enclos du Temple*, de *l'abbaye Saint-Martin*, de *Saint-Merri* et de *Saint-Magloire*, s'étendaient entre la rue Saint-Denis et la portion orientale de Paris. Les *Champeaux* (en latin *Campelli*), étaient compris entre la rue Saint-Denis et le Palais-Royal. C'est sur ce territoire qu'ont été construites les halles, l'église de Saint-Eustache, les rues Croix-des-Petits-Champs et Neuve-des-Petits-Champs.

Un vaste marais, arrosé par les eaux pluviales et un ruisseau qui prenant sa source à Ménilmontant, traversait le terrain au nord de Paris, de l'est à l'ouest, et se jetait dans la Seine, près de Chaillot, occupant l'espace situé entre Paris et Montmartre, depuis le pont Perrin ou Pétrin, rue Saint-Antoine, jusqu'au dessous du village de Challoet ou Chaèllot. Ce marais commença à être défriché au XIVe siècle. Au delà de ce marais était la *ville l'Évêque*, d'abord séjour de plaisance de l'évêque de Paris, et qui devint plus tard un village.

On trouvait encore entre Paris et Montmartre le *clos*

de *Malevart*, qui est devenu *la Courtille*; le *clos Georgeau*, au bas de la butte Saint-Roch, et qui a donné son nom à une rue qui va de la rue Traversière à celle de Sainte-Anne; le *clos Gauthier* ou *des Masures*, sur l'emplacement de la rue Saint-Pierre-Montmartre; le *clos du Hallier* sur celui de la rue du Faubourg-Poissonnière.

La Bièvre se jetait, avant Louis VII, dans la Seine, au même point où elle y verse ses eaux aujourd'hui. En 1148, les chanoines de Saint-Victor creusèrent à cette rivière un nouveau canal large de neuf pieds, qui, traversant l'enclos de leur monastère, se prolongeait parallèlement à la rue Saint-Victor, passait devant Saint-Nicolas-du-Chardonnet, entre la rue des Bernardins et celle de Bièvre et se jetait dans la Seine à l'endroit des Grands-Degrés. Au XIVe siècle, cette direction fut changée; les eaux de la Bièvre, détournées vers la partie méridionale de la rue des Fossés-Saint-Bernard, se rendirent dans la Seine vers l'extrémité opposée de cette rue.

A l'époque dont nous faisons le tableau, les rues de Paris, sales, boueuses et malsaines, dénuées de pavé, étaient de plus étroites et tortueuses, occupées par des maisons tristes et laides; leurs noms étaient grossiers ou obscènes; ceux de quelques-unes indiquaient des séjours de débauche, ou des dangers qu'y couraient les passants; nous nous abstiendrons de les citer; on les trouve dans le *Dict. des rues de Paris*, par Guillot, les *Antiquités de Paris*, par Corozet (1561), et les *Cris de Paris* (1613).

Au XIIe siècle, fut rétabli le *Petit-Pont*, sur lequel des maisons furent construites. Ce pont avait été plusieurs fois détruit par des inondations. Sa reconstruction fut due à Jean dit de Petit-Pont et à ses disciples, qui ouvrirent, dans les maisons qu'il soutenait, des écoles et une secte philosophique nommée des *parvi-pontains*. Le pont fut encore détruit par un débordement de la Seine et reconstruit en 1185.

Nous avons vu durant cette période la fondation d'un hôpital et d'un collége à Paris. Cette ville fut détruite en 1034 et en 1059 par des incendies terribles. Une famine excessive désola la France pendant sept années à partir de cette dernière date. Enfin, en 1119, il y eut un grand débordement des eaux de la Seine, qui fit éprouver à Paris de grands désastres; ce débordement fut suivi quelques mois après d'un vent très violent qui dessécha presque entièrement le lit de la Seine. Tels furent les sinistres de cette époque.

De grands changements eurent lieu au XIIe siècle dans l'état civil de la capitale. Les comtes de Paris, devenus rois, confièrent le soin d'administrer la ville à un *prévôt* qui demeurait dans le Grand-Châtelet. La fonction de prévôt était vénale.

Quelques villes avaient eu, sous Louis VI, l'avantage d'acheter des chartes de franchise; mais les successeurs de ce prince n'en accordèrent point. Paris n'en obtint jamais; cependant, pour dédommagement, une ordonnance de 1134 accorda à cette ville des priviléges particuliers : par les principaux, les habitants justiciables du roi eurent la faculté de poursuivre leurs débiteurs, de saisir leurs meubles et leurs biens, partout et de quelque manière qu'ils pourraient le faire, pourvu qu'ils ne saisissent pas des valeurs excédant leurs créances, et d'obtenir des secours du prévôt de Paris pour effectuer cette poursuite. Dans le cas où ils n'auraient pu prouver leur créance, ils étaient exempts de toute amende envers le roi. Louis VII restreignit le droit qu'avaient les *chevaucheurs des princes royaux* de prendre dans les maisons des particuliers, à Paris, tout ce qui se trouvait propre au service de la cour. Louis VII ordonna qu'on exempterait les meubles de ce *droit de prise*. Ce droit se maintint longtemps.

C'est pendant la période que nous venons de parcourir que s'établit l'usage des *combats judiciaires*, sorte de duels où l'accusateur et l'accusé soutenaient leur cause par la force des armes. C'est aussi à cette époque que l'étude du droit romain s'introduisit dans les Gaules. Le droit romain fut enseigné à Paris ; un décret du pape Honorius III y prohiba cet enseignement (1228), qui ne fut remis en faveur qu'en 1563, lorsqu'on établit à Paris une chaire de droit.

L'état moral de la France, sous les premiers rois de la troisième race, ne fut guère meilleur qu'auparavant. Ainsi que nous l'avons dit plus haut, les noms des rues consacrées à la débauche à cette époque sont fort multipliés. Pierre, abbé de Celles, représente Paris comme un séjour dangereux pour les mœurs; suivant cet écrivain, les plaisirs et la débauche y dominent : « O Paris, s'écrie-t-il, que tu es séduisant et corrupteur! que de piéges tes propres vices tendent à la jeunesse imprudente! que de crimes tu fais commettre! (Lettre 10 du IVe livre). » Il est vrai qu'on en a dit autant à toutes les époques.

CHAPITRE V.

PARIS SOUS PHILIPPE-AUGUSTE.

(1180 — 1223.)

Philippe-Auguste succéda, en 1180, à son père, Louis VII. Son règne eut pour conséquence l'agrandissement du domaine royal et de la puissance du trône. L'ambition et l'énergie de ce roi ruinèrent l'immense suprématie qu'avait acquise la noblesse sous les princes ses prédécesseurs. Les établissements de tout genre se multiplièrent à Paris, et les lettres encouragées laissèrent des traces plus nombreuses que sous les règnes précédents; les documents historiques devinrent aussi moins rares et plus exacts.

C'est à cette époque que s'introduisit à Paris un genre

nouveau d'architecture, le genre improprement appelé *gothique*. Aux édifices lourds et sans goût succédèrent des constructions légères et hardies ; à la place des colonnes massives du style roman et de leurs chapiteaux grotesques ou parés de figures bizarres et même indécentes, on vit s'élever des colonnes longues et déliées, groupées le plus souvent ensemble ; au lieu des voûtes à plein cintre, on vit des voûtes angulaires ou en ogive, soutenues par des nervures partant du chapiteau des colonnes. C'est à cette gracieuse architecture qu'appartient l'église *Notre-Dame-de-Paris*, cathédrale de cette ville, une des plus belles basiliques du monde chrétien.

Nous avons dit qu'il existait près de l'extrémité orientale de la Cité une église nommée *Notre-Dame*, et plus anciennement *Saint-Étienne*. Cette église, dont l'origine est inconnue (1), était la cathédrale de Paris. Au XIIe siècle, elle tombait en ruines, et son peu d'étendue était insuffisant à la population toujours croissante de Paris. Un homme, d'abord simple écolier, puis chanoine de Bourges, enfin évêque de Paris, Maurice de Sully, entreprit la reconstruction de Notre-Dame. La première pierre de l'église fut posée en 1163 par le pape Alexandre III, et les travaux furent commencés cette année même. En 1182, le grand-autel fut consacré par le légat du Saint-Siége, nommé Henri.

Maurice de Sully, à qui fut due aussi la reconstruction du palais épiscopal, mourut en 1196. Ses successeurs achevèrent son œuvre avec une grande lenteur. En 1257, on entreprit la construction du portail méridional, construction qui fut commencée par Jean de Chelles. L'église ne fut terminée que vers l'année 1360. Ces travaux, qui ont duré deux cents ans, ont amené dans Notre-Dame l'expression de l'architecture de plusieurs époques.

(1) Quelques auteurs en attribuent la fondation à Childebert Ier, en 522.

« Ces édifices de la transition du roman au gothique, dit M. Victor Hugo dans sa *Notre-Dame de Paris*, ne sont pas moins précieux à étudier que les types purs : ils expriment une nuance de l'art qui serait perdue sans eux : c'est la greffe de l'ogive sur le plein cintre. Notre-Dame est, en particulier, un curieux échantillon de cette vérité. Chaque face, chaque pierre du vénérable monument est une page non seulement de l'histoire du pays, mais encore de l'histoire de la science et de l'art. Ainsi, pour n'indiquer ici que les détails principaux, tandis que la petite porte Rouge atteint presque aux limites des grâces gothiques du XVe siècle, les piliers de la nef, par leur volume et leur gravité, reculent jusqu'à l'abbaye carlovingienne de Saint-Germain-des-Prés; on croirait qu'il y a six siècles entre cette porte et ces piliers. Il n'est pas jusqu'aux hermétiques qui ne trouvent dans les symboles du grand portail un abrégé satisfaisant de leur science, dont l'église de Saint-Jacques-la-Boucherie était un hiéroglyphe si complet. Ainsi, l'abbaye romane, l'église philosophale, l'art gothique, l'art saxon, le lourd pilier rond, qui rappelle Grégoire VII, le symbolisme hermétique par lequel Nicolas Flamel présidait à Luther, l'unité papale, le schisme, Saint-Germain-des-Prés, Saint-Jacques-la-Boucherie, tout est confondu, combiné, amalgamé dans Notre-Dame. Cette église centrale et génératrice est, parmi les vieilles églises de Paris, une sorte de chimère; elle a la tête de l'une, les membres de celle-là, la croupe de l'autre, quelque chose de toutes...

« Les grands édifices, ajoute l'illustre écrivain, sont comme les grandes montagnes, l'ouvrage des siècles. Souvent l'art se transforme, qu'ils pendent encore...; ils se continuent paisiblement selon l'art transformé. L'art nouveau prend le monument où il se trouve, s'y incruste, se l'assimile, le développe à sa fantaisie et l'achève s'il peut. La chose s'accomplit sans trouble, sans effort, sans réaction, suivant une loi naturelle et tranquille. C'est une greffe qui survient, une sève qui circule, une végétation qui reprend. Certes, il y a matière à de bien gros livres, et souvent histoire universelle de l'humanité, dans ces soudures successives de plusieurs arts à plusieurs hauteurs sur le même monument. L'homme, l'artiste, l'individu, s'effacent sur ces grandes masses sans nom d'auteur; l'intelligence humaine s'y résume et s'y totalise. Le temps est l'architecte, le peuple est le maçon. »

Notre-Dame est, suivant la majorité des écrivains, fondée sur pilotis; d'autres prétendent le contraire, et affirment qu'on a eu plusieurs fois l'occasion de visiter les fondations, et qu'elles ne sont point sur pilotis. Cette église a la forme, en œuvre, d'une croix latine de 390 pieds de long, 144 de large, et 104 pieds de haut. Elle a 6 portes, contient 40 chapelles, et est ornée de 128 gros piliers. Les dimensions de cet édifice ont été mises en vers; ces vers sont gravés sur une planche de cuivre, placée contre un des piliers; les voici:

> Si tu veux savoir comme est ample
> De Notre-Dame le grand temple,
> Il y a, dans œuvre, pour le seur,
> Dix et sept toises de hauteur,
> Sur la largeur de vingt-quatre,
> Et soixante-cinq, sans rabattre,
> A de long; aux tours haut montées
> Trente et quatre sont bien comptées;
> Le tout fondé sur pilotis,
> Aussi vrai que je te le dis.

La façade, large de 120 pieds, est flanquée de deux tours carrées, de 204 pieds de haut. Trois portails à ogive donnent, par cette façade, entrée dans l'église; ils sont enrichis de charmantes sculptures. Au dessus de ces portails est une longue galerie formée par de gracieuses colonnettes, s'unissant entre elles par des trèfles. Plus haut, sur le portail du milieu, est la magnifique rosace dont le diamètre est de 40 pieds ; de chaque côté sont des constructions ogivales, entre lesquelles se voient de faux portails taillés également en ogives. Plus au dessus est une seconde galerie, avec de longues colonnettes qui se réunissent de deux en deux par des trèfles et de trois en trois par des ogives. La partie de cette galerie, qui est au dessus du grand portail et de la rosace, est à jour; les deux autres parties latérales supportent la base des tours, vastes quadrilatères surchargés de colonnes et de sculptures. Cette sublime façade, noircie par le temps, a un aspect religieux qui impose à l'âme chrétienne. Ses arabesques, ses dentelles, ses colonnettes, ses pierres travaillées à jour, en font un des plus précieux monuments de la sculpture du moyen âge. Mais il lui manque aujourd'hui trois choses importantes, qui devaient jadis ajouter à sa splendeur : c'est d'abord le degré de 11 marches qui l'exhaussait au dessus du sol, ensuite la série inférieure des statues qui occupaient les niches des trois portails, et la série supérieure des 28 plus anciens rois de France, depuis Childebert jusqu'à Philippe-Auguste, qui étaient placés dans la galerie du premier étage. On voyait aussi sur le portail une série des noms des rois francs depuis Clovis jusqu'à Philippe-Auguste.

« Le degré, dit M. Victor Hugo, c'est le temps qui l'a fait disparaître, en élevant d'un progrès irrésistible et lent le niveau du sol de la Cité ; mais, tout en faisant dévorer une à une, par cette marée montante du pavé de Paris, les marches qui ajoutaient à la hauteur majestueuse de l'édifice, le temps a rendu à l'église plus peut-être qu'il ne lui a ôté ; car c'est le temps qui a répandu sur elle cette sombre couleur des siècles, qui fait de la vieillesse des monuments l'âge de leur beauté. »

Les statues des rois ont été détruites pendant la révolution.

Le portique placé au dessous de la partie septentrionale, possède un zodiaque remarquable. Onze signes sont sculptés autour de la voussure ; le douzième, celui de la Vierge, au lieu d'être rangé parmi les autres, est adossé au pilier qui sépare les deux portes ; il est d'une forte proportion et représenté sous la figure de Marie.

Les portiques latéraux ont des portes célèbres par leurs ornements en fonte de fer. Une tradition du moyen âge porte que l'auteur de ce beau travail, un garçon serrurier, nommé Biscornet, fit un pacte avec le diable, auquel il se donna corps et âme, et qui, en dédommagement ferra lui-même les portes. On dit aussi que le diable n'osa pas ferrer la porte du milieu, par laquelle passait la procession du Saint-Sacrement. En effet, on voit au portique central une lourde porte de bois « sculptée à la Louis XV, » selon l'expression de M. Victor Hugo.

Dans la tour du sud est la fameuse cloche nommée le *bourdon*. Son poids est de près de 32 milliers ; son battant seul pèse 976 livres. Cette cloche, dont les vibrations sont graves et lugubres, a été fondue en 1682, refondue et baptisée en 1685. Elle a eu pour parrain Louis XIV, et pour marraine Marie-Thérèse, reine de France ; elle porte les noms d'*Emmanuel-Louise-Thérèse*.

L'intérieur de l'église est vaste et offre une nef, un chœur et un double rang de bas-côtés, divisés par les piliers qui supportent les voûtes en ogives. Tout autour de la nef et du chœur, au dessus des bas-côtés, on voit une galerie ornée de 108 petites colonnes, chacune d'une seule pièce. Cette galerie est destinée à recevoir des spectateurs lors des grandes cérémonies. C'est là qu'on suspendait autrefois, pendant la guerre, les drapeaux pris sur l'ennemi.

L'église est éclairée par 113 vitraux aux brillantes couleurs, donnés par Suger, abbé de Saint-Denis, à Notre-Dame de Paris. Il y a aussi deux belles roses aux portails latéraux de l'édifice.

Le chœur est pavé en marbre et a 115 pieds de long sur 35 de large. On y remarque des stalles en bois, richement sculptées, et, de chaque côté, au dessus de la corniche de ces stalles, quatre grands tableaux. Ces tableaux sont, d'un côté, l'*Assomption de la Vierge*, par La Hire; la *Présentation de la Vierge au Temple*, par Philippe de Champagne; une *Fuite en Égypte* et la *Présentation de Jésus-Christ au Temple*, par Louis de Boulogne; de l'autre côté, l'*Adoration des Mages*, par Lafosse, la *Naissance de la Vierge*, par Philippe de Champagne; le *Magnificat* ou la *Visitation de la Vierge*, par Jouvenet, et l'*Annonciation de la Vierge*, par Hallé.

Au milieu du chœur est placé un lutrin peu remarquable. Il y avait avant la révolution un beau lutrin haut de 7 pieds et demi, orné de figures en bronze représentant les vertus cardinales et surmonté d'un globe au dessus duquel un aigle soutenait sur ses ailes déployées le livre du chœur. Duplessis était l'auteur de cet ouvrage qui fut exécuté en 1755.

Le sanctuaire, qui a été entièrement réparé en 1714, n'est pas en rapport avec le reste de l'édifice : les ogives du rond-point ont été disposées en arcades à plein cintre. Le sanctuaire est entouré d'une belle grille en fer poli et doré, faite en 1809, sur les dessins de MM. Percier et Fontaine. L'autel principal a de beaux bas-reliefs; à ses côtés sont six anges en bronze, portant chacun des instruments de la Passion, et posés sur des socles de marbre blanc. Derrière cet autel, et sous l'arcade du milieu, est un groupe en marbre nommé le *Vœu de Louis XIII*. Louis XIV, qui posa la première pierre de l'autel en 1699, fit exécuter ce groupe par Coustou, en 1723. Il se compose d'une grande croix en marbre blanc, sur laquelle est jetée une draperie; au bas, est Marie assise et tenant sur ses genoux le corps mort de Jésus. Aux deux côtés étaient placées sur des piédestaux les figures à genoux de Louis XIII et de Louis XIV, offrant des couronnes à la Vierge. Ces figures ont été détruites pendant la révolution, rétablies en 1816, enlevées de nouveau en 1830 et transportées au musée de Versailles. Le groupe de la Vierge et du Christ est seul resté.

On voit au dehors du chœur, sur les faces de son mur de clôture, des figures en plein relief dues à Jean Ravy et Jean Bouteillier, qui s'intitulaient modestement maçons de l'église. Ces curieuses figures, qui datent du XIVe siècle, représentent divers sujets de l'Ancien Testament.

Dans les chapelles situées derrière le chœur sont plusieurs tombeaux remarquables. Celle qui est située au rond-point de l'édifice possède une belle statue en albâtre de la vierge Marie, due au ciseau d'Antoine Raggi. Dans une chapelle du côté droit, on voit, sur l'autel, un beau tableau de Blanchard, qui représente la *Descente du Saint-Esprit sur les apôtres*.

On voyait autrefois près du premier pilier de la nef, à droite, une statue colossale de saint Christophe, portant un enfant sur ses épaules. Érigée en 1413 par Antoine des Essarts, cette statue, qui avait 28 pieds de proportion, fut enlevée de l'église en 1785. On voyait aussi, au bout de la nef, à droite de l'entrée du chœur, une statue équestre de Philippe-le-Bel, grande comme nature, élevée sur un socle et supportée par deux colonnes. Cette statue avait dû être construite en souvenir de la guerre contre les Flamands; on sait qu'à son retour le roi entra à cheval dans l'église Notre-Dame, pour remercier Dieu de la victoire qu'il avait remportée.

L'église est entièrement pavée de carreaux blancs et noirs; le chœur et le sanctuaire le sont en compartiments de marbre de diverses couleurs.

Les façades latérales sont fort belles, et enrichies de sculptures remarquables, mais elles ne produisent pas le même effet que la principale façade.

La charpente du comble porte le nom de forêt. Elle a 356 pieds de long, 36 de large et 30 de hauteur; elle est construite en châtaignier et recouverte de 1236 plaques de plomb, chacune longue de 10 pieds, large de 3, épaisse de 2 lignes, dont l'ensemble pèse 420,240 livres.

Tel est l'aspect général de ce magnifique monument. Nous avons dit que les 11 marches par lesquelles on entrait, encore sous Louis XII, dans l'église, n'existaient plus aujourd'hui; on est même forcé de descendre une marche; de plus, les gouttières en saillie, qui ornaient l'extrémité des contreforts ont disparu; il en est de même des moulures de la rosace du grand portail, des pignons à jour des fenêtres du côté du midi, d'une grande partie des anciens vitraux, et enfin de la flèche supportant une croix qui surmontait le centre de la croisée.

Longtemps Notre-Dame a été encaissée dans un tas de maisons noires et sales. Dans le siècle actuel, une partie de ces maisons a été démolie. Depuis 1830, on a détruit ce qui restait de ces masures, et à leur place s'élève, au midi et à l'est, un grand jardin grillé, où le public peut se promener pendant le jour. Ce superbe monument est maintenant isolé, et l'on peut l'admirer à son aise sur tous les points. Le gouvernement se propose de lui faire subir une restauration complète, qui doit avoir principalement pour but de lui donner un caractère unique d'architecture.

Devant la grande façade de Notre-Dame est une place nommée le *Parvis Notre-Dame*. Cette place, d'abord très petite, s'agrandit lorsqu'en 1748 on renversa les églises de Saint-Christophe et de Sainte-Geneviève-des-Ardents pour construire l'hospice des Enfants-Trouvés, situé vis-à-vis la cathédrale. La rue *Neuve-Notre-Dame*, où se trouve la principale entrée de cet hospice (1), fut ouverte par Maurice de Sully, évêque de Paris, en 1164. Sur le Parvis

---

(1) Cet hospice est occupé maintenant par l'Administration centrale des hôpitaux.

et près de l'Hôtel-Dieu, à droite de l'église, était autrefois une statue de pierre, entièrement déformée et portée sur un piédestal ; le peuple la nommait *M. Legris* et *maître Pierre-le-Jeûneur*. Elle a été détruite en 1748.

Il se trouvait jadis autour de Notre-Dame plusieurs petites églises qui en dépendaient, comme Saint-Jean-le-Rond, qui en était le baptistère, la chapelle de l'Hôtel-Dieu, l'église Saint-Denis-du-Pas et celle de Sainte-Geneviève-des-Ardents. Le palais épiscopal et sa chapelle étaient situés au midi de l'église cathédrale ; nous avons dit que la construction en était due à Maurice de Sully, au XIIe siècle : rebâti à plusieurs reprises et agrandi en 1772 et 1812, il a été démoli par le peuple à la suite d'une émeute en 1831 ; on n'en a conservé qu'un pavillon qui sert encore de sacristie.

Au nord de l'église était le cloître du chapitre. Ce cloître ayant été démoli à une époque inconnue, il resta une voie entre l'église et les maisons des chanoines. Cette rue, fort élargie en 1812, a conservée le nom de *rue du Cloître-Notre-Dame*, et sa continuation, qui rejoint le pont de la Cité, a pris celui de rue de Bossuet ; au bout de cette dernière rue sont deux quais, celui de la Cité à gauche, celui de Catinat à droite. Ces quais terminés en 1813, et qui ont amené la démolition de plusieurs maisons, l'agrandissement des rues, ont contribué à assainir ce sombre quartier. Ils ont aussi amené l'adjonction à la Cité d'un emplacement situé à son extrémité orientale, et nommé le *Terrain* ou *la Motte-aux-Papelards*.

L'évêque de Paris ne tenait pas sa cour de justice dans son palais, mais dans un bâtiment nommé *For-l'Évêque* (en latin *forum episcopi*), situé dans la rue de Saint-Germain-l'Auxerrois. Le prévôt épiscopal y faisait sa demeure, et avait droit de vie et de mort sur les accusés. Cet édifice, reconstruit en 1652, devint la prison des détenus pour dettes et des comédiens. Il fut démoli en 1780. La plupart des jugements du prévôt épiscopal s'exécutaient sur la place du *Trahoir*, située à l'endroit où la rue de l'Arbre-Sec débouche dans la rue Saint-Honoré.

L'église Notre-Dame possédait un grand nombre de reliques et de corps saints. A l'époque de l'invasion des Normands, la cité était la seule partie de Paris qui fût fortifiée. Pour mettre ces saintes reliques à l'abri du pillage des barbares, les églises et les monastères de Paris les déposèrent à Notre-Dame ; mais quand le danger fut passé, les chanoines de cette église en refusèrent la restitution, ou n'en rendirent qu'une partie.

En attendant l'achèvement de la restauration de la Sainte-Chapelle, qui doit être érigée en église paroissiale de la Cité, une chapelle de Notre-Dame sert aux besoins de la paroisse.

On pratiquait à Notre-Dame, comme ailleurs, l'usage de jeter par les voûtes des pigeons et autres oiseaux, des fleurs, des oublies et des étoupes enflammées, le jour de la Pentecôte, pendant l'office divin.

C'était dans la première cour de la maison épiscopale qu'avaient lieu les duels judiciaires. Le chapitre de Notre-Dame obtint, en 1109, ce droit dont jouissaient auparavant les abbayes de Saint-Denis et de Saint-Germain-des-Prés. Le chapitre possédait aussi une prison, dont on ne connaît pas la position.

A Notre-Dame, comme dans plusieurs églises de France, le clergé portait, à la procession des Rogations, la figure d'un grand dragon en osier, peut-être en mémoire du monstre dont saint Marcel aurait délivré Paris ; cet usage a duré jusqu'en 1730. A Notre-Dame se célébraient aussi, comme partout ailleurs à cette époque, la *fête des fous* et la *fête des sous-diacres*. Eudes de Sully, évêque de Paris, chercha en vain à faire cesser ces fêtes libidineuses ; elles ne furent abolies qu'au XVe siècle.

Nous allons maintenant passer en revue les divers autres établissements existants ou fondés à cette époque.

L'*église des Innocents* était située rue Saint-Denis, ainsi que le *cimetière des Innocents*, à l'angle formé par cette rue avec celle dite *aux Fers* ou *au Fèvre*, dont il n'existe qu'un côté, et sur une partie de l'emplacement du marché actuel des Innocents. On ignore à quelle époque fut fondée l'église de ce nom ; une tradition rapporte que ce fut à l'occasion d'un jeune homme crucifié par les juifs : elle fut réparée à plusieurs époques. A côté de cette église était une cellule où des femmes s'emprisonnaient volontairement, ou étaient renfermées par force pour le reste de leurs jours. Ces *recluses* ne recevaient de nourriture que de la charité publique. La figure d'une de ces femmes dévotes, Alix, surnommée la Burgotte, était adossée à un des piliers de l'église, dans la chapelle de la Vierge.

Le cimetière des Innocents fut longtemps ouvert ; Philippe-Auguste l'entoura d'une muraille en 1186. Plus tard, on construisit autour de cette muraille une galerie voûtée, nommée *les Charniers*, et destinée à la sépulture des morts opulents. Les piétons passaient par cette galerie, bordée de monuments funèbres et de boutiques, confusément mêlés ensemble. Le maréchal de Boucicaut en fit construire une partie à ses frais, au xve siècle ; Nicolas Flamel, fit aussi élever celle qui bordait la rue de la Lingerie.

« Le cimetière, dit Guillaume-le-Breton, était un dépôt général d'immondices et de saletés, qui servait de lieu d'aisance à la plupart des habitants, et qui, pis est, de lieu de débauche aux femmes publiques. Ainsi on faisait une grande injure aux morts, et l'on profanait un lieu respectable et sacré. »

Un des côtés de la galerie des Charniers occupait une partie de la largeur de la rue de la Charonnerie (aujourd'hui *rue de la Ferronnerie*) : c'était à cet endroit de la galerie qu'était peinte la fameuse *danse macabre* ou *danse des morts*. La Mort, menant la danse, conduisait au tombeau des rois, des évêques, des prêtres, des moines, des filles, etc. Cette peinture philosophique existait avant le xve siècle.

C'est dans les charniers que reposaient Jean le Boulanger, premier président au parlement, Nicolas Lefèvre, François Eudes de Mezeray, historien français, etc.

Le cimetière proprement dit était celui de plusieurs paroisses de Paris. Au milieu, était une croix ornée d'un bas-relief de J. Goujon, représentant le triomphe du saint Sacrement, et une lanterne en pierre, élevée de 15 pieds au-dessus du sol, en forme d'obélisque, et que l'on allumait la nuit.

L'église et les charniers des Innocents ont été démolis en 1786. On transporta les ossements dans des carrières situées hors de la barrière Saint-Jacques, près de la maison dite la *Tombe Isoire*.

A la place de l'ancien cimetière des Innocents s'élève aujourd'hui le marché qui porte le même nom, et dont nous parlerons plus tard.

Saint-Thomas-du-Louvre fut fondé en 1187, par Robert, comte de Dreux, et reçut le titre d'église collégiale. Cet édifice, situé dans la rue de son nom, près du Louvre, s'écroula en partie en 1739. Rebâti quelques années après, et consacré à saint Louis, il prit le nom de Saint-Louis-du-Louvre, et reçut le tombeau du cardinal de Fleury. Après avoir servi dans la suite au culte protestant, il a été démoli.

Saint-Nicolas-du-Louvre, situé près et au sud de Saint-Thomas, fut d'abord l'*hôpital des pauvres clercs*, c'est-à-dire des étudiants. En 1541, il devint une collégiale qui subsista jusqu'après la chute de Saint-Thomas-du-Louvre. Cette collégiale, qui fut réunie dans la suite à celle de Saint-Louis-du-Louvre, a donné son nom au port de la Seine qui en est voisin.

Sainte-Madeleine, située rue de la Juiverie, dans la Cité, fut d'abord une synagogue pour les Juifs de ce quartier; après leur expulsion (1183), cet édifice devint un temple chrétien auquel furent réunies, en 1749, les paroisses de Saint-Christophe et de Sainte-Geneviève-des-Ardents. Il fut démoli au commencement de la révolution; sur son emplacement est le passage dit *de la Madeleine*. L'église reçut, avant le XIIIe siècle, la *grande confrérie des bourgeois de Paris*, qui avait des propriétés et un clos situé rue Saint-Jacques, et nommé *clos des Bourgeois* : le chef prenait le titre d'abbé. Au XVIIIe siècle elle portait le nom de *grande confrérie de Notre-Dame aux seigneurs, prêtres et bourgeois de Paris*.

Sainte-Geneviève était une abbaye de chanoines réguliers, située sur le haut de la montagne de ce nom. Fondée sous la première race (*voyez* p. 13), puis ruinée, elle fut reconstruite vers 1180. L'église, qui touchait à celle de Saint-Étienne-du-Mont, s'élevait au sud de cette dernière église, sur l'emplacement de la rue de Clovis. Son architecture, fort simple, ressemblait à celle de Saint-Germain-des-Prés; on y voyait une crypte ou chapelle souterraine. La châsse de Sainte-Geneviève, plusieurs fois restaurée, détruite par les Normands, fabriquée de nouveau, et en dernier lieu, au XIIIe siècle, par l'orfèvre Bonard, était placée sur le maître autel; lors des grandes calamités publiques, on la promenait dans les rues de Paris. L'église possédait plusieurs autres reliques, et une partie d'une chasuble qui avait, dit-on, appartenu à saint Pierre; cette chasuble guérissait plusieurs maladies. Le grand autel supportait un beau tabernacle, composé de colonnes doriques de brocatelle antique, avec des ornements de bronze doré, et enrichi de pierres précieuses : c'était une offrande du cardinal de La Rochefoucauld, abbé du monastère. Le tombeau de ce cardinal était en marbre, et d'une grande magnificence; celui de René

Descartes y fut aussi placé longtemps. La châsse de sainte Geneviève, de forme antique et peu élégante, était ornée d'argent, d'or et de pierreries; quatre statues de vierges la soutenaient. L'on voyait au dessus de la châsse un bouquet de diamants, donné par Marie de Médicis, et une couronne aussi en diamants, cadeau de Marie-Élisabeth d'Orléans, reine douairière d'Espagne. Pendant la révolution, cette châsse fut portée à l'hôtel des monnaies; on l'ouvrit : elle renfermait un corps entièrement converti en ossements, une partie de la chasuble de saint Pierre, et plusieurs petits objets. Cette châsse avait été réparée, en 1614, par Nicole, orfèvre de Paris.

L'abbaye de Sainte-Geneviève était le chef-lieu d'une congrégation qui possédait en France 900 maisons; elle nommait à plus de 500 cures. Son abbé avait le titre de général, portait la crosse, la mitre et l'anneau, et était électif.

L'église a été démolie en 1807; on a découvert, au-dessous du grand autel, quelques sarcophages de plâtre ou de pierre qui paraissaient avoir subi plusieurs bouleversements, sans doute du temps des Normands; dans la démolition ne fut pas comprise une tour carrée fort élevée, faisant aujourd'hui partie du collège Henri IV, et remontant aux XIe et XIIIe siècles.

La bibliothèque de cette abbaye est publique, elle a plus de 120,000 volumes imprimés, et possède quatre belles salles; au centre est un dôme peint par Restout en 1730.

On voit dans la rue Clovis, à droite en allant dans la rue des Fossés-Saint-Victor, un reste de muraille fort élevée qui a dû servir d'enclos au monastère de Sainte-Geneviève, qui constitue aujourd'hui le collège Henri IV.

Saint-Étienne-du-Mont, situé sur une place, à peu de distance du Panthéon, sur la rue Clovis et vis-à-vis le collège Henri IV, était d'abord une *chapelle* dite *du Mont*, attenante à l'église de Sainte-Geneviève. Au XIII⁰ siècle elle portait le titre d'église et était accompagnée d'une aumônerie. Reconstruite en 1222 et érigée en église paroissiale, elle fut assujettie à celle de Sainte-Geneviève, et ne put avoir une porte particulière : on passait par la porte de l'église du couvent. Agrandie en 1491 et rebâtie en 1517, Saint-Etienne obtint, à cette dernière époque, d'avoir une porte spéciale. La première pierre de la façade actuelle fut posée en 1610 par Marguerite de Valois. L'aspect de cette façade est singulier, mais non sans agrément; de même que dans l'église, on y remarque l'architecture de la renaissance mêlée au style gothique. L'intérieur de l'édifice est très beau. Les fûts des colonnes, qui sont fort longues, n'ont pas de chapiteaux, et les nervures des voûtes naissent du nu de la colonne. Ce qu'il y a de plus remarquable dans cette église, c'est le jubé, le plus beau de France; sa voûte est très surbaissée; il est chargé de sculptures et d'ornements pleins de goût; on y monte par deux escaliers qui s'élèvent, chacun en contournant le fût d'une colonne, jusqu'aux galeries qui règnent autour du chœur, galeries distinguées par leur délicatesse et leur légéreté; au dessus du jubé est la statue du Christ, avec un ange de chaque côté. Ce joli et précieux morceau d'architecture a été achevé en 1600.

Au milieu de la voûte de la croisée, descend de 12 pieds une *clef pendante*, construction hardie formée des nervures de la voûte qui, après en avoir suivi la courbure, redescendent en s'unissant et se terminent en formant une masse suspendue en l'air sans appui.

Les arcades de la nef sont du XVII⁰ siècle; les vitraux, qui sont très beaux, appartiennent au XVI⁰. L'église présente cela de remarquable que son axe n'est pas perpendiculaire à la façade.

On distingue dans l'intérieur une belle chaire de Claude Lestaucard, un tableau de M. Abel de Pujol, représentant saint Etienne prêchant l'Evangile; l'épitaphe de Blaise Pascal dans la chapelle de la Vierge. On n'y voit plus les bas-reliefs de Germain Pilon, et plusieurs tableaux, dont un de Lesueur, et deux peints, l'un par de Troy, le second par Largillière, qui avaient été votés par l'échevin de Paris, à l'occasion des famines de 1669 et de 1709.

Le clocher de Saint-Etienne est très élevé : c'est une tour carrée surmontée d'un petit belvédère.

Saint-Etienne, qui possède la châsse de Sainte-Geneviève, devint sous l'empire paroisse du 12e arrondissement; en 1822, ce titre fut décerné à la nouvelle église de Sainte-Geneviève; mais depuis 1830, cette dernière a repris le nom de *Panthéon* et est redevenue l'asile des grands hommes dont s'honore la France. Saint-Etienne est de nouveau paroisse.

L'église Saint-André-des-Ars, située rue de ce nom, fut fondée en 1210, par les moines de Saint-Germain-des-Prés, à qui cette église appartint. Reconstruite au XVIe siècle, excepté le chœur qui fut conservé, cette église a été détruite après 1790. Elle contenait les tombeaux d'Anne Martinozzi, princesse de Conti, morte en 1672, et de François-Louis-Armand de Bourbon, prince de Conti, son époux, mort en 1683; ceux de Claude Léger, curé de Saint-André, le Nain de Tillemont, historien; Nanteuil, graveur; Charles Dumoulin, Henry d'Aguesseau, jurisconsultes; Lamotte-Houdard, poëte académicien; l'abbé Le Batteux, littérateur; la famille de Thou y possédait une chapelle destinée à la sépulture de ses membres; une autre chapelle renfermait les cendres de Jacques Coictier, médecin de Louis XI.

Saint-Côme et Saint-Damien. Cette église paroissiale, située au coin de la rue de La Harpe et de celle de l'École-de-Médecine, fut fondée par les moines de Saint-Germain-des-Prés, dont elle fut la propriété, à la même époque

que la précédente. En 1345, la nomination de la cure de Saint-Côme fut attribuée à l'université. Cette église possédait un cimetière et des charniers; il y avait de plus un lieu où des chirurgiens venaient visiter les pauvres malades le premier lundi de chaque mois. Dans cette église étaient les tombeaux d'Omer Talon, de Nicolas de Bèze, de Claude d'Espence, etc. Cette église, supprimée en 1790, a servi longtemps à diverses destinations. Elle a été démolie lors du percement de la rue Racine prolongée.

Saint-Hilaire, situé rue du Mont-Saint-Hilaire, n° 2, était d'abord un oratoire, qui prit le titre d'église paroissiale au XIIIe siècle. Réparée au XVIIIe siècle, cette église fut démolie vers 1795, et remplacée par une maison particulière.

Saint-Honoré, situé rue de ce nom, fut d'abord une chapelle fondée, vers 1204, par Renold Chereins, boulanger, et son épouse. Ce fut dans la suite une église paroissiale, qui portait au moyen âge le nom de *Saint-Honoré-aux-Pourceaux*, parce qu'elle était située près de la place ainsi nommée. Agrandie et réparée en 1579, cette église a été démolie en 1792, et sur son emplacement, on voit aujourd'hui la rue Montesquieu et des passages couverts bordés de boutiques. L'édifice, qui n'avait rien de remarquable, possédait le tombeau du cardinal Dubois et un beau tableau de Philippe de Champagne, représentant *l'enfant Jésus amené au Temple par sa mère*.

Saint-Nicolas-des-Champs, situé rue Saint-Martin, et à côté de l'abbaye de ce nom, fut dans l'origine une chapelle, qui devint une église paroissiale dans le XIIIe siècle; elle fut agrandie dans le XVIe siècle. Cet édifice est beaucoup plus long que large. Comme à Saint-Etienne-du-Mont, les colonnes qui appartiennent au style gothique, sont dénuées de chapiteaux, et leurs nervures suivent les arêtes des voûtes. Le chœur, plus moderne que la nef, possède un bel autel, orné de colonnes corinthiennes, de quatre anges en stuc, dus à Sarrasin, et de *l'Assomption de la Vierge*, par Vouet.

Cette église, qui est aujourd'hui paroisse du sixième arrondissement, renferme les sépultures de Guillaume Budé, Pierre Gassendi, Henri et Adrien de Valois, Théophile Viaud et Laurent Magnière.

Saint-Gervais, situé rue du Monceau-Saint-Gervais (*voy.* pag. 17). Cette église, après avoir appartenu aux comtes de Meulan, fut cédée par eux au monastère de Saint-Nicaise de Meulan. Nous en reparlerons dans la suite.

Saint-Pierre ou *Saint-Père*. Cette église, située rue des Saints-Pères, fut d'abord une chapelle; sous Philippe-Auguste, elle avait le titre de paroisse du bourg Saint-Germain. Plus tard, on construisit tout auprès un hôpital qui a depuis reçu le nom de *la Charité*.

Saint-Jean-en-Grève, derrière l'hôtel-de-ville, fut d'abord simple chapelle, puis église paroissiale (1212). Elle fut rebâtie en 1326. Nous reparlerons plus tard de cet édifice et du précédent.

Les *Mathurins* étaient des religieux dont le couvent était situé dans la rue du même nom. Ce couvent, fondé vers 1205, remplaça un hôpital dédié à saint Mathurin. Les Mathurins, appelés *religieux de la très sainte Trinité et de la Rédemption des captifs*, furent institués par Jean de Matha et Félix de Valois, dans le but de racheter les chrétiens esclaves des musulmans. Ils vivaient d'une manière simple et austère, et ne se servaient d'abord que d'ânes pour montures. En 1267, le pape Clément IV leur permit de se servir de chevaux. C'est à cause de leur première monture que le peuple les appelait les *frères aux ânes*.

Leur couvent, bâti sur une partie de l'emplacement du palais des Thermes, est devenu, depuis 1790, une propriété particulière. L'église, qui a été démolie, était ornée de marbres précieux ; le grand autel était supporté par quatre colonnes composites en brocatelle jaune antique ; le tabernacle avait dix colonnes de marbre de Sicile ; deux chapelles latérales étaient ornées de colonnes de brèche antique, et la grille qui séparait la nef du chœur était soutenue par six belles colonnes. Une partie du cloître subsiste encore.

L'Université de Paris tenait ses assemblées et célébrait ses solennités religieuses dans ce couvent.

Les *Jacobins*, appelés aussi *Dominicains* ou *Frères mineurs*, habitaient un couvent situé rue Saint-Jacques. Saint Dominique fut le fondateur de cet ordre. En 1219, il vint en voir les progrès dans la capitale. Ces moines s'étaient d'abord établis dans une maison réservée aux pèlerins, près de laquelle se trouvait une chapelle consacrée à saint Jacques. Dans la suite, la rue prit le nom de ce saint, et les religieux reçurent celui de *Jacobins*, qui en dérive. Nous reviendrons sur ce couvent.

Saint-Antoine-des-Champs était une abbaye située rue du faubourg Saint-Antoine. Elle fut fondée, en 1198, par Foulques de Neuilly, célèbre prédicateur de son temps, et auteur de nombreux miracles, suivant les anciens historiens. Foulques, aidé d'un autre prédicateur nommé Pierre de Roussy, fit plusieurs conversions, et recueillit un certain nombre de femmes prostituées repenties, qui furent les premières religieuses de son monastère. Cette abbaye, qui fut depuis agrandie et qui reçut le surnom de *royale*, fut entourée de fortes murailles. Vers une partie des fossés, Louis XI conclut, en 1465, pendant la guerre *du bien public*, une trêve avec les princes ligués contre lui, trêve que ces princes violèrent. En 1479, ce roi fit élever en ce même lieu une croix avec cette inscription gravée sur une pierre de la base : *L'an M. CCCC LXV fut ici tenu le landit des trahisons, et fut par une tresve qui fut donnée : maudit soit-il qui en fut cause.* Ce lieu reçut le nom de *Fossé des Trahisons*.

L'abbaye et son église furent reconstruites vers l'an 1770. L'église renfermait les tombeaux de plusieurs grands personnages, entr'autres de Jeanne et de Bonne de France, filles de Charles V. Cette abbaye a été supprimée en 1790. En 1795, ses bâtiments ont été convertis en un hôpital. Elle a donné son nom au faubourg où elle est située et à la rue qui y conduit.

L'hôpital de la Trinité, situé au coin des rues Saint-Denis et Grenetat, fut fondé sous Philippe-Auguste, par Jean Palée et Guillaume Estuacol, et destiné aux pauvres malades. Il reçut dans l'origine le nom de *Croix de la Reine*, mais prit ensuite celui de *la Trinité*. On créa pour le service de cet hôpital une communauté dont les membres, qui, dans l'origine, ne pouvaient voyager que sur des ânes, furent nommés *frères âniers* ou *frères de la Trinité aux ânes*. Pour desservir les chapelles, on y introduisit des religieux prémontrés d'Hermières, qui cessèrent peu à peu d'exercer l'hospitalité, et firent de l'hôpital un couvent. Vers la fin du XIV° siècle, ces religieux louèrent la plus grande salle aux *confrères de la Passion*, qui y tinrent leur spectacle jusqu'en 1545. A cette époque, le parlement de Paris consacra les bâtiments de cet hôpital à l'éducation de cent garçons et de trente-six filles, tous orphelins, surnommés *enfants bleus*, à cause de la couleur de leurs vêtements. Ces enfants assistaient aux enterrements. Cet hôpital a été démoli à la révolution : son emplacement est occupé aujourd'hui par des maisonnettes disposées en rues régulières. L'église, qui avait été reconstruite en 1598, a été démolie en 1817.

L'hôpital de Sainte-Catherine, situé rue Saint-Denis, au coin méridional de la rue des Lombards, fut fondé vers l'an 1184, sous le nom d'*hôpital des pauvres de Sainte-Opportune*, et confié à des frères hospitaliers. En 1222, cet hôpital fut mis sous la protection du Saint-Siége, et prit le nom d'*hôpital de la Maison-Dieu-Sainte-Catherine*.

Dans le XVIᵉ siècle, des sœurs faisaient le service avec les frères hospitaliers; mais, en 1521, les sœurs furent seules conservées. Ces religieuses, qui appartenaient à l'ordre de Saint-Augustin, avaient dans leurs attributions primitives le soin de loger les pèlerins, les femmes ou filles qui n'avaient pas le moyen de se procurer un asile : ces personnes étaient hébergées gratuitement pendant trois jours. Démolis à la révolution, les bâtiments de cet hôpital ont été remplacés par des maisons particulières.

Parlons maintenant des établissements civils.

Le *collége de Constantinople* ou *collége grec*, situé cul-de-sac d'Amboise, près la place Maubert, fut fondé au commencement du XIIIᵉ siècle; il existait du moins au XIVᵉ. En 1362, il tombait en décadence, lorsque Jean de La Marche en forma un nouveau collége qui, dans la suite, prit le nom de *Petite-Marche*, et fut, en 1420, réuni au collége de La Marche.

Le *collége des Bons-Enfants*, situé dans la rue de ce nom, près du Palais-Royal, fut fondé en 1208, et reçut d'abord le nom d'*hôpital des pauvres Écoliers*. Les écoliers étaient obligés, pour vivre, de demander l'aumône dans Paris. Jacques Cœur et quelques personnes bienfaisantes pourvurent à leur entretien, en assurant au collége un revenu suffisant. En 1605, ce collége fut réuni au chapitre Saint-Honoré, et il n'en resta bientôt plus que le nom.

Un autre collége des *Bons-Enfants*, nom qui paraît avoir été donné aux étudiants à cette époque, existait rue Saint-Victor, nᵒˢ 66 et 68. On ignore l'époque de sa fondation; mais on sait qu'en 1257 le pape Innocent IV permit d'y bâtir une chapelle. Plus tard, les bâtiments de ce collége devinrent le *séminaire de Saint-Firmin*. C'est dans cette maison qu'en septembre 1792, plusieurs ecclésiastiques furent massacrés par des furieux qui ne se bornèrent pas à ce crime. En 1815, on y plaça l'institution des Jeunes Aveugles.

Le *Pré-aux-Clercs* était un vaste pré s'étendant à l'ouest et au nord de l'abbaye et du bourg Saint-Germain, depuis ce bourg jusqu'à la Seine, et depuis la rue des Saints-Pères jusqu'à l'esplanade des Invalides. Les *clercs*, c'est-à-dire les ecclésiastiques et les étudiants, s'y promenaient. Les écoles de Paris et l'abbaye de Saint-Germain se disputèrent longtemps la possession de ce pré, qui fut presque toujours un théâtre de duels, de combats, de désordres, jusque sous Louis XIV. Nous aurons occasion d'y revenir.

Le règne de Philippe-Auguste amena des établissements nouveaux dans la capitale. C'est ainsi qu'on vit, en 1183, s'élever deux halles hors de Paris, sur le territoire de Champeaux, où Louis VI avait établi un marché; ces halles furent entourées d'une clôture, percée de portes, et les étaux furent couverts. Il existait dans la Cité et devant l'église de la Madeleine un marché qui fut peu de temps après réuni aux halles de Champeaux.

Les Templiers établirent une boucherie dans leur enclos. Les bouchers y firent opposition. Pour tout concilier, on convint que la boucherie des Templiers n'aurait que deux étaux, large chacun de 12 pieds (1182), et que les bouchers de la ville auraient le droit de vendre du poisson d'eau douce. On croit qu'ils s'établirent vers la rue Pierre-au-Poisson, appelée depuis rue de la *Petite-Saulnerie*.

C'est à Philippe-Auguste qu'on doit la première idée de paver les rues de la capitale, où la boue et l'eau sans écoulement répandaient une odeur malsaine et insupportable. Le prévôt et les bourgeois de Paris payèrent cette dépense. Quelques auteurs disent qu'un banquier du temps, nommé Gérard de Poissy, y contribua pour la somme de 11,000 fr. On a cru que Philippe-Auguste avait fait paver toutes les rues de Paris; mais cela n'est pas exact; on pava seulement deux rues qui se croisaient au centre de cette ville, en formant ce qu'on nommait la

Croisée de Paris; l'une se dirigeant du sud au nord, l'autre de l'est à l'ouest. Ce pavé était composé de grosses dalles ou *carreaux* de grès de forte dimension. C'est sans doute du nom de ce pavé que sont venus celui de la rue des *Petits-Carreaux*, et les expressions *laisser* et *être sur le carreau*.

Du temps des Romains, comme nous l'avons déjà dit, un aqueduc faisait parvenir aux Thermes les eaux du Rungis ; un autre partait de Chaillot, sur le faubourg septentrional de la Cité, et se dirigeait vers le Palais-Royal. Ces aqueducs, sans doute détruits par les Normands, firent place à d'autres qui eurent des directions différentes. L'*aqueduc de Saint-Gervais*, que l'on conjecture avoir été construit sous le règne qui nous occupe, prend ses eaux des hauteurs de Ménilmontant et de Romainville, qui se rendent à un réservoir commun dans le village du Pré-Saint-Gervais, d'où des tuyaux de plomb les font parvenir à Paris. Ces eaux alimentaient la fontaine Saint-Lazare, avant 1265, et la fontaine des Filles-Dieu qui les tirait de la première. Ces deux fontaines étaient situées hors Paris et dans le faubourg Saint-Denis. La plus ancienne fontaine de l'intérieur de Paris est celle des Innocents, située d'abord au coin de la rue Saint-Denis et de la rue au Fèvre, et adossée à l'église des Innocents ; elle existait au XIIIe siècle, et recevait les eaux de la fontaine Saint-Lazare. (Voy. *Paris sous Louis XVI*.) La fontaine des Halles date de la fin du XIIIe siècle. Les eaux provenaient du même aqueduc. Un autre aqueduc recueillait les eaux venues de Belleville, les conduisait à l'abbaye de Saint-Martin-des-Champs, où elles alimentaient une fontaine qui existait avant 1240. Cet aqueduc qui conduisait aussi l'eau à la fontaine Maubuée, et l'aqueduc de Saint-Gervais étaient les seuls qui existassent sous Philippe-Auguste.

C'est ce prince qui fit bâtir hors de Paris une tour ou

forteresse, nommée en latin *Lupara*, et en français *Louvre*. Les ordonnances rendues par les rois qui y résidèrent portent ces mots : *Apud Luparam propè Parisios* (au Louvre, près de Paris).

On ignore l'époque précise de la construction de la tour du Louvre et l'origine de son nom. Cette tour était néanmoins terminée en 1204. Le terrain sur lequel elle fut bâtie appartenait alors à Saint-Denis-de-la-Chartre, et était nommé le *rivage de Saint-Denis*; c'était un vaste pré.

Philippe-Auguste éleva un mur d'enceinte autour du Louvre, qui fut destiné à servir de séjour aux rois, de forteresse et de prison. Ferdinand, comte de Flandre, ayant été fait prisonnier à la bataille de Bouvines, en 1214, y fut enfermé, et y demeura jusqu'après la cession de ses domaines à Philippe-Auguste. Plusieurs autres grands personnages y furent détenus par la suite. Le Grand-Châtelet, ou *Chastel-de-Grand-Pont*, était réservé aux prisonniers vulgaires. Le Louvre fut aussi destiné à contenir le trésor des rois. Nous verrons dans la suite les changements qu'éprouva cet édifice.

Avant Philippe-Auguste, Paris était bien sale et bien laid. De misérables maisons et des chaumières occupaient l'emplacement laissé libre par les monastères entourés de murs comme les forteresses, les églises et les chapelles. Ces édifices composaient, avec le palais de la Cité et le vieux palais des Thermes, tous les monuments de Paris. Nous avons vu sous ce prince l'introduction d'un nouveau genre d'architecture, la fondation de Notre-Dame, de plusieurs hôpitaux et colléges, de halles spacieuses; nous avons vu le cimetière des Innocents s'entourer de murailles, les principales rues de la capitale se paver, deux aqueducs se construire : ces établissements durent donner à la ville un aspect nouveau et plus agréable. Mais le plus important, le plus notable changement de cette époque est l'enceinte que Philippe fit élever autour de Paris et de ses faubourgs, et qui fut la troisième que reçut la capitale.

Cette enceinte, qui donna à Paris une extension nouvelle, fut d'abord exécutée vers le nord de la ville. Commencé en 1190, le mur septentrional fut achevé dans l'espace de 15 ou 18 années; il partait de la rive droite de la Seine, un peu au-dessus du pont des Arts, point où s'élevait une tour ronde, longtemps nommée *Tour-qui-fait-le-Coin*. Traversant l'emplacement actuel de la cour du Louvre, dont il longeait la façade occidentale, le mur se prolongeait le long de la rue de l'Oratoire jusqu'à la rue de la *Charronnerie* (Saint-Honoré), où était la porte *Saint-Honoré* ou porte *aux Aveugles*, fortifiée par deux tours rondes. De cette porte, située presque à côté du portail du temple de l'Oratoire, le mur d'enceinte s'étendait entre les rues de Grenelle et d'Orléans, jusqu'au carrefour où aboutissent les rues de Grenelle, Sartine, J.-J. Rousseau et Coquillière; là était la porte de *Bahaigne* ou de *Bohême*, nommée aussi porte *Coquilliers* ou *Coquillière*, à cause d'une famille de ce nom qui habitait tout auprès. Le mur se prolongeait ensuite entre les rues J.-J. Rousseau et du Jour. Entre ce mur et l'église Saint-Eustache, le roi Charles V fit bâtir une maison avec jardins et écuries, nommée *Séjour du Roi*. Sur l'emplacement de ces bâtiments a été percée la rue du *Jour*, diminutif du mot *séjour*. Parvenu à la rue Montmartre, le mur avait, en face des n°s 15 et 32, une porte nommée *Montmartre* ou *Saint-Eustache*. L'entrée de la maison du n° 32 semble avoir été construite avec les matériaux de cette porte. Le mur se continuait le long de la rue Mauconseil, et traversait la rue de *Bourgogne* (rue Française). Dans une maison de la rue Pavée-Saint-Sauveur, n° 3, est un jardin où s'élève une tour carrée, haute de 86 pieds. Quelques auteurs ont pensé qu'elle appartenait à l'enceinte dont nous parlons; mais il est plus vraisemblable de croire quelle faisait partie des bâtiments de l'hôtel de Bourgogne, car elle n'affecte pas la forme des tours de l'enceinte de Philippe-Auguste, qui toutes étaient rondes.

A l'angle des rues Mauconseil et Saint-Denis, était la porte *Saint-Denis* ou *aux Peintres*; un cul de sac en face de la rue Mauconseil a conservé ce dernier nom. Quand on bâtit une autre enceinte, sous Charles V, on construisit une autre porte, qui fut nommée deuxième porte *Saint-Denis*; le mur traversait la rue Bourg-l'Abbé, et aboutissait à la porte *Nicolas-Huidelon*, située à l'angle méridional formé par la rue Grenier-Saint-Lazare, en débouchant dans la rue Saint-Martin; puis, perçant le massif des maisons placées entre les rues Geoffroi-l'Angevin et Michel-le-Comte, il aboutissait à la rue Sainte-Avoye, entre le coin de la rue de Braque et l'hôtel de Mesmes, et à la porte de *Braque* ou porte *Neuve*, située dans la rue du Chaume, à l'angle que forme avec cette rue celle de Paradis. Suivant cette dernière rue, qu'il abandonnait à son extrémité orientale, le mur aboutissait dans la rue Vieille-du-Temple, entre les rues des Francs-Bourgeois et des Rosiers. Là était la porte *Barbette*.

Le mur arrivait ensuite à l'extrémité de la rue Culture-Sainte-Catherine, en décrivant une courbe. Sur la rue Saint-Antoine était la porte *Baudet* ou *Baudoyer*. Traversant l'emplacement de l'église et autres bâtiments de Saint-Louis, maison professe des jésuites, et collège de Charlemagne, puis l'enclos du couvent de *l'Ave-Maria* et l'emplacement de la rue des Barrés, où fut élevée dans la suite la *fausse poterne Saint-Paul*, le mur d'enceinte aboutissait à la rive droite de la Seine : là, entre les rues de l'Etoile et de Saint-Paul, vers le milieu du massif de bâtiments qui sépare le quai des Ormes de celui des Célestins, était une tour où plus tard on ouvrit une porte nommée *Barbelle* ou *Barbéel-sur-l'eau*.

L'enceinte de la partie méridionale fut commencée vers 1208. Une tour nommée d'abord *Tournelle de Philippe Amelin*, puis *Tour de Nesle*, s'élevait sur la rive gauche de la Seine, vers l'emplacement de la bibliothèque Mazarine. De cette tour, où l'on perça plus tard la porte de *Nesle*, l'enceinte méridionale, laissant au dehors l'emplacement de la rue Mazarine et du collége Mazarin, en suivait quelque temps la direction, traversait l'emplacement de la rue Dauphine, suivait la ligne de la rue Contrescarpe, et aboutissait à la rue Saint-André-des-Ars, où se trouvait une porte nommée dans la suite porte de *Bussi*, nom qu'a conservé une rue voisine. Le mur, se dirigeant ensuite entre la cour du Commerce et l'hôtel de Tours, aboutissait à la rue de l'Ecole-de-Médecine, où était la porte des *Cordelles*, des *Cordeliers* ou des *Frères-Mineurs-Saint-Germain*; puis il traversait les rues de Touraine, de l'Observance, se prolongeait entre la rue des Fossés-M.-le-Prince et l'enclos du couvent des Cordeliers, et arrivait à la place Saint-Michel et à l'extrémité supérieure de la rue de La Harpe : là était la porte *Gibert* ou *Gibard*, ancien nom de cette place, appelée plus tard porte de *Fert* (*ostium Ferti*, *porta de Ferto*), puis porte *d'Enfer* (*porta inferni*), enfin porte *Saint-Michel*. De là, le mur d'enceinte longeait l'enclos du couvent des Jacobins, et on peut voir encore une certaine partie de ce mur qui allait aboutir à la rue Saint-Jacques. Une porte nommée de *Saint-Jacques* et de *Notre-Dame-des-Champs* était placée vers le milieu de l'espace qui se trouve entre les rues Soufflot et des Fossés-Saint-Jacques. Se prolongeant sur les emplacements qui sont au nord, et enveloppant les dépendances de l'abbaye de Sainte-Geneviève, le mur aboutissait à la rue Bordet, où était une porte nommée *Bordet*, *Bordelle*, ou porte de *Saint-Marcel*, à 6 mètres environ du point où la rue Bordet débouche dans celle de Fourcy.

De la porte Bordet, l'enceinte suivait la direction de

la rue des Fossés-Saint-Victor. On voit encore quelques restes de cette partie du mur, notamment dans la rue de Clovis. Ce mur traversait l'enclos de l'école polytechnique, s'étendait jusqu'à la rue Saint-Victor, où était une porte de ce nom, qui a été démolie en 1684, et qui était située entre les extrémités inférieures des rues des Fossés-Saint-Victor et d'Arras. De cette porte, le mur traversait l'emplacement du séminaire des Bons-Enfants ou de Saint-Firmin, et s'étendait en droite ligne à la Seine, dans la direction parallèle à celle de la rue des Fossés-Saint-Bernard. Une forteresse, appelée la *Tournelle*, terminait l'enceinte méridionale. On y établit dans la suite une porte.

L'enceinte entière comptait ainsi treize portes ou poternes; elle avait environ 739 anciens arpents, c'est-à-dire 312 hectares; elle était couronnée de créneaux et fortifiée de distance en distance par des tours rondes engagées dans le mur. Dans l'origine, il n'y eut pas de fossés; on n'en creusa que dans la suite. La dépense de ces fortifications, que nous savons avoir été de 100 sous la toise, fut supportée par les bourgeois de Paris.

Nous compléterons l'histoire de Paris, sous Philippe-Auguste, par l'étude de l'état civil et du commerce de cette ville.

Il existait, avant cette époque, une corporation de marchands par eau qu'on nommait la *hanse parisienne*, jouissant de certains priviléges auxquels prenaient part les marchands d'autres pays qui s'y faisaient associer, c'est-à-dire qui étaient *hansés*, selon l'expression du temps. Des marchands par eau étrangers à la hanse de Paris n'étaient cependant pas exclus du commerce sur la Seine. La hanse fit construire un port destiné au dépôt et au débarquement des marchandises. Elle acheta, en 1220, les *criages de Paris*, ou les criées des marchandises à vendre dans cette ville; le droit de placer ou de déplacer les crieurs, et de donner les mesures ; elle obtint aussi la *petite justice* et les lots et ventes, excepté les amendes pour fausses monnaies et la justice en matière criminelle.

Avant Philippe-Auguste, les marchands qui conduisaient par eau du vin à Paris étaient obligés de le vendre sur leurs bateaux. Ce roi accorda aux habitants de Paris le droit de faire déposer leurs vins sur les bords de la Seine.

Le prévôt de Paris avait la police de cette ville, et rendait la justice aux justiciables du roi. L'évêque de Paris, le chapitre de Notre-Dame, les abbés de Saint-Germain-des-Prés, de Sainte-Geneviève, et les seigneurs ecclésiastiques rendaient la justice dans leurs domaines, par des officiers particuliers. En l'absence de toute loi positive, les jugements étaient dépendants du simple caprice du juge ; et, comme le plus souvent on avait recours aux duels judiciaires et aux épreuves de l'eau et du feu, le plus fort gagnait toujours son procès. La confusion des juridictions amenait à chaque instant des désordres, et nécessitait des conventions particulières entre les possesseurs du droit de justice.

Les lettres firent beaucoup de progrès sous Philippe-Auguste, et les écoles se multiplièrent avec rapidité. Le roi, pour attirer le plus d'écoliers possible dans sa capitale, leur accorda de nombreux priviléges : ainsi, il ordonna aux habitants de Paris de venir rendre témoignage en justice des insultes faites aux écoliers ; d'aller à leur secours, s'ils étaient attaqués ; d'arrêter les agresseurs, et de les livrer à la justice. Il fut défendu au prévôt du roi, et à son officier, de mettre la main sur un écolier, et de le conduire en prison. S'il méritait d'être arrêté, il ne pouvait l'être que par la justice du roi, et encore en flagrant délit, sans qu'on pût le frapper, à moins qu'il ne fit résistance, et il devait être remis à la justice ecclésiastique. Les serviteurs des écoliers obtinrent les mêmes priviléges. Forts de ces avantages, les étudiants s'abandonnèrent aux plus grands désordres, qui étaient presque toujours impunis : ils enlevaient les femmes, commettaient des vols et des meurtres, et ne respectaient rien. Plusieurs fois les évêques se virent forcés de les excommunier et d'en chasser bon nombre de Paris. En 1223, il s'éleva une querelle violente entre les écoliers et les habitants : 320 étudiants furent tués. Les écoles réclamèrent avec énergie auprès du pape et du roi ; mais voyant que leurs instances n'étaient point écoutées, elles furent bientôt désertées. En 1408, le prévôt de Paris ayant fait pendre deux écoliers convaincus de vol et de meurtre, fut forcé de faire amende honorable, de détacher du gibet les deux écoliers, de leur donner à chacun un baiser sur la bouche, de les conduire au parvis de Notre-Dame, et de là dans l'église des Mathurins. Ces priviléges d'étudiants, qui interrompaient le cours de la justice, amenèrent bien des crimes et des désordres dans Paris.

En 1210, le 21 octobre, furent brûlés à Paris quatorze ecclésiastiques qui formaient une secte niant la présence réelle, la nécessité du culte des saints et des cérémonies de l'église ; quatre autres sectateurs furent condamnés à la prison perpétuelle. Les docteurs et évêques qui prononcèrent ce jugement condamnèrent au feu deux livres d'Aristote sur la métaphysique, et défendirent de les lire ou de les transcrire, sous peine d'excommunication, de peur que les subtilités de ce philosophe n'égarassent les esprits sur les matières de religion.

En 1212, il se tint à Paris un concile qui adopta plusieurs règlements à l'usage du clergé et des religieux, prohiba la fête des fous, qui ne cessa pourtant pas d'être en vigueur.

Au règne de Philippe-Auguste remonte l'institution des *ribauds* ou *sergents d'armes*, qui sont la première garde de nos rois dont on trouve des preuves ; cette institution remonte à 1191. Les ribauds étaient armés de massues, et veillaient constamment auprès de la personne du roi. Leur chef portait le titre de *roi des ribauds*. Il conduisait ses hommes à la guerre, quand le roi y était ; il gardait les portes des palais, jugeait les crimes commis dans l'enceinte du séjour du roi, exécutait, comme bourreau, les sentences du prévôt du palais, et partageait avec les fonctionnaires les dépouilles des condamnés ; il avait aussi l'inspection et la police des jeux de hasard, des maisons de prostitution et des femmes publiques qui suivaient ordinairement la cour, et qui étaient nommées *prostituées royales*. Cette charge durait encore en 1448.

Les filles publiques formaient une corporation sous le patronage de sainte Madeleine. Elles avaient leurs coutumes ou priviléges, et habitaient certains quartiers particuliers : tels étaient *le Val d'Amour* (ou *rue de Glatigny*) dans la Cité ; la rue *des Murs* (rue *d'Arras*), *le Champ-Gallard*, les rues *Brise-Miche*, du *Champ-Fleuri*, du *Grand* et du *Petit-Hurleur*.

Il n'y avait pas, à cette époque, de spectacles à Paris. « Quelquefois des jongleurs ou *gouliars*, disent les *grandes Chroniques de France*, et autres espèces de ménétriers, s'assemblent dans les cours des maisons appartenant à des bourgeois, à des princes ou hommes riches, et déploient tous leurs talents, toute leur adresse, pour avoir de l'argent, des robes ou quelques joyaux, en chantant ou en récitant des contes, *contant nouveaux mots, nouveaux dits et nouvelles risées de diverses guises*, et prodiguant les louanges aux hommes riches, afin de les séduire. Nous avons vu quelquefois des hommes riches se donner beaucoup de soins, faire de grandes dépenses pour avoir, dans une fête, un habit extraordinaire qui pouvait coûter vingt ou trente marcs d'argent, et, après l'avoir porté cinq ou six fois, le donner aux ménétriers. Le prix de cette robe aurait fait, pendant un an, vivre vingt ou trente pauvres. »

Les seigneurs déployaient un grand luxe dans leurs vêtements. Aux tuniques courtes et aux chlamydes ou manteaux succédèrent, dans le XIe et le XIIe siècle, de longues robes garnies de fourrures ; les bonnets étaient aussi ornés de riches pelleteries ; l'usage était revenu de laisser pousser la barbe. Les femmes portaient de longues robes et un manteau traînant à terre ; leur coiffure ressemblait à celle des religieuses : on croit voir des abbesses dans les figures des dames de cette époque.

Plusieurs calamités firent éprouver de grands désastres à Paris durant cette période. Le Petit-Pont, entraîné en 1185 et 1196, par les débordements de la Seine, et toujours rétabli, fut de nouveau détruit par une inondation terrible, en décembre 1206 : les eaux s'élevaient jusqu'au second étage des maisons ; pour communiquer de l'une à l'autre, dit un historien contemporain, on se servait de bateaux.

De nombreuses famines vinrent encore affliger le peuple, notamment en 1188, 1189 et 1190. En 1194, le setier de froment se vendit jusqu'à 16 sous ; le setier d'orge, 10 sous ; de méteil, 13 à 14 sous, et le setier de sel, 40 sous (1). En 1196, 1197 et 1221, nouvelles disettes excessives dans toute la France. Cette dernière année, d'affreuses tempêtes firent de grands ravages : dans l'espace de huit jours, quarante hommes furent tués par le tonnerre, dans le Beauvoisis et le pays Parisien ; la foudre tomba aussi sur l'aumônerie de Notre-Dame ou l'Hôtel-Dieu, et sur l'aumônerie de Saint-Étienne-du-Mont.

Ces détails complètent l'histoire de Paris sous le règne de Philippe-Auguste.

---

(1) Le marc d'argent valant alors 50 sous, le prix du setier de blé devait être de 16 francs de notre monnaie. Ce prix était alors, vu la rareté des espèces, beaucoup plus exorbitant qu'aujourd'hui. Dans les années fertiles, le prix du setier de blé, à Paris, était de 2 sous 6 deniers (2 francs 50 centimes).

CHAPITRE VI.

PARIS SOUS LOUIS VIII ET SAINT LOUIS.

(1223 — 1270.)

Le règne de Louis VIII, qui succéda à son père Philippe-Auguste, en 1223, n'amena aucun changement, aucune institution nouvelle dans la capitale. Ce règne ne dura que trois ans. Louis VIII mourut en 1226.

Il n'en est pas de même du règne de Louis IX, dit saint Louis : il n'est pas moins important pour l'histoire de France que pour l'histoire de Paris. Cette ville s'enrichit, sous ce prince, d'une foule d'édifices nouveaux ; la piété de saint Louis, en fondant un grand nombre de monastères et d'hôpitaux, contribua à la splendeur et à l'agrandissement de la capitale. Voici la nomenclature des établissements qui furent fondés sous ce règne.

Sainte-Catherine-du-Val-des-Écoliers était une maison religieuse, située rue Saint-Antoine, sur l'emplacement du marché actuel de Sainte-Catherine. Les sergents d'armes, en mémoire de la victoire de Bouvines, fondèrent cette église. Ils s'entendirent, pour cette institution, avec les chanoines du Val-des-Écoliers, au diocèse de Langres, qui étaient venus se fixer près de la place Baudet, et qui s'établirent ensuite dans la maison de Sainte-Catherine, nommée alors *de la Culture-de-Sainte-Catherine*. Ce fut d'abord un collége tenu par les religieux ; habitée ensuite par des prêtres, cette maison fut réunie, en 1636, à la congrégation de Sainte-Geneviève. Elle était gouvernée par un prieur, et servait de noviciat à ceux qui aspiraient au titre de chanoine régulier. En 1767, les chanoines réguliers de Sainte-Catherine furent transférés dans la maison des Jésuites, et, en 1782, les bâtiments furent démolis.

Sur le vieux portail de l'église se trouvaient ces inscriptions :

« A la prière des sergens d'armes, monsieur saint Loys fonda cette église, et y mist la première pierre. Ce fust pour la joie de sa victoire qui fust au pont de Bovines (1), l'an 1214.

« Les sergens d'armes, pour le temps, gardoient ledit pont, et vouèrent que si Dieu leur donnoit victoire, ils fonderoient une église en l'honneur de madame sainte Katherine; ainsi fust-il. »

On voyait aussi sur ce portail un bas-relief représentant, d'un côté, saint Louis entre deux sergents d'armes, et de l'autre, un chanoine régulier entre deux hommes de guerre. Le nouveau portail avait été élevé par François Mansard. Il était très remarquable.

Saint-Nicolas-du-Chardonnet, situé rue Saint-Victor, au coin de celle des Bernardins. Cette église eut pour origine une chapelle fondée, en 1230, dans le clos du Chardonnet, et fut érigée en paroisse en 1245. Elle fut reconstruite en 1709, à l'exception du portail qui n'a pas été terminé. L'intérieur est orné de pilastres composites dont les socles sont revêtus en marbre, et dont les chapitaux n'ont qu'un rang de feuilles d'acanthe. Le maître-autel est surmonté d'une belle gloire. Cette église, qui est la première succursale de Saint-Étienne-du-Mont, 12e arrondissement, possède les tombeaux du peintre Charles Lebrun et de sa mère, ainsi que le corps du poëte Santeul.

Les *Jacobins* ou *Dominicains de la rue Saint-Jacques* agrandirent leur maison, grâce aux libéralités de saint Louis. Ils établirent des écoles dans leur couvent, et furent presque continuellement en lutte avec l'Université. Ils prêchaient dans les églises de Paris, et entendaient

---

(1) Sous Philippe-Auguste.

en confession les principaux personnages de la ville. La dissolution et les désordres s'introduisirent à plusieurs époques dans ce couvent. On tenta de les réformer en 1501; comme ils refusèrent de se soumettre à une réforme, on les chassa de leur couvent; mais ils y revinrent armés avec plus de douze cents écoliers, entrèrent dans la maison, et y commirent de grands excès; mais ils finirent par quitter la ville, et « ainsi s'en allèrent, dit Jean Dauton, les pauvres jacobins vagabonds et dispers. »

En 1780, quelques bâtiments menaçaient ruine; on transporta dans d'autres parties de l'édifice les objets les plus précieux. L'ordre ayant été supprimé en 1790, les bâtiments furent réparés en 1816 et 1817, et destinés à servir de maison de refuge pour les jeunes détenus. Depuis peu de temps, on a transféré les jeunes détenus dans la prison de la Roquette, et le couvent des Jacobins est occupé par des écoles publiques.

L'église de ce couvent était peu remarquable, mais son portail était d'une grande beauté. On voyait dans cette église les tombeaux des chefs de trois branches qui ont régné en France : Charles, comte de Valois, Louis d'Evreux et Robert, fils de saint Louis et duc de Bourbon; devant le grand-autel était le tombeau de Humbert II de la Tour-du-Pin, dernier dauphin du Viennois, qui, en 1340, donna sa souveraineté au roi de France, à condition que les fils aînés des rois porteraient le titre de *dauphin*. Dans la nef était le tombeau de Jean Passerat, un des auteurs de la *Satire Ménippée*, et dans le cloître fut enterré Jean de Meung, auteur du *roman de la Rose*.

Dans cette église était la *confrérie du Rosaire* ou du *Chapelet*.

Le couvent des Jacobins a produit plusieurs prédicateurs de talent; mais il a aussi produit Jacques Clément, qui assassina par fanatisme le roi Henri III, et le prieur Edmond Bourgoing, qui, non content de faire l'apologie de ce crime, mit Clément au rang des saints.

Les *Cordeliers* ou *Frères mineurs de l'ordre de Saint-François-le-Séraphique* habitaient un couvent situé rue de l'Ecole-de-Médecine (autrefois rue des *Cordeliers*), au coin de celle de l'Observance. Ces religieux vinrent s'établir à Paris, en 1217, sur un emplacement que leur loua l'abbaye de Saint-Germain-des-Prés, à condition qu'ils n'auraient ni cloîtres, ni cimetière, ni autel consacré. Saint Louis tira les Cordeliers de cette situation précaire : il obtint qu'ils auraient des cloîtres et un cimetière ; en 1234, il leur fit donner, par l'abbaye de Saint-Germain-des-Prés, un grand bâtiment où ils s'établirent ; il fournit aussi aux frais de la construction de l'église, qui fut dédiée, en 1262, à sainte Madeleine.

A peine jouissaient-ils de leur établissement, qu'ils cherchèrent à empiéter sur les droits de l'Université ; ils eurent avec ce corps de nombreuses querelles, qui souvent dégénérèrent en scènes de violence. Des dissensions intestines s'élevèrent parmi ces mêmes religieux à diverses époques. On les réforma plusieurs fois, notamment en 1501, 1582, 1622 ; mais ces réformes ne se firent pas sans opposition de la part des moines, et même sans de graves désordres. Cet ordre fut supprimé avec les autres en 1790.

L'église de ce monastère, bâtie par saint Louis, fut entièrement détruite par un incendie, en 1580. Henri III la fit rebâtir avec Christophe et Jacques de Thou et les secours fournis par l'ordre du Saint-Esprit. Cette nouvelle église, une des plus vastes de Paris, possédait les tombeaux d'Albert Pio, prince de Carpi, d'Alexandre d'Alès, maître de saint Thomas d'Aquin, et de saint Bonaventure ; on y conservait le cordon de saint François, et une confrérie y était établie sous cette dénomination.

La maison des Cordeliers servait de collége aux jeunes religieux de l'ordre qui y étudiaient la théologie. Dans la salle de cette école se tinrent les séances du club révolutionnaire dit des *Cordeliers*, et ensuite de la section du Théâtre-Français. C'est dans une autre salle que se tenait d'abord le chapitre de l'ordre de Saint-Michel.

L'église a été démolie, et sur son emplacement est une belle place; le réfectoire, placé dans la cour située en face de la rue Hautefeuille, est aujourd'hui le musée *Dupuytren*. On a utilisé les jardins en y élevant des pavillons de dissection. Sur une partie de l'emplacement du cloître, on voit un hôpital où se fait un cours de clinique chirurgicale, un cour d'anatomie, etc. Dans les bâtiments situés dans la cour qui fait face à la rue Hautefeuille, était, il y a quelques années, la manufacture royale de mosaïque.

Les *Filles-Dieu* furent établies au XIIIe siècle. Ce monastère, destiné aux filles publiques converties, fut fondé, en 1226, par saint Louis, sur l'emplacement qu'occupent aujourd'hui le cul-de-sac des Filles-Dieu et la rue Basse-Porte-Saint-Denis; il était alors situé hors de Paris et sur le chemin de Saint-Denis. Saint Louis lui donna quatre cents livres de rente qui furent payées par tous ses successeurs. La maison des Filles-Dieu ayant été détruite par les Anglais, sous le règne de Charles V, les religieuses allèrent s'établir rue Saint-Denis, sur l'emplacement où sont bâtis la rue et le passage du Caire. Il existait en ce lieu un *hôpital* ou *Maison-Dieu*, fondé, vers l'an 1216, sous le titre de *Sainte-Madeleine*, destiné à recevoir pendant une nuit les femmes mendiantes qui passaient à Paris. Au XVe siècle, les bâtiments des Filles-Dieu tombaient en ruines; l'hôpital fut abandonné. Charles VIII donna, en 1483, cette maison et ses revenus à l'ordre de Fontevrault. La communauté des Filles-Dieu étant régénérée, on éleva une nouvelle église, qui fut achevée en 1508, et au chevet de laquelle était placé un crucifix qu'on faisait baiser aux criminels que l'on allait exécuter à Montfaucon; les Filles-Dieu leur portaient trois morceaux de pain et un verre de vin. Cette église a été détruite à la révolution. En 1798, on a construit sur l'emplacement du monastère ce qu'on nomme la *foire du Caire*.

Saint-Leu et Saint-Gilles. Il existait une paroisse de ce nom, laquelle était desservie dans l'église de Saint-Symphorien, en la Cité. Une chapelle fut construite, en 1235, sous la même dénomination, rue Saint-Denis, comme succursale de l'église Saint-Barthélemy; reconstruite en 1320, elle fut érigée en paroisse en 1617, et subit de nombreuses réparations en 1727. A cette dernière époque, un charpentier nommé Guillaume Guérin transporta, sans la démonter, la charpente entière du clocher, d'une tour qui menaçait ruine, sur une autre tour nouvellement bâtie. Le chœur fut de nouveau réparé en 1780. Cette église, qui a reçu d'importantes réparations en 1823, est aujourd'hui succursale de la paroisse de Saint-Nicolas-des-Champs, 6e arrondissement.

La *Sainte-Chapelle-du-Palais.* Dans le voisinage ou même dans l'enclos du palais de la Cité, les ducs de France, les comtes de Paris et les rois eurent la chapelle de *Saint-Barthélemy* ou de *Saint-Magloire*, et en outre les chapelles de *Saint-Georges*, de *Saint-Michel* (où fut baptisé, en 1165, Philippe-Auguste) et celle de *Saint-Nicolas* ou de la *Vierge-Marie*, fondée par le roi Robert en 1239. Beaudouin, empereur de Constantinople, ayant vendu pour une somme égale à cent mille francs la couronne d'épines qui avait, dit-on, servi à la passion de J.-C., saint Louis fit déposer cette relique à la sainte chapelle de Saint-Nicolas. Il en reçut d'autres du même empereur qui furent apportées avec solennité à Paris, en 1241; parmi ces nouvelles reliques, étaient plusieurs morceaux de la vraie croix, un morceau du fer de la lance qui perça J.-C., une partie de l'éponge qui servit à lui donner à boire, le roseau dont on lui fit un sceptre, une partie de son manteau de pourpre, un morceau du linge dont Jésus se servit pour laver les pieds de ses apôtres, une partie de la pierre du Saint-Sépulcre, une croix nommée *Croix de Triomphe*, parce que ceux qui la portaient étaient assurés de vaincre leurs ennemis, du sang de J.-C., les langes dont le Seigneur fut enveloppé en son enfance, du lait de la Vierge, la verge de Moïse, etc.

Afin de donner un logement convenable à ces reliques, saint Louis fit élever la *Sainte-Chapelle* sur l'emplacement de celle de Saint-Nicolas. Commencée en 1242, elle fut achevée, en 1248, par les soins du célèbre architecte Pierre de Montreuil; elle coûta plus de 40,000 livres tournois; les ornements des châsses qui contenaient les reliques coûtèrent plus de 100,000 livres tournois. (A cette époque, le marc d'argent valait 58 sous). La dépense totale des reliques, des châsses et de la construction de la chapelle, s'élève à environ 6 millions de notre monnaie.

La Sainte-Chapelle est à deux étages; la chapelle inférieure était réservée aux habitants de la cour du Palais, et dédiée à la Vierge; la chapelle supérieure, destinée au roi et à ses officiers, avait le nom de *Sainte-Couronne* et de *Sainte-Croix*; elle est longue de 36 mètres, haute d'autant et large de 9 mètres.

Saint Louis fit construire dans le trésor de la Sainte-Chapelle un lieu sûr pour y déposer sa bibliothèque; il assigna des revenus considérables aux chapelains chargés de desservir l'église. Le premier dignitaire porta successivement divers titres; au XIVe siècle il avait celui *d'archi-chapelain*, lorsque le pape Clément VII lui accorda le droit d'officier avec les ornements pontificaux et de donner la bénédiction au peuple. Depuis cette époque, ce dignitaire prit le titre de *prélat*, et dans quelques actes, on le trouve désigné sous la qualification de *pape de la Sainte-Chapelle*. Les règlements obligeaient trois élèves et un chapelain de passer la nuit dans l'église pour garder les reliques. Pendant la nuit du vendredi au samedi saint, les possédés du diable venaient dans cette église, pour se débarrasser de Satan, par la vue de la vraie croix.

Dans l'intérieur de la Sainte-Chapelle, on voyait aux deux côtés de l'entrée du chœur des autels décorés de tableaux en émail, ouvrage de Léonard de Limoges, qui les exécuta sur les dessins du Primatice. Au bas de ces tableaux représentant la passion de J.-C., étaient, d'un côté, la figure de François Ier et de Claude, son épouse; de l'autre celle de Henri II et de Diane de Poitiers.

Sur le principal autel, était une châsse en vermeil, ayant la forme exacte de la Sainte-Chapelle, enrichie de pierreries et renfermant le corps de saint Louis. Derrière se trouvait une châsse plus grande, en bronze doré, contenant les reliques vendues par Baudouin.

Dans la chapelle inférieure, était, avant la révolution, enseveli Boileau-Despréaux, qui a célébré cet édifice dans le *Lutrin*. A cette époque, le corps du poëte fut porté au musée des monuments français; en 1819, il a été transféré à l'église de Saint-Germain-des-Prés.

Le trésor de la Sainte-Chapelle contenait une grande croix de vermeil faite par ordre de Henri III, et où était placé un morceau de la vraie croix; le buste de saint Louis, grand comme nature, tout en or, enrichi de pierreries et soutenu par deux anges de vermeil; le bâton du chantre de la Chapelle; des livres d'église dont les couvertures étaient enrichies d'or et de perles; un calice d'or, deux burettes en cristal de roche, une grande croix en or, ornée de pierres précieuses, et un camée en agate-onyx, le plus grand qui soit connu : il a près d'un pied de long, sur dix pouces de largeur, et est de forme ovale.

Charles V croyant y voir gravé un sujet chrétien, le donna à la Sainte-Chapelle. Ce n'est que sous Louis XIII que le savant Peiresc reconnut qu'il représentait l'apothéose d'Auguste. Ce beau camée a été rompu en deux parties, lors de l'incendie du Palais, en 1618. Réparé et transféré à la bibliothèque royale, il fut volé en 1810, mais on parvint à le retrouver.

Tel était ce beau monument de l'architecture byzantine; il a eu à souffrir des ravages de la révolution. Le gouvernement en a ordonné la restauration complète : on s'en occupe activement; déjà on a abattu une partie des maisons qui empêchaient de l'admirer dans son ensemble. Ce remarquable édifice possède une magnifique série de vitraux, composés d'une suite de médaillons aux couleurs étincelantes, représentant divers sujets sacrés.

Le collége de la Sorbonne fut fondé, en 1283, par Robert Sorbon, chapelain de saint Louis, pour un certain nombre d'ecclésiastiques séculiers, chargés d'instruire des écoliers sans fortune qui voulaient parvenir au grade de docteur. Saint Louis lui donna, en 1256, une maison située rue Coupe-Gueule, devant le palais des Thermes, et, en 1258, deux autres maisons, l'une située rue des Deux-Portes et l'autre rue des Maçons ; il les fit rebâtir convenablement, et le prix des locations fut destiné à l'entretien des écoliers. Il donna aussi un ou deux sous par semaine aux étudiants, pour les aider à vivre. Le nombre des pauvres écoliers admis dans ce collége, du temps de saint Louis, s'élevait à cent.

Ce collége, qui prit d'abord le titre de *Pauvre-Maison*, et dont les professeurs portaient celui de *pauvres maîtres*, prit peu à peu une grande importance, et cette association de docteurs, si humble dans son origine, devint le tribunal redoutable chargé de prononcer sur les ouvrages et les opinions théologiques, et qui alla jusqu'à condamner les décisions des papes et des rois. « La Sorbonne, dit l'Estoile, c'est-à-dire trente ou quarante pédants, maîtres-ez-arts crottés, qui, après grâces, traitent des sceptres et couronnes, firent en leur collége, le 16 du présent mois (décembre 1587), un résultat secret qu'on pouvoit oster le gouvernement aux princes qu'on ne trouvoit pas tels qu'il falloit. » Dans le journal du 16 janvier 1589, cet écrivain dit encore : « En ce même temps, la Sorbonne et la Faculté de Théologie, c'est-à-dire huit ou dix soupiers et marmitons, comme porte-enseignes et trompettes de sédition, déclarèrent tous les sujets du roy absous du serment de fidélité et obéissance, qu'ils avoient juré à Henri de Valois, naguère leur roy. » Ainsi, ces docteurs ne s'occupaient pas seulement des questions théologiques; ils prêchaient la révolte et la sédition.

La Faculté de Théologie, présidée par un proviseur élu chaque année, résidait dans le collége de la Sorbonne. Les *écoles intérieures* se tenaient dans les bâtiments contigus à l'église, et les *écoles extérieures* dans un corps-de-logis que l'on voit encore sur la place de ce collége. Pour être en droit de porter le titre de *docteur de Sorbonne*, il fallait avoir fait ses études dans ce collége, y avoir, pendant dix ans, argumenté, disputé et soutenu divers actes publics ou *thèses*, qu'on distinguait en *mineure*, *majeure*, *sabatine*, *tentative*, *petite* et *grande sorbonique*. Dans cette dernière, le prétendant au doctorat devait soutenir et repousser les attaques de vingt docteurs, qui l'assaillaient depuis six heures du matin jusqu'à sept heures du soir.

Les bâtiments et la chapelle de la Sorbonne étaient en très mauvais état, lorsque le cardinal de Richelieu en ordonna la reconstruction. Le collége fut commencé en 1629, et l'église en 1635; elle ne fut achevée qu'en 1659. La façade de cette église est composée de deux ordres l'un sur l'autre, dont le supérieur est couronné par un fronton; au-dessus de cette façade s'élève, du centre de l'édifice, un dôme accompagné de quatre campaniles, et surmonté par une lanterne. Cet ouvrage, dû à Lemercier, est assez médiocre. Sur le côté septentrional de l'église est une autre façade chargée de deux ordonnances, qui donne sur la grande cour du collége. La peinture de la coupole du dôme est de Philippe de Champagne. On voit dans cette église le tombeau en marbre du cardinal de Richelieu, ouvrage de Girardon.

Pendant la révolution, on conçut le projet d'établir l'école normale à la Sorbonne; mais ce projet ayant été abandonné, cet édifice fut occupé par des ateliers de sculpteurs, jusqu'en 1819; on y établit une section de l'école de droit; cependant quelques artistes y demeurèrent, d'autres occupaient le reste des bâtiments de la Sorbonne; ils en furent bientôt expulsés. L'église fut pendant quelque temps rendue au culte : on y célébrait tous les dimanches la messe et les vêpres en musique, sous la direction de M. Choron; mais depuis quelques années on a cessé d'y célébrer l'office divin. Les bâtiments de la Sorbonne sont aujourd'hui occupés par l'Académie de Paris et les Facultés de théologie, des sciences et des lettres.

Le collége des Bernardins, situé près de la place aux Veaux, sur l'ancien clos du Chardonnet, entre le quai des Miramiones et la rue Saint-Victor, fut fondé, en 1244, par Étienne Lexington, abbé de Citeaux, afin que les religieux Bernardins pussent prendre des grades dans l'Université. En 1320, cet établissement et ses dépendances furent cédés aux religieux de l'ordre de Citeaux. Le pape Benoit XII voulut faire rebâtir à ses frais le collége et l'église : la première pierre fut posée en 1338; mais l'église ne fut pas terminée. Depuis la révolution, on a ouvert quelques rues sur l'emplacement du collége des Bernardins; à cette époque le bâtiment de l'église fut démoli. L'ancien dortoir du collége est aujourd'hui un dépôt de farines.

Le *Collége et hôtel Saint-Denis*, situés dans l'espace compris entre les rues Contrescarpe, Saint-André-des-Ars et une partie des rues Dauphine et des Grands-Augustins, fut fondé vers le milieu du XIIIe siècle. C'était une propriété de l'abbé de Saint-Denis. On lit dans le *Pantagruel* de Rabelais que ce personnage était logé à l'hôtel de Saint-Denis, et qu'il se promenait avec Panurge dans le jardin de cet hôtel. En 1607, lors du percement de la rue Dauphine, le collége et l'hôtel de Saint-Denis furent en partie démolis et vendus : c'est à cause de ces établissements que la rue des Grands-Augustins, dont le nom primitif était *rue de la Barre*, porta les noms de *rue à l'abbé Saint-Denis, rue du collége de Saint-Denis, des écoles et des écoliers de Saint-Denis, des charités de Saint-Denis*.

Sainte-Marie-l'Égyptienne, et par corruption *la Jussienne*, était une chapelle située au coin des rues Montmartre et de la Jussienne, n° 25, existant sous le règne de saint Louis. C'est près de cette chapelle que se fixèrent d'abord les Augustins, qui y demeuraient en 1250. Dans cette chapelle, reconstruite au XIVe siècle, se réunissait la confrérie des drapiers de Paris. Elle fut démolie en 1752, et sur son emplacement est une maison particulière. Un de ses vitraux représentait l'action de Sainte-Marie-l'Égyptienne se livrant au batelier pour payer son passage.

Les *frères Sachets* ou *frères de la Pénitence de Jésus-Christ* habitaient un couvent fondé par saint Louis en 1261, au bord de la Seine, sur l'emplacement où s'éleva depuis le couvent des Augustins, et où l'on voit aujourd'hui le marché de la Volaille. Les frères Sachets, ou au sac, étaient fort pauvres et obligés de mendier pour vivre. En 1293, ils cédèrent aux Augustins l'emplacement de leur maison. On ignore l'époque de leur suppression. Leur nom venait des sacs dont ils se couvraient.

Les *sœurs Sachettes*, qui étaient aussi vêtues de sacs,

habitaient rue du Cimetière-de-Saint-André-des-Ars, nommée au XIIIᵉ siècle *rue des Sachettes*. Elles étaient très pauvres et demandaient l'aumône dans les rues de Paris. On ne sait à quelle époque elles furent supprimées.

Les *Grands-Augustins* vinrent s'établir à Paris sous le règne de saint Louis. Ils demeurèrent d'abord rue Montmartre, au delà de la porte Sainte-Eustache, dans un lieu environné de bois où se trouvait la chapelle de Sainte-Marie-l'Égyptienne. Ils allèrent s'établir ensuite (après 1260) dans le clos du Chardonnet, sur l'emplacement occupé depuis par le collége du cardinal Lemoine. Ils fixèrent définitivement leur résidence dans le couvent occupé par les frères Sachets sur le bord de la Seine, et sur le territoire de Laas, dans l'emplacement occupé aujourd'hui par la Halle à la Volaille et la rue du Pont-de-Lodi. Ils étendirent peu à peu leur couvent, d'abord très exigu.

L'église, qui fut rebâtie sous Charles V, possédait, entre autres tombeaux, celui de Philippe de Comines, historien; des tableaux de Vanloo, de Troy, René de Champagne et Jouvenet; un bel autel, décoré d'après les dessins de Charles Lebrun; une chaire et des stalles fort belles, et une belle figure de saint François, en terre cuite, ouvrage de Germain Pilon.

Dans les salles de ce couvent se tinrent, depuis 1579, les assemblées de l'ordre du Saint-Esprit; celles du clergé de France, qui y avait ses archives et ses registres, s'y tenaient aussi; enfin le parlement y a siégé en diverses circonstances.

La rue Dauphine a été en grande partie ouverte et bâtie sur l'enclos et les jardins du couvent des Augustins; sur l'autre partie de leur enclos est la rue du Pont-de-Lodi, établie vers 1797. Enfin, sur l'emplacement de l'église a été construit, en 1811, le beau marché de la volaille et du gibier. Il ne reste rien des bâtiments de ce monastère.

Le couvent des *Béguines*, situé rue des Barrés, fut fondé

en 1264, par saint Louis. Ces béguines n'étaient pas cloîtrées et ne faisaient pas de vœux ; elles pouvaient quitter la communauté pour se marier. En 1471, leur maison ne contenait plus que trois femmes. Louis XI y établit alors un nouvel ordre de religieuses appelé *de la tierce ordre pénitence et observance de monsieur saint François*, et ordonna que cette nouvelle communauté serait nommée l'*Ave-Maria*. Ces religieuses y furent maintenues, malgré la prétention qu'eurent l'Université et plusieurs ordres mendiants de mettre à leur place les filles de Sainte-Claire. Le couvent, supprimé en 1790, a été converti en caserne (1). L'église n'avait rien de remarquable: elle contenait les tombeaux d'Antoine, roi de Portugal, mort à Paris en 1595 (on y conservait son cœur); de Charlotte de la Trémouille, femme de Henri de Bourbon, prince de Condé; de Claude-Catherine de Clermont, fameuse par son érudition sous le règne de Charles IX; de Jeanne de Vivonne; de Mathieu Molé, célèbre par sa fermeté pendant les troubles de la Fronde, et de Renée Nicolaï, sa femme; on y vénérait aussi le corps de saint Léonce.

Les *Carmes du grand couvent* furent amenés à Paris par saint Louis, en 1254, à son retour de sa première expédition en Palestine, et s'établirent d'abord dans un emplacement sur le port Saint-Paul, « de vers Charenton » dit Joinville, que les Célestins occupèrent ensuite. A cause de la bigarrure de leurs vêtements, qui étaient moitié blancs, moitié noirs, le peuple les surnomma les *barrés*, nom qu'a retenu la rue qui conduit au port Saint-Paul. En 1309, les Carmes se fixèrent près de la place Maubert, entre la rue de la Montagne-Sainte-Geneviève et celle des Carmes (2), à l'extrémité orientale de la rue des Noyers. Leur nouveau couvent prit bientôt un grand accroissement. Leur église fut achevée en 1353. Ils acquirent l'emplace-

(1) Cette caserne porte le nom d'*Ave-Maria*.
(2) Auparavant nommée *Saint-Hilaire*.

ment du collége de Dace. Cet ordre a été supprimé en 1790. L'église de la place Maubert a été démolie en 1812; elle avait un beau portail situé sur la rue des Carmes; on y voyait les statues de quelques reines. L'église contenait les tombeaux de Gilles Corozet, libraire du XVIe siècle, auteur de la première description de Paris, intitulée les *Antiquités, chroniques et singularités de Paris*; du cardinal Michel de Beq; de M. Boullenois : ce dernier tombeau était le plus fastueux de Paris.

Sur l'emplacement du couvent des Carmes a été bâtie une halle destinée au marché de la place Maubert; elle a été commencée en 1813 et achevée en 1823.

Les *Chartreux* furent appelés à Paris par saint Louis, en 1257, et résidèrent d'abord à Gentilly, petit village aux environs de la capitale, jusqu'en 1258.

A cette époque s'élevait au milieu des prairies qui s'étendaient au midi et hors des murs de Paris, vers l'entrée de la grande avenue qui va de l'Observatoire au parterre du Luxembourg, le vieux château de *Vauvert*. Depuis longtemps ce château était inhabité; il passait pour être la retraite des diables et des revenants. La terreur qu'il inspirait a produit cette phrase proverbiale, *allez au diable vauvert* (par corruption, on dit aujourd'hui *au diable auvert*), pour signifier faire une course longue et périlleuse. Les souvenirs de cette tradition se retrouvent jusque dans les auteurs du XVIIe siècle. Une voie romaine qui conduisait à Issy, et qui portait d'abord le nom de *chemin d'Issy* (au XIIIe siècle), reçut dans la suite celui de *rue de Vauvert*; c'est aujourd'hui la *rue d'Enfer*. De vastes carrières s'ouvraient, au XIIe siècle, sur cette rue.

Les Chartreux obtinrent de saint Louis la cession du château de Vauvert, et s'y établirent en 1258. Ce roi fit entreprendre la construction d'une église l'année suivante; mais cet édifice ne fut terminé qu'en 1324, sur les plans et dessins de Pierre de Montreuil. Cette église, qui était un chef-d'œuvre d'architecture gothique, possédait de beaux tableaux de Louis et Bon de Boulogne, Jouvenet, Philippe de Champagne, Antoine Coypel, etc.; une belle menuiserie autour du chœur, ouvrage de Henri Fuzelier, et plusieurs phylactères (reliquaires) précieux. On y conservait la sandale de saint Jean-Baptiste, cadeau du duc de Berry, une image en vermeil de saint Louis, avec une couronne enrichie de diamants, et tenant d'une main un sceptre, et de l'autre une épine extraite de la sainte couronne. Cette église contenait aussi les tombeaux de Pierre de Navarre, de Jean de Lune, de Louis Stuart, seigneur d'Aubigny, etc. Le chapitre avait plusieurs tableaux de Lagrenée, Lesueur et Philippe de Champagne.

Ce couvent avait un grand et un petit cloître, entourés d'appartements composés chacun de plusieurs pièces et d'un petit jardin. Dans le petit cloître étaient peintes, dès le XIVe siècle, les principales actions de la vie de saint Bruno, fondateur des Chartreux. A ces peintures, faites sur le mur, succédèrent en 1500 de nouveaux tableaux sur toile, et en 1648, vingt-cinq tableaux sur bois, chefs-d'œuvre du célèbre Lesueur. Ces tableaux sont aujourd'hui au Louvre. Les vitraux du cloître, ouvrage de Sadeler, étaient d'une grande beauté. Dans le grand cloître, situé autour du pavillon de la pépinière du Luxembourg, étaient quelques vieux tableaux.

A l'est de la grande avenue du Luxembourg, est un bâtiment construit en 1623, qui servait de troisième entrée à la maison des Chartreux; la première était sur la rue d'Enfer. Dans la cour de ce bâtiment, on en voyait un autre plus ancien, dont la façade était ornée d'arabesques. Au-dessus des arcades, était un bas-relief semé de fleurs de lis : on y voyait la sainte Vierge, et au-dessous d'elle saint Hugues avec un cygne, saint Jean-Baptiste avec un agneau et saint Antoine avec son cochon; puis encore

Louis XI, avec plusieurs moines à genoux. Cet édifice remontait au XVe siècle.

Les bâtiments et l'enclos des Chartreux occupaient dans les derniers temps une superficie d'environ 60,450 toises carrées. En 1613, Marie de Médicis, pour former le jardin du Luxembourg, leur donna de vastes terrains situés au delà de la voie d'Issy, en échange de plusieurs parties de leur jardin. La voie d'Issy fut dès lors comprise dans l'enclos des Chartreux.

L'ordre ayant été supprimé en 1790, l'église et le couvent ont été démolis. Sur leur emplacement on a ouvert de nouvelles rues, des pépinières. Le jardin du Luxembourg s'est agrandi du côté méridional, et l'on a tracé la belle avenue qui s'étend de l'Observatoire au parterre du palais.

Sainte-Croix-de-la-Bretonnerie. Cette église, située rue de même nom (auparavant appelée *carrefour du Temple*), entre les n°s 16 et 12, fut fondée en 1258 par saint Louis, sur l'emplacement de l'ancienne Monnaie, et en faveur des frères de *Sainte-Croix*, dits aussi *porte-croix, croisiers*, parce qu'ils avaient une croix sur la poitrine. Ces chanoines réguliers se soumirent, sous Louis XIII, à la règle de saint Augustin, et furent supprimés en 1778. L'église fut bâtie par Pierre de Montreuil; on y voyait seize caveaux où étaient les sépultures de plusieurs familles de Paris. Sur l'emplacement occupé par la communauté, on a bâti diverses maisons et établi un passage. C'était dans cette maison que se réunissaient les jurés-crieurs pour les inhumations, sorte de gens qui fournissaient tout ce qui était nécessaire aux enterrements.

Les *Blancs-Manteaux* ou *serfs de la Vierge Marie* étaient des religieux qui s'établirent en 1258 à Paris, sur un emplacement situé en dedans et près du mur d'enceinte de Paris, rue des Blancs-Manteaux, entre les n°s 12 et 16. Cette communauté ayant été supprimée en 1274, fut remplacée en 1297 par celle des *Guillemites* ou *Guillemins* auxquels l'on conserva le nom de leurs prédécesseurs. Ces religieux furent réformés et réunis aux Bénédictins en 1618. Le monastère fut alors reconstruit, ainsi que l'église, qui est aujourd'hui succursale de Saint-Merry, 7° arrondissement, sous le titre de *Notre-Dame-des-Blancs-Manteaux*.

L'hospice des Quinze-Vingts fut fondé par saint Louis, on ne sait à quelle époque, rue Saint-Honoré, au coin de la rue Saint-Nicaise. Ce roi fit bâtir une grande maison qui dut contenir à perpétuité trois cents aveugles pauvres, nourris et logés aux frais de l'état. Il y fit élever une chapelle en l'honneur de saint Remi, et, en 1260, donna à l'établissement trente livres de rente afin que les aveugles pussent manger des potages.

Cette institution fut spécialement recommandée, en 1265, par le pape Clément IV, aux évêques et prélats de France. Les quêteurs des aveugles allaient tous les jours demander l'aumône dans les rues de Paris. Il en était de même de tous les ordres mendiants, comme nous l'avons déjà vu. Les Quinze-Vingts restèrent dans leur habitation primitive jusqu'en 1779. (Voyez *Paris sous Louis XVI*.)

L'Hôtel-Dieu, magnifique hôpital situé dans la Cité, au midi de la place de l'église Notre-Dame. On a longtemps attribué sa fondation à saint Landry, évêque de Paris, qui vivait au VII° siècle; mais il paraît certain qu'il a existé près de toutes les églises cathédrales et autres un hôpital pour loger et nourrir les pauvres et pour les soigner lorsqu'ils étaient malades. C'est ainsi qu'on bâtit, près de Notre-Dame, l'église et l'hôpital de Saint-Christophe. Le premier titre qui en fait mention est du IX° siècle. Cet hôpital fut longtemps peu considérable. En 1168, on établit un statut par lequel chaque chanoine de Notre-Dame devait, en mourant, ou en changeant de prébende, donner un lit à l'hôpital. Philippe-Auguste fit, en 1208, un singulier cadeau à l'hôpital ou à la *Maison-Dieu de Paris :* il lui donna toute la paille de sa chambre et de sa maison, toutes les fois qu'il quitterait la capitale pour aller coucher ailleurs. Il paraît qu'à cette époque, les planchers des appartements royaux étaient couverts de paille.

Saint Louis accorda, en 1248, à l'Hôtel-Dieu, un droit dont jouissait déjà le roi, les princes, les officiers de la couronne et l'évêque de Paris, et qui consistait à prendre sur les marchés ce qui leur plaisait, et à en fixer eux-mêmes les prix. Ce prince déclara aussi l'hospice exempt de toutes contributions, de droit d'entrée et de tout péage par terre et par eau; il augmenta les bâtiments, qu'il étendit jusqu'au Petit-Pont. L'hôpital, successivement agrandi, et favorisé par des priviléges nombreux, prit bientôt une grande importance. C'est aujourd'hui un des plus beaux de l'Europe. (Voy. *Paris depuis* 1830.)

Saint-Eustache, église paroissiale située sur une petite place, entre la rue Traînée, la rue du Jour et la rue Montmartre, paraît avoir été dans l'origine une petite chapelle bâtie sur l'emplacement d'un temple consacré à Cybèle (1). Cette chapelle, fondée à une époque inconnue, mais toutefois avant le XIIIe siècle, portait alors le titre de *Chapelle-Neuve-de-Saint-Eustache,* et dépendait du doyen et des chanoines de Saint-Germain-l'Auxerrois. On ignore quand et à quel sujet lui vint le nom de *Saint-Eustache.* Il est certain qu'elle avait cette dénomination dès 1223. On ne sait à quelle époque elle fut érigée en église paroissiale. En 1254, le prêtre qui la desservait obtint le titre de curé, mais à des conditions onéreuses : au doyen de Saint-Germain-l'Auxerrois durent revenir toutes les offrandes faites à l'église Saint-Eustache et tous les profits

---

(1) On a trouvé, à l'entrée de la rue Coquillière, une tête colossale de Cybèle, en bronze ; c'est ce qui a fait naître cette opinion, que nous rapportons ici sans l'affirmer.

des messes qui s'y disaient les jours des fêtes de tous les Saints, de Noël, de Pâques et de la Pentecôte. Le curé eut pour sa part les profits des messes des morts, les offrandes faites lors des cérémonies funèbres et en présence du corps du défunt. Les deux ecclésiastiques se partageaient les messes des pèlerins, des relevailles, les offrandes des premières messes et tous les émoluments de la paroisse. De cet état de sujétion est venu le proverbe : *il faut être fou pour être curé de Saint-Eustache.*

En 1250, un moine de l'ordre des Citeaux, nommé Jacob, qui se faisait appeler *le Maître de Hongrie*, parut en France avec environ cent mille hommes, qu'on nommait *pastoureaux*. Ces hommes persécutaient les prêtres, confessaient, et s'arrogeaient les autres fonctions ecclésiastiques. Jacob établit le lieu de ses prédications dans l'église Saint-Eustache, et y exerça l'autorité épiscopale, mais il s'éloigna bientôt après pour se rendre à Orléans.

En 1552, on entreprit la reconstruction de cette église qui ne fut achevée qu'un siècle plus tard. (Voy. *Paris sous Louis XIII.*)

L'église Saint-Sauveur, située rue Saint-Denis, au coin de celle de Saint-Sauveur, s'appelait d'abord *Chapelle-de-la-Tour*. Elle devint paroissiale au XIIIe siècle, malgré l'opposition du doyen de Saint-Germain-l'Auxerrois, qui éleva des prétentions aussi exagérées que sur l'église de Saint-Eustache, prétentions auxquelles on dut satisfaire. Le bâtiment de Saint-Sauveur, en partie reconstruit en 1537, n'a jamais été achevé; on l'a démoli en 1787. Sur son emplacement, sont des bains publics. Cette église renfermait les cendres de Turlupin, Gautier-Garguille, Guillot-Gorju, et Raymond Poisson, anciens acteurs comiques, et du poëte Guillaume Colletet.

L'église Saint-Josse, située à l'angle des rues Aubry-le-Boucher et Quincampoix, était d'abord une chapelle érigée en paroisse en 1260. Elle fut reconstruite en 1679, et démolie en 1791.

Le *collége des Prémontrés* était situé rue Hautefeuille, au coin de la rue de l'Ecole-de-Médecine. Ce collége fut fondé en 1252 par Jean, abbé des Prémontrés, prés de Coucy. La chapelle de cette maison fut reconstruite en 1618. Cette chapelle a été convertie depuis 1817 en maisons particulières. On a formé le café *de la Rotonde* du rond-point du sanctuaire.

Le *collége de Cluny*, situé sur la place Sorbonne, fut fondé en 1269 par Yves de Vergy, abbé de Cluny, pour l'éducation des jeunes religieux de son ordre. En 1770, ce collége a été vendu à divers particuliers; l'église n'a été démolie qu'en 1833; elle était très élégante. David l'avait choisie pour atelier. Dans les derniers temps, elle servait de magasin de papiers.

Le *collége de Calvi* ou la *petite Sorbonne* fut fondé près de la Sorbonne par Robert de Sorbon. On y transféra et réunit le *collége des Dix-Huit*, situé d'abord près de Notre-Dame, et fondé vers 1172 en faveur de dix-huit pauvres écoliers. Cet établissement fut détruit lors de l'agrandissement de la Sorbone au XVIIe siècle.

Le *collége du Trésorier* ou *des Trésoriers*, situé rue Neuve-de-Richelieu, près de la Sorbonne, n° 6, fut fondé, en 1268, par Guillaume de Saône, trésorier de l'église de Rouen, pour renfermer vingt-quatre pauvres écoliers, auxquels fut allouée une somme de trois sous par semaine. Ce collége, qui se trouvait sur l'emplacement occupé aujourd'hui par un hôtel garni qui porte le même nom, fut, en 1763, réuni à l'Université.

L'état physique de Paris n'éprouva d'autre changement sous ce règne, que celui qui résulta de l'accroissement des colléges, églises et monastères. Un débordement considérable de la Seine, en 1281, détruisit tous les ponts de Paris.

L'état civil de Paris subit quelques changements. Louis IX, animé d'un saint zèle pour le bien public, s'appliqua à combattre les vices du temps. En 1257, il rendit une ordonnance contre les guerres privées que se faisaient les seigneurs, et, en 1260, il supprima les duels en matière judiciaire auxquels il substitua la preuve par témoins. Mais les lois de ce prince, connues sous le titre d'*établissements* (1), ne purent être exécutées que dans les domaines royaux; les seigneurs et les ecclésiastiques s'y opposèrent de toutes leurs forces, et ne les mirent pas à exécution dans leurs domaines propres. L'évêque de Paris, les abbés de Saint-Denis, de Saint-Martin-des-Champs, de Sainte-Geneviève et de Saint-Germain-des-Prés conservèrent longtemps l'usage des duels judiciaires, qui leur rapportaient de fortes amendes. Cet usage était si général que saint Louis fut forcé de le permettre dans certains cas.

Saint Louis reforma la prévôté de Paris, fonction auparavant vénale. Ce roi assigna des gages au prévôt et nomma à cette dignité Etienne Boileau, homme intègre et zélé; qui divisa les marchands et les artisans en *confréries*, leur donna des réglements pleins de sagesse, sous le titre de *premier livre des mestiers*.

Une police, sous le nom de *guet*, et composée de soixante sergents à pied ou à cheval, commandés par le *chevalier du Guet*, était insuffisante pour réprimer les vols et les brigandages qui se commettaient la nuit dans les rues sombres et désertes de la capitale. Les bourgeois obtinrent de faire eux-mêmes le guet. Cette première milice nationale, établie en 1254, prit le nom de *guet des métiers* ou *des bourgeois*.

Il fallait acheter du roi le droit de vendre les poissons de mer et d'eau douce amenés aux halles de Paris; il y

(1) C'est le premier code de lois rédigé depuis le commencement de la troisième race.

avait des prud'hommes ou jurés des halles qui y maintenaient la police et percevaient les amendes; ils étaient à la nomination du cuisinier du roi. Outre le droit de vendre, les marchands de poisson payaient le *droit de congé*, le *droit de hallage*, celui qui revenait aux prud'hommes, et le *droit de tonlieu*, que le roi percevait sur tout ce qu'on apportait au marché; on ne pouvait étaler du poisson d'eau douce qu'à la porte du Grand-Pont (Grand-Châtelet), aux Pierres-le-Roi et aux Pierres-aux-Poissonniers, qui en étaient proches.

Saint Louis prit des mesures sévères pour réprimer l'avarice des Juifs; il leur défendit l'usure, en 1230, et accorda à leurs débiteurs trois ans pour s'acquitter envers eux. En 1234, il déclara les débiteurs des Juifs quittes envers eux d'un tiers de leurs dettes; il ôta aux Juifs la faculté de les poursuivre et leur défendit de les faire emprisonner ou de faire vendre leurs biens; il obligea les Juifs de porter sur leurs habits deux marques de drap rouge, en forme de roues, l'une devant et l'autre derrière.

Ce roi régularisa la répartition des impôts, qui étaient auparavant perçus d'une manière très arbitraire. Il chercha aussi à arrêter le cours de désordres qui déshonoraient la magistrature; il permit seulement aux juges d'accepter des présents en pain, vin et fruits, mais dont la valeur ne devait pas excéder la somme de dix sous. Il défendit à ses officiers de se servir d'agents mal famés, de faire des présents à leurs supérieurs, de jouer aux dés, dont il abolit la fabrication dans le royaume, et de faire mettre personne en prison pour dettes, excepté pour la dette du roi.

Louis IX fit aussi des règlements sur les femmes publiques qui abondaient dans la capitale: il les chassa de Paris et condamna ceux qui leur loueraient une maison à payer au prévôt, pour amende, le montant du loyer annuel de cette maison.

Malgré la corruption du temps et les entraves du système féodal, la civilisation prit quelque développement. Nous avons vu de nombreux colléges institués à Paris sous ce règne. Bien que les écoliers fussent tapageurs, dissipés, et enclins au désordre, ces colléges produisirent plusieurs personnages distingués. La littérature prit de grands développements ; on vit à cette époque de nombreux écrits en latin ou en langue vulgaire, des chroniques, des contes, des légendes, des fables et des chansons. Joinville écrit son *Histoire de saint Louis* ; un prêtre, confesseur de la reine Marguerite, entreprend le même travail ; Ruteboeuf, dans son rude langage, flétrit l'ignorance et la paresse des moines de son temps ; Guillaume de Villeneuve fait un poëme des *Crieries de Paris* ; Jean de Meung fait paraître son fameux *roman de la Rose* ; Gauthier de Coinsy, celui de *Sainte Léocade* ; Thibaud, comte de Navarre, écrit ses *Chansons* ; Gautier de Metz, sa *Mappemonde* ; Pierre de Condat, un poëme sur les dominicains, etc. On le voit, le mouvement est bien prononcé. Ces productions grossières et sans goût, écrites dans une langue encore à son berceau, n'en contribuèrent pas moins à éclairer le peuple.

La médecine, abandonnée à des hommes qui se livraient à l'étude de l'alchimie et de l'astrologie, fit de bien faibles progrès. Il en fut de même de la science du droit.

Les arts brillèrent d'un vif éclat sous le règne de saint Louis. L'architecture gothique déploya de toutes parts la magnificence et la délicatesse de ses formes ; la sculpture produisit des ouvrages remarquables ; la peinture, et principalement la peinture sur verre, nous a laissé de beaux morceaux maintenant inimitables. La musique se perfectionna ; on commença vers le xe siècle à employer la notation à peu près telle qu'elle existe aujourd'hui, et qui remplaça la notation par des lettres. Nous avons les airs de plusieurs chansons du moyen âge ; c'est un simple plain-chant.

C'est sous le règne de saint Louis que l'on voit pour la première fois les écoles de Paris se réunir pour former une corporation nommée *Université*, mot qui désignait l'universalité des sciences qu'on enseignait dans ces écoles. Ces sciences étaient réparties en deux catégories : le *trivium*, comprenant la grammaire, la logique ou dialectique, et la rhétorique ; le *quadrivium*, comprenant l'arithmétique, l'astronomie, la géométrie et la musique. L'homme qui possédait toutes ces sciences était regardé comme le plus savant. Les expressions *trivium* et *quadrivium*, qui remontent au moins au VIIe siècle, furent remplacées, vers le milieu du XIIIe siècle, par celles de *clergie* ou *des sept arts libéraux*.

Les auteurs du XIIIe siècle, pour flatter l'Université de France, ont prétendu qu'elle était venue de Grèce à Rome et de Rome en France, « *avec le titre de chevalerie*, disent les annales de saint Louis, *en sivant saint Denis, qui prescha la foi en France.* » Les chroniques de France disent : « *La clergie, dans l'ancien temps, demoura à Athènes, et chevalerie en Grèce ; après s'en partit et alla à Romme ; et tantost la clergie, par l'orgueil des Rommains, s'en partit de Romme, et s'en vint en France, et tantost chevalerie après.* » D'autres écrivains ont prétendu que Charlemagne était l'auteur de cette *translation* ; mais on a évidemment confondu les modèles qui nous viennent de Grèce et de Rome avec les institutions et les méthodes qui ont pris naissance en France. Nous avons déjà réfuté l'opinion qui fait de Charlemagne le fondateur de l'Université.

Les rois accordèrent de grands privilèges aux écoles ; nous avons rapporté les désordres qu'ils causèrent. L'Université s'opposa constamment à l'emprisonnement et à la condamnation de ses écoliers ; ses réclamations ayant été plusieurs fois inutiles, elle suspendit ses études. De fréquentes querelles eurent lieu avec les corporations religieuses et le prévôt de Paris. L'Université, qui, grâce à ses privilèges, obtint presque toujours des réparations éclatantes, devint, avec la suite des temps, une puissance redoutable et qui put faire tête à tous les autres pouvoirs de l'État. Nous achèverons plus tard son histoire.

Nous compléterons l'histoire de Paris sous saint Louis par la description des costumes en usage à cette époque. Tout le monde, hommes et femmes, portait la chape ou le chaperon, d'étoffes plus ou moins belles. L'usage en fut défendu aux femmes publiques. Nous avons vu que les Juifs avaient été astreints à mettre sur leurs habits deux marques en forme de roues.

CHAPITRE VII.

PARIS DEPUIS PHILIPPE III JUSQU'A PHILIPPE VI.

(1270 — 1328.)

Paris sous Philippe III.

Ce prince succéda, en 1270, à son père, Louis IX. Son règne, qui finit en 1285, vit fonder à Paris des institutions utiles.

Le *collége d'Harcourt*, rue de La Harpe, 94, fut établi en 1280, par Raoul d'Harcourt, chanoine de Paris, pour les pauvres écoliers des diocèses de Coutances, Bayeux, Évreux et Rouen. Il le fit bâtir entre l'église Saint-Côme et la porte d'Enfer (*voyez* p. 82). Son frère, évêque de Coutances, le fit terminer; il voulut que ce collége fût destiné à vingt-huit pauvres écoliers étudiant les arts et la philosophie, et à douze théologiens. Il leur fixa des revenus pour les faire vivre. Dans la suite, le nombre des élèves s'accrut considérablement. Sur l'emplacement de ce collége est un vaste édifice qui, commencé en 1814, achevé en 1822, a servi d'abord de lycée ou collége, puis de maison de correction pour les jeunes détenus, et qui enfin est aujourd'hui le *collége royal de Saint-Louis*.

La *boucherie de Saint-Germain-des-Prés* fut établie en

1274. Un abbé de ce monastère permit aux bouchers de sa terre d'avoir seize étaux dans la rue qui conduisait de cette abbaye au couvent des Cordeliers. Cet établissement a donné son nom à la *rue des Boucheries-Saint-Germain*.

La *Confrérie des chirurgiens* fut établie en 1278, sous l'invocation de *saint Côme et de saint Damien*. Les confrères étaient obligés de suivre les maximes, les théories et la manière d'opérer prescrites par le règlement. Ils devaient aussi, tous les premiers lundis de chaque mois, visiter les pauvres malades qui se rendaient à Saint-Côme (*voyez* p. 71). Cette confrérie fut agrégée à l'Université en 1437; ses membres étaient *chirurgiens de robe longue*; les *chirurgiens de robe courte* étaient les barbiers-chirurgiens établis en communauté sous la direction de Jean Pracontal, premier barbier du roi Philippe III. Au XVIe siècle, les étudiants de cette seconde classe parvinrent, après 60 ans de procès avec les chirurgiens de robe longue, à se faire admettre en qualité d'écoliers de la faculté de médecine.

La *foire du lendit* ou *landit* était un grand marché qui se tenait chaque année, en juin, le mercredi avant la fête de saint Barnabé, et, les jours suivants, près du village de la chapelle Saint-Denis, dans un *champ* surnommé *du lendit*. On s'assemblait autour d'un arbre appelé l'*orme du lendit*.

On a attribué l'origine de cette foire à Dagobert, qui en établit une en effet en faveur de l'abbaye de Saint-Denis; cette foire put dans la suite être transférée dans la plaine de Saint-Denis. En 1215, Philippe-Auguste régla les places que chaque espèce de marchands devait occuper dans cette foire. L'abbé de Saint-Denis percevait un droit sur les marchandises et jugeait les différends survenus entre les marchands. L'évêque de Paris ouvrait la foire en donnant la bénédiction aux marchands et au champ. En 1336, cette foire et les marchandises qu'elle renfermait furent détruites par un violent incendie; elle fut depuis réparée. En 1444 on la transféra au bourg de Saint-Denis.

Philippe III fit construire, en 1278, une partie des halles le long de l'enclos du cimetière des Innocents, où se fixèrent de misérables marchands. Là se borne la liste des établissements de ce règne.

Paris sous Philippe IV, dit le Bel.

Philippe-le-Bel succéda, en 1285, à son père Philippe III. Ce prince, doué d'une volonté ferme et d'un génie énergique, sut braver les prétentions du pape Boniface VIII. Il fit des ordonnances contre les guerres privées des seigneurs et contre les duels judiciaires, et sut les faire exécuter. Il établit le principe des apanages des princes du sang royal, et réorganisa les diverses administrations du royaume ; il donna de la force à la royauté en combattant la puissance des seigneurs ; il concentra presque absolument entre ses mains le droit de battre monnaie, que les seigneurs avaient auparavant aussi bien que les rois; mais il eut le tort d'altérer les monnaies, ce qui causa plusieurs séditions à Paris. Dans une de ces insurrections, en 1306, Philippe se vit forcé de se réfugier au Temple, où le peuple vint l'assiéger. Il se vengea en faisant pendre vingt-huit hommes aux quatre entrées de Paris (celles de l'*Orme* à l'entrée de la rue Saint-Denis, du *Roule* près les Quinze-Vingts, *Saint-Jacques* ou *Notre-Dame-des-Champs*; la quatrième n'est pas connue). Ce roi mourut en 1314; sous son règne eurent lieu dans la capitale d'importantes institutions.

Le couvent des *Cordelières du faubourg Saint-Marcel,* situé rue de l'Oursine, n° 95, fut fondé, vers l'an 1284, par Marguerite de Provence, veuve de saint Louis.

Ces religieuses fondèrent, en 1633, une deuxième maison de leur ordre, qui fut nommée *Petites-Cordelières*. Elles possédaient le manteau royal de saint Louis. Le couvent est aujourd'hui en partie démoli ; le peu qui en reste sert à diverses industries.

Les *Carmes Billettes*, situés rue des Billettes, numéros 16 et 18, furent fondés à l'occasion d'un fait extraordinaire qui se passa, dit-on, à Paris, en 1290, et qui est raconté ainsi par un auteur anonyme.

Un juif, nommé Jonathas, obtint d'une femme, moyennant la remise de vêtements qu'elle avait mis en gage, une hostie consacrée qu'elle reçut le jour de Pâques. Le juif perça l'hostie avec un canif et en vit sortir du sang ; il prit ensuite un clou et l'enfonça à coups de marteau dans le pain sacré ; il la jeta au feu et la vit voltiger au-dessus des flammes ; il la plongea dans une chaudière d'eau bouillante, qu'elle rougit de son sang sans subir la moindre altération. Une voisine, qui apprit ces miracles, se rendit à la maison du juif, recueillit l'hostie dans un vase de bois, et la porta au curé de Saint-Jean-en-Grève, en lui racontant ce qu'elle avait vu. L'évêque fit arrêter Jonathas, que ces miracles n'épouvantèrent pas, et qui refusa de se convertir. Il fut brûlé vif.

Rainier Flamming, bourgeois de Paris, fit bâtir, en 1294, sur une partie de la maison de ce juif, une chapelle nommée la *Maison des Miracles*. En 1295, Guy de Joinville fonda sur la totalité de la propriété de Jonathas et de quelques propriétés voisines un monastère qui fut habité par les *hospitaliers de la charité de Notre-Dame*, admis, en 1346, à la règle de saint Augustin, et remplacés, en 1631, par les Carmes réformés de l'Observance de Rennes.

Au XIVe siècle, on nommait ce monastère le *couvent où Dieu fut bouilli*. On ignore pourquoi ce couvent et la rue où il était situé ont pris le nom de *Billettes*.

Au-dessus de l'ancienne chapelle des Miracles, on lisait encore, en 1685, cette inscription : *Ci-dessous le juif fit bouillir la sainte hostie*, remplacée plus tard par celle-ci :

Cette chapelle est le lieu où un juif outragea la sainte hostie.

L'église fut rebâtie entièrement, en 1754, sur les dessins de frère Claude. On y conservait le canif dont s'était servi le juif pour percer la sainte hostie, et le vase de bois dans lequel elle fut reçue. L'hostie était dans l'église de Saint-Jean-en-Grève. L'église des Billettes possédait la sépulture de Papire-Masson et le cœur d'Eudes de Mézerai, tous deux historiens.

Ce couvent a été supprimé, en 1790, avec tous les autres monastères. Les bâtiments ont été, vers 1812, donnés aux protestants de la confession d'Augsbourg; l'église leur sert de temple, les autres bâtiments sont convertis en écoles pour les jeunes gens de cette confession.

Le *Temple*, situé rue de ce nom. Nous avons déjà parlé (*voyez* page 44) de l'origine de cet édifice qui servait de demeure au grand prieur des Templiers. Au XIIIe siècle, l'enclos du Temple était devenu très considérable; on le nommait *Ville-Neuve-du-Temple*. C'est là que logea Henri III, roi d'Angleterre, en 1254. Le prélat des Templiers avait une juridiction indépendante. Son enclos avait le privilége de servir d'asile aux banqueroutiers et aux personnes poursuivies pour dettes.

Les Templiers, détruits en 1310 et 1314, furent remplacés par les chevaliers de Malte.

La *Tour du Temple*, construction noire et lugubre, bâtie en 1212, composée d'une tour carrée à toit pyramidal, et flanquée à chaque angle d'une tourelle surmontée d'un toit conique, présentait un aspect à la fois triste et imposant. Là étaient les archives des Templiers et celles du grand prieuré des chevaliers de Malte. C'est aussi dans cette tour que les rois de France déposaient leur trésor. Louis XVI y fut enfermé avec sa famille en 1792, et n'en sortit que pour monter sur l'échafaud. Cette tour, qui servit depuis de prison d'état, a été démolie en 1811. Les murs de l'enclos avaient été presque entièrement détruits en 1802.

La *chapelle et l'hôpital des Haudriettes*, situés quartier de l'Hôtel-de-Ville, rue des Haudriettes, n° 1, furent fondés dans le XIII° siècle par Etienne Haudry, panetier du roi. Ils existaient en 1306. Cet hôpital était destiné, dans l'origine, à recueillir un certain nombre de femmes veuves et pauvres; mais les religieuses qui l'administraient, sous le titre de *femmes hospitalières*, dénaturèrent peu à peu cette institution, de telle sorte qu'au XV° siècle, au lieu d'un hôpital, il n'y avait plus qu'un couvent. Les religieuses furent transférées, en 1622, dans le monastère de l'Assomption.

Le *collège des Cholets*, situé rue des Cholets, n° 2, (autrefois nommée rue *Saint-Symphorien-des-Vignes*), fut fondé par les exécuteurs testamentaires de Jean Cholet, cardinal et légat en France, mort en 1291, pour l'entretien et l'enseignement de seize écoliers des diocèses de Beauvais et d'Amiens. Ce nombre s'accrut considérablement par la suite. Ce collège, qui fut réuni, en 1768, à l'université, est aujourd'hui détruit, et *le collège royal de Louis-le-Grand* occupe son emplacement.

Le *collège du cardinal Lemoine*, rue Saint-Victor, 76, fut fondé par le cardinal Lemoine, légat, dans le clos du Chardonnet et sur l'emplacement qu'occupèrent les Augustins, lors de leur premier établissement à Paris. Ce prélat, qui fit lui-même les réglements du collège, fut enseveli dans la chapelle avec son frère, évêque de Noyon. On célébrait, le 13 janvier, dans cette maison une fête nommée la *solennité du cardinal Lemoine*. Les bâtiments, réparés en 1757, sont aujourd'hui occupés par des manufactures; le jardin est un chantier de bois. Turnèbe, Buchanan et Müret professèrent dans le collège du cardinal Lemoine.

Le *collège de Navarre*, situé rue de la Montagne-Sainte-Geneviève, fut fondé en 1304 par Jeanne de Navarre, épouse de Philippe-le-Bel. Ruiné pendant les guerres civiles, il fut rétabli par Louis XI en 1464. Le roi était le premier boursier de ce collége, et le revenu de sa bourse était affecté à l'achat des verges pour corriger les écoliers. Les bâtiments sont aujourd'hui occupés par l'*école Polytechnique*. Ils ont été presque entièrement reconstruits.

Le *collége de Bayeux*, rue de La Harpe, 93, fut fondé en 1308 ou 1309 par Guillaume Bonnet, évêque de Bayeux, et fut réuni, en 1763, à l'université. Son emplacement est devenu une propriété particulière.

Les *colléges de Laon et de Presles*, situés rue de la Montagne-Sainte-Geneviève, n° 22, furent fondés, en 1314, par Guy, chanoine de Laon, trésorier de la Sainte-Chapelle de Paris, et Raoul de Presles, clerc du roi, pour des écoliers des diocèses de Laon et de Soissons. En 1323, cet établissement se divisa en deux : le *collége de Laon* et le *collége de Soissons* ou de *Presles*, qui furent réunis, en 1763, à celui de Louis-le-Grand. Ces établissements sont devenus des propriétés particulières.

Le *Parlement* eut pour origine les assemblées de barons et d'évêques, appelées dans le commencement de la troisième race à délibérer sur les grands intérêts de l'état, lors de circonstances extraordinaires. Ces assemblées commencèrent à porter le nom de *Parlement* à la fin du XIIe siècle. Au XIIIe siècle, elles furent aussi chargées de juger les matières contentieuses, et de vider les procès devenant tous les jours plus nombreux. Ce conseil, à la fois politique et judiciaire, était convoqué au besoin. Philippe-le-Bel est le premier roi qui lui ait donné une organisation. Ce prince ordonna que quelques membres de son conseil écouteraient les requêtes, que d'autres les expédieraient et donneraient leur décision ; que quelques autres liraient les enquêtes et en feraient leur rapport ; que les enquêteurs, enfin, ne viendraient à la *chambre des plaids* que quand ils y seraient appelés (ordonnance de 1291). En 1302, Philippe-le-Bel voulut qu'il y eût deux parlements, c'est-à-dire deux sessions, de deux mois chacune, toutes les années; l'une après l'octave de Pâques, l'autre après celle de la Toussaint. En 1304, il décida que deux prélats, l'archevêque de Narbonne et l'évêque de Rennes, deux laïques, les comtes de Dreux et de Bourgogne, treize clercs et treize laïques composeraient le Parlement. La chambre des enquêtes eut cinq personnes, et celle des requêtes dix, donc cinq pour la *langue d'hoc* ou *d'oc* (France méridionale), et cinq pour la *langue d'oil* ou *langue française* (France septentrionale).

Vers 1316, le Parlement commença à être permanent; le nombre des chambres de cette cour souveraine et celui de ses membres s'accrurent de beaucoup par la suite. Dans les derniers temps, il y avait une *grande chambre* composée d'un premier président et de neuf présidents à mortier (ainsi nommés du *mortier* ou toque de velours noir, bordée d'un galon d'or, qu'ils portaient pour coiffure), de vingt-cinq conseillers laïques et de douze conseillers-clercs ou prêtres. Il y avait en outre un nombre indéterminé de présidents et de conseillers honoraires. On comptait encore la *chambre de la Tournelle* destinée aux jugements des affaires criminelles, trois *chambres des enquêtes* et une *chambre des requêtes*.

Les charges du Parlement furent longtemps rétribuées par le trésor royal. Sous François Ier, les membres devinrent propriétaires de leurs charges et purent les vendre à volonté. Le Parlement de Paris se qualifiait de *cour souveraine et capitale du royaume*. En outre de ses attributions juridiques, il avait le droit de sanctionner, en les enregistrant, les ordonnances, édits, lettres du roi, et même celui de refuser l'enregistrement, ce qui leur ôtait force de loi; son pouvoir balança souvent la puissance royale. L'histoire est remplie des actes courageux du Parlement, protestations souvent inutiles, qui n'empêchèrent pas absolument les rois de satisfaire leurs volontés.

Le Parlement qui siégeait dans le palais de la Cité (*voy.* l'article suivant) fut supprimé, ainsi que tous ceux de France, par le roi Louis XV, en 1771. On leur substitua des conseils supérieurs.

Le *palais de Justice*. Nous avons parlé du palais de la Cité (*voy.* page 34), un des plus anciens monuments de Paris. Habité par les rois de la première race, il ne le fut point par ceux de la seconde; les douze rois de la troisième y résidèrent. Il tombait de vétusté, quand le roi Robert le fit rebâtir; ses successeurs l'agrandirent. On attribue à saint Louis les *salles basses*, situées au-dessous de la grande salle du palais, dite des Pas-Perdus, et dont l'une porte encore le nom de *cuisine de saint Louis*. On attribue encore à ce roi la grande chambre de l'étage supérieur, qui sert aujourd'hui à la cour de cassation, et qui a longtemps porté le nom de *chambre de saint Louis*. Philippe-le-Bel fit entreprendre de grands travaux dans ce palais; il enferma dans son enceinte la chapelle de *Saint-Michel-de-la-Place*, chapelle qui a donné son nom à un pont voisin, et y fit construire quelques boutiques. Ce palais fut longtemps encore la résidence des rois. En 1431, Charles VII l'abandonna au Parlement.

Il y avait une vaste salle, de construction fort simple, couverte de charpente et ornée des effigies des rois de France, depuis Pharamond jusqu'à François Ier. Cette salle servait à la réception des hommages des vassaux, aux audiences des ambassadeurs, aux festins publics et aux noces des enfants des rois. Vers une des extrémités de cette salle, était une grande table de marbre où se faisaient les festins royaux, et autour de laquelle siégeaient les tribunaux appelés *la connétablie*, *l'amirauté*, *les eaux et forêts de France*, et qui, malgré la destruction de la table, en 1618, ont conservé jusqu'en 1750 la dénomination de *table de marbre*. Cette table servait aussi, à quelques époques de l'année, de théâtre où les *clercs de la basoche* représentaient en public des scènes bouffonnes.

Cette salle fut détruite en 1618, avec plusieurs autres parties de l'édifice, par un violent incendie. On la rebâtit quelques années plus tard. (Voyez *Paris sous Louis XIII*). Voici les juridictions qui siégeaient dans l'enclos de ce palais :

La *chambre des comptes* était située dans l'enceinte du palais, à l'ouest de la Sainte-Chapelle. Les premiers administrateurs du revenu royal, appelés *gens des comptes*, furent longtemps sans avoir de siège fixe : ils suivaient la couronne, recevaient et corrigeaient les comptes, qu'ils signaient et scellaient du sceau royal. Établis par saint Louis en compagnie fixe, et reconstitués par Philippe-le-Bel, ils eurent un logement particulier. Leurs attributions furent réglées par les successeurs de ces princes.

Cette chambre fit d'abord partie du Parlement. Elle fut dans la suite érigée en cour spéciale et souveraine, prononçant des jugements sans appel. Composée, au moyen-âge, de deux présidents, l'un clerc, l'autre laïque, et de cinq maîtres, dont trois clercs et deux laïques, elle vit le nombre de ses membres s'accroître considérablement. On y comptait, avant 1792, treize présidents et un président honoraire, soixante-dix-sept conseillers-maîtres et huit conseillers-maîtres honoraires, trente-sept conseillers-correcteurs et un conseiller-correcteur honoraire, quatre-vingt-deux conseillers-auditeurs et sept conseillers-auditeurs ordinaires.

Elle a été réorganisée par un décret impérial du 28 septembre 1807, sous la dénomination de *cour des comptes*. En 1840, elle a été transférée dans un nouvel édifice situé sur le quai d'Orsay.

Le *haut et souverain empire de Galilée* était une communauté des clercs de la chambre des comptes, et formait un tribunal dont la juridiction ne s'étendait que sur les membres de cette association. Les clercs avaient des règlements particuliers, et jugeaient en dernier ressort. Leur chef se titrait *empereur de Galilée*, nom qui venait d'une rue où donnait le lieu de leurs séances : cette rue, située dans l'enclos du palais et dans le voisinage de la chambre des comptes, conduisait de la cour du palais à l'hôtel du bailliage. Les agrandissements progressifs des bâtiments de cette chambre l'ont fait disparaître.

Cette institution avait pour protecteur le doyen des conseillers-maîtres, et le procureur-général de cette chambre veillait à l'observation des statuts. Les clercs célébraient une grande fête la veille et le jour des Rois ; ils portaient des gâteaux à tous les membres de la chambre des comptes, qui leur donnaient les fonds nécessaires pour cette fête.

Les édits de l'empereur, qui se promenait dans Paris avec ses gardes, portaient ces pompeuses formules : *A tous présents et à venir, salut, etc.... Nous avons par ces présentes, signées de notre main, dit, déclaré et ordonné, déclarons et ordonnons, voulons et nous plaît... si mandons à nos amés et féaux chancelier et officiers dudit empire, que ces présents articles du règlement, en forme d'édit, ils fassent lire, publier et enregistrer.*

Le titre d'empereur fut proscrit par Henri III ; mais l'institution dura longtemps encore. En 1705, elle était régie par un chancelier, un procureur-général, six maîtres des requêtes, deux secrétaires des finances, un trésorier, un contrôleur, un greffier et deux huissiers ; le chancelier était électif. On ignore à quelle époque cet empire fut supprimé.

La *basoche du palais* était la communauté des clercs du Parlement, instituée, dit-on, en 1302, par Philippe-le-Bel, qui lui donna le titre de *royaume*, et à son chef le titre de *roi*, et qui ordonna qu'elle formerait un tribunal jugeant en dernier ressort tous les différends entre les clercs et les actions intentées contre eux.

Le nom de *basoche,* en latin *basilica,* semble dériver du lieu où résidait cette institution, et qui était un palais royal. Ce tribunal était composé du roi, d'un chancelier, d'un vice-chancelier, de maitres des requêtes, de greffiers, d'huissiers, etc. Il tenait ses séances les mercredis et samedis, dans la grande chambre. Ses jugements, qui étaient sans appel, portaient cette formule : *La basoche régnante et triomphante en titres d'honneur, salut;* ils se terminaient par ces mots : *Faits audit royaume, le...* etc.

On dit que Philippe-le-Bel permit aux clercs de la basoche d'établir des juridictions dans plusieurs villes du ressort du parlement de Paris. On retrouve en effet à Orléans, à Angers, des *prévôts basochiaux,* des *princes de la basoche,* etc.

Pour être reçu procureur au palais, il fallait avoir été, pendant dix ans consécutifs, basochien.

On célébrait chaque année une *montre* ou revue des clercs de la basoche. Le nombre de ces clercs était si considérable, que le roi de la basoche offrit à Henri II six mille de ses sujets pour réprimer une insurrection qui avait éclaté en Guienne. En récompense de leurs services, le roi accorda aux clercs de la basoche plusieurs priviléges, et entre autres le droit de faire couper dans ses forêts des arbres pour le mai qu'ils plantaient chaque année au bas de l'escalier du palais. Ils eurent aussi une certaine partie des amendes adjugées au roi, au Parlement et à la cour des aides. On leur permit d'avoir des armoiries dont l'écusson, chargé de trois écritoires, surmonté d'une couronne de marquis, était supporté par deux jeunes filles nues à longue chevelure, avec cette légende : *Sigillum magnum regum basochiæ* (grand sceau des rois de la basoche). Les rois de la basoche obtinrent le droit de faire battre une monnaie qui n'avait cours que parmi leurs sujets. Chaque nouveau clerc qui entrait au palais payait une contribution appelée *béjaune.*

Sous Henri III, le nombre des basochiens se montait à près de dix mille, fournis par la basoche du Parlement, celle du Châtelet (*voy.* plus loin), et par plusieurs autres établissements de cette nature existant dans diverses juridictions de France; le roi de la basoche du palais en était le souverain absolu.

Henri III supprima le titre de *roi*, dont l'autorité fut donnée à un chancelier annuellement élu. Dès lors, les basochiens ne firent plus de revues, et la splendeur de leur institution déclina sensiblement.

Il y a un fait remarquable sur les basochiens; c'est qu'ils furent les premiers acteurs et auteurs comiques qui parurent à Paris; ils jouaient dans la grande salle du palais, sur la table de marbre, des pièces appelées *farces, sotties* ou *moralités,* et en général très satiriques.

Au commencement de la révolution, les basochiens se constituèrent en corps de troupes dont l'uniforme était rouge, avec épaulettes et boutons en argent, et se distinguèrent à plusieurs reprises. Ils ont disparu peu à peu, ne laissant que le souvenir de leurs institutions.

Le Grand-Châtelet. Nous avons déjà parlé de cette forteresse, située à l'extrémité septentrionale du Pont-au-Change, et qui, sous Philippe-Auguste, portait le nom de *Chastel du Grand-Pont.* Devenue inutile à la défense de Paris, après la construction de l'enceinte de Philippe-Auguste, cet édifice fut réservé aux juridictions de la prévôté et vicomté de Paris, qui y étaient établies avant la fin du XIIIe siècle. En 1302, Philippe-le-Bel ordonna que quatre-vingts sergents à cheval, quatre-vingts sergents à pied, armés, et des juges nommés *auditeurs,* chargés d'entendre les témoins et ne pouvant juger qu'en première instance, dépendraient du Châtelet. Ce roi, en 1300, avait réduit le nombre des notaires de Paris qui étaient attachés à cette cour, à celui de soixante.

Le bâtiment du Grand-Châtelet fut reconstruit sous

le règne de Charles V et en 1657. En 1684, on éleva plusieurs parties de nouveaux bâtiments. (Voyez *Paris sous l'empire* pour la suite de l'histoire de cet édifice.)

Les officiers du Châtelet célébraient chaque année, le lundi après le dimanche de la Trinité, une fête ou cavalcade appelée la *montre*. Cette cavalcade se portait successivement chez le chancelier, le premier président, le procureur-général et le prévôt de Paris. Elle n'a cessé qu'à l'époque de la révolution.

La *basoche du Châtelet* était l'association de tous les clercs du Châtelet travaillant chez les notaires, procureurs, greffiers ou commissaires. Elle se composait d'un prévôt et de quatre trésoriers, et formait un tribunal qui jugeait les différends des clercs. Chaque clerc introduit dans l'association payait un droit de *béjaune*.

Cette basoche avait une grande fête le jour de saint Nicolas ; elle représentait, comme celle du palais, des mystères et des moralités ; le roi payait les dépenses de ces amusements.

Paris sous Louis X, dit le Hutin.

Sous le règne de ce prince (1314-1316), peu fécond en événements à cause de sa brièveté, nous ne pouvons signaler qu'une seule institution à Paris : c'est le *collége de Montaigu*, situé rue des Sept-Voies, n° 26, et fondé par Gilles Aicelin de Montaigu, archevêque de Rouen, garde des sceaux, en 1314, qui appliqua un revenu de dix livres par an à chaque écolier pour son entretien et sa nourriture. A cette époque, le marc d'argent valait trois livres sept sous six deniers ; une paire de souliers coûtait de deux sous à deux sous huit deniers.

Vers 1330, par la négligence des administrateurs, le collége fut abandonné. Les bâtiments tombaient en ruines, lorsque, en 1387, Pierre Aicelin de Montaigu, cardinal de Laon, le rétablit et ajouta six bourses à la fondation. En 1392, l'établissement, qui se nommait *des Aicelins,* prit le titre *de Montaigu.* On convint que les écoliers seraient pris dans le diocèse de Clermont ; les statuts furent dressés en 1402.

Au XVe siècle, ce collége était de nouveau à demi ruiné, lorsque le chapitre de Notre-Dame y plaça pour principal Jean Standonc, qui rétablit les bâtiments, construisit une chapelle et parvint à entretenir douze boursiers.

Ce collége était une sorte de maison religieuse. Les écoliers y étaient fort maltraités, et astreints à une règle sévère ; leur logement était très insalubre ; ils étaient obligés de mendier pour vivre. Leur vêtement, très grossier, consistait en une cape de drap brun fermée par devant, et en un camail fermé devant et derrière ; ce qui les fit appeler les *pauvres capettes de Montaigu* ; ils étaient rongés par la vermine, qu'on nommait, du temps de Rabelais, *épervier de Montaigu.*

Les statuts de ce collége furent modifiés en 1683, quant à ce qu'ils avaient de rigoureux. En 1792, on le supprima. Ses bâtiments ont été depuis convertis en hôpital et en prison militaires. On vient d'y placer récemment la bibliothèque de Sainte-Geneviève.

Paris sous Philippe V, dit le Long.

Le règne de ce prince, qui ne dura que six ans, de 1316 à 1322, a cela de remarquable, que pour la première fois, à son avénement, la loi salique reçut l'application qu'elle a encore de nos jours. Philippe fut sacré roi, à l'exclusion de la fille de son frère Louis X, dont le fils Jean Ier mourut au berceau. Quelques établissements eurent lieu à Paris pendant ce règne.

Le *collége de Narbonne,* rue de La Harpe, 89, fut fondé, en 1316, par Bernard de Farges, évêque de Narbonne, pour neuf écoliers boursiers de son diocèse. Pierre Roger, pape sous le nom de Clément VI, qui avait étudié dans ce collége, en accrut considérablement les revenus. En 1760, il fut reconstruit, et trois ans après réuni à l'Université. Ses bâtiments appartiennent aujourd'hui à des particuliers.

Le collége du Plessis, situé rue Saint-Jacques, 115, fut fondé, vers 1322, par Geoffroi du Plessis, notaire du pape et secrétaire de Philippe-le-Long. Il fut réuni, en 1647, à la Sorbonne et prit alors le nom de *Plessis-Sorbonne*. Sa chapelle fut rebâtie en 1661. En 1820, il était occupé par les facultés de théologie, des sciences et des lettres. Il servit ensuite de succursale à l'école de droit; aujourd'hui il sert de résidence aux élèves de l'école normale, qui était située, il y a quelques années, dans la rue des Postes.

Le collége de Tréguier et de Léon, situé place Cambrai, fut fondé, en 1325, par Guillaume de Coatmohan, pour huit écoliers de la famille du fondateur, ou du diocèse de Tréguier. Auprès de ce collége, il en existait un autre, appelé *de Léon*, dont on ignore l'origine, et qui, au XVIe siècle, était presque entièrement ruiné. En 1575, il fut donné au collége de Tréguier, qui le fit reconstruire. En 1610, on entreprit, sur l'emplacement de ces colléges et de celui *des Trois-Évêques*, la construction du collége de France.

Paris sous Charles IV, dit le Bel.

Encore un règne de six ans (1322-1328), qui n'a qu'une faible importance. Charles IV, frère et successeur de Philippe-le-Long, altéra comme son père la valeur des monnaies, et mérita comme lui le surnom de *faux-monnayeur*. Il s'empara sans scrupule des biens des Lombards, prêteurs sur gages, qui étaient venus de l'Italie se fixer à Paris à la fin du XIIe siècle, dans la rue qui porte leur nom et qui va de la rue Saint-Denis à la rue des Arcis; il les chassa ensuite de France. Voici quelques établissements qui furent faits ou renouvelés pendant le règne de Charles V.

L'église Saint-Jean-en-Grève, située derrière l'Hôtel-de-Ville, et dont nous avons déjà parlé (*voy.* page 73), avait été érigée en paroisse en 1212, après avoir longtemps été chapelle paroissiale de Saint-Gervais; elle fut rebâtie sur un plan plus vaste en 1326. Au XVe siècle, on y éleva deux tours; sa façade était entièrement masquée par l'Hôtel-de-Ville. L'édifice avait été reconstruit sur les dessins de Pasquier de Lisle.

Cette église était entourée d'une enceinte qu'on nommait *Cloître-Saint-Jean*, et avait un cimetière contigu, qu'en 1322 on nommait *Place-au-Bonhomme*. La chapelle de la Communion fut construite, en 1735, sur ce cimetière. La place du Marché-Saint-Jean faisait partie de l'ancien cimetière de cette paroisse, et portait encore, au milieu du XIVe siècle, le nom de *Vieux-Cimetière*. Ce cimetière était un reste d'un autre plus ancien qui existait du temps de la domination romaine.

Cette église, qui renfermait les cendres de Claude de Lorraine, dit le chevalier d'Aumale, de Michel Baudran, de Simon Vouet, de Jean-Pierre Camus, évêque du Bellay, fut en partie démolie pendant la révolution; la partie conservée avait été réunie aux bâtiments de l'Hôtel-de-Ville; on y avait établi la bibliothèque de la ville et construit la salle Saint-Jean, consacrée aux séances publiques de plusieurs sociétés. Ces constructions n'existent plus aujourd'hui.

Saint-Jacques-de-l'Hôpital, au coin de la rue Saint-Denis et de la rue Mauconseil, n° 193. Des bourgeois de Paris ayant fait le pèlerinage de Saint-Jacques de Compostelle en Espagne, se réunirent en confrérie et érigèrent dans la rue Saint-Denis, près de la porte aux Peintres, une chapelle et un hôpital pour les pèlerins allant à Saint-Jacques, et pour donner l'hospitalité aux pauvres. La reine Jeanne d'Evreux posa la première pierre de la chapelle, qui fut achevée en 1327.

L'hôpital possédait plus de 40 lits; un certain nombre de pauvres passants y étaient abrités pendant une nuit, et recevaient à leur départ le quart d'un pain d'un denier, et le tiers d'une chopine de vin.

Les prêtres chargés de desservir la chapelle envahirent peu à peu les biens de l'établissement, de telle sorte que bientôt il n'y eut plus d'hôpital que de nom; ils prirent le titre de chanoines. En 1672, Louis XIV donna les biens de l'hôpital à l'ordre de Notre-Dame-du-Mont-Carmel et de Saint-Lazare. En 1693, l'ordre de Notre-Dame-du-Mont-Carmel restitua ces biens aux chanoines; mais en 1722, un nouvel édit les attribua à l'ordre de Saint-Lazare.

Le bâtiment de l'église subsistait en 1820 et servait de magasin. En 1823, il était démoli et des maisons particulières se sont depuis élevées sur son emplacement.

Le collége de Cornouailles, rue du Plâtre-Saint-Jacques, n° 20, fut fondé, en 1317, par Nicolas Galeran, en faveur de cinq pauvres écoliers du pays de Cornouailles. Mais il ne fut établi dans la rue du Plâtre que quelques années plus tard, par Jean de Guistri, qui accrut cette fondation. En 1763, ce collége fut réuni à l'Université. Ses bâtiments sont aujourd'hui occupés par des particuliers.

Ce sont là les institutions faites à Paris sous le règne de Charles IV. Les institutions civiles et l'état physique de la capitale ayant très peu changé durant la période que nous venons d'analyser, nous en renvoyons le tableau à la fin du chapitre suivant.

CHAPITRE VIII.

PARIS DEPUIS PHILIPPE VI JUSQU'A CHARLES V.

(1328 — 1364.)

Paris sous Philippe VI, dit de Valois.

Philippe VI est le premier roi de la branche des Valois; il était fils de Charles, comte de Valois, troisième fils de Philippe-le-Hardi. Ce prince fut malheureux dans toutes ses entreprises : il alluma entre la France et l'Angleterre une guerre qui dura plusieurs siècles, et perdit la fameuse bataille de Crécy. Des guerres continuelles et désastreuses, des contagions, des famines, marquent ce règne, qui s'étend depuis 1328 jusqu'à 1350. Voici les institutions qui eurent lieu à Paris pendant cette période.

L'église du Saint-Sépulcre, située rue Saint-Denis, n° 124, fut fondée, en 1329, par une confrérie de personnes qui avaient fait vœu de visiter le tombeau du Christ. Cette fondation éprouva de grandes oppositions à son origine.

En 1333, on comptait plus de mille confrères, parmi lesquels étaient des rois, des princes et des personnes du plus haut rang. L'église fut rebâtie dans la suite, mais elle ne fut entièrement terminée qu'en 1655. Son portail était fort beau : on y remarquait un bas-relief représentant la sépulture de Jésus-Christ. Dans l'intérieur étaient quelques tableaux, entre autres une *Resurrection* de Lebrun, où le ministre Colbert était peint soulevant le linceul du Sauveur.

Les prêtres chargés du service de l'église finirent par s'ériger en chapitre et par envahir les biens de la confrérie. Louis XIV réunit, en 1672, cette maison à l'ordre de Saint-Lazare ; rendue aux chanoines en 1693, elle fut depuis redonnée à l'ordre de Saint-Lazare, qui la conserva jusqu'à sa suppression, arrivée en 1790. En 1791, une compagnie de négociants hollandais fit élever sur l'emplacement de l'église et des autres bâtiments du Saint-Sépulcre de belles et vastes constructions, dont l'ensemble porte le nom de *Cour Batave* (c'est-à-dire *hollandaise*).

En 1775, une nouvelle confrérie s'était formée pour faire revivre celle du Saint-Sépulcre. Par allusion à ses fréquents banquets, on la nomma *confrérie de l'Aloyau*. Plusieurs personnages puissants voulurent établir un nouvel ordre chevaleresque, dont M. le comte d'Artois, depuis Charles X, aurait été le grand-maître ; mais ils ne purent y réussir. En 1814, on chercha encore à rétablir *l'ordre royal hospitalier militaire du Saint-Sépulcre de Jérusalem*, dont l'administrateur, M. le comte Allemand, vice-amiral, publia l'histoire et les statuts ; le comte d'Artois en était le grand-maître. En 1814, il y avait onze chevaliers. Nous ignorons ce qu'est devenu depuis cette association, qui ne fut jamais catégoriquement approuvée par Louis XVIII.

L'église Saint-Julien-des-Ménétriers, rue Saint-Martin, n° 96, fut fondée, avant l'an 1321, par des jongleurs nommés Jacques Grure et Huet le Lorrain, qui établirent un hôpital attenant à l'église. La chapelle fut dédiée à Saint-Julien et à Saint-Genest. Les ménétriers ou jongleurs étrangers, passant par Paris, étaient logés et nourris dans l'hôpital.

Les ménétriers et jongleurs de Paris habitaient la rue dite d'abord *des Jongleurs*, et aujourd'hui *des Ménétriers*. Ils formaient une corporation ayant des règlements particuliers. Ceux qui faisaient partie de cette confrérie avaient seuls le droit de jouer aux noces et aux fêtes célébrées dans Paris ; les ménétriers étrangers qui s'y présentaient étaient passibles d'une amende. La confrérie était administrée par un *roi* et le *prévôt de Saint-Julien*; ces deux chefs avaient le droit de bannir de Paris, pendant un an et un jour, les ménétriers parisiens qui, ne faisant pas partie de la corporation, exerçaient leur métier dans la capitale.

Les prêtres qui desservaient l'église parvinrent peu à peu à supprimer l'hôpital, et usurpèrent toute l'autorité. Ils furent remplacés, en 1644, par des pères de la doctrine chrétienne. Les maîtres violons de Paris conservèrent cependant dans cette église plusieurs prérogatives jusqu'à la révolution.

L'église, qui a été démolie au commencement de la révolution, et qui est aujourd'hui remplacée par une maison particulière, possédait un joli portail gothique, qu'ornaient plusieurs statues de saints : on y distinguait Saint-Genest, vêtu en ménétrier du XIVe siècle, et jouant du violon. Sur l'autel était un beau tableau de Lebrun.

La *chapelle de Saint-Yves*, située rue Saint-Jacques, au coin de celle des Noyers, fut fondée, en 1348, par des écoliers bretons étudiant à Paris. Saint-Yves était le patron des avocats et des procureurs, qui établirent une confrérie dans cette chapelle. Le portail de Saint-Yves était orné des statues de Jean VI, duc de Bretagne, et de Jeanne de France, son épouse. Cette chapelle a été démolie en 1796, et remplacée plus tard par une maison particulière.

Le *collége de Marmoutier*, situé rue Saint-Jacques, près du collége du Plessis, fut établi, vers 1329, par Geoffroi du Plessis, en faveur des écoliers que le couvent de Marmoutier envoyait étudier à Paris. Ce collége, ayant été abandonné au XVIe siècle, fut acquis par les jésuites, en 1637, qui s'en servirent pour agrandir le collége de Clermont ou de Louis-le-Grand.

Le *collége d'Arras*, situé rue de ce nom, n° 4, fut fondé vers 1330, dans la rue de la Charrière, par Nicolas le Cauderlier, abbé de Saint-Waast d'Arras, pour quelques pauvres écoliers de cette ville, fut ensuite transféré à la rue d'Arras, et réuni, en 1763, au collége de Louis-le-Grand; il appartient aujourd'hui à des particuliers.

Le *collége de Bourgogne*, rue de l'École-de-Médecine, anciennement nommée rue des Cordeliers, fut fondé par Jeanne de Bourgogne, femme de Philippe VI, en faveur de pauvres écoliers du comté de Bourgogne; la maison prit le titre de *maison des écoliers de madame Jeanne de Bourgogne, reine de France*. Cette reine voulut qu'on y professât uniquement la philosophie. Chaque écolier eut d'abord trois sous par semaine pour son entretien; au XVIe siècle, cette somme fut portée à cinq sous; et, en 1688, à trois livres dix sous.

Sur l'emplacement de ce collége, réuni en 1764 à l'Université, a été bâtie l'*école de chirurgie*, commencée en 1774 et devenue l'*école de médecine*.

Le *collége des Lombards*, situé rue des Carmes, n° 23, fut fondé, en 1334, par quelques Italiens, en faveur de onze écoliers. Il reçut d'abord le nom de *maison des pauvres écoliers italiens de la charité de Notre-Dame*.

Ce collége, qui dans la suite reçut des Italiens et des Espagnols, était presque entièrement ruiné et déserté, lorsqu'en 1681 il fut donné à Malachie Kelly et Patrice Maginn, qui firent reconstruire tous les bâtiments. Cette maison dépend aujourd'hui du *séminaire des Irlandais*.

Le *collége des Écossais* fut fondé, en 1333, par Jean, évêque de Murray, en Écosse, pour plusieurs écoliers écossais, dans la rue des Amandiers. En 1639, l'archevêque de Paris réunit à cette maison une communauté de prêtres écossais, fondée par Jacques de Bethun, archevêque de Glasgow et ambassadeur d'Écosse en France. En 1662, le principal du collége, Robert Barclay, transféra l'établissement dans la rue des Fossés-Saint-Victor, nos 25 et 27. Cette maison devint le collége et le séminaire des Écossais. Nous en reparlerons dans la suite de cette histoire.

Le *collége de Tours*, situé rue Serpente, n° 7, fut fondé, en 1334, par Etienne de Bourgueil, archevêque de Tours, pour un principal et six écoliers, auxquels il assigna trois sous par semaine pour leur nourriture. Cette fondation s'accrut par la suite. Au XVIe siècle, chaque écolier eut sept sous, et le principal dix sous six deniers ; en 1563, cette somme fut portée à quinze sous pour les écoliers, et à vingt-deux sous six deniers pour le principal; enfin, peu de temps après, les écoliers eurent vingt sous, et le principal trente. Cet établissement fut réuni, en 1763, à l'Université.

Le *collége de Lisieux*, rue Saint-Jean-de-Beauvais, 5, fut fondé, en 1336, par Guy de Harcourt, évêque de Lisieux, pour loger et instruire vingt-quatre pauvres écoliers, et fut d'abord établi dans la rue aux Prêtres, près Saint-Séverin. Transféré plus tard rue Saint-Étienne-des-Grès, il le fut, en 1764, dans la rue Saint-Jean-de-Beauvais, dans le local du collége de Dormans. Les bâtiments ont, depuis la révolution, servi de caserne. Dans son église est une école d'enseignement mutuel, la première qu'on ait établie à Paris (1er septembre 1815).

Le *collége d'Autun*, rue Saint-André-des-Ars, n° 30, fut fondé, en 1337, par Pierre Bertrand, évêque d'Autun, pour l'instruction et l'entretien de quinze écoliers des diocèses de Vienne, du Puy et de Clermont. Ce collége, agrandi dans la suite, fut réuni, en 1764, à celui de Louis-le-Grand. Son emplacement est occupé par une maison particulière.

Le *collége de Hubant* ou de *l'Ave Maria*, rue de la Montagne-Sainte-Geneviève, n° 83, fut fondé, en 1339, par Jean de Hubant, président de la chambre des enquêtes à Paris, pour des enfants qui devaient y rester depuis l'âge de huit à neuf ans jusqu'à seize ans. Ce collége fut réuni, en 1767, à celui de Louis-le-Grand. On voyait sur la porte les statues de la Vierge, de saint Jean-Baptiste, de saint Jean l'évangéliste et de six enfants. Les bâtiments sont devenus propriété particulière.

Le *collége de Mignon*, situé rue de ce nom, n° 2, fut fondé, en 1343, par Jean Mignon, archidiacre de Blois, pour douze écoliers de sa famille. Réformé en 1539, cet établissement fut donné aux religieux de Grandmont, et rebâti en 1747. Supprimé dans la suite, il a été occupé par divers particuliers.

Le *collége de Chanac, de Saint-Michel* ou *de Pompadour*, rue de Bièvre, fut fondé, vers 1324, par Guillaume de Chanac, évêque de Paris et patriarche d'Alexandrie, de la famille de Pompadour, en Limousin, pour l'entretien et l'instruction de plusieurs écoliers de cette province. Il fut réuni, en 1763, à l'Université.

Le *collége de Cambrai* ou *des Trois Évêques*, sur la place de Cambrai, fut fondé, vers 1340, par Hugues de Pomare, évêque de Langres, Hugues d'Arci, évêque de Laon, et Guy d'Auxonne, évêque de Cambrai. En 1610, une partie de ses bâtiments fut démolie, et l'on éleva à leur place le collége de France; l'autre partie continua d'être réservée au collége de Cambrai, qui reçut, en 1688, une chaire de droit français. En 1774, il fut entièrement abattu, pour l'agrandissement du collége de France.

Le *collége d'Aubusson* était situé vers la partie occidentale de la rue Saint-André-des-Ars, sur un terrain appelé *terre d'Aubusson*, appartenant à Saint-Germain-des-Prés. On ne sait rien de plus sur ce collége.

Le *collége de maître Clément*, rue Hautefeuille, fut fondé, en 1349, par Robert Clément, et réuni dans la suite à celui de maître Gervais.

Telles sont les institutions de Paris sous Philippe VI.

Paris sous Jean II, dit le Bon.

Sous ce règne (1350-1364), la France éprouva de grands désastres. La défaite de Jean, près de Poitiers, en 1356, assura à l'Angleterre la possession de plusieurs provinces du centre et du midi de la France. Sa captivité coûta à la France 600,000 écus d'or. Pour trouver cette somme, on fut obligé de rappeler les juifs et de leur vendre le droit de commercer. La France fut en proie aux guerres intestines et aux incursions de nombreuses troupes de brigands. Voici la notice des établissements qui se firent à Paris pendant ce règne.

L'hôpital du Saint-Esprit, situé près de la Grève, au nord de l'Hôtel-de-Ville, fut fondé, en 1362, pour des orphelins de la ville de Paris. Sous le règne de Charles VI, il fut transféré sur la place de Grève, et l'on bâtit, en 1406, une chapelle, où s'établit une *confrérie du Saint-Esprit*, et qui a subsisté en partie jusqu'à ces derniers temps. Lors de la construction de l'Hôtel-de-Ville, au XVIe siècle, on prit une certaine partie de l'église du Saint-Esprit; en dédommagement, la ville fit construire un portail à cette église, ses deux voûtes et le clocher.

En 1679, l'administration de cet hôpital fut réunie à celle de l'hôpital général. Les derniers règlements portaient que l'on y recevrait soixante garçons et soixante filles, tous légitimes, baptisés à Paris, et dont les parents seraient morts à l'Hôtel-Dieu. En outre, pour y être reçus, les enfants déposaient la somme de 200 livres, qu'on leur rendait à la sortie de cette maison, pour leur faire apprendre un métier. On leur enseignait dans l'établissement la lecture, l'écriture et l'arithmétique.

L'église, en partie reconstruite, en 1747, sur les dessins de Boffrand, possédait quelques anciens vitraux où l'on voyait les portraits de Charles VI et d'Isabeau de Bavière.

Cette église et les bâtiments qui en dépendaient ont été démolis en 1798; sur leur emplacement on a élevé diverses constructions.

Le *collége de Boncourt*, rue Descartes, n° 21, sur la montagne Sainte-Geneviève, fut fondé, en 1353, par Pierre Bécoud, seigneur de Fléchinel, pour l'entretien et l'instruction de huit écoliers du diocèse de Thérouanne. Reconstruit à la fin du XVIIe siècle, il fut réuni dans la suite au collége de Navarre. Dans les bâtiments de ce collége sont aujourd'hui les bureaux de l'école polytechnique.

Le *collége de Tournay*, rue Descartes, contigu au précédent, fut fondé, en 1353, par un évêque de Tournay, et réuni dans la suite au collége de Navarre.

Le *collége des Allemands*, situé rue du Mûrier, près la place Maubert, et selon d'autres rue Traversine. On ne sait rien de certain sur ce collége, qui existait encore en 1603.

Le *collège de Justice*, rue de la Harpe, n° 84, fut fondé, en 1354, par Jean de Justice, chantre de l'église de Bayeux et chanoine de Notre-Dame de Paris; il fut réuni à l'Université en 1764. Sur son emplacement et sur celui du collége d'Harcourt, on voit un grand édifice destiné d'abord à l'enseignement et à l'usage de l'Université; transformé, en 1816, en prison d'état, il a été rendu à l'instruction publique en 1820 (*voyez* page 113).

Le *collège de Vendôme*, situé rue de l'Éperon, entre les rues du Battoir et du Jardinet, existait en 1367. On ne sait rien de plus sur cet établissement.

Pendant la période qui s'était écoulée depuis Philippe-Auguste jusqu'à Jean II, la population de Paris avait suivi une progression très remarquable; les colléges, les monastères, les églises, les hôtels et des maisons particulières avaient pris la place des espaces vides et des terrains cultivés, contenus dans l'enceinte de Philippe-Auguste. Cette enceinte, déjà décrépite, ne suffisait plus à la défense de Paris et à renfermer les constructions toujours croissantes de cette ville. Il était devenu urgent pour la sûreté de la capitale, menacée par les hordes de brigands qui désolaient la France, de mettre ses murs en état de résister à une invasion. Etienne Marcel, prévôt des marchands, entreprit, en novembre 1356, la reconstruction d'une partie de l'enceinte de Philippe-Auguste. La partie méridionale ne subit que de grandes réparations; les portes, munies de tours, furent réédifiées, et les fossés creusés profondément. Quelques-uns furent remplis par les eaux de la Seine.

Dans la partie septentrionale, l'enceinte fut considérablement agrandie. Il est à remarquer que le mouvement de la population s'est toujours porté, depuis le Xe siècle environ, vers le nord. La nouvelle enceinte, partant de l'ancienne *porte Barbette*, située à l'extrémité orientale du quai des Ormes, remontait sur le bord de la Seine jusqu'au point où y débouche le fossé actuel de l'Arsenal. A l'angle formé par ce fossé et par le cours de la Seine, fut élevée une tour ronde très haute, nommée *tour de l'Ecluse* ou de *Billy*, et qui a subsisté jusqu'en 1538, époque où elle fut détruite par l'explosion des poudres qu'elle contenait. De ce point, la muraille, flanquée de tours carrées, suivait la direction du fossé jusqu'à la rue Saint-Antoine, où fut construite une porte fortifiée, agrandie par la suite par Charles V, qui en forma la forteresse *de la bastille Saint-Antoine*. De cette porte, la muraille, laissant le boulevart actuel en dehors, suivait la direction de la rue Jean-de-Beauvais jusqu'à la rue du Temple, où était la porte fortifiée nommée *bastille du Temple*; puis celle de la rue du Rempart (rue Meslée) jusqu'à la rue Saint-Martin, où se trouvait une porte du même nom, *la porte Saint-Martin*; de là, suivant la ligne de la rue Sainte-Apolline, l'enceinte se rendait à la rue Saint-Denis et aboutissait à la *porte* ou *bastille Saint-Denis* (1); puis, se dirigeant le long de la rue *Saint-Côme du milieu des Fossés* (rue de Bourbon-Villeneuve) et de la rue Neuve-Saint-Eustache, elle arrivait à la *porte Montmartre*, située dans cette rue, suivait la ligne de la rue des Fossés-Montmartre, traversait la place des Victoires, coupait l'emplacement de l'hôtel de Toulouse, aujourd'hui Banque de France, celui des rues des Bons-Enfants et de Valois, et se rendait au jardin du Palais-Royal, vers le milieu de sa longueur. Le mur, traversant ensuite ce jardin et la rue de Richelieu, suivait la rue du Rempart et arrivait à la rue Saint-Honoré, où était la *porte Saint-Honoré*; de là, il suivait la direction de la rue Saint-Nicaise et se prolongeait jusqu'à la Seine, où était la *tour du Bois*, qui subsistait encore sous Louis XIV.

L'église de Saint-Paul, celles de Saint-Sauveur, de Saint-Honoré, de Saint-Thomas-du-Louvre, de Saint-Nicolas, le château du Louvre, les monastères du Petit-

---

(1) On nommait *Bastilles* les portes fortifiées.

Saint-Antoine et de Sainte-Catherine-du-Val-des-Ecoliers, les Quinze-Vingts, les bourgs de Saint-Paul, du Temple, de Saint-Martin et une grande partie du village de Villeneuve furent compris dans l'intérieur de cette enceinte : ils étaient auparavant hors de Paris. Le village de Villeneuve fut détruit, en 1593, lors du siége de Paris. La rue de Bourbon-Villeneuve indique sa position ; en 1624, on construisit sur son emplacement l'église de Notre-Dame-des-Bonnes-Nouvelles.

Ces diverses constructions ou réparations, qui furent achevées dans l'espace de quatre années (de 1357 à 1360), coûtèrent 162,520 livres tournois, ou environ 800,000 francs ; la maçonnerie se faisait à raison de huit sous la toise.

Outre les travaux que nous avons décrits, nous ajouterons que, du côté du midi, les portes Saint-Victor, d'Enfer et de Saint-Germain furent murées, et que Etienne Marcel fit fabriquer 750 guérites en bois qui furent fixées aux créneaux des murailles ; on prétend que l'on plaça pour la première fois sur les remparts plusieurs pièces de canon, invention alors nouvelle.

Les nouveaux quartiers, ajoutés à la ville de Paris par cette enceinte, furent longtemps encore considérés comme des faubourgs. Avant cette adjonction, Paris était divisé en trois parties : la *Cité* ou l'*Ile du Palais*, l'ancienne Lutèce ; le *quartier d'Outre-Petit-Pont*, situé sur la rive gauche et au midi du cours de la Seine, et depuis nommé l'*Université* ; il comprenait aussi le bourg de Saint-Germain-des-Prés, qui lui fut plus tard réuni ; enfin le *quartier d'Outre-Grand-Pont*, à droite et au nord du cours de la Seine, et qui reçut aussi le nom de *la Ville*.

A cette époque, on comptait à Paris quatre-vingts rues dans le quartier d'Outre-Petit-Pont, trente-six dans la Cité, et cent quatre-vingt-quatorze dans le quartier d'Outre-Grand-Pont, ce qui présentait un ensemble de trois cent dix rues, sans les culs-de-sac, alors nommés *rues sans chief* (sans tête). Mais, malgré son accroissement, Paris était toujours bien laid ; les maisons particulières étaient pauvres et mal bâties; des édifices nombreux obstruaient à chaque instant le passage ; les rues, sauf la *Croisée de Paris* (Voyez *Paris sous Philippe-Auguste*), étaient sales, couvertes de boue et d'ordures, et n'étaient point pavées ; le plus grand nombre de ces rues avait de six à huit pieds de largeur : on en retrouve encore plusieurs dans l'intérieur de Paris, vers l'Hôtel-de-Ville, la rue Saint-Denis, dans la Cité, etc.

Entre l'île de la Cité ou du Palais, qui s'agrandit sous Henri III (Voyez *Paris* sous ce prince), il se trouvait plusieurs autres îles formées par la Seine dans son trajet au milieu de la capitale. L'*île Louvier*, située en face de l'Arsenal, dont la sépare la route appelée autrefois le *Mail*, porta d'abord les noms d'*île aux Javeaux*, de *Meules-aux-Javeaux* et de *Bouteclou*. En 1427, on la nommait *île aux Ourmetiaux*. Son nom actuel lui vient de celui d'une famille qui la possédait au xve siècle ; elle appartint depuis à plusieurs familles et notamment, au xviie siècle, au sieur d'Entragues, dont elle porta quelquefois le nom, et qui la vendit à la ville en 1671. Elle servit alors de dépôt aux foins, aux fruits et aux bois de charpente; mais peu de temps après elle fut destinée à être un chantier de bois à brûler et louée à plusieurs marchands. On lui a conservé cette destination jusqu'en 1840. A cette époque, on a réuni cette île à la terre ferme en comblant le bras de la Seine qui l'en séparait. En 1543, le prévôt des marchands y donna une fête magnifique, à l'occasion de l'entrée de Henri II dans Paris.

L'*île Saint-Louis*, appelée jusque vers le milieu du xviie siècle *île de Notre-Dame*, appartenait dès le ixe siècle à l'église cathédrale. On divisa, on ne sait à quelle époque, cette île en deux parties par un vaste fossé ou retranchement, et on y éleva une tour, nommée *tour Loriaux*, sous le règne de Jean-le-Bon. La partie orientale fut nommée *île aux Vaches*, l'autre *île Tranchée*, mais l'ensemble de l'île porta toujours le nom de *Notre-Dame*. Aux XIVe et XVe siècles, elle était inhabitée et servait à des jeux et au blanchissage des toiles. En 1614, on commença à y bâtir ; on ignore à quelle époque a eu lieu son changement de nom.

L'île aux Juifs, nommée aussi *île aux Vaches* et à ce qu'il paraît *île à la Gourdaine* (c'est-à-dire *au Bac*) appartenait à l'abbaye de Saint-Germain-des-Prés et avoisinait le jardin du Palais et le couvent ou le quai des Augustins. Les Parisiens y faisaient paître leurs vaches. Cette île, dans laquelle furent brûlés vifs Jacques Molay, grand maître des Templiers, et Guy, commandeur de Normandie, fut réunie à la Cité sous le règne de Henri III.

L'Ile-de-Buci ou de *Bussy*, située au nord de la précédente, dont la séparait un canal étroit, devait occuper une partie de l'emplacement du quai de l'Horloge et de la place Dauphine. Elle fut réunie à la Cité sous Henri III.

Il y avait aussi à l'occident du Palais une *île aux Treilles*. On ne sait si c'était une désignation de *l'île aux Juifs* ou de *l'île de Bussy*.

Les débordements de la Seine, qui n'étaient arrêtés par aucun obstacle, inondaient les rues basses de Paris et entraînaient à chaque instant les ponts construits sur le fleuve. Un de ces débordements, arrivé en 1296, renversa le Grand et le Petit-Pont et plusieurs bâtiments. Pour empêcher la ruine de l'hôtel de Nesle, qui appartenait à Philippe-le-Bel, on construisit, en 1313, par ordre de ce roi, une espèce de quai. Ce quai, le premier élevé à Paris, s'étendait sur la rive gauche de la Seine, depuis le couvent des Augustins jusqu'à la tour de Nesle ; la rive était auparavant plantée de saules.

Plusieurs famines éclatèrent en 1316, 1325, 1345, 1350,

1359 et 1360. Dans cette dernière année, le prix du setier de froment s'éleva jusqu'à 18 livres. A ces maux, qui désolèrent Paris durant la période qui nous occupe, il faut ajouter les désastres causés par de terribles ouragans le 29 octobre 1309 et le 4 août 1336. En 1348, une maladie contagieuse enleva, dans les environs de Paris, 30,000 individus.

L'état civil de Paris éprouva certains changements durant la même période. La *hanse parisienne, communauté* ou *confrérie de la marchandise de Paris*, obtint un grand accroissement de priviléges. Son chef reçut, dès 1258, d'Etienne, prévôt de Paris, le titre de *prévôt des marchands*; et les confrères eurent celui de *jurés de la confrérie des marchands de Paris* et quelquefois celui *d'échevins*. En 1273, le chef de cette confrérie était encore nommé *maître des échevins de Paris*. Cette institution devint le corps municipal de la capitale. Elle se montra dans des circonstances malheureuses qui se passèrent à Paris, après la bataille de Poitiers (1356), et que nous allons rapporter.

Le roi Jean-le-Bon, ayant été fait prisonnier par les Anglais, son fils Charles, âgé de 20 ans, fut nommé lieutenant du royaume de France. Il eut le malheur de choisir des ministres impopulaires auxquels le peuple refusa sa confiance. Les états généraux, assemblés le 17 octobre, nommèrent, pour diriger le dauphin, un conseil dit des *trente-six*, composé de douze prélats, douze nobles et autant de bourgeois. Bien plus, ils demandèrent le renvoi et le châtiment des ministres. Le dauphin congédia les états et se retira à Metz, laissant à Paris son frère, le duc d'Anjou, qui rendit une ordonnance tendant à donner cours à une nouvelle monnaie. Exaspéré par cette ordonnance, Etienne Marcel, prévôt des marchands et membre du conseil des trente-six, vint réclamer avec force contre cet édit. Le duc d'Anjou n'insista point, et le dauphin, intimidé par le mécontentement des Parisiens, sur qui Marcel exerçait une grande influence, fit annoncer qu'il supprimerait la nouvelle monnaie; en outre, il accorda le rappel des états généraux et l'expulsion ou l'arrestation de plusieurs ministres et magistrats. Alors se forma à Notre-Dame, une confrérie ayant pour objet de décider les mesures à prendre pour maintenir le nouvel état de choses.

Les états généraux, de nouveau rassemblés à Paris, demandèrent la destitution du chancelier et autres magistrats, s'opposèrent fortement au cours des nouvelles monnaies et réduisirent les membres du parlement à seize et ceux de la chambre des comptes à quatre. Telle fut la situation de Paris en 1357. Le 8 novembre de cette année, Charles, roi de Navarre, surnommé le Mauvais, retenu depuis six mois au château d'Arleux en Cambrésis, s'étant échappé de sa prison, se dirigea vers Paris et se rendit à l'abbaye de Saint-Germain-des-Prés, où un logement lui était préparé. Marcel et l'évêque de Paris étaient allés à sa rencontre. Le prévôt des marchands, à qui l'on devait l'agrandissement de l'enceinte fortifiée de Paris, l'organisation d'une garde nombreuse, ne put résister aux insinuations ambitieuses du roi de Navarre; il obligea le dauphin à se réconcilier avec ce prince et à lui restituer ses biens confisqués, et Charles le Mauvais se rendit en Normandie.

Le dauphin, qui, malgré ses promesses, n'était point porté à satisfaire les vœux des Parisiens, s'empressa aussitôt de faire une levée de troupes. Les Parisiens s'alarmèrent, et Marcel, pour mettre la ville à l'abri d'un coup de main, fit barricader chaque rue, en la faisant traverser par une lourde chaîne fortement attachée aux murs des maisons qui formaient l'entrée de chaque rue; l'usage de ces chaînes subsista jusqu'au XVIIIe siècle. De plus, Marcel créa des signes de ralliement, consistant en un chaperon mi-vert et mi-rouge, et en une agrafe en argent émaillée de vermeil et d'azur, avec cette inscription : *A bonne fin.*

L'influence de Marcel augmentait tous les jours, à mesure que la haine contre le dauphin et ses conseillers croissait aussi. Le dauphin ne tenait aucune de ses promesses. Le roi de Navarre se détermina à lui faire la guerre, ce qui excita davantage l'exaspération des Parisiens. L'Université et le prévôt des marchands allèrent trouver le dauphin, en lui disant qu'il devait rendre incessamment au roi de Navarre ce qu'il lui avait confisqué. Quelques jours après, Marcel se rendit encore au palais et fit poignarder sous les yeux du prince les maréchaux de Normandie et de Champagne. Paris devint le théâtre de nombreuses scènes violentes ; enfin, le 25 mars 1358, le dauphin sortit furtivement de Paris.

Marcel fit aussitôt nommer le roi de Navarre capitaine et gouverneur. Tout le pays aux alentours de Paris fut alors en proie à une guerre désastreuse entre les troupes du roi de Navarre et celles du dauphin. Les Parisiens s'emparèrent du Louvre.

Cependant Marcel commençait à avoir de nombreux ennemis de son influence : les habitants lui reprochaient d'avoir donné au roi de Navarre le titre de gouverneur. Les partisans du dauphin travaillèrent sourdement à ruiner le crédit de ce prévôt; ils y réussirent. Le dauphin, profitant de l'indisposition naissante contre Marcel, fit promettre aux Parisiens une amnistie générale, s'ils lui livraient le prévôt des marchands et douze bourgeois à son choix. Marcel forma alors, dit-on, le projet de faire entrer dans Paris les troupes anglaises et navarroises, de se rendre maître de cette ville et de donner la couronne de France à Charles de Navarre. Il ne put mettre ce projet à exécution. Dans la nuit du 31 juillet 1358, comme il cherchait à ouvrir une des portes de Paris, il fut assassiné avec tous ceux qui l'accompagnaient. Jean Maillard avait conduit cette exécution. Gentien Tristan fut nommé prévôt des marchands en remplacement de Marcel.

Le dauphin arriva trois jours après à Paris, publia une amnistie générale, ce qui ne l'empêcha pas de faire supplicier bon nombre des partisans du roi de Navarre; il rappela auprès de lui les conseillers qu'il avait été forcé de bannir. Le roi de Navarre bloqua Paris et le réduisit à la famine. Le roi d'Angleterre, Edouard, vint aussi assiéger cette ville, et ne l'abandonna que lorsqu'il eut tout détruit aux environs de Paris. En 1360, par suite de ces malheurs, le setier de froment se vendait 100 sous dans la capitale. La paix conclue à Brétigny entre les rois de France et d'Angleterre, et ratifiée à Calais par le roi de Navarre, mit fin à de tels désastres. Les habitants, pour obtenir la délivrance de ces fléaux, avaient offert à l'église Notre-Dame et à l'image de la vierge Marie un cierge qui devait brûler continuellement, et qui, dit-on, eut en longueur l'étendue de l'enceinte de Paris, c'est-à-dire, 8,910 mètres. Ils décidèrent que cette offrande serait renouvelée chaque année, ce qui fut observé jusqu'au temps de la Ligue. On y substitua, en 1605, une lampe brûlant nuit et jour.

Le roi Jean, de retour de sa captivité, arriva à Paris le 13 décembre 1360, et fit son entrée dans cette ville au milieu d'un enthousiasme général et d'une joie universelle. Les rues furent tapissées : on dit que des fontaines placées à la porte Saint-Denis jetaient du vin. Le roi se rendit à Notre-Dame, puis au palais, sous un dais de drap d'or porté par des échevins. La ville lui fit présent d'un buffet d'argenterie pesant environ 1,000 marcs.

La population de Paris commençait à être considérable, malgré les malheurs du temps. En 1313, elle montait à environ 50,000 habitants, y compris ceux des faubourgs. Philippe-le-Bel retira des Parisiens la somme de 13,051 livres 19 sous 8 deniers, et cette somme fut répartie sur 5,952 habitants, chefs de famille imposables. Cette population dut sans doute éprouver une diminution dans les années suivantes ; mais une ville comme Paris, toujours en mouvement, est prompte à se relever de ses désastres.

Les mœurs ne furent guère meilleures pendant cette période que pendant celles qui l'avaient précédée. On sait à quelles affreuses débauches se livraient, à l'abbaye de Maubuisson et dans la tour de Nesle, trois princesses, Marguerite, Blanche et Jeanne de Bourgogne, épouses des trois fils de Philippe-le-Bel. Ces princesses appelaient, dit-on, les jeunes gens qui passaient sous leurs fenêtres, et, après avoir satisfait avec eux leurs criminels désirs, les faisaient jeter dans la Seine.

Cependant le parlement et les autres institutions avaient acquis assez de force pour réprimer les excès de la féodalité ; et les crimes, sauf ceux des écoliers toujours à couvert derrière leurs priviléges, étaient promptement punis.

Les écoles se multipliaient. Nous avons vu, dans les deux derniers chapitres, la fondation de nombreux colléges, qui, bien que pauvres et peu fréquentés, n'en contribuaient pas moins à semer des lumières dans le peuple. Ces écoles jouissaient d'une certaine réputation, puisqu'on voit des Écossais, des Irlandais, des Italiens, en fonder pour leurs nationaux, afin qu'ils pussent être instruits selon les méthodes employées à Paris. Outre ces colléges, il y avait, bien avant 1357, des *petites écoles* dispersées dans les divers quartiers de la capitale, et tenues par des maîtres ou des maîtresses, qui, pour enseigner, devaient acheter la permission du chantre de l'église Notre-Dame. En 1380, on comptait 41 maîtres et 22 maîtresses. Chaque écolier payait une rétribution à son maître ; chaque maître en payait une au chantre de Notre-Dame. Ces petites écoles subsistèrent jusqu'en 1699 (1).

(1) On nommait *écoles buissonnières* celles que quelques maîtres tenaient en secret, pour se soustraire aux droits prélevés par le chantre.

La Faculté des arts tenait ses écoles dans la rue du Fouare (anciennement *du Feurre*, c'est-à-dire *de la paille*). Vers 1360, on établit deux portes aux extrémités de cette rue; plusieurs autres voies de Paris étaient aussi munies de clôtures : telles étaient la rue *des Deux-Portes*, entre celles de la Harpe et de Hautefeuille, les rues *des Deux-Portes-Saint-Jean*, *des Deux-Portes-Saint-Sauveur*, celle *des Trois-Portes*, place Maubert, etc. Le soir, on fermait les portes, et les habitants dormaient en paix.

La loi du *couvre-feu*, établie en Angleterre au xie siècle, fut admise en France vers le xiiie. Le couvre-feu qui sonnait tous les soirs à Notre-Dame obligeait chaque habitant, après huit heures, d'éteindre son feu et ses lumières; au son de la même cloche, toutes les femmes publiques étaient tenues de sortir des lieux affectés à leurs débauches.

Les guerres privées, prohibées par Philippe-le-Bel, devinrent plus rares; les combats judiciaires, défendus par tous les rois, se maintenaient encore, mais étaient bien moins fréquents que par le passé. Malgré les vices du temps, on marchait à grands pas vers un progrès réel, vers une amélioration certaine.

Au xiiie siècle, comme de nos jours, les rues de Paris étaient pleines de crieurs qui cherchaient à débiter leur marchandise. Voici l'analyse rapide des *crieries de Paris*, par Guillaume de Villeneuve : de grand matin, on entendait ceux qui venaient inviter les Parisiens à se baigner; on criait les poissons de mer, parmi lesquels figuraient le hareng frais et le hareng saur, la vive, le merlan frais et salé, un oiseau de mer nommé *alètes*; le *poisson de Bondi* était le poisson d'eau douce qui se pêchait dans les étangs de Bondi; on criait aussi la volaille, qui consistait en oisons et pigeons, de la chair fraîche et de la chair salée, des *roinsoles* ou couennes de cochon grillées, des œufs et du miel, de l'ail (on en mettait alors dans tous les aliments, et on en frottait le pain qu'on mangeait), de la sauce d'ail nommée *ailliée*, des pois pilés, des purées de pois toutes chaudes, des pois fricassés, du cresson, du cresson alenois, des fèves, des oignons, du cerfeuil, du pourpier, des poireaux, des navets, de l'anis, des échalottes d'Étampes ; les fruits criés dans les rues de Paris étaient des poires de *chaillou* ou *caillot*, d'*hartivel* ou d'*hartiveau*, de *Saint-Rieul*, d'*angoisse*, des pommes de *rouviau* ou de *calville*, des pommes dites *blanduriau d'Auvergne*, les *jorroises* ou pois chiches ; des *cormilles* ou cormes ; des *olives*, des *nèfles*, des *fruits d'églantier*, des *noix fraîches*, des *châtaignes de Lombardie*, des *cerneaux*, des raisins de *Mélite* ou de *Malte*.

Les boissons criées dans Paris étaient le vin, dont le prix variait de 6 à 32 deniers la pinte, du vinaigre, du vinaigre à la moutarde, du verjus et de l'huile de noix.

Les autres comestibles vendus dans les rues étaient des pâtés chauds, des gâteaux, des galettes, des échaudés, des flans, des oublies, des *séminaux*, sorte de pâtisserie, etc.

Il y avait alors, comme de notre temps, des individus qui parcouraient les rues pour exercer leur industrie dans les maisons où on les appelait. Des meûniers demandaient si on avait du blé à moudre. Les marchands de charbon offraient leur marchandise aux habitants de Paris ; le sac ne coûtait qu'un denier.

Outre ces cris, on avait encore ceux que faisaient entendre tous les matins les écoliers, les moines, les religieuses, les prisonniers et les aveugles des Quinze-Vingts, demandant tous l'aumône. Guillaume de Villeneuve en parle ainsi :

>Aus frères de saint Jacques (*les Jacobins*) pain,
>Pain, por Dieu, aus frères menors (*Cordeliers*) ;
>Cels tiens je por bons perneors (*preneurs*).
>Aus frères de saint Augustin (*les Augustins*)

Icil vont criant par matin :
Du pain aux sas (*Frères Sachets*); pain aus barrés (*carmes*)
Aux povres prisons enserrés,
A cels du Val des écoliers :
Li uns avant, li autres arriers,
Aus frères des pies (*Guillemites*) demandent,
Et li croisié (*Chanoines de Sainte-Croix*) par nes atandent,
A pain crier mettent grand peine.
Et li avugle à haute alaine,
Du pain à cels de champ-porri (*des Quinze-Vingts*),
Dont moult souvent, sachiez, me ri.
Les Bons-Enfants (écoliers des colléges) orrez crier ;
Du pain, nes veuil pas oublier,
Les Filles-Dieu sevent bien dire,
Du pain por Jhesu nostre sire,
Çà du pain, por Dieu, aus Sachettes (*les sœurs Sachettes*),
Par ces rues sont granz les presses.

Quelquefois, au milieu de ce tumulte, on criait le *ban du roi*, ordre donné aux habitants de Paris de se préparer à marcher à la guerre.

Le soir, un homme habillé de noir parcourait les rues de Paris, une sonnette à la main, en criant : *Priez Dieu pour les trépassés*. Cet usage, en vigueur dans la plupart des villes de France au moyen âge, s'est maintenu à Paris jusque sous Louis XIV.

Vers la fin du XIIIe siècle, s'était introduite en France une superstition singulière, et qui fut fort pratiquée dans les siècles suivants. Elle consistait à fabriquer une image en limon ou en cire, ayant de la ressemblance avec une personne à qui on voulait nuire, à faire baptiser cette image par un prêtre, à lui donner le nom de cette personne, et à l'oindre du saint-chrême en proférant certaines paroles magiques. Cela s'appelait *faire un vœu*, une *voulte*, un *envoultement*. On était persuadé que tous les outrages faits, tous les coups portés à cette figure, étaient ressentis par la personne dont on lui avait donné le nom.

Les supplices en usage au XIVe siècle étaient très arbitraires. Les voleurs, les meurtriers et les faussaires, étaient généralement pendus ; on coupait les oreilles aux filous et on les fouettait ; on marquait les criminels avec un fer chaud, à la joue ou au front, etc.

Le luxe était aussi grand à cette époque que du temps de saint Louis. Nous avons vu la fête brillante donnée pour le retour de Jean-le-Bon à Paris. En 1313, Philippe-le-Bel avait donné une fête bien plus magnifique, pendant les fêtes de la Pentecôte ; Édouard II, roi d'Angleterre, et son épouse Isabeau de France, y assistèrent : pendant plusieurs jours il n'y eut que tournois, festins et spectacles, qui se donnèrent à Saint-Germain-des-Prés sous des tentes. On représenta le paradis et l'enfer et la procession du renard, scène satirique faite pour ridiculiser le pape Boniface VIII. Le roi de France, durant cette solennité, arma chevaliers ses trois fils. Paris fut entièrement caché sous les courtines ou rideaux tendus le long des rues. Le jeudi, les bourgeois et les corps de métiers de Paris, vêtus de riches costumes, se rendirent au son des trompes, et précédés de ménétriers, à l'île Saint-Louis, où ils entrèrent par un pont de bateaux, *à grande joie, et à grand noise* (bruit) *et en bien jouant de très beaux jeux*, disent les grandes Chroniques de France. Les Parisiens payèrent les frais de cette fête : le roi leva sur eux à cette occasion, et à celle de la nouvelle chevalerie de son fils aîné, une imposition dont nous avons parlé plus haut.

De tout temps les Parisiens ont aimé le changement et la variété des costumes. Vers 1346, Robert Gaguin leur adressait à ce sujet le reproche suivant : « Dans ce temps-là, dit-il, les habits étaient très différents : en voyant les vêtements des Français, vous les auriez pris pour des baladins. Cette nation, journellement livrée à l'orgueil, à la débauche, ne fait que des sottises : tantôt les habits qu'elle adopte sont trop larges, tantôt ils sont trop étroits ; dans un temps ils sont trop longs, dans un autre ils sont trop courts : toujours avide de nouveauté, elle ne peut conserver pendant l'espace de dix années la même forme de vêtements. »

Au XIV° siècle remonte le premier usage des épingles, appelées alors *affiches ;* néanmoins les satiriques de cette époque reprochent aux dames de porter des robes trop décolletées. Une mode singulière était celle d'avoir des robes fendues sur le côté, comme les tuniques des filles de Lacédémone. Voici ce qu'en dit Robert de Blois :

> De ce se fait dame blasmer
> Qui *seut* (a coutume de) sa blanche char monstrer,
> A ceux de qui n'est pas privée.
> Aucune lesse deffermée
> Sa poitrine, pour ce c'on voie
> Comme fêtement sa char blanchoie :
> Une autre lesse tout de gré
> Sa chair apparoir au costé ;
> Une de ses jambes trop descuevre
> Prud'homme ne loe pas ceste œvre.

Toutes les dames suspendaient à leur ceinture *une aumônière,* ou grande bourse richement brodée et ornée d'un fermoir en argent ou en vermeil. L'usage des voiles était généralement adopté. « Les dames, dit le poëte que nous venons de citer, ne doivent point voiler leurs visages devant des seigneurs ; elles peuvent se le couvrir quand elles montent à cheval ou qu'elles vont à l'église ; mais en y entrant elles doivent le mettre en évidence, surtout devant les gens de qualité. » Avant Charles V, les dames nobles portaient sur leurs robes les armoiries blasonnées de leurs maris. Cette mode dura près d'un siècle.

Les lettres et les arts firent quelques progrès pendant la période qui nous occupe. C'est alors que fut faite l'invention de la poudre et des canons. Les institutions prirent plus de force et de fixité ; le parlement devint sédentaire ; la justice y gagna beaucoup.

Nous terminerons cette période par quelques détails sur les juifs. Ce peuple habitait, dès la première race de nos rois, presque toutes les villes de la Gaule; il en existait un grand nombre à Paris. Leurs richesses, leurs usures et leur religion leur suscitèrent de continuelles persécutions. Pendant la semaine sainte ou le jour de Pâques, on les poursuivait à coups de pierres dans les rues. Les rois les chassaient pour s'emparer de leurs richesses, et leur permettaient de rentrer en France moyennant de fortes sommes. En 633, Clotaire les fit sortir de ses états; mais ils y revinrent bientôt après. Philippe-Auguste les chassa de nouveau en 1181; ils étaient parvenus à acheter près de la moitié de la Cité de Paris; Philippe s'empara de leurs biens, et en les rappelant, en 1198, exigea d'eux des sommes considérables. Saint Louis les exila en 1257, et son fils leur permit de revenir. Chassés par Philippe-le-Bel, en 1306, ils furent rappelés, en 1315, par Louis X, à condition qu'ils renonceraient aux deux tiers des sommes qui leur étaient dues, et qu'ils payeraient celle de 122,500 livres (plus de deux millions de notre monnaie).

En 1321, on les arrêta, sous le prétexte d'une conspiration tramée avec les lépreux et le roi de Tunis, dans le but d'empoisonner les puits et les fontaines du royaume : les uns furent brûlés vifs, et les autres chassés des états du roi; les plus riches, en payant 15,000 livres, s'exemptèrent de ces traitements. Le roi Jean leur permit de rentrer en 1350, les bannit sept ans après, les rappela en 1360, et les autorisa à rester en France pendant l'espace de vingt ans. Charles V les laissa séjourner en France; mais Charles VI, par ses lettres du 17 septembre 1394, les chassa de son royaume à perpétuité. Ils se retirèrent alors dans les pays voisins. Au XVe siècle, quelques juifs étaient venus s'établir en France; Louis XIII les en bannit.

Un usage singulier au XIVe siècle consistait à enlever au profit du fisc les biens des juifs qui se convertissaient. Cette coutume, dont l'effet ordinaire devait être de ramener ces malheureux au judaïsme pour échapper à la misère, fut abrogée en 1381. Nous avons parlé ailleurs des marques particulières que saint Louis obligea les juifs de porter sur leurs habits; ils devaient en outre avoir une corne sur leur chapeau.

En 1181, les juifs possédaient à Paris une synagogue dans la Cité, qui, après leur expulsion, devint l'église de *Sainte-Madeleine*; ils en avaient une seconde rue de *la Tâcherie* (autrefois nommée de *la Juiverie*). En 1198, ils firent restaurer cette dernière, et en établirent une autre dans une tour située au cloître de Saint-Jean-en-Grève; cette tour et la rue voisine ont porté le nom de *Pet-au-Diable*, nom qui dérive, dit-on, de cette synagogue. Ils eurent plus tard des établissements près de l'église du Petit-Saint-Antoine, dans le cul-de-sac de Saint-Faron, rue de la Tixeranderie, qui porta le nom de *cul-de-sac des Juifs*; ils en eurent dans la rue *de Judas*, montagne Sainte-Geneviève, et dans les rues des Lombards, de Quincampoix, dans l'enceinte même du palais et dans la Cité, où plusieurs rues portaient ou portent encore des noms juifs.

En 1791, les juifs furent admis à jouir des droits de citoyens français. L'organisation légale du culte israélite en France résulte d'un règlement du 10 décembre 1806, fait dans une assemblée d'Israélites réunis à Paris, et dont les dispositions ont été homologuées par un décret du 17 mars 1808.

Il n'est pas sans intérêt de faire la statistique des impôts à l'époque dont nous parlons. La plus forte partie de la somme payée par les Parisiens se composait du produit de la *taille*, sorte d'impôt qui se percevait sur tous les individus et tous les biens qui n'étaient pas nobles, ecclésiastiques, ou qui ne jouissaient d'aucune exemption. La *taille personnelle* était celle qui s'imposait sur la personne; la *taille réelle*, celle imposée sur les terres et les autres propriétés. Charles VII rendit la taille perpétuelle en 1440 : elle était généralement répartie d'après une évaluation de la fortune des individus. Outre la taille, les bourgeois de Paris payaient, aux entrées des rois et des reines, à leur avénement à la couronne, à leur sacre, des présents de grande valeur, qui au XVIe siècle furent convertis en espèces métalliques ; ils payaient des redevances pour le logement des gens de guerre, pour les vivres, pour les charrettes, pour les chevaux et bateaux qu'ils étaient obligés autrefois de fournir ; ils payaient les tailles pour la rançon du roi au cas qu'il fût pris à la guerre, pour le mariage de ses filles, pour armer ses fils chevaliers et pour faire la guerre aux infidèles ; ils payaient en outre un droit sur le vin, le blé, le pain, etc. Des impôts nouveaux étaient créés dans les circonstances difficiles.

Nous avons vu qu'en 1313 Philippe-le-Bel avait levé une *ayde* de 13,014 livres parisis 11 sous 6 deniers, lorsqu'il arma ses trois fils chevaliers ; cette somme répond à peu près à 1,200,000 francs de notre monnaie. Comme à cette époque le nombre des individus soumis à la taille était d'environ 6,000, la quotité moyenne de chaque cote individuelle était de 2 livres 3 sous 4 deniers, environ 23 francs 90 centimes. D'après M. de la Tynna, qui a relevé ces cotes individuelles, les professions les plus imposées, en 1313, étaient celles de taverniers, drapiers, merciers, épiciers, orfévres, *hosteliers*, bouchers, marchands de bois, changeurs, *pelletiers*, *talmeliers* (boulangers), *lombards* (banquiers), tanneurs, cordonniers, maroquiniers, marchands de vins et corroyeurs.

Le *droit de prise*, qui, chaque fois que le roi, la reine et les princes entraient dans Paris, autorisait les officiers royaux à enlever dans les maisons des habitants les meubles et denrées qu'ils trouvaient, se maintint pendant cette période et longtemps encore dans les périodes suivantes. Charles V ordonna aux preneurs de payer les objets enlevés dans les maisons; mais cette ordonnance, mal exécutée, ne remédia pas entièrement à cette odieuse exaction.

Il fallait acheter la permission d'exercer un état; cet usage, qui gênait le commerce, se maintint jusqu'à la révolution. Nous aurons occasion d'y revenir.

CHAPITRE IX.

PARIS SOUS CHARLES V.

(1364 — 1380.)

Charles V succéda à son père, Jean-le-Bon, en 1364. Ce prince, faible, dissimulé pendant la captivité de Jean, se montra modéré, équitable sur le trône, et mérita le surnom de *Sage*. Il pacifia son royaume, qu'avaient ravagé les rois de Navarre et d'Angleterre, et des troupes nombreuses de brigands qu'on nommait *routiers, grandes compagnies, écorcheurs*. Il parvint à rétablir l'ordre, encouragea les arts et les lettres, réunit pour la première fois dans le Louvre une certaine collection de livres. Il fit faire de nombreuses constructions dans sa capitale; mais il le fit aux dépens du peuple. Il eut le tort de donner dans les erreurs de l'astrologie judiciaire, et d'entretenir à la cour des *fous*, sortes de bouffons destinés à amuser ses loisirs. Il poussa son amour pour ces bouffons jusqu'à faire élever des monuments sépulcraux à deux de ses fous. Il eut aussi le tort beaucoup plus grand d'accabler son peuple d'impôts : « Il mit si grande taille sur les communes, dit un chroniqueur, qu'à plusieurs fust force de vendre leurs lits sur quoi ils gisoient, et leurs meubles, pour les payer, ce qui fust très mal faict. » Cependant, sous ce règne, le peuple éprouva bien moins de calamités que sous les règnes précédents.

Nous allons décrire les institutions de cette époque.

Le *couvent des Célestins,* situé à l'entrée des cours de l'Arsenal et sur le quai Morland, fut d'abord habité par les Carmes, puis vendu et cédé, en 1353, par Garnier Marcel, échevin, qui le possédait à titre d'héritage, à six religieux célestins qui venaient s'établir à Paris. Charles V fit construire pour ces religieux une nouvelle église dont la première pierre fut posée par lui en mars 1367, et leur fit de riches présents, ainsi que la reine et Guillaume de Melun, archevêque de Sens. Les statues du roi et de son épouse furent placées sur le portail de l'église.

Charles V exempta ces moines, qu'il affectionnait beaucoup, de toutes contributions publiques, même de celles que payait le clergé. Ils jouissaient d'une charge de secrétaire du roi ; les autres secrétaires royaux avaient dans leur église le siége d'une confrérie. Charles VI imita les libéralités de son père, et les Célestins furent les religieux les plus privilégiés de Paris ; leur orgueil a, dit-on, fait naître le dicton : *Voilà un plaisant célestin,* pour désigner un sot vaniteux. On dit aussi que de leur talent à faire des omelettes est venu le nom des *omelettes à la célestine.*

Leur église possédait un beau lutrin, une balustrade du sanctuaire assez remarquable, les figures de la sainte Vierge et de l'ange Gabriel, placées sur le grand autel, ouvrages de Germain Pilon. Parmi les nombreux personnages qui avaient leur sépulture dans cette église, nous citerons Léon de Lusignan, roi d'Arménie, mort à Paris en 1393; Jeanne de Bourbon, femme de Charles V; Jeanne de Bourgogne, épouse de Jean, duc de Bedford, régent de France; André d'Épinay, cardinal-archevêque de Lyon, qui combattit à Fornoue à côté de Charles VIII. La *chapelle d'Orléans* contenait une grande quantité de monuments funèbres; on y voyait une colonne torse, en marbre blanc, surmontée d'une statue de la justice et d'une urne en bronze qui renfermait le cœur d'Anne de Montmorency, connétable de France ; une autre colonne en marbre blanc supportant une urne dorée qui contenait le cœur de Timoléon de Cossé, comte de Brissac; une troisième colonne de marbre blanc, semée de petites flammes, placée sur un piédestal triangulaire de porphyre et surmontée par une urne de bronze doré sur laquelle un ange posait une couronne; cette colonne, consacrée à la mémoire de François II, était l'ouvrage de Paul Ponce. La chapelle contenait encore l'obélisque de la maison d'Orléans-Longueville, orné à son piédestal de bas-reliefs en bronze doré représentant des batailles, et autour duquel on voyait les quatre vertus cardinales en marbre blanc; les tombeaux de Renée d'Orléans en marbre blanc; de Philippe de Chabot, amiral de France, sculpté par Jean Cousin et Paul Ponce ; de Henri Chabot, duc de Rohan; un vaste tombeau en marbre blanc, entouré des statues des douze apôtres et de plusieurs saints, sur lequel étaient couchées les figures de Louis, duc d'Orléans, de Valentine de Milan, son épouse, et de leurs fils Charles et Philippe. Il y avait encore un monument dû à Germain Pilon, et composé d'un piédestal triangulaire sur lequel s'élevait un groupe représentant les trois Grâces, dont les mains s'entrelaçaient et dont les têtes supportaient une urne à trois pieds, contenant les cœurs de Catherine de Médicis, de Henri II et de Charles IX.

Près de la chapelle d'Orléans était celle de *Potier*, contenant les tombeaux des Potier, ducs de Trêmes et de Gèvres. La famille de Gèvres a donné son nom à un quai de Paris.

Dans la nef de l'église étaient les tombeaux de Guy de Rochefort, chancelier de France, et de plusieurs personnes de sa famille. Dans la chapelle de la Madeleine se trouvaient le mausolée et la figure de Louis de la Trémouille, mort en 1613. L'autel était orné d'une *Madeleine au désert*, par Pierre Mignard. En face de cette chapelle était le monument funèbre de Sébastien Zamet.

Les Célestins furent supprimés en 1779; les Cordeliers vinrent alors les remplacer; mais bientôt après on leur permit de rentrer dans leur grand couvent. Leur cloître, le plus beau de Paris, avait été construit en 1539; le plafond de l'escalier avait de belles peintures de Bon de Boulogne.

L'église a été démolie, et les monuments qu'elle contenait transférés au Musée des monuments français; les bâtiments du couvent ont été, sous Bonaparte, convertis en une caserne destinée à la gendarmerie; elle est occupée aujourd'hui par la garde municipale.

L'hôtel de Saint-Paul s'étendait depuis la rue Saint-Antoine jusqu'au cours de la Seine, et depuis la rue Saint-Paul jusqu'aux fossés de l'Arsenal et de la Bastille. Charles V, alors dauphin et régent du royaume pendant la captivité de son père, acheta de divers particuliers, entre les années 1360 et 1365, plusieurs hôtels, maisons et jardins dont il forma un ensemble qui reçut ensuite le nom de l'hôtel de Saint-Paul, à cause du voisinage de l'église de ce nom. Cet hôtel fut agrandi de ceux des archevêques de Sens, de Puteymuce et de l'abbé de Saint-Maur; ce dernier fut destiné aux princes de la famille royale. Charles V fit de plus construire dans cet emplacement l'hôtel de la reine, les bâtiments dits de Beautreillis, des Lions, de la Piscote, l'hôtel neuf du Pont-Levis, etc. Cette réunion de bâtiments placés sans ordre présentait un aspect très irrégulier.

Charles V logeait dans l'hôtel de l'archevêque de Sens (*voyez* l'article suivant). Son appartement se composait d'une ou deux salles, d'une antichambre, d'une garde-robe, d'une chambre de parade, d'une chambre à coucher, de la *chambre des nappes*, d'une chapelle, d'une ou deux galeries, de plusieurs chambres nommées *du retrait, de l'étude, des étuves;* et d'autres chambres nommées *chauffedoux,* à cause des poêles qui les chauffaient pendant l'hiver. On trouvait dans cet hôtel un jardin, un parc, des lices, une volière, une pièce réservée à des tourterelles, et une ménagerie pleine de sangliers et de lions.

L'hôtel de Saint-Maur ou de la Conciergerie avait de nombreux appartements, et entre autres, la salle *de Mathebrune,* sur la muraille de laquelle étaient peintes les aventures de cette héroïne; la salle de *Theseus,* où étaient peints les hauts faits d'un héros de ce nom; la *chambre verte,* une des deux salles lambrissées de l'hôtel. Cet hôtel, comme tous les autres, avait sa chapelle.

Il y avait dans l'assemblage de ces bâtiments un grand nombre de cours : les principales étaient celles des joutes, des cuisines, de la pâtisserie, des sauceries, des celliers, des colombiers, des gelinières, du four, du garde-manger, de la cave au vin des maisons du roi, de la bouteillerie, de la paneterie, et la cour où se fabriquait l'hypocras, sorte de liqueur alors en usage, faite avec du vin, du sucre et de la cannelle.

Cet hôtel était une véritable ville. « Comme toutes les autres maisons royales de ce temps, dit Saint-Foix, il était accompagné de grosses tours; on trouvait que ces tours donnaient au corps de bâtiment un air de domination et de majesté. Les jardins n'étaient pas plantés d'ifs et de tilleuls, mais de pommiers, de poiriers, de vignes, de cerisiers; on y voyait la lavande, le romarin, des pois, des fèves, de longues treilles et de belles tonnelles. Les basses-cours étaient flanquées de colombiers et remplies de volailles que les fermiers des terres et domaines du roi étaient tenus de lui envoyer, et qu'on engraissait pour sa table et pour celle de ses commensaux. Les poutres et solives des principaux appartements étaient enrichies de fleurs de lis d'étain doré. Il y avait des barreaux de fer à toutes les fenêtres, avec un treillage de fil d'archal, *pour empêcher les pigeons de venir faire leurs ordures dans les chambres.* Les vitres, peintes de différentes couleurs et chargées d'armoiries, de devises et d'images de saints et de saintes, ressemblaient aux vitres de nos anciennes églises. Les siéges étaient des escabelles, des formes et des bancs; le roi avait des chaises à bras, garnies de cuir rouge avec des franges de soie. On appelait les lits *couches,* quand ils avaient dix ou douze pieds de long sur autant de large, et *couchettes,* quand ils n'avaient que six pieds de long et six de large. Il a été longtemps d'usage en France de retenir à coucher avec soi ceux qu'on affectionnait. Charles V dînait vers onze heures, soupait à sept, et toute la cour était ordinairement couchée à neuf en hiver, et à dix en été. La reine, durant le repas, dit Christine de Pisan, par ancienne et raisonnable coutume, pour obvier à vagues paroles et pensées, avait un *prud'homme* au bout de la table *qui sans cesse disoit gestes et mœurs d'aucun bon trépassé.* »

Charles V possédait à Paris le palais de la Cité, le Louvre et l'hôtel Saint-Paul; dans les environs de cette ville, il avait les châteaux de Vincennes et de Beauté. Dans la suite, l'hôtel Saint-Paul, où l'on respirait un air malsain, à cause du voisinage des égouts et des fossés de la ville, fut abandonné par les rois, qui allèrent habiter l'hôtel des Tournelles. François Ier vendit, en 1516, une partie de l'hôtel Saint-Paul à Jacques de Genouillac, dit Galliot, grand-maître de l'artillerie. C'est sur l'emplacement de cette partie qu'a été établi l'Arsenal; les autres bâtiments furent successivement vendus. Au XVIIe siècle, on ouvrit à leur place des rues, telles que celle des Lions, sur l'emplacement de la ménagerie, la rue de Beautreillis sur l'emplacement de l'hôtel de ce nom, la rue de la Cerisaie sur les jardins plantés de cerisiers, la rue du Petit-Musc (corruption de *Puteymuce*) sur l'emplacement de l'hôtel du même nom. C'est sur une partie de l'emplacement de l'ancien hôtel Saint-Paul qu'est situé le bel établissement des eaux de Seine clarifiées et dépurées, fondé par M. Happey.

L'hôtel de Sens. L'évêché de Paris ressortissait de l'archevêché métropolitain de Sens; les archevêques de cette dernière ville, ayant de nombreuses relations avec le clergé de Paris, possédaient un hôtel sur le quai des Célestins, que l'un d'eux, Etienne Bécard, acquit au commencement du XIVe siècle. Dans la suite, cet hôtel fut cédé à Charles V, et compris dans l'enclos de l'hôtel Saint-Paul; ce roi y faisait sa résidence. Cette maison n'existe plus depuis longtemps.

En échange de cet hôtel, Charles V donna aux archevêques de Sens l'*hôtel d'Hestoménil*, situé au coin des rues du Figuier et de la Mortellerie (aujourd'hui rue de l'Hôtel-de-Ville), et qui prit le nom d'*hôtel de Sens*; vers la fin du XIIIe siècle, on le reconstruisit. Il fut habité par plusieurs prélats illustres, tels que Louis de Guise, cardinal de Lorraine, Louis de Bourbon, etc.; Marguerite de Valois y fit aussi sa résidence. En 1622, l'évêché de Paris ayant été érigé en archevêché, les archevêques de Sens cessèrent peu à peu d'habiter la capitale; leur hôtel fut vendu et passa en diverses mains. Il est aujourd'hui occupé par un établissement de roulage. On voit encore des restes considérables de cet hôtel que son architecture et ses ornements rendent très curieux; ses tourelles gracieuses et élancées, ses fenêtres sculptées et sa porte principale sont très estimées par les artistes.

L'enceinte de Paris éprouva, par l'ordre de Charles V, et par les soins de Hugues Aubriot, prévôt de Paris, de grandes réparations, mais ne fut pas augmentée. Les murailles furent rehaussées, garnies de hautes tours; les portes furent fortifiées de nouveau, les fossés agrandis ou creusés du côté du midi. La Bastille, ou porte de Saint-Antoine, fut reconstruite et devint une forteresse, dont

Hugues Aubriot posa la première pierre le 22 avril 1369. Le Petit-Châtelet fut construit pour contenir les écoliers. Ces divers travaux, entrepris en 1365, furent terminés en 1383, sous Charles VI.

L'entrée de Paris par la Seine était défendue par de fortes chaînes en fer, supportées sur des bateaux : du côté d'amont, cette chaîne partait de la forteresse de la Tournelle, traversait la Seine et l'île Saint-Louis et aboutissait à la tour de la porte Barbel; du côté d'aval, la chaîne, partant de la tour de Nesle, allait aboutir à la *Tour-qui-fait-le-coin*, sur la rive droite de la Seine.

L'enceinte de Paris avait alors dans la partie septentrionale 5,130 mètres, et du côté méridional 3,078 mètres. En ajoutant à ces dimensions les deux largeurs de la Seine traversées par la chaîne dont nous venons de parler, on a, pour la circonférence totale de Paris à cette époque, 8,910 mètres.

Le canal de Bièvre. Nous avons déjà dit (pag. 53) comment les chanoines de Saint-Victor avaient détourné le cours naturel de cette rivière pour la faire passer dans leur enclos. Au XIVe siècle, après la construction de l'enceinte de Charles V, la direction du canal fut encore changée : il suivit la rue des Fossés-Saint-Bernard, et se jeta dans la Seine en traversant l'emplacement de la halle aux vins. Un pont nommé *Pont-aux-Marchands* fut construit sur le bord de la Seine, à l'endroit où les eaux du canal se jetaient dans la rivière.

La partie abandonnée de ce canal qui se trouvait dans l'intérieur de l'enceinte, privée de ses eaux, servit d'égout. Un cloaque nommé *trou-punais*, situé à l'endroit où la rue des Bernardins rencontre celle de Saint-Victor, recevait les eaux en temps de pluies, et son trop plein se déchargeait dans cette partie du canal. On le couvrit dans la suite d'une voûte; son odeur infecte incommodait les quartiers voisins. En 1672 on le supprima, et la Bièvre rentra dans son lit primitif, qu'elle occupe encore aujourd'hui.

Le Petit-Pré-aux-Clercs était un terrain situé entre les rues Mazarine et des Petits-Augustins, la rue du Colombier et le quai Malaquais, au nord de l'enclos de l'abbaye de Saint-Germain-des-Prés. Il fut cédé par cette abbaye à l'Université (1368), en échange du terrain que ce monastère prit sur le Grand-Pré-aux-Clercs pour y creuser des fossés et en entourer son enclos. Les deux prés étaient presque contigus, et n'étaient séparés que par un canal qui s'étendait depuis la rive de la Seine jusqu'au bas de la rue Saint-Benoît. Le Petit-Pré se couvrit de maisons au XVIe siècle. On y ouvrit, sous Henri IV, la rue des Petits-Augustins; l'hôtel et les jardins de la reine Marguerite en occupaient une grande partie. Ces jardins étaient naguère compris dans les dépendances de l'hôtel de Larochefoucauld et des Petits-Augustins. Ce dernier hôtel n'existe plus, et sur son emplacement on voit la rue des Beaux-Arts. Le couvent des Petits-Augustins a été remplacé par le Musée des monuments français, et ensuite par l'École ou le Palais des Beaux-Arts.

Le couvent du Petit-Saint-Antoine, situé rue Saint-Antoine, fut fondé par Charles V, vers 1360. Ce prince ayant confisqué une propriété nommée *manoir de la Saussaye*, la donna à des religieux de l'ordre de saint Antoine, destinés à soigner les pauvres affligés de la *maladie des ardents*, nommée aussi *feu sacré, feu saint Antoine, feu d'enfer*. Il entreprit la construction de leur église, qui ne fut achevée qu'en 1442. Dès son origine, cette maison fut érigée en commanderie; en 1624, les commanderies furent supprimées, et l'ordre fut réformé. En 1689, on reconstruisit les bâtiments. L'ordre des Antonins fut supprimé en 1790. Leurs biens avaient été auparavant réunis à l'ordre de Malte, qui leur faisait des pensions, et leur avait accordé le droit de porter à la boutonnière de leurs habits une croix de Malte ; dans l'origine et jusqu'à cette réunion, ils portaient sur leurs habits la figure du T en étoffe bleue : c'est de là qu'est venu, dans certaines villes où ils avaient des couvents, le nom des rues de *Saint-Antoine-du-T*.

Sur l'emplacement de ce couvent est le passage du Petit-Saint-Antoine, qui communique de la rue Saint-Antoine à celle du Roi-de-Sicile.

L'église Saint-Paul, dans la rue de ce nom, était église paroissiale (*voy*. page 18). Lorsque Charles V alla habiter l'hôtel de Saint-Paul, il y fit exécuter de grandes réparations et des accroissements qui ne furent entièrement terminés que sous le règne de Charles VII. Cette église, dont l'architecture était très simple, et qui possédait les tombeaux de Rabelais, de Nicolas Gilles, et de trois mignons de Henri III, Quélus, Maugiron et Livarot, tués en duel en 1578, fut détruite après 1790. On y admirait les peintures des vitraux de la nef, du chœur et des charniers, ouvrage de Désaugives. Le culte de Saint-Paul a été transféré dans l'église de Saint-Louis.

Le Louvre fut fondé par Philippe-Auguste (Voy. *Paris sous ce prince*), et fut d'abord forteresse, palais et prison. Il consistait alors en une grosse tour entourée de murs très élevés, et se trouvait en dehors de l'enceinte bâtie par Philippe-Auguste. Le Louvre était le centre et comme le symbole de l'autorité royale ; les grands vassaux de la couronne venaient y faire le serment de foi et hommage, et l'on disait : telle terre, telle seigneurie *relève de la grosse tour du Louvre*, pour dire qu'elle relevait du roi.

Charles V conserva la grosse tour du Louvre hors de l'enceinte septentrionale que fit bâtir Étienne Marcel, prévôt des marchands de Paris ; il répara et augmenta les constructions qui l'entouraient, sous la direction de Raymond du Temple.

L'ensemble des bâtiments du Louvre, que Christine de Pisan appelle un « moult notable et bel édifice », et où fut logé, en 1373, l'empereur Charles IV, présentait un parallélogramme entouré de fossés alimentés par les eaux de la Seine, et qui avait, dans sa plus grande dimension, environ 122 mètres, et 116 dans la plus petite; sa superficie était occupée par des bâtiments, des jardins et des cours. La plus grande de ces cours, entourée de bâtiments, avait en longueur 69 mètres, et en largeur 65. C'était au centre de cette cour principale que s'élevait la grosse tour du Louvre, nommée aussi *tour Neuve, Philippine, forteresse du Louvre, Tour-Ferrand*, etc. Elle était ronde et entourée par un large et profond fossé; sa circonférence était de 144 pieds, et sa hauteur de 96; les murs avaient de 12 à 13 pieds d'épaisseur. Elle communiquait à la cour par un pont, dont une partie se composait d'une arche en pierre et l'autre d'un pont-levis. A l'entrée de ce pont était une construction qui soutenait la statue de Charles V, ouvrage de Jean de Saint-Romain, qu'on sait avoir été payé 6 livres 8 sous. La tour communiquait aux autres bâtiments du Louvre par un pont sur le fossé et par une galerie en pierres. Ses étages étaient éclairés chacun par 8 croisées, hautes de 4 pieds, larges de 3, garnies de barreaux de fer et d'un châssis de fil d'archal. L'intérieur contenait une chapelle et plusieurs chambres auxquelles on parvenait par un escalier à vis; une porte en fer en fermait l'entrée.

Les bâtiments qui entouraient la cour principale étaient, ainsi que les clôtures des basse-cours et jardins, surmontés de tours et de tourelles, de diverses formes et dimensions. Telles étaient celles *du Fer-à-Cheval, des Porteaux, de Windal*, sur le bord de la Seine; celles de *l'Étang, de l'Horloge, de l'Armoirie, de la Fauconnerie, de la Grande* et *de la Petite-Chapelle, de la Tournelle* (où siégeait le conseil), *de l'Écluse, de l'Orgueil*, et la *tour* où le roi se mettait pour voir les joutes sur l'eau. Il y avait aussi *la tour de la Librairie*, où Charles V réunit jusqu'à neuf cents volumes de dévotion, d'astrologie, de médecine, de droit, d'histoire et de romans ; on y trouvait deux ou trois poëtes latins et quelques traductions ; ce fut l'origine de la bibliothèque royale. Le *Chastel du bois*, tour que fit construire Charles VI, en 1382, sur le rempart même de Paris, fut détruite par ce même prince en 1420. Toutes ces tours avaient un commandant particulier ; la plupart avaient des chapelains.

Les constructions qui environnaient la grande cour eurent quatre étages sous Charles V : ils étaient percés de petites fenêtres grillées qui ne laissaient pénétrer dans l'intérieur qu'un jour triste et sombre. Les pièces principales de ces bâtiments étaient une grande salle, ou *salle de Saint-Louis*, dont la hauteur allait jusqu'au comble, et qui était longue de 25 mètres sur 14 de largeur ; puis se trouvaient *la salle neuve du Roi, la salle neuve de la Reine, la chambre du Conseil, la chambre de la Trappe, la garde-robe du conseil de la Trappe*, une *salle basse*, dont les murs étaient ornés de peintures et où les rois régalaient les princes et les grands seigneurs. La chapelle basse, dédiée à la Vierge, était la plus considérable de celles que contenait le Louvre.

On entrait dans ce palais-forteresse par quatre portes fortifiées, appelées porteaux. La principale entrée se trouvait au midi, sur le bord de la Seine. Une porte, flanquée de tours et de tourelles, menait dans une avant-cour, au bout de laquelle était une autre porte donnant accès dans l'intérieur, fortifiée par deux grosses tours ; sur cette porte étaient les figures de Charles V et de Charles VI. Une autre entrée se voyait vis-à-vis l'église Saint-Germain-l'Auxerrois. Elle existait encore après la construction de la colonnade du Louvre ; elle était fort étroite, bordée de deux tours rondes, avec les figures de Charles V et de son épouse. Les deux autres portes se trouvaient aux autres faces de l'édifice.

Il y avait dans l'enceinte du Louvre quelques jardins, un arsenal, et plusieurs cours entourées de bâtiments qu'on nommait d'après leur usage : *maison du four, paneterie, saucerie, épicerie, pâtisserie, fruiterie, garde-manger, échansonnerie,* etc. Derrière le Louvre, et dans la rue Fromenteau (autrefois nommée *de Froid-Mantel*), était une maison où se gardaient les *lions du roi*.

Nous reviendrons à ce monument, sous le règne de Henri II, époque à laquelle il éprouva divers changements.

Le collége de Dormans ou *de Beauvais*, rue Saint-Jean-de-Beauvais, n° 7, fut fondé, en 1370, par Jean de Dormans, évêque de Beauvais, cardinal et chancelier de France, pour douze, puis pour vingt-quatre boursiers, un maître et un sous-maître. La chapelle fut bâtie en 1380.

Devenu public au XVIe siècle, ce collége fut entièrement reconstruit sous le règne de François Ier, et réuni, en 1597, au collége de Presles; il s'appela depuis ce temps *Presles-Beauvais*. Il en fut séparé en 1699, et prit le nom de *Dormans-Beauvais*. Il eut quelque célébrité au XVIIe siècle. Ses bâtiments sont occupés par une école primaire.

Le collége de Presles, contigu au précédent, fut fondé vers 1370 par Raoul de Presles, conseiller et poëte du roi Charles V. Son histoire est entièrement liée à celle du collége de Dormans. C'est dans ce collége que fut assassiné, la nuit de la Saint-Barthélemy, le professeur Pierre Ramus, qui y était venu chercher un refuge.

Le collége de maître Gervais ou *de Notre-Dame-de-Bayeux*, rue du Foin-Saint-Jacques, n° 14. Maître Gervais, médecin et astrologue du roi Charles V, conçut le projet de ce collége; le roi le fit bâtir à ses frais, le dota, voulut qu'on y enseignât la médecine et l'astrologie, lui donna des livres et des instruments nécessaires à cet enseignement, et fit confirmer la fondation par le pape Urbain V. Les élèves de ce collège portaient le nom d'*écoliers du roi*. En 1699, les bourses furent supprimées, et le collège fut mis sous la direction de deux docteurs de Sorbonne. On le réunit, en 1763, à l'Université.

Les bâtiments de ce collège ont depuis servi de caserne.

Le *collége de Daimville*, rue de La Harpe, en face Saint-Côme, fut fondé, en 1380, par Michel de Daimville, archidiacre d'Arras et chapelain du roi, pour douze écoliers des diocèses d'Arras et de Noyon. Il fut réuni, en 1763, à l'Université. C'est aujourd'hui une maison particulière.

L'Hôtel-de-Ville, situé place de Grève. Nous avons vu que l'origine de la municipalité de Paris se retrouvait dans l'association de la *hanse* de cette ville, dont les membres reçurent le titre d'*échevins*, et le chef celui de *prévôt des marchands*. Les premières réunions de la hanse se tenaient, à ce qu'il paraît, à la Vallée de Misère, près la place du Grand-Châtelet; on nommait le lieu des séances la *maison de la marchandise*. Ce lieu fut transféré ensuite dans une maison située entre le Grand-Châtelet et l'église depuis longtemps détruite de Saint-Leufroi; on le nommait alors *le parlouer aux bourgeois*; il conserva cette dénomination quand on l'établit près de l'enclos des Jacobins, entre la place Saint-Michel et la rue Saint-Jacques. En 1357 (7 juillet), les bourgeois de Paris achetèrent une maison située sur la place de Grève, et nommée *maison aux piliers* ou *au dauphin*, qu'avait acquise Philippe-Auguste, et qui avait été donnée par Philippe de Valois aux princes souverains du Dauphiné. Cette maison était fort simple, et n'avait pour toute distinction que deux tourelles. Ce fut là que le prévôt des marchands et les échevins siégèrent jusqu'en 1532. A cette époque, on la reconstruisit entièrement. (Voyez *Paris sous François 1er*.)

Les *ponts* de Paris étaient bâtis avec si peu de soin ou tant d'ignorance, que les débordements de la Seine les détruisaient avec une grande facilité : de 885 à 1393, le *Petit-Pont* avait été renversé sept fois. Reconstruit en pierre en 1394, pour la somme de 9,500 livres, prise sur l'amende des juifs, ce pont fut encore renversé en 1405, rétabli et renversé de nouveau en 1408. Nous y reviendrons plus tard. Le *pont Saint-Bernard-aux-Barrés* était un pont en bois construit par Charles V, et qui se composait de deux parties : l'une, partant du quai et de la poterne de la Tournelle, aboutissait à l'île Saint-Louis ; l'autre partie allait de cette même île au quai des Ormes, en face de la rue de l'Etoile, à l'endroit où se trouvait la porte Barbette. Ce pont était fermé par des portes. L'histoire n'en fait plus mention depuis sa construction faite de 1370 à 1375 ; il dut être détruit par les eaux. Le *pont Saint-Michel*, qui mène de la place Saint-Michel à la rue de la Barillerie en la Cité, existait vers le milieu du XIIIe siècle, et portait le nom de *Pont-Neuf*. On a prétendu qu'il avait été bâti par Charles-le-Chauve ; il fut détruit vers 1326, et reconstruit en pierre en 1378, par les soins de Hugues Aubriot, qui employa à ce travail tous les joueurs et vagabonds de Paris. Il fut achevé en 1387, malgré les réclamations des moines de Saint-Germain-des-Prés, fut détruit en 1408, et reconstruit quelques années après.

CHAPITRE X.

PARIS DEPUIS CHARLES VI JUSQU'A CHARLES VIII.

(1380 — 1483.)

Paris sous Charles VI.

Ce règne, qui s'étend de l'an 1380 à l'an 1421, est un des plus désastreux de notre histoire : un roi en démence, ses oncles qui se disputent l'autorité, une reine perfide et se laissant aller à une galanterie sans bornes, les Anglais profitant de l'anarchie intérieure et des horreurs de la guerre civile pour ravager la France et s'emparer d'une partie du royaume, des bandes de brigands, nommées *grandes compagnies* ou *écorcheurs*, désolant le pays, voilà les principaux traits de ce règne misérable, pendant lequel eurent lieu à Paris les institutions suivantes :

L'église Saint-Gervais (voy. page 17) fut reconstruite en 1420. On en fit la dédicace aux saints Gervais et Protais. Cette église est d'un style gothique altéré; ses voûtes sont très hardies, très élevées; les colonnes sont privées de chapiteaux, et se prolongent pour former les ogives des voûtes; leurs nervures, se réunissant en faisceau, forment en se courbant et en s'abaissant une clef pendante ou cul-de-lampe qui étonne par sa hardiesse. Les voûtes de cet édifice, croisées dans tous les sens par les nervures des colonnes, sont fort belles, et leur ensemble est satisfaisant.

Les vitraux de l'église sont, les uns de Pinaigrier (1527-30), les autres de Jean Cousin (1587); ils sont dégradés en plusieurs parties. La chapelle de la Vierge, au rond-point de l'église, est digne d'être remarquée. On voyait autrefois dans cet édifice plusieurs tableaux de Bourdon, Champagne et Lesueur; les tombeaux de Paul Scarron, Philippe de Champagne, Michel Le Tellier, Crébillon, etc.

Le portail est dans le style grec; Louis XIII en posa la première pierre le 24 juillet 1616; il fut achevé, en 1621, sur les dessins de Jacques Desbrosses. Ce portail, qui est très estimé, présente l'aspect des trois ordres, dorique, ionique et corinthien, élevés l'un sur l'autre. Il est dommage que la place située devant l'église en masque la vue; mais il est probable qu'on ne tardera pas à l'agrandir. Sur cette place était jadis un orme, sous lequel on rendait la justice et l'on payait certaines rentes.

L'hôpital des Orfèvres ou *de Saint-Eloi*, rue des Orfèvres, n°s 4 et 6, fut fondé par la corporation des orfèvres, en 1399, pour les pauvres ouvriers de leur profession. Cet établissement et la chapelle qui en était voisine furent rétablis en 1566; la chapelle a subsisté jusqu'en 1786. Sur son emplacement est une maison particulière.

La *confrérie de la Passion de Notre Seigneur* était une association d'individus qui jouaient des pièces en langue française. Avant eux, on voyait dans Paris quelques spectacles ambulants, des jongleurs, des baladins, des faiseurs de tours de force et d'adresse, des funambules. Lors de l'entrée d'Isabeau de Bavière à Paris, on tendit une corde du sommet d'une des tours de Notre-Dame à une maison du pont Notre-Dame; un funambule génois descendit, pendant la nuit, sur cette corde en dansant et tenant un flambeau à la main, vint, au moment où cette reine passait sur le pont, lui poser une couronne sur la tête, et remonta aussitôt d'où il était parti. Les seules pièces qu'on jouât alors étaient des tragédies chrétiennes, en latin, qu'on récitait, dans les monastères, le jour de la fête des saints dont elles rappelaient les miracles ou le martyre.

Les confrères se fixèrent d'abord dans le bourg de Saint-Maur-des-Fossés, et y représentèrent la Passion de Jésus-Christ. Le prévôt de Paris défendit (1398) aux habitants d'assister à ce spectacle sans une permission expresse du roi; mais Charles VI fut si content de leur talent, que, par lettres patentes du 4 novembre 1402, il les autorisa à jouer leurs pièces dans Paris et dans ses environs. Ils se fixèrent dans les bâtiments de l'hôpital de la Trinité, rue Saint-Denis, au coin de la rue Grenetat, et prirent le titre de *maîtres gouverneurs et confrères de la Passion et Résurrection de Notre Seigneur*. Ils représentèrent des pièces appelées *mystères* et *moralités*, dans le français du temps. Ces pièces, écrites sans ordre et sans règle, offraient des suites de scènes tirées des actes des saints, de l'Evangile, etc.; le style en était grossier et même indécent. Néanmoins la nouveauté du spectacle fit que les confrères eurent un grand succès. Comme la représentation avait lieu les dimanches et les fêtes, d'une heure à cinq, les curés allèrent jusqu'à avancer l'heure de vêpres pour permettre à leurs paroissiens d'y assister. Le prix des places à ce spectacle, sur lequel nous reviendrons dans la suite, était de deux sous par personne.

Le *collége de Fortet* fut fondé, en 1394, par Pierre Fortet, en faveur de huit écoliers des diocèses d'Aurillac, de Saint-Flour et de Paris. Il fut établi rue des Sept-Voies, n° 27. Dans la suite, on ajouta cinq bourses aux huit anciennes. Les bâtiments de ce collége s'accrurent par l'adjonction des hôtels de Marly et de Nevers. Ils ont été convertis, depuis la révolution, en maisons particulières.

Le *collége de Reims*, rue des Sept-Voies, n° 18, fut fondé, en 1412, par Guy de Roye, archidiacre de Reims. Ce collége, ruiné par les Anglais, fut rétabli en 1443, et réuni au collége de Rethel, qui en était voisin, et que Gauthier Delaunois avait fondé pour de pauvres écoliers du Rethelois. En 1720, François de Mailly rétablit ce collége, entièrement ruiné. Il fut dans la suite réuni à l'Université, et ses bâtiments ont été remplacés par une maison particulière.

Le *collége de Coquerel*, rue des Sept-Voies, dans la cour de l'hôtel de Bourgogne, fut fondé au commencement du XVe siècle par Nicole Coquerel, chanoine d'Amiens, pour de petites écoles, et s'éteignit peu de temps après la mort de son fondateur.

L'hôpital du Roule, qui existait bien avant 1392, servait d'asile aux ouvriers de la Monnaie trop âgés ou trop infirmes pour travailler. On les appelait aussi *les frères de l'hôtel du Louvre*.

La *confrérie des Arbalétriers de Paris*, qui existait depuis longtemps, était établie rue Saint-Denis, près la porte aux Peintres, et était composée d'un roi, d'un connétable et de maîtres. Charles VI et ses successeurs leur accordèrent la permission de se réunir, de s'exercer et de contribuer à la défense de la ville. Soixante des plus habiles arbalétriers jouissaient de plusieurs priviléges, étaient exempts de payer certaines contributions, et recevaient de la ville trois sous par jour (le capitaine avait cinq sous), sans compter la dépense de bouche pour l'homme et le cheval.

Le chef de ces soixante arbalétriers prit dans la suite le titre de grand-maître; il habitait, aux XVe et XVIe siècles, un hôtel situé rue de Grenelle-Saint-Honoré, à peu près en face de l'hôtel des Fermes. Ce corps se maintint jusque sous Louis XIV.

La *confrérie des Archers de Paris* était commandée par un roi et un connétable. Elle jouissait des mêmes priviléges et exemptions, et était soumise aux mêmes règles que la confrérie des arbalétriers. Les archers, au nombre de cent vingt, recevaient de la ville deux sous par jour.

La *confrérie des Arquebusiers* remonte, dit-on, à Louis-le-Gros. Leur nombre était porté à deux cents en 1369. Ils jouissaient des mêmes priviléges que les arbalétriers. Dans l'origine, ils se réunissaient rue des Francs-Bourgeois; en 1390, ils s'établirent entre les rues Saint-Denis et Mauconseil; en 1604, dans le bastion situé entre les portes Saint-Antoine et du Temple; enfin, en 1671, rue de la Roquette, n° 90. Sur la porte de leur maison étaient ces mots : *Hôtel de la compagnie royale de l'Arbalète et de l'Arquebuse de Paris.* Cet hôtel est devenu propriété particulière. En 1690, Louis XIV fondit ces corps en un seul, et fixa au nombre de deux cent quatre-vingts les soldats composant les compagnies d'arbalétriers, d'archers et d'arquebusiers. La compagnie des arquebusiers subsista longtemps encore après cette réunion.

Les *ponts de Paris* eurent, sous ce règne, à éprouver de grands désastres. A la fin de janvier 1408, le Petit-Pont, construit en bois, fut renversé par les glaçons que la Seine charriait avec force ; le Grand-Pont, dit aujourd'hui Pont-au-Change, fut très endommagé, et éprouva une secousse telle, que quatorze boutiques de changeurs qui étaient construites dessus furent ruinées ; le pont neuf (Pont-Saint-Michel) fut emporté par la Seine ; le pont de bois appelé de Saint-Bernard-aux-Barrés dut aussi être abattu. Les membres du parlement, ne pouvant se rendre au palais, s'assemblèrent dans l'abbaye Sainte-Geneviève.

Le Petit-Pont fut reconstruit en bois aux dépens de la ville, qui conserva la propriété et les revenus des maisons dont il était bordé. Le pont Saint-Michel fut aussi reconstruit en bois et garni de maisons, suivant l'usage. Ces constructions étaient achevées avant 1415.

Le *pont Notre-Dame*, dans la direction du Petit-Pont et de la rue qui traverse l'île de la Cité, existait avant 1313. Construit alors en bois, il servait de communication à des moulins placés sur la Seine, et portait le nom de *Planche-Mibrai*. Ce nom, que porte encore la rue qui s'ouvre vers l'extrémité septentrionale du pont Notre-Dame, paraît avoir désigné des planches qui couvraient un marais (*brai* signifie *marais*) situé sur la rive droite de la Seine, depuis l'entrée du pont jusqu'au carrefour formé par la rencontre des rues de la Vannerie et de la Coutellerie. Pour empêcher l'abord du pont, dans les temps d'alarmes, on retirait les planches à travers cette mare.

Ce pont fut, en 1413, reconstruit en bois, et Charles VI en posa le premier pieu. « Cedit jour (31 mai), dit l'auteur du *Journal de Paris* sous Charles VI, le pont de *Planches-de-Mibrai* fut nommé le pont *Notre-Dame*, et le nomma le roi de France Charles, et frappa de la trie sur le premier pieu, et le duc de Guyenne, son fils, après, et le duc de Berry et de Bourgogne, et le sire de La Tremouille ; et étoit heure de dix heures au matin. »

Ce pont fut détruit le 25 octobre 1499 : « Il avait, dit Robert Gaguin, 70 pas et 4 pieds (354 pieds) de longueur, 18 pas (90 pieds) de largeur. Il était supporté par 17 travées de pièces de bois ou piles; chacune de ces travées se composait de 30 pièces de bois; chacune de ces pièces avait plus de deux pieds d'équarrissage. Il était chargé de 60 maisons, 30 de chaque côté de la route. Ces maisons se faisaient remarquer par leur élévation et l'uniformité de leur construction. Lorsqu'on s'y promenait, ne voyant point la rivière, l'on se croyait sur terre et au milieu d'une foire, par le grand nombre et la variété des marchandises qu'on y voyait étalées. On peut dire, sans crainte d'être accusé d'exagération, que ce pont, par la beauté et la régularité des maisons qui le bordaient, était un des plus beaux ouvrages qu'il y eût en France. »

L'hôtel des Tournelles, rue Saint-Antoine, en face de l'hôtel de Saint-Paul, fut bâti vers l'an 1390 par Pierre d'Orgemont, chancelier de France; son fils le vendit au duc de Berry, frère de Charles V (1402). En 1404, ce duc le céda au duc d'Orléans à titre d'échange; en 1417, il devint la propriété du roi et fut qualifié de *maison royale des Tournelles*. Charles VI l'habita dans les temps de sa démence, et le duc de Bedfort, régent de France pour le roi d'Angleterre, y logea pendant la durée de la domination anglaise à Paris. Les Anglais ayant été chassés en 1436, Charles VII s'y établit et en fit son séjour ordinaire. Louis XII y mourut. C'est auprès de ce palais que Henri II reçut la blessure des suites de laquelle il mourut.

Ce palais, dont le nom dérivait de la grande quantité de tours qui le surmontaient, se composait de plusieurs bâtiments et de vastes jardins. Les principales salles étaient celles des *Écossais, de brique* et la *salle pavée*. Une partie du palais portait le nom spécial d'*hôtel du Roi*. En 1464, Louis XI fit construire une galerie qui, partant de ce point, traversant la rue Saint-Antoine, allait aboutir à *l'Hôtel-Neuf*, ou hôtel de madame d'Etampes. *L'hôtel de la Reine* était situé près de Saint-Paul.

Ce palais fut démoli à partir de l'an 1565. Sur son emplacement s'établit *le marché aux chevaux*, où eut lieu, en avril 1578, un duel ou plutôt un combat entre les mignons de Henri III et les favoris du duc de Guise. Son emplacement est aujourd'hui en partie occupé par la place Royale.

L'église Saint-Germain-l'Auxerrois éprouva quelques changements. Le doyen de cette église était très puissant, et regardé comme le seigneur suzerain des établissements religieux situés dans la partie septentrionale de Paris. Pendant la domination des Anglais, en 1413, Saint-Germain fut en partie reconstruit. Le portail qui appartient à cette restauration est dans le style gothique; il s'ouvre sur un porche par lequel on entre dans l'église; l'entrée en était décorée par six statues, dont deux représentaient le roi Childebert et la reine Ultrogothe, son épouse. Ces statues, détruites en 1831, doivent bientôt y être rétablies.

Le jubé, ouvrage remarquable de Pierre Lescot et de Jean Goujon, fut abattu en 1744. On fit alors décorer le grand autel d'après les dessins de Bacary, et l'on entoura le chœur d'une grille en fer poli, ornée de bronze, ouvrage de Dumiez; derrière l'autel furent placées les statues de saint Germain et de saint Vincent. On voyait dans l'église des tableaux de Jouvenet, Coypel, Lebrun, Bon de Boulogne, Philippe de Champagne, et plusieurs monuments funèbres, entre autres, une urne antique de porphyre, placée sur la tombe de M. de Caylus, et que l'on voit aujourd'hui dans le Musée des antiques du Louvre. Malherbe, M. et Mme Dacier, le peintre Stella, étaient enterrés dans cette église.

Saint-Germain était, avant 1744, collégial et paroissial; les chanoines ayant été réunis à ceux de Notre-Dame, l'église ne fut plus que paroissiale. En 1815, elle reçut le titre de *paroisse royale*, et c'était là que Louis XVIII allait entendre la messe. En 1830, un de ses vicaires, l'abbé Paravey se distingua en allant bénir le champ destiné à la sépulture des morts de juillet. En 1831, une cérémonie y ayant eu lieu en mémoire de la mort du duc de Berry, la multitude envahit le presbytère, le saccagea complétement, et se porta ensuite à Saint-Germain-l'Auxerrois, qui ne fut plus bientôt qu'un triste amas de décombres; la croix qui s'élevait à son extrémité occidentale était ornée de trois fleurs de lis; elle fut détruite.

Depuis ce moment, l'église fut privée des cérémonies du culte. En 1838, on a entrepris sa réparation; cette restauration, achevée en 1840, a rendu à l'église son ancienne splendeur. On a débarrassé ce monument des vieilles bicoques qui encombraient ses abords; on a rétabli les parties endommagées ou détruites; les sculptures des portails ont été refaites avec beaucoup de délicatesse et de goût; enfin, on y a placé des vitraux peints à la manufacture de Sèvres qui produisent un très bel effet.

Saint-Germain est paroisse du quatrième arrondissement; elle porte encore le titre de *paroisse royale*.

L'*Hôpital* ou *Hôtel des pauvres femmes veuves*, rue de Grenelle-Saint-Honoré, fut fondé vers l'an 1425, en faveur de huit veuves pauvres; sur le portail se voyaient les statues des fondateurs, *Chénard* et *Catherine Duhomme*. Sur l'emplacement de cet hôpital est une maison particulière. Un cul-de-sac de la rue de Grenelle portait encore, il y a quelques années, le nom de l'*Hôtel des femmes*.

Le *collége de la Marche*, rue de la Montagne-Sainte-Geneviève, n° 37, fut fondé, en 1420, par Guillaume de la Marche et Beuve de Vinville. Jean de la Marche, oncle de Guillaume, avait établi ce collége, en 1362, en prenant à loyer les bâtiments de l'ancien *collége de Constantinople*, fondé par Pierre, patriarche de cette ville, et situé dans le cul-de-sac d'Amboise. Ce collége, qui portait le nom de *Petite-Marche*, n'avait alors qu'un seul boursier. Guillaume de la Marche légua une somme considérable pour son accroissement. Beuve de Vinville, son exécuteur testamentaire, acheta une maison située montagne Sainte-Geneviève, y fit construire un collége et y fonda six bourses, pour autant de pauvres écoliers à qui il laissa six sous par semaine; il y réunit le collége de la Petite-Marche. Plus tard cet établissement eut jusqu'à vingt-un boursiers et acquit quelque célébrité. Depuis la révolution, il appartient à des particuliers.

Le *collége de Séez*, rue de la Harpe, n° 85, fut fondé en 1427, par Grégoire Langlois, évêque de Séez, pour huit écoliers de ce diocèse et de celui du Mans. Il fut reconstruit en 1730 et réuni, en 1763, à l'Université. Sur son emplacement se voit aujourd'hui une maison particulière.

Paris sous Charles VII.

Ce roi, dépossédé de son royaume par sa mère et les Anglais, parvint, après de grands efforts, grâce au patriotisme de Jeanne d'Arc, à reconquérir ses états et à chasser l'ennemi. Paris, où régnait Henri V, qui se qualifiait, sous la régence du duc de Bedford, de *roi de France et d'Angleterre*, eut à supporter, en 1429, le siége de l'armée de Charles VII. Le 8 septembre de cette année, l'armée commandée par Jeanne d'Arc, et forte d'environ 12,000 hommes, commença, vers les onze heures du matin, par assaillir la muraille entre les portes Saint-Honoré et Saint-Denis; « l'assaut fut très cruel, » dit le journal de Paris, et dura quatre heures; la Pucelle fut blessée à la jambe, et celui qui portait son étendard fut tué. L'armée royale, après quatre heures de combat, décimée par les canons de Paris et les traits des assiégés, se retira. La Pucelle se rendit à l'église de l'abbaye de Saint-Denis et y suspendit ses armes; les Anglais, peu de temps après, reprirent Saint-Denis et s'emparèrent de ce trophée.

Le 13 avril 1436, le comte de Richemont, connétable de

France, et le comte de Dunois, entrèrent par trahison dans Paris et exterminèrent les Anglais qui s'y trouvaient. Charles VII fit son entrée dans la capitale, le 12 novembre 1437, et fut reçu au milieu des transports d'une joie universelle ; sur son passage on avait construit des théâtres où on jouait des mystères, et entre autres, le combat des sept péchés capitaux contre les trois vertus théologales et les quatre vertus cardinales. Ce prince mourut en 1461.

L'histoire ne mentionne sous ce règne qu'un seul changement.

L'*hôtel de Nesle*, en latin *Nigella*, occupait l'emplacement de la Monnaie, de l'Institut, etc. Ses bâtiments étaient à peu près circonscrits par les rues Mazarine, de Nevers et le quai Conti, anciennement appelé quai de Nesle. A l'extrémité occidentale était la porte de Nesle, flanquée de deux tours rondes, et la tour de Nesle, située à côté et au nord de cette porte. On les nommait d'abord tour et porte de *Philippe Hamelin*; leur nouvelle désignation vint de l'hôtel dont elles étaient voisines. La tour était ronde, très élevée et accouplée à une autre tour plus haute encore, moins forte en diamètre, et qui contenait l'escalier à vis ; de cette tour partait une chaîne de fer, qui, traversant la Seine, allait sur la rive droite s'attacher à la *Tour qui fait le coin*.

L'hôtel de Nesle appartenait, au XIVe siècle, à Amaury de Nesle qui, en 1308, le vendit à Philippe-le-Bel. Il passa à Jeanne de Bourgogne, épouse de Philippe-le-Bel qui, en mourant, en ordonna la vente, afin qu'on appliquât le prix à la fondation d'un collège (Voy. *Collége de Bourgogne*). Dans la suite, le duc de Berry en devint possesseur et fit agrandir les bâtiments et les jardins. Les jardins qu'il fit faire au delà des fossés de la ville reçurent le nom de *petit séjour de Nesle*. Charles VII donna cette propriété à François Ier, comte de Richemond, duc de Bretagne, après la mort duquel elle revint à la couronne.

Henri II, en 1552, la vendit à divers particuliers. Alors elle fit place à l'hôtel de Nevers, et à celui de Guénégaut ou de Conti, etc. La porte, la tour et les parties encore subsistantes des anciens bâtiments furent détruites, en 1663, pour faire place au collége Mazarin, devenu depuis *l'Institut*.

Nous avons déjà parlé des désordres qui se commirent à la tour de Nesle, pendant le règne de Louis-le-Hutin. Nous ne reviendrons pas sur ce triste sujet.

Sous ce règne, fut aussi réparé l'aqueduc de Belleville qui, par suite de dégradations nombreuses, avait cessé de fournir de l'eau aux fontaines de Paris.

Paris sous Louis XI.

Le règne de ce prince, à la fois dévot, superstitieux et cruel, releva l'autorité royale, si abaissée sous les règnes précédents, et lui donna une vigueur nouvelle. Louis XI sut contenir la noblesse par sa fermeté ; mais il garda pour lui seul le despotisme. Il encouragea les arts et les sciences ; ce fut sous son règne que l'imprimerie, inventée à Harlem, en Hollande, par Laurent Coster, vers 1430, se répandit à Paris. Avant cette invention, on ne se servait que de livres manuscrits, lesquels étaient très rares et très chers : il fallait employer un grand nombre de copistes, ce qui rendait excessif le prix des ouvrages. On comptait jusqu'à six mille écrivains à Paris, tandis qu'il n'y avait que quatre libraires de l'Université en 1421.

Vers 1470, l'imprimerie fut établie pour la première fois à Paris, dans le collége de la Sorbonne. Les premiers imprimeurs furent Berthold de Rembolt, des environs de Strasbourg, Martin Crantz, Michel Friburger de Colmar, Ulrich Gering de Constance. Ces trois derniers s'établirent, en 1473, dans la rue Saint-Jacques, au Soleil-d'Or. Ils ne tardèrent pas à avoir des rivaux ; à la fin du XVe siècle, Pierre Césaris et Jean Stoll, Marc Reinhardi, Jean Maurand, Thilman Kerver, imprimaient à Paris.

Au XVIe siècle, l'imprimerie parisienne brillait déjà d'un vif éclat, grâce aux talents des Estienne. Favorisée par Louis XI et Louis XII, elle fut prohibée par François Ier, qui ordonna la suppression des imprimeries de son royaume, sous peine de mort (1535); mais un mois après avoir rendu cette ordonnance, il commanda au parlement de lui présenter vingt-quatre personnes, parmi lesquelles il en choisirait douze, qui seules pourraient imprimer dans Paris des livres approuvés et nécessaires, et non des compositions nouvelles.

Sous le règne de Louis XI, eurent lieu quelques autres institutions utiles.

Les *écoles de médecine* se tenaient d'abord dans l'Université de Paris. De toutes les sciences, la médecine fut celle qui se développa le plus lentement; la magie et la chimie en faisaient les principales bases. On ignorait entièrement l'anatomie, et il était défendu comme un crime d'ouvrir et d'examiner les corps des morts. En 1469, l'Université établit des écoles de médecine dans un local de la rue de la Bûcherie, n° 15. Dès lors, la médecine, devenant une science plus spéciale que par le passé, fit quelques progrès; mais ce ne fut qu'en 1618 qu'on éleva un amphithéâtre. En 1678, on reconstruisit les bâtiments de l'école, et, en 1744, l'amphithéâtre. En 1776, la faculté de médecine fut transférée dans les anciennes écoles de droit, rue Saint-Jean-de-Beauvais. Les professeurs d'anatomie et d'accouchement continuèrent leurs cours dans la maison de la rue de la Bûcherie; on voit encore l'ancienne porte d'entrée de cette école. L'amphithéâtre n'est plus fréquenté.

La *poste aux lettres*. L'Université conçut ou mit à exécution la première cette institution utile. Elle employait des messageries, lorsque Louis XI, en 1464, établit un règlement sur les postes : deux cent trente courriers faisaient le service dans tout le royaume. L'Université jouit *du droit des postes et messageries* jusqu'en 1719. On institua alors l'administration des messageries et postes royales ; la poste aux lettres ne commença qu'en 1630 à servir aux particuliers. C'est sous Louis XIV qu'elle est devenue une administration de la plus haute importance.

Le bâtiment occupé par la poste aux lettres fut d'abord l'hôtel du duc d'Épernon, puis la propriété du contrôleur-général Hévrart. Fleuriau d'Armenonville l'acquit ensuite et le fit rebâtir tel qu'il est aujourd'hui. Il est situé rue Jean-Jacques Rousseau.

Ce sont là les institutions du règne de Louis XI. Aucun monument ne fut construit pendant cette période (1461-1483).

Nous renvoyons à la fin du chapitre suivant le résumé des mœurs, de l'état physique de Paris et de la condition des Parisiens sous les trois règnes qui précèdent.

CHAPITRE XI.

PARIS DEPUIS CHARLES VIII JUSQU'A FRANÇOIS Ier.

(1483 — 1515.)

Paris sous Charles VIII.

Charles VIII succéda à son père Louis XI, en 1483. Les principaux événements de son règne furent les guerres d'Italie, pour la conquête du royaume de Naples, que Charles perdit aussi facilement qu'il l'avait gagné. Ce prince organisa le conseil du roi, et l'érigea en cour souveraine, présidée par le chancelier, et composée des maîtres ordinaires des requêtes de l'hôtel et de dix-sept conseillers ; cette cour reçut dans la suite le nom de *grand conseil*. Le roi mourut en 1498. Voici les établissements qui eurent lieu sous son règne.

La *foire Saint-Germain*, établie sur l'emplacement du nouveau marché Saint-Germain, existait fort longtemps avant 1176. Les moines de Saint-Germain-des-Prés, qui la possédaient, cédèrent, à cette époque, à Louis-le-Jeune, la moitié des revenus de cette foire, qui commençait, chaque année, quinze jours après Pâques, et durait trois semaines. En 1278, ils furent forcés de céder au roi l'autre moitié des revenus, et la foire fut supprimée et transférée aux halles. Louis XI accorda à l'abbaye le droit d'établir une foire franche (1482), exempte de tous droits fiscaux. Charles VIII décida qu'elle commencerait le 3 février de chaque année, et durerait pendant les sept jours suivants. Cette foire fut placée sur le terrain occupé autrefois par l'hôtel de Navarre, et sur des terrains voisins. On augmenta par la suite sa durée : elle s'établit du 3 février au dimanche des Rameaux. Les loges que l'on avait construites pour cette foire furent détruites par un incendie, en 1763. On les réédifia l'année suivante : l'emplacement fut divisé en huit rues qui se coupaient à angle droit ; ces rues, dont quelques-unes étaient couvertes comme nos passages modernes, étaient bordées de boutiques et de cabarets ; on y trouvait plusieurs salles de spectacle, etc. Leur emplacement s'étendait jusqu'aux environs du Luxembourg ; il était extrêmement vaste. Entre les rues Garancière et de Tournon, se trouvait le *champ crotté* ou *champ de foire* destiné à la vente des bestiaux. Une partie de la foire, qui se prolongeait jusqu'à la rue de Bussy et le passage de la Treille, portait le nom de *Préau*. Cette foire vit peu à peu son emplacement se restreindre par la construction des maisons et des rues ; elle fut supprimée en 1789. Sur une partie du terrain qu'elle occupait, est aujourd'hui le *marché Saint-Germain*.

Les *Filles pénitentes* étaient une confrérie de filles publiques repenties, formée par un cordelier nommé Jean Tisserand. Louis II, duc d'Orléans, qui fut depuis Louis XII, donna à cette communauté, en 1494, une grande partie de son hôtel (situé rue d'Orléans-Saint-Honoré, et nommé d'abord *hôtel d'Orléans*, puis *hôtel de Soissons*), c'est-à-dire les galeries et le préau où se trouvait la fontaine (1). Cette maison porta d'abord le nom de *refuge des filles de Paris*, puis celui de *Filles pénitentes*. En 1572, Catherine de Médicis, voulant bâtir un hôtel sur cet emplacement, transféra ces filles dans le monastère de Saint-Magloire, rue Saint-Denis, occupé par des moines qui se réfugièrent dans la maison de Saint-Jacques-du-Haut-Pas. Ce couvent a été supprimé en 1790, et ses bâtiments ont été en grande partie démolis.

Paris sous Louis XII.

Louis XII, duc d'Orléans, succéda, en 1498, à Charles VIII. Ce prince montra de grandes vertus sur le trône ; mais il eut le tort de s'engager dans les guerres d'Italie, si funestes à la France. Il mourut en 1515. Voici les établissements de Paris sous son règne.

Les *Bons-Hommes* ou *Minimes* s'établirent sous le règne de Charles VIII, à Paris, et, en 1493, près de Nigeon. Anne de Bretagne leur céda une habitation qu'elle possédait sur le penchant du coteau de Chaillot et de Nigeon, et leur acheta un hôtel contigu avec ses dépendances. Elle posa la première pierre de l'église, qui ne fut terminée qu'en 1578. On y voyait les tombeaux des d'Ormesson et des Duprat, du maréchal de Rantzau, etc. Ce couvent a été supprimé en 1790 ; il a été remplacé par des bâtiments destinés à des travaux industriels et par un chemin qui adoucit la pente de la montagne dite des Bons-Hommes.

L'hôtel de Cluny est situé rue des Mathurins-Saint-Jacques, vis-à-vis la rue de Sorbonne. Vers le milieu du XIVe siècle, Pierre de Chaslus, abbé de l'ordre de Cluny, première branche de celui de saint Benoît, acheta une partie du palais des Thermes, à laquelle il donna le nom

(1) On a depuis construit sur cet emplacement la Halle aux Farines. (Voy. *Paris sous Louis XV.*)

de *maison* ou *hôtel de Cluny*; cet hôtel devint la résidence des abbés de cet ordre, lorsque leurs affaires les appelaient à Paris. Plus tard, Jean de Bourbon, abbé de Cluny, évêque du Puy, entreprit de le faire rebâtir; mais ce ne fut qu'en 1490, ou, selon quelques historiens, en 1505, que Jacques d'Amboise, frère du ministre de Louis XII, mit ce projet à exécution. Les nouveaux bâtiments s'élevèrent sur l'emplacement et avec une partie des matériaux des anciennes constructions : on voit en plusieurs endroits de l'hôtel l'architecture du moyen âge greffée sur des murs de construction romaine. Ce monument participe à la fois du romain, du gothique et du style de la renaissance; les ornements extérieurs sont très gracieux; on distingue surtout ceux des fenêtres en mansardes; la tour qui se détache en avant du principal corps-de-logis est très élégante. Malgré les dégradations qu'il a éprouvées, cet édifice est un des plus complets qui nous restent du moyen âge. La chapelle située sur le jardin est un chef-d'œuvre du genre gothique. On y voyait autrefois les figures de tous les membres de la famille de Jacques d'Amboise; il y avait aussi de beaux vitraux qui ont été en partie brisés, en partie transportés aux Petits-Augustins; devant l'autel était un groupe de quatre figures peintes, représentant la sainte Vierge, Jésus-Christ, saint Jean et Joseph d'Arimathie. Douze statues de saints occupaient les douze niches de son pourtour. Dans ces derniers temps, les vitraux de la chapelle ont été restaurés, ainsi que les peintures à fresque du XVIe siècle qui décoraient l'autel.

On montre dans la cour le diamètre de la fameuse cloche appelée *Georges d'Amboise*, qui était dans une des tours de la cathédrale de Rouen, et qui a été détruite à la révolution; ce diamètre est tracé sur la muraille. On assure que cette cloche a été jetée en fonte à l'hôtel de Cluny.

L'hôtel de Cluny fut habité, après la mort de Louis XII, par Marie d'Angleterre, sa troisième femme. Cette princesse y reçut les hommages du duc de Valois, depuis François I*er*, et du duc de Suffolck, qui l'épousa dans la chapelle même de l'hôtel. Cette maison, que posséda de 1528 à 1621 la famille de Lorraine, vit célébrer aussi le mariage de Madeleine, fille de François I*er*, avec Jacques V, roi d'Écosse. Ce prince y logea pendant son séjour à Paris.

Environ trente années plus tard, cet hôtel servit de refuge au cardinal Charles de Lorraine, à la suite de l'échauffourée de la rue Saint-Denis. Le 8 janvier 1565, ce prélat voulant faire son entrée triomphale à Paris, en fut empêché par le maréchal de Montmorency, gouverneur de cette ville. L'escorte du cardinal s'étant débandée, il fut obligé de prendre la fuite et parvint à se réfugier dans son hôtel de Cluny.

Sous le règne de Henri III, des comédiens s'y établirent; mais ils furent forcés de suspendre le cours de leurs représentations, en 1584.

Depuis 1601, les nonces des papes ont souvent habité l'hôtel de Cluny. En 1625, l'abbesse de Port-Royal, Marie-Angélique Arnaud, vint s'y loger avec ses religieuses, et y resta jusqu'à ce qu'on eût construit le monastère de la rue de la Bourbe.

Jusqu'à la révolution, les abbés de Cluny n'ont pas cessé d'être possesseurs de l'hôtel, qui, à cette époque, devint propriété nationale. Il appartint ensuite successivement à M. Baudot, médecin, puis à M. Leprieur, libraire de Paris, qui a noblement refusé de vendre la chapelle à un Anglais qui voulait la faire transporter à Londres.

Les trois astronomes Delisle, Lalande et Messier, ont longtemps demeuré dans cette maison : leur observatoire subsista jusqu'en 1817 ; il était situé sur la tour.

L'hôtel de Cluny a été habité récemment par M. Du Sommerard, mort en 1842, et qui a rassemblé dans ses appartements un musée d'antiquités françaises. C'est le plus beau de ce genre qui existe dans tout le royaume.

Le gouvernement se propose, dit-on, d'acheter le palais des Thermes et l'hôtel de Cluny, de les réparer, de les réunir, et d'en faire un musée national dont la collection de M. Du Sommerard formerait le noyau.

L'hôtel de la Trémouille, dit aujourd'hui *hôtel de la Couronne-d'Or*, situé rue des Bourdonnais, n° 11 (1), remontait, dit-on, au règne de Philippe-le-Bel, qui l'aurait habité en 1280; mais il doit avoir été reconstruit dans la suite, car son architecture était plus moderne. En 1363, Philippe, duc d'Orléans, frère du roi Jean, l'acheta et le revendit ensuite au fameux Guy de la Trémouille. A cette époque, il s'étendait le long de la rue Béthisy jusqu'à la rue Tirechape. Il devint la maison seigneuriale du fief de la Trémouille, duquel relevait une partie des rues des Bourdonnais, de Béthisy, de Thibault-aux-Dés (Thibotodé); il s'appelait alors *grande maison des Carneaux*. Il passa ensuite à divers propriétaires, entre autres, au chancelier Dubourg, puis au premier président de Paris, Pomponne de Bellièvre, qui lui donna le nom d'hôtel de *Bellièvre*. En 1738, un marchand de soieries l'acheta et y tint un magasin à l'enseigne de la *Couronne-d'Or*; jusqu'en 1842, l'hôtel a porté ce nom et a été occupé par des commerçants. A cette époque, il a été démoli; et la charmante tourelle qui décorait la cour a été transportée au musée des Beaux-Arts.

Nous allons présenter un tableau rapide du changement survenu au XVe siècle dans les mœurs, l'état civil des Parisiens et l'état physique de Paris. Cet aperçu servira de complément aux deux chapitres qui précèdent et à celui-ci.

Nous avons vu, sous Charles V, l'extension donnée à l'enceinte septentrionale de Paris, et la construction de la bastille Saint-Antoine, qui a subsisté jusqu'en 1789. Ce

(1) Cette rue s'appelait, au XIIIe siècle, rue Adam et Guillaume Bourdon, noms de riches bourgeois de Paris.

ne sont pas les seuls travaux de cette période. Des eaux stagnantes séjournaient dans les rues de Paris et y entretenaient des foyers constants de corruption et de maladies. Le prévôt de Paris, Hugues Aubriot, s'occupa de procurer un écoulement à ces eaux, si funestes au bien-être des habitants et si contraires à la splendeur d'une capitale. Nous avons parlé du ruisseau de Ménilmontant qui va se jeter dans la Seine au-dessous de Chaillot; l'ancien lit de ce ruisseau offrit un canal naturel qui bordait l'enceinte septentrionale, et qu'on nomma le *Grand-Égout*, nom qui lui est resté; plusieurs égouts particuliers parcouraient les rues de Paris et allaient se vider dans cet égout principal, mais ils restaient à ciel ouvert et sans maçonnerie, excepté une partie de l'égout du *Pont-Perrin*, qui, passant sous la bastille Saint-Antoine, fut, en 1412, détourné et dirigé à travers l'enclos de la Culture-Sainte-Catherine. Il se jetait dans les fossés du Temple.

Un grand nombre de rues furent pavées; mais ces rues, tortueuses, étroites, mal bâties, étaient en général très malpropres. Plusieurs beaux édifices s'élevèrent pendant cette période : l'église Saint-Étienne-du-Mont, le portail de Saint-Germain-l'Auxerrois, les hôtels de Cluny et de la Trémouille; plusieurs tourelles qui se voient encore dans les rues de Paris (entre autres, celle qui se trouve sur la place de Grève, dans un angle rentrant), appartiennent à cette époque.

La *Grande-Boucherie* était située près du Grand-Châtelet; elle fut abattue pendant les guerres civiles qui ensanglantèrent le règne de Charles VI : les bouchers s'établirent alors sur le pont Notre-Dame. En 1416, on fonda quatre boucheries : l'une dans une partie de la halle de Beauvais, l'autre à l'extrémité méridionale du Petit-Pont et auprès du Petit-Châtelet, la troisième près du Grand-Châtelet, et la quatrième autour des murs du cimetière de Saint-Gervais.

On comptait plusieurs ports à Paris : au-delà des fossés de l'Arsenal, sur la rive droite de la Seine, était un port où l'on vendait le plâtre et les moellons ; puis venaient *le port des Barrés* (Saint-Paul), *le port au Foin, le port Saint-Gervais* (port au blé ou quai de la Grève), *le port de Bourgogne* sur le même quai ; là et sur la place de Grève se vendaient des grains et des charbons ; *le port Français* venait ensuite, ainsi que *le port de la Saunerie* et *le port du Louvre* (Saint-Nicolas). En face de la rue des Barrés étaient placés sur la rivière les *moulins du Temple*.

Dans la Cité, on trouvait *les ports de Notre-Dame* et de *Saint-Landri*. Sur la rive gauche de la Seine étaient ceux de *Saint-Bernard*, de *Saint-Jacques* et de *Nesle*.

Le *pont Notre-Dame* avait été reconstruit en 1413. Il résista à de grandes inondations qui eurent lieu en 1426, 1427 et 1493. Mais en 1499, le 25 octobre, il s'écroula avec les soixante maisons construites dessus ; plusieurs personnes périrent. Jean Joconde, cordelier, fut chargé de le reconstruire en pierres ; il termina, en 1512, ce pont qui existe encore. C'est le plus ancien des ponts de Paris. Il a été réparé plusieurs fois, notamment en 1577 et 1659. La hauteur de ses arches nécessita l'élévation du sol de la Cité et des rues adjacentes. En 1786, on démolit les maisons dont ce pont était chargé, on le répara de nouveau et on le borda de larges trottoirs.

Le *Petit-Pont* fut emporté, en 1408, par une inondation et rétabli l'année suivante. En 1499, il fut reconstruit en pierres par Jean Joconde, auteur du pont Notre-Dame. Son élévation amena de même l'exhaussement des rues voisines.

Le *Pont-aux-Meûniers* aboutissait d'un côté au quai de l'Horloge, et de l'autre au quai de la Mégisserie, presqu'en face de la rue de la Saunerie. Il existait au XIIIe siècle pour le service de plusieurs moulins attachés au-dessous de ce pont. Il fut détruit par les eaux en 1596.

Sous le règne de Louis XII, seize fontaines publiques existaient dans Paris et dans ses faubourgs. Elles étaient alimentées par les deux aqueducs de Belleville et du pré Saint-Gervais. La *fontaine Maubuée*, rue Saint-Denis, les fontaines de la rue *Salle-au-Comte* ou *de Marle*, de la rue *Saint-Avoye*, de la rue *Bar-du-Bec*, de *la porte Baudoyer* et *de Saint-Julien*, donnaient l'eau de l'aqueduc de Belleville ; les fontaines *des Innocents* et *des Halles*, *du Ponceau*, *de la Reine*, *de la Trinité*, de la rue *des Cinq-Diamants*, *de Saint-Lazare*, *des Filles-Dieu*, *des Cultures-de-Saint-Martin* et *du Temple*, étaient alimentées par l'aqueduc du pré Saint-Gervais.

Au XVe siècle, Paris était divisée en trois villes distinctes et séparées : *la Cité*, *l'Université* et *la Ville*. La *Cité* était la plus petite des trois ; son ile qui est faite, dit Sauval, comme un grand navire enfoncé dans la vase et échoué au fil de l'eau vers le milieu de la Seine, a donné naissance au blason de Paris, qui se compose d'un navire (1). La Sainte-Chapelle, avec sa flèche si hardie et si gracieuse, Notre-Dame, vingt et une églises, l'Hôtel-Dieu, le Palais de Justice, couvraient, avec quelques misérables rues, l'espace de terrain que présente la Cité. L'*Université* occupait la rive gauche de la Seine, depuis la Tournelle jusqu'à la tour de Nesle (de la Halle-aux-Vins à la Monnaie) ; la montagne Sainte-Geneviève y était renfermée ; quarante-deux colléges, les abbayes de la Sorbonne, des Bernardins, de Sainte-Geneviève, des Mathurins, de Saint-Benoit, des Augustins, des Cordeliers, etc. ; plusieurs beaux hôtels : l'hôtel de Cluny, les logis de Rome, de Nevers, de Reims, les thermes de Julien, et une infinité de petites rues étroites et tortues, qui forment aujourd'hui le *pays Latin*, occupaient le vaste terrain de l'Université. Ce côté de la Seine était très peu marchand ; il n'y

---

(1) Cette origine nous paraît plus vraisemblable que l'opinion de ceux qui veulent voir dans ce blason un souvenir du siége des Normands.

avait, à proprement parler, de quais, que du pont Saint-Michel à la tour de Nesle ; le reste du bord de la Seine était une grève nue ou un entassement de maisons dont les pieds baignaient dans la rivière. Au-delà de l'Université, s'étendaient des prés, des champs et quelques faubourgs, entre autres, celui de *Saint-Victor*, avec son abbaye ; celui de *Saint-Marceau*, avec son couvent et ses trois églises ; celui de *Saint-Jacques*, avec trois églises ; celui de *Saint-Germain*, le plus considérable de tous, avec sa magnifique abbaye. On trouvait en dehors de l'Université le couvent des Chartreux.

La *Ville*, déjà la plus grande division de Paris, s'étendait sur la rive droite de la Seine, de la tour de Billy à la tour du Bois (du Grenier d'abondance aux Tuileries). C'était la partie la plus peuplée et la moins nue de toutes. L'hôtel Saint-Paul, « où le roi de France, dit un écrivain moderne, avait de quoi loger superbement quatre-vingt-douze princes de la qualité du Dauphin et du duc de Bourgogne, avec leurs domestiques et leurs suites, sans compter les grands seigneurs, et l'empereur quand il venait voir Paris, et les lions qui avaient leur hôtel à part dans l'hôtel royal, » la *Bastille*, le *Louvre*, quarante-quatre églises, les monastères de Sainte-Catherine, des Filles-Dieu, etc., l'église de Saint-Jacques-la-Boucherie avec sa magnifique tour, le Temple, occupaient la plus grande partie du nord de Paris ; au delà des Tournelles, jusqu'à la muraille de Charles V, s'étendait le fameux *jardin Dédalus*, que Louis XI avait donné à son médecin Coictier, et où l'on voyait l'observatoire du docteur (c'est aujourd'hui la place Royale). La Ville avait des tours carrées ; l'Université avait des tours rondes.

« Chacune des trois grandes divisions de Paris, dit M. Victor Hugo, était une ville, mais une ville trop spéciale pour être complète, une ville qui ne pouvait se passer des deux autres. Aussi trois aspects parfaitement à part : dans la Cité abondaient les églises ; dans la Ville, les palais ; dans l'Université, les colléges ; l'île était à l'évêque, la rive droite au prévôt des marchands, la rive gauche au recteur ; le prévôt de Paris, officier royal et non municipal, veillait sur le tout. La Cité avait Notre-Dame ; la Ville, le Louvre et l'Hôtel-de-Ville ; l'Université, la Sorbonne. La Ville avait les halles, la Cité l'Hôtel-Dieu ; l'Université, le Pré-aux-Clercs. Le délit que les écoliers commettaient sur la rive gauche, dans le Pré-aux-Clercs, on le jugeait dans l'île, au Palais de Justice, et on le punissait sur la rive droite, à Montfaucon, à moins que le recteur, sentant l'Université forte et le roi faible, n'intervînt ; car c'était un privilége des écoliers d'être pendus chez eux. »

La Seine baignait plusieurs îles dans l'enceinte de Paris. Elle avait cinq ponts : trois à droite, les ponts Notre-Dame, Pont-au-Change et Pont-aux-Meûniers ; deux à gauche, le Petit-Pont et le pont Saint-Michel, tous chargés de maisons. L'Université avait six portes, bâties par Philippe-Auguste ; c'étaient les portes *Saint-Victor, Bordet, Papale, Saint-Jacques, Saint-Michel* et *Sainte-Geneviève* ; la Ville avait six portes, bâties par Charles V, savoir : les portes *Saint-Antoine, du Temple, Saint-Martin, Saint-Denis, Montmartre* et *Saint-Honoré*. Un fossé large et profond entourait les murailles ; « la nuit, dit l'écrivain que nous avons cité plus haut, on fermait les portes, on barrait la rivière aux deux bouts de la ville avec de grosses chaînes de fer, et Paris dormait tranquille. »

Un auteur qui vivait au commencement du xvie siècle, Gilles Corozet, libraire, auteur des *Antiquités, chroniques et singularités de Paris*, le premier ouvrage fait sur la capitale, dit que Paris n'avait que onze portes (1532). Sans doute, au temps où écrivait cet auteur, une des douze portes avait été démolie. Voici, du reste, le tableau que Corozet fait de Paris :

> Cette ville est de onze portes,
> Avec gros murs, qui n'est pas peu de chose ;

> Profonds fossés tout à l'entour s'estendent,
> Où maintes eaux de toutes parts se rendent,
> Lequel enclos sept lieues lors contient,
> Comme le bruyt tout commun le maintient.
> Puis après, sont cinq grands ponts
> Pour dessus l'eau passer et repasser,
> Depuis la Ville en la noble Cité,
> De la Cité en l'Université.

L'état civil de Paris éprouva quelques changements durant cette période. Charles V accorda, en 1371, à tous les bourgeois de la ville des lettres de noblesse, c'est-à-dire l'affranchissement des servitudes féodales. Cette noblesse fut confirmée par les rois Charles VI, Louis XI, François Ier et Henri II ; mais Henri III restreignit, en 1577, ce privilége aux seuls prévôt des marchands et échevins de Paris.

Des impôts onéreux créés par Charles V, et renouvelés pendant la minorité de Charles VI par les princes tuteurs de ce prince, causèrent un grand mécontentement parmi le peuple. En octobre 1380, il y eut un soulèvement ; mais, le 1er mars 1381, la révolte était définitivement organisée : des bandes furieuses se saisirent de maillets de plomb déposés à l'Hôtel-de-Ville (ce qui les fit appeler *maillotiers*) et de toutes les armes qui tombèrent entre leurs mains, enfoncèrent les prisons, mirent les détenus en liberté, massacrèrent les percepteurs de l'impôt, pillèrent leurs maisons et l'abbaye de Saint-Germain-des-Prés, qui en recelait quelques-uns, et jusqu'aux maisons des juifs ; mais l'ordre finit par se rétablir. On se défit secrètement des plus coupables ; le roi pardonna aux autres moyennant 100,000 livres, et rentra dans Paris au milieu des élans d'une joie universelle. Toutefois le pardon octroyé n'était qu'une vaine promesse : trois cents bourgeois de Paris furent arrêtés, et un grand nombre fut mis à mort. On fit déposer les armes aux Parisiens, et construire sur le rempart de la ville une citadelle en bois qui communiquait au Louvre, et qu'on nomma le *Chastel de bois*. De plus (27 janvier

1382), le roi abolit la prévôté des marchands, l'échevinage, et la juridiction qui en dépendait ; il donna cette juridiction au prévôt de Paris, ainsi que l'hôtel dit *Maison de Ville* ; il abolit les maîtrises et communautés de tous les métiers, et supprima les quarteniers, cinquanteniers et dizeniers établis pour la défense de la ville.

Ce ne fut que 29 ans plus tard, le 20 janvier 1411, que Charles VI rétablit le prévôt des marchands et les échevins, et les réintégra dans les juridictions, prérogatives et revenus qu'ils possédaient anciennement.

Le XVe siècle fut extrêmement fatal à Paris. En 1400, une épidémie avait fait périr la plus grande partie de ses habitants. En 1418, les luttes des factions des Bourguignons et des Armagnacs ensanglantèrent la capitale. Lors du massacre des Armagnacs, la disette et la peste emportèrent, dans l'espace de quelques mois, plus de cent mille personnes. En 1420, la ville fut prise par les Anglais, et n'en fut délivrée qu'en 1436. La même année, le froid et la famine firent aussi beaucoup de mal. En 1429, la misère était si grande, qu'on vit, pour la première fois, des boutiques de revendeurs de vieilles hardes. En 1437 et 1438, outre la peste et la famine, on vit des troupes de loups affamés se répandre dans la capitale et y causer d'affreux ravages ; enfin, en 1466, la mortalité fut si grande, qu'on fut forcé d'accorder un asile aux malfaiteurs, afin de repeupler la ville. Néanmoins, en 1474, la population de Paris était d'environ cent cinquante mille habitants.

Dans ces temps malheureux, les mœurs ne pouvaient pas être bonnes. Les prostituées, au nombre de cinq à six mille, formaient, comme nous l'avons dit, une corporation spéciale. En 1367, au mépris de l'ordonnance de saint Louis, elles s'étaient répandues dans tous les quartiers de la ville. A cette époque, Hugues Aubriot, prévôt de Paris, leur ordonna de rester dans les rues fixées par l'édit de saint Louis, c'est-à-dire à *l'abreuvoir de Mâcon* (à l'extrémité méridionale du pont Saint-Michel et à l'entrée de la rue de la Huchette), en la *Bouclerie* (rue voisine de celle de la Huchette), *rue Froid-Manteau*, au *carrefour de Glatigny*, à la *cour Robert de Paris* (rue du Renard-Saint-Merry), à *Baille-Hoë* (rue communiquant aux rues Taille-Pain et Brise-Miche), à *Tyron* (rue qui va de la rue Saint-Antoine à celle du Roi-de-Sicile), à la rue *Chapon* (aboutissant aux rues Transnonain et du Temple), et au *Champ-Fleuri*, près le Louvre. Si les filles publiques contrevenaient à ce règlement, elles devaient être emprisonnées au Châtelet, puis bannies de Paris. On enjoignit à ces filles de ne pas porter de riches toilettes. Malgré leur sévérité, ces ordonnances furent toujours enfreintes.

En remontant la rue Saint-Denis à gauche, près de la Halle, on trouve les rues de la *Petite* et de la *Grande-Truanderie*, habitées au moyen âge par une population de gueux et de mendiants qu'on appelait *truands*. Là, au milieu d'une place, se voyait encore du temps de Sauval, en 1660, le célèbre *puits d'amour* ou de *l'Ariane*, ainsi nommé de ce que, sous ce règne, une jeune fille noble, Agnès Hellebis, s'y précipita par désespoir d'amour. Ce puits devint un rendez-vous pour les amants du quartier. Les mendiants et les filous habitaient la *Cour des Miracles*, dédale de petites rues sales et étroites, véritable labyrinthe où les habitants échappaient à la justice des hommes. Cette petite ville, qui avait ses mœurs et ses populations distinctes, était située près du passage du Caire. (Voyez *Paris sous Louis XIV*.) M. Victor Hugo en a fait un tableau pittoresque et exact dans sa Notre-Dame de Paris.

La croyance aux sorciers était générale. On croyait aussi à l'influence des astres, aux présages, à la magie, et l'usage des envoûtements était encore en vigueur.

Plusieurs coutumes singulières étaient observées à cette

époque ; quelques-unes se sont maintenues jusqu'à nos jours. Le *bœuf gras* était comme aujourd'hui promené pendant le temps du carnaval. Les bouchers le conduisaient en grande pompe et se rendaient aux maisons des divers magistrats. Cette cérémonie cessa pendant la révolution ; elle fut remise en vigueur sous Bonaparte. L'on voyait autrefois sur le bœuf un petit enfant costumé en amour ; mais depuis quelques années plusieurs accidents ont fait renoncer à cet usage.

Tous les ans, le 3 juillet, les habitants de la rue aux Ours promenaient dans Paris un mannequin, haut d'environ 20 pieds, représentant un homme tenant en main un poignard ; ce mannequin était ensuite brûlé dans la rue aux Ours. On dit que cette cérémonie avait été établie en mémoire d'un soldat suisse qui frappa, en 1418, d'un coup de couteau, une image de la Vierge placée au coin de la rue aux Ours et de la rue Salle-au-Comte, et vit le sang jaillir avec abondance de la statue. Le soldat fut pris et mis à mort. Cette cérémonie n'a plus lieu depuis la révolution. Les habitants de la rue aux Ours, qui formèrent, en 1743, une confrérie dirigée par un *roi*, exposaient en public, les jours de fêtes, une autre statue de la Vierge, éclairée par une lampe.

Les jeux usités à cette époque étaient les dés, les cartes, l'arbalète, l'arc, etc. On connaissait alors le *jeu de cocagne*, introduit, dit-on, par les Anglais.

Les bains, alors nommés *étuves*, étaient fort nombreux ; on voit encore à Paris six rues, ruelles ou culs-de-sac qui portent ce vieux nom. Ceux qui tenaient ces bains se nommaient *barbiers-étuvistes* ; ils formaient une corporation. Vers la fin du XVIIe siècle, on cessa d'aller aux étuves, qui étaient pour la plupart des lieux de plaisir ou même de débauche. Les bains modernes les ont remplacées.

Les cérémonies pour l'entrée des rois et des reines dans

Paris avaient lieu avec une grande magnificence: tous les corps de la ville venaient en grand costume au-devant d'eux; sur la route qu'ils devaient parcourir, étaient représentées des allégories. Dans ces solennités, ainsi qu'à l'avénement et au sacre des rois, il était d'usage que la ville de Paris leur fît un présent, dont la quotité variait suivant les temps : en 1389, à l'entrée d'Isabeau de Bavière, la valeur du présent, consistant en vaisselle, lampes, bassins, etc., valait 60,000 couronnes d'or (environ 819,500 francs).

Le goût des spectacles s'était répandu dans la capitale. Outre le théâtre des confrères de la Passion, les clercs de la Basoche et les clercs du Châtelet en établirent; plusieurs colléges et même les halles eurent aussi les leurs.

Les *confrères de la Passion* jouaient des mystères; pour rompre l'uniformité du spectacle, ils s'adjoignirent les *Enfants sans souci*, troupe de baladins présidée par le *Prince des Sots*, qui jouait des farces toujours fort gaillardes. Ces pièces étaient indécentes et grossières; on y mêlait le sacré et le profane, le sérieux et le burlesque. En 1545, les confrères de la Passion allèrent s'établir à l'hôtel de Flandre, situé entre les rues Plâtrière, Coq-Héron, des Vieux-Augustins et Coquillière. Cet hôtel ayant été démoli quelques années plus tard, ils se fixèrent dans une partie de l'hôtel de Bourgogne, rue Mauconseil. Les principaux auteurs des pièces représentées furent Jean-Michel, Jean d'Abondance, Pierre Gringoire, Simon et Arnould Gréban.

Ce fut sous le règne de Louis XI que les clercs du parlement et ceux du Châtelet commencèrent à donner des représentations publiques, les uns sur la vaste table de marbre du palais, les autres devant la porte du Châtelet. Ils jouaient des *farces, soties* ou *moralités*, et puisaient les sujets de leurs pièces dans les événements publics, les ridicules de la société, etc. Le parlement et les rois s'opposèrent souvent à leurs représentations; on leur ordonna de soumettre à la cour du parlement leurs pièces avant de les jouer. Après 1582, on ne voit plus de trace de l'existence du théâtre basochien.

Le théâtre des *Enfants sans souci*, conduit par le *Prince des Sots*, ne résidait pas continuellement à Paris; il s'y rendait de temps en temps et s'adjoignait, ainsi que nous venons de le dire, à celui des confrères de la Passion. Il jouait des pièces satiriques, dirigées contre les grands personnages du temps. Ces comédiens remplacèrent plus tard les confrères de la Passion dans l'hôtel de Bourgogne.

Les théâtres des colléges donnaient des représentations où ils jouaient des tragédies, des farces, etc. En 1552, Étienne Jodelle fit représenter au collége de Boncourt sa tragédie de *Cléopâtre*.

Le théâtre des Halles avait pour objet de diriger l'opinion publique dans les intérêts du gouvernement.

Un autre genre de spectacle qui appartient à cette période est la *danse macabre* ou *danse des morts*. On représentait les hommes et les femmes, dans les diverses conditions de la vie, entraînés dans une danse que menait la Mort sous la figure d'un squelette; en 1424, on peignit cette danse sur les charniers des Innocents, du côté de la rue de la Ferronnerie. On ne sait pas si des acteurs vivants y figuraient; l'on croit généralement que tous les personnages étaient en peinture, et qu'un acteur récitait au public les vers que la Mort semblait leur adresser, et les réponses que ceux-ci lui faisaient.

Le luxe devint excessif pendant cette période. Les habillements des hommes avaient été, sous Charles V, Charles VI et Charles VII, moitié d'une couleur, moitié d'une autre; on les appelait *robes mi-parties*. Charles VII avait adopté la mode des habits longs. Louis XI fit reprendre faveur aux habits courts : « Les hommes, dit Monstrelet, se prindrent à vestir plus court qu'ils n'eussent oncques fait.... ainsi que l'on souloit vestir les singes, qui estoit chose très malhonnête et impudique. Et si faisoient les manches fendre de leurs robes et de leurs pourpoints pour monstrer leurs chemises déliées, larges et blanches, portoient aussi leurs cheveux si longs qu'ils leur empeschoient leurs visages, mesmement leurs yeux, et sur leurs testes portoient bonnets de drap hauts et longs d'un quartier au plus; portoient aussi, comme tous indifféremment, chaisnes d'or moult somptueuses; chevaliers et esculiers, les varlets mesmes, pourpoints de soie, de satin et de velours, et presque tous, spécialement es cours des princes, portoient *poulaines* (1) à leurs souliers d'un quartier de long, voire plus tels y avoient ; portoient aussi à leur pourpoint gros *mahoîtres* (espèce de coussinets rembourrés), pour monstrer qu'ils fussent larges par les épaules, qui sont choses vaines, et par aventures fort haineuses à Dieu. Et qui estoit hui court vestu, il estoit le lendemain long vestu jusqu'à terre; et si estoit cette manière si commune, n'y avoit si petit compagnon qui ne se vouloist vestir à la mode des grans et des riches, fust long, fust court, non regardans au coust, ne à la dépense, ne s'il appartenoit à leur estat. »

Les modes changeaient si fréquemment qu'un peintre italien ayant à représenter, dans une galerie, le costume de tous les peuples d'Europe, peignit le Français tout nu, tenant sous son bras une pièce d'étoffe, donnant à entendre par là que la rapidité des changements en France ne permettait pas de saisir la forme des habits.

Les dames avaient de longues robes à queue, qui, l'hiver comme l'été, étaient fourrées d'hermine, de menuvair ou de petit-gris. La reine Isabeau de Bavière mit à la mode les hautes coiffures, qui se composaient, selon

(1) Les souliers à la poulaine avaient la pointe allongée et recourbée souvent de plus de deux pieds.

Jouvenel des Ursins, de *cornes merveilleuses, hautes et larges;* elle avait de chaque côté deux grandes oreilles si larges, que, quand elle voulait passer par la porte d'une chambre, elle était obligée de se baisser et de se tourner de côté. Sous Louis XI, les dames mirent de hauts bonnets en pains de sucre, longs d'une demi-aune, et au sommet desquels était attaché un *couvrechef délié,* ou voile qui pendait jusqu'à terre. L'usage des perruques prit naissance pendant cette période. La couleur blonde était à la mode, et ceux qui avaient les cheveux noirs les faisaient teindre. Les femmes qui portaient des robes ouvertes par devant, et dont l'ouverture était contenue par une attache nommée *affiche,* passaient pour des femmes galantes. Ces robes, garnies de grandes manches, étaient nommées à la *grand'gore,* et celles qui les portaient, des *dames gorières.* Les dames, en général, se fardaient le visage avec du blanc et du rouge. A l'aumônière pendue à leur ceinture, elles ajoutaient des *pater noster* ou chapelets en or et en corail. On ne se servait que de chemises de serge, bien que l'usage des chemises de lin fût ancien; les toiles étaient rudes et grossières : on taxa de luxe extraordinaire la reine Isabeau de Bavière, parce qu'elle avait deux chemises de toile fine.

Les dames portaient en outre des ceintures dorées, dont l'usage fut interdit aux femmes publiques; mais les mœurs étaient si corrompues que l'on a fait le proverbe : « *Bonne renommée vaut mieux que ceinture dorée.* »

Les femmes avaient leurs lieux de réunion aux églises, aux banquets, aux bains et chez les accouchées. Villon a composé une ballade où il affirme que les Parisiennes surpassent en caquetage les femmes des autres nations de l'Europe; chaque strophe de la ballade finit par ce vers :

Il n'est de bon bec que de Paris.

Les hommes se réunissaient aux cabarets, aux églises,

chez les barbiers, aux halles, et surtout à la porte Baudet, qui était le rendez-vous des nouvellistes du temps. Il n'y avait pas alors de promenade publique.

Les condamnés marchaient au supplice sans confession. Charles VI, en 1397, autorisa, pour la première fois, la confession pour les condamnés à mort.

Sous Charles VII, l'étude du grec s'introduisit dans les collèges (1458). Avant cette époque la langue latine était seule enseignée à Paris.

Le règne de Louis XI, qui vit naître l'imprimerie, vit aussi l'établissement des premières manufactures de soieries, fondées dans la ville de Tours en 1470. C'est sous ce prince qu'on fit pour la première fois l'opération de la pierre (1474).

L'architecture fit de grands progrès. On commença à construire mieux et plus élégamment que par le passé. Les sculptures de Paul Ponce, célèbre artiste de ce temps, sont fort estimées. La peinture sur verre atteignit aussi, à cette époque, un haut degré de perfection.

Nous terminerons ce résumé en donnant l'acrostiche que, sous le règne de Louis XII, on composa pour le blason de la ville de Paris.

Paisible domaine,
Amoureux vergier,
Repos sans danger,
Justice certaine,
Science haultaine,
C'est Paris entier.

CHAPITRE XII.

PARIS DEPUIS FRANÇOIS Ier JUSQU'A HENRI III.

(1515 — 1574.)

Paris sous François Ier.

François Ier succéda, en 1515, à Louis XII. Le règne de ce prince eut pour événements principaux les guerres d'Italie, la captivité du roi à Pavie, la révolte et la conspiration du duc de Bourbon, connétable de France. On reproche à François 1er d'avoir persécuté les protestants et d'en avoir fait périr un grand nombre sur les bûchers (1). Il manifesta un goût excessif pour la prodigalité, le faste, la magnificence des fêtes et des cérémonies, et se composa une cour brillante. S'il autorisa l'établissement immoral des loteries, il eut la gloire de faire de Paris l'asile des savants et des artistes distingués, et il fonda la bibliothèque de Fontainebleau, la plus considérable qui eût jamais existé en France. Il institua aussi le collége de France, et mérita le titre de *père des lettres*. Ce roi mourut à Rambouillet en 1547.

Voici les établissements qui eurent lieu sous ce règne.

L'*abbaye Saint-Victor* éprouva quelques changements : l'église, réparée en 1448, fut presque entièrement reconstruite en 1517. On ne conserva de l'ancienne que l'entrée, le clocher, la chapelle souterraine, etc. La façade fut, en 1760, élevée sur de nouveaux dessins.

Cette abbaye, qui possédait une belle bibliothèque, fut supprimée en 1790. Sur l'emplacement de ses bâtiments, démolis en 1813, a été élevé l'entrepôt des vins.

Le *collége de la Merci*, rue des Sept-Voies, n° 9, fut fondé, en 1515, pour les religieux de la Merci, par Nicolas Barrière. En 1750, ses bâtiments servirent d'hospice, et sont devenus aujourd'hui une propriété particulière.

Le *collége du Mans* fut fondé rue de Reims, à la montagne Sainte-Geneviève, sur l'emplacement de l'ancien hôtel des évêques du Mans, par le cardinal Philippe de Luxembourg, légat du pape et évêque du Mans, pour dix boursiers de ce diocèse. En 1613, l'enseignement y était suspendu. En 1682, les jésuites en achetèrent les bâtiments ; alors le collége du Mans fut transféré à l'hôtel de Maril-

(1) Le protestantisme s'introduisit en France vers 1520.

lac, rue d'Enfer, n° 2. En 1764, il fut réuni à l'Université. C'est aujourd'hui un hôtel garni.

Le *collége royal de France* fut fondé, en 1529, par François Ier, qui y établit deux chaires, l'une de grec, l'autre de langue hébraïque. Mais bientôt après on y compta jusqu'à douze chaires : quatre pour les langues, deux pour les mathématiques, deux pour la philosophie, deux pour l'éloquence et deux pour la médecine. Les professeurs, qui portaient le nom de *lecteurs royaux*, avaient un traitement annuel de 200 écus d'or.

Les successeurs de François Ier agrandirent cet établissement. Henri II y fonda une chaire de philosophie; Henri III, une chaire d'arabe; Charles IX, une chaire de chirurgie; Henri IV, une chaire de botanique et d'anatomie; Louis XIII, une deuxième chaire d'arabe et une autre de droit canon; Louis XIV une chaire de droit canon et une de langue syriaque.

Les exercices de cette institution se faisaient dans les salles des colléges de Cambrai et de Tréguier. Henri IV conçut le projet de faire construire un bâtiment particulier pour le collége de France; il fit abattre ceux de Tréguier, de Léon et des Trois-Évêques; mais sa mort suspendit l'exécution de ce projet. Le 18 août 1610, Louis XIII posa la première pierre du bâtiment. La construction resta imparfaite jusqu'en 1774, époque où ce collége fut bâti sur un nouveau plan. (Voyez *Paris sous Louis XVI*.)

La *fontaine de la Croix-du-Trahoir* ou *du Tiroir* fut établie par François Ier au milieu de la rue de l'Arbre-Sec. En 1696, elle fut transférée à l'angle des rues de l'Arbre-Sec et Saint-Honoré. Elle tirait ses eaux du réservoir des halles. En 1776, elle fut reconstruite sur les dessins de M. Soufflot; elle contient aujourd'hui un réservoir des eaux d'Arcueil.

L'*Hôtel-de-Ville*, situé place de Grève. La reconstruction de ce monument fut entreprise au XVIe siècle. Le

15 juillet 1533, Pierre de Viole, prévôt des marchands, en posa la première pierre. L'édifice était élevé jusqu'au second étage, dans le style gothique, lorsque la construction fut suspendue en 1549. Un architecte italien, Domenigo Boccardo, dit de Cortone, la continua d'après un plan nouveau, moins élégant que le premier. Il fut achevé, en 1605, par les soins d'André Miron, prévôt des marchands, et sous la conduite d'André du Cerceau, qui fit quelques changements aux dessins de l'architecte italien. (Voyez *Paris sous Louis-Philippe I*er.)

Saint-Merry, rue Saint-Martin, entre les nos 2 et 4, fut reconstruit vers l'an 1520, dans le genre dit gothique. Au XVIIe siècle, le chœur fut décoré par les frères Slotdz. On voit, dans deux chapelles situées à côté de l'entrée du chœur, deux tableaux de Carle Vanloo. Jean Chapelain, Jourdain de l'Isle avaient leur sépulture dans cette église, qui est la paroisse du 7e arrondissement. Le portail est très beau et possède de charmantes sculptures et plusieurs statues. Ce portail a été endommagé pendant les troubles de juin 1832 ; on a restauré avec beaucoup de talent les parties qui avaient souffert.

L'hôpital des Enfants-Rouges, fondé, en 1536, par Marguerite de Valois, sœur de François Ier, était situé rue Portefoin, au Marais, près du Temple, et était destiné à recevoir tous les orphelins de père et de mère trouvés à l'Hôtel-Dieu de Paris, excepté ceux qui, étant nés et baptisés dans cette ville, devaient être transférés à *l'hôpital du Saint-Esprit*. Le roi leur donna le nom d'*enfants-dieu* ; mais la couleur de leurs habits leur a valu parmi le peuple celui d'*enfants-rouges*. Cet hôpital fut supprimé en 1772. Sur une partie de son emplacement, on a ouvert la rue de Molay, qui communique de la rue Portefoin dans celle de la Corderie.

Les *Tuileries* étaient, en 1518, une propriété particulière hors Paris, composée d'une maison et d'un jardin, dans un lieu voisin d'une fabrique de tuile. A cette époque, François Ier en fit l'acquisition de Nicolas de Neuville, sieur de Villeroi, et en gratifia sa mère, Louise de Savoie, qui, en 1525, la donna, pour en jouir pendant leur vie, à Jean Tiercelin, maître-d'hôtel du Dauphin, et à Julie Dutrot, sa femme. C'est sur l'emplacement de cette propriété que s'éleva, sous Charles IX, le château des Tuileries.

Le *Bureau des Pauvres*, situé place de Grève, fut établi par lettres-patentes de François Ier, en 1544. Ces lettres attribuèrent au prévôt des marchands et aux échevins l'entretien des pauvres de la ville, que le Parlement avait jusque-là dirigé. Ce bureau obtint l'administration des hôpitaux de Paris, à l'exception de ceux de l'Hôtel-Dieu, des Petites-Maisons et de la Trinité. Il avait le droit de lever sur toutes les classes de la société une taxe d'aumône. Il s'est maintenu jusqu'à la révolution ; il fut alors remplacé par des administrateurs, auxquels succéda le conseil général des hospices.

Pendant le règne de François Ier, on reconstruisit ou l'on répara les églises de Saint-Victor, de Saint-Étienne-du-Mont, de Saint-Barthélemy, de Sainte-Croix, de Sainte-Madeleine, de Saint-Merry, de Saint-Gervais, de Saint-Eustache, de Saint-Sauveur, de Saint-Jacques-la-Boucherie, de Saint-Jean-en-Grève, de Saint-Germain-l'Auxerrois, de Saint-Bon et de Saint-Germain-le-Vieux. On fit des réparations aux fortifications de Paris, et l'on commença à paver quelques rues du faubourg Saint-Germain ; le Louvre, réparé à grands frais, fut ensuite démoli pour être réédifié. (*Voyez* l'article suivant.)

Paris sous Henri II.

Henri II succéda à François Ier, son père, en 1547. Ce prince, faible et efféminé, ne régna que de nom ; la reine Catherine de Médicis et le cardinal de Lorraine gouvernèrent seuls l'État. En décembre 1543, le roi prohiba l'impression et la publicité des ouvrages qui n'auraient pas été approuvés par la faculté de Théologie de Paris, et défendit l'entrée en France des livres étrangers. Il continua les folles dépenses de son père, et, comme lui, fit brûler vifs un grand nombre de protestants. Il mourut, en 1559, d'une blessure qu'il reçut dans un tournoi donné près de la rue Saint-Antoine.

Voici les établissements qui eurent lieu sous son règne.

Le *Louvre* avait été réparé par François Ier, lorsque ce roi y reçut l'empereur Charles-Quint. Il avait fait abattre, en 1539, la grande tour qui s'élevait au centre de ce château; il le fit ensuite démolir et entreprit sa reconstruction, que son fils, Henri II, continua. Les travaux furent conduits par Pierre Lescot. En 1548, le corps de bâtiments qu'on nomme aujourd'hui le *vieux Louvre*, était presque entièrement terminé. La façade occidentale offre un dessin très simple, tandis que la façade orientale est plus riche d'ornements, plus chargée de bas-reliefs : cela provient de ce que la première donnait sur des cours de service, et l'autre sur la cour d'honneur. L'intérieur du vieux Louvre offrait plusieurs salles ornées de sculptures. Dans la *salle des Cariatides*, on voit quatre statues colossales, en pierre, supportant une tribune; ce bel ouvrage est de Jean Goujon. C'est dans cette salle que l'Académie française a longtemps tenu ses séances. Elle fait aujourd'hui partie du Musée des Antiques.

Outre ce corps-de-logis, Pierre Lescot construisit une partie du bâtiment en retour du côté de la Seine, et une aile qui, communiquant au Louvre, s'avançait jusqu'au bord de la rivière, dont elle est aujourd'hui séparée par le quai. C'est d'une fenêtre de ce bâtiment avancé, de celle qui s'ouvre à l'extrémité et au dessous de la galerie d'Apollon, que Charles IX, dit-on, tirait sur les protestants pendant la nuit de la Saint-Barthélemy. Le gros pavillon contigu à ce dernier bâtiment est plus récent. C'est là que se fait l'exposition des tableaux.

La partie de l'édifice, qui s'étend depuis le vieux Louvre jusqu'au quai, et qui fait angle avec la façade méridionale du palais, a porté longtemps le nom de *pavillon de la Reine*, de *pavillon de l'Infante*. L'étage supérieur forme aujourd'hui la *galerie d'Apollon*. On nommait *jardin de l'Infante* l'espace compris entre ces bâtiments et la grille.

Ce bâtiment, avancé jusqu'au bord de la Seine, a donné l'idée de la galerie qui va, en longeant cette rivière, aboutir au château des Tuileries. Cette *galerie du Louvre* fut commencée sous Charles IX et achevée sous Louis XIV.

François 1er conserva quelques-unes des anciennes parties du Louvre. La façade du côté de Saint-Germain-l'Auxerrois était fort simple, et défendue par un fossé, qui entourait l'édifice de trois côtés. Au centre, une porte aboutissait au pont-levis, que protégeaient deux tours rondes. Deux autres tours se trouvaient aux extrémités de cette façade.

En dehors du fossé étaient deux jeux de paume; au midi de cette entrée était situé l'*hôtel de Bourbon* ou *du Petit-Bourbon*, dans l'espace qui se trouve entre l'angle méridional et oriental de la colonnade actuelle du Louvre et l'ancienne rue du Petit-Bourbon. Molière y joua avec sa troupe. Louis XIV convertit cet édifice en garde-meuble de la couronne. (*Voyez* les chap. suivants, et surtout *Paris sous Louis XIV*.)

La *fontaine des Innocents*, située alors au coin des rues aux Fers et Saint-Denis, fut reconstruite, en 1550, sur les dessins de Pierre Lescot; Jean Goujon exécuta les sculptures magnifiques qui la décorent. (Voyez *Paris sous Louis XVI*.)

L'*église Notre-Dame-des-Bonnes-Nouvelles* est située rue de ce nom, n° 2. Nous avons parlé du village appelé *la Villeneuve*, qui s'était formé hors de la muraille d'enceinte, à l'ouest de l'extrémité septentrionale de la rue Saint-Denis. En 1552, on y construisit une chapelle, qui fut détruite en 1593, pendant le siége de Paris par Henri IV. En 1624, on la reconstruisit. Elle vient d'être remplacée par une nouvelle église, qui est la troisième succursale du 3e arrondissement et de la paroisse Saint-Eustache. (Voyez *Paris sous Louis-Philippe Ier*).

Le *collége de Sainte-Barbe*, rue de Reims, montagne Sainte-Geneviève, n° 7, fut fondé, en 1420, par Jean Hubert, docteur, pour un assez grand nombre d'écoliers payants. Sous le règne de Henri II, il prit une certaine importance. Pendant et après la révolution, cet établissement a subsisté; mais plus tard, un autre collége s'établit rue des *Postes* et prit le nom de *Sainte-Barbe*. En 1830, ce dernier reçut le titre de *collége Rollin*, et l'ancien prit celui d'*institution Sainte-Barbe*.

L'*hôpital des Petites-Maisons*, rue de la Chaise, faubourg Saint-Germain, n° 28. Sur son emplacement existait anciennement une maladrerie, où l'on recevait les lépreux et ceux qui étaient affectés de maladies de la peau. On y admit, après les premières guerres d'Italie, les personnes affligées de la maladie vénérienne, appelée d'abord *mal de Naples*, nom indicatif de son origine. En 1534, on démolit cet hospice qui tombait en ruine; la ville le fit rebâtir, en 1557, et le destina à renfermer des vieillards infirmes, des insensés, etc. On y reçut encore, jusqu'en 1559, les vénériens. A cette époque, on les transféra à l'hôpital de l'Oursine. (Voyez *Paris sous François II*.)

Le nom de *Petites-Maisons*, donné à cet hôpital, lui vient des chambres basses dans lesquelles étaient placés les fous ou malades. En 1801, cet établissement devint l'*hospice des Ménages*; les insensés qui s'y trouvaient furent transportés dans d'autres maisons. On y compte 160 chambres pour autant de ménages (l'un des époux doit avoir au moins 60 ans et l'autre 70 ans); 100 chambres pour des veufs et des veuves (ils doivent avoir 60 ans); ces chambres occupent la partie de l'édifice nommé *le Préau*. On donne aux individus qui s'y trouvent une quantité de pain et de viande crue, déterminée par un réglement, 3 francs en argent tous les dix jours, une voie de bois, deux voies de charbon par an. Ils doivent s'entretenir de linge et d'habits.

Dans les quatorze salles appelées les *dortoirs*, sont deux cent cinquante lits, occupés par des individus qui pourvoient à leur habillement, mais qui sont nourris et blanchis gratuitement. La population de cet hospice est fixée à six cent soixante-dix personnes.

Les *Enfants-Trouvés* furent établis, en 1552, dans l'hôpital de la Trinité, occupé par la confrérie de la Passion. Les seigneurs hauts-justiciers de la ville étaient obligés de pourvoir à l'entretien de ces enfants. En 1570, on transféra l'établissement dans des maisons situées dans la Cité et sur le port de Saint-Landry. Nous en reparlerons dans la suite.

La *Cour des Monnaies*. Il existait depuis le XVe siècle des *généraux des monnaies*, chargés de surveiller leur fabrication et leur émission. En 1522, François 1er créa une *chambre des monnaies*, composée de huit généraux, d'un président, de deux conseillers de robe longue, d'un greffier et d'un huissier. Henri II, en 1551, augmenta le nombre des conseillers, et érigea cette chambre en cour souveraine, qui tint ses séances dans une salle du palais de Justice.

Le pont Saint-Michel, rebâti en pierre en 1373, avait été emporté par les eaux en 1408; rétabli en 1416 en bois, détruit de nouveau en 1547, on le reconstruisit en bois, et on le répara à plusieurs reprises; en 1616, il fut encore entraîné par les eaux. Nous y reviendrons.

Le quai de Gloriette était situé près du Petit-Pont, sur la rive gauche du petit bras de la Seine, entre ce bras et la rue de la Huchette; il fut construit en 1558. Ce quai, qui ne servait point de passage, était un mur de terrasse destiné à soutenir les bâtiments du côté septentrional de la rue de la Huchette. Il tire son nom d'un ancien fief qui existait au même endroit et qu'on nommait *Gloriette*. C'est sur cet emplacement que fut établie la boucherie dite *de Gloriette*, qui a subsisté jusqu'à nos jours, et qui avoisinait la ruelle des Étuves; c'est aussi là qu'était situé le cul-de-sac du même nom, à l'ouest du Petit-Châtelet et à l'extrémité de la rue de la Huchette, cul-de-sac appelé plus tard *Trou-Punais*.

Paris sous François II.

Le règne de ce prince (1559-1560) est trop court pour que de nombreux établissements aient pu avoir lieu dans la capitale pendant sa durée. Nous n'en connaissons qu'un seul, le voici :

L'hôpital de l'Oursine ou de la *Charité-Chrétienne*, rue de l'Oursine, faubourg Saint-Marcel, fut dans l'origine un hospice fondé du temps de Louis IX. Depuis un grand nombre d'années, cet hospice était devenu une propriété particulière, lorsque en 1559, on en fit un lieu destiné à loger, nourrir et soigner les pauvres atteints de la maladie vénérienne. Mais les administrateurs ne tardèrent pas à s'approprier les biens de cet établissement.

Un épicier, bourgeois de Paris, Nicolas Houel, voulut établir une maison de charité, où des orphelins seraient élevés et instruits dans l'art de préparer les médicaments et de les administrer aux pauvres honteux. On lui accorda la maison des Enfants-Rouges. En 1579, il transféra son établissement à l'hôpital de la rue de l'Oursine, et lui donna le nom d'*hôpital de la Charité-Chrétienne*. Nicolas Houel fit reconstruire les bâtiments, les agrandit et y établit un *jardin botanique*, le premier qui ait existé en France. Après sa mort, cet établissement changea de destination et fut négligé par ses successeurs. Henri IV y plaça, en 1596, les militaires de tous grades blessés à son service. Après le transfert de ces invalides à Bicêtre, sous Louis XIII, diverses communautés de filles l'occupèrent ; l'ordre de Saint-Lazare en devint possesseur, puis l'évêque de Paris et enfin l'Hôtel-Dieu. Le corps des apothicaires l'obtint pour y établir un jardin botanique et des cours de pharmacie. C'est aujourd'hui le *jardin des apothicaires* et l'*école de pharmacie*. L'entrée est rue de l'Arbalète, n° 13.

Paris sous Charles IX.

En 1560, Charles IX succéda à François II, son frère, sous la régence de Catherine de Médicis, sa mère. Le principal événement de son règne est le massacre de la Saint-Barthélemy.

Les protestants traqués, poursuivis dans les maisons, livrés aux plus cruels supplices, se réunissaient néanmoins pour conférer des affaires religieuses, ou même pour fixer divers points des dogmes et pour célébrer leurs fêtes. C'est dans une de ces assemblées que fut décidé, en 1555, l'établissement de la première église protestante de Paris. On la plaça d'abord dans la rue Saint-Jacques, en face du collége du Plessis. Chassés de cet asile et de plusieurs autres, les protestants eurent bientôt deux temples, l'un situé dans la rue Popincourt, l'autre au faubourg Saint-Marcel, rue Mouffetard, et dans la maison dite *du Patriarche*, peu distante de l'église Saint-Médard ; mais ces deux temples furent détruits par la populace furieuse. Les protestants, encouragés par l'édit de 1562, qui autorisait l'exercice public de leur religion, réparèrent le temple de Popincourt et en établirent un second au faubourg Saint-Jacques, dans la rue de l'Égout, lequel a porté le nom de *temple de Jérusalem*. Mais ces édifices ne subsistèrent pas longtemps ; ils furent encore presque entièrement détruits en 1562, et les protestants, obligés de rester dans l'intérieur des maisons pour éviter les insultes et les attaques du peuple, n'eurent plus que des assemblées secrètes. Cependant bientôt se forma un parti politique, entièrement composé de huguenots, et opposé à la faction des Guise qui gouvernait le royaume. Alarmée par ces démonstrations hostiles, la reine Catherine de Médicis voulut anéantir d'un seul coup les protestants du royaume; elle les attira à la cour par de fausses promesses et sembla mettre le sceau à sa réconciliation avec les religionnaires, en mariant le jeune prince de Navarre, Henri (depuis Henri IV), à sa fille Marguerite de Valois (18 août 1572). Les fêtes durèrent quatre jours.

Le prélude des crimes fut l'attentat commis sur l'amiral de Coligny. Le vendredi 22 août, Coligny, après avoir assisté au conseil, sortait du Louvre pour se rendre en son logis, situé rue Béthisy; comme il était dans la rue des Fossés-Saint-Germain-l'Auxerrois, un coup d'arquebuse, tiré d'une maison, vint l'atteindre et lui fit une blessure au bras gauche et à la main droite. On chercha en vain à trouver l'assassin : cet homme, nommé Maurevert, stipendié par les Guises, avait fui par une porte de derrière, et s'était éloigné promptement de Paris.

La cour témoigna une profonde douleur de cet événement, et tout en faisant de grandes caresses aux protestants, ne prépara pas moins leur extermination. Enfin, le dimanche 24 août, jour de la Saint-Barthélemy, à deux heures du matin, la cour donna le signal des massacres; les bourgeois rassemblés en armes dans l'Hôtel-de-Ville se répandirent dans les rues de Paris, au son du tocsin de Saint-Germain-l'Auxerrois. Les quartiers voisins du Louvre furent les premiers témoins du crime, et l'amiral Coligny, que ses deux blessures retenaient au lit, fut assassiné par un Allemand, nommé Besme; son corps fut pendu au gibet de Montfaucon. Le duc de Guise, qui avait dirigé cette exécution, court par la ville avec le bâtard d'Angoulême, le duc de Navarre, le comte de Tavannes. Le massacre devient général : on égorge jusque dans le palais du Louvre où se tenaient enfermés le roi de Navarre, le prince de Condé et leurs épouses. La reine Marguerite vit assassiner jusqu'au pied de son lit. Dès que le jour parut, Charles IX se mit à la fenêtre d'un corps de bâtiment qui s'avançait sur le bord de la Seine (au-dessous de celle qui est à l'extrémité méridionale de la galerie d'Apollon), et tira avec des carabines sur les malheureux qui traversaient la rivière à la nage; pour encourager les assassins, il ne cessait de crier : *Tue, tue, tirons, mordieu! ils s'enfuient.* Ce roi ne voulut sauver que son médecin, Ambroise Paré.

Dans la ville, un grand nombre de malheureux tombèrent sous les coups des assassins. « La ville, dit de Thou, n'était plus qu'un spectacle d'horreur et de carnage; toutes les places, toutes les rues retentissaient du bruit que faisaient les furieux, en courant de tous côtés pour tuer et piller. On n'entendait de toutes parts que hurlements de gens, ou déjà poignardés ou prêts à l'être; on ne voyait que corps morts, jetés par les fenêtres; les chambres et les cours des maisons étaient pleines de cadavres, on les traînait inhumainement dans les carrefours et dans les boues; les rues regorgeaient tellement de sang qu'il s'en formait des torrents. » — « Le dimanche, dit un autre historien contemporain, fut employé à tuer, violer et saccager. Les rues étaient couvertes de corps morts, la rivière teinte de sang; les portes et entrées du palais du roi, peintes de même couleur..... Le papier pleurerait, si je récitais les blasphèmes horribles prononcés par ces monstres, ces diables acharnés, pendant la fureur de tant de massacres. Les tempêtes et le son continuel des arquebuses et des pistolets, les cris lamentables et effroyables de ceux que l'on bourrelait, les hurlements des meurtriers, les corps jetés par les fenêtres, les cailloux qu'on faisait voler continuellement, et le pillage de plus de 600 maisons, continué longuement, peuvent présenter à l'esprit du lecteur le tableau des excès et de la diversité de ces malheurs et de ces crimes..... Les charrettes, dit-il plus loin, chargées de corps morts de demoiselles, femmes, filles, hommes et enfants, étaient menées et déchargées à la rivière, laquelle on voyait couverte de corps morts et toute rouge de sang, qui, aussi, ruisselait en divers endroits de la ville, comme en la cour du Louvre. »

Les massacres continuèrent les deux jours suivants ; pendant les mois d'août et de septembre, un grand nombre de protestants furent mis à mort : de Thou, évalue à deux mille le nombre des Français égorgés dans Paris le premier jour seulement ; d'autres écrivains portent à dix mille le nombre des personnes tuées pendant les trois premiers jours des massacres.

Les protestants furent tués, mais en moins grand nombre, dans les villes de France où ils se trouvaient. Le Parlement procéda contre la mémoire de Coligny et celle de ses partisans égorgés, et les condamna à mort (26 août) ; la même peine fut aussi prononcée contre quelques protestants distingués.

Ces crimes, loin d'amener la paix, allumèrent la guerre civile qui éclata en France et qui dura pendant tout le règne suivant. Charles IX mourut, dévoré par les remords, en 1574.

Voici les établissements qui ont eu lieu sous son règne.

Le *Château des Tuileries*. Nous avons parlé d'une maison située hors de Paris, dans un lieu où l'on fabriquait de la tuile. En 1518, François Ier l'acheta pour la donner à sa mère. Catherine de Médicis la posséda en 1564, acheta plusieurs bâtiments et terres qui l'avoisinaient. Philibert Delorme et Jean Bulland fournirent les plans de l'édifice que cette reine voulut faire bâtir, plans qui n'ont été exécutés qu'en partie. On éleva d'abord le gros pavillon, placé au centre de la façade; il était couronné par un dôme circulaire; mais dans la suite, on lui donna la forme quadrangulaire, telle qu'il l'a de nos jours. Ce gros pavillon central, les deux bâtiments latéraux et les pavillons placés à leurs extrémités, composaient alors et composèrent longtemps le château des Tuileries. Les bâtiments latéraux présentaient à droite et à gauche, du côté du jardin, deux terrasses découvertes, supportées chacune par douze arcades et avaient un pavillon à chacune de leurs extrémités. Depuis, on a établi à chaque bout deux autres corps de bâtiments, terminés aussi chacun par un pavillon carré.

La façade du côté de la cour date de Catherine de Médicis. Nous reviendrons sur ce château.

L'hôtel de Soissons, situé sur l'emplacement de la Halle-aux-Blés et de plusieurs rues voisines. Sur ce même terrain s'élevaient d'abord plusieurs établissements, entre autres un *hôtel de Nesle*, que Jean II, châtelain de Bruges, céda au roi saint Louis en 1230, et que ce roi donna à sa mère, la reine Blanche. Nos rois le possédèrent jusqu'à Philippe-le-Bel, qui le céda à Charles, comte de Valois. Philippe de Valois le céda en 1327 à Jean de Luxembourg, roi de Bohême. Cet hôtel, nommé depuis *hôtel de Bahaigne*, c'est-à-dire de Bohême, passa au roi de France Jean. Il fut possédé ensuite par divers princes, et en 1388 par Charles VI, qui le donna à son frère Louis, duc d'Orléans. L'hôtel prit alors le nom de son propriétaire et fut considérablement agrandi par l'adjonction de plusieurs maisons, places et jardins qui l'entouraient. Cet hôtel, avec ses jardins, était compris entre les rues Coquillière, d'Orléans (anciennement nommées *de Nesle*), de Grenelle, et entre celle des Deux-Écus, dont une partie portait le nom de *Traversine*, et l'autre celui de *la Hache*. Louis XII céda aux filles pénitentes la plus grande partie de cet hôtel, qu'elles acquirent entièrement en 1499, ainsi qu'une maison située dans la rue de Grenelle.

Catherine de Médicis, déjà propriétaire de plusieurs maisons et jardins situés dans la rue du Four, acheta le couvent et ses dépendances, et fit bâtir un très grand hôtel qui fut nommée *hôtel de la Reine* et qui était borné par les rues du Four, des Deux-Ecus et de Grenelle. Le corps principal des bâtiments avait son entrée dans la première de ces rues; les jardins longeaient une grande partie des deux autres : ils furent établis sur l'emplacement du couvent des filles pénitentes. La chapelle était située à l'angle des rues de Grenelle et Coquillière. Une colonne dorique, très élevée et cannelée, fut construite sur les dessins de Bullan, dans l'angle d'une cour latérale; Catherine de Médicis y montait avec ses astrologues pour consulter les astres. Cette colonne se voit encore adossée au bâtiment de la Halle-aux-Blés.

Catherine mourut dans cet hôtel en 1589. Charles de Bourbon, comte de Soissons, acheta cette propriété (1606) qui avait reçu le nom *d'hôtel des Princesses*, la répara et l'agrandit. Depuis cette époque elle fut appelée *hôtel de Soissons*, dénomination qu'elle a conservée jusqu'en 1763. Sur son emplacement furent alors construites la Halle-aux-Blés et les rues environnantes.

Le *collège de Clermont* ou *des Jésuites*, rue Saint-Jacques, n° 123, fut fondé en 1564 par les Jésuites, qui s'étaient établis à Paris quelques années auparavant. Ce ne fut qu'après de longs débats qu'ils obtinrent la permission de former un corps enseignant. Sous Louis XIV, leur collège prit le nom de *Louis-le-Grand*.

Saint-Jacques-du-Haut-Pas, rue Saint-Jacques, entre les n°s 252 et 254. Cet hôpital fut fondé au XIV° siècle, et eut une chapelle que l'on reconstruisit en 1519, et qui fut érigée, l'an 1566, en église succursale des paroisses du quartier. L'hôpital était presque abandonné, et on n'y recevait plus de malades, lorsqu'en 1572, Catherine de Médicis ayant transféré les Filles-Pénitentes au couvent de Saint-Magloire, plaça dans la maison de Saint-Jacques-du-Haut-Pas les religieux de ce couvent. Les paroissiens firent construire (1584) à côté de la chapelle du monastère une chapelle nouvelle qui fut rebâtie en 1630, sur les dessins de Gittard. La nef a été élevée en 1675; la chapelle de la Vierge, en 1688. Dominique Cassini est enseveli dans cette église, qui est la deuxième succursale de la paroisse de Saint-Etienne-du-Mont.

Les bâtiments de l'ancien hôpital étaient séparés de l'église paroissiale par la rue *des Deux-Églises*. On y établit, en 1618, le séminaire des prêtres de l'Oratoire, qui s'est maintenu jusqu'à la révolution. L'emplacement a été depuis concédé à l'Institution des sourds-muets. L'ancienne chapelle de l'hôpital, devenue propriété particulière, a été démolie en 1823.

Le *collége des Grassins*, rue des Amandiers, n° 14, fut fondé, en 1569, par Pierre Grassin, conseiller au Parlement, pour six élèves en théologie et douze écoliers étudiant les humanités, tous boursiers et de la ville de Sens. Ce collége est aujourd'hui une propriété du gouvernement.

La *juridiction des juges et consuls* fut créée par le chancelier Michel de L'Hospital, afin que les commerçants fussent jugés par leurs pairs. Les juges consulaires s'établirent d'abord dans l'auditoire Saint-Magloire, et, en 1570, dans une maison rue du Cloître-Saint-Merry. Ils furent, dans l'origine, au nombre de cinq, dont un remplissait les fonctions de juge, et les quatre autres celles de consuls. Cette juridiction porte aujourd'hui le nom de *Tribunal de commerce*, et siége au palais de la Bourse; elle est composée de deux présidents, de huit juges et de seize juges suppléants. L'ancien bâtiment, près de l'église Saint-Merry, a été démoli il y a peu de temps. Sur son emplacement on a ouvert une rue nouvelle, allant de la rue du Cloître-Saint-Merry à celle du Renard.

L'*Arsenal*, situé à l'extrémité du quai Morland. Sur son emplacement étaient des granges fondées par la ville, et où se conservaient les canons de Paris. François Ier emprunta ces granges à la ville, et ne les lui rendit pas. Henri II agrandit les bâtiments, et fit construire plusieurs logements pour les officiers de l'artillerie, sept moulins à poudre, deux grandes halles, etc., qui, dans la suite, furent presque tous ruinés. A l'angle méridional du jardin s'élevait la *tour de Billy*, qui fit explosion en 1538. Vingt-cinq ans plus tard, un accident fit prendre feu aux poudres que contenaient les bâtiments; quatre moulins furent détruits, et beaucoup de personnes perdirent la vie ou furent grièvement blessées.

Charles IX fit reconstruire les édifices détruits, qui furent agrandis et réparés sous ses successeurs. Sully demeura à l'Arsenal, en sa qualité de grand-maître de l'artillerie. Sous Louis XIV, cet établissement ne servit plus qu'à contenir des canons et des fusils hors de service, et des fonderies où l'on coulait des figures de bronze. Le régent, en 1718, fit abattre plusieurs vieux bâtiments, et construire l'hôtel du gouverneur. En 1788, l'Arsenal fut supprimé. Sur le jardin, ont été établis le boulevard Bourdon (1806) et le grenier de réserve (1807). La Bibliothèque de l'Arsenal, dite d'abord de *Paulmy*, est une des plus précieuses de la capitale.

Les *piloris* étaient des constructions où l'on exposait les criminels aux regards du public. Il y en avait un au carrefour formé par les rues du Four, de Sainte-Marguerite, de Bussy et des Boucheries, dans le faubourg Saint-Germain; mais le plus fameux était placé aux halles, et présentait une construction octogone en maçonnerie, surmontée d'une vaste lanterne en bois, dans laquelle on plaçait les condamnés. La lanterne tournait sur un pivot, et le patient se montrait successivement à tous les regards. Ce pilori, détruit par le feu, en 1515, fut réparé en 1542, et renversé en 1789, époque où ce genre de supplice fut supprimé.

Les *Fourches patibulaires* ou *justices* étaient des potences auxquelles on suspendait les corps des suppliciés. Les plus connues sont celles de *Montfaucon*; elles étaient situées sur une éminence peu sensible, placée entre les faubourgs Saint-Martin et du Temple. Sur la surface d'un fort massif de maçonnerie s'élevaient seize piliers supportant de grosses pièces de bois auxquelles étaient fixées des chaînes de fer; à ces chaînes étaient suspendus les cadavres. Enguerrand de Marigny, qui avait fait élever ce gibet, y fut pendu en 1315. En 1457, on éleva dans le voisinage de Montfaucon le *gibet de Montigny*. L'usage de ces fourches patibulaires s'est maintenu jusqu'au XVIIIe siècle.

Les *Jeux de paume* étaient fort en usage sous Charles IX et sous quelques-uns de ses prédécesseurs. Il en existait dans la rue du Grenier-Saint-Lazare, dans la rue de la Poterie-des-Halles (anciennement nommée rue *Neuve-des-deux-Jeux-de-Paume*), à l'entrée du Louvre, etc. C'était l'amusement habituel des princes et des seigneurs. Plusieurs théâtres furent établis dans les salles destinées à ces jeux : celui de la rue Mazarine servit, après la mort de Molière, d'asile aux acteurs de sa troupe. Le jeu de paume de la rue de Vendôme a donné son nom au passage qui, de cette rue, conduit au boulevard du Temple. Avant 1830, on voyait encore quelques jeux de paume fréquentés, dans les rues Mazarine, Beaurepaire et Verdelet; ces jeux sont à peu près abandonnés aujourd'hui.

Les *prisons* étaient fort nombreuses à Paris; chaque juridiction avait la sienne. La *prison du Louvre* était située dans les souterrains de ce palais-forteresse, et servait aux prisonniers d'état. Elle cessa d'exister sous François Ier, en 1558. Les *prisons du Grand-Châtelet* étaient en assez grand nombre; les principales étaient le *Berceau*, le *Paradis*, la *Grièche*, la *Gourdaine*, le *Puits*, les *Oubliettes*, etc.; plusieurs étaient continuellement à demi remplies d'eau; un cachot nommé *Fin d'aise* était plein d'ordures et de reptiles. Les prisonniers, à leur entrée, pendant leur séjour et à leur sortie, payaient un droit de geôlage; ils étaient aussi obligés de payer leur entretien. Le *Petit-Châtelet*, destiné à l'habitation du prévôt de Paris, en 1402, contenait de même des cachots.

La *prison de la Conciergerie*, située dans les bâtiments du palais de la Cité, à l'étage inférieur et à l'ouest de l'emplacement de la grande salle, existait avant le XIIe siècle. Le concierge du palais portait le titre de *bailli*, et était le chef d'une juridiction nommée le *bailliage du palais*; il avait sous sa dépendance les prisons de la Conciergerie. Le préau présente une espèce de cour de 50 à 60 mètres de longueur, sur 20 environ de largeur; tout autour règnent des galeries, des loges qui servent aux prisonniers et des escaliers qui aboutissent à des prisons supérieures. La tour carrée de la Conciergerie a renfermé plusieurs personnages illustres, entre autres Philippe de Comines.

La prison de *la Bastille* ou *Bastide* faisait partie de la forteresse qui servait à la défense de la porte Saint-Antoine. On y trouvait des cachots humides et obscurs, des basses fosses où les malheureux prisonniers périssaient au milieu des plus atroces souffrances. C'est dans une des tours de la Bastille que Louis XI fit construire la fameuse cage de fer et de bois où fut renfermé Guillaume de Harancourt, évêque de Verdun.

La *prison de Nesle*, située dans l'hôtel de ce nom, sur la rive gauche de la Seine, était usitée dans le XIVe siècle. La *prison du Prévôt des Marchands* était située rue de la Tannerie (autrefois nommée *de l'Écorcherie*). La *prison du For-l'Évêque*, rue Saint-Germain-l'Auxerrois, n° 65, dépendait de l'évêque de Paris; elle se maintint jusqu'en 1674, époque où la justice épiscopale fut réunie au Châtelet. La *prison de l'Officialité* était aussi sous la dépendance de l'évêque de Paris; destinée aux ecclésiastiques, elle consistait en une haute tour enclavée entre le bâtiment de la grande sacristie de Notre-Dame et l'ancienne chapelle du palais épiscopal. Cette prison, qui avait ses oubliettes, fut démolie en 1795. La *prison de Notre-Dame-de-Paris* était dans la Cité, près de l'église de ce nom; elle dépendait du chapitre de la cathédrale. La *prison du Temple* existait dans l'enclos de cet édifice. Sa juridiction s'étendait sur une grande partie du quartier appelé *le Marais* et sur la rue du Faubourg-du-Temple. En 1601, on détenait encore dans cette prison et on y enchaînait les criminels condamnés aux galères. La *prison de Saint-Martin-des-Champs* appartenait à ce monastère ; elle a subsisté jusqu'à la révolution.

Les autres prisons étaient celle du trésorier de la Sainte-Chapelle du Palais, celle de Saint-Magloire, celles de Saint-Germain-des-Prés, de Sainte-Geneviève, de Saint-Victor, de Saint-Benoît, de Tiron, de l'abbaye de Montmartre, de l'abbaye Saint-Antoine, etc. Chaque couvent avait ses cachots. En 1675, Louis XIV réduisit le nombre des prisons de Paris et ne conserva que les suivantes : la Conciergerie du Palais, le Grand et le Petit-Châtelet, le For-l'Évêque; celles de Saint-Éloi, de Saint-Martin, de Saint-Germain-des-Prés (jusqu'à l'achèvement du bâtiment du Châtelet), l'Officialité, et celle de la Villeneuve-sur-Gravois, pour les enfants en correction.

CHAPITRE XIII.

PARIS SOUS HENRI III ET SOUS LA LIGUE.

(1574 — 1589.)

Paris sous Henri III.

Ce prince succéda, en 1574, à son frère Charles IX. Il

se déshonora par ses faiblesses et ses honteuses débauches. Constamment le jouet des Guise, qui avaient formé la sainte ligue contre le parti protestant, il fut chassé de Paris par cette faction et forcé de se jeter dans les bras des protestants. Il avait été en butte, pendant la durée de son règne, aux injures des catholiques. Il fut assassiné à Saint-Cloud par un moine fanatique nommé Jacques Clément.

Voici les établissements qui se formèrent à cette époque dans la capitale.

Les *Capucins* vinrent d'Italie en 1574, et s'établirent d'abord au village de Picpus, puis sur un emplacement qui occupait la partie ouest de la place Vendôme, enfin dans une maison que leur donna la reine Catherine de Médicis, rue Saint-Honoré. L'église fut bâtie en 1610. Henri duc de Joyeuse, dit le *père Ange*, tour à tour courtisan, soldat et capucin; Joseph Leclerc, dit le *père Joseph*, conseiller et agent de Richelieu, habitèrent ce couvent. En 1790, l'assemblée nationale chargea la municipalité de Paris de faire évacuer les bâtiments des Capucins, voisins du lieu des séances de cette assemblée, et y établit ses bureaux. Ce couvent fut démoli en 1804, époque où l'on ouvrit sur son emplacement les rues de Rivoli, de Castiglione et du Mont-Thabor ; c'est aussi sur le même terrain qu'on avait élevé l'ancienne salle du *Cirque Olympique*.

Les *Jésuites de la rue Saint-Antoine*. Les Jésuites, qui occupaient le collége dit de Clermont, obtinrent du cardinal de Bourbon, en 1580, l'hôtel d'Anville, qui communiquait aux rues Saint-Antoine et Saint-Paul; ils y établirent une *maison professe*, tenue par des membres qui se donnaient le nom de *Prêtres de la maison de Saint-Louis*. De 1627 à 1641, on construisit l'église sur les dessins du jésuite Marcel Ange. La façade de cet édifice se compose de trois ordres d'architecture l'un au-dessus de l'autre : les deux premiers sont corinthiens, l'ordre supérieur est composite. L'église est en forme de croix romaine, avec un dôme sur pendentifs au milieu de la croisée. On y voyait, avant la révolution, de beaux bas-reliefs, les monuments funèbres de Henri de Condé, et celui que Louis-Henri, duc de Bourbon, fit élever à la gloire de ses ancêtres. Réné de Birague était aussi enterré dans cette église. En 1767, les Jésuites ayant été chassés, leur maison fut donnée aux chanoines réguliers de la Culture-Sainte-Catherine, qui furent supprimés en 1790. Maintenant les bâtiments servent au collége Charlemagne. Dans la maison des Jésuites fut, pendant longtemps, placée la Bibliothèque de la ville, qu'on a, en 1817, transférée à l'Hôtel-de-Ville.

Après la démolition de l'église Saint-Paul, le culte de ce saint a été transféré dans l'église Saint-Louis, qui a reçu alors le titre de *Saint-Louis et Saint-Paul,* et qui est devenue la troisième succursale de l'église de Notre-Dame.

Les *Feuillants* vinrent à Paris le 9 juillet 1587; ils étaient auparavant dans le diocèse de Rieux. L'abbé Jean de la Barrière, appelé par Henri III, vint avec ses religieux, qui entrèrent dans la capitale en procession et en chantant l'office. Ils s'établirent rue Saint-Honoré, en face de la place Vendôme. Henri III posa la première pierre de leur église, qui fut achevée en 1676, d'après les dessins de François Mansard. Cette église, dont le portail était décoré de belles colonnes corinthiennes, renfermait les tombeaux de Raymond Phélipeaux, de Louis de Marillac, et de la famille de Rostaing. Le couvent a produit Bernard de Percin de Montgaillard, dit le *Petit-Feuillant*, qui se fit distinguer par sa fougueuse éloquence pendant les troubles de la Ligue.

L'enclos des Feuillants occupait l'espace qui se trouve entre la rue Saint-Honoré et la terrasse du jardin des Tuileries, dite *des Feuillants;* il était contigu à l'est au couvent des Capucins. Les bâtiments furent démolis en 1804, pour la construction de la rue de Rivoli. Pendant la révolution, ce couvent devint le lieu des séances du club des Feuillants.

La *fontaine de Birague*, située rue Saint-Antoine, en face du collége Charlemagne, fut achevée en 1579 : ce fut le chancelier Birague qui la fit terminer à ses frais. Elle fut rebâtie en 1629 et en 1707. Sa forme est pentagone, et sur chacune de ses faces est gravé un distique latin. Elle tire ses eaux de la pompe du pont Notre-Dame.

Le *théâtre de la Passion* avait obtenu de nouveaux priviléges de François 1er, et était venu s'établir dans l'hôtel de Flandre, entre les rues Plâtrière, Coq-Héron, des Vieux-Augustins et Coquillière. En 1547, on y joua le *mystère des apôtres*, par les frères Gréban, le *mystère de l'Apocalypse*, de Louis Choquet, etc. Ces pièces furent imprimées : la première avait jusqu'à neuf mille vers.

Les mystères, remplis de détails ignobles, de scènes ordurières et obscènes, avaient dû leur succès à leur caractère sacré. On comptait parmi leurs auteurs des prêtres, des évêques ; ces prêtres ne rougissaient même pas de jouer un rôle dans les pièces. Le plus souvent c'était en plein air, sur les places publiques, que se représentaient les mystères, pendant plusieurs jours, du matin au soir. Celui des *actes des apôtres*, représenté à Bourges en 1536, dura quarante jours. Mais peu à peu les mystères s'éloignèrent de leur origine ; à côté de ceux qui représentaient les diverses parties de l'Ancien et du Nouveau-Testament et les légendes des saints, étaient ceux qui roulaient sur des événements profanes, comme l'*Histoire de Troie la Grant*, de Jacques Milet, celle de *Griselidis*, etc. Aucune règle n'était observée dans ces ouvrages ; l'auteur suivait son histoire ou sa légende, amplifiant les détails et faisant les digressions les plus singulières. Dans les mystères sacrés, l'action se passe tour à tour au paradis, sur la terre et dans l'enfer ; la scène est transportée à chaque instant d'une maison, d'une ville, d'une contrée à une autre. On ne changeait pas les décorations, mais des échafauds disséminés sur le théâtre représentaient le paradis, l'enfer, une ville, etc. Les acteurs n'abandonnaient jamais la scène avant d'avoir achevé leur rôle. Ces mystères, écrits dans un style plat et trivial, copiaient les hommes et les choses du temps où ils furent faits; mais c'était là ce qui faisait leur succès : le peuple avait plaisir de retrouver son langage et les événements de sa vie habituelle. La nature religieuse des pièces était aussi pour beaucoup dans leur réussite; cependant, mêlées aux *soties* et aux farces, elles ne tardèrent pas à se confondre avec les amusements profanes, ce qui explique la défaveur que leur montra le clergé qui les avait longtemps protégées.

Les *moralités*, jouées par les clercs de la Basoche et les Enfants-sans-souci, étaient un mélange singulier de sujets chrétiens et profanes; la plupart étaient remplis de personnages allégoriques, d'autres étaient de simples proverbes ou paraboles.

Les *farces*, plus courtes que les mystères et les moralités, sont le véritable fondement de notre comédie. Ces pièces étaient naturellement satiriques, et censuraient les ridicules du temps. C'est à ce genre qu'appartient l'*Avocat patelin*, attribué à Pierre Blanchet de Poitiers, mort en 1519; mais les autres farces ne ressemblaient pas à celle-là.

La *sotie*, plus légère et plus délicate, raillait les vices du temps avec hardiesse et vivacité. Louis XII se servit fréquemment de ce genre de pièces comme d'une arme politique, durant ses querelles avec le pape Jules II. Sous ce prince, le théâtre jouit d'une assez grande liberté; le bon roi permettait tout aux acteurs, sauf de s'en prendre à l'honneur des dames et de parler de la reine Anne. Ils ne jouirent pas longtemps de cet état de choses; les règnes suivants leur virent susciter des tracasseries sans nombre.

Le Parlement était souvent obligé d'intervenir pour prohiber les obscénités des pièces qu'on jouait au théâtre de la Passion ; il alla même quelquefois jusqu'à en empêcher la représentation. Un arrêt de 1542, en autorisant, d'après des lettres-patentes, la représentation des mystères de l'Ancien Testament, que cette cour avait d'abord défendue, ordonne que : « pour l'entrée du théâtre, les maistres et entrepreneurs du jeu et mystère de l'Ancien Testament ne prendront que deux sous par personne; pour le louage de chaque loge, durant ledit mystère, que trente escus ; n'y sera procédé qu'à jour de festes non solennelles ; commenceront à une heure après midi, finiront à cinq ; feront en sorte qu'il ne s'ensuive ni scandale ni tumulte ; et, à cause que le peuple sera distrait du service divin, et que cela diminuera les aumônes, ils bailleront aux pauvres la somme de dix livres tournois, sauf à ordonner plus grande somme. »

A la fin de 1548, ce théâtre, qui jouissait d'une grande réputation, alla s'établir à l'hôtel de Bourgogne. Le Parlement autorisa ce spectacle à la condition suivante, qui changea entièrement son caractère primitif : « Il est défendu aux confrères de jouer les mystères de la Passion de Nostre Sauveur ni autres mystères sacrés, sur peine d'amende arbitraire ; leur permettant, néanmoins, de pouvoir jouer autres mystères prophanes, honnestes et licites, sans offenser ni injurier aucunes personnes ; et défend, ladite cour, à tous autres, de représenter dorénavant aucuns jeux ou mystères, tant en la ville, faubourgs et banlieue de Paris, sinon que sous le nom de ladite confrérie, et au préjudice d'icelle. »

Dès lors on joua des pièces tirées des anciens romans de chevalerie, et entre autres, *Huon de Bordeaux* (1557), des farces et des moralités. Vers cette époque, les confrères de la Passion avaient loué leur théâtre à une troupe de comédiens ambulants nommés les *Enfants sans souci*:

ils se réservèrent deux loges qui ont longtemps porté le nom de *loges des maîtres;* les personnes de la famille du cardinal Lemoine en possédaient une aussi qui portait le nom de ce prélat. On voit, en 1574, que ces théâtres payaient cent écus par an au roi pour leur logement, et donnaient trois cents livres tournois de rente aux pauvres et aux enfants de la Trinité.

Les pamphlets du temps contiennent des récriminations violentes contre ce spectacle; l'impudicité, la grossièreté des pièces qu'on y représentait souleva, à plusieurs reprises, les attaques du clergé de Paris; mais la protection du roi et du Parlement le soutint constamment. Nous aurons occasion de reparler dans la suite de ce théâtre, où se distinguèrent, au XVIe siècle, Jean Serre et Jean du Pontalais.

Le *théâtre Italien* fut établi, en 1570, par un nommé Ganasse, pour la représentation de comédies et de tragédies : on y payait jusqu'à cinq ou six sous par personne, sommes excessives à cette époque. Autorisée par des lettres-patentes du roi, cette troupe ne paraît pas avoir eu une longue existence. Une autre troupe d'Italiens vint à Paris, en 1576; mais les maîtres de la Passion firent fermer leur spectacle. L'année suivante, Henri III fit venir de nouveau des comédiens italiens, nommés *les Gelosi*, et les établit à l'hôtel Bourbon, près du Louvre; mais ils ne purent se maintenir longtemps. Plus tard, de nouvelles troupes s'établirent dans Paris; une, entre autres, se fixa à l'hôtel de Cluny, d'où elle fut chassée en 1584. Tous les priviléges étaient pour le seul théâtre des confrères de la Passion.

Nous citerons parmi les pièces de cette époque les suivantes : *Farce nouvelle des femmes qui aiment mieux suivre et croire folconduit, et vivre à leur plaisir, que d'apprendre aucune bonne science; Mystère du chevalier qui donne sa femme au diable; Moralité d'une villageoise, laquelle aima mieux avoir la teste coupée par son père, que d'estre violée par son seigneur.* Cependant l'étude du théâtre antique ne tarda pas à amener une révolution dans l'art dramatique. On traduisit, puis on imita les pièces des Grecs et des Latins. Ronsard, Étienne Jodelle, Jean de Baïf, etc., s'élancèrent sur la scène et fondèrent un nouveau théâtre. Leurs pièces étaient dénuées d'originalité, quant au fond et à la forme, qui sont copiés sur les anciens; le style est dur et barbare, mais ce mouvement ne constitue pas moins une réforme. On commença alors à jouer des tragédies, telles que celle de *Sophonisbe*, de Saint-Gelais; celles de *Cléopâtre* et de *Didon*, de Jodelle (1552); la *Soltane*, de Gabriel Bounyn (1560); *Médée*, de Jean de la Péruse; la *Guisiade*, de Pierre Mathieu, etc. Mais ces pièces ne se jouaient alors que dans les palais des rois, ou au collége de Boncourt; très peu avaient accès dans les théâtres de Paris, qui s'adressaient à des spectateurs moins sévères dans leur goût. La dernière ne fut pas jouée; elle dut seulement être imprimée. Telles furent les ébauches de l'art dramatique, qui, dans le siècle suivant, devait prendre un essor si remarquable, grâce au génie de Molière et de Corneille. (Voy. *Paris sous Henri IV, sous Louis XIII*, etc.)

Paris sous la Ligue.

Le motif de l'association qu'on nomma la *Ligue* fut double: son but apparent fut de combattre les protestants; son but caché fut la ruine du roi de France. Rome, la cour d'Espagne et la maison de Lorraine, en faisant une guerre ouverte au parti huguenot, travaillaient sourdement contre Henri III, et contre le roi de Navarre, chef des protestants, qui devait être son successeur, pour donner la couronne au duc de Lorraine. Dès l'an 1562, le cardinal de Lorraine avait conçu le plan d'une ligue de catholiques, en faveur de son frère François, duc de Guise. Après l'assassinat de ce prince, son fils, Henri de Lorraine, fit arrêter une formule de serment, par laquelle les signataires s'engageaient à sacrifier leurs biens et leur vie à la défense de la religion catholique, et à ne rien entreprendre contre la famille royale et les princes (1568). Cette association, qui fut nommée *sainte Ligue, Ligue chrétienne et royale*, fut tenue secrète jusqu'en 1576. Alors, par les manœuvres des Guise, elle s'établit dans presque toutes les provinces de France. Henri III, ne pouvant en arrêter les progrès, lui donna son adhésion, et s'en fit déclarer le chef aux états de Blois, pour contrarier les projets du duc de Guise; mais ce duc ne cessa d'intriguer et de faire publier les écrits et les placards les plus injurieux contre la personne du roi. La Ligue, assoupie pendant plusieurs années, se réveilla en 1585; un comité se forma à Paris pour l'organiser, et fut puissamment aidé par le clergé, qui ne cessait d'exciter le peuple au mépris et à la haine du roi, ainsi qu'à la destruction des protestants. La Ligue envahit le Parlement, la Cour des comptes, l'Université; en même temps, elle se formait activement dans les provinces. Le duc de Guise faisait prendre plusieurs places fortes au nom de la *Sainte-Union*, et le roi, toujours faible, accordait ces villes prises aux ligueurs, leur fournissait des sommes considérables, et révoquait (1585) les édits de pacification faits en faveur des protestants.

Encouragés par cette faiblesse, les chefs de la Ligue attaquèrent plus ouvertement le roi; ils répandirent des libelles et des placards contre lui, et firent un plan de conjuration pour tuer les principaux fonctionnaires de l'État, occuper les postes les plus importants de la ville, prendre le Louvre, enlever le roi et changer la face du gouvernement. Mais ce plan échoua par les révélations de plusieurs conjurés, et Henri se contenta de faire garnir de troupes les divers postes de Paris. D'autres projets manquèrent par le péril attaché à leur exécution. Les ligueurs continuèrent à aigrir l'esprit du peuple par les sermons des ecclésiastiques et les écrits séditieux ; la Sorbonne osa même décréter (1587) qu'on pouvait ôter le gouvernement aux princes « qu'on ne trouvait pas tels qu'il fallait ».

Le roi, méprisé, et le plus souvent désobéi, ordonna à la duchesse de Montpensier, sœur des Guise, laquelle dirigeait de secrètes menées contre son autorité, de sortir de Paris ; mais cette fière princesse, qui portait à la ceinture une paire de ciseaux d'or pour tondre la tête du roi, qu'elle nommait par dérision *frère Henri de Valois*, refusa d'obtempérer à cet ordre. Le comité des ligueurs, qui se tenait en 1588, divisa Paris en cinq quartiers, ayant chacun un colonel et quatre capitaines. Il fut constaté que le nombre des associés se portait à 30,000. Le duc de Guise se rendit alors à Paris, malgré les ordres du roi, et fit son entrée aux cris de *Vive Guise! Vive le pilier de l'Église!* Le roi, peu rassuré par les protestations du duc, fit porter de nombreuses troupes sur les principaux points de la capitale, afin de repousser les attaques des bourgeois, s'ils prenaient les armes. Cette précaution alarma le peuple, qui, le 12 mai, s'arma, barricada les rues de Paris, et, dirigé par les partisans du duc de Guise, engagea le combat avec les troupes royales, qui furent mises en déroute. Le roi fut réduit à implorer l'assistance du duc, qui sortit de son hôtel, situé rues du Chaume et du Paradis (depuis nommé *hôtel de Soubise*, pour se rendre à l'Hôtel-de-Ville, fit cesser partout la mousqueterie, et sauva les troupes royales de la fureur du peuple. Il fut accueilli sur son passage par les cris de *Vive le duc!* Le soir, les chefs des gardes bourgeoises allèrent lui demander le mot d'ordre. Ce jour fut nommé *journée des barricades*.

Le lendemain, Henri III, qui ne régnait plus que de nom, effrayé des manifestations de plus en plus hostiles des Parisiens contre sa personne, sortit secrètement de Paris, et se retira à Chartres. Le duc de Guise fit enlever les barricades, s'empara du Petit et du Grand-Châtelet, de l'Arsenal, du Temple, de la Bastille, et y plaça des gouverneurs de son parti; il en usa de même quant au prévôt des marchands et aux échevins. Cependant il n'osa pas prendre la couronne; et, pour laisser aux événements le temps de s'accomplir, il fit prier avec instance le roi de rentrer à Paris, lui envoya le Parlement, la reine mère, les capucins; mais les ligueurs n'obtinrent du roi qu'un édit de pacification (15 juillet), par lequel la journée des barricades était oubliée, le roi et les ligueurs s'unissaient pour exterminer les protestants, le concile de Trente était reçu dans le royaume, et on convenait de ne reconnaître pour roi, après la mort de Henri III, aucun prince hérétique; mais le roi se refusa à revenir à Paris. Il accueillit à Chartres le duc de Guise, dîna avec lui, le créa lieutenant-général de toutes ses armées, déclara pour son successeur à la couronne le cardinal de Bourbon, et consentit à remplacer par des ligueurs les magistrats les plus dévoués à son service. Il convoqua ensuite à Blois les états du royaume, prêta et leur fit prêter le serment d'observer l'édit de l'Union.

Cependant le duc de Guise pensait sérieusement à se défaire du roi pour prendre sa place. Dès que Henri eut connaissance de ce projet, il résolut la perte du duc et de ses principaux adhérents. Le 23 décembre 1588, le duc fut assassiné dans la pièce qui précédait le cabinet du roi. On dit que Henri lui donna un coup de pied sur le visage. En même temps, le cardinal de Guise, qui présidait la chambre du clergé aux états, est arrêté et emprisonné dans un galetas du château, avec l'archevêque de Lyon, ardent ligueur, le cardinal de Bourbon, et plusieurs grands personnages ou députés de Paris appartenant à cette faction. Le cardinal de Guise fut assassiné le 24 décembre.

Ces actes excitèrent à Paris une vive fermentation. Le comité des ligueurs, qui avait rétabli l'ancienne division de Paris en seize quartiers, et s'était constitué en *conseil des seize* (chaque quartier avait un chef qui assistait au conseil), à l'Hôtel-de-Ville, en s'identifiant avec le corps municipal de Paris, créa le duc d'Aumale gouverneur de Paris, et fit emprisonner plusieurs *politiques* ou partisans du roi. Le peuple détruisit sur tous les édifices les armoiries, les figures de Henri III, le monument élevé à la mémoire de ses mignons dans l'église de Saint-Paul. On prêta le serment d'employer toute espèce de moyens pour venger la mort des deux princes lorrains, serment proposé par les prédicateurs des églises de Paris. La Sorbonne déclara que les Français avaient le droit de faire la guerre au roi pour la défense de la religion catholique, les délia du serment de fidélité et obéissance qu'ils avaient juré à Henri de Valois, raya son nom des prières de l'Eglise, et en composa d'autres pour les princes catholiques.

Le 16 janvier 1589, Bussy Leclerc, qui, de maître d'armes, était devenu procureur au Parlement et gouverneur de la Bastille, vint au Parlement pendant que la grand'chambre était assemblée et ordonna à plusieurs membres, suspects au conseil de l'Union, de le suivre. Aussitôt on vit tous les membres de la cour se lever et déclarer qu'ils voulaient partager le sort du président du Harlay, du conseiller de Thou et des autres suspects, et une soixantaine de magistrats suivirent Leclerc, qui les conduisit à la Bastille. Le lendemain, le conseil des seize, qui avait fait arrêter d'autres membres du Parlement, qui ne se trouvaient pas au Palais au moment où Leclerc entra dans la grand'chambre, fit relâcher ceux qui avaient suivi volontairement ce factieux, sans être portés sur les listes de proscrits.

Pendant que ces faits se passaient à Paris, Charles de Lorraine, duc de Mayenne, arrivait de Lyon et prenait le titre de chef de la Ligue ou de la Sainte-Union. Au mois de mars 1589, le conseil des seize établit, dans chacun des seize quartiers de Paris, un conseil composé de neuf personnes chargées de maintenir l'ordre dans chacune de ces divisions. Le cardinal de Bourbon avait été nommé roi sous le nom de Charles X, mais ce prince ne vécut pas longtemps; il était d'ailleurs sans talent et sans influence.

Le conseil général de la Sainte-Union ou des Quarante, fut créé par le conseil des seize, et composé de quarante personnes des trois états; il siégeait à l'Hôtel-de-Ville. Le 13 mars 1589, il conféra le titre de lieutenant-général de l'État royal et Couronne de France au duc de Mayenne, qui prêta son serment en cette qualité au Parlement. Le duc y introduisit quatorze nouveaux membres; mais en 1590, il supprima entièrement cette magistrature.

Il existait aussi pendant ces troubles plusieurs confréries. Dans celle *du Cordon et du saint nom de Jésus*, établie par les ligueurs dans l'église Saint-Gervais, on jurait de vivre dans la foi catholique, et dans l'obéissance au roi Charles X et à son lieutenant le duc de Mayenne, de ne jamais reconnaître aucun roi hérétique. La *confrérie* ou *congrégation du Chapelet*, établie dans la maison des Jésuites de la rue Saint-Jacques, avait cela de particulier, que chaque membre devait porter un chapelet autour de son cou. Le pape lui accorda de nombreuses indulgences.

Le duc de Mayenne, qui présidait le conseil des seize, avait pris une grande influence à Paris. En 1591, il fit arrêter quatre membres de ce conseil, et prohiba, sous des peines sévères, les réunions secrètes. Il affaiblit peu à peu l'autorité de cette assemblée, qui, réduite à douze membres, subsista pourtant jusqu'à l'entrée de Henri IV.

Cependant Henri III était réduit à implorer le secours des protestants et de leur chef, Henri de Navarre, son beau-frère, qui lui était seul resté fidèle. Les deux rois réunirent leur forces et marchèrent, vers la fin de juillet 1589, contre Paris. Henri III s'arrêta à Saint-Cloud. Les ligueurs voulurent conjurer l'orage, et un jeune jacobin, nommé Jacques Clément, sortit de Paris pour se rendre vers ce prince, qu'il assassina en lui présentant des lettres (1ᵉʳ août). Les ligueurs firent éclater la plus grande joie à la nouvelle de cet attentat; on alluma des feux de joie dans Paris, et le clergé s'abaissa jusqu'à écrire la défense de l'assassin et à l'honorer comme un martyr.

Dès que Henri III fut mort, son beau-frère, le roi de Navarre, le plus proche héritier du trône, prit le nom de Henri IV et le titre de roi de France. Nous verrons dans le chapitre suivant comment ce prince parvint à se rendre maître de Paris.

Pendant la période que nous venons de parcourir, l'état de la capitale subit quelques changements. Les fortifications, réparées à diverses époques, furent, en 1566, étendues du côté de l'ouest. Le jardin des Tuileries fut compris dans l'enceinte de Paris, et cette partie d'enceinte prit le nom de *boulevard des Tuileries*; l'extrémité occidentale du jardin fut fermée par un bastion qui a subsisté longtemps. Entre ce bastion et la Seine, on établit la *porte de la Conférence*. L'ancienne enceinte de Charles V, entre le Louvre et les Tuileries, ne fut pas démolie.

Le faubourg Saint-Germain, ruiné par les guerres du XVᵉ siècle, fut rebâti vers 1540, et ses rues furent pavées. Au-delà de l'enceinte septentrionale, le bourg de *Villeneuve* avait pris un grand accroissement.

Plusieurs églises de Paris furent reconstruites. On pava un grand nombre de rues, et l'on construisit le quai du Louvre. Dans la Cité, sur l'emplacement de la *ceinture de Saint-Éloi*, on ouvrit plusieurs rues nouvelles. Enfin, en 1572, on commença la construction du quai des Bons-Hommes, qui forme aujourd'hui la route de Paris à Versailles, au bas de Chaillot.

Les environs du Louvre étant couverts de bâtiments, on établit un bac pour communiquer avec le bourg de Saint-Germain-des-Prés. En 1578, Henri III posa la première pierre d'un pont destiné à rendre cette communication plus sûre et plus commode; mais les travaux abandonnés, pendant la fin du règne de ce prince, ne furent repris que sous Henri IV.

Les juridictions étaient très nombreuses dans la capitale. Le Parlement de Paris exerçait la haute police sur cette ville et sur plusieurs villes voisines; ses arrêts étaient exécutés par le prévôt de Paris, chargé de faire suivre les ordres du roi. Le prévôt des marchands présidait à tout ce qui concernait la défense et le commerce de Paris; il dirigeait aussi le *bureau de la Ville*, composé de quatre échevins, d'un procureur du roi, d'un greffier, d'un receveur, de vingt-six conseillers; dix sergents exécutaient ses arrêts. La garde bourgeoise était commandée par seize quarteniers, quatre cinquanteniers et deux cent cinquante-six dizeniers. Le *guet royal*, qui faisait la ronde dans les rues de Paris, et le *guet assis*, composé de bourgeois ou artisans, postés dans divers quartiers, constituèrent la police de nuit, sous la conduite du *chevalier du guet*. Le guet avait pour auxiliaires les compagnies d'archers, d'arbalétriers et d'arquebusiers, qui, en 1550, eurent un capitaine général, les sergents du Châtelet et les gardes de la connétablie. Un gouverneur de Paris et de la province de l'Ile-de-France, lieutenant du roi, avait le commandement de toute la force armée.

Ces institutions étaient insuffisantes pour maintenir l'ordre; par leur nombre et leur variété, elles se faisaient un tort réciproque, s'entravaient mutuellement; la multitude des justices seigneuriales, dont chacune avait son tribunal, ses prisons, ses sergents, arrêtait aussi leur action. Les monastères, le chapitre de Notre-Dame, le Temple, l'Évêque, l'Officialité, le bailliage du Palais, la Connétablie, l'Amirauté, la Chambre des comptes, le Châtelet, les Cours des aides et des monnaies, avaient leur juridiction et leurs officiers. L'unité administrative n'existant pas, tout effort pour réprimer les désordres ou pour conserver l'ordre devenait inutile.

Les malfaiteurs abondaient dans Paris : en 1588, on y comptait cinq à six mille voleurs; mais ce n'étaient pas les plus redoutables : des bandes, comme celles appelées *mauvais garçons, aventuriers français*, exerçaient dans cette ville des pillages que l'autorité était impuissante à réprimer. On recommanda en vain aux Parisiens de placer des lanternes allumées devant leurs maisons; ces désordres se renouvelèrent à plusieurs reprises. La route d'Orléans à Paris était infestée de voleurs qui se cachaient dans les carrières des faubourgs Saint-Jacques et Notre-Dame-des-Champs.

Les écoliers causaient de grands troubles. En 1548, ils dévastèrent les propriétés de l'abbaye de Saint-Germain-des-Prés; ils agirent de même en 1549, 1550 et 1555; le Parlement se borna à ordonner des informations.

Ajoutez à ces désordres les querelles continuelles des habitants des faubourgs Saint-Marcel, Saint-Jacques et Notre-Dame-des-Champs, les troubles causés par les clercs du Palais et du Châtelet, les pages, etc., et vous aurez une idée du peu de sûreté que présentait la capitale, surtout pendant la nuit. Il faut dire encore que tout le monde portait des armes, et, malgré les prohibitions du Parlement et les mesures sévères qui furent adoptées, cet usage se conserva longtemps.

En 1555, à l'occasion d'un attroupement d'écoliers suivi de dégâts dans le Pré-aux-Clercs, que les écoles ne cessaient de fréquenter, le Parlement fut forcé d'employer la force et de faire arrêter plusieurs des mutins; mais on les mit en liberté bientôt après, et le roi fit fermer le Pré-aux-Clercs, théâtre habituel de leurs désordres. Les écoliers allèrent alors faire leurs orgies dans d'autres lieux; les professeurs étaient impuissants pour empêcher tous ces excès.

La population prenait un accroissement remarquable. Sous Louis XII, on ne comptait à Paris que quarante-huit à quarante-neuf huissiers ou sergents; en 1580, il y en avait plus de trois cents; le nombre des notaires, qui sous Louis XII était de trente environ, avait plus que quadruplé; celui des avocats était devenu dix fois plus considérable. Cette augmentation eut pour principale cause l'édit des états d'Orléans en 1560, qui défendit aux prêtres d'exercer les fonctions juridiques.

En 1553, la population totale était de deux cents à deux cent cinquante mille habitants; les données sont peu certaines; mais le véritable chiffre est entre les deux que nous venons de citer. En 1552, on comptait à Paris huit à neuf mille pauvres.

Sous Louis XII, il existait cinq corps de marchands ou métiers; ce nombre fut porté à sept sous François Ier, savoir: les changeurs, les drapiers, les épiciers, les merciers, les pelletiers, les bonnetiers et les orfévres. Les changeurs qui habitaient anciennement les maisons bâties sur le Pont-au-Change, et qui en furent chassés en 1331, cessèrent au XVIe siècle, à cause de leur petit nombre, de former un corps spécial. Il n'y eut dès lors que six métiers et les drapiers qui occupèrent le premier rang. Henri III érigea un septième corps, celui des *marchands de vins*, mais il ne fut pas reconnu par les autres corporations. Ces corps, qui formaient chacun une confrérie sous l'invocation d'un saint particulier, étaient gouvernés par des maîtres et syndics, et jouissaient de nombreux priviléges. Ils portaient le dais dans les cérémonies des entrées des rois et des reines.

Sous le règne de Charles IX, le commencement de l'année, qui datait de la solennité de Pâques, fut fixé au 1er janvier. Cette ordonnance commença à être exécutée le premier jour de janvier 1565. La réforme grégorienne fut admise par lettres-patentes du 3 novembre 1582.

Les lettres, favorisées par la découverte de l'imprimerie et l'arrivée à Paris de savants étrangers, firent de grands progrès durant cette période. Olivier de Serres publia son *Ménage des Champs*, un des premiers ouvrages d'agriculture. Ambroise Paré dégagea l'art chirurgical de la fausse voie où l'avait engagé l'ignorance; l'anatomie fit quelques progrès, grâce à la permission accordée par Henri II, en 1555, aux médecins de faire des démonstrations publiques sur le corps des suppliciés et des personnes mortes à l'Hôtel-Dieu.

Les lettres furent représentées par Amyot, Montaigne, Clément Marot, Rabelais et les imprimeurs Estienne. Nous avons vu l'art théâtral se perfectionner, et renoncer peu à peu aux mystères pour donner des tragédies et des comédies, la plupart traduites des auteurs italiens.

Les arts suivirent ce mouvement. Le genre grec domine dans l'architecture de cette époque; on le vit pour la première fois employé à Paris dans la construction du Louvre, par Pierre Lescot, et ensuite dans celle des Tuileries, par Androuet du Cerceau. L'illustre Jean Goujon laissa l'empreinte de son génie sur ces monuments, et ses magnifiques sculptures sont encore aujourd'hui regardées comme inimitables. Bernard Palissy se distingua par ses peintures sur verre et ses belles poteries, autant que par ses ouvrages sur la chimie.

Sous Charles IX, on voulut fonder une *Académie* de poésie et de musique (4 décembre 1570); mais il paraît que le Parlement refusa d'enregistrer les lettres-patentes qui autorisaient cet établissement. Nous verrons plus tard le même projet réussir.

Les mœurs subirent une certaine amélioration dans les classes inférieures de la population; mais la cour présenta l'image des plus affreuses dissolutions. François Ier y introduisit les femmes des nobles et les filles de grande maison, ce qui causa des débauches scandaleuses, que

Brantome, qui en a fait le tableau, cherche en vain à excuser. On sait qu'elle fut la mort de François Ier. Sous Charles IX, Catherine de Médicis prostituait les dames et demoiselles de la cour, pour attacher les princes et seigneurs à ses intérêts. Henri III a souillé sa mémoire par ses goûts efféminés et par les excès auxquels il se livrait avec ses *mignons*. Plusieurs maisons royales étaient ornées de peintures et de sculptures de la dernière indécence. A Fontainebleau seulement, Anne d'Autriche en fit détruire pour plus de 100,000 écus. On a lieu de s'étonner, en présence de ces faits, de la dévotion outrée dont la cour donnait l'exemple.

Les seigneurs et les princes étaient fort ignorants : la plupart ne savaient pas même écrire ; lorsque les ambassadeurs de Pologne vinrent offrir la couronne au duc d'Anjou, depuis Henri III, on fut obligé de faire venir d'Auvergne un baron de Milhau, qui comprenait seul le latin, langue dans laquelle s'exprimaient les ambassadeurs ; ce fut une femme, Catherine de Clermont, duchesse de Retz, qui répondit pour la reine, également en latin.

Le haut clergé s'occupait peu des affaires de l'église. Les évêques ne résidaient pas, pour la plupart, dans leur diocèse ; plusieurs remplirent les fonctions toutes militaires de gouverneurs de Paris. Le bas clergé était très ignorant ; cependant, il se trouvait, comme dans tous les temps, de fort honorables exceptions.

L'exemple de la cour devait être préjudiciable aux classes inférieures. Les habitants de Paris imitaient, mais à un degré bien moindre, sa dévotion, ses débauches et son luxe. Les pratiques superstitieuses étaient encore en vogue, et l'on sait que Catherine de Médicis cherchait à lire sa destinée dans le cours et l'aspect des astres. Aucune législation n'était fixée : on suivait un mélange de coutumes et de lois romaines ; les ordonnances royales formaient la plus grande partie du droit civil en usage ; la plupart des places étaient vénales, ce qui contribuait beaucoup à accroître la corruption.

Les éclipses, les comètes étaient regardées comme des signes de mauvais présage. Le nombre des sorciers et magiciens était très considérable à Paris : l'on dit que sous Charles IX, en 1572, il y en avait jusqu'à trente mille, nombre fort exagéré sans doute, mais qui ne prouve pas moins la grande quantité de ces imposteurs et de leurs dupes.

« L'ignorance, dit Dulaure, portait les Parisiens à tout croire et les disposait aussi à tout admirer. Cette admiration constante pour les choses qui en étaient peu dignes, leur a valu le surnom de *badauds*. » Rabelais, avec la brusque franchise de son temps, dit : « Le peuple de Paris est tout sot, tout badaud et tant inepte de nature, qu'un bateleur, un porteur de rogatons, un mulet avec des cymbales, un vielleux au milieu d'un carrefour, rassemblera plus de gens que ne feroit un bon prédicateur évangélique. » Des écrivains ont cherché ailleurs l'origine de ce surnom, et l'ont fait dériver de l'italien *badare* (faire attention). Selon ces écrivains, ce surnom ne leur serait venu qu'après les guerres d'Italie, sous Charles VIII, et s'appliquerait à la faculté précieuse d'examen et d'observation, qui est en effet très développée chez les Parisiens.

Le luxe des habillements du temps de François Ier surpassa tout ce qu'on avait vu jusqu'alors. On adopta successivement la mode espagnole et italienne, les pantalons collants, les pourpoints taillardés, les manteaux d'étoffe précieuse, les broderies de perles et de diamants, les riches colliers, les toques surmontées de brillantes aigrettes. La découverte du Nouveau-Monde favorisa ce luxe en rendant le numéraire plus commun. Les femmes de la cour se coiffaient, sous François Ier, de turbans à la napolitaine, ornés de perles et d'or, ou couvraient leur tête de bandeaux de pierreries ; elles portaient des robes de satin ou de velours, de superbes dentelles, et une profusion de diamants. Sous Henri II, parut, pour la première fois, la mode singulière des paniers, destinée à donner par derrière aux robes une ampleur qu'elles n'ont pas naturellement. L'usage des masques date de François Ier; on s'en servait alors pour préserver le visage des atteintes de l'air, mais surtout pour favoriser les intrigues galantes. Ces masques étaient de velours; on les retenait sur le visage au moyen d'un petit ressort placé dans la bouche, et qui servait aussi à déguiser la voix. L'usage des bas de soie s'introduisit sous Henri II, qui en porta le premier en France, en 1553; avant cette époque, on se couvrait les jambes avec des étoffes de lin, de soie ou de laine. On prit alors la mode de se poudrer les cheveux. Henri II chercha en vain à réprimer le luxe de son temps par des ordonnances somptuaires, et à régler la richesse des habits sur la différence des états des individus; mais ces ordonnances furent mal exécutées et inutilement renouvelées dans la suite.

« C'est, dit un écrivain du temps de Henri III, la coutume de France que le gentilhomme veut faire le prince; et s'il voit que son maître se pare de pierreries, il en veut avoir aussi, dût-il vendre sa terre, ses prés, ou s'engager chez le marchand.... Les meubles jadis étaient simples; on ne savait ce que c'était que tableaux et sculptures; on ne voyait point une immensité de vaisselle d'argent et d'or, point de chaînes, bagues, joyaux, comme aujourd'hui. Pour entretenir ces excessives dépenses, il faut jouer, emprunter et se déborder en toutes sortes de voluptés, et enfin payer ses créanciers par des cessions et faillites...... On ne se contente plus à un dîner ordinaire de trois services, consistant en bouilli, rôti et fruits; il faut d'une viande, en avoir cinq ou six façons, des hachis, des pâtisseries, salmigondis et autres excès; et quoique les vivres soient plus chers qu'ils ne le fussent jamais, rien n'arrête, il faut de la profusion; il faut des ragoûts sophistiqués pour aiguiser l'appétit et irriter la nature. Chacun veut aujourd'hui aller dîner chez Lemore, chez Samson, chez Innocent, chez Kavart, ministres de volupté et de profusion, et qui, dans un royaume bien policé, seraient blâmés et chassés comme corrupteurs des mœurs. »

La richesse des ajustements fut à son comble sous Charles IX et Henri III. Ce dernier prince prodiguait à ses mignons les parures, les bijoux, les pierreries, et se montrait quelquefois en amazone, portant des boucles d'oreille et se découvrant la gorge, à l'instar des dames de la cour. Les mignons avaient des chausses étroites et à bouffants, des cuisses à la ceinture, avec un justaucorps bien serré, et un petit manteau à large collet; sur la tête, ils portaient une toque ou un chapeau à plumes. C'est pendant la Ligue que l'usage des chapeaux de feutre se répandit en France. Les hommes et les femmes portaient des collets à fraises. Les bourgeois imitaient les modes de la cour ; mais chez eux, les culottes couvraient les cuisses, le manteau était long et à manches, les bords du chapeau peu développés.

On commença, pendant cette période, à faire usage dans Paris d'une espèce de carrosse grossier, appelé *coche*. Catherine de Médicis est la première reine de France qui ait eu un carrosse. Ces coches avaient de grandes portières de cuir, qu'on abaissait pour y entrer ; ils étaient entourés de rideaux. En 1563, le Parlement voulut en défendre l'usage, mais inutilement. Sur la fin du règne de Henri IV, cette voiture fut perfectionnée; on y plaça des portières avec des vitres. Les rues de l'intérieur de Paris étaient trop étroites pour que les voitures pussent y circuler facilement ; elles étaient de plus si sales, que les seigneurs, les courtisans se servaient de chevaux pour les parcourir ; les présidents et conseillers du Parlement allaient au palais, montés sur des mules.

L'usage des fourchettes date de Henri III; avant cette époque, on mangeait avec les doigts.

Pendant cette période la mode de porter la barbe longue s'établit en France. Dans un combat simulé, un des courtisans de François I ^er le blessa à la figure; pour cacher sa cicatrice, ce prince laissa croître sa barbe; tous ses courtisans l'imitèrent, et par suite les classes de la société, même le clergé, adoptèrent cet usage. Les Parlements s'opposèrent à cette mode; la Sorbonne décréta que la barbe était contraire à la modestie; on refusait d'entendre dans le Parlement les avocats qui se présentaient sans être rasés; mais peu à peu l'usage devint général et passa même dans cette grave assemblée. Louis XIII, enfant, montant sur le trône avec un visage imberbe, tous les mentons de la cour furent rasés, et la ville ne tarda pas à imiter la cour; on ne conserva que la moustache, qu'on portait encore sous Louis XIV.

Nous devons placer ici la description d'une cérémonie religieuse, en usage depuis les premiers siècles du christianisme : c'est le *feu de la Saint-Jean*. La veille de la fête de ce saint, chaque année, on établissait sur la place de Grève un bûcher auquel le roi venait mettre le feu, lorsqu'il se trouvait à Paris. Louis XI et tous ses successeurs pratiquèrent cette solennité. Au milieu de la place était planté un arbre élevé, autour duquel on plaçait de gros tas de bois et de fagots; puis on y attachait un panier contenant des chats et même des renards, dont les cris aigus se mêlaient au pétillement des flammes; quelquefois on y ajoutait des pièces d'artifice pour rendre la fête plus magnifique. Louis XIV n'assista qu'une fois à cette cérémonie; Louis XV n'y parut jamais. L'absence de ces rois fit perdre à cette fête sa splendeur. Depuis lors, le prévôt des marchands allait, avec ses échevins, mettre le feu à un amas de fagots. Cet usage s'est maintenu jusqu'à la révolution.

Henri II ordonna, en 1542, que l'effigie du roi serait désormais placée sur les monnaies, au lieu d'une croix qui figurait sur les anciennes pièces. Vers le même temps, s'introduisit l'usage de mettre la date de la fabrication sur chaque pièce.

Telles sont les coutumes de cette époque, et les changements qu'éprouva la capitale dans l'état civil et dans l'état physique, durant la période qui s'étend depuis François Ier jusqu'à Henri IV.

CHAPITRE XIV.

PARIS SOUS HENRI IV.

(1589. — 1610.)

Nous nous sommes arrêtés dans le récit de l'histoire de Paris à l'assassinat de Henri III; c'est là que nous reprendrons notre sujet.

Henri IV, après divers exploits aux environs de Paris, vint, le 31 octobre 1589, mettre le siége devant cette ville, et logea avec son armée dans les villages de Gentilly, Montrouge, Vaugirard et autres. Sully, le duc d'Aumont et Châtillon attaquèrent le faubourg Saint-Germain, pillèrent les maisons et défirent une troupe assez nombreuse de Parisiens. Après cette escarmouche, les troupes du roi se retirèrent et abandonnèrent Paris pour aller assiéger Étampes.

Le 8 mai 1590, mourut dans sa prison, à Fontenay, le cardinal de Bourbon, que les ligueurs avaient proclamé roi sous le nom de Charles X. La crainte de voir Henri IV devenir, de fait, roi de France, et l'arrivée de son armée, qui s'avançait pour faire le siége de Paris, déterminèrent la Sorbonne à décréter, le 7 mai, qu'il était défendu aux catholiques de recevoir pour roi un hérétique, quand même il se convertirait; que quiconque favoriserait un tel roi serait réputé lui-même hérétique, et devrait être puni comme tel; que les Français étaient tenus en conscience de s'opposer de tout leur pouvoir à ce que Henri de Bourbon, hérétique, fauteur d'hérésie, ennemi de l'Eglise, relaps, excommunié, parvînt au gouvernement du royaume, quand même il serait absous par le pape. Le décret appelait déserteurs de la religion et menaçait de la damnation éternelle ceux qui favoriseraient les prétentions de Henri, tandis qu'il promettait le bonheur éternel à ceux qui s'opposeraient de tout leur pouvoir à l'établissement de ce prince.

Le soir même du jour où fut rendu ce décret, l'armée royale arriva, s'empara, dans l'espace de deux heures, de tous les faubourgs de Paris, et brûla tous les moulins des environs. La ville était sans gouverneur et sans police, chacun voulant être le maître; elle était dépourvue d'artillerie et de munitions de guerre; les murailles étaient délabrées sur plusieurs points; enfin, il y avait fort peu de provisions de bouche. Le roi, s'il eût été bien secondé, aurait pu alors prendre Paris; mais il se borna à bloquer cette ville et à s'emparer de Mantes, où il attendit les secours que lui avait promis l'Angleterre. Pendant ce temps, les Parisiens approvisionnèrent leur ville, et élirent le duc de Nemours gouverneur de Paris. Celui-ci abattit plusieurs maisons dans les faubourgs et répara les fortifications. Un recensement fit connaître, le 13 mai, qu'il existait dans la ville deux cent mille individus, du blé pour un mois, et quinze cents muids d'avoine, dont on fit du pain.

Chaque jour se faisaient à Paris des processions pour entretenir le zèle et le courage du peuple; les prêtres l'excitaient à combattre un roi hérétique. Le 3 juin, on fit une revue de toutes les forces que pouvaient fournir les prêtres, les moines et les écoliers; cette cérémonie ridicule est décrite dans la *Satire Ménippée*, œuvre curieuse de gens d'esprit, qui s'amusèrent à tourner en joyeuses moqueries la Ligue et les folies qu'elle causa dans la capitale. On fit aussi plusieurs sorties avec assez de succès. Cependant la disette faisait des progrès effrayants, et le peuple demandait *la paix* ou *du pain*; alors le Parlement de Paris fit défense de parler de paix ou de trêve avec le roi, sous peine de mort (15 juin); on annonçait en même temps la prochaine arrivée du duc de Mayenne avec des vivres. Mais ces promesses et les processions ne donnaient pas de pain aux pauvres, qui étaient obligés de se contenter de bouillies faites avec du son d'avoine.

La famine augmentant tous les jours, l'ambassadeur d'Espagne et le légat du pape vendirent leur vaisselle d'argent, et en donnèrent le prix aux pauvres. On arrêta, le 25 juin, que les communautés religieuses seraient chargées de nourrir les indigents, et l'on visita tous les couvents pour constater la quantité de denrées dont ils étaient approvisionnés. On sut qu'il existait douze mille trois cents familles, dont sept mille trois cents avaient de l'argent sans pouvoir trouver du pain à acheter.

Cette ressource ayant été épuisée, on ne tarda pas à être réduit à manger les animaux domestiques. « Les pauvres, dit un écrivain ligueur, mangeaient des chiens, des chats, des rats, des feuilles de vigne et autres herbes. Par la ville, ne se voyait autre chose que des chaudières de bouillie (de son d'avoine), et d'herbes cuites sans sel, et marmitées de chair de cheval, ânes et mulets; les peaux mêmes et cuirs desdites bêtes se vendaient cuites, dont ils mangeaient avec grand appétit. Dans les tavernes et cabarets, au lieu de bon vin on ne trouvait que des tisanes mal cuites; on en vendait dans les carrefours. S'il fallait trouver un peu de pain blanc pour un malade, il ne s'en pouvait trouver ou bien c'était à un sou la livre. Les œufs se vendaient dix ou douze sous la pièce. Le setier de blé valait cent ou cent vingt écus. J'ai vu manger à des pauvres des chiens morts tout crus, par les rues; aux autres, des tripes, que l'on avait jetées dans le ruisseau; à d'autres, des rats et souris que l'on avait pareillement jetés, et surtout des os de la tête des chiens moulus. »

Cependant, l'armée royale se fortifiait tous les jours, l'approvisionnement de Paris devenait plus difficile, les rues se remplissaient de cadavres d'habitants morts de faim. En douze mois de temps, dit un contemporain, il s'est trouvé, de compte fait, treize mille personnes mortes de faim et des maladies engendrées par la mauvaise qualité des aliments. Le 23 juillet, trois mille pauvres allèrent demander à Henri IV la permission de sortir de Paris. Ce roi leur accorda leur demande.

Les bourgeois se réunirent et allèrent de nouveau demander au duc de Nemours du pain ou la paix. Le duc les fit mettre en prison, à la suite d'une émeute qu'ils avaient excitée, et en fit pendre deux. Dans les maisons des riches, on mangeait du pain fait avec de la farine d'avoine; les pauvres furent réduits à pulvériser de l'ardoise et des os, et à en former un pain qu'on nomma le *pain de madame de Montpensier*. Une dame riche, ne pouvant se procurer des aliments, coupa par morceaux deux de ses enfants morts de faim, et s'en nourrit pendant plusieurs jours; mais elle mourut bientôt du regret que lui inspirèrent ces abominables festins.

« Si, dès le commencement du siége, disent les mémoires de la Ligue, les Parisiens fussent entrés en composition, c'était honneur et profit pour eux, c'eût été faire grand gain au lieu de perte; mais ils aimèrent mieux brûler à petit feu, dont s'ensuivit une désolation extrême; ils mangèrent leurs meubles et leur argent. L'alliance des soldats et la survenue des manants espagnols acheva d'y corrompre les mœurs et la pudicité. Leurs reliques furent troussées, les anciens joyaux de la couronne des rois furent fondus, les faubourgs ruinés, déserts et abattus; la ville devint pauvre et solitaire; les rentes de l'Hôtel-de-Ville furent amorties, les terres d'alentour en désolation; *cent mille personnes* y moururent (1), en l'espace de trois mois, de faim, d'ennui, de pauvreté, par les rues et les hôpitaux, sans miséricorde et sans secours. L'Université fut convertie en désert, ou servit de retraite aux paysans, et les classes des colléges se virent remplies de vaches et de veaux; au palais ne se trouvèrent plus que ligueurs et fourbisseurs de nouvelles; l'herbe crut à l'aise par les rues; les boutiques, pour la plupart, demeurèrent fermées; au lieu de charrettes et de coches, ne paraissait qu'horreur et solitude, les assiégés ne pouvant tirer des vivres qu'à la merci des garnisons mises par le roi dans Saint-Denis, au fort de Gournay, Chevreuse et Corbeil.

« Le plus fort de la tempête tomba sur le menu peuple et sur quelques familles aisées avant la guerre. Les ecclésiastiques, munitionnés, ne parlaient que de patience... Des prédicateurs séditieux foudroyaient sans cesse contre le roi et les siens, ne passaient sermons sans faire mention des secours d'Espagne. Les *seize*, d'un côté, les *quarante*, de l'autre, puis les fauteurs du Parlement, poussaient à la roue. Les chefs, entre autres le duc de Nemours, qui machinait de grandes choses, ayant commodités de vivres pour eux, ne se souciaient du peuple qu'autant qu'ils estimaient nécessaire pour empêcher qu'on se mutinât. L'or de l'Espagne était le ciment de cette misère, attendant la venue du duc de Parme. S'il se trouvait quelques curés, entre autres Benoît et Meurenne, curés de Saint-Eustache et de Saint-Merry, qui exhortassent le peuple à la modération, on les chassait. Nul n'était catholique, s'il ne transformait le feu roi et le vivant en sorciers, diables et hérétiques damnés. »

Enfin, pressés par les prières des bourgeois et la crainte

---

(1) Ce nombre est évidemment fort exagéré.

d'un grand mouvement populaire, les chefs de la Ligue entamèrent une négociation avec le roi. L'entrevue des députés parisiens avec Henri IV se tint, le 10 août 1590, dans l'abbaye de Saint-Antoine. Le roi leur accorda une trêve de dix jours, et délivra un grand nombre de passeports pour ceux qui voulaient quitter la capitale. Le 17 août, n'ayant reçu aucune réponse satisfaisante à ses propositions, il attaqua de nouveau Paris; le 30 de ce mois, averti de l'approche de l'armée espagnole commandée par le duc de Parme, il leva le siége de Paris pour aller au devant de cette armée et la combattre. Mais comme le blocus continua à une certaine distance de la ville, jusqu'au 12 septembre, ce fut seulement ce jour-là que le siége fut définitivement levé. Le duc de Mayenne put alors se rendre à Paris avec le duc de Parme; il y arriva le 18 septembre. C'est alors que cessa la déplorable souffrance des Parisiens.

Nous nous arrêtons ici pour l'histoire de la Ligue, qui nous entraînerait à de trop longues digressions, étrangères, d'ailleurs, à notre sujet. Après avoir négocié sans succès auprès des chefs de la Ligue, Henri IV eut, en avril 1593, une conférence, dans le village de Surenne, avec des catholiques ligueurs et royalistes, qui délibérèrent sur les moyens d'obtenir la paix. Le 25 juillet de la même année, le roi se convertit à la religion catholique, dans l'église de Saint-Denis, en présence du cardinal de Bourbon, de l'archevêque de Bourges et de plusieurs autres prélats. Il ne fut sacré que le 27 février 1594, dans l'église de Chartres.

Cet acte augmenta le nombre des partisans du roi, mais ne modéra point l'ardeur de la Ligue et des prédicateurs. Le duc de Mayenne jura, avec les principaux chefs de son parti, de maintenir toujours l'Union, de ne jamais reconnaître pour roi de France le roi de Navarre, de ne conclure aucune paix avec lui, malgré les actes de catholicité qu'il pourrait faire. La Sorbonne soutint qu'il était permis aux sujets de se révolter contre leur roi hérétique, de désobéir aux magistrats et de les pendre; qu'il n'était pas en la puissance du pape d'absoudre le roi, et qu'il était loisible aux sujets d'assassiner leur souverain. Ce fut vers ce temps que parut la *Satire Ménippée*, qui a couvert de ridicule les intrigues de la Sainte-Ligue, et démontré que la religion catholique n'était que le prétexte de cette faction.

Le roi, qui venait d'échapper à un assassinat commis par un nommé Barrière, à Melun, où il résidait (1593), voyant l'insuffisance de ses efforts pour se rendre maître de Paris, employa la corruption, qui eut plus de succès que ses armes. Il acheta aux seigneurs qui les commandaient diverses villes et places fortes appartenant à la Ligue. C'est ainsi qu'il acquit Meaux, Pontoise, Rouen, le Havre, et autres places de Normandie, Bourges et Orléans. La plupart des chefs ligueurs se vendirent à lui. Enfin, le comte de Brissac, gouverneur de Paris, lui céda cette ville pour la somme de 1 million 695,400 livres. Les gens dévoués au roi s'occupèrent de lui procurer l'entrée de la ville. On éloigna, sous de faux prétextes, une partie de la garnison espagnole; on plaça aux principales portes des hommes affidés. Vers les cinq heures du matin, le 22 mars 1594, l'armée du roi entra dans la capitale; Henri y arriva à sept heures avec le gouverneur, le prévôt des marchands et les échevins, qui étaient allés à sa rencontre. Il y entra et en sortit trois fois, dit un contemporain, et témoigna une grande hésitation. Enfin, il passa par la porte Neuve, entouré d'une forte escorte, et se rendit au Louvre où il se reposa. A neuf heures du matin, il alla, à travers les rues Saint-Honoré, de la Ferronnerie, Saint-Denis, et le pont Notre-Dame, à la cathédrale où il fut reçu par le chapitre et l'archidiacre, en l'absence de l'évêque. Il y entendit la messe, un *Te Deum*, et revint ensuite au Louvre.

Henri IV fit sortir sur-le-champ les troupes espagnoles et l'ambassadeur d'Espagne, ainsi que cent cinquante des plus dangereux ligueurs. Ceux-ci n'avaient pu réussir à exciter un mouvement contre le roi. Quelques prédicateurs prêchèrent ouvertement contre ce prince; il se borna à leur faire imposer silence, et se montra généreux envers ses plus grands ennemis. Le 27 mars, la Bastille se rendit à lui, et il devint ainsi maître de toute la ville.

Henri IV, aidé de Sully, ramena l'ordre dans l'administration. Ce roi fit de grandes choses : doué d'un esprit vif et actif, d'une intelligence supérieure, et surtout d'une générosité chevaleresque, il rendit le peuple heureux, et lui fit oublier les maux des temps passés. Nous ne parlerons pas de son penchant vers la galanterie, qui est le mauvais côté de son portrait. Ces taches ne peuvent ternir l'éclat d'un règne qui assura à la France le bienfait d'une paix depuis longtemps réclamée par les malheurs des guerres civiles. Après avoir échappé dix-sept fois au poignard des assassins, Henri, en se rendant du Louvre à l'Arsenal, fut tué, le vendredi 14 mai 1610, dans la rue de la Ferronnerie, alors fort étroite, par Ravaillac, instrument secret, dit-on, des jésuites.

En tête des monuments qui furent construits à Paris, sous ce règne, nous devons mentionner la *pyramide commémorative du crime de Jean Chastel*. Cette pyramide, située en face du Palais-de-Justice, vers la partie méridionale de la place qui précède l'entrée de cet édifice, fut élevée à l'occasion de la tentative d'assassinat sur la personne royale, commise par Jean Chastel, fils d'un bourgeois de Paris, le 27 décembre 1594, au moment où le roi se baissait pour relever un seigneur agenouillé devant lui, dans la chambre de Gabrielle d'Estrées, hôtel de Bouchage, près du Louvre. Instruit que l'assassin était élève des jésuites, Henri IV, qui venait de suspendre l'arrêt du Parlement, tendant à chasser ces religieux du royaume, les fit arrêter, ainsi que le curé de Saint-Pierre-des-Arcis. Chastel fut condamné à un affreux supplice, et Jean Boucher, curé de Saint-Benoit, publia l'apologie de son crime. Le Parlement fit pendre le jésuite Guignard, chez qui s'étaient trouvés des écrits séditieux, et (28 décembre 1594) ordonna à tous les jésuites, comme *corrupteurs de la jeunesse, perturbateurs de l'ordre public, ennemis du roi et de l'état*, de sortir dans trois jours de Paris, et dans quinze, du royaume.

Sur l'emplacement de la maison, démolie, du père de Jean Chastel, située entre le Palais de Justice et l'église des Barnabites (aujourd'hui Dépôt général de la Comptabilité), fut élevée une pyramide commémorative du crime. Ce monument présentait un grand piédestal quadrangulaire élevé au-dessus de trois gradins; chacune de ses faces était ornée de deux pilastres ioniques cannelés; entre ces pilastres était une table de marbre couverte d'inscriptions. Le piédestal était couronné, sur chaque face, par quatre frontons triangulaires, par un attique décoré de guirlande et surmonté de quatre autres frontons cintrés où l'on voyait les armes de France et de Navarre. Au-dessus de l'attique et aux angles, s'élevaient les quatre Vertus cardinales; le tout était surmonté par un obélisque terminé par une croix fleuronnée. Ce monument avait vingt pieds d'élévation.

Le 25 septembre 1603, les jésuites furent rappelés en France et à Paris; mais ils n'eurent la permission d'instruire la jeunesse qu'après la mort de Henri IV. Ces religieux rentrèrent en faveur auprès du roi, et le P. Cotton, son confesseur, obtint la démolition de la pyramide, dont les inscriptions accusaient les jésuites d'avoir pris part à la tentative d'assassinat de Jean Chastel. François Miron, prévôt des marchands, fit élever à la place une fontaine, qui depuis a été transférée dans la cour du Palais.

Le *couvent de Picpus*, rue de ce nom, à l'extrémité du faubourg Saint-Antoine, fut établi par Vincent Mussart, vers 1600, pour une congrégation de pénitents des deux sexes, qu'il réforma, et qui prit la dénomination de *pénitents réformés du tiers ordre de Saint-François*; elle fut d'abord établie au village de Picpus, d'où elle reçut son autre nom. Cette maison, qui possédait une église assez belle et de vastes jardins, est devenue une propriété particulière.

Les *Récollets* (en latin *recollecti*, recueillis) s'établirent à Paris en 1603, au coin de la rue des Récollets et de celle du Faubourg-Saint-Martin. Henri IV et Marie de Médicis, son épouse, firent bâtir une église, dont cette reine posa la première pierre, et qui renfermait les tombeaux de la famille de Roquelaure. En 1790, cet ordre fut supprimé. Les bâtiments ont été convertis en hospice des *Incurables*.

Les *Petits Augustins* habitaient un couvent situé rue des Petits-Augustins, au faubourg Saint-Germain. Marguerite de Valois, après la dissolution de son mariage avec Henri IV, vint habiter un grand hôtel dans le faubourg Saint-Germain, et établit un couvent d'Augustins dans l'enclos de cet hôtel. Anne d'Autriche posa, en 1617, la première pierre de l'église. Les bâtiments du couvent furent construits en 1619 et dans les années suivantes. L'édifice n'avait rien de remarquable. On voyait près de l'église une chapelle recouverte par un dôme, le premier qui ait été élevé à Paris. En 1791, les bâtiments de ce couvent furent transformés en *Musée des monuments français*.

La *Maison des frères de la Charité*, rue des Saints-Pères, nº 45. Lorsque Marguerite de Valois vint occuper son hôtel du faubourg Saint-Germain, elle y trouva un petit monastère habité, depuis 1602, par cinq frères de la congrégation de Saint-Jean-de-Dieu, ou de la Charité, que Marie de Médicis avait fait venir de Florence. Elle en expulsa, pour y établir des religieux Augustins, ces frères, qui allèrent se fixer près de l'église Saint-Pierre, dont ils devinrent propriétaires en 1659. Cette chapelle avait été rebâtie en 1613, sous l'invocation de saint Jean-Baptiste; mais elle ne fut entièrement achevée qu'en 1733. Les frères acquirent ensuite la Courtille et le clos des Vignes de Saint-Germain-des-Prés, qui s'étendait depuis les bâtiments de la Charité jusqu'aux rues de l'Égoût et de Saint-Benoît, et comprenait l'emplacement de la rue Taranne. Ces religieux avaient un hôpital où ils donnaient des soins aux pauvres malades. En 1776, on y comptait cent quatre vingt dix-neuf lits. Nous reviendrons plus tard à cet établissement.

Le *couvent des Carmélites* était situé rue d'Enfer, n° 67, dans l'emplacement de l'ancien monastère de Notre-Dame-des-Champs. Il fut établi par Catherine d'Orléans de Longueville, qui fit venir à Paris six carmélites d'Espagne, et acquit pour elles l'église et l'enclos de Notre-Dame-des-Champs (1605).

L'église de ce couvent était richement ornée: on y voyait un bel autel où l'on montait par douze marches en marbre, entourées d'une balustrade aussi de marbre, dont les balustres étaient en bronze doré. Le tabernacle était d'argent, l'ostensoir était d'or et enrichi de pierres précieuses. Cette église possédait aussi des tableaux du Guide, de Stella, de Philippe de Champagne, de La Hire, et la *Madeleine pénitente* de Lebrun, que l'on disait être le portrait de madame de La Vallière. La voûte avait été peinte à fresque par Philippe de Champagne; on y voyait un Christ peint sur un plan horizontal, et qui semblait l'être sur une surface verticale. On trouvait dans cette église les tombeaux de Varillas et du cardinal de Bérulle.

Madame de La Vallière se retira, en 1676, dans ce couvent, dont la règle était très austère. En 1790, on démolit l'église, et l'on vendit les autres bâtiments. En 1815, quelques carmélites se sont réunies dans une partie de ces bâtiments, et y ont fait construire une chapelle où l'on voit le tombeau du cardinal de Bérulle, qui leur a été rendu en 1817.

Le *couvent des Capucines* fut fondé en 1604, rue Saint-Honoré, en face de celui des capucins, par Marie de Luxembourg, duchesse de Mercœur, sur l'emplacement de l'hôtel Du Perron, qu'elle acheta avec soixante mille livres laissées par sa sœur, Louise de Lorraine, veuve de Henri III, morte en 1601. En 1688, Louis XIV, pour faire construire la place Vendôme, fit démolir l'ancien couvent des capucines et en fit élever un plus vaste à l'endroit où finit la rue des Petits-Champs et commence la rue des Capucines. La façade de l'église correspondit à l'axe de la place Vendôme. On voyait dans cette église quelques tableaux de Restout et d'Antoine Coypel; les tombeaux de la famille de Créqui (ils en furent enlevés en 1753), du marquis de Louvois, de la marquise de Pompadour et de sa fille. Après 1790, les bâtiments de ce monastère furent destinés à la fabrication des assignats. Les jardins devinrent une promenade publique; ce fut là que fut établi le premier panorama. C'est sur une partie de l'emplacement de ce couvent, qu'en 1806 fut ouverte la belle rue dite de *Napoléon*, puis de la *Paix*, qui fait suite à la rue de Castiglione.

L'hôpital de Saint-Louis, situé rue de ce nom et rue du Carême-prenant, fut fondé, en 1607, par Henri IV, qui en posa la première pierre, le vendredi 13 juillet; ce fut à l'occasion d'une maladie contagieuse. Auparavant les pestiférés couchaient à l'Hôtel-Dieu dans les lits des autres malades. Après l'établissement de l'hôpital Saint-Louis, ils eurent une maison distincte, ce qui arrêta les progrès de la contagion. Nous y reviendrons.

L'hôpital Sainte-Anne ou de la *Santé*, au delà de la barrière de la Santé, fut fondé dans la même intention, et par le même motif que le précédent. Il fut établi dans un hospice dû à Marguerite de Provence, femme de saint Louis, mais les bâtiments furent reconstruits. Henri IV le donna à l'Hôtel-Dieu, qui s'en servit comme d'un lieu de convalescence. Depuis la révolution, cet établissement ne sert plus aux malades. Ses bâtiments et son enclos sont devenus ceux d'une ferme, dont l'Hôtel-Dieu est propriétaire.

La *Manufacture de tapis (façon) de Perse* ou *maison de la Savonnerie* fut établie, en 1607, au bas de Chaillot, quai de Billy, n° 30, par Pierre Dupont et Simon Lourdet. Après Colbert, qui lui donna une nouvelle organisation, cet établissement perdit de son importance, et ne reprit son activité qu'en 1713, époque où le duc d'Antin fit réparer les bâtiments. Cette belle manufacture a été réunie, en 1828, à celle des Gobelins. Une partie des anciens bâtiments est remplacée par des constructions nouvelles, destinées aux magasins et à l'administration des subsistances militaires.

Le *Pont-Neuf*. Nous avons dit (page 235) que Henri III, en 1578, avait fait entreprendre, par Jacques Androuet du Cerceau, la construction d'un pont destiné à unir ensemble le faubourg Saint-Germain, la Cité et la Ville. Ce roi en posa la première pierre le 31 mai, et dans la même année furent élevées quatre piles entre la Cité et le quai des Augustins. Les guerres civiles empêchèrent la continuation des travaux. Vers 1602, Henri IV les fit reprendre sous la direction de Charles Marchand. Ce pont fut entièrement terminé en 1607. Il s'appuie sur l'île des Juifs ou du Passeur-aux-Vaches, qui fut, lors de la construction, réunie à la Cité, ainsi que l'île de Bussy, ce qui prolongea la pointe occidentale de la Cité. La partie méridionale du pont se compose de quatre arches, et a 80 mètres 49 centimètres de longueur. La partie septentrionale a huit arches et 148 mètres 92 centimètres de longueur. Les arches sont à plein cintre, et leur diamètre moyen varie de 12 à 17 mètres. Une corniche très saillante, et supportée par des consoles en forme de masques de satyres, de sylvains et de dryadres (on attribue quelques-unes de ces sculptures à Germain Pilon), règne dans toute la longueur du pont.

En 1775, on abaissa et l'on rétrécit les trottoirs de ce pont; on bâtit, dans les demi-lunes qui s'élèvent à l'aplomb des piles, des boutiques en pierre de taille. Des deux côtés se trouvent vingt de ces loges. A diverses époques, on a baissé la route et adouci la pente du Pont-Neuf.

La *galerie du Louvre*, qui, depuis l'aile du Louvre qui s'avance jusqu'au bord de la Seine, se continue sur la rive droite, jusqu'au château des Tuileries, fut commencée sous Charles IX, qui en posa la première pierre : Androuet du Cerceau en fut le premier architecte. Henri III la fit continuer; mais les travaux, bientôt interrompus, ne furent repris que sous Henri IV, en 1600. Les parties de cette galerie construites sous Charles IX et Henri III se terminent à l'endroit où cette galerie forme un avant-corps, surmonté par un campanile; c'est-à-dire, au guichet situé vis-à-vis le pont du Carrousel. Depuis ce point jusqu'au pavillon de Flore, la façade de cette galerie présente une ordonnance de pilastres corinthiens, accouplés, cannelés, couronnée par des frontons successivement circulaires et triangulaires. Les architectes blâment cette diversité, ainsi que les fenêtres, qui s'élèvent jusque dans l'entablement; néanmoins cette façade est d'un très bel aspect. La partie la plus ancienne est ornée de sculptures de Jean Goujon, qui fut tué sur son échafaudage le jour de Saint-Barthélemy. Henri IV fit réparer et peindre en partie la galerie d'Apollon, placée en retour de celle du Louvre. Ce roi, qui favorisa les manufactures, en établit dans les galeries du Louvre, ainsi que dans les bâtiments de la place Royale. Nous en reparlerons dans la suite.

Les *Tuileries*. Ce château (*voy.* page 215) consistait,

sous Charles IX et Henri III, dans le gros pavillon du centre, dans les deux bâtiments latéraux et dans les deux pavillons qui les terminent de chaque côté. Sous Henri IV, on commença la construction de nouveaux bâtiments; on prolongea la façade au nord et au midi, et on la termina par deux pavillons nouveaux, ce qui porte à cinq le nombre des pavillons, et à neuf celui des corps de bâtiments qui composent cet édifice; mais ces travaux, de même que ceux de la galerie du Louvre, ne furent entièrement terminés que sous Louis XIV. Il en résulte une grande diversité dans le style de l'architecture de ce monument. (Voyez *Paris sous Louis XIV*.)

Le *Château-Gaillard* était situé vers l'extrémité méridionale du Pont-Neuf, sur le quai Conti, au bord de la Seine, et à l'endroit où est aujourd'hui la voûte sous laquelle on passe pour aller à l'abreuvoir. Cet hôtel, isolé, et qui présentait une tour ronde à côté des bâtiments principaux, servit à Brioché pour montrer ses marionnettes. Il fut démoli sous Louis XIV.

Les *rue, place* et *porte Dauphine*. La construction du Pont-Neuf amena, comme nous l'avons dit, l'adjonction de deux îlots à l'extrémité occidentale de la Cité. On éleva le terrain à la hauteur de la route du pont; on l'appuya par des murs de terrasses, et on construisit les quais de l'Horloge et des Orfévres, qui furent bordés de maisons. L'espace triangulaire qui se trouvait entre elles forma la *place Dauphine*. A l'extrémité septentrionale du Pont-Neuf, c'est-à-dire dans la ville, on reconstruisit une grande partie des quais de l'École et de la Mégisserie; on élargit la place des Trois-Maries, ainsi nommée de l'enseigne d'un marchand, et qu'on tenta en vain de faire appeler *place du Pont-Neuf*. A l'extrémité méridionale on rebâtit les quais de Conti et des Augustins, et on ouvrit une rue à travers la masse des bâtiments et des jardins, qui s'étendaient vis-à-vis le Pont-Neuf.

Cette rue fut commencée en 1606 : elle se dirigea à travers l'emplacement du collége, des cours et des jardins de l'abbé de Saint-Denis, une ruelle attenant à l'hôtel de Nevers, l'hôtel de Chappes, et une certaine partie du jardin des Augustins. Elle fut ouverte en 1607; elle avait alors environ 10 mètres de largeur, était bordée de murs, et couverte, à son entrée du côté du Pont-Neuf, de deux arcades qui faisaient communiquer le couvent des Augustins avec les bâtiments situés de l'autre côté de la rue. Elle aboutissait à la muraille de la ville; on y ouvrit, à l'endroit où la rue Contrescarpe y débouche, une porte nommée *porte Dauphine*, qui ne fut démolie qu'en 1673. En 1792, cette rue et la place du même nom reçurent la dénomination de *rue* et *place de Thionville*. Elles ont repris leur ancien nom en 1814.

Le *pont aux Meuniers*, construit en bois et chargé de maisons et de moulins, fut emporté par les eaux le dimanche 22 décembre 1596. Cent cinquante personnes, dit-on, perdirent la vie par ce fatal accident. En janvier 1598, Charles Marchand, capitaine des arquebusiers et archers de Paris, constructeur du Pont-Neuf, obtint de le rétablir; il l'acheva entièrement en 1609, et lui donna son nom. Les maisons construites sur ce pont étaient uniformes, peintes à l'huile, et portaient toutes une enseigne où était peint un oiseau, ce qui le fit aussi nommer le *Pont-aux-Oiseaux*. Le 23 octobre 1621, le pont Marchand fut incendié, et les flammes gagnèrent le Pont-au-Change et quelques maisons voisines, qui furent aussi détruits. Il ne fut point rétabli.

La *place Royale*, située près de la rue Saint-Antoine, fut commencée par Henri IV en 1604, et achevée en 1612, sur l'emplacement de la cour intérieure de l'ancien palais des Tournelles, démoli en 1564. Cette cour avait été convertie en marché aux chevaux, et conserva cette destination jusqu'à la construction de la place Royale. La place est parfaitement carrée. Les bâtiments qui la composent sont tous semblables, bâtis avec des briques, dont les interstices sont recouverts d'une couche saillante de mortier, à la façon des constructions italiennes et du midi de la France : ils sont tous couverts de combles très élevés. Sous les bâtiments, au rez-de-chaussée, est une galerie ouverte au public, et qui entoure la place dont chaque côté a 140 mètres de longueur. Henri IV plaça dans certaines parties de ces bâtiments des manufactures ; il voulut qu'on nommât *pavillon royal* celui qui fait face à la rue Saint-Antoine, et *pavillon de la reine*, celui qui est en face de la rue des Minimes. C'est dans cette place que Marie de Médicis donna, en 1612, un magnifique carrourel ; c'est aussi là que le cardinal de Richelieu fit ériger la statue équestre de Louis XIII.

Les *fontaines* de Paris, au nombre de dix-huit, étaient alimentées par les eaux des aqueducs des prés Saint-Gervais et de Belleville ; elles ne se trouvaient que dans la partie septentrionale de Paris, c'est-à-dire dans la Ville. En 1598, on cessa d'accorder gratuitement des concessions d'eau, concessions qui, devenues trop nombreuses, tarissaient les fontaines. On fit réparer les aqueducs, et ce travail fut achevé en 1602. Enfin on créa de nouvelles fontaines, entre autres celle *du palais*, qui fut élevée, en 1605, par François Miron, prévôt des marchands, sur l'emplacement de la pyramide commémorative du crime de Jean Chastel, dans la Cité. Elle était alimentée par les eaux de l'aqueduc du pré Saint-Gervais. Elle fut transportée, avant 1624, dans la cour méridionale du Palais de Justice, et reçut le nom de *Sainte-Anne*, en mémoire de l'épouse de Louis XIII. Elle est alimentée aujourd'hui par les eaux de la pompe du pont Notre-Dame.

La *fontaine et la pompe de la Samaritaine*, située au-dessous de la deuxième arche du Pont-Neuf, du côté du quai de l'École, fut faite par un Flamand, nommé Jean Lintlaër,

15.

et achevée en 1608. Les eaux, élevées par le jeu d'une pompe, étaient conduites dans un réservoir supérieur, d'où elles se rendaient dans les bâtiments du Louvre et des Tuileries. La Samaritaine était bâtie sur pilotis. Sa façade, du côté du Pont-Neuf, offrait un groupe de figures en bronze doré, représentant Jésus-Christ et la Samaritaine auprès du puits de Jacob. Entre ces deux figures, tombait une nappe d'eau, reçue dans un bassin doré. On y voyait aussi un cadran et une horloge avec un jacquemart, et un carillon qui jouait différents airs à chaque heure du jour. Sous Louis XIV, ce carillon et le jacquemart n'existaient plus. La pompe, réparée à plusieurs époques, fut reconstruite en 1772, et le groupe de figures redoré. On donna un *gouverneur* à cette pompe, qui a été démolie en 1813.

Voici des couplets d'une chanson du XVIIIe siècle, relative à la Samaritaine :

> Arrêtez-vous ici, passant,
> Regardez attentivement :
> Vous verrez la Samaritaine
> Assise au bord d'une fontaine ;
> Vous n'en savez pas la raison :
> C'est pour laver son cotillon.
> Regardez de l'autre côté,
> Comme le Seigneur est planté,
> Qui l'entretient sur la grâce :
> Il lui parle sur l'efficace ;
> Mais il lui parle doucement,
> De peur d'emprisonnement.

Ces deux derniers vers font allusion aux jésuites.

Le *théâtre de l'hôtel de Bourgogne.* Nous avons dit que les confrères de la Passion avaient loué leur théâtre à une troupe de comédiens nommés les *enfants sans-souci* ; cette troupe portait encore le titre de *principauté des sots* ou de la *sottise*, et son chef celui de *prince des sots*. Parmi les pièces représentées à cette époque, nous citerons les comédiés du *Purgatoire* et du *Paradis*, la *Farce joyeuse de Toanon*, le *Mystère de saint Sébastien*, etc.

Chaque pièce était précédée par un prologue sans rapport avec la pièce, et où l'auteur tournait en ridicule certains individus, certaines branches de l'administration, et jusqu'aux spectateurs qui venaient écouter sa pièce. Voici, d'après Dulaure, l'analyse d'une des farces jouées au théâtre de l'hôtel de Bourgogne; elle eut un grand succès, et fut même jouée devant le roi.

« Un Parisien et sa femme se querellent : la femme reproche au mari de fréquenter continuellement les cabarets, tandis que chaque jour des huissiers venaient saisir ses meubles pour payer la taille au roi, roi qui ruinait leur ménage en s'emparant de leurs biens. Le mari se défendait en disant que c'était une raison pour faire bonne chère, puisque tout le bien qu'il pourrait amasser ne serait pas pour lui, mais pour ce *beau roi*. Je ne buvais que du vin à trois sous, disait-il, mais j'en boirai à six. La femme, peu touchée de ces raisons, crie et tempête. Pendant ce vacarme, arrivent un conseiller de la cour des aides, un commissaire, un sergent, qui viennent demander les contributions. Les époux ne peuvent rien leur donner. On va saisir leur mobilier.

« Alors le mari leur fait cette demande : Qui êtes-vous? Les nouveaux venus répondent : Nous sommes gens de justice. Comment! gens de justice, réplique le mari avec indignation ; et, prenant pour texte cette réponse, il fait un long exposé des principes de la justice, les met en opposition avec la conduite actuelle des juges, et termine par dire : Non, vous n'êtes pas la justice. Pendant ce débat, la femme voyant qu'on va saisir ses habits et son linge, s'assied sur un coffre qui les contient. Le commissaire, au nom du roi, lui commande de se lever. Elle obéit. On ouvre ce coffre : alors, au grand étonnement des spectateurs, on en voit sortir trois diables qui s'emparent du conseiller, du commissaire et du sergent, et les emportent. Tel est le dénoûment de la pièce. »

Pour faire apprécier les progrès de l'art dramatique, il convient de remonter au point où nous avons laissé son histoire, c'est-à-dire au règne de Henri II.

L'école de Jodelle et de Ronsard avait ouvert la porte aux tragédies mythologiques et païennes et aux comédies d'un genre sérieux. Ces pièces ne se représentaient que dans les colléges, devant Henri II et ses courtisans. Voici le tableau qu'en fait un littérateur moderne : « Nulle invention dans les caractères, les situations et la conduite de la pièce; une reproduction scrupuleuse, une contrefaçon parfaite des formes grecques; l'action simple, des actes forts courts, composés d'une ou de deux scènes, et entremêlés de chœurs; la poésie lyrique de ces chœurs bien supérieure à celle du dialogue; les unités de temps et de lieu observées moins en vue de l'art que par un effet de l'imitation; un style qui vise à la noblesse, à la gravité, et qui ne la manque guère que parce que la langue lui fait faute; jamais, ou rarement, de ces bévues, de ces inadvertances géographiques et historiques, si communes chez les premiers auteurs dramatiques des nations modernes. Telle est la tragédie dans Jodelle et ses contemporains. »

Le théâtre de l'hôtel de Bourgogne subsistait toujours, malgré le discrédit où l'avait fait tomber la nouvelle école. Les tragédies saintes, les bergeries, les églogues, titres nouveaux des mystères, des farces, des moralités et des soties, avaient le même succès qu'autrefois devant un auditoire encore grossier, et qui n'avait pas participé au mouvement des esprits. Les tragédies régulières n'allaient jamais à l'hôtel de Bourgogne, et, comme on ne pouvait élever de théâtre public à Paris, à cause du privilége des confrères de la Passion, les poëtes étaient forcés de les adresser à quelques colléges qui représentaient leurs pièces.

L'école nouvelle ne sut pas bannir de ses comédies l'immoralité qui souillait les pièces de l'hôtel de Bourgogne; mais un dialogue vif et facile, ordinairement en vers de huit syllabes, des mots plaisants, y rachètent la grossièreté du fond, l'uniformité des plans, la confusion des scènes et la trivialité des personnages. Les pièces italiennes, qui commençaient à être connues en France par des traductions, amenèrent l'usage des comédies en prose. Pierre de Larivey (1579-1611) laissa neuf comédies de ce genre imprimées. Le genre de cet auteur ne prospéra guère jusqu'à Molière, qui l'autorisa par son génie. Larivey ressemble à notre premier comique par la fécondité de ses plans, des saillies vives et franches, des intrigues développées, une observation assez parfaite des ridicules humains, etc.; avec l'abus des scènes de nuit, des travestissements, des surprises, des reconnaissances, l'obscénité en est le principal et habituel défaut. Quoi qu'il en soit de ces taches, Larivey mérite, avec l'auteur du *Patelin*, d'être regardé comme le meilleur comique de notre vieux théâtre.

Une crise s'opéra vers ce temps dans l'art dramatique; une école nouvelle renversa celle de Jodelle. Elle eut principalement en vue l'imitation des drames espagnols. Alexandre Hardy en fut le fondateur. Plus tard, Mairet, Rotrou et Corneille en sortirent, et la réformèrent. Hardy, Parisien, a fait jusqu'à cinq cents pièces, qui toutes ont eu un grand succès; *Marianne* est la plus estimée. On dit que cet auteur est le premier qui ait touché des honoraires sur ses ouvrages.

Les tragédies de *Turne*, *Édipe*, *Hercule*, *Clotilde*, de Jean Prévôt, eurent aussi une grande vogue. D'autres auteurs moins connus que Hardy et Prévôt, et qui pourtant acquirent dans leur temps une réputation fort étendue, sont Jean Behound, Claude Billard, Antoine de Montchrétien, Jean-Edouard Dumonin, auteur de la tragédie intitulée *la*

Peste de la peste ou *le Jugement divin*; Benoist Voron, qui a écrit *la Comédie française de l'Enfer poétique*, où discutent quatorze morts illustres de l'antiquité; Philippe Bosquier de Mons, auteur du *Petit razoir des ornements mondains*; Jean de Virey, auteur des *Machabées*, en 1596. La scène de cette dernière pièce passe tour à tour de la maison des Machabées au palais d'Antiochus, et du palais à la prison. On voit le martyre des sept frères. Le roi dit à son prévôt Sosander, qui dirige le supplice :

> Or sus, sus, compagnons; chacun de vous regarde
> A l'estriller si bien qu'il ne s'en moque point.
>
> SOSANDER, à ses Garçons.
>
> Pour être mieux dispos, mettez-vous en pourpoint ;
> Vous en frapperez tous beaucoup plus à votre aise.
>
> UN GARÇON.
>
> Prévost, j'en suis content ; je suis chaud comme braise,
> Tant je suis travaillé (*ils fouettent un Machabée*).
>
> UN AUTRE GARÇON.
>
> Et un, et deux, et trois.
>
> UN AUTRE.
>
> Et l'abuses-tu donc ? Pour rien je ne voudrais
> Compter autant de coups comme il faut que j'en donne.
> . . . .
>
> LE ROI.
>
> Ouvrez-lui l'estomac, car je veux qu'on lui voye
> Le poumon, intestins et les lobes du foye ;
> Et puis, que chacun prenne à sa main un couteau
> Du col jusques aux pieds pour lui ôter la peau (*ils exécutent cet ordre*).

Ce qui caractérise la période du théâtre à laquelle nous sommes parvenus (1584-1615), c'est la confusion de tous les genres et l'absence complète des règles dites classiques. On ne rencontre au répertoire que tragédies morales, allégoriques, tragi-comédies, bergeries, histoires tragiques, journées en tragédie ou histoire, martyres de saints et saintes, tragédies sans distinction d'actes ni de scènes, etc.

Nous venons de voir une pièce sacrée. En 1597, Marc Papillon, *le capitaine Las Frise,* donnait une bouffonnerie intitulée *la Nouvelle tragi-comique,* où la scène change de lieu à tout instant, et qui n'est point divisée en actes ; Jean Hays fait la tragédie de *Cammate,* en sept actes, avec des chœurs à l'antique ; Pierre de Laudun, celles de *Dioclétien* et d'*Horace Trigemine* (les trois Horaces) ; Nicolas de Montreux, celles d'*Isabelle,* de *Cléopâtre,* de *Joseph le Chaste.* La scène, dans cette dernière pièce, change constamment ; on entend Robillard, geôlier, parler des Anglais, des Ecossais et des Reitres ; son valet, Fribour, vanter l'excellence du vin de Gascogne, et le panetier du roi, dire un *Pater* en montant à la potence.

Hardy s'écarta peu de ces déplorables habitudes. Il fit des pastorales, des tragédies, des tragi-comédies, la plupart empruntées aux Espagnols et aux Italiens, écrites avec un style diffus et trivial ; il viole constamment la règle des unités. Dans la *Force du sang,* on voit Léocadie, enlevée et déshonorée au premier acte, accoucher au troisième, et avoir, au quatrième, un fils âgé de sept ans. Voici l'analyse de sa pièce de *Félismène,* dont le sujet est emprunté à la *Diane* de Montemayor. La scène se passe à Tolède, au premier acte. Don Antoine apprend que son fils aime une pauvre fille nommée Félismène ; il appelle ce fils, et lui ordonne de se rendre en Allemagne. La scène se transporte dans la maison de Félismène, à qui Félix vient faire ses adieux. Au deuxième acte, on est en Allemagne, à la cour de l'empereur. Félix est devenu amoureux de Célie, princesse, qui reçoit fort mal ses déclarations. Félismène, déguisée en homme, vient à la recherche de son amant, et entre, sans être reconnue, au nombre des pages de sa rivale. Au troisième acte, Félix donne à Félismène, qu'il prend pour un page, un message amoureux pour Célie ; puis la scène passe dans la maison de cette princesse, qui se prend d'amour pour le beau messager, et accorde, à sa prière, un rendez-vous à Félix. Au quatrième acte, don Félix, heureux du succès de son premier rendez-vous, envoie le page en demander un second. Célie témoigne sa passion au messager, et sur son refus de satisfaire ses désirs (*que la conformité de sexe ne permet pas*, dit Hardy lui-même), elle chasse Félismène, et tombe en syncope. L'amante de don Félix vient le retrouver; puis survient un page annonçant la mort de Célie. Don Félix, désespéré, se prépare à quitter la cour. La scène change trois fois dans cet acte. Dans le cinquième acte, on est à la ville. Le seigneur Adolphe, amant de Célie, conspire la mort de don Félix. On est ensuite transporté dans une vallée, où l'on voit Félismène, devenue bergère, présider aux travaux et aux jeux des bergers. On entend un bruit de combat dans un bois voisin. Félismène vole au secours de don Félix, qu'elle voit aux pieds de don Adolphe et de deux asssaillants, en tue deux de sa main, et se fait reconnaître à son amant. Voici les derniers vers de cette pièce. Félismène dit aux bergers :

Accourez, venez voir le geôlier de mon âme,
Le principe et la fin de ma pudique flamme.

DON FÉLIX.

O ma vie !

FÉLISMÈNE.

O mon mieux !

DON FÉLIX.

O ma reine !

FÉLISMÈNE.

O mon tout !

Ce dernier mot termine la pièce. Les tragédies de Hardy, telles que *la mort de Darie, Alexandre, Coriolan, Marianne*, sont mieux connues que ses pièces romanesques. Elles sont imitées des Grecs et des Espagnols; et c'est de cette combinaison que naquit la première ébauche de l'art dramatique moderne.

Jean Behourt fit représenter, au théâtre des Bons-Enfants, à Rouen, *Hypsicratie et Esaü*. Montchrétien publia l'*Écossaise* ou *Marie Stuart* : son style est doux et ne manque pas d'élégance. Billard a écrit *la Mort de Henri IV*, où paraissent tous les grands personnages de l'époque, et des chœurs de seigneurs, du Parlement, etc.

Auprès de ces productions renaissaient les pièces saintes ou grivoises, taillées sur le modèle des mystères, des moralités et des farces du vieux théâtre. Telles étaient les tragi-comédies de *l'Amour divin*, de Gaulché de Troyes, *l'Élection divine de saint Nicolas*, de Soret, etc.

Les principaux acteurs comiques étaient Turlupin, Bruscambille, Gros-Guillaume, Gauthier Garguille, Guillot Gorju.

Le privilége dont jouissaient les confrères de la Passion éloignait de Paris les autres troupes de comédiens qui tentaient de s'introduire dans cette ville ; cependant, en 1596, des comédiens parvinrent, après de longs débats, à s'établir sur la place Saint-Germain, à condition qu'ils paieraient aux confrères de la Passion la somme de deux écus. Mais ce théâtre n'était occupé que par des troupes ambulantes, qui venaient de temps en temps y donner des représentations. En 1609, on défendit aux comédiens de demander plus de 5 sous aux spectateurs du parterre, et plus de 10 à ceux des loges ; et en outre, de jouer une pièce qui n'aurait pas été approuvée par le procureur du roi.

Des *comédiens italiens* vinrent se fixer à Paris, vers 1600 ; ils étaient logés rue de la Poterie, au coin de celle de la Verrerie, hôtel d'Argent, et étaient à la solde du roi. Les colléges donnaient de temps en temps quelques représentations ; ils jouaient des pièces tragiques, le plus souvent en latin.

Tel était l'état de notre théâtre, tandis que l'Espagne admirait les pièces de Lope de Vega, et l'Angleterre les tragédies de son illustre poëte Shakespeare. Nous verrons dans le chapitre suivant comment il parvint à sortir de l'état misérable où l'ignorance l'avait plongé.

Sous Henri IV, l'enceinte de Paris avait subi peu de changements. On y avait ajouté diverses fortifications, et on avait fait construire une muraille qui, de la porte Saint-Denis, allait aboutir au bastion du jardin des Tuileries, en enveloppant une grande partie de l'espace compris entre ces deux points. Au delà de l'enceinte étaient les *barrières*, qui garantissaient plusieurs faubourgs.

A la fin du règne de Henri IV, il y avait sept portes au nord de Paris, toutes fortifiées et munies de ponts établis sur le fossé : la *porte Saint-Antoine*, à côté de la Bastille; la *porte du Temple*, qui, démolie en 1678, fut reconstruite en 1684; la *porte Saint-Martin*, flanquée de cinq ou six tours rondes, et d'un pont de trois arches; la *porte Saint-Denis*, édifice quadrangulaire, protégée, à ses angles, de tours rondes, et démolie en 1671; la *porte Montmartre*, située à l'endroit où la rue de ce nom est coupée par les rues des Fossés-Montmartre et Neuve-Saint-Eustache; la *porte Saint-Honoré*, située à l'endroit où la rue Saint-Nicaise débouche dans la rue Saint-Honoré : cet édifice quadrangulaire avait à ses angles deux tours rondes; la *Porte-Neuve*, située sur le bord de la Seine, et contiguë à la Tour du Bois qui terminait de ce côté l'enceinte septentrionale de Paris, et qui a subsisté jusque sous Louis XIV : cette porte et cette tour étaient placées sur le quai du Louvre, au point où la rue Saint-Nicaise venait y aboutir.

Dans la partie méridionale étaient neuf portes : celle *de Nesle*, contiguë à la tour de ce nom, et située vers le point où s'élève le pavillon oriental du palais de l'Institut; la *porte Dauphine*, construite en 1607, et dont nous avons déjà parlé, située sur l'emplacement de la maison de la rue Dauphine qui porte le n° 50 : elle fut démolie en 1673, lorsqu'on prolongea la rue jusqu'au carrefour de Bussy; la *porte de Bussy*, située dans la rue Saint-André-des-Ars, vers l'endroit où la rue Contrescarpe y débouche; la *porte Saint-Germain*, rue de l'École-de-Médecine, à l'extrémité de la rue du Paon : elle fut démolie en 1673, et sur son emplacement fut bâtie la fontaine des Cordeliers; la *porte Saint-Michel*, plus anciennement nommée *porte d'Enfer, de Gibard* ou *Gibert* : elle fut démolie en 1684; sur son emplacement est la fontaine de la place Saint-Michel (1); la *porte Saint-Jacques*, située entre les rues des Fossés-Saint-Jacques et de Soufflot, à l'est, et entre les rues Saint-Hyacinthe et le passage des Jacobins, à l'ouest : elle fut démolie en 1684 ; la *porte Bordelle, Bordet,* ou *de Saint-Marcel*, située à l'extrémité de la rue Bordet (Descartes), près de l'endroit où cette rue débouche dans celle des Fossés-Saint-Victor : elle fut démolie en 1683 ; la *porte Saint-Victor*, située dans la rue de ce nom, et entre la rue des Fossés-Saint-Victor et celle d'Arras : elle fut démolie en 1684; enfin, la *porte de la Tournelle*, depuis nommée de *Saint-Bernard*, située vers l'extrémité septentrionale de la rue des Fossés-Saint-Bernard, sur le quai de la Tournelle, entre les n°s 1 et 3 : elle était protégée par une forteresse appelée *la Tournelle*: rebâtie en 1606, elle fut démolie en 1670 et remplacée par une autre porte construite en 1674.

Les faubourgs s'étendaient au delà de ces portes. Paris avait alors six ponts : le *pont Notre-Dame*, le *Petit-Pont*, le *Pont-au-Change*, le *pont Saint-Michel*, le *pont Marchand*, tous couverts de maisons, et le *Pont-Neuf*. Sur la rive droite de la Seine, on trouvait les quais des *Céles-*

(1) Auprès et à l'est de cette porte était un édifice que l'on croit être celui où se réunissaient le prévôt des marchands et les échevins, avant la construction de l'Hôtel-de-Ville. On le voit dans le jardin de l'hôtel de Brabant, rue Saint-Hyacinthe, n° 15.

tins, du *Port-au-Foin,* et celui de l'*École,* qui allait du Louvre au pont Notre-Dame ; sur la rive gauche, était un quai qui s'étendait depuis le pont Saint-Michel jusqu'à la tour de Nesle ; la pointe occidentale de la Cité était protégée par des terrassements. Mais ces quais étaient fort mal bâtis, et ne pouvaient se comparer aux magnifiques constructions qui protègent aujourd'hui les rives de la Seine.

Le Pré-aux-Clercs était alors la seule promenade plantée d'arbres que possédât la capitale. Les rues étaient fort étroites ; bien peu d'entre elles offraient un passage aux voitures ; la plupart n'étaient point pavées, d'autres ne l'étaient qu'en partie ; presque toutes étaient fort sales. L'auteur *des Cris et rues de Paris* en compte quatre cent treize. Voilà ce qu'il dit :

> Dedans la Cité de Paris,
> Il y a des rues trente-six,
> Et, au quartier de Hulepoix (*l'Université*),
> En y a quatre-vingt et trois ;
> Et, au quartier de Saint-Denis,
> Trois cents, il n'en faut que six,
> Comptez-les bien à votre aise,
> Quatre cent y a et treize.

En outre des piloris, il se trouvait des potences sur plusieurs places de Paris, et des *échelles* où l'on attachait les condamnés pour les fustiger, et les exposer aux regards du public. Il y en avait dès le règne de saint Louis. Il en existait une au parvis de Notre-Dame, une autre à l'extrémité de la rue des Vieilles-Audriettes, etc. L'évêque de Paris avait son échelle dans la rue qui a conservé ce nom, et qui conduit de la rue Saint-Honoré à celle de Rivoli. Les condamnés, placés sur ces échelles, étaient en butte aux coups et aux outrages de la populace, qui leur lançait de la boue et des pierres.

Plusieurs croix étaient plantées dans divers carrefours,

ou devant les églises. On en voyait aux Halles, près du Pilori, sur la place de Grève, et au carrefour formé par les rues Coquillière, du Jour, et d'Orléans. Il en existait une célèbre sur la place du *Trahoir* ou du *Tiroir*, dans la rue Saint-Honoré, au bout de celle de l'Arbre-Sec. Une autre se trouvait à l'extrémité septentrionale de la rue des Petits-Champs, qui depuis a reçu le nom de *Croix-des-Petits-Champs*. D'autres rues ou places de Paris doivent leur nom à la présence d'une croix.

Quand le roi Henri IV entra dans Paris, cette ville était presque entièrement ruinée, les faubourgs étaient détruits: « Il y avait, dit un contemporain, peu de maisons entières et sans ruines; elles étaient, la plupart, inhabitées; le pavé des rues était à demi couvert d'herbes; quant au dehors, les maisons des faubourgs toutes rasées; il n'y avait quasi un seul village qui eût pierre sur pierre, et les campagnes toutes désertes et en friche. » Henri IV, aidé de François Miron, prévôt des marchands, fit sortir Paris de ses ruines, et ordonna de grandes restaurations. Le quai de l'*Arsenal, des Égouts,* furent établis en même temps que plusieurs rues étaient élargies et pavées. Paris s'embellit sous ce règne, et s'enrichit de plusieurs constructions remarquables. La façade de l'Hôtel-de-Ville fut achevée pendant cette période.

Henri IV, de retour à Paris, avait ramené l'ordre et rétabli les anciennes institutions dans leur entier; seulement, après la mort du sieur d'O, gouverneur de Paris, il se donna à lui-même ce titre. Il établit un ordre sévère pour la garde des portes, et exigea que personne ne serait reçu dans Paris sans passeport. Il ne put obtenir l'exécution entière de ses ordonnances sur la propreté et la salubrité de Paris. Bien que chaque propriétaire payât un écu par an pour le nettoiement des rues, elles n'en étaient pas moins sales et couvertes d'immondices.

Sept à huit mille voleurs infestaient la ville. On nommait *coupe-bourses* ceux qui s'en prenaient aux bourses pendues à la ceinture des promeneurs, et *tireurs de laine* ceux qui volaient les manteaux. La police, mal organisée, était insuffisante pour les réduire. Les bourgeois n'étaient pas toujours à l'abri de leurs attentats dans leurs propres maisons. Pendant la nuit, on n'osait pas s'aventurer dans les rues, de peur des mauvaises rencontres. Une ordonnance prescrit (1609) aux comédiens de finir, en hiver, leurs jeux à quatre heures et demie du soir. Il n'y avait pas de lanternes dans les rues, ce qui augmentait encore le danger. « Chose étrange, dit L'Estoile, de dire que dans une ville de Paris se commettent avec impunité des voleries et des brigandages tout ainsi que dans une forêt. » Les écoliers, les pages et les laquais se battaient entre eux, insultaient et maltraitaient les habitants. Paris, la nuit, n'était pas alors un séjour bien agréable.

Henri IV, par l'édit de Nantes, accorda aux protestants le libre exercice de leur religion, et permit à ceux de Paris d'avoir un temple dans le village d'Ablon, situé sur le bord de la Seine, à quatre lieues de la capitale. En 1606, il les autorisa à en construire un second à Charenton-Saint-Maurice. Les protestants avaient deux cimetières à Paris : l'un appelé *Saint-Père*, derrière Saint-Sulpice; l'autre, le cimetière de l'hôpital de la Trinité.

Un recensement, fait en mai 1490, porte que la population de Paris était de deux cent mille habitants, nombre entaché sans doute d'inexactitude. On comptait alors dans cette ville douze mille trois cents pauvres.

Plusieurs fléaux frappèrent, durant cette période, le peuple de Paris. Nous avons parlé de la disette qu'éprouva cette ville pendant le siége de 1590. Dans l'hiver de 1596, une famine aussi cruelle se fit sentir : le pain devint d'une grande cherté, et un grand nombre de personnes moururent de faim; une maladie contagieuse fit en outre périr beaucoup d'habitants. On est surpris de voir dans le journal de L'Estoile le récit des accidents causés par les chiens enragés et même les loups. Ces accidents donnent une très mauvaise idée de l'administration de Paris à cette époque.

La cour, malgré les désordres du roi, présenta un tableau moins scandaleux que sous les règnes précédents. Les galanteries de Henri IV ne peuvent se comparer aux débauches infâmes de son prédécesseur. Marie de Médicis punit sévèrement celles de ses filles d'honneur qui se laissaient séduire, tandis que Catherine les prostituait pour les besoins de sa politique. La passion du jeu était, à cette époque, très dominante parmi les seigneurs : le 23 février 1607, Henri IV perdit 700 écus en jouant aux dés; le 18 janvier 1609, il perdit 22,000 pistoles, c'est-à-dire plus de 600,000 francs d'aujourd'hui. Les duels, fort en usage sous Charles IX et Henri III, continuèrent d'être en vigueur sous ce règne. Depuis l'avènement de Henri, jusqu'en mars 1607, on compta quatre mille individus tués en duel; on se battait derrière les murs des Chartreux, près du moulin de Saint-Marceau, et au Pré-aux-Clercs. Un arrêt du Parlement, du 16 juin 1559, défendit les duels, sous peine de crime de lèse-majesté, confiscation de corps et de biens, tant contre les vivants que contre les morts. Un édit du roi, de 1602, renouvela cette défense, ainsi qu'un autre édit de juin 1609, qui, par sa rigueur, contint pour quelque temps les effets de cet usage barbare.

La foire Saint-Germain était un lieu de commerce et de plaisirs. Il s'y commettait souvent de grands désordres : les pages, les laquais et les écoliers s'y battaient, ou s'y livraient à des excès de tout genre. Cette foire renfermait plusieurs académies de jeux de *quilles*, *dés*, *cartes* et *tourniquets*. Malgré les défenses du Parlement, ces académies se multiplièrent dans Paris.

Le luxe était très grand à la cour de Henri, quoique ce prince fût fort simple dans ses habitudes. Nous en donnerons une idée en disant que Bassompierre, pour la cérémonie du baptême des enfants du roi, se fit faire un habillement qui lui coûta 14,000 écus, sans compter une épée garnie de diamants, qu'il paya 5,000 écus. Gabrielle d'Estrées avait des mouchoirs brodés du prix de 1,900 écus. « Pendant qu'on apportoit à tas de tous les côtés, à l'Hôtel-Dieu, les pauvres membres de J.-C., dit L'Estoile, si las et si atténués, qu'ils n'étoient pas plus tôt entrés qu'ils rendoient l'esprit, on dansoit à Paris, on y mommoit. Les festins et les banquets s'y faisoient à quatre écus le plat, avec les collations magnifiques à trois services, où les confitures sèches étoient si peu épargnées, que les dames et demoiselles étoient contraintes de s'en décharger sur les pages et laquais.

« Quant aux habillements, bagues et pierreries, la superfluité étoit telle, qu'elle s'étendoit jusqu'au bout de leurs souliers et patins. »

Ce même auteur nous dit que la femme d'un procureur se fit faire une robe dont la façon revenait à 100 francs. Le luxe des habits, une suite nombreuse, un ton menaçant, les duels et le jeu, l'affectation de ne point payer ses créanciers, étaient les traits du caractère des grands. Voici un passage de d'Aubigné, dans son *baron de Fœneste*, qui peint bien les mœurs des courtisans : « Vous commencez à rire au premier que vous rencontrez; vous saluez l'un, vous dites le mot à l'autre : *Frère, que tu es brave, épanoui comme une rose! Tu es bien traité de ta maîtresse? cette cruelle, cette rebelle, rend-elle point les armes à ce beau front, à cette moustache bien tournée? et puis cette belle grève, c'est pour en mourir!* Il faut dire cela en démenant le bras, branlant la tête, changeant de pied, peignant d'une main la moustache, et d'aucune fois les cheveux.

« Vous voulez savoir de quoi sont nos discours : ils sont de duels, où il se faut garder d'admirer la valeur d'aucun, mais dire froidement : *il a* ou *il avoit quelque peu de courage;* et puis des bonnes fortunes envers les dames...; et puis nous causons de l'avancement en cour, de ceux qui ont obtenu pension; quand il y aura moyen de voir le roi; combien de pistoles a perdues Créqui et Saint-Luc; ou, si vous ne voulez point discourir sur des choses si hautes, vous philosophez sur les bas de chausses de la cour...; quelquefois nous entrons dans le grand cabinet avec la foule de quelques grands; nous sortons sous celui de Beringand, descendons par le petit degré, et puis faisons semblant d'avoir vu le roi, contons quelques nouvelles; et là, faut chercher quelqu'un qui aille dîner. »

Les nobles, qui auraient dérogé en exerçant le commerce ou un état utile, se livraient aux plus grands excès, sans que leur gloire en souffrît quelque tache. Sous le règne de Henri IV, plusieurs gentilshommes furent exécutés pour assassinats ou brigandages commis sur les grands chemins.

Cette période nous montre le peuple enclin, comme avant, aux superstitions les plus grossières. Les sorciers abondaient à Paris, et l'on pratiquait encore *l'envoultement,* c'est-à-dire la fabrication d'images de cire dont on se servait pour nuire à ses ennemis.

Le clergé était généralement peu instruit. Les évêques, les abbés ne résidaient point, pour la plupart, dans leurs évêchés, dans leurs monastères; les bénéfices ecclésiastiques se vendaient à des laïques, comme des biens dont on pouvait disposer à sa guise.

Les lettres faisaient de grands progrès. D'Aubigné écrivit ses satires; de Thou, son histoire universelle; L'Estoile, son journal de Henri IV; Bassompierre, ses mémoires; Mornay, des livres de politique et de théologie, etc.

Les arts suivirent cette impulsion. On commença à cultiver les vers à soie, à fabriquer des tapisseries de haute lice, des miroirs ou glaces, et des lunettes d'approche, qu'on vit pour la première fois en vente à Paris sur le pont Marchand, en 1609.

L'usage de la poudre à cheveux s'était introduit vers 1590. On commença alors à porter sur la poitrine, pendues au cou, des montres volumineuses, qu'on nommait *montres-horloges*. Les hommes avaient une longue barbe, qu'ils polissaient avec de la cire.

Les femmes conservèrent l'usage des masques; et cette coutume devint si générale, que voyager sans en avoir sur la figure, était une chose honteuse pour les dames de qualité. Ces masques, très souples, et de velours noir, se nommaient *loups*.

Tel est le tableau des mœurs et de l'état des Parisiens sous Henri IV.

CHAPITRE XV.

PARIS SOUS LOUIS XIII.

(1610 — 1643.)

Le Parlement, après l'assassinat de Henri IV, conféra à Marie de Médicis, veuve du roi, la régence et la tutelle de son fils Louis XIII, âgé de neuf ans. Cette reine composa son conseil de ceux que l'opinion publique désignait pour complices de la mort de son époux, et fortifia les soupçons de sa propre participation à ce crime, en se refusant à faire rechercher et poursuivre les instigateurs de l'assassinat. Elle forma un conseil secret composé du P. Cotton, jésuite, du nonce du pape, du duc d'Épernon, violemment soupçonné du meurtre du roi, et de Concini, Florentin, dont elle fit son favori, et qu'elle éleva au grade de maréchal de France, avec le titre de duc d'Ancre. L'opinion publique s'irrita : on publia des libelles nombreux où les jésuites, le duc d'Épernon, etc., étaient désignés comme les fauteurs du crime de Ravaillac. Le peuple prit peu de part à ce mouvement. Devenu sage par les exemples passés, dit L'Estoile, il chantait dans les rues de Paris la chanson qui suit :

> Vivent le pape et le roi catholique,
> Vive Bourbon avec sa sainte ligue,
> Vivent le roi, la reine et son conseil !
> Vivent les bons et vaillants huguenots,
> Vive Sully avec tous ses suppôts,
> Vive le diable, pourvu qu'ayons repos !

Louis XIII, doué d'un caractère ombrageux, mélancolique, insensible autant que faible et incapable, se laissa gouverner, pendant tout son règne, par diverses influences. Il eut des favoris qu'il perdit sans regret. On ne peut lui reprocher aucune galanterie; mais l'histoire ne peut lui pardonner son insouciance et ses faiblesses. Tour à tour esclave de Concini et de sa mère, il se vit soumis, après l'assassinat du premier et l'exil de Marie de Médicis, qu'il éloigna sans donner le moindre signe de regret, à Albert de Luynes, courtisan ambitieux, qui fut créé maréchal de France, puis connétable. Luynes excita un mécontentement général par son despotisme et ses déprédations financières. Un poëte du temps a fait le tableau suivant de ce gouvernement :

> Le roi, trop simple, donne tout ;
> Monsieur de Luynes ruine tout,
> Et ses deux frères raflent tout ;
> Tous leurs parents emportent tout,
> Et leurs agents dégastent tout.
> Le chancelier excuse tout,
> Les intendants retranchent tout,
> Le garde-des-sceaux suce tout ;
> Larochefoucauld purge tout,
> Le père Arnoux déguise tout,
> Et la reine se plaint de tout.
> Monsieur le prince f... partout,
> Le Parlement vérifie tout :
> Ces pauvres Français souffrent tout.

> Mais à la fin, ils perdront tout ;
> Et, si Dieu ne pourvoit à tout,
> Le grand diable emportera tout.

Après la mort de Luynes, le roi se laissa conduire par Richelieu, qui prit sur son esprit le plus grand ascendant, et régna de fait sur la France. La mémoire de ce grand ministre a été souillée par la mort de Cinq-Mars, de Thou, Marillac, Urbain Grandier, etc.; par ses persécutions envers Marie de Médicis, à qui il devait sa fortune, et qu'il fit sortir du royaume. Il eut le mérite de porter un coup fatal à la féodalité, déjà fort ébranlée par Louis XI. Il contribua à l'établissement de l'Imprimerie royale, fondée en 1620; il érigea l'Académie française, et fonda le Jardin des Plantes; enfin, il accrut l'autorité royale, et fit respecter la France au dehors. Il mourut en 1642, et le roi le suivit bientôt au tombeau. Louis XIII, qui, selon un auteur contemporain, *n'était compté pour rien,* est l'auteur d'un vœu à la Vierge, sous la protection de laquelle il mit son royaume. Voici l'épitaphe qu'on lui fit :

> Ci-gît le bon roi notre maître,
> Louis treizième de ce nom,
> Qui fut vingt ans valet d'un prêtre,
> Et pourtant acquit grand renom :
> Oui, chez autrui ; mais chez lui, non.

Voici les institutions de ce règne :

Les *Jésuites*, qui avaient obtenu, vers 1615, la permission de rouvrir leur collége à Paris, et qui possédaient deux maisons, l'une située rue Saint-Antoine et l'autre rue Saint-Jacques, obtinrent, par legs, l'hôtel de Mézières, rue du Pot-de-Fer, faubourg Saint-Germain, n°s 12 et 14. Ils en firent le noviciat de leur société. Cette maison, par des agrandissements successifs, s'étendit bientôt jusqu'aux rues du Pot-de-Fer, Mézières, Cassette et Honoré-Chevalier. Elle eut une église particulière, achevée en 1642. En 1763, après l'expulsion de la société, cette maison et son enclos furent vendus. La grande loge des francs-maçons a longtemps occupé diverses parties de ces bâtiments. Sur l'emplacement de ceux de la rue du Pot-de-Fer, on a construit un dépôt de farines.

Les *Carmes déchaussés* avaient deux établissements à Paris, l'un à la place Maubert, l'autre à la rue des Billettes. Ils en eurent un troisième rue de Vaugirard, n° 70, dans une maison que leur laissa Nicolas Vivien, maître des comptes. En 1611, ils rebâtirent cette maison et une église qui fut terminée en 1620. Ce sont ces carmes qui ont inventé le *blanc* dit *des Carmes*, et l'*eau de Mélisse*, aussi nommée *eau des Carmes*. Leur couvent a été vendu en 1790; maintenant il est occupé par des carmélites. L'église est surmontée d'un dôme, où l'on voit une peinture représentant le prophète Elie enlevé sur un char de feu, et laissant son manteau à son disciple Elisée; la belle vierge en albâtre, de Raggi, qui était placée dans cette église, se trouve aujourd'hui à l'église de Notre-Dame.

Les *Minimes*, établis déjà à Chaillot et à Vincennes, eurent une nouvelle maison, rue de la Chaussée-des-Minimes, n° 6. Le couvent et l'église furent bâtis en 1611; cette église avait un beau portail de François Mansard; un grand autel, décoré de six colonnes corinthiennes de marbre de Dinan; plusieurs tableaux de Vouet, Coypel, Largillière; des tombeaux, entre autres, ceux de Diane, duchesse d'Angoulême, fille de Henri II et de Charles de Valois, duc d'Angoulême. L'église a été démolie en 1798. Sur son emplacement on a prolongé la rue de la Chaussée-des-Minimes. On a transformé les autres bâtiments du couvent en caserne.

Le *couvent des Jacobins de la rue Saint-Honoré* fut fondé en 1613. Leur église contenait les tombeaux du maréchal de Créqui et de Pierre Mignard. La salle de la bibliothèque servit aux séances des *Amis de la Constitution*, qui prirent plus tard le nom de *Jacobins*. Les bâtiments furent démolis ; sur leur emplacement et sur celui du jardin, on a établi, en 1810, le *marché Saint-Honoré*.

Le *couvent des Jacobins du faubourg Saint-Germain*, situé entre les rues du Bac et de Saint-Dominique, fut fondé, en 1632, sous le titre de *noviciat général de l'ordre de Saint-Dominique en France*. En 1682, les moines commencèrent à faire bâtir une église, qui fut achevée en 1740, sur les plans de Pierre Bulet. La façade de cette église est ornée de colonnes doriques qui surmontent une ordonnance de colonnes ioniques. La gloire, placée au-dessus de l'autel principal, est très belle ; on remarque aussi les peintures du plafond du sanctuaire, représentant la transfiguration de Jésus, ouvrage de Lemoine. A la révolution, les bâtiments du monastère ont été transformés en *Musée d'artillerie*. L'église a été érigée, en 1802, en église paroissiale du 10e arrondissement, sous le vocable de Saint-Thomas-d'Aquin.

Le *couvent des Bénédictins anglais*, rue Saint-Jacques, nº 269, entre le Val-de-Grâce et l'impasse des Feuillantines, fut fondé, en 1640, pour des Bénédictins chassés d'Angleterre par les persécutions de Henri VIII, et venus en France en 1615. Ils firent bâtir un monastère et une église, qui fut achevée en 1677. Cette église contenait le corps de Jacques II, roi de la Grande-Bretagne, mort à Saint-Germain-en-Laye, en 1601, et celui de Marie Stuart, sa fille, morte en 1712. Les bâtiments du couvent sont devenus une propriété particulière ; ils sont occupés par une filature de coton.

L'*Oratoire*, communauté de prêtres, situé rue Saint-Honoré, entre cette rue et le Louvre, fut fondé, en 1611, par le cardinal de Bérulle. En 1646, il plaça ces prêtres à l'hôtel Dubouchage, où avait demeuré Gabrielle d'Estrées, et où Henri IV fut blessé par Chastel. L'église fut construite de 1621 à 1630 ; la façade du côté de la rue Saint-Honoré, bâtie en 1745, fut reconstruite en 1774. Cette église, très vaste, possédait une *adoration des Mages* de Vouet, et le tombeau du cardinal de Bérulle. Le principal autel, entre la nef et le chœur, était, suivant l'usage suivi à cette époque, couronné par un baldaquin et une gloire soutenus par quatre colonnes de marbre, avec des chapiteaux de bronze doré.

Les oratoriens ne faisaient point de vœux, et jouissaient d'une grande liberté; ils ont toujours mérité d'être loués pour la pureté de leurs mœurs et leur instruction. Ils furent supprimés en 1792. Leur église, après avoir servi, sous la révolution aux assemblées du district et de la section du quartier, est, depuis 1802, le temple des protestants de la confession de Genève.

Les *Capucins*, qui possédaient déjà un couvent à Paris, en eurent un second, rue Saint-Jacques, en 1613; il fut supprimé en 1783, et les Capucins furent transférés au couvent de la rue Sainte-Croix, dans la chaussée d'Antin. Les bâtiments des Capucins de Saint-Jacques servent, depuis 1784, d'*hôpital des vénériens*. Ces religieux eurent un autre couvent au Marais, rues du Perche et d'Orléans, fondé en 1622, sur l'emplacement d'un jeu de paume. En 1776, les bâtiments et le jardin sont devenus propriétés particulières. L'église est la deuxième succursale de la paroisse de Saint-Merry, 7e arrondissement, sous le vocable de saint François-d'Assise.

Les *Pères de la doctrine chrétienne* furent établis à Paris, en 1628, rue des Fossés-Saint-Victor, n° 37; ils formaient des séminaires pour l'instruction des jeunes gens qui se destinaient au sacerdoce. Cette maison est une propriété particulière, et se nomme encore *maison de Saint-Charles*, parce que l'église de la congrégation était dédiée à saint Charles Borromée.

Les *Prêtres de la mission* furent d'abord établis au collége des Bons-Enfants de la rue Saint-Victor, et ensuite dans la maison de Saint-Lazare, rue du Faubourg-Saint-Denis.

Ces prêtres, dont saint Vincent de Paul fut le premier directeur, étaient chargés de recevoir les lépreux, et de faire des missions dans les villages du diocèse ; ils instruisaient les enfants et préparaient les ecclésiastiques à l'ordination. On renfermait dans leur maison les jeunes gens débauchés, à la demande de leurs parents, les prêtres et les séculiers d'un âge mûr. A l'extrémité de l'enclos Saint-Lazare, sur la rue du Faubourg-Saint-Denis, était un bâtiment nommé *séminaire de Saint-Charles*, destiné aux prêtres convalescents ou à quelques ecclésiastiques en retraite.

Le *collége de Clermont*, rue Saint-Jacques, était tenu par les Jésuites, qui, en 1618, obtinrent la permission d'instruire la jeunesse. Ce collége fut reconstruit en 1628, sur les dessins d'Augustin Guillain ; il s'agrandit, en 1682, des colléges de Marmoutiers et du Mans. En 1674, il reçut, dans un but de flatterie, le titre de *Louis-le-Grand*, qu'il a conservé jusqu'en 1763, époque de l'expulsion des Jésuites du royaume. Alors on y transféra le collége de Lisieux, ainsi que l'Université, qui y tint ses assemblées. En 1792, il reçut le nom de *collége de l'Égalité*; en 1800, celui de *Prytanée*; en 1802, celui de *Lycée impérial*; en 1814, il a repris le nom de *Louis-le-Grand*, qu'il conserve encore.

Les *Augustins déchaussés*, ou *Petits-Pères*, s'établirent, en 1620, hors de la porte Montmartre, près la chapelle de Saint-Joseph, et en 1628, à l'angle du passage des Petits-Pères et de la rue Notre-Dame-des-Victoires. Le roi posa la première pierre de leur église en 1629.

Cette église fut entièrement reconstruite de 1656 à 1740, sur les dessins de Cartaud ; l'ancienne servit de sacristie à la nouvelle. On y voit plusieurs tableaux remarquables, un monument élevé à la mémoire de Lully, musicien célèbre. Pierre Fiacre, moine de cette maison, fut inhumé dans l'église ; mis au rang des saints, on vit son portrait collé sur toutes les voitures de place, d'où, dit-on, est venu leur nom. Il prédit à la reine Anne d'Autriche, épouse de Louis XIII, qu'elle aurait un fils. Cette reine fit construire dans l'église une chapelle à Notre-Dame-de-Savone.

On remarquait, dans le couvent, la bibliothèque, le réfectoire, la galerie et le cabinet d'antiquités, tous ornés de tableaux des meilleurs maîtres.

En 1790, l'église servit de local à la bourse de Paris. En 1802, elle devint la première succursale de la paroisse de Saint-Eustache. Les bâtiments du couvent sont occupés par la mairie du 3e arrondissement.

Les *Barnabites* s'établirent à Paris, en 1629, rue d'Enfer, puis au Marais, enfin dans la Cité, au prieuré de Saint-Eloi, place du Palais de Justice. Ils ont été supprimés en 1790, et les bâtiments de leur église et du couvent servent, depuis 1814, de *dépôt à la comptabilité générale du royaume*.

Le *séminaire de Saint-Nicolas-du-Chardonnet*, situé près de l'église de ce nom, rue Saint-Victor, fut fondé, vers 1620, par Adrien Bourgoin. En 1790, il est devenu propriété particulière.

Le *séminaire des Trente-Trois*, rue de la Montagne-Sainte-Geneviève, n° 52, fut fondé, en 1633, par Claude Bernard, qui y établit trente-trois élèves. Il est aussi devenu propriété particulière.

Les *Feuillants* de la rue Saint-Honoré élevèrent un autre couvent de leur ordre, rue d'Enfer, n° 45. Ce couvent est devenu maison particulière en 1792.

Les *Pères de Nazareth* furent établis par le chancelier Séguier, dans l'ancienne maison des Filles-de-Sainte-Élisabeth, rue du Temple, n° 17. Dans une chapelle de leur église, était un caveau destiné à la sépulture de la famille Séguier. Ce couvent a été vendu à des particuliers.

Les *Nouveaux Convertis* furent établis, en 1632, par le père Hyacinthe de Paris, rue de Seine-Saint-Victor, pour travailler à la conversion des protestants. La société prit le titre de *Congrégation de la propagation de la foi*, et le vocable de l'*Exaltation de la croix*. Les protestants disposés à se convertir furent d'abord réunis dans une maison de la Cité, puis transférés dans la rue de Seine. On ignore l'époque de la suppression de cet établissement qui existait encore en 1778.

Les *Ursulines* furent attirées à Paris, en 1608, par Madeleine Lhuillier, et placées rue Saint-Jacques, nos 243, 245. Ce couvent eut une église dont Anne d'Autriche posa la première pierre en 1620. Depuis 1790, ses bâtiments ont été démolis, et sur ce terrain on a ouvert la rue des Ursulines, qui va de la rue Saint-Jacques à la rue d'Ulm. Les ursulines eurent un autre couvent rue Sainte-Avoye, n° 47, fondé également par Madeleine Lhuillier. La synagogue des juifs a été établie, en 1802, sur une partie de son emplacement.

Le *couvent des Bénédictines de la Ville-l'Évêque*, situé rue de la Madeleine, au coin de celle de Surennes, faubourg Saint-Honoré, fut fondé, en 1613, par Catherine d'Orléans de Longueville et Marguerite d'Estouteville, et érigé en prieuré dépendant de l'abbaye de Montmartre. En 1647, on y introduisit la réforme et la règle de saint Benoit. L'emplacement de ce couvent est, depuis 1790, couvert par des maisons particulières.

La *Visitation-de-Sainte-Marie* fut instituée à Paris par la baronne de Chantal, en 1619. En 1628, les religieuses de ce couvent se fixèrent à l'hôtel de Cossé, rue Saint-Antoine. En 1682, on leur bâtit une église sur les dessins de Mansard, et sur le modèle de Notre-Dame-de-la-Rotonde, à Rome. On la nomma *Notre-Dame-des-Anges*. Ce couvent a été supprimé en 1790. Ses bâtiments ont été vendus à divers particuliers. L'église, construite avec goût, a été cédée, en 1802, aux protestants de la confession de Genève.

Un autre couvent du même ordre fut bâti rue Saint-

Jacques, entre les nos 193 et 195, en 1623. L'église, qui forme une petite rotonde, et les bâtiments, sont occupés aujourd'hui par les religieuses de *Saint-Michel*, qui se consacrent à l'éducation de la jeunesse. Leur couvent sert aussi de maison de correction pour les jeunes filles repenties, et pour celles détenues par mesure de police ou de correction paternelle.

Les *Filles de la Madeleine* ou *Madelonnettes* furent établies par Robert de Montry, en 1618, et placées, en 1620, rue des Fontaines, quartier Saint-Martin-des-Champs, entre les nos 14 et 16. Cette maison était destinée à renfermer des filles publiques pénitentes; les parents y faisaient renfermer leurs filles débauchées. En 1793, ce couvent devint une prison publique; depuis 1795, il sert de maison de détention pour les femmes.

Les *Bénédictines anglaises* s'établirent, en 1619, au faubourg Saint-Marcel, rue du Champ-de-l'Alouette. L'église portait le nom de *Notre-Dame-de-Bonne-Espérance*. En 1790, ce couvent est devenu propriété particulière.

Les *Filles du Calvaire* furent instituées par le père Joseph, capucin, en 1620, et logées d'abord rue des Francs-Bourgeois-Saint-Michel, ensuite dans l'enclos du jardin du Luxembourg, et enfin dans la rue de Vaugirard, n° 23. Leur chapelle a été convertie en remises dépendantes du palais de la Chambre des Pairs.

Un autre couvent du même nom fut fondé par le père Joseph, rue des Filles-du-Calvaire, en 1633. Sur son emplacement ont été ouvertes, en 1804, les rues Neuve-de-Ménilmontant et Neuve-de-Bretagne.

Les *Annonciades célestes*, ou *Filles bleues*, eurent pour fondatrice la marquise de Verneuil, en 1621, et se logèrent rue Culture-Sainte-Catherine, n° 29. Ce couvent, devenu propriété particulière à la révolution, est aujourd'hui remplacé par une maison de roulage. Plusieurs autres couvents de même nom ont été établis à Paris; mais on n'a aucun détail sur leur sort. Les *Annonciades-du-Saint-Esprit*, établies dans la capitale en 1636, rues de Popincourt et de Saint-Ambroise, furent supprimées vers 1780. L'église, achevée en 1659, est devenue, en 1802, la deuxième succursale de la paroisse de Sainte-Marguerite, 8ᵉ arrondissement.

Les *religieuses de Notre-Dame-des-Prés* vinrent se fixer à Paris en 1637, et retournèrent peu de temps après à Mons ou en Champagne, leur premier séjour. En 1675, elles rentrèrent à Paris, et eurent une maison rue de Vaugirard. Leur couvent fut supprimé en 1741.

L'*Assomption* était un couvent de filles, situé rue Saint-Honoré, entre les nᵒˢ 369 et 371. C'était d'abord un hôtel appartenant au cardinal de La Rochefoucauld, qui fut vendu aux jésuites en 1605, puis cédé, en 1623, aux religieuses Haudriettes; il reçut le nom d'Assomption. En 1670, on commença, sur les dessins d'Errard, la construction de l'église, qui présente une rotonde couverte d'un vaste dôme de 62 pieds de diamètre. Le mur circulaire inférieur est orné de pilastres corinthiens supportant une corniche qui règne au pourtour de cette église. Le plafond du chœur et la calotte du dôme ont été peints par Lafosse. Celui du chœur représente l'*Assomption de la Vierge*. Le couvent a été supprimé en 1790. En 1802, son église fut choisie pour être, sous le nom de *Sainte-Madeleine*, la paroisse du 1ᵉʳ arrondissement de Paris; elle remplaça l'église de la Madeleine située à la Ville-l'Evêque, démolie à la révolution. En dehors de l'église, et à la droite du portail, on a élevé, en 1822, une chapelle dédiée à saint Hyacinthe, et destinée aux catéchismes. Cette église a repris son ancien nom depuis l'achèvement de la nouvelle paroisse la Madeleine, dont elle est aujourd'hui succursale.

Les *petites Cordelières* s'établirent, en 1628, au cloître de Saint-Marcel; en 1632, rue des Francs-Bourgeois, au Marais; enfin, en 1687, à l'hôtel de Beauvais, situé rue de Grenelle-Saint-Germain. Ce couvent fut supprimé en 1749, et vendu à divers particuliers qui y ont fait élever des hôtels.

Les *Carmélites*, qui avaient un couvent rue Saint-Jacques, en établirent un second, en 1617, rue Chapon, entre les n°s 17 et 25, et l'agrandirent considérablement. En 1790, les bâtiments et les jardins furent vendus à des particuliers.

Le *Val-de-Grâce*, abbaye royale de Bénédictines, située rue du Faubourg-Saint-Jacques, entre les n°s 277 et 279. Un monastère de ce nom existait, depuis le ixe siècle, dans une vallée près de Bièvre-le-Châtel; il tombait en ruine, lorsque les religieuses achetèrent, en 1621, un vaste emplacement au faubourg Saint-Jacques, avec une maison appelée le *fief des Valois* ou *l'hôtel du Petit-Bourbon*. Anne d'Autriche paya le prix de cette acquisition, et se fit déclarer fondatrice. Elle fit élever plusieurs bâtiments, et posa, en 1624, la première pierre du cloître. Louis XIII donna à l'édifice le titre *de fondation royale*. Pour acquitter un vœu qu'elle avait fait avant la naissance de Louis XIV, Anne d'Autriche fit reconstruire avec magnificence l'église et le couvent du Val-de-Grâce. Elle en posa, en 1645, la première pierre avec son fils. Les bâtiments furent achevés en 1662; l'église ne fut terminée qu'en 1665. Mansard fournit les dessins du monument, et le fit exécuter jusqu'au rez-de-chaussée; Mercier et quelques autres architectes le continuèrent, et eurent le tort de s'écarter du plan primitif de Mansard. La façade est composée d'une ordonnance corinthienne couronnée d'un fronton, puis d'une seconde ordonnance du même ordre, également couronnée d'un fronton. Sur la frise de la première était cette inscription: *Jesu nascenti Virginique matri* (à Jésus naissant et à la Vierge sa mère). L'intérieur de l'église offre une nef séparée des bas-côtés par des arcades et des pilastres corinthiens cannelés. La voûte de la nef est ornée de sculptures de François Anguier, de qui étaient les statues en marbre de saint Benoît et de sainte Scolastique, placées dans des niches de la façade.

Le dôme, le plus élevé de tous ceux qu'on voit à Paris, après les dômes du Panthéon et des Invalides, a été peint intérieurement par Mignard. Ce magnifique ouvrage, que Molière a célébré dans un poëme, est regardé comme le plus beau travail de ce peintre. On regrette qu'il perde la vivacité de ses couleurs. La couverture en plomb de ce dôme a été rétablie en 1818 et 1819.

Le principal autel est couronné par un baldaquin supporté par six colonnes torses composites, de marbre noir, dont les bases et les chapiteaux sont de bronze doré. On y plaçait, dans les jours de fête, un bel ostensoir d'or, orné de diamants, émaillé de couleur de feu, et soutenu par la figure d'un ange en or, dont la robe était bordée de diamants.

Ce monastère avait le droit de porter les armoiries de France, celui d'inhumer dans son église les cœurs des princes ou princesses de la famille royale décédés (ces cœurs, au nombre de 26 à la révolution, y compris celui d'Anne d'Autriche, étaient placés dans une chapelle de gauche), et enfin celui de réclamer la première chaussure de chaque prince de la famille royale.

Les bâtiments du couvent sont, depuis l'empire, convertis en un hôpital militaire. L'église, après avoir été, depuis la révolution, un magasin central des hôpitaux militaires, est actuellement rendue au culte.

Les *Feuillantines* furent établies à Paris, en 1610, par Anne Gobelin d'Estourmel, qui fit venir six de ces religieuses de Toulouse; elles furent logées cul-de-sac des Feuillantines, n° 12, vers la rue d'Ulm. Ce couvent est devenu une propriété particulière.

Le *couvent de Port-Royal* était situé rue de la Bourbe. Un abbaye de ce nom, et de l'ordre de Cîteaux, existait depuis 1204, près de Chevreuse. En 1625, Marie-Angélique Arnaud, abbesse de ce couvent et réformatrice, vint s'établir à l'hôtel de Cluny avec ses religieuses ; elles y restèrent jusqu'à ce qu'on leur eût construit un monastère, rue de la Bourbe. L'église fut bâtie en 1648, sur les dessins de Lepautre. On connaît les persécutions que suscitèrent à ces religieuses les jésuites, dont elles ne partageaient pas les doctrines. En 1664, on enleva un grand nombre de ces filles, que l'on dispersa dans divers couvents, ou que l'on renvoya à l'abbaye de Port-Royal-des-Champs, près de Chevreuse; leur couvent de Paris fut donné à celles que la force avait obligées de céder. Il fut supprimé en 1790, et converti en prison révolutionnaire. En 1801, on y plaça l'hospice de la Maternité, et en 1804, celui *de l'Accouchement*.

Les *filles de Sainte-Élisabeth*, ou du tiers-ordre de Saint-François, furent instituées en 1615, dans la rue du Temple, entre les nos 107 et 109. Marie de Médicis posa, avec son fils, en 1628, la première pierre des bâtiments, et reçut le titre de fondatrice. Ce couvent fut supprimé en 1790. L'église, qui a conservé le nom *de Sainte-Élisabeth*, est, depuis 1803, la deuxième succursale de la paroisse de Saint-Nicolas-des-Champs, 6e arrondissement; elle a été agrandie en 1829.

Le *couvent de Notre-Dame-de-Sion*, ou des *Chanoinesses régulières anglaises et réformées de l'ordre de Saint-Augustins*, fut établi, en 1633, d'abord dans la rue Saint-Antoine, puis dans celle des Fossés-Saint-Victor, à côté et au-dessous du collège des Écossais, dans une maison qui avait appartenu à Baïf, poëte du temps de Charles IX et de Henri III, lequel avait fondé une espèce d'académie de musique et de poésie. Dans les bâtiments de ce couvent, supprimé en 1790, est un pensionnat de demoiselles.

Le *couvent des filles de la Conception*, ou *Religieuses du tiers-ordre*, fut fondé, en 1635, rue Saint-Honoré, en face de l'Assomption. Sur son emplacement on a bâti, depuis 1790, des maisons particulières.

Le *couvent des filles de l'Immaculée Conception*, ou *Récollettes*, était situé rue du Bac, n° 75, à l'angle N. de la rue de la Planche; il fut fondé vers 1637. Ce ne fut qu'en 1663 que les religieuses prirent le titre de *filles de la Conception*. En 1664, ce couvent fut déclaré de fondation royale. Louis XIV fournit les frais de l'église, qui fut achevée en 1694. Ce couvent a été vendu à des particuliers, après la révolution.

Les *religieuses du Saint-Sacrement* furent établies près du Louvre par Sébastien Zamet, évêque de Langres, en 1630. Ce couvent fut supprimé sous Louis XIV.

Les *chanoinesses du Saint-Sépulcre* s'établirent à Paris, en 1635, sur un vaste terrain du faubourg Saint-Germain, appelé *Belle-Chasse*. Sur son emplacement, on a ouvert, depuis 1790, une rue nouvelle qui fait la prolongation de celle de Belle-Chasse, et qu'on nomme rue Neuve-de-Belle-Chasse. La partie des bâtiments conservés sert de magasin des fourrages du gouvernement.

Le *couvent des filles du Précieux-Sang* s'établit, en 1658, rue de Vaugirard, n° 60. Venues de Grenoble à Paris, ces religieuses avaient habité d'abord la rue Pot-de-Fer, puis la rue du Bac. Leur maison est devenue propriété particulière.

Les *bénédictines de Notre-Dame-de-Liesse* s'établirent à Paris en 1636, et vinrent occuper, en 1645, le couvent de la rue de Sèvres, n° 3, où madame Necker fonda un hôpital, après la suppression de ces religieuses, en 1778.

Les *filles de Saint-Thomas-d'Aquin*, de l'ordre de Saint-Dominique, vinrent de Sienne à Paris en 1630, et se firent construire, en 1642, une maison dans la rue qui porte leur nom. Après 1790, les bâtiments de leur couvent furent occupés par des particuliers jusqu'en 1808, époque où, sur leur emplacement, on a commencé la construction de la Bourse.

Les *filles de la Croix*, de l'ordre de Saint-Dominique, comme les précédentes, avaient un couvent situé rue de Charonne, n° 86, qu'elles firent construire en 1641. Cyrano de Bergerac fut enterré dans l'église de ce couvent, dans lequel on a placé, en 1815, des religieuses qui portent le titre de *dames de la Croix*.

Le *couvent du Cherche-Midi*, ou *prieuré de Notre-Dame-de-Consolation*, situé rue du Cherche-Midi, n° 25, fut fondé, en 1634, pour des religieuses Augustines, venues de Laon à Paris. En 1669, ces religieuses embrassèrent la règle de Saint-Benoît, et prirent le nom de *bénédictines de Notre-Dame-de-Consolation*. En 1790, ce couvent a été vendu à des particuliers.

Les *religieuses de la Charité-Notre-Dame* s'établirent, en 1629, rue de la Chaussée-des-Minimes, au coin du cul-de-sac des Hospitalières, n° 2. Cette maison était à la fois un couvent et un hôpital pour les filles et femmes malades, qui payaient 30 livres par mois, et 400 livres par an, quand elles voulaient passer dans la maison le reste de leur vie. Supprimée en 1792, cette maison a été remplacée par une filature de coton, établie en faveur des indigents.

Le *couvent et hôpital des hospitalières de la Roquette* furent établis quartier de Popincourt, n° 103, par les religieuses de la Charité, en 1636. Leur nom venait de ce que l'établissement était bâti sur l'emplacement d'une maison de campagne, dite la *Rochette* ou la *Roquette*. En 1691, cette maison fut séparée de celle des religieuses de la Charité. Supprimée en 1792, elle a été remplacée par une filature de coton.

Le *couvent des filles de la Providence*, ou de *Saint-Joseph*, situé rue Saint-Dominique-Saint-Germain, n° 82, fut fondé, en 1639, par Marie Delpech, pour l'instruction des orphelines. On leur enseignait divers genres de travail, jusqu'à ce qu'elles fussent en état d'embrasser une profession. Cette maison, supprimée en 1792, a été convertie en bureaux du ministère de la guerre.

Le *couvent des Nouvelles-Catholiques*, fondé en 1634, ne fut définitivement établi qu'en 1672, dans la rue Sainte-Anne, n° 63, pour la conversion des femmes protestantes. Sur l'emplacement de cette maison, se sont élevées plusieurs constructions particulières.

Les *filles* ou *sœurs de la Charité* furent instituées par Vincent de Paul et Louise de Marillac, veuve de M. Legras, et placées d'abord près de Saint-Nicolas-du-Chardonnet, puis à la Villette ; enfin rue du Faubourg-Saint-Denis, n° 112, en face des bâtiments de Saint-Lazare. Cette maison ayant été supprimée en 1792, on y a depuis placé une caserne et une maison de santé, dite *hospice de M. Dubois*. La maison, chef-lieu de cet ordre utile, qui s'est répandu dans tout le monde chrétien, fut dans la suite rétablie rue du Vieux-Colombier, n° 15, et en 1813, rue du Bac, n° 132, à l'ancien hôtel de La Vallière. Les sœurs de la Charité, au nombre d'environ trois mille dans la capitale, sont distribuées dans les diverses paroisses, où elles dirigent gratuitement les écoles des jeunes filles, assistent et soignent les malades, et portent des secours à domicile. Elles desservent aussi les Invalides et la plupart des hôpitaux de Paris.

Le *couvent de Notre-Dame-de-la-Victoire, de Lépante et de Saint-Joseph*, fut fondé par le sieur Tubeuf, surintendant des finances de la reine, en 1640, pour des chanoinesses régulières de l'ordre de Saint-Augustin, et établi rue Picpus, 8° arrondissement. Depuis 1810, il est devenu propriété particulière.

Après cette longue et aride nomenclature des nombreuses institutions religieuses établies à Paris sous le règne de Louis XIII, nous devons examiner les monuments qui furent fondés à cette époque dans la capitale.

L'*église Saint-Eustache*, dont le prévôt de Paris posa la première pierre en 1532, ne vit terminer son chœur qu'en 1624. En 1637, on consacra l'église entière, qui ne fut achevée qu'en 1642. Cette église est un monument de transition : on y voit l'assemblage de l'architecture gothique et de l'architecture grecque, ce qui fait de cet édifice un des plus curieux et des plus remarquables de Paris. Il est très vaste et très élevé; le portail de la rue Trainée et celui du passage Saint-Eustache, vis-à-vis la rue Montmartre, sont gothiques et ornés de charmantes sculptures, faites avec beaucoup de délicatesse. Ce sont les parties les plus anciennes de l'édifice. Le grand portail occidental, construit sur les dessins de Mansard de Jouy et Moreau, n'a été terminé qu'en 1788 : il est formé de deux ordres l'un au-dessus de l'autre, le dorique et l'ionique, auxquels on reproche la largeur beaucoup trop considérable des entre-colonnements. Aux extrémités de ce portail, qui n'est pas en rapport avec le reste de l'édifice, s'élèvent deux tours carrées ou campaniles.

Dans l'intérieur, cette église est fort belle : on admire la grâce et la hauteur de ses colonnes, les ornements qui décorent l'entrée, la chapelle de la Vierge, la chaire à prêcher, qui fut faite sur les dessins de Lebrun et de Cartaud. A la partie orientale de l'église est une crypte ou chapelle souterraine, dédiée à sainte Agnès. L'orgue, qui était un des plus beaux et le meilleur de Paris, doit être remplacé par un autre encore plus remarquable, qui aura jusqu'à six mille tuyaux.

Parmi les personnes qui ont été ensevelies à Saint-Eustache, nous citerons l'historien Duhaillan, Marie Lejars de Gournay, fille adoptive de Montaigne, Voiture, Vaugelas, La Motte Levayer, Benserade, Furetière, le peintre Lafosse, le maréchal de France La Feuillade, le comte de Tourville, François Chevert, Colbert, etc.

Saint-Eustache est aujourd'hui l'église paroissiale du 3ᵉ arrondissement. Ses succursales sont Notre-Dame-des-Victoires et Notre-Dame-de-Bonne-Nouvelle.

La *chapelle Saint-Joseph*, située au coin de la rue de ce nom, rue Montmartre, nº 144, était d'abord un oratoire placé au milieu du cimetière de Saint-Eustache, que le chancelier Séguier acheta en 1625, et qu'il remplaça par une chapelle où ont été déposés les restes de Molière et de La Fontaine. Sur l'emplacement de cette chapelle, devenue propriété particulière et démolie pendant la révolution (1), on a établi un marché.

L'*église Saint-Roch* fut bâtie en 1587, rue Saint-Honoré, entre les nᵒˢ 296 et 298, sur l'emplacement de l'hôtel de Gaillon, où se trouvaient deux chapelles, l'une dédiée à sainte Suzanne, l'autre aux Cinq-Plaies. Ce ne fut d'abord qu'une chapelle succursale, érigée en église paroissiale en 1633. Elle devint bientôt insuffisante et on s'occupa de la rebâtir. Anne d'Autriche et son fils en posèrent la première pierre en 1635; mais l'édifice ne fut entièrement achevé qu'en 1740. Cette église, d'abord élevée sur les dessins de Mercier, fut continuée sur ceux de Robert de Cotte, auquel est dû le portail, commencé en 1736. Ce portail, élevé au-dessus d'un certain nombre de marches, se compose de deux ordonnances, l'une dorique, l'autre corinthienne; cette dernière est couronnée par un fronton. Plusieurs ornements de sculpture qui décoraient ce portail ont disparu pendant la révolution.

L'intérieur de l'édifice, long de 130 pieds environ, est divisé en plusieurs parties distinctes, qui toutes ont un caractère différent les unes des autres : tels sont le *chœur*, la *nef*, les chapelles de la Vierge et de la Communion, etc.

(1) Les tombeaux de Molière et de La Fontaine ont été transférés pendant la révolution au Musée des monuments français, et en 1818, au cimetière du Père Lachaise.

Les deux premières parties n'ont de remarquable que des statues de saint Augustin et de saint François de Sales, des tableaux de Vien, Doyen, etc. La chapelle de la Vierge, située derrière le chœur, fut bâtie en 1709; elle est de forme circulaire, et couronnée par une coupole représentant l'*Assomption de la Vierge*, peinte par Pierre; l'autel de cette chapelle offre une scène de l'Annonciation, exécutée sur les dessins de Falconnet.

La chapelle de la Communion, qui vient ensuite, présente une coupole, où Pierre a peint le *Triomphe de la Religion*. Sur l'autel est un groupe sculpté par Paul Slodtz, représentant deux anges s'inclinant pour adorer le tabernacle.

La chapelle du Calvaire, située à la suite, sur la ligne des chapelles précédentes, et à l'extrémité de l'édifice, est obscure et peu élevée. Une vaste niche, éclairée par une ouverture que l'on ne voit point, présente l'image du Calvaire, Jésus crucifié et la Madeleine pleurant au pied de la croix. Sur le premier plan sont des soldats couchés, des troncs d'arbres, etc. Au bas du Calvaire est un autel de marbre bleu turquin, en forme de tombeau antique, orné de deux urnes : au milieu se voit le tabernacle, formé d'une colonne tronquée, et autour duquel sont placés les instruments de la Passion. Cette composition est due à M. Falconnet; la sculpture des figures de la niche est l'ouvrage de Michel Anguier.

Dans les chapelles qui environnent la nef et le chœur, les onze premières stations sont indiquées par des bas-reliefs représentant divers sujets de la vie de J.-C. Dans la chapelle du Calvaire, un douzième groupe montre Jésus mis au tombeau. Ces stations ont été sculptées par M. de Seine, en 1807.

La chaire de Saint-Roch, exécutée sur les dessins de Challes, est fort belle.

Cette église renfermait avant la révolution les tombeaux de Maupertuis, Le Nôtre, Nicolas Ménager, François et Michel Anguier, madame Deshoulières, François Desmarets, et du grand Corneille, mort en 1684. Le roi Louis-Philippe, n'étant que duc d'Orléans, fit élever un monument dans l'église Saint-Roch à la mémoire de cet illustre poëte (1821) (1); on le voit au-dessus d'un des bénitiers de la grande nef, à gauche en entrant. Dans cette église se trouvent aujourd'hui les restes de plusieurs mausolées ayant appartenu aux églises supprimées dans la circonscription de cette paroisse. Tels sont ceux de Mignard, du cardinal Dubois, du duc de Créqui, le buste de Lesdiguières, etc. Au-dessus du bénitier de la grande nef, à droite en entrant, on lit, parmi les noms de plusieurs personnes illustres enterrées à Saint-Roch, celui de l'abbé de L'Epée. Saint-Roch est aujourd'hui l'église paroissiale du 2e arrondissement; elle a pour succursale Notre-Dame-de-Lorette.

Sainte-Marguerite, rue Saint-Bernard, faubourg Saint-Antoine, entre les n°s 28 et 30, fut d'abord une chapelle bâtie par Fayet, curé de Saint-Paul, en 1625. Érigée en église succursale en 1634, elle fut considérablement agrandie, et en 1712, distraite de la dépendance de Saint-Paul. En 1765, on construisit, sur les dessins de Louis, une chapelle contiguë, dont l'entrée est formée par deux arcades présentant entre elles le portrait en médaillon de Vaucanson. L'intérieur est décoré de peintures à fresque de Brunetti. L'autel est en forme de tombeau antique; derrière, on voit un tableau de Briard, représentant le *purgatoire*, et un groupe de Nourrisson et Lorrain, représentant la *descente de croix*.

Cette église est paroisse du 8e arrondissement, et a pour succursales Saint-Antoine et Saint-Ambroise.

L'hôpital des Convalescents fut fondé en 1631, rue du Bac, n° 98, par Angélique Bullion, en faveur des conva-

---

(1) Corneille est mort rue d'Argenteuil, n° 18.

lescents qui, sortis des hôpitaux, pouvaient craindre des rechutes; d'abord destinée à huit malades, cette maison en contint davantage dans la suite. En 1652, on la donna aux religieux de la Charité. En 1792, elle fut supprimée; elle a été, depuis cette époque, louée à divers particuliers.

L'*hôpital de Notre-Dame-de-la-Miséricorde*, ou les *Cent-Filles*, situé rue Censier, n° 11, et rue du Pont-aux-Biches, quartier Saint-Marcel, fut fondé, en 1624, par Antoine Séguier, président au parlement, en faveur de cent pauvres orphelines. Cet hôpital fut placé dans une maison appelée le *petit séjour d'Orléans*, qui avait fait partie de l'ancien hôtel que les ducs d'Orléans possédaient dans ce quartier. On enseignait aux orphelines la religion et un métier; on les recevait à l'âge de six à sept ans, et elles sortaient à vingt-cinq. Lorsqu'elles se mariaient, l'hôpital leur donnait une dot. En 1656, le roi Louis XIV ordonna que les compagnons d'arts et métiers qui épouseraient des filles de cette maison seraient reçus maîtres sans faire leur chef-d'œuvre et sans payer aucun droit.

Cet hôpital fut supprimé pendant la révolution, et la maison appartient aujourd'hui à l'administration générale des hôpitaux et hospices de Paris. On y a établi des manufactures.

L'*hôpital des Incurables*, rue de Sèvres, n° 54, fut fondé par Marguerite Rouillé, Jean de Châtillon, le cardinal de La Rochefoucauld, etc., en 1634. On construisit en même temps une chapelle sous le titre de l'*Annonciation de la Sainte Vierge*. Le nombre des lits de cet hôpital s'accrut si considérablement, qu'en 1789 on en comptait trois cent soixante. Nous y reviendrons.

L'*hôpital de la Pitié*, rue Copeau, n° 1, entre les rues du Battoir et du Jardin-des-Plantes, fut fondé en 1612, pour renfermer des pauvres. Il reçut le nom de *Pitié*, parce que sa chapelle était sous l'invocation de *Notre-Dame-de-Pitié*. En 1657, époque de l'ouverture de l'hôpital général, dit *de la Salpêtrière*, on plaça à la maison de la Pitié les enfants des pauvres. Les garçons et les filles étaient séparés : les premiers occupaient une cour appelée *Petite-Pitié*. Plus tard on y plaça aussi des enfants trouvés et des orphelins, auxquels on enseignait divers métiers. Ces orphelins furent transférés, en 1809, à l'hospice du faubourg Saint-Antoine; dès lors, la Pitié devint une annexe de l'Hôtel-Dieu.

La *maison de Scipion*, située rue de la Barre ou de Scipion, place du même nom, avait été construite par un riche gentilhomme italien, nommé Scipion Sardini, sous le règne de Henri III. En 1622, son hôtel fut destiné à recevoir des vieillards pauvres et infirmes. En 1636, il fut donné à l'hôpital général, qui y fit établir sa boucherie, etc.; aujourd'hui il renferme la boulangerie générale de tous les hôpitaux et hospices de Paris.

Le *palais du Luxembourg* est situé rue de Vaugirard, au faubourg Saint-Germain. Sur son emplacement existait d'abord une grande maison, que Robert de Harlay de Sancy fit bâtir, vers le milieu du XVIe siècle. Le duc Henri de Luxembourg de Piney l'acquit ensuite, et l'agrandit considérablement en 1583. Marie de Médicis l'acheta, moyennant 90,000 livres, en 1612, et, sur son emplacement, fit bâtir le palais du Luxembourg. Cette reine acquit aussi le *Pressoir de l'Hôtel-Dieu*, ferme voisine appartenant à cet hôpital, et située à l'est du jardin actuel, et du côté de la rue d'Enfer, plusieurs propriétés particulières et parties du clos Vignerai, etc. Après ces diverses acquisitions, Marie de Médicis fit, en 1615, jeter les fondements de son palais. Jacques de Brosse en fut l'architecte, et prit pour modèle le palais Pitti de Florence, demeure des grands-ducs de Toscane. Le Luxembourg est surtout remarquable par son architecture en bossage, qui était celle de l'époque, et par la régularité de ses proportions. La façade, du côté de la rue de Tournon, forme une terrasse ornée de balustres, au milieu de laquelle s'élève un pavillon terminé par un dôme avec sa lanterne. Le pavillon est composé des ordres toscan et dorique, l'un sur l'autre, et entouré de plusieurs statues. Cette terrasse se termine, des deux côtés, par deux gros pavillons carrés, dont anciennement les faces étaient décorées des statues en marbre et en pied de Henri IV et de Marie de Médicis. Ces deux pavillons sont joints au grand corps de logis par des galeries soutenues par neuf arcades qui étaient de larges corridors.

Six gros pavillons sont placés aux angles du principal corps de bâtiment. La cour, qui, du coté de la ville, précède ce corps de logis, est entourée de bâtiments, et présente un parallélogramme immense. La façade du jardin, outre deux pavillons en saillie, offre au centre un corps avancé, décoré de colonnes. Il était autrefois surmonté par un lanternon de mauvais goût, qu'on a fait disparaître. On avait établi, au centre de cette façade, un vaste cadran solaire, accompagné de statues colossales, représentant la Victoire, la Paix, la Force, le Secret, l'Activité, la Guerre. Le cadran solaire est aujourd'hui remplacé par une horloge.

La façade, du côté de la cour, diffère peu de celle du jardin. Aux deux portes latérales, on voit dans les impostes les bustes de Marie de Médicis et de Henri IV; au dessus, l'avant-corps est décoré de quatre statues colossales; le bas-relief du frontispice, représentant la Victoire couronnant le buste d'un héros, est l'ouvrage de Duné.

Ce palais, habité fort peu de temps par Marie de Médicis, appartint ensuite à Gaston de France, duc d'Orléans, second fils de cette princesse, et prit dès lors le nom de *palais d'Orléans*, qu'il a conservé jusqu'à la révolution. Après avoir passé successivement à la duchesse de Montpensier et à Élisabeth d'Orléans, duchesse de Guise et d'Alençon, il fut, sous la régence, le théâtre des plaisirs de la duchesse de Berry, fille du régent, et devint, en 1694, propriété de Louis XIV. Louis XV y fit faire de grandes réparations, de 1733 à 1736, et fit meubler à neuf les appartements en 1750. Ils furent décorés de tableaux des premiers maîtres italiens, français et flamands. Ces appartements, désignés sous le nom de *cabinet du roi*, furent ouverts au public et à l'étude des jeunes peintres, en 1789. On transporta ensuite les tableaux au Louvre, ainsi que les vingt-un tableaux de la vie de Médicis, peints par Rubens (1621-1623) pour orner la galerie qui était à droite en entrant dans le palais. Au bout de la galerie, sur la cheminée, on voyait Marie de Médicis debout, figurée en Pallas, et au-dessus des portes, les portraits en pied du grand-duc François de Médicis et de la grande-duchesse d'Autriche, père et mère de cette reine, également peints par Rubens.

Louis XVI donna, en 1779, le Luxembourg à son frère, *Monsieur*, qui l'habitait en 1789, à l'époque de la révolution, et qui est devenu roi, depuis, sous le nom de Louis XVIII. Ce prince fit rétrécir le jardin, et vendit la portion de terrain qui forme aujourd'hui la rue Madame; il fit construire pour madame de Balbi, sa maîtresse, une maison avec un jardin anglais donnant à l'extrémité du jardin du Luxembourg, et dont l'entrée se trouve aujourd'hui par la rue Madame.

Pendant la révolution, ce palais fut transformé en prison où furent enfermés plus de deux mille individus. En 1795, il devint le lieu des séances du Directoire et la demeure des cinq directeurs, qui habitaient plus particulièrement l'hôtel contigu, appelé le *Petit-Luxembourg*; le palais prit alors le nom de *palais du Directoire*. En 1798, on y fit de grandes réparations; on construisit à l'ouest, et sur la ligne de la façade, du côté du jardin, un corps de bâtiment qui depuis fut démoli.

Le Luxembourg devint ensuite le *palais du Consulat,*

et, peu de temps après, en 1800, celui du *Sénat conservateur*. Le sénat y tint ses séances jusqu'en 1814 ; il fit achever les embellissements commencés par le Directoire. En 1814, le Luxembourg devint le *palais de la Chambre des Pairs* ; il a conservé cette destination.

Les deux aîles du bâtiment qui forment les parties latérales de la cour renferment, l'une l'escalier, l'autre la galerie des tableaux.

L'escalier, composé de quarante-huit marches, a été construit à la place de la grande galerie qu'occupaient les tableaux de Rubens. Il est richement décoré et orné de quatorze statues, celles de Kléber, Hoche, Desaix, Dugommier, Joubert, Caffarelli et Marceau, et celles de Beauharnais, Mirabeau, Barnave, Chapelier, Vergniaud et Condorcet.

Cet escalier mène au premier étage, où l'on trouve d'abord la *salle des gardes,* puis celle des *garçons de service* ; l'on remarque dans cette dernière les statues de Miltiade, d'Epaminondas, de Persée, et l'*Hercule couché* de Puget ; vient ensuite la salle des *messagers d'état*, ornée des statues d'Harpocrate et de la Prudence ; puis, la *salle du conseil* et celle de la *réunion*, dont le plafond est peint par Barthélemy. Cette salle mène à l'ancienne salle des *séances*, placée au centre du principal corps de bâtiment, où étaient la cage de l'ancien escalier et la chapelle. De là on arrive à la *salle du trône*, à la *galerie sur le jardin*, aux *salles des quatre bureaux*, aux *bibliothèques*, à la *chapelle*, au *salon de lecture* et à la *salle du livre d'or*. Cette dernière était ainsi nommée, parce qu'elle devait contenir un livre renfermant les titres de la pairie. On y remarque les peintures des boiseries qui ornaient les appartements de Marie de Médicis.

La galerie du Luxembourg a été construite par J.-B. Chalgrin : elle est consacrée à l'exposition publique des ouvrages exécutés par les artistes français vivants ; aussitôt après leur mort, ces ouvrages passent au Musée du Louvre.

Depuis quelques années, on a augmenté le palais du Luxembourg de grands bâtiments, du côté du jardin; ces constructions nouvelles donnent à l'édifice beaucoup plus d'étendue que par le passé. Elles contiennent, au rez-de-chaussée, une grande galerie devant servir d'annexe aux orangeries, des vestibules et des appartements de réception; au premier étage, une vaste bibliothèque et une grande salle des séances législatives et judiciaires. La salle latérale, qui servait autrefois aux séances publiques, a été convertie en salle de délibérations secrètes. Toutes les dépendances nécessaires au service de la Chambre se trouvent dans deux pavillons qui flanquent la nouvelle façade, laquelle est, du reste, absolument semblable à l'ancienne.

Les jardins du Luxembourg sont très vastes; ils avaient primitivement 130 toises de largeur, et ils s'étendaient de l'est à l'ouest, sur une longueur de 440 toises, jusqu'à l'extrémité orientale du cul-de-sac de Notre-Dame-des-Champs, que l'on a ouvert et converti en rue, nommée *de Fleurus*.

En 1782, on diminua à peu près un tiers de la surface de ce jardin, en supprimant toute la partie occidentale qui s'étendait depuis les anciens bâtiments de la rue de Fleurus, jusqu'à la grille qui s'ouvre de ce côté. Le terrain, mis à nu, resta vide et stérile pendant près de trente années. Là, on bâtit, en 1788, la rue Madame et quelques rues voisines.

Pendant la révolution, on prit une partie de l'emplacement de l'enclos des Chartreux, afin d'y établir des ateliers pour la fabrication des armes. En 1795, la Convention fit commencer la belle avenue qui va de l'Observatoire au Luxembourg. En 1801, on renouvela tous les arbres de la partie orientale du jardin, et on donna au terrain une pente régulière. On découvrit alors un grand nombre d'antiquités romaines qui paraissent avoir servi à des troupes stationnées près de Paris. On fit aussi planter la partie méridionale qui avoisine la grande pépinière.

L'ancien parterre était bordé de deux murs en terrasse, l'un à hauteur d'appui, l'autre plus élevé, présentant à leur surface supérieure de petits bassins, communiquant entre eux par des rigoles et donnant passage à des jets d'eau. Les terrains qui bordaient ces murs étaient plantés d'ifs et de buis. Ce parterre, du côté du midi, était voisin du mur de clôture; au centre, se trouvait une pièce d'eau octogone. En 1801, on changea entièrement le parterre; le double mur de terrasse qui le bordait fut remplacé par des talus de gazon. On l'agrandit par deux espaces demi-circulaires, établis sur les deux côtés. Au milieu, on plaça un vaste bassin. Le parterre se terminait, du côté méridional, par un grand escalier de dix marches, ornées de statues. En 1810 et 1811, on lui fit subir de nouveaux changements : on donna au terrain de l'avenue et du parterre la même ligne de pente; au lieu de l'escalier de dix marches, on substitua trois degrés dessinés sur un vaste plan circulaire qui se termine de chaque côté à un piédestal servant d'acrotère à des balustrades. On refit le bassin, et on lui donna une forme nouvelle.

Des balustrades ouvrent l'entrée du parterre, à son extrémité méridionale, aux promeneurs qui descendent par l'avenue; elles se raccordent avec les talus de gazon qui garnissent les parties latérales de ce parterre, composé de quatre pièces de gazon bordées de plates-bandes, entre lesquelles est le grand bassin. La partie supérieure des talus est ornée de vases et de statues en marbre, en assez mauvais état, mais qui doivent être restaurés.

Depuis l'empire, on a dégagé le palais des bâtiments contigus à ses faces latérales; on a établi sur la rue de Vaugirard une grille d'entrée, des plantations en quinconces, une fontaine élégante, etc., ce qui a agrandi le jardin. On arrive dans ce jardin par huit entrées principales, toutes ornées de grilles de fer. A l'extrémité orientale de l'allée contiguë à la façade du palais, on remarque une fontaine d'un genre pittoresque, ornée de bossages. Dans la partie supérieure de ce monument, et à côté de l'attique, sont deux figures colossales couchées sur l'entablement, et représentant un fleuve et une naïade. Cette fontaine a été restaurée en 1802; on a refait les deux figures, et on a placé, au-dessus des rocailles où l'eau tombe, une statue de naïade sortant du bain. Ce monument, dû à Jacques de Brosse, se rattachait à une suite d'arcades formant la cour où se trouvaient les écuries, et se prolongeant jusqu'au *séminaire de Saint-Louis*, dont l'entrée était rue d'Enfer, un peu au-dessus de la place Saint-Michel. Ce séminaire sert aujourd'hui de caserne aux vétérans faisant le service du palais. On voit encore quelques débris de ces arcades.

Le *Petit-Luxembourg*, palais situé rue de Vaugirard, à l'ouest, et contigu au Luxembourg, fut commencé, en 1629, par le cardinal de Richelieu, qui l'habita en attendant que le Palais-Royal fût construit. Ce ministre donna à sa nièce, la duchesse d'Aiguillon, ce Petit-Luxembourg, qui passa ensuite à Henri-Jules de Bourbon-Condé; il prit de là le nom de *Petit-Bourbon*, et fut habité tour à tour par Anne, palatine de Bavière, et par les princes de la maison de Bourbon-Condé. Après la révolution, il devint le siége du gouvernement directorial. Quatre des directeurs l'habitaient; le cinquième logeait dans le grand palais. En 1812 et 1813, on a démoli les bâtiments qui unissaient le grand et le petit Luxembourg, et on a étendu les jardins dans l'intervalle laissé par cette démolition.

L'aqueduc d'Arcueil fut construit pour amener les eaux au palais et aux jardins du Luxembourg. On le commença en 1613, sur les dessins de Jacques de Brosse, et il fut achevé en 1624. Louis XIII et sa mère en posèrent la première pierre. La longueur de cet aqueduc, qui conduit à Paris les eaux de Rungis, a, depuis Arcueil jusqu'au château d'eau situé près de l'Observatoire, 6,600 toises de développement. Une partie de cet aqueduc traverse le vallon d'Arcueil sur vingt-cinq arches très élevées et très solides. La longueur de cette construction est de 400 mètres environ, sa hauteur de 24 : elle rappelle, par sa grandeur, les travaux antiques. Près de ces arcades, se trouvent les ruines de l'aqueduc romain, qui conduisait l'eau au palais des Thermes. D'Arcueil à Paris, l'aqueduc forme une grande galerie souterraine. On voit, de distance en distance, plusieurs petites constructions formant les regards de la conduite.

L'eau de cet aqueduc fut répartie entre les faubourgs et les quartiers méridionaux de Paris, jusqu'alors privés de réservoirs. Quatorze fontaines furent construites et alimentées par ces eaux, que l'on conduisit même, à travers le pont Notre-Dame, jusqu'à la place de Grève, où était une fontaine construite en 1624, et qui n'existe plus. Parmi les principales fontaines qui furent établies alors pour le service des eaux de Rungis, nous mentionnerons celle des Carmelites; celle de la rue Mouffetard, au coin de la rue Pot-de-Fer; la fontaine Censier, rue de ce nom; la fontaine Saint-Magloire, rue du Faubourg-Saint-Jacques; celle du collége de Navarre; celle de Saint-Michel, rue de La Harpe; celle de Sainte-Geneviève, rue et montagne de ce nom; celle de Saint-Côme, rue des Cordeliers, etc.

Le *Palais de Justice*. Nous avons parlé (page 121) de l'origine de ce monument; nous allons compléter sa description et son histoire.

Dans la nuit du 5 au 6 mars 1618, le feu prit à la charpente de la grand'salle du Palais. Cette salle, la première chambre des enquêtes, le parquet des huissiers, les salles des requêtes de l'hôtel, du greffe, du trésor, etc., furent détruits, et plusieurs registres du Parlement brûlés ou perdus. La fameuse table de marbre, sur laquelle les rois donnaient des festins dans les grandes solennités, fut brisée, ainsi que les statues des princes francs qui décoraient la grand'salle.

Louis XIII ordonna de réparer ce désastre, et chargea de la reconstruction du Palais Jacques de Brosse, qui termina ce travail en 1622.

La salle, nommée d'abord *salle des Procureurs*, puis *grand'salle* ou *salle des Pas-Perdus*, est une des plus vastes du royaume. Sa longueur est de 222 pieds, et sa largeur de 84. Elle est divisée en deux nefs égales, par un rang de piliers et d'arcades, qui supportent les deux voûtes à plein cintre qui la couvrent. L'ordre dorique règne dans cette belle et imposante construction.

Cette salle est éclairée par de grandes ouvertures cintrées et vitrées, qui se trouvent aux extrémités de chaque nef, et par des œils de bœuf, pratiqués sur les flancs des deux voûtes. Elle sert de rendez-vous aux flaneurs et aux habitués du Palais. On y voit les entrées de plusieurs tribunaux, etc.

Au dessous de la salle des Pas-Perdus est un étage inférieur divisé en plusieurs parties. Son architecture est gothique, ce qui porte à croire que cette partie de l'édifice est due à saint Louis. Une salle très vaste, ayant aux quatre angles quatre grandes cheminées, conserve encore le nom de *cuisines de Saint-Louis;* on y trouve un escalier par lequel on montait à la salle supérieure. Près de la même pièce est un autre escalier qui descendait jusqu'à la Seine.

« Le sol des cuisines, dit Dulaure, est d'environ 10 pieds plus bas que celui du quai de l'Horloge. Lorsqu'on construisit ce quai, on proportionna la hauteur de son sol à celle du Pont-au-Change où il aboutit, et par cet exhaussement les cuisines de saint Louis se trouvèrent presque enterrées. L'humidité y fit des progrès funestes à la solidité de cet édifice à demi souterrain. Les eaux d'un aqueduc dégradé agissaient sur les fondements de plusieurs piliers ; les voûtes en souffrirent, le pavé de la grand'salle qu'elles supportent s'affaissa. On a été obligé, dans les années 1816 et 1817, de reprendre sous-œuvre ces voûtes et ces piliers.

« Le 19 juin 1818, au matin, malgré les travaux entrepris pour consolider cet étage inférieur, deux de ces voûtes anciennes s'écroulèrent. Cet événement donna aux travaux une activité nouvelle. »

Ce souterrain conservait encore, du côté qui avoisine la Conciergerie, huit cachots et quatre grandes chambres établies au-dessus, qui servaient de prison.

En janvier 1776, un nouvel incendie consuma toute la partie du Palais qui s'étendait depuis l'ancienne galerie des prisonniers, jusqu'à la droite de la Sainte-Chapelle. On reconstruisit les parties détruites par ce désastre, et c'est à cette reconstruction que le monument doit ce qui fait aujourd'hui sa beauté.

La rue de la Barillerie était sombre, étroite, tortueuse, bordée de sales et misérables maisons. L'entrée du Palais, par cette rue, se composait de deux portes obscures et resserrées. On montait à la grand'salle par deux escaliers, l'un à droite en entrant dans la rue, l'autre en face, et sur une partie de l'emplacement du vaste escalier qu'on voit aujourd'hui. C'était au bas de ce dernier, que les clercs de la basoche plantaient le mai ; ce qui avait valu à la cour le nom de *cour du Mai*. Deux autres escaliers, qui conduisaient de la cour du Harlay dans les galeries qui aboutissent à la grand'salle, existent encore aujourd'hui.

Le Palais de Justice n'avait, avant l'incendie de 1776, ni façade ni entrée importante. On fit disparaître les constructions situées du côté de la rue de la Barillerie, qui fut élargie et bordée de belles maisons. On établit une place demi-circulaire à l'est de l'édifice, et on donna de l'air à ce quartier, auparavant si malsain et si obscur. Enfin on éleva la façade et les constructions accessoires, sur les plans de MM. Moreau, Desmaisons, Couture et Antoine, membres de l'Académie d'architecture.

Le milieu de la façade présente un avant corps orné de quatre colonnes doriques. Au dessus de l'entablement règne une balustrade, et sur quatre de ses piédestaux sont placées des statues allégoriques, la Force, l'Abondance, la Justice et la Prudence. Elles s'élèvent à l'aplomb des quatre colonnes, et s'appuient contre le mur qui supporte un dôme quadrangulaire. On arrive à cette partie de la façade par un vaste escalier de 17 pieds de hauteur, et qui mène à une première galerie où l'on entre par trois portiques. Des deux côtés, et au bas de cet escalier, sont deux larges arcades pareilles : l'une mène à la salle d'audience de la Police municipale, l'autre à la Conciergerie, maison d'arrêt bâtie sur l'emplacement du *préau*, ancien jardin des rois.

Deux ailes de bâtiment partent de cette façade et s'avancent, en formant les deux côtés de la cour, jusqu'à la rue de la Barillerie. Leur caractère est grave et imposant. Sur le haut de ces bâtiments avancés, et sur toute leur longueur, règne une balustrade. Leur façade se compose de quatre colonnes doriques.

Une grille en fer précède la cour; elle est vaste et riche, et présente trois grandes portes à double battant. Celle du milieu avait pour principal amortissement un globe doré, accompagné de guirlandes. On a fait disparaître cet ornement.

L'aile septentrionale renferme un long escalier d'un bel effet, par lequel on arrive à une galerie voisine de la grand'salle, à la cour d'assises, à la cour de cassation, etc.

Le Palais de Justice, dont l'intérieur est une succession confuse de corridors, de couloirs, d'escaliers montants et descendants, de salles, de galeries, etc., présente des parties empreintes du caractère des siècles passés. Sur le quai de l'Horloge, on voit deux grosses tours rondes terminées par une toiture de forme conique, et qui paraissent appartenir au XIIIe siècle, ainsi qu'une troisième tour de moins forte dimension, et qui est voisine de ces dernières. Le pied de ces tours plongeait dans la Seine avant la construction du quai de l'Horloge.

La tour carrée de l'Horloge, qui s'élève à l'angle du Palais formé par la rencontre du quai et de la rue de la Barillerie, semble remonter au XVe siècle. L'horloge qu'elle contenait fut la première de cette dimension qu'on ait vue à Paris : elle fut construite, en 1370, par Henri de Vic; le cadran fut refait et doré sous Henri IV. La lanterne de la tour renfermait une cloche appelée *tocsin*, que l'on mettait en branle lors de la naissance ou de la mort des rois et de leurs fils aînés. Ce fut une des deux cloches de Paris qui donnèrent le signal de la Saint-Barthélemy; on la détruisit pendant la révolution.

Le mur du Palais contigu à cette tour, et qui fait face au Marché aux fleurs, présente deux figures symboliques de Germain Pilon, représentant la Justice et la Force.

La galerie qui sert de *salle des Pas-Perdus* à la cour de cassation, et qui est située dans celle nommée *galerie des Merciers*, vis-à-vis l'escalier à double rampe de la cour d'Assises, remonte, dit-on, au XVe siècle. Le gouvernement l'a fait restaurer, en 1833, par M. Gisors, qui a pris pour guide de son travail les ornements et les peintures retrouvés sous les couches successives de badigeon qui encroûtaient les chapiteaux et les solives de cette galerie.

La galerie est composée de onze travées, divisées par des colonnes engagées qui portent des nervures courbes, en bois, avec culs-de-lampe sculptés, et un plafond à solives apparentes, dont le dessous est orné de dessins blancs, peints sur fond bleu; les solives sont encadrées par des filets d'or; les angles latéraux des nervures sont remplis par des ornements en bois, sur fond rouge, et au centre desquels se détachent de petites devises de personnages des XIVe et XVe siècles. L'un des côtés de la galerie est percé par onze fenêtres, dont la partie inférieure est décorée de boiseries sculptées; l'autre côté est percé de onze portes. La dernière porte, au fond, conduit à la chambre des requêtes : elle est enrichie de sculptures en bois, et décorée des portraits de Justinien, Charlemagne, Charles V et Louis XII. Enfin, au fond de la galerie, on voit la statue de saint Louis, portant le livre des ordonnances dites *Établissements*.

La petite galerie qui conduit de la précédente à la chambre des requêtes est décorée dans le style de la renaissance. On y voit les portraits de L'Hospital, La Vacquerie, d'Aguesseau, Servin, Dumoulin, Patru, Gerbier, Cujas, A.-L. Séguier, Omer Talon, Henrion de Pansey et Mathieu Molé.

La *cour des Aides* occupait, avant la révolution, la salle qui sert aujourd'hui à la cour royale. On y arrive par un escalier situé en face de la principale entrée du Palais. Dans la cage de cet escalier est une niche contenant une statue de la Loi, qui tient d'une main un sceptre, et de l'autre, un livre ouvert, où sont écrits ces mots : *in legibus salus* (le salut est dans les lois).

Quelques autres cours ont leur entrée dans la grande salle. La troisième salle des *enquêtes*, qui a servi à *la cour prévôtale*, est occupée par la septième chambre du tribunal de première instance. Son plafond représente le jugement dernier, peint par Vouet. Un perron à double rampe, établi dans la grande salle, conduit à cette chambre ainsi qu'au tribunal de Police correctionnelle.

Dans la grande salle se trouve un monument élevé, sous la restauration, à la mémoire de M. de Malesherbes, le courageux avocat de Louis XVI. Ce monument, en marbre blanc, est décoré de la statue du vertueux magistrat, de deux figures allégoriques, d'un bas-relief, etc.

La cour de cassation occupe le local de l'ancienne grande-chambre, qu'on nommait *chambre de Saint-Louis*. Sur la porte d'entrée est un vaste bas-relief représentant une figure de la Justice entre deux lions. L'intérieur de cette salle avait été décoré et doré sous le règne de Louis XII. Il le fut de nouveau, en 1722, sur les dessins de Boffrand. Sur la cheminée, un bas-relief représentait Louis XIV entre la Vérité et la Justice, par Coustou le jeune; au-dessus du siége, on voyait un crucifix peint par Albert Durer; le plafond était peint et doré. Ces décorations ont en grande partie disparu pour faire place à des ornements plus modernes.

Les archives du Palais, situées dans le comble, au-dessus de la grande salle, se composent de trois galeries, séparées entre elles par des murs de briques, et couvertes de voûtes légères, construites avec des creusets en terre cuite, de forme carrée.

Tel est l'aspect général de cet immense Palais-de-Justice. On s'occupe de le restaurer.

La *fontaine des Haudriettes* fut la seule établie sous Louis XIII, dans la partie septentrionale de Paris. Elle fut placée au coin de la rue du Chaume et de celle des Vieilles-Haudriettes (1636). Nommée d'abord *Fontaine-Neuve*, elle prit son nom actuel lorsqu'elle fut reconstruite en 1760, sur les dessins de Moreau. Le bas-relief, représentant une naïade, est de Mignot. Cette fontaine est alimentée par les eaux de la pompe de Chaillot.

La *statue équestre de Henri IV*, placée sur le môle qui se trouve à l'ouest et au milieu du Pont-Neuf, fut établie en 1614, à l'occasion de l'envoi fait par le grand-duc de Toscane, d'un cheval de bronze, à Marie de Médicis. On éleva ce cheval sur un piédestal, en attendant qu'on eût fait la statue de Henri. De là vint que le peuple nomma longtemps l'ensemble du monument le *cheval de bronze*. Le piédestal fut élevé sur les dessins de Civoli; on y voyait quatre bas-reliefs représentant les batailles d'Arques et d'Ivry, l'entrée du roi à Paris, la prise d'Amiens et celle de Montmélian; aux angles, on plaça des figures représentant des vaincus enchaînés.

La statue de Henri IV fut exécutée par Dupré. Le roi était figuré la tête nue, le corps revêtu d'une armure, tenant d'une main la bride de son cheval, et de l'autre un bâton de commandement. Richelieu fit terminer, en 1635, le monument, qui fut entouré d'une grille. Sur le devant de cette grille était une table de bronze portant une inscription.

Pendant les journées des 15, 16 et 17 juillet 1790, on plaça devant le piédestal une vaste décoration réprésentant un rocher; l'on exécuta devant la statue des concerts et des danses.

En août 1792, on renversa la statue équestre de Henri, et on s'en servit pour fabriquer des canons. En 1817, une nouvelle statue a été fondue par M. Lemot. Louis XVIII posa la première pierre du piédestal, dans l'intérieur de laquelle on plaça un magnifique exemplaire de la *Henriade*. Le piédestal est orné de deux bas-reliefs : le premier représente l'entrée de Henri IV à Paris; l'autre, ce prince laissant entrer des vivres dans cette ville assiégée et réduite à la famine. On voit aussi sur ce piédestal diverses inscriptions. La statue a 14 pieds de haut, et pèse trente milliers.

Le *Cours-la-Reine*, situé sur la rive droite de la Seine, dont il est séparé par la route de Versailles, commence à la place de la Concorde, et se termine à l'extrémité de l'allée des Veuves et au quai de Billy. Le nom de cette promenade vient de Marie de Médicis, qui la fit planter en 1616. Elle était fermée sur les côtés par des fossés, et aux extrémités par des grilles. Cette promenade, destinée pour la reine et pour sa cour, fut replantée en 1723.

Le *Pont-au-Change*, réparé en 1408, fut détruit en 1510 et en 1579. Toujours reconstruit, il fut endommagé, en 1616, par un grand débordement des eaux de la Seine, qui entraînèrent plusieurs des maisons dont il était chargé; dans la suite on le répara. En octobre 1621, le feu ayant pris au pont Marchand, se communiqua au Pont-au-Change qui fut réduit en cendres. On le reconstruisit en pierres, de 1639 à 1647, et on le borda de maisons. Ce pont, à son extrémité septentrionale, avait deux entrées formées par un groupe triangulaire de maisons; celle du milieu était ornée d'un groupe de trois figures en bronze sur un fond de marbre noir, représentant Louis XIII, Anne d'Autriche et Louis XIV enfant; au-dessous de ces figures, ouvrage de Simon Guillain, était un bas-relief représentant deux esclaves.

En 1788, Louis XVI ordonna la démolition des maisons qui encombraient le Pont-au-Change. Ce pont, un des plus larges de Paris, est composé de sept arches à plein cintre, et a, entre les culées, 123 mètres 75 centimètres de longueur, sur 32 mètres 60 centimètres de largeur.

Le *pont Saint-Michel*, plusieurs fois emporté par les eaux, notamment en 1408 et 1547, fut entièrement détruit en 1616, et rebâti par une compagnie quelques années après. En 1808 et 1809, on abattit les trente-deux maisons qui couvraient ce pont. La route fut élargie, et la pente adoucie. On y établit des trottoirs et des parapets. On abattit des maisons élevées sur le bord de la Seine, vers la partie méridionale du pont, et qui formaient la rue du Hurepoix. Cette rue a disparu, et son emplacement a contribué à élargir la partie du quai qui débouche sur la place du pont Saint-Michel. On renversa pareillement, à l'extrémité septentrionale du pont, des maisons formant la rue Saint-Louis, qui n'existe plus. Le quai des

Orfévres fut élargi, et les abords du pont devinrent plus faciles de ce côté. Les quartiers voisins y gagnèrent de l'assainissement et de la clarté.

Le pont Saint-Michel se compose de quatre arches à plein cintre. Sa longueur entre les culées est de 57 mètres 60 centimètres; sa largeur, de 25 mètres 10 centimètres.

Le *pont Barbié* était situé à l'endroit du quai de Voltaire où la rue de Beaune vient y aboutir. On n'avait, pour communiquer du Pré-aux-Clercs aux Tuileries, qu'un bac qui traversait la Seine (1). En 1632, le sieur Barbié, qui possédait un clos voisin, fit construire un pont en bois sur la rivière ; ce pont reçut son nom. On l'appela aussi *Sainte-Anne, des Tuileries*, et *Pont-Rouge*, parce qu'on le peignit de cette couleur ; il se composait de dix arches. Endommagé à plusieurs reprises par la violence des eaux, il fut réparé et subsista jusqu'en 1684, époque où il fut entièrement emporté. Dans la suite, on bâtit près de son emplacement le *Pont-Royal*.

L'*île Saint-Louis*, dont nous avons déjà parlé, était divisée en deux parties, et déserte, lorsque Louis XIII l'acquit du chapitre de Notre-Dame, à qui elle appartenait, et chargea l'ingénieur Christophe Marie (1614) de joindre les deux îles, en comblant le canal qui les séparait, de les entourer de quais, d'y ouvrir des rues et d'y construire des ponts qui communiqueraient à la ville. On commença par édifier le *Pont-Marie*, dont nous parlerons ensuite. Les bâtiments de l'île, commencés en 1614, furent achevés en 1647 ; Saint-Louis fut entourée de quais ; ses rues furent alignées, et se coupèrent entre elles à angle droit : deux d'entre elles, les rues *Regrattier* et *Poulletières* portent les noms de deux associés de l'entrepreneur Marie. A l'extrémité orientale de l'île est une estacade en

---

(1) C'est de là qu'est venu le nom du chemin et ensuite de la rue *du Bac*.

bois, fermant presque entièrement le bras de la Seine, qui coule entre elle et l'île Louvier (aujourd'hui réunie à la terre ferme), en laissant aux bateaux un passage convenable. Cette construction est destinée à abriter les bateaux contre l'effort des glaces qui les briseraient lors des débâcles pendant l'hiver.

Saint-Louis-en-l'île, situé dans l'île et dans la rue de ce nom, entre les nos 13 et 15. Un maître couvreur, nommé Nicolas, y établit, vers 1616, une chapelle qui fut agrandie en 1623, et érigée en paroisse la même année. On l'a rebâtie, en 1664, sur les dessins de Levau ; elle fut entièrement achevée et dédiée au roi saint Louis, en 1725. L'archevêque Péréfixe en posa la première pierre. Cette église n'a de remarquable que son clocher, qui a la forme d'un obélisque percé à jour dans diverses parties de sa longueur. Le poëte Quinault a été enterré à Saint-Louis, en 1688.

L'*hôtel de Bretonvilliers*, situé à la pointe de l'île Saint-Louis, dans une belle position, fut bâti par les ordres du président Le Ragois de Bretonvilliers. On y remarquait une galerie spacieuse, décorée par Sébastien Bourdon ; dans les salles se voyaient de beaux tableaux de Mignard et de Poussin. En 1719, les fermiers-généraux y transportèrent leur administration et les aides pour les entrées de Paris : on y plaça les bureaux. Cet hôtel est aujourd'hui occupé par plusieurs industriels, entre autres par l'administration des hydrothermes.

L'*hôtel Lambert* fut bâti dans le voisinage de celui de Bretonvilliers, pour le président Lambert de Thorigny, et sur les dessins de Levau. Son aspect était très imposant. En entrant, est un vestibule où l'on voit encore aujourd'hui un *fleuve* peint en grisaille par Eustache Lesueur. Ce vestibule conduit à un appartement où était l'*Enlèvement des Sabines* par Jacques Ballavio ; dans un cabinet qui suit le salon, sont des lambris peints par Patel et Hermans, et cinq grands tableaux de Romanelli, représentant l'*Histoire d'Énée*. Le plafond est l'ouvrage de Lesueur. La galerie de l'hôtel donnant sur la Seine était une des plus belles de Paris : elle avait été décorée par Charles Lebrun, qui peignit sur le plafond les *travaux d'Hercule*. On voyait aussi un cabinet où Lesueur avait peint plusieurs sujets, et entre autres les neuf Muses. Ces peintures sont maintenant au Musée du Louvre. Le ministre Chaptal acheta l'hôtel Lambert pendant la révolution ; aujourd'hui cet hôtel sert de dépôt de marchandises. En 1831, après la démolition de l'Archevêché par le peuple, il fut un instant question de l'offrir à M. de Quélen.

Le *Pont-Marie*, qui communique de l'île Saint-Louis au quai des Ormes, fut commencé en 1614 et achevé en 1635. Il reçut le nom de l'entrepreneur Marie. Louis XIII et sa mère en posèrent la première pierre. Ce pont souffrit beaucoup de l'inondation de 1658, qui entraîna deux de ses arches ; on les rebâtit quelques années après. En 1789, le pont Marie fut débarrassé des maisons qui le couvraient ; on l'embellit par des trottoirs ; on élargit la route, et la pente fut adoucie.

Ce pont a cinq arches à plein cintre : sa longueur entre les culées est de 93 mètres 97 centimètres, et sa largeur, de 23 mètres 66 centimètres.

Le *Pont de la Tournelle*, qui conduit de l'île Saint-Louis au quai de la Tournelle, fut construit en bois, vers 1620, et emporté par les glaces en 1637. Rebâti en bois, il fut détruit partiellement en 1651, et reconstruit en pierre en 1656, comme l'atteste une inscription placée sous une de ses arches.

Ce pont, bordé de trottoirs, se compose de six arches à plein cintre : sa longueur entre les culées est de 116 mètres 58 centimètres ; sa largeur, de 14 mètres 75 centimètres.

Le *Pont-Rouge*, qui servait de communication entre la

pointe occidentale de l'île Saint-Louis et l'île de la Cité, fut bâti en bois, vers 1615, et terminé en 1636. Il ne coupait pas la Seine à angle droit : partant de l'île Saint-Louis, et arrivé à quelque distance de la Cité, il longeait cette île dans l'espace d'environ 50 mètres, formait un angle obtus, et descendait à une place du cloître Notre-Dame, où aboutissait la petite rue d'Enfer. Ce pont n'était pas encore terminé, qu'une procession, ordonnée au sujet d'un jubilé, y passa en 1634, et occasionna son ébranlement et la rupture des garde-fous ; plusieurs personnes perdirent la vie. On le détruisit en 1709. Rétabli en 1717, on lui donna le nom de *Pont-Rouge*, parce qu'il fut peint de cette couleur.

Le Pont-Rouge fut détruit en 1795. Après 1801, on construisit, à quelques mètres plus haut que l'endroit occupé par ce pont, celui de *la Cité*, dont nous parlerons plus tard.

Le *quai Malaquest* ou *Malaquais* s'étend sur la rive gauche de la Seine, depuis la rue des Saints-Pères, jusqu'à la rue de Seine. Le bord de la rivière était, en cet endroit, nommé le *port Malaquest, le heurt du port aux Passeurs*, et une partie portait les noms de l'*Écorcherie* ou de *la Sablonnière*. Les maisons qui bordent le quai dépendaient du petit Pré-aux-Clercs. Vers la fin du XVIe siècle, l'Université aliéna la plus grande partie de ce pré ; on combla alors la *Petite Seine*, canal qui s'étendait depuis la rivière jusqu'au bas de la rue Saint-Benoît, et on construisit le quai Malaquest, qui porta aussi le nom de *quai de la reine Marguerite*, à cause de l'hôtel que cette princesse, première femme de Henri IV, fit bâtir rue de Seine. Cet hôtel fut vendu en 1624, ce qui permit l'achèvement du quai, que l'on borda alors de maisons particulières. On le pava en 1670.

Le *petit Pré-aux-Clercs* fut donné, en 1368, à l'Université. Il était séparé du grand Pré par le canal de la Petite

Seine, qui fut comblé vers 1540. En 1609, Marguerite de Valois y fit construire un hôtel. Vers la fin du règne de Henri IV, ce pré était couvert de maisons et d'hôtels avec jardins.

Le *grand Pré-aux-Clercs* appartenait à l'Université, qui en céda plusieurs parties à divers particuliers. En 1640, les rues de Lille et de Verneuil, etc., furent ouvertes sur ce terrain.

Le *marché aux Chevaux,* situé entre la rue de ce nom et le quai de l'Hôpital, fut établi, sous Henri III, sur une partie de l'emplacement de l'hôtel des Tournelles, et sous Henri IV, sur celui du boulevard des Capucins. En 1642, Louis XIII autorisa François Barajon à ouvrir, au faubourg Saint-Victor, sur un emplacement nommé autrefois la *folie Eschalart,* un nouveau marché aux chevaux. En 1760, on bâtit à une de ses extrémités un pavillon qui sert de bureau et de logement à l'inspecteur du marché. En 1818, on y a exécuté de grandes réparations. Ce marché se tient les mercredis et les samedis.

Le *Jardin des Plantes* est situé entre le quai Saint-Bernard, la rue de Seine, la rue du Jardin des Plantes et la rue de Buffon. Voici l'origine de cet établissement.

En 1626, Hérouard, premier médecin de Louis XIII, obtint des lettres-patentes qui autorisaient la fondation d'un jardin où seraient cultivées des herbes et plantes médicinales. Cette fondation ne fut réalisée que par les sieurs Bouvard et Guy Labrosse, médecins du roi (1636). Ces médecins choisirent un vaste emplacement, dans lequel se trouvait comprise la *butte* ou le *champ des Copeaux,* formée par un amas successif de gravois et d'immondices de la ville, ainsi que le monticule prolongé, qu'on voit au-dessous et à l'est de la butte. Au nord de cette butte était la *voirie des Bouchers.* Ces lieux étaient alors malsains et fétides.

Guy Labrosse fit construire là des bâtiments et des salles pour des cours de botanique, de chimie et d'histoire naturelle. Le jardin, placé en face des bâtiments du Muséum d'histoire naturelle, se terminait vers la moitié de sa longueur actuelle. A son extrémité orientale était un vieux mur, au bas duquel coulaient jadis les eaux du canal de Bièvre, lorsque ce canal traversait le monastère de Saint-Victor. Entre ce mur et le cours de la Seine, étaient des marais ou jardins potagers, qui, dans la suite ont disparu et laissé le jardin s'étendre jusqu'au quai Saint-Bernard et à la place du Pont-d'Austerlitz. Pendant la révolution, on l'a agrandi d'une partie des terrains et chantiers qui se trouvaient entre ce jardin et la rue de Seine. Sa superficie actuelle a cinq fois plus d'étendue qu'elle n'en avait lors de son origine.

Labrosse mourut en 1543, après avoir publié un catalogue portant à 2,360 le nombre de plantes que renfermait le jardin. Il eut pour successeurs, dans la direction de cet établissement, Bouvard de Fourqueux, Vantier, Vallot, d'Aquin, Fagon, Poirier, Chirac, Cysternay de Fay et le célèbre Buffon (1739), qui organisa le premier un *cabinet d'histoire naturelle*. Le marquis de la Billarderie succéda à Buffon, et fit continuer les travaux entrepris par ce grand naturaliste pour étendre le jardin (1788).

Nous reviendrons sur ce bel établissement.

La *place Royale*, commencée sous Henri IV, fut achevée sous la régence de Marie de Médicis, et fermée d'une grille en fer. On la divisa ensuite par des tapis de gazon; elle fut plantée d'arbres et rafraîchie par quatre petits bassins-fontaines. Richelieu fit poser au centre de cette place, en 1639, la statue de Louis XIII; le cheval était de Daniel de Volterre, et la statue, de Biard fils. Le piédestal en marbre blanc fut chargé d'inscriptions; celle-ci était la plus remarquable : « Pour la glorieuse et immortelle mémoire du très grand, très invincible Louis le Juste, XIIIe du nom, roi de France et de Navarre; Armand, cardinal et duc de Richelieu, son principal ministre dans tous ses illustres et généreux desseins, comblé d'honneurs et de bienfaits par un si bon maître et si généreux monarque, lui a fait élever cette statue, pour marque éternelle de son zèle, de sa fidélité, de sa reconnaissance. » L'adroit ministre perpétuait ainsi sa mémoire, en même temps qu'il célébrait le règne de Louis XIII.

Cette statue fut renversée en 1792; on établit à sa place un bassin alimenté par les eaux de l'Ourcq; Napoléon en ordonna le rétablissement. Elle a été remplacée, en 1829, par une nouvelle statue équestre, sculptée, en marbre blanc, par MM. Dupaty et Cortot. Louis XIII est habillé à la romaine, ce qui paraît un contre-sens au milieu de la place Royale, qui porte à un si haut degré le caractère des constructions du XVIIe siècle.

Il y a quelques années, on avait parlé de supprimer les quatre bassins qui décoraient la place Royale; mais ils ont été conservés.

Le *Palais-Royal,* situé rue Saint-Honoré, n° 204. Le cardinal de Richelieu, ayant acheté les hôtels de Rambouillet, de Mercœur, et quelques maisons voisines fort anciennes, les fit démolir, ainsi que les restes des murs de la ville, fit combler les fossés et niveler le terrain. Sur cet emplacement, qui s'étendait, de la rue de Richelieu, que le cardinal fit ouvrir, jusqu'à celle des Bons-Enfants, l'architecte Lemercier jeta, en 1629, les fondements du palais, qui ne fut complétement achevé qu'en 1636. Voici les vers qui furent publiés sur la construction de cet édifice :

> Funeste bâtiment, autant que magnifique,
> Ouvrage qui n'est rien qu'un effet des malheurs,
> Pavillons élevés sur les débris des mœurs,
> Qui causez aujourd'hui la misère publique;
> Ordres bien observés dans toute sa fabrique,
> Lambris dorés et peints de diverses couleurs,
> Détrempés dans le sang et dans l'eau de nos pleurs,
> Pour assouvir l'humeur d'un conseil tyrannique;

> Pourpre rouge du feu de mille embrasements ;
> Balustres, promenoirs, superflus ornements ;
> Grand portail, enrichi de piliers et de niches,
> Tu portes en écrit un nom qui te sied mal ;
> On te devrait nommer l'hôtel des mauvais riches,
> Avec plus de raison que *Palais-Cardinal*.

La principale porte d'entrée présentait les armoiries de Richelieu, et au-dessus cette inscription : *Palais-Cardinal*. A sa mort, le ministre légua son hôtel au roi, qui vint y fixer sa demeure, en 1642. Dès lors, le palais prit le nom de *Palais-Royal*, qu'il a conservé.

La décoration extérieure de toutes les parties de l'édifice était due à l'architecte Oppenord. On y remarquait plusieurs galeries, une chapelle richement décorée, des salles de bal, des boudoirs, etc.

Louis XIV ayant cédé, en 1692, le Palais-Royal à son frère, le duc d'Orléans, ce prince fit détruire une vaste galerie, dont le plafond, peint par Philippe de Champagne, représentait les principales actions du cardinal, et la remplaça par des appartements. Une autre galerie, appelée *Galerie des hommes illustres de France*, occupait l'aile de la seconde cour : on y voyait les portraits de vingt-cinq personnages célèbres, entre lesquels on remarquait Montfort, Blaise de Montluc, Catherine de Médicis, Louis XIII et Richelieu. Ces portraits se voient aujourd'hui au musée du Louvre.

Le cardinal avait fait construire dans le palais deux salles de spectacle : l'une, destinée à des spectateurs de distinction, avait cinq cents places seulement ; la seconde, beaucoup plus vaste, était contiguë au palais, et située du côté de la rue des Bons-Enfants. Cette seconde salle fut accordée, en 1660, à Molière et à sa troupe. Après la mort du plus grand auteur comique dont la France s'honore, elle fut destinée à la représentation des opéras, que l'on nommait alors *tragédies mises en musique*. Un incendie la détruisit en 1763. Reconstruite en 1770, elle fut brûlée de nouveau en 1781, et transférée ailleurs. Le public arrivait à cette salle par un cul-de-sac, anciennement nommé la *Court-Orry,* passage fort incommode, sur l'emplacement duquel a été ouverte, en 1782, la *rue de Valois.*

L'escalier du palais, à droite en entrant, est admiré par les artistes, ainsi que sa belle rampe de fer.

Le duc d'Orléans, régent, forma dans le Palais-Royal une galerie composée des plus beaux tableaux des grands maîtres des diverses écoles. La collection de pierres gravées qu'il laissa était la plus considérable, la plus riche et la plus belle qu'il y ait jamais eu au monde, sans même en excepter celles du roi de France et de l'empereur d'Autriche. Cette collection, vendue en 1789, est passée en Angleterre et en Russie. Le régent, qui avait reçu des leçons d'Antoine Coypel, avait peint dans son palais une petite galerie où il avait représenté les principaux sujets de la fable de *Jason* et *Médée* (1). Ce prince avait fait peindre par Coypel une autre galerie, qui longeait la rue de Richelieu, où est aujourd'hui le Théâtre-Français. On y remarquait les principaux sujets de l'*Énéide.* Le duc d'Orléans forma aussi dans son palais une collection de modèles de toutes les productions des arts et métiers.

Dans la seconde cour, les faces des trois corps de bâtiments qui l'entouraient présentaient des ancres et des proues de navires en relief. C'étaient les insignes du pouvoir de Richelieu, qui exerçait les fonctions de surintendant de la marine ; on voit encore plusieurs de ces bas-reliefs sous la galerie de droite de la même cour.

En face de la principale entrée du Palais-Royal était un vaste hôtel appartenant à Noël de Sillery. Richelieu l'acquit en 1640, et le fit démolir pour former devant son palais une place où l'on éleva une fontaine monumentale.

---

(1) Ce cabinet a été démoli, et les peintures ont disparu.

Cette place se trouvait bordée par de vieilles maisons d'un vilain aspect; mais, en 1719, le duc d'Orléans, régent du royaume, fit abattre ces maisons et construire sur leur emplacement, par Robert de Cotte, premier architecte du roi, un édifice, nommé *Château-d'Eau*, dont nous parlerons plus tard. Ce fut sans doute alors que la fontaine disparut.

L'emplacement du jardin était, sous le règne de Charles V et longtemps après, traversé diagonalement par la muraille et les fossés de Paris : nous reviendrons sur ce jardin et sur les changements qu'a éprouvés le Palais.

Nous venons de décrire les nombreux établissements qui eurent lieu à Paris sous le règne de Louis XIII. Cette multitude d'hôtels, de couvents, de palais, fondés à cette époque, l'accroissement de la population favorisé par la paix, avaient rendu la vieille enceinte de Paris insuffisante. La muraille de François Ier était débordée de toutes parts; d'un autre côté, les faubourgs étaient devenus considérables, et il fallait les protéger par une enceinte plus vaste et plus forte. En 1626, Boyer, secrétaire du roi, proposa de faire construire sur la partie septentrionale de Paris une muraille qui, commençant près du boulevard de l'Arsenal, irait aboutir à la Seine, à l'alignement du bastion qui joignait la *porte de la Conférence*, située à l'endroit où se terminait le jardin des Tuileries (1). Mais ce projet n'eut qu'un commencement d'exécution, et les travaux furent bientôt suspendus.

En 1631, Barbier, intendant des finances, proposa de comprendre dans l'enceinte projetée une grande partie des faubourgs actuels. Ce plan ayant été rejeté, il en offrit un moins vaste, et fut autorisé à faire construire une enceinte qui commencerait à la porte Saint-Denis, sui-

(1) Il faut distinguer cette porte de la *Porte-Neuve*, située sur le quai du Louvre, vis-à-vis la rue Saint-Nicaise, et de la *Barrière de la Conférence*, placée à l'extrémité du cours.

vrait le long des *Fossés-Jaunes* (1), jusqu'à la nouvelle porte Saint-Honoré, dont la construction avait été commencée par Boyer; il fut chargé de bâtir deux nouvelles portes : l'une au bout du faubourg Montmartre, l'autre entre ce faubourg et celui de Saint-Honoré; de démolir les anciens murs, les anciennes portes qui se trouvaient depuis la porte Saint-Denis jusqu'à la Porte-Neuve, et de combler les anciens fossés.

L'exécution de ces travaux commença en 1632, sous le nom de Charles Froger, secrétaire de la chambre du roi. L'ancienne porte Saint-Honoré, située vers l'endroit où la rue de Richelieu débouche dans celle de Saint-Honoré, fut démolie. Sur son emplacement on établit une boucherie, et la nouvelle porte fut placée à l'extrémité de la rue Saint-Honoré, entre le boulevard et la rue Royale. L'ancienne porte Montmartre, située dans la rue de ce nom, un peu au sud des angles méridionaux des rues des Fossés-Montmartre et Neuve-Saint-Eustache, fut démolie, et à sa place on établit une boucherie. La nouvelle porte fut élevée sur la rue Montmartre, entre la fontaine et la rue des Jeûneurs, presque en face de la rue Neuve-Saint-Marc. Elle fut démolie en 1700. Entre la porte Montmartre et la porte Saint-Honoré, on en construisit une troisième qui fut nommée porte Richelieu. Elle fut élevée sur la rue de ce nom, près celle de Feydeau. On l'a démolie en 1701.

L'enceinte de Louis XIII était à fossés et à bastions, garnis de moulins à vent, et avec courtines plantées d'arbres. Cette muraille occupait l'emplacement des boulevards proprement dits, depuis la place de la Concorde, jusqu'à la porte Saint-Denis.

Quant à la partie méridionale de Paris, on laissa sub-

(1) Ainsi nommés à cause de la couleur des terres, et situés près de la rue Bourbon-Villeneuve. Ils furent creusés sous le règne de Charles IX.

sister son ancienne enceinte, qui était celle de Philippe-Auguste, réparée par Charles VI.

Les anciens faubourgs Saint-Honoré et Montmartre furent compris dans la nouvelle enceinte septentrionale. Sur l'emplacement qu'elle enveloppait, on ouvrit les rues de Cléry, du Mail, Neuve-Saint-Eustache, des Fossés-Montmartre, Saint-Augustin, des Victoires, de Richelieu, Sainte-Anne, des Petits-Champs, etc. La *butte Saint-Roch* ou *des Moulins*, formée par des amas successifs d'immondices et de gravois, s'élevait au milieu de ces nouvelles constructions; elle conservait encore, sous le règne de Louis XIII, sa forme agreste, sa hauteur, et ses moulins à vent : elle ne fut détruite qu'en 1667; elle a laissé plusieurs inégalités dans le quartier qui porte son nom. L'ancien village de la *Villeneuve*, détruit pendant le siége de Paris, fut compris dans l'enceinte de cette ville et rebâti. Le nom de ce village est aujourd'hui rappelé par la rue *Bourbon-Villeneuve*. L'église de Notre-Dame-des-Bonnes-Nouvelles fut construite en 1624.

Le *Marais*, dont une grande partie, encore en culture, ne présentait que de vastes enclos, se couvrit de rues nouvelles. En 1620, sur l'emplacement de la rue Culture Saint-Gervais, on traça les rues de Saint-Anastase, de Saint-Gervais; et, en 1636, celles d'Anjou, de Beaujolais, de Beauce, de Bourgogne, de Bretagne, du Forez, de la Marche, du Perche, etc., furent ouvertes. Henri IV avait voulu établir au Marais une vaste place, nommée *place de France*, à laquelle auraient abouti huit larges rues, uniformément bâties, et désignées par des noms géographiques. Cette gigantesque entreprise ne fut pas réalisée.

Dans la Cité, on ouvrit la rue Sainte-Anne, près du Palais (1631), et la rue Saint-Louis qui n'existe plus. Au faubourg Saint-Germain, sur l'emplacement du petit Pré-aux-Clercs, et sur celui de l'hôtel de Marguerite de Valois, on ouvrit quelques rues, entre autres celle des Petits-

Augustins. Sur le grand Pré-aux-Clercs, s'élevèrent des couvents, des maisons, des hôtels et des rues larges, mais sans alignement, telles que celles de Saint-Dominique (anciennement nommée le *Chemin aux Vaches*), de Bourbon ou de Lille, de Verneuil, etc. Les prairies et les jardins de ce terrain disparurent peu à peu sous cet amas de constructions nouvelles.

Nous avons vu l'île Saint-Louis se couvrir de maisons et former un quartier entièrement neuf. Ces travaux, joints à la construction de beaux et grands monuments, durent donner à Paris une face nouvelle. Le grand Corneille en a parlé dans sa comédie du *Menteur*, qui fut représentée pour la première fois en 1642 :

DORANTE.

Paris semble à mes yeux un pays de romans ;
J'y croyais ce matin voir une île enchantée (l'*Ile-Saint-Louis*) ;
Je la laissai déserte et la trouve habitée;
Quelque Amphion nouveau, sans l'aide des maçons,
En superbes palais a changé ces buissons.

GÉRONTE.

Paris voit tous les jours de ces métamorphoses ;
Dans tout le Pré-aux-Clercs, tu verras mêmes choses,
Et l'univers entier ne peut rien voir d'égal
Aux superbes dehors du Palais-Cardinal (*Palais-Royal*).
Toute une ville entière, avec pompe bâtie (1),
Semble d'un vieux fossé par miracle sortie.

On remarquait le bel *hôtel de Nevers*, situé sur l'emplacement de l'hôtel des Monnaies, qui bordait le quai jusqu'à la rue Guénégaud. Le quai, dépourvu de parapet, se terminait entre l'hôtel des Monnaies et l'Institut.

La *tour de Nesle*, avec sa porte, la *tour du Bois*, près du Louvre, et la *Porte-Neuve* subsistaient encore. Chacune de ces tours, très élevées et rondes, était accouplée à une seconde tour moins grosse et plus haute.

(1) Corneille parle ici des quartiers nouveaux situés autour du Palais-Royal, la rue Richelieu, etc.

Le *Louvre* était encore entouré de fossés alimentés par les eaux de la Seine. La façade de ce palais, du côté de Saint-Germain-l'Auxerrois, n'avait rien perdu de sa vieille physionomie : elle était terminée aux deux angles par deux tours rondes, couvertes d'un toit en forme conique. Pour arriver à la porte principale, il fallait franchir un pont composé d'arches en pierre et d'un pont-levis.

Le *jardin des Tuileries* était séparé du palais de ce nom par un espace assez considérable et par une rue qui portait le nom de ce jardin. C'est ce que nous apprennent ces vers tirés du poëme intitulé *Paris ridicule*, composés dans les premiers temps de Louis XIV :

> Qu'il (*le jardin*) est beau ! qu'il est bien muré !
> Mais d'où vient qu'il est séparé
> Par tant de pas du domicile ?
> Est-ce la mode, dans ces jours,
> D'avoir la maison à la ville,
> Et le jardin dans les faubourgs ?

Ce jardin, le Cours-la-Reine, les jardins des Plantes, du Luxembourg, furent, avec le Pré-aux-Clercs, les seules promenades de Paris ; encore les habitants de cette ville n'avaient-ils pas le droit d'aller dans la plupart de ces promenades, réservées à la cour et aux grands.

L'aspect de Paris était très varié. Presque à côté des nouvelles constructions, on voyait des monuments du moyen âge : les tours de Nesle et du Bois, la façade du Louvre, le Grand et le Petit-Châtelet, le Temple, la Bastille, le palais de la Cité, les tours et les portes de l'enceinte méridionale de Paris conservaient le caractère des temps barbares et du régime féodal. La Seine, bordée de quais sur une partie de son cours, allait battre, sur la plus grande étendue de ses rives, une grève nue et sans défense. Des quartiers nouveaux se formaient, bien alignés et biens bâtis, presque tous situés aux extrémités de la ville ; tandis qu'à l'intérieur, les vieilles rues de Paris étendaient leur sombre dédale, étroites, tortueuses, mal bâties, couvertes d'immondices, et inondées d'eaux stagnantes et corrompues; un grand nombre de ces rues n'était pas encore pavé. De belles promenades donnaient de l'air et de la lumière aux nouveaux quartiers, tandis que dans la vieille ville les maisons se pressaient, montaient les unes sur les autres, et se rapprochaient tellement, qu'elles semblaient vouloir s'étouffer. Le *Pont-Neuf* était le rendez-vous commun des étrangers, le lieu où la foule se portait avec le plus d'empressement; les charlatans y débitaient leurs drogues, faisaient des tours de gobelets ou jouaient des farces; les marchands de livres, de quincaillerie, attiraient les passants qui résistaient à l'envie de voir les tours de passe-passe ou d'acheter du baume pour guérir toutes sortes de maladies. La voix criarde des marchands de chansons ajoutait au vacarme (1). Le Pont-Neuf était alors le tableau résumé de ce qu'est à peu près aujourd'hui Paris tout entier.

L'état civil des Parisiens n'éprouva sous Louis XIII aucun changement. Les désordres se reproduisaient comme dans les siècles précédents; les vols, les assassinats, les attroupements avaient lieu presque toujours impunément, et les arrêts du Parlement étaient insuffisants pour les prévenir comme pour les punir : les coupables trouvaient un refuge dans les rues étroites de l'intérieur de Paris; les écoliers avaient en leur faveur les priviléges de l'Université; les pages et les laquais, la puissance de leurs maîtres. Les ordonnances sévères du Parlement n'eurent aucun résultat; les exécutions des coupables qu'on parvenait à saisir ne pouvaient suffire à détruire le mal : il fallait une réforme complète de la police.

Les rues n'étaient point encore éclairées pendant la nuit, ou ne l'étaient que faiblement et dans quelques quartiers. L'usage des lanternes ne devint général que sous Louis XIV.

---

(1) On a nommé dans la suite *ponts neufs* les chansons triviales et populaires.

L'obscurité des rues favorisait ainsi les désordres et les crimes.

Nous devons mentionner ici l'établissement de deux juridictions nouvelles, que nous distinguerons parmi les tribunaux exceptionnels et extraordinaires institués par Richelieu pour des cas spéciaux, le plus souvent dans le but de satisfaire ses vengeances particulières : l'une est la *Chambre du domaine*, établie en 1631, et chargée de confisquer et de réunir au domaine du roi les terres et biens-meubles appartenant aux condamnés qui suivaient le parti de la reine, mère de Louis XIII, et de Gaston, frère du roi. Cette chambre fut permanente jusqu'à la mort de Richelieu. La *Chambre de justice* ou *de l'Arsenal* fut établie, en 1631, à l'Arsenal, pour juger le crime de fausse monnaie et quelques autres crimes qui n'étaient pas désignés. Richelieu se servit de ce tribunal pour perdre ses ennemis ; à sa mort, la Chambre de l'Arsenal fut supprimée. Le cardinal avait établi à Rueil, village situé à trois lieues de Paris, une *Chambre souveraine*, par qui fut jugé et condamné le maréchal de Marillac.

C'est sous le règne de Louis XIII, en 1622, que Paris, jusqu'alors simple évêché suffragant de l'archevêché de Sens, fut érigé en archevêché, en faveur de J.-François de Gondi. On lui adjoignit pour suffragants les évêchés de Chartres, de Meaux et d'Orléans.

Les protestants vivaient paisiblement à Paris sous la protection de l'*édit de Nantes*, rendu en leur faveur par Henri IV. Une seule tentative fut faite contre eux sous ce règne. En 1621, le dimanche 26 septembre, comme ils retournaient du prêche qui avait lieu à Charenton, ils furent assaillis par une troupe de vagabonds et de gens sans aveu, dans la *vallée de Fécan* (1) ; mais ils parvinrent à repous-

(1) Représentée aujourd'hui par la rue dite *de la vallée de Fécan*, qui, au faubourg Saint-Antoine, fait la continuation de la rue de la Planchette, chemin de Charenton.

ser ces brigands. Ils furent attaqués de nouveau à la porte Saint-Antoine, et se dégagèrent en livrant un nouveau combat. L'autorité, qui, prévenue de ces projets, avait donné une escorte aux protestants, informa avec vigueur contre les auteurs des troubles : plusieurs séditieux furent pendus, d'autres bannis du royaume. A la place du temple de Charenton, incendié par ces misérables, on en fit construire un nouveau, plus vaste et plus magnifique, sur les dessins de Jacques de Brosse.

Les mœurs des Parisiens sont à peu près les mêmes que du temps de Henri IV ; nous n'y reviendrons pas.

Le Pont-Neuf, dont nous avons déjà parlé, était le théâtre ordinaire des exploits des voleurs, que l'on distinguait en *coupe-bourses*, en *tire-laines* ou *tireurs de laines*, selon qu'ils s'adressaient à la bourse, que l'on portait pendue à la ceinture, ou au manteau des gens. Voici quelques vers d'une pièce intitulée *la Ville de Paris*, par Berthaud :

> Sois-je pendu cent fois sans corde,
> Si jamais plus je vais chez vous,
> Maîtresse ville des filous,
> Et si je me mets plus en peine
> D'aller voir la Samaritaine,
> Le Pont-Neuf et ce grand cheval
> De bronze, qui ne fait nul mal,
> Toujours bien net sans qu'on l'étrille...
> Vous, rendez-vous des charlatans,
> Des filous, des passe-volans,
> Pont-Neuf, ordinaire théâtre
> Des vendeurs d'onguent et d'emplâtre ;
> Séjour des arracheurs de dents,
> Des fripiers, libraires, pédants,
> Des chanteurs de chansons nouvelles,
> D'entremetteurs de demoiselles,
> De *coupe-bourses*, d'argotiers,
> De maîtres de sales métiers,
> D'opérateurs et de chimiques,
> De fins joueurs de gobelets,
> De ceux qui rendent des poulets, etc.

Scarron, qui écrivait sous Louis XIII, a fait dans le sonnet suivant un tableau de Paris, vu sans doute par son plus mauvais côté, ou dans un moment d'humeur noire :

> Un amas confus de maisons,
> Des crottes dans toutes les rues ;
> Ponts, églises, palais, prisons,
> Boutiques bien ou mal pourvues ;
>
> Force gens noirs, roux ou grisons;
> Des prudes, des filles perdues ;
> Des meurtres et des trahisons ;
> Des gens de plume aux mains crochues ;
>
> Maint poudré qui n'a point d'argent ;
> Maint homme qui craint le sergent ;
> Maint fanfaron qui toujours tremble.
>
> Pages, laquais, voleurs de nuit,
> Carrosses, chevaux et grand bruit,
> C'est là Paris : que vous en semble ?

Voici le tableau que fait des halles l'auteur de la *Promenade au Pré-aux-Clercs*, publiée en 1622 : « Vous verrez aux halles plusieurs gueux qui ne s'amusent qu'à piller et dérober les uns les autres, tant les acheteurs que les vendeurs; à leur couper leur bourse, à fouiller dans leurs hottes et paniers. Les autres, pour mieux avoir leur proie, chanteront des chansons déshonnêtes, sales, tantôt de l'un, tantôt de l'autre, sans épargner ni dimanches ni fêtes, choses déplorables en une ville de Paris... Dans les halles et autres marchés ordinaires, on voit des femmes qui vendent des vivres : si vous en offrez moins qu'elles n'en désirent, fussiez-vous la personne la plus renommée de la France, là vous serez blasonné de toutes injures, imprécations, malédictions, taxes d'honneur, et le tout avec blasphèmes et jurements. »

Plus loin, le même auteur parle de la turbulence des étudiants : « Vous verrez, dit-il, les écoliers, plus débauchés que jamais, portant armes, pillant, tuant, paillardant et faisant plusieurs autres méchancetés, les maîtres desquels négligent d'y mettre ordre, et ainsi dérobent l'argent de leurs parents en débauches, saletés, et quelquefois emportent l'argent de leurs maîtres, en changeant tous les mois de nouveaux. »

Le luxe devint excessif sous le règne de Louis XIII. Pour être admis à la cour, il suffisait d'être vêtu d'habits pareils à ceux des courtisans, d'avoir le chapeau orné d'un panache, de porter des hauts-de-chausse, un pourpoint ou un manteau de satin ou de velours, d'avoir une longue épée pendue à la ceinture, le tout relevé de rubans incarnats et de passements d'or et d'argent. Les gentilshommes peu riches se ruinaient pour revêtir ce costume fastueux. Quelques bourgeois avaient la même folie. « Il n'y a ni fils ni petit-fils de procureur, notaire ou avocat, disent les *Caquets de l'accouchée*, qui ne veuille faire comparaison avec les enfants des conseillers, maîtres des comptes, maîtres des requêtes, présidents et autres grands officiers : l'on ne peut les distinguer ni en habits, ni en dépenses superflues. Ils hantent les banquets à deux pistoles par tête; ils empruntent argent, jouent aux dez, au piquet, à la paume, à la boule, vont à la chasse et font le même exercice des grands; ils empruntent à usure de Taversier, de Dobillon et de l'italien Jacomeny, qui sont les recéleurs de la jeunesse. » Cette manie d'imitation ruinait les familles, et la misère se cachait sous les apparences de la richesse.

Louis XIII essaya en vain d'opposer une digue à cette passion désordonnée du luxe. Une loi de 1633 défendit de porter sur les chemises, collets, manchettes, rabats, etc., aucune découpure et broderie de fils d'or et d'argent, passements, dentelles, points coupés, manufacturés tant dedans que dehors le royaume. Un édit de 1634 prohiba, pour les habillements, l'emploi de toute espèce de drap et de broderies d'or ou d'argent; il ordonna que les plus riches habillements seraient de velours, satin, taffetas, sans autre ornement que deux bandes de broderies de soie. Il défendit enfin de vêtir les pages, laquais et cochers, autrement qu'en étoffe de laine, avec des galons sur les coutures, et aux carrossiers, de faire ou de vendre des carrosses brodés d'or, ou d'argent, ou de soie. Ces lois somptuaires ne furent jamais exécutées ; il en fut de même des édits qui prohibaient les brelans, les académies de jeux et les lieux de débauche.

Les écrivains du temps peignent les *raffinés d'honneur*, fashionables du XVIIe siècle, la tête ombragée d'un volumineux panache, et portant le manteau de velours et de taffetas, les bottes blanches et garnies d'éperons, la longue épée au côté, une baguette à la main, la moustache cirée et relevée, la barbe effilée et pointue; battant le pavé, faisant tapage dans les brelans, dans les tavernes et dans les lieux de débauche, n'ouvrant la bouche que pour blasphémer et pour vanter leurs exploits et leur naissance ; un clin d'œil, un salut fait par acquit, un manteau qui touchait le leur, suffisait pour qu'ils appelassent au combat celui par qui ils se prétendaient offensés; car la manie des duels subsistait encore dans toute sa force, malgré les peines sévères dont on punissait les combattants.

C'est à ce règne qu'appartient l'usage des *baise-mains*, qu'on pratiquait à tout instant. C'est aussi à cette époque que parurent les *rodomonts*, les *fanfarons*, les *bravaches* et les *spadassins*. Ces derniers, habitués des tripots et des cabarets, faisaient profession d'assassiner pour leur compte et pour celui des autres. Les *petits-maîtres* sont encore de ce temps. L'usage du *tabac* se répandit alors en France, ainsi que la mode des *vertugardins*, *vertugalles* ou *vasquines*, bourrelets larges et assez gros, que les dames plaçaient sous leur corps de robe, de telle sorte que la robe formait un large cylindre. Un ouvrage du temps parle des femmes mondaines qui vont au Cours-la-Reine, pour y voir et être vues, « pour satisfaire leur curiosité et vanité, voir toutes les gentillesses des autres et faire parade des leurs.... » L'auteur parle ensuite des *signals* que les dames portent, et qui sont, suivant lui, autant d'enseignes d'incontinence : « Ce sont, dit-il, plusieurs nœuds de rubans de soie de la couleur dont ils conviennent (les dames et leurs amants), qui ont chacun leur nom, leur lieu et leur signification; l'un s'appelle le *mignon* et se place sur le cœur; l'autre au-dessus, proche le mignon, et se nomme le *favori*; sur le haut de la tête, et se dit le *galand*, avec le petit dizain de perles, de musc ou de diamants sur le sein, et c'est l'*assassin des dames* dont elles se parent et se vantent, disant : *C'est là mon assassin....* Sans oublier le nœud pendant à l'éventail, qu'on nomme *badin*, et le petit livret de prières, dit le *bijou....*

« Mais ce n'est pas tout, car elles ont des cheveux sur le front, à double étage, dont je tais le nom par modestie, comme aussi celui du peigne qui les dresse et arrange sur le front, (noms) qui sont horribles. Les cheveux frisés sur leurs tempes ont nom les *cavaliers*; les *moustaches* pendantes et les cheveux bavolant le long du visage s'appellent les *garçons*; les *mouches* sur le visage, sur le sein, et même sur la mamelle aux plus libertines, portent parfois le nom d'*assassins*, quand elles sont plus que les autres en forme longue, comme pour couvrir une plaie; mais particulièrement sur le visage des hommes auxquels ils (les hommes) donnent toujours le nom d'*assassin*, et mettent le *galant* à la moustache. »

Paris fut frappé de contagion pendant l'année 1631 : les hôpitaux furent encombrés de malades; l'année suivante vit créer des établissements utiles, des *ateliers de charité* où furent admis les pauvres valides.

Richelieu protégea les lettres, mais il asservit la presse, qui avait joui d'une grande liberté sous le règne de Henri IV. Il prit à ses gages des écrivains chargés de louer ses actions, mais il racheta cette faiblesse en instituant l'Académie française. Quelques hommes de lettres, tels que Godeau, Chapelain, Gombaud, Giri, Cerisai, se réunissaient une fois par semaine, dans la maison de Conrard, secrétaire du roi, maison située rue Saint-Denis; ils y lisaient leurs ouvrages. L'abbé de Bois-Robert parla de cette réunion à Richelieu, qui voulut en être le protecteur, et qui, en 1635, la fit ériger en *Académie française*, après avoir décidé que ses membres n'excéderaient pas le nombre de 40. Voici comment M. Bazin raconte l'établissement de ce corps savant dans son *Histoire de Louis XIII* :

« Ce fut à peu près en ce temps qu'on imprima à Paris une histoire de Louis-le-Juste, écrite par Scipion du Pleix, « sur les mémoires du cardinal, » disait-on, mais certainement avec son aveu. Cette histoire allait jusqu'à la fin de l'année 1634. Une autre publication accompagna cet ouvrage. C'était un recueil de toutes les pièces composées depuis trois ans pour la défense du gouvernement contre les libelles venus de France. On y lisait une longue préface, écrite en style fleuri par le conseiller d'état Paul Hay du Châtelet, où se trouvaient relevées les principales calomnies répandues contre le cardinal. Ce recueil était de plusieurs mains; mais l'élégance affectée du discours préliminaire semblait le placer tout entier sous la recommandation d'une société naissante, établie pour la conservation du beau langage, et dont le sieur du Châtelet faisait partie. Un des familiers du cardinal lui avait rapporté qu'un petit nombre d'écrivains se réunissaient, à jour fixe, chez le mieux logé d'entre eux, pour s'entretenir de leurs études, se soumettre l'un à l'autre leurs ouvrages, et sans doute critiquer ceux des autres : le cardinal vit aussitôt dans cette innocente fantaisie le fondement d'un établissement public. Il offrit de prendre sous sa protection leurs entretiens, d'autoriser leurs décisions, de convertir en ré-

glement leurs conventions, et de soumettre les choses d'esprit au régime des lettres-patentes. Une telle faveur, toute chagrinante qu'elle fût jugée de plusieurs, ne pouvait être refusée. A ceux qui composaient la réunion primitive, s'adjoignirent les patrons de la société auprès du cardinal. François Metel de Bois-Robert, son bouffon en titre, homme d'esprit du reste, et de nature obligeante, y entra des premiers; le garde des sceaux, un secrétaire d'état, des conseillers d'état et maîtres des requêtes voulurent y être affiliés. On créa des officiers; on fit des projets de statuts; on disputa sur le nom qu'il siérait de prendre; enfin le roi approuva (20 janvier) « les assemblées et con-
« férences qui se tenaient pour rendre le langage fran-
« çais non seulement élégant, mais capable de traiter
« tous les arts et toutes les sciences; permit de les con-
« tinuer désormais en sa bonne ville de Paris, sous le
« nom de l'Académie française, au nombre de quarante
« personnes, sous la protection du cardinal de Richelieu,
« qui en arrêterait les statuts; avec exemption pour ceux
« qui en faisaient partie de tutelles et curatelles, comme
« aussi de tous guets et gardes, et attribution privilégiée
« des procès qu'ils pourraient avoir aux requêtes de l'Hôtel
« ou du Palais, ainsi qu'en jouissaient les officiers domes-
« tiques et commensaux de la maison du roi. »

Le Parlement enregistra les lettres qui érigeaient l'Académie française, en 1637, avec l'addition de cette clause, que « l'Académie ne pourrait connaître que de la langue française et des livres qu'elle aurait faits, ou qu'on exposerait à son jugement. » Cette société se déshonora en faisant une amère critique du *Cid* de Corneille, pour satisfaire les idées du cardinal de Richelieu (1). Elle continua de siéger rue Saint-Denis jusqu'après la mort du cardinal;

---

(1) Le cardinal, auteur de mauvaises tragédies, telles que *Misame* et *Mérope*, ne pouvait voir sans déplaisir l'immense succès qu'obtinrent les chefs-d'œuvre du grand poëte.

le chancelier Séguier lui céda, à cette époque, une partie de son hôtel. Louis XIV lui accorda pour ses séances une salle du Louvre. Supprimée à la révolution, elle a été rétablie dans la suite.

Richelieu fonda aussi une *Académie royale pour la noblesse*, rue Vieille-du-Temple (1636), pour l'instruction de plusieurs jeunes gentilshommes à qui l'on enseignait les exercices militaires, les mathématiques et l'histoire. On ne retrouve aucune trace de cet établissement après la mort du cardinal. L'*imprimerie royale*, fondée sous le ministère du duc de Luynes, en 1620, reçut, en 1642, une organisation nouvelle. Cramoisy en fut le premier imprimeur. En deux ans, il sortit de ses presses soixante-dix gros volumes in-folio grecs, latins, français, italiens, imprimés avec beaucoup de soin. L'imprimerie royale n'a cessé de faire les plus grands progrès : aujourd'hui, elle possède des poinçons, matrices et caractères des langues de presque tous les peuples de la terre qui ont une écriture, et notamment les 137,000 signes de la langue chinoise.

Établie d'abord dans la galerie du Louvre, cette imprimerie fut transférée plus tard à l'hôtel de Toulouse, en face de la place des Victoires, et, en 1809, à l'hôtel de Soubise, et dans le bâtiment de cet hôtel appelé *Palais-Cardinal*, situé rue Vieille-du-Temple.

Sous Louis XIII, parurent dans la capitale les premiers ouvrages périodiques : le *Mercure français*, dont on publiait un volume par année, renfermait le récit des événements publics, les actes du gouvernement et plusieurs pièces historiques relatives à l'état de l'Europe ; il fut commencé en 1611. Les auteurs de cette publication, qui obtint un grand succès, établirent, en 1630, un *bureau d'adresses*, ou dépôt de diverses marchandises à échanger ou à vendre, et firent imprimer et publier l'annonce de ces objets. Dans la suite, ils joignirent à ces annonces des nouvelles politiques; et, en 1637, ils publièrent la *Gazette* (1), qui paraissait chaque semaine, et dont la feuille ne coûtait que deux liards. Ce journal fut l'origine de la *Gazette de France*.

Ces établissements amenèrent un développement notable dans la littérature française. La critique et la discussion en matière de goût s'établit pour la première fois; on commença à mieux étudier l'antiquité et à donner des règles à la langue. Les théâtres s'épurèrent (*voy.* plus loin l'article consacré aux théâtres); les écrivains, protégés par Richelieu, devinrent plus nombreux que par le passé; enfin, les journaux exercèrent le jugement du public, et répandirent en France le goût de la bonne littérature. Ce fut aussi pendant cette période que s'établit une heureuse rivalité entre les divers corps enseignants : les jésuites régularisèrent l'instruction et formèrent d'excellents élèves, dont plusieurs ont acquis une grande célébrité. Les séminaires furent fondés et contribuèrent à faire acquérir des connaissances solides au clergé.

En 1614, on réforma l'art de l'écriture, dont le caprice était auparavant la seule règle. Louis Barbedor et Lebé, écrivains de Paris, fixèrent par des exemples, le premier, la forme des lettres françaises, et le second, celle des lettres italiennes. Ces exemples, déposés au greffe du Parlement, furent gravés et publiés au profit de la communauté des écrivains.

Nous devons jeter maintenant un coup d'œil sur l'état des théâtres et de l'art dramatique sous le règne de Louis XIII. Parlons d'abord des théâtres.

Le *théâtre de l'hôtel de Bourgogne,* situé rue Mauconseil. La farce dominait encore sur ce théâtre, mais on commençait à y jouer des comédies sérieuses et des pièces où figuraient les divinités de la mythologie ; ses priviléges

---

(1) Ce nom dérive de l'italien *gazetta*, petite pièce de monnaie qui était le prix d'un des plus anciens journaux publié à Venise, au XVIIe siècle.

furent confirmés en 1613. On autorisa, suivant l'ancienne coutume, les comédiens à jouer *tous mystères, jeux honnêtes et récréatifs*, sans offenser personne. Sur ce théâtre se rendirent célèbres quelques acteurs : *Turlupin*, dont le nom véritable était Henri Legrand, dit Belleville, qui passait pour n'avoir pas son pareil dans le bas-comique ; Hugues Guéru, qui dans les rôles sérieux était nommé *Fléchelles*, et dans la farce *Gautier-Garguille;* il jouait à merveille les rôles de gascon, les vieillards de farce, et faisait rire par ses chansons gaillardes, dont le recueil a été publié ; Robert Guérin, dit *Lafleur* dans les rôles sérieux, et *Gros-Guillaume* dans la farce, était extraordinairement gros, et faisait rire par ses saillies et son jeu. On dit que ces trois acteurs étaient garçons-boulangers au faubourg Saint-Laurent ; ils louèrent un petit jeu de paume situé près de l'Estrapade, s'y bâtirent un théâtre, et représentèrent des scènes qu'on nommait *turlupinades*. Les comédiens de l'hôtel de Bourgogne, jaloux de leurs succès, se plaignirent au cardinal de Richelieu, qui, après avoir beaucoup ri des farces des acteurs-boulangers, les fit admettre à l'hôtel de Bourgogne.

Bertrand Haudrin, dit *Saint-Jacques* et *Guillot-Gorju*, qui succéda aux précédents, jouait avec succès les rôles d'apothicaires et de médecins ridicules. Dulaurier, surnommé *Bruscambille*, obtint une grande célébrité, ainsi que *Jean Farine*, dont on ignore le véritable nom, Julien de l'Épy, surnommé *Jodelet*, etc. Ces acteurs, à l'exception de Gros-Guillaume, ne jouaient jamais sans masque et paraissaient toujours dans des rôles semblables et avec les mêmes costumes.

Le théâtre se composait d'un parterre et de quelques rangs de loges ; les grands seigneurs et la cour ne dédaignaient pas d'aller applaudir les farces qu'on y représentait.

Le *théâtre du Marais*, situé d'abord rue de la Poterie,

hôtel d'Argent, entre les rues de la Tixeranderie et de la Verrerie, se transféra, sous le règne de Louis XIII, dans la rue Vieille-du-Temple ; il était occupé par une troupe de comédiens italiens pensionnés du roi. Là brillaient Arlequin, Pantalon, Mézetin, Trivelin, Isabelle, Colombine, le Docteur, Tiberio Fiorelli, dit *Scaramouche*, et Mondori, excellent acteur, admiré dans les rôles de héros comme dans ceux de bouffons.

Le *théâtre du Palais-Royal*, contigu au palais, fut bâti par ordre du cardinal Richelieu, qui y fit jouer sa tragédie de *Mirame*, le 28 janvier 1637 (1) ; la représentation lui coûta 100 ou 200,000 écus. Sur ce théâtre, on ne jouait que des tragédies, des tragi-comédies, des comédies héroïques, que composaient Pierre Corneille, Rotrou, de L'Estoile, Bois-Robert, Colletet, l'abbé Desmarets et le cardinal lui-même. Zacharie Jacob, dit *Mont-Fleury*, était le meilleur acteur de ce théâtre ; il était si gros, que Cyrano de Bergerac disait de lui : « Il fait le fier, parce qu'on ne peut le bâtonner tout entier en un jour. »

Sur ce théâtre parut, en 1636, la tragédie *du Cid*, qui fut suivie, en 1639, des *Horaces* et de *Cinna*, pièces dont le succès amena une révolution dans l'art dramatique.

Le *théâtre d'Avenet* fut établi, en 1632, rue Michel-le-Comte ; on y jouait des comédies et des farces. Il ne se soutint pas longtemps.

Sur le Pont-Neuf, rendez-vous des charlatans et des badauds de Paris, près de maître Gonin, habile joueur de gobelets (2), et des marionnettes que Brioché faisait voir (3), se trouvaient plusieurs spectacles, et notamment

---

(1) Cette pièce n'eut qu'un médiocre succès ; ce qui fit dire au cardinal : « Les Français n'auront jamais de goût pour les belles choses. »

(2) Son nom est devenu proverbial, pour désigner les fourbes habiles ; on qualifia souvent le cardinal de Richelieu de maître-gonin.

(3) Il était établi à l'endroit où est aujourd'hui l'arcade de l'abreuvoir, en face de la rue Guénégaud.

celui de Desiderio Descombes et le théâtre de Tabarin, situé place du Pont-Neuf, du côté de la place Dauphine. Tabarin était un bouffon au service d'un charlatan nommé Mondor; il jouait le rôle d'un niais, et proposait à son maître des questions ridicules auxquelles celui-ci, vêtu en habit de médecin, répondait gravement en termes scientifiques et ampoulés. Tabarin, vêtu d'une longue veste et d'un large pantalon, portant un chapeau et une batte d'arlequin, se montrait toujours mécontent des réponses de son maître, et en donnait d'autres, originales et grossières, qui causaient parmi les spectateurs des accès de fou-rire.

La vogue de Tabarin fut telle, que quelques auteurs écrivirent des satires contre lui. On a publié six éditions des œuvres de ce bouffon. On connaît les vers de la fable de La Fontaine :

> Le Charton n'avait pas dessein
> De les mener voir Tabarin.

Dans une pièce satirique de 1622, on lit :

> Que si l'on a les dents gâtées,
> Faut les pommades fréquentées,
> L'opiate, le romarin,
> Que l'on trouve chez Tabarin.

Le charlatan représentait des farces sur son théâtre. Molière a emprunté à une de ces pièces la scène du sac des *Fourberies de Scapin*. Boileau lui en fit le reproche, en lui disant qu'il aurait atteint le sublime de l'art s'il n'eût

> Quitté pour le bouffon l'agréable et le fin,
> Et sans honte à Térence allié Tabarin ;
> Dans ce sac ridicule où Scapin s'enveloppe,
> Je ne reconnais plus l'auteur du Misanthrope.

En 1634, les habitants de la Cité se plaignirent au Parlement de l'indécence des propos et des scènes de Tabarin ; la cour décréta que le bailli du palais ferait exécuter avec rigueur les ordonnances rendues à ce sujet.

Peu de temps avant l'établissement de Tabarin, on voyait dans la cour du palais le signor *Hieronimo*, qui vendait de l'onguent contre la brûlure. Il attirait les passants par les lazzis de *Galinette la Galine*, bouffon du théâtre de Bourgogne, et le bruit de quatre violons. Ce charlatan se brûlait en public diverses parties du corps, se donnait des coups d'épée; il appliquait son baume, et le lendemain montrait ses plaies guéries et cicatrisées.

Le règne de Henri IV et le commencement de celui de Louis XIII virent une confusion étrange de tous les genres de spectacles : les tragi-comédies, les tragédies, les moralités existaient ensemble. L'esprit de gaieté se conservait dans les discours facétieux et les prologues. Les acteurs, avant de jouer une pièce, avaient pour usage de soutenir quelque paradoxe burlesque ou graveleux, de faire l'éloge de la laideur, du crachat, de la pauvreté, etc., de railler les pédants et les censeurs, et de plaisanter sur tout. Mais c'étaient là des jeux de populace, et qui allaient mourir avec le XVIIe siècle. Une génération nombreuse de poëtes s'était élancée sur les traces de Hardy, et ne tarda pas à le dépasser. On vit paraître les pièces de Théophile, Racan, Mairet, Gombault, Rotrou, Scudéry, et enfin de Corneille. Ces pièces effacent les drames incorrects et informes de Hardy; l'exemple du vieil auteur prévalut cependant quelque temps après sa mort (1630), et on ne passa pas sans secousse de la licence à la régularité.

Daniel Heinsius fut un des premiers qui mirent en avant la querelle des unités (1611). Les réguliers, auteurs qui se conformèrent aux règles de l'unité, ne le firent d'abord qu'avec une grande circonspection. Mairet se crut obligé de défendre sa *Sylvanire* (1625) contre les attaques des partisans de Hardy, et de réclamer la tolérance en faveur des unités de temps et de lieu; ce même auteur ne suivit

(1) *Tableau historique et critique* de la poésie française et du théâtre français au XVIe siècle, 1828, tome 1, 322-23.

pas toujours ces règles. Rotrou et Scudéry se laissaient aller aux vieilles habitudes ; Corneille faisait *Mélite*, sans se douter de l'unité de temps et de lieu. Les comédiens s'effrayaient d'une innovation destinée à ruiner leur répertoire. « M. Corneille, disait mademoiselle Beaupré, nous a fait un grand tort. Nous avions ci-devant des pièces de théâtre pour 3 écus, que l'on nous faisait en une nuit ; on y était accoutumé, et nous y gagnions beaucoup. Présentement, les pièces de M. Corneille nous coûtent bien de l'argent, et nous gagnons peu de chose. Il est vrai que ces vieilles pièces étaient misérables ; mais les comédiens étaient excellents, et ils les faisaient valoir par la représentation. »

Les comédiens étaient alors divisés en deux troupes : « Celle du Marais, dit M. de Sainte-Beuve, qui avait depuis longtemps obtenu des confrères de la Passion le droit de jouer aux mêmes conditions que les comédiens de l'hôtel de Bourgogne, mais qui n'avait pu d'abord soutenir la concurrence, venait de rouvrir son théâtre à l'hôtel d'Argent, encouragée par le succès fou de *Mélite* (1629). Les premiers toutefois restèrent les plus considérables, et doivent être regardés comme les ancêtres directs de la comédie française. Déjà qualifiés du titre de *comédiens du roy*, ils travaillaient à s'affranchir du tribut humiliant qu'ils payaient à la confrérie. Elle subsistait toujours, en effet, sinécure joyeuse, réunion d'artisans débauchés, qui s'enivraient et s'engraissaient aux frais du théâtre. Le Parlement mit fin au scandale ; mais, en échappant à un si méprisable vasselage, les comédiens tombèrent sous un joug plus noble et plus pesant : le cardinal de Richelieu, qui, grâce à ses cinq faiseurs, se piquait d'être le premier auteur dramatique du royaume, s'installa le patron, c'est-à-dire le maître de la Comédie comme de l'Académie. Un jour que Chapelain se plaignait, en sa présence, des difficultés qu'éprouvait la règle des vingt-quatre heures, il fut décidé que la règle deviendrait loi. En conséquence, le comte de Fiesque, grand seigneur bel esprit, qui tranchait du Mécène et pratiquait volontiers les coulisses, signifia l'édit au parlement comique, et, ainsi qu'on peut le croire, il ne fallut pas recourir au lit de justice. Avec la *Sophonisbe* de Mairet, qui parut la même année que *Mélite* (1629), commença l'ère des pièces régulières. On remarquera pourtant que l'auteur ne s'est pas fait scrupule de laisser fréquemment la scène vide, ou de la changer d'une chambre à l'autre pendant la durée des actes. L'inexpérience était grande encore en matière de régularité, et avant d'exclure le système de Racine du fatras de Hardy, qui le contenait au fond, on eut besoin de multiplier les épreuves. C'est à cette époque de transition et sous l'empire de cette poésie un peu équivoque, que furent composés la *Marianne* de Tristan, la *Cléopâtre* de Benserade, le *Mithridate* de la Calprenède, et avant tout, cet admirable *Cid* (1636), dans lequel le génie triompha si puissamment de la forme, et, ce qui était encore inouï au théâtre, se montra si original en imitant. L'on sait que Richelieu *se ligua* contre le *Cid*, et que l'*Académie en corps le censura*; mais ce qu'on sait moins, ce sont les détails et les conséquences de cette querelle littéraire, qui occupa la ville et la cour durant toute l'année 1637, et qui décida sur la scène française le règne absolu des unités. »

Scudéry publia une amère critique du *Cid*; il traita Chimène de *parricide*, d'*impudique*, de *prostituée*, et chercha à prouver que la pièce péchait contre l'unité d'action, la vraisemblance et les bonnes mœurs, et que l'auteur avait eu tort de resserrer en vingt-quatre heures des événements qui tiennent quatre années dans l'histoire. Mairet, Desmarets, Claveret, Durval, et autres poëtes médiocres, combattirent avec force la règle des unités; mais peu à peu ils s'asservirent à cette règle, et s'ils se permirent de la violer quelquefois, ils eurent toujours le soin de s'en excuser auprès du public. Rotrou, le seul écrivain de mérite de l'école de Hardy, ne se soumit jamais. Ses ouvrages se distinguent néanmoins par un grand intérêt et la supériorité du style.

C'est ainsi que le génie de Corneille créa l'art dramatique moderne, et força, par l'enthousiasme qui accueillit ses ouvrages, les poëtes les plus jaloux de sa gloire à le suivre dans la nouvelle carrière qu'il avait ouverte.

CHAPITRE XVI.

PARIS SOUS LOUIS XIV.

(1643 — 1715.)

Louis XIV naquit, en 1638, à Saint-Germain-en-Laye. Anne d'Autriche le mit au monde après une stérilité de vingt-trois ans. Les historiens ont assigné diverses causes à la naissance de ce roi; mais nous ne devons pas nous en occuper. On dit que la reine, femme galante et voluptueuse, avait donné le jour à un autre enfant mâle, dont Louis XIII n'était pas le père, et qui fut livré à des personnes de confiance chargées de l'élever dans l'ignorance de son origine. Enfermé dans diverses prisons par Louis XIV, il serait mort en captivité, et le peuple l'aurait nommé l'*homme au masque de fer*; mais trop de conjectures et de doutes se présentent à ce sujet pour que l'histoire ait pu découvrir la vérité.

Le règne de Louis XIV s'ouvre par une régence, comme celui de son prédécesseur. Anne d'Autriche, nommée régente par le Parlement de Paris, le 18 mai 1843, abandonna toute l'autorité au cardinal Mazarin, que l'on soupçonne d'avoir été son époux en secret. L'avidité du ministre, l'augmentation des impôts, fatiguèrent le peuple. Un puissant parti, composé de princes, de seigneurs et de quelques membres du Parlement, redoutant le retour des persécutions, s'était formé contre la cour ; il ne fallait qu'une étincelle pour amener un violent incendie. En 1648, plusieurs édits bursaux amenèrent, de la part du Parlement, des remontrances qui ne furent pas écoutées. Cette cour fit publier une déclaration portant qu'elle ne vérifierait plus aucun édit contre le peuple ; elle se divisa en trois partis : les *frondeurs*, qui avaient résisté à la vérification des édits ; les *mazarins*, dévoués au premier ministre, et les *mitigés*, prêts à se jeter dans l'un ou l'autre parti. Les frondeurs parvinrent à faire rendre deux arrêts portant union entre tous les parlements et autres cours souveraines du royaume. Mazarin crut détourner l'orage en destituant le surintendant des finances Emery : se jugeant plus fort qu'il n'était, il fit emprisonner Broussel et Blancménil, courageux conseillers du Parlement qui avaient résisté à l'oppression du cardinal, et exila quelques autres membres ses ennemis.

A cette nouvelle (26 août), le peuple se soulève ; on prend les armes, et les rues sont tendues de chaînes et barricadées, comme au temps de la Ligue. La régente, qui habitait, avec son fils, le Palais-Royal, déclara que, dès que les Parisiens auraient posé les armes, elle rendrait la liberté aux deux captifs ; mais le maréchal de la Meilleraie et le cardinal de Retz, coadjuteur de l'archevêque de Paris, envoyés par la régente pour calmer le peuple, ne purent y parvenir. Un combat s'engagea ; interrompu par la nuit, il recommença le lendemain. Le Parlement vint en corps au Palais-Royal demander la liberté de Blancménil et de Broussel, et n'obtint qu'un refus. Le peuple le força de revenir vers la régente, et retint le premier président en otage, en menaçant d'aller en armes au Palais-Royal, de l'incendier et de tuer le cardinal Mazarin. Cette fois, la reine crut devoir céder, et signa l'ordre de la mise en liberté et du rappel des conseillers arrêtés ou bannis. Les

Parisiens ne posèrent les armes que lorsque Broussel parut au milieu d'eux ; ils l'accompagnèrent en triomphe jusqu'à sa maison. La journée du 27 août a retenu dans l'histoire le nom de *journée des barricades*.

Le succès obtenu par le parti de la Fronde lui donna beaucoup de force ; le duc de Longueville, le prince de Conti, le duc de Beaufort, surnommé le *roi des halles* à cause de sa popularité, les ducs d'Elbeuf et de Bouillon, etc., s'associèrent à ses menées. La qualification de *frondeur* devint tellement en faveur que l'on portait des épées, des rubans, des dentelles *à la Fronde*. La désignation de *bon frondeur* équivalait à celle d'homme de bien.

La régente, ne se croyant pas en sûreté à Paris, où les partis étaient dans une grande surexcitation, où les princes et le coadjuteur cabalaient contre elle, s'enfuit à Ruel avec son fils et Mazarin (13 septembre). Revenue dans la capitale, sur l'invitation du Parlement, elle en sortit secrètement le 6 janvier 1649, et se retira à Saint-Germain-en-Laye ; elle résista aux instances du Parlement, dont la députation fut assez mal accueillie, et qui rendit, le 8 janvier, un arrêt par lequel Mazarin était déclaré perturbateur du repos public, ennemi du roi et de l'état ; il lui était enjoint de quitter la cour dans le jour même, et le royaume dans la huitaine. Ce temps passé, tous sujets du roi devaient lui courir sus. Le Parlement ordonnait, en outre, qu'il serait fait une levée de gens de guerre dans Paris. Cet arrêt fut le signal de la guerre ; on se battait depuis longtemps avec des épigrammes et des chansons ; on en vint alors à des armes plus sérieuses.

L'armée du roi, commandée par le prince de Condé, s'empara de Saint-Cloud, de Saint-Denis, de Charenton. Les frondeurs, de leur côté, levèrent une armée de douze mille hommes ; le coadjuteur fit les frais d'un régiment de cavalerie et se mit lui-même à sa tête ; mille intrigues, quelques escarmouches et attaques de postes ou de convois, des pillages, furent les traits principaux de cette guerre. Le régiment de Gondi ayant été mis en déroute dans une sortie, on appela cet échec la *première aux Corinthiens*, par allusion au diocèse de Corinthe dont le coadjuteur était archevêque titulaire; enfin les intrigues de la cour parvinrent à diviser le Parlement et à acheter la soumission de la plupart des princes frondeurs; il se fit un arrangement entre le Parlement et la cour. Les magistrats conservèrent le droit de s'assembler, la reine garda son ministre et rentra à Paris, le 16 août 1649. Condé avait servi d'intermédiaire entre les deux partis, donnant tour à tour des espérances et des craintes à chacun; il s'en prévalut avec orgueil contre Mazarin, et ne garda aucun ménagement avec lui; l'astucieux cardinal le fit arrêter avec le prince de Conti et le duc de Longueville (18 janvier 1650), et conduire au donjon de Vincennes. La captivité des princes amena un soulèvement presque général en France. Le ministre d'état se vit bientôt abandonné par tous ses partisans. Le Parlement fit des remontrances à la régente pour obtenir d'elle la liberté des princes et le renvoi de Mazarin; celui-ci, ne sachant comment tenir tête à l'orage, s'enfuit secrètement de Paris, le 6 février 1651; le Parlement lui ordonna de vider le royaume dans quinze jours, avec ses parents et ses domestiques. Mazarin se retira à Cologne, d'où il entretint une correspondance très active avec la reine.

Cependant le règne de Condé ne fut pas long : la reine, à laquelle il s'était rendu insupportable par sa hauteur, se rapprocha des frondeurs et de Gondi; et Condé, forcé à deux reprises de quitter Paris, souleva quelques provinces et traita avec l'Espagne contre le roi et la France (1)

---

(1) Le 21 août, le prince de Condé se rendant à son hôtel, situé entre les rues de Vaugirard, de Condé et des Fossés-de-Monsieur-le-Prince, rencontra, rue du Paon, une procession à la tête de laquelle était le coadjuteur; il s'agenouilla avec sa suite. Gondi lui donna sa bénédiction et

(septembre 1651). Le roi venait d'être déclaré majeur ; la reine, malgré ses promesses, rappela Mazarin, ce qui causa de grandes agitations dans la capitale, et le ministre, qui avait levé une petite armée, vint se réunir à la cour, qui s'était rendue à Poitiers pour faire la guerre au prince de Condé. Le Parlement de Paris persistait à demander l'éloignement de Mazarin. Condé était parvenu à entrer dans la capitale; l'armée royale, commandée par Turenne, le harcelait de son mieux, il en résultait de grands dégâts aux environs de Paris; les échevins et le prévôt des marchands penchaient pour Mazarin, le Parlement et les autres cours de justice lui étaient contraires et ne cessaient de demander à la reine son renvoi ; le cardinal de Retz agissait alors pour le parti de la cour. Presque chaque jour voyait se renouveler à Paris des scènes de désordres. Le 2 juillet 1652, un combat meurtrier s'engagea entre l'armée royale et celle du prince, et les faubourgs Saint-Antoine et Saint-Denis en furent le théâtre. Après une opiniâtre résistance, Condé allait être vaincu et Turenne forçait l'enceinte de Paris, lorsque mademoiselle de Montpensier, fille de Gaston dit d'Orléans, fit tirer le canon de la Bastille contre l'armée royale (1). Cette attaque imprévue paralysa les efforts de Turenne et sauva Condé.

Le désordre était à son comble dans Paris. Condé, ayant voulu forcer les magistrats de la ville à se déclarer en sa faveur, rencontra chez eux une résistance inattendue ; pour en venir à bout, il souleva le peuple, qui massacra quelques échevins et mit le feu à l'Hôtel-de-Ville (4 juillet 1625). Il avait déjà fait adopter aux Parisiens un signe

lui fit une salutation, que son mortel ennemi fut obligé de lui rendre. Cet événement comique a peut-être inspiré à Boileau la jolie scène du cinquième chant du *Lutrin*.

(1) Cette princesse *tua son époux*, et le roi, qui songeait, dit-on, à l'épouser, ne lui pardonna jamais.

de ralliement, composé d'un peu de paille, qu'on mettait sur le chapeau. Il nomma Broussel prévôt des marchands, et le duc de Beaufort gouverneur de Paris, et forma un conseil de ville, composé d'hommes dévoués à sa personne.

La cour, sur les vives remontrances du Parlement, fit savoir qu'elle renverrait le cardinal, si les princes consentaient à licencier les troupes de Lorraine et d'Espagne qu'ils venaient de faire entrer en France. Le Parlement rendit de nouveaux arrêts contre Mazarin, et le duc d'Orléans fut nommé lieutenant-général du royaume. La cour cassa les nominations faites par le parti des princes, et forma à Pontoise un nouveau Parlement, composé de divers conseillers que les troubles de Paris avaient éloignés de cette ville. Mazarin prit enfin, le 19 août 1652, la résolution de quitter encore une fois la France, et se réfugia à Sédan. La discorde s'était mis parmi les princes, qui avaient perdu beaucoup de leur influence sur le peuple: tout le monde désirait la paix. Condé se retira ainsi que le duc d'Orléans, et le roi rentra dans Paris le 21 octobre 1652; une amnistie signala son entrée solennelle; mais les chefs de la Fronde en furent exceptés. Gaston fut relégué à Blois, sa fille à Saint-Fargeau, le cardinal de Retz fut enfermé à Vincennes, Condé fut condamné à mort par contumace. Cet arrêt fut le signal du retour de Mazarin, qui entra dans Paris en triomphe. Telle fut la fin de cette étrange guerre, où l'on dépensa moins de sang que de plaisanteries, de pamphlets en prose et de traits d'esprit.

Les mémoires du temps témoignent des calamités que causèrent aux environs de Paris, et à cette ville elle-même, les désordres et les guerres civiles de cette époque; en 1653, on y comptait quarante mille pauvres.

Mazarin gouverna la France jusqu'à sa mort, arrivée en 1661. On a des recueils énormes des *Mazarinades*, ou pièces satiriques publiées contre ce cardinal. Après sa mort, il y eut contre sa mémoire un semblable débordement de l'opinion publique. Voici une des épitaphes qui lui furent faites :

> Ci-gît l'ennemi de la Fronde,
> Celui qui fourba tout le monde ;
> Il fourba jusques au tombeau ;
> Il fourba même le bourreau,
> Evitant une mort infâme ;
> Il fourba le diable en ce point
> Qu'il pensait emporter son âme ;
> Mais l'affronteur n'en avait point.

C'est par des exagérations semblables que des rimeurs imbéciles ont cru flétrir un ministre habile, qui, avec moins de génie toutefois que Richelieu, fut moins cruel, moins vindicatif que son prédécesseur.

Louis XIV commença à l'âge de vingt-trois ans à régner par lui-même. La reine-mère consacra le reste de sa vie aux exercices de piété et se retira dans la rue Saint-Jacques, au monastère du Val-de-Grâce ou de Notre-Dame-de-la-Crèche, qu'elle avait commencé de faire construire en 1645; elle y mourut en 1666.

Nous laisserons à l'histoire de France le soin de raconter les événements du long règne de Louis-le-Grand, ses guerres, ses amours, l'agrandissement du pouvoir royal. La cour n'avait jamais été aussi brillante, aussi fastueuse que sous Louis XIV. Ce prince fit bâtir plus de palais qu'aucun de ses prédécesseurs. Le seul château de Versailles coûta 1,200,000 millions. Les travaux les plus gigantesques furent entrepris; des fêtes, des spectacles, des ballets, des carrousels, des chasses royales, donnèrent un vif éclat à ce règne, qui fut aussi le siècle des arts et des lettres. Le grand Colbert donna une nouvelle vie aux sciences, à l'agriculture, au commerce, et établit un grand nombre de manufactures en France. Mais la vieillesse de Louis XIV ne répondit pas à la splendeur de ses jeunes années. Il devint dévot, persécuta les protestants, laissa faire les dragonnades contre les réformés des Cévennes, et révoqua l'édit de Nantes, signé par Henri IV, en faveur des protestants. Il opprima les jansénistes, et fit la folie d'épouser la veuve de Scarron, qu'il créa marquise de Maintenon. Les ministres établirent un ordre nouveau dans les diverses parties de l'administration ; mais il laissa en mourant une dette de 2,062 millions de livres argent (à 28 livres le marc). Loué à l'excès pendant sa vie, il fut peu regretté après sa mort. On insulta ses statues par de sanglantes affiches ; on se permit publiquement les satires les plus violentes, et son convoi, dit un historien, retentit moins des prières des prêtres que des chansons grossières d'une populace effrénée !

Voici la notice des établissements de Paris sous ce règne :

Les *Théatins* (1) furent appelés d'Italie par le cardinal Mazarin (1642). Dom Ange de Bissari, religieux de cet ordre, était le confesseur de ce ministre. Mazarin leur fit bâtir un couvent situé quai Malaquest (depuis nommé *quai Voltaire*, parce que ce poëte l'habita et y mourut), n° 21, et rue de Bourbon, n° 26. Le 7 août 1642, Louis XIV plaça de sa propre main une croix que l'évêque de Dol venait de bénir en sa présence. Les Théatins embrassèrent avec chaleur le parti de Mazarin. Ils faisaient paraître en chaire des figures de saints que les frondeurs appelaient des *mazarinettes*. Ils suivirent le ministre dans sa fuite et revinrent avec lui. En 1662, on commença la construction de leur église, qui fut achevée en 1720. Le portail fut élevé en 1747. Anne d'Autriche enrichit cette église de dons. On y déposa le cœur de Mazarin.

Ce couvent fut supprimé en 1790. Vers l'an 1800, le

---

(1) J. P. Caraffa, archevêque de *Théate*, aujourd'hui *Chiéti*, au royaume de Naples, fut un des fondateurs de cet ordre qui tira son nom du siége épiscopal de ce prélat.

bâtiment de l'église fut converti en salle de spectacle, mais on n'y joua jamais; on y donna des bals, des fêtes, et, en 1815, on y établit le *café des Muses*. Cet édifice a été démoli de 1821 à 1823. On a élevé sur son emplacement des maisons particulières.

L'*institution de l'Oratoire* fut fondée en 1650, au quartier de l'Observatoire et rue d'Enfer, n° 74, pour servir au noviciat aux personnes qui se destinaient à la congrégation de l'Oratoire. L'église fut bâtie de 1655 à 1657, sous le vocable de la Sainte-Trinité et de l'Enfant-Jésus. On y voyait plusieurs tableaux de Coypel et de Lebrun, et le monument élevé à la mémoire du cardinal de Bérulle par Sarrasin. Cette maison a été, en 1801, destinée à l'hospice de la Maternité et à l'école d'Accouchement. En 1814, on y établit l'*hospice des Enfants-Trouvés*.

Les *Prémontrés réformés* s'établirent au carrefour de la Croix-Rouge, à l'angle des rues de Sèvres et du Cherche-Midi (1661). L'année suivante, Anne d'Autriche posa la première pierre de l'église, qui fut consacrée au Très-Saint-Sacrement et à l'Immaculée-Conception de la sainte Vierge. Cette église fut agrandie en 1719. Elle a été démolie après 1790, et l'emplacement du couvent s'est couvert de maisons particulières.

Les *Orphelins de la Mère-de-Dieu* ou de **Saint-Sulpice** furent établis, en 1648, rue du Vieux-Colombier, n° 15, par Ollier, curé de Saint-Sulpice, en faveur des orphelins des deux sexes de cette paroisse. Cette maison, supprimée, fut occupée par des sœurs de la Charité, vers 1802. Après la translation de ces sœurs rue du Bac, n° 152, elle a été convertie en une caserne de pompiers.

Les *Frères des écoles chrétiennes*, rue Notre-Dame-des-Champs, en face celle de Fleurus. Une dame Cossart fonda, en 1658, un établissement qui avait pour objet l'instruction des enfants pauvres; il fut supprimé en 1707. Les frères des écoles chrétiennes s'y établirent dans un but semblable en 1722, et ne cessèrent leur enseignement qu'en 1792. Cette congrégation fut rétablie en 1806 ; les frères furent transférés au Gros-Caillou. Louis XVIII plaça leur chef-lieu général rue du Faubourg-Saint-Martin, n° 147, à la maison dite du Saint-Enfant-Jésus. C'est de cette maison que sont tirés les maîtres répartis dans les diverses écoles du royaume. Il y a quatre annexes à Paris, qui envoient dans les différents quartiers de la capitale des maîtres et frères pour instruire les enfants.

Le *séminaire des Missions étrangères*, situé rue du Bac, n° 120, au coin de la rue de Babylone, fut fondé en 1663, dans le but de former des missionnaires pour les pays étrangers, par Bernard de Sainte-Thérèse, évêque de Babylone, dont la rue voisine a retenu le nom ; la chapelle qui portait le titre de la *Sainte-Famille* fut reconstruite sur un plan plus vaste en 1683 ; l'archevêque de Paris en posa la première pierre. Cette église est double : l'une est au rez-de-chaussée et l'autre au-dessus. On y voyait autrefois plusieurs tableaux de Van-loo, Restout, etc. Les bâtiments de la maison furent reconstruits en 1736. En 1802, l'église est devenue la deuxième succursale de la paroisse de Saint-Thomas-d'Aquin. L'établissement conserva sa première destination.

L'hospice des Cordeliers de la Terre-Sainte, rue de la Ville-l'Evêque, fut fondé, en 1656, par Nicolas Parfait, abbé de Bazonville et chanoine de Notre-Dame de Paris, en faveur de quelques religieux cordeliers de la Terre-Sainte. On ignore à quelle époque cet établissement fut supprimé.

Le *séminaire anglais,* situé rue des Postes, n° 12, fut établi en 1684. Cette maison, dépendante du collége des Irlandais, est devenue, en 1792, propriété particulière.

Le *séminaire de Saint-Sulpice* fut établi par J.-J. Ollier, curé de cette paroisse, en 1645. Le petit séminaire fut placé dans des bâtiments contigus à la rue Férou et au cul-de-sac de ce nom; le grand le fut dans les bâtiments élevés sur le lieu où se voit aujourd'hui la vaste place de Saint-Sulpice. Ces bâtiments masquaient la façade de l'église, dont ils n'étaient séparés que de quelques toises; les constructions furent détruites vers l'an 1800. En 1802, les sulpiciens vinrent occuper la maison située à l'angle de la rue de Vaugirard et de la rue du Pot-de-Fer, appartenant autrefois aux filles de l'Instruction chrétienne ou de la Très-Sainte-Vierge. En 1820, on a construit, sur la partie méridionale de la place de Saint-Sulpice, un nouveau séminaire.

Le *séminaire de Saint-Pierre et Saint-Louis*, situé à l'extrémité de la rue d'Enfer, n° 8, fut établi en 1676. La première pierre de la chapelle fut posée en 1703, et le séminaire, auparavant situé rue du Pot-de-Fer, fut transféré en ce lieu l'année suivante. Les bâtiments servent aujourd'hui de caserne aux vétérans qui font le service de la Chambre des pairs; l'église est consacrée à la fabrication du gaz hydrogène pour l'éclairage du quartier.

Les *Eudistes* furent établis, en 1671, près de l'église Saint-Jean, puis dans la cour du Palais; enfin, rue des Postes, n° 20. Les ecclésiastiques qui venaient séjourner à Paris trouvaient dans cette maison, pour un prix modique, un logement convenable. Les eudistes furent supprimés en 1792.

Le *séminaire des prêtres irlandais* ou *collége des Lombards*, rue des Carmes, n° 23. Le vieux collége des Lombards, appelé aussi *collége de Tournay* ou *d'Italie*, tombait en ruine, lorsque des prêtres irlandais le firent rebâtir pour y recevoir des Irlandais étudiant en l'Université de Paris. Ces prêtres se destinaient aux fonctions de missionnaires. Leur communauté fut supprimée en 1792, ainsi que le *séminaire des clercs irlandais*, situé rue du Cheval-Vert, ou des Irlandais, n° 3, fondé en 1672.

Le *séminaire des Écossais*, ou *collége des Écossais*, situé rue des Amandiers, fut placé, en 1665, rue des Fossés-Saint-Victor, n°s 25 et 27. Dans la chapelle de ce séminaire était une urne en bronze doré, qui contenait la cervelle de Jacques II, roi d'Angleterre.

Ces colléges ou séminaires irlandais et écossais, supprimés en 1792, ont été rétablis sous l'empire, et réunis à la maison des Irlandais, rue de ce nom, n° 3. En 1808, ils ont été placés sous la surveillance de l'Université.

Le *séminaire du Saint-Sacrement* et de l'*Immaculée-Conception*, rue des Postes, n° 26, fut fondé, en 1703, dans la rue Neuve-Sainte-Geneviève, par Claude-François Poullart des Places. Les jeunes gens qui venaient y étudier en philosophie et en théologie renonçaient à toutes dignités ecclésiastiques, et servaient les pauvres dans les hospices; en 1731, ils s'établirent rue des Postes. Les bâtiments de la nouvelle maison furent rebâtis en 1769. Ce séminaire, supprimé en 1792, est devenu maison particulière, et dépend du collège des Irlandais.

Les *prêtres de Saint-François-de-Sales* desservaient un hospice pour les prêtres vieux et infirmes, établi en 1700, par Witasse, docteur de Sorbonne, sur les fossés de l'Estrapade. Le cardinal de Noailles le transféra, en 1702, au carrefour du Puits-l'Hermite, quartier du Jardin des Plantes, dans la maison appartenant auparavant aux filles de la Crèche. Cet hospice fut transféré, en 1751, à Issy, dans les bâtiments des bénédictines.

Les *filles de Saint-Chaumont* ou de l'*Union chrétienne*, instituées en 1661, furent placées à l'hôtel de Saint-Chaumont, rue Saint-Denis, n° 374, en 1685. Après leur suppression, à la révolution, on a établi, sur l'emplacement de leur maison, un passage public dit *passage de Saint-*

Chaumont. Ces religieuses avaient acquis, en 1682, une communauté appelée le *petit Saint-Chaumont*, ou la *petite Union chrétienne*, fondée en 1679. Cette maison est devenue propriété particulière.

Ces filles avaient pour mission d'instruire les jeunes demoiselles sans fortune et sans appui, et celles qui étaient nouvellement converties au christianisme.

Les *filles de la Providence* furent établies en 1647. Anne d'Autriche, ayant acheté *l'hôpital de la Santé*, destiné aux pestiférés, se servit de cette maison pour composer l'enclos du Val-de-Grâce, et donna le surplus de l'emplacement aux filles de la Providence, qui en prirent possession en 1651, ainsi que d'une chapelle que l'Hôtel-Dieu y avait fait bâtir. La maison de ces filles se trouvait rue de l'Arbalète, nos 24 et 26. Vincent de Paul rédigea les statuts de ce couvent, dont les religieuses étaient chargées de l'éducation des jeunes filles. Après 1790, cette maison est devenue propriété particulière ; on y établit une fonderie et une raffinerie de sucre.

Notre-Dame-aux-Bois. Un monastère de l'ordre de Citeaux avait été fondé, en 1202, dans le diocèse de Noyon, au milieu des bois ; ce qui lui valut son nom. En 1654, les religieuses vinrent s'établir à Paris, dans la maison des *Annonciades des dix Vertus*, rue de Sèvres, n° 16. En 1667, leur monastère fut érigé en *abbaye*. La maison fut supprimée en 1790. L'église, reconstruite en 1718, est devenue, en 1802, la première succursale de la paroisse de Saint-Thomas-d'Aquin, sous le vocable d'*Abbaye-aux-Bois*. Une dame, célèbre par sa beauté et son esprit, madame Récamier, habite les anciens appartements des religieuses ; elle y réunit l'élite de la société parisienne et les talents dont s'honore la France.

La *Visitation de Sainte-Marie* fut fondée à Chaillot, entre les barrières de Franklin et de Sainte-Marie, par Henriette de France, veuve de Charles 1er, roi d'Angleterre. En 1651, dans l'église rebâtie en 1704, furent déposés les cœurs de cette princesse, de Jacques Stuart II, roi d'Angleterre, et de Louise-Marie Stuart. Ce couvent, devenu propriété particulière, a été démoli. En 1810, on jeta sur son emplacement les fondements du *palais du roi de Rome*, destiné au fils de l'empereur Napoléon ; palais que les événements n'ont pas laissé achever.

Les *religieuses anglaises* vinrent à Paris vers 1644, et se fixèrent rue des Anglaises, n° 20. Ces filles priaient constamment pour la conversion des Anglais à la religion catholique. Dans leur maison a été établie une filature de coton.

Un autre couvent de *religieuses anglaises* ou *de la Conception* fut fondé en 1658, et placé rue Moreau, n° 10. Ce couvent, qui avait reçu le nom de *Bethléem*, a été supprimé en 1770. On y a établi depuis une école gratuite de demoiselles, dirigée par les filles de la Croix.

L'*abbaye de Notre-Dame-de-Panthemont* ou *du Verbe incarné* fut transférée à Paris, en 1643, rue de Grenelle-Saint-Germain, n°s 106 et 108 ; l'église fut reconstruite en 1749. Les bâtiments de cette abbaye, dont les religieuses se consacraient à l'instruction des jeunes filles, ont été convertis en caserne et en maison particulière ; l'église sert de magasin pour les fournitures militaires.

Les *filles de l'instruction chrétienne* furent établies, pour l'instruction des jeunes filles, dans une maison de la rue du Gindre, en 1657. Elles furent transférées, en 1738, rue du Pot-de-Fer, n° 17. Les bâtiments de cette communauté, supprimée en 1790, ont été occupés, depuis 1802, par le séminaire de Saint-Sulpice.

Les *religieuses de la Présentation-Notre-Dame* ou *Bénédictines mitigées* furent instituées en 1649, et se fixèrent, en 1671, rue des Postes, n°s 34 et 36. Après 1790, cette maison est devenue propriété particulière ; elle est occupée aujourd'hui par la *pharmacie de l'administra-*

Les *Miramiones* ou *Filles de Sainte-Geneviève*. Cette communauté fut formée par la réunion des filles de Sainte-Geneviève, établies en 1636, pour la visitation des malades et l'instruction des jeunes demoiselles, à la maison de la Sainte-Famille, fondée par la veuve de M. de Beauharnais de Miramion, conseiller au Parlement. La réunion s'opéra en 1665, et le couvent fut placé rue de la Tournelle, n° 5, au coin du quai de la Tournelle. Il fut supprimé en 1790 ; les bâtiments servent aujourd'hui à la Pharmacie de l'administration centrale des hospices et hôpitaux civils de Paris.

Sainte-Pélagie, rue de la Clef, n° 14, fut une communauté religieuse, fondée, en 1665, par madame de Miramion, pour renfermer les filles publiques et les femmes débauchées. Depuis la révolution, cette maison est devenue une prison.

Les *Filles de la Croix* s'établirent, en 1643, cul-de-sac Guéméné, n° 4, quartier du Marais ; elles s'occupaient de l'instruction des jeunes filles. Elles ont été supprimées en 1790, en même temps qu'une autre communauté de *Filles de la Croix*, rue d'Orléans-Saint-Marcel, fondée en 1656.

Les bâtiments des premières sont occupés par une filature de coton ; ceux des secondes sont convertis en institution privée.

L'abbaye de Sainte-Geneviève ou *de Sainte-Perrine*, ou *Notre-Dame-de-la-Paix*, fut établie, en 1659, à l'entrée de la grande rue de Chaillot, du côté de l'avenue de Neuilly ; elle a été supprimée à la révolution. Vers l'an 1806, on y a placé l'Institution des vieillards, qui y sont nourris et soignés moyennant une pension.

Le *couvent du Bon-Pasteur* fut fondé rue du Cherche-Midi, n° 36, pour les filles débauchées et repentantes. Cette maison est aujourd'hui un entrepôt de subsistances militaires.

Les *Filles de Sainte-Valère* furent établies, en 1704, à l'extrémité occidentale de la rue de Grenelle-Saint-Germain, n° 142. On y plaça des filles pénitentes ; l'église, qui a été conservée, est une succursale de la paroisse Saint-Thomas-d'Aquin.

L'*église de Saint-Sulpice*, située sur la place de ce nom, existait avant 1211, sous le patronage de l'abbaye de Saint-Germain-des-Prés, et portait le titre d'église paroissiale. A mesure que la population prit de l'accroissement, cette église devint insuffisante. Sous le règne de Louis XII et de François Ier, on y ajouta une nef, et, en 1614, six chapelles latérales ; enfin, en 1643, on résolut de construire un édifice nouveau ; le duc d'Orléans en posa la première pierre, en 1646. Plusieurs parties étaient achevées sur les dessins de l'architecte Gamart, lorsqu'on s'aperçut que le bâtiment ne serait pas d'une étendue suffisante ; alors on chargea Louis Levau de fournir les dessins d'une église plus vaste, et l'on recommença presque entièrement l'édifice, dont Anne d'Autriche vint poser la première pierre, en 1655. Daniel Guittard continua les travaux, et fut ensuite remplacé par Oppenord. L'édifice fut terminé en 1733, et la première pierre du maître-autel posée au nom de Louis XV par le nonce du pape Clément XIII. Le portail, fondé en 1733, fut élevé sur les dessins de Servandoni et ne fut guère achevé qu'en 1764. Sa longueur est de 384 pieds : il se compose de deux ordonnances, le dorique et l'ionique : aux deux extrémités, et sur la même ligne, sont deux corps de bâtiment carrés, qui servent de base à deux tours qui ont 210 pieds d'élévation ; un architecte médiocre avait été chargé de cet ouvrage ; la tour méridionale est de lui. En 1777, M. Chalgrin fit rebâtir la tour septentrionale que l'on s'accorde à trouver fort belle. Deux télégraphes s'élèvent sur ces tours. Servandoni avait placé entre elles un large fronton que le tonnerre renversa en 1770, et qui fut alors remplacé par une balustrade. Cette balustrade laisse un trop grand vide entre les tours, et ôte au portail l'ensemble qui fait la beauté d'un édifice.

L'église fut consacrée en 1745, et dédiée sous l'invocation de la sainte Vierge, de saint Pierre et de saint Sulpice.

Aux extrémités du portail et à l'aplomb des tours, sont, au rez-de-chaussée, deux chapelles; l'une est un baptistère, où l'on remarque de très beaux fonts baptismaux par Chalgrin; l'autre est le sanctuaire du viatique. Chacune est ornée de statues allégoriques, sculptées par Boisot et Mouchi; les portes latérales offrent des niches où étaient placées, avant 1830, des statues de saints, par François Dumont.

Le chœur, construit sur les dessins de Guittard, est entouré de sept arcades. Son ordonnance, ainsi que celle de la nef, est corinthienne; l'autel principal, placé à l'entrée du chœur, est d'un fort bon effet. La chapelle de la Vierge, située au rond-point de l'édifice, et que l'on doit à de Wailly, est remarquable par la beauté de sa construction et la richesse de la décoration. Le plafond, peint par Lemoine, représente l'Assomption de la Vierge; il fut réparé par Callet, en 1786. La statue en marbre de la Vierge est de Pigalle; elle est éclairée par un *jour céleste*, jour dont on voit l'effet sans apercevoir l'ouverture par laquelle il pénètre.

Le curé Languet de Gergy, ardent et zélé pour son église, fit faire, en argent massif, par Bouchardon, une statue en pied de grandeur naturelle de la sainte Vierge : cette statue, que le clergé portait aux processions, a été, pendant la révolution, convertie en monnaie.

Les autres objets remarquables de cette église sont : la peinture à fresque représentant la légion thébaine refusant d'obéir à Maximien, exécutée par Vinchon et de George, en 1822, dans la chapelle de Saint-Maurice; les bénitiers qui se trouvent à la principale entrée de l'édifice : ce sont deux vastes coquilles du mollusque appelé *Tridacne*, dont la république de Venise fit présent à François Ier; la chaire à prêcher, placée en 1789; la tribune du buffet d'orgues, soutenue par des colonnes d'ordre composite : ces orgues ont été faites par Cliquot, célèbre facteur. On voyait autrefois dans cette église plusieurs monuments sépulcraux, entre autres, le mausolée du curé de Languet, fait par Slodtz.

Sur le pavé de Saint-Sulpice, on remarque, au milieu de la croisée, une excellente ligne méridienne, longue de 176 pieds, qui a été tracée par Henri Sully, bon horloger et bon astronome ; à son extrémité septentrionale, cette ligne se prolonge et s'élève verticalement sur un obélisque de marbre blanc de 25 pieds de haut ; la fenêtre méridionale de la croisée ne présente qu'une ouverture d'un pouce de diamètre pratiquée sur une plaque de laiton. Par cette ouverture, passe un rayon de soleil qui vient frapper la ligne tracée sur le pavé.

Sous le Directoire exécutif, les théophilanthropes se rassemblaient à Saint-Sulpice et à Saint-Germain-l'Auxerrois, pour célébrer leur culte : le directeur, La Réveillère-Lépaux, était le grand pontife de ce nouveau culte. Barras lui dit un jour : « Collègue, si vous voulez faire prendre votre religion, il faut vous faire pendre comme Jésus-Christ. »

L'église de Saint-Sulpice, dont la longueur est de 432 pieds et la hauteur de 99, a été érigée, en 1802, en paroisse du 11e arrondissement ; ses succursales sont Saint-Severin et Saint-Germain-des-Prés.

Saint-Pierre-de-Chaillot, situé grande rue de Chaillot, entre les n°s 50 et 52, était, à ce qu'il paraît, dans l'origine, une ancienne chapelle de château, dont les revenus furent donnés, au XIe siècle, au prieuré de Saint-Martin-des-Champs. En 1659, Louis XIV érigea le village de

Chaillot en faubourg de Paris; l'église fut alors reconstruite en partie. En 1740, on rebâtit la nef et le portail; en 1802, Saint-Pierre a été érigé en succursale de la paroisse de la Madeleine.

La *chapelle Sainte-Anne*, située quartier du faubourg Montmartre, fut fondée en 1657; elle donna son nom à une porte de la ville et à une longue rue qui sépare le faubourg Poissonnière du faubourg Montmartre, et qui portait anciennement le nom de *Chaussée-de-la-Nouvelle-France*. Cette chapelle n'existait plus au commencement du règne de Louis XV.

La *chapelle des Porcherons*, située rue Coquenard, servait de chapelle à l'hôtel des Porcherons. On y établit, en 1646, une confrérie de *Notre-Dame-de-Lorette*. En 1760, il s'y forma une école de charité. Cette chapelle fut vendue et démolie en 1800. En 1802, on érigea en succursale de la paroisse de Saint-Roch une chapelle de Saint-Jean, attenant au cimetière de Saint-Eustache, à laquelle on donna, lors de cette érection, le titre de *Notre-Dame-de-Lorette*.

L'*hôpital général*, dit la *Salpêtrière*, fut fondé en 1656, rue Poliveau, n° 7, et boulevard de l'Hôpital, quartier Saint-Marcel (dans un lieu où se fabriquait du salpêtre), pour servir de retraite aux pauvres et aux mendiants qui abondaient dans la capitale. Libéral-Bruant fut l'architecte chargé des travaux; il fit élever l'église, qui est couverte par un dôme octogone. On plaça dans la Salpêtrière les enfants et les femmes, ainsi que de pauvres ménages. Dans des bâtiments séparés étaient les folles et les femmes débauchées. Nous reviendrons sur cet établissement.

Bicêtre, situé à une demi-lieue de la barrière d'Italie, et à l'ouest de la grande route de Paris à Fontainebleau. Jean, évêque de Wincester, en Angleterre, avait acheté une propriété, appelée la *Grange-aux-Gueux* (c'est-à-dire aux cuisiniers), et fait bâtir un château qui porta son nom, dont on a fait *Bicêtre*. Philippe-le-Bel confisqua ce château, et ses successeurs le possédèrent. Le duc de Berry, à qui il appartint, le fit embellir et s'y retira, avec le duc d'Orléans, pour se liguer contre le duc de Bourgogne. On y négocia la *paix de Wincester*, dont on nomma la violation la *trahison de Wincester*.

Le duc de Berry donna cette propriété au chapitre de Notre-Dame. Louis XIII l'acquit, et fit construire une chapelle de Saint-Jean, des bâtiments pour loger des soldats invalides, et érigea l'établissement en *commanderie de Saint-Louis*. Après la construction des Invalides, cette maison fut convertie en succursale de l'Hôpital-Général. Nous y reviendrons.

Le peuple, ignorant et superstitieux, faisait de Bicêtre et de toute la partie méridionale du dehors de Paris, le théâtre des revenants et des rondes du sabbat.

L'hospice des Enfants-Trouvés. Les seigneurs étaient obligés de nourrir les enfants trouvés ; l'évêque de Paris leur avait destiné une maison située près du port Saint-Landry, qu'on nomma la *Maison de la couche*. Mais le sort de ces pauvres créatures était bien déplorable. Saint Vincent de Paul parvint, en 1638, à leur ériger un hospice près la porte Saint-Victor, et engagea les dames de la Charité à s'en charger. Il obtint une rente en leur faveur, et, en 1648, le château de Bicêtre pour les loger. On les transféra ensuite dans une maison près de Saint-Lazare, et les sœurs de la Charité furent chargées de les soigner. Le Parlement ordonna que les seigneurs hauts-justiciers de Paris payeraient annuellement à cette maison une somme de 15,000 livres. Les administrateurs firent l'acquisition d'un grand emplacement, situé dans le faubourg Saint-Antoine, n°s 124 et 126, et y construisirent un vaste bâtiment et une chapelle, dont Marie-Thérèse posa la première pierre. Cet établissement fut érigé en hôpital en 1670, et uni à l'Hôpital-Général. Depuis, on y a placé l'hospice des Orphelins, dont nous parlerons en son lieu.

Les administrateurs de l'établissement de la rue Saint-Antoine louèrent trois petites maisons sur le parvis Notre-Dame, et en firent une succursale de l'hospice des Enfants-Trouvés. Ces maisons ayant été démolies, en 1747, on construisit, sur les dessins de Boffrand, un nouveau bâtiment, au coin de la rue Neuve-Notre-Dame. Cette maison sert aujourd'hui de *bureau central d'admission dans les hôpitaux et hospices*.

L'*hôtel royal des Invalides*, situé sur l'esplanade des Invalides, à l'extrémité occidentale du faubourg Saint-Germain, entre ce faubourg et celui du Gros-Caillou.

La condition des soldats, à leur retour du service militaire, n'avait jamais été, au moyen âge, l'objet de la sollicitude des rois. Au XVe siècle, les invalides vivaient d'aumônes, de brigandages, ou allaient servir des seigneurs. Quelquefois le roi leur accordait des places de *religieux lais* dans les abbayes du royaume. Henri IV fut le premier qui s'occupa de leur sort : il plaça dans l'hôpital de l'Ourcine ou de la Charité-Chrétienne les soldats blessés à son service. Louis XIII destina Bicêtre au logement des invalides. Mais ces établissements étaient devenus insuffisants par les guerres qu'eut à soutenir Louis XIV.

La construction de l'Hôtel-des-Invalides fut commencée en 1671, par l'architecte Libéral-Bruant, et continuée par Mansard, qui a donné le dessin du dôme, et en a conduit toute l'architecture. En 1674, l'édifice était déjà en état d'être habité par des officiers et des soldats. L'année suivante, on entreprit la construction de l'église, qui ne fut achevée qu'après trente ans de travaux.

Une vaste esplanade plantée d'arbres, qui s'étend depuis la grille des Invalides jusqu'au quai bordant la Seine, sur une longueur de 240 toises et une largeur de 130, annonce majestueusement l'édifice, où l'on arrive par une cour extérieure entourée d'une grille et de fossés revêtus en maçonnerie. Cette cour est munie de pièces de canon.

La façade a 200 mètres d'étendue; elle est divisée en quatre étages, et percée de cent trente-trois fenêtres, sans compter celles des mansardes. Au centre est la porte, accompagnée des figures colossales de Mars et de Minerve; dans l'archivolte se voit la statue équestre de Louis XIV, ouvrage de Constant. Autrefois la figure du roi était entourée, comme le soleil, des douze signes du zodiaque.

De cette porte, on pénètre dans une cour carrée de 60 mètres de long sur 32 1/2 de large; elle est entourée de bâtiments dont les quatre faces ont deux étages d'arcades qui éclairent des galeries; ces bâtiments, d'un caractère noble et sévère, servent de dortoirs aux soldats. Au rez-de-chaussée sont de grandes salles à manger, décorées de peintures représentant les conquêtes de Louis-le-Grand, par Parocel. Au centre de la façade méridionale, est le portail de l'église, au-dessus duquel on voit la statue en pied de Napoléon.

L'église est d'une architecture fort simple. On remarque l'autel, placé sous une arcade qui communique à une deuxième église, dite *du dôme*. Cet autel est orné de six colonnes torses, groupées trois à trois, dorées, garnies d'épis de blé, de pampre, de feuillage, portant des faisceaux de palmes, qui, en se réunissant, soutiennent un superbe baldaquin surmonté d'un globe et d'une croix. Les ornements sont de Vanclève et de Coustou l'aîné. Cet autel vient d'être démonté pour laisser le champ libre aux travaux qui s'exécutent pour le tombeau de Napoléon. On ignore s'il sera rétabli comme il était avant sa démolition.

On remarque encore dans l'église principale une belle chaire en marbre blanc, avec des bas-reliefs dorés, la grille d'acier qui sépare la nef du chœur, et les drapeaux suspendus aux bas-côtés de la nef : avant 1814, on en comptait neuf cent soixante. On les enleva à cette époque; on en a rétabli un grand nombre depuis 1830 : l'expédition d'Espagne, celle de Morée et celle d'Alger, ont contribué à recouvrir un peu la nudité de ces murs consacrés à la gloire. Les canons d'Alger et d'Anvers ornent la cour d'honneur des Invalides.

Derrière le grand autel est le dôme, construction vaste et magnifique, où les arts ont déployé toute leur richesse. Le pavé, entièrement en marbre de diverses couleurs, présente l'aspect des mosaïques florentines. Le dôme, vu de l'extérieur, est d'une aisance si extraordinaire, et d'une légèreté si admirable, qu'on le regarde comme un chef-d'œuvre de pondération ; sa largeur est de 50 pieds ; l'extrémité de l'aiguille qui le surmonte est à 323 pieds du sol. Les peintures de la coupole représentent la *Gloire des bienheureux*, par Charles de La Fosse. Les évangélistes figurent dans les pendentifs ; les douze apôtres, qui tournent autour de la lanterne, sont peints par Jouvenet. C'est sur un des piliers ornés de bas-reliefs figurant des sujets de la vie de saint Louis, que Napoléon voulut que fût placé le tombeau et le corps de Turenne ; il en a été retiré, en 1815, pour être reporté à Saint-Denis, où il était auparavant.

Autour du plan circulaire du dôme sont six chapelles richement ornées de peintures et de sculptures, et consacrées, la première à saint Grégoire, la deuxième à la Vierge, la troisième à saint Jérôme, la quatrième à saint Augustin, la cinquième à sainte Thérèse, et la sixième à saint Ambroise. Les peintures ont été retouchées par Doyen, sous le règne de Louis XV. On remarque, dans la chapelle de la Vierge, un monument funèbre élevé, en 1807, à la mémoire du maréchal de Vauban.

Le dôme est orné, à l'extérieur, de quarante colonnes d'ordre composite. Cette ordonnance est couronnée par une balustrade. Au-dessus est un attique, percé de fenêtres, et chargé de huit piliers battants, contournés en forme de volutes. La coupole, divisée en côtes, est chargée, dans leurs intervalles, de trophées militaires, couronnés chacun par un casque dont l'ouverture sert de lucarne. Ces trophées et ces côtes, en plomb, comme toute la couverture, sont dorés. En 1815, le gouvernement y fit placer une nouvelle couche d'or; mais l'action de l'air en a fait disparaître tout l'éclat.

Au-dessus de la coupole est une lanterne surmontée par une flèche très élevée et terminée par un globe et une croix.

Tel est l'ensemble de ce vaste édifice, qui occupe, avec ses dépendances, une superficie de 19,000 toises. Dans le pavillon du milieu, au-dessus de la porte d'entrée, est la bibliothèque, créée par Napoléon, en 1800, et composée de vingt mille volumes. Dans les combles sont les plans en relief des principales villes fortes de France. Deux salles sont décorées des portraits en pied des maréchaux de France. On remarque, comme objets de curiosité, la cuisine et sa fameuse marmite, les quatre réfectoires, la pharmacie, l'horloge à équation, ouvrage estimé de Lepaute, etc.

En 1717, le czar, Pierre de Russie, vint à Paris et visita les Invalides; il assista à leur repas et but un demi-setier de vin à leur santé.

Le 15 juillet 1789, le peuple de Paris enleva aux Invalides trente mille fusils, cachés dans les caves du dôme, et s'empara de douze pièces de canon qui étaient dans la cour, pour faire le siége de la Bastille.

Ce fut aux Invalides que, lors de la création de la Légion-d'Honneur, Bonaparte voulut faire la première distribution des croix. Il vint plusieurs fois visiter ces vieux braves mutilés. Marie-Louise leur donna à chacun un couvert d'argent.

On se rappelle le service funèbre qui fut fait, en 1835, aux Invalides pour le maréchal Mortier et les victimes de l'attentat régicide de Fieschi, et celui qui fut célébré en l'honneur du général Damrémont, tué devant Constantine en 1837. Les Invalides ont été témoins d'une des plus grandes solennités de cette époque : le 15 décembre 1840, le roi, au milieu d'un brillant cortége, a reçu de son fils, M. le prince de Joinville, le corps de Napoléon, arraché après tant d'années au rocher qui l'avait vu mourir. Ce corps, placé dans une des chapelles méridionales du dôme, a été l'objet d'un pieux pèlerinage. On s'occupe maintenant d'élever à ce grand homme un tombeau digne de lui, au centre même de la base du dôme.

Les Invalides sont au nombre de cinq mille. Le plus grand ordre règne parmi eux ; tous leurs besoins sont satisfaits; ils font le service de l'hôtel. Lorsque le roi y vient, c'est à eux qu'est confiée la garde de sa personne.

L'esplanade des Invalides est décorée de pièces de gazon entourées d'une balustrade en fonte. Au milieu avait été placé, sous Napoléon, le Lion de Saint-Marc de Venise, monument des conquêtes des Français en Italie, que les étrangers nous reprirent en 1815. A sa place on a construit une mesquine fontaine, ornée, depuis 1830, du buste de La Fayette. Ce monument de mauvais goût ne produit aucun effet, et doit être remplacé par la statue de Napoléon.

Sainte-Madeleine, située sur le boulevard de ce nom, à l'angle des rues de la Madeleine et de la Ville-l'Evêque. Un village s'était formé autour de la Ville-l'Evêque, maison de campagne des prélats de la capitale. Ce village eut de bonne heure une chapelle érigée, vers le XIVe siècle, en paroisse, que Charles VIII fit reconstruire en 1447. Ce roi établit une confrérie de la *Madeleine*. Réédifié en 1659, l'édifice ne fut bientôt plus assez vaste pour contenir ses paroissiens; on résolut de le démolir et d'en élever un nouveau situé en face de la rue Royale; on posa la première pierre de la nouvelle église en 1764. M. Contant d'Ivry en fut le premier architecte; après sa mort, Couture, chargé des travaux, fit démolir ce qu'avait fait son prédécesseur, et y substitua un nouveau plan de sa création; suivant ce plan, l'édifice, en forme de croix, devait avoir 264 pieds de longueur, dans œuvre, sans y compter le portail, situé à une extrémité, ni la chapelle de la Communion, située à l'autre; on aurait placé le principal autel à l'entrée du chœur, et l'église eût été surmontée par un dôme.

Le portail principal aurait offert un péristyle de douze grosses colonnes corinthiennes. De chaque côté de l'édifice devait régner une galerie extérieure qui se serait étendue jusqu'à l'un et à l'autre avant-corps de la croisée. Ces avant-corps auraient été décorés de colonnes corinthiennes.

Les travaux furent suspendus par la révolution. En 1802, le culte de la paroisse Sainte-Madeleine fut transféré dans l'église de l'Assomption, rue Saint-Honoré. (Voy. *Paris sous Louis-Philippe I*er.)

Le *collége Mazarin* ou *des Quatre-Nations* fut fondé par Mazarin, en faveur de soixante élèves, gentilshommes ou bourgeois, qui seraient nés à Pignerol, en Savoie, et dans les provinces d'Alsace, de Hainaut et de Luxembourg, récemment réunies à la couronne. Cette disposition, faite expressément par le fondateur, valut à son établissement le nom vulgaire de *collége des Quatre-Nations*. Les soixante élèves devaient y être gratuitement logés, nourris, instruits dans la religion, dans les belles-lettres, apprendre à danser, à monter à cheval et à faire des armes. Mazarin légua sa bibliothèque à ce collége et lui laissa deux millions pour subvenir aux frais de sa construction.

En 1662, on commença les travaux de cet édifice, sur l'emplacement de l'hôtel de Nesle et de plusieurs maisons voisines. Levau, premier architecte du roi, donna les dessins de l'édifice et y mit la première main; Lambert et Orbay le terminèrent après lui. La façade est précisément à la place qu'occupait la fameuse tour de Nesle. Cette façade fut placée sur le quai; son plan forme une portion de cercle terminée, à l'une et à l'autre extrémité, par une face en ligne droite, qui s'unit à un gros pavillon, s'étendant sur le bord du quai. Au centre est le portail de l'église, faisant avant-corps, composé d'une ordonnance corinthienne et couronné d'un fronton; au-dessus s'élève un dôme, surmonté d'une lanterne et d'une croix. Cette église est spacieuse et de forme circulaire; on y voyait les figures des huit Béatitudes placées sous les archivoltes des grands arcs de la nef, ouvrage de Desjardins. Le tableau du grand autel, représentant la Circoncision, fut, dit-on, peint par Paul Véronèse; le dôme, à l'extérieur, était orné de plusieurs groupes représentant les pères des églises grecque et latine; l'intérieur était décoré des quatre Évangélistes, sculptés par Desjardins.

A droite du sanctuaire on voyait le tombeau du cardinal fondateur, l'un des plus beaux ouvrages de Coysevox. La statue du défunt, de grandeur naturelle, à genoux et en marbre blanc, était posée sur un sarcophage de marbre porte-or, richement décoré et accompagné de trois Vertus allégoriques en bronze; ce tombeau, après diverses vicissitudes, fait aujourd'hui partie du musée de Versailles.

Pendant la révolution, le collége fut d'abord affecté à l'école centrale des Quatre-Nations, puis à l'Institut de France, qui tient ses séances dans la chapelle et son administration dans les bâtiments qui en dépendent. La restauration de cet édifice a été confiée à MM. Vaudoyer et Lebas, tous deux membres de cette société savante. Dans la galerie qui sert d'entrée, se voient les statues en marbre de Molière, de Corneille, de La Fontaine, de Racine, de Pascal et de Montesquieu. La lanterne du dôme a été entièrement reconstruite en 1806; à l'extrémité de chacun des pavillons qui s'avancent vers la Seine, on a ouvert au rez-de-chaussée un passage pour les piétons. Deux fontaines à vasques furent établies au-devant de la façade;

deux lions en fer fondu décorent chacune de ces fontaines et lancent un filet d'eau. Ces lions sont peints en vert antique. Lorsqu'ils furent placés pour la première fois sur les piédestaux qu'ils occupent, on fit courir cette épigramme :

> Superbe habitant du désert,
> En ce lieu, dis-moi, que fais-tu ?
> — Tu le vois à mon habit vert :
> Je suis membre de l'Institut ;
> Et la preuve, mon cher confrère,
> C'est que je fais de l'eau claire.

La *Bibliothèque Mazarine*, qui fait partie de cet édifice, fut, comme nous l'avons dit, léguée par ce ministre à son collège. C'est une des plus belles et des plus nombreuses en livres précieux et choisis qu'il y ait à Paris. Elle contient environ deux cent mille volumes. Outre cette bibliothèque, qui est publique depuis 1688, il en existe une seconde dans le même édifice : c'est celle de l'Institut, placée au-dessous du local de la première.

Palais Mazarin, voy. *Bibliothèque royale*.

Le *Louvre*. Nous avons vu l'état de cette demeure royale sous Philippe-Auguste, Charles V, François Ier, Henri II et Louis XIII. La vieille façade féodale de la place Saint-Germain-l'Auxerrois n'était plus en rapport avec le reste de l'édifice ; de plus, il restait encore quelques vieux corps de bâtiment. Louis XIV entreprit de les reconstruire ; il fit d'abord achever certaines parties imparfaites du Louvre et de sa galerie. La façade avait été commencée sur les dessins de Levau ; le plan de cet architecte fut abandonné, ainsi que celui du cavalier Bernin qu'on avait fait venir exprès de Rome. En 1665, le roi posa la première pierre de cette façade, dont Claude Perrault fournit les dessins ; elle fut terminée en 1670. Sa longueur est de 525 pieds. On y remarque trois avant-corps, deux aux extrémités et un au centre, où se trouve l'entrée principale. Les deux intervalles sont occupés par des galeries, dont le fond, autrefois garni de niches, est aujourd'hui percé de fenêtres. La hauteur de cette façade est de 85 pieds.

Le soubassement présente un mur lisse, percé de vingt-trois ouvertures. Le péristyle se compose d'une ordonnance corinthienne, contenant cinquante-deux colonnes et pilastres, cannelés et accouplés.

Pendant le règne de Napoléon, on fit disparaître un grand cintre placé au-dessus de la porte d'entrée, et l'on établit une communication entre les deux parties de la colonnade. Sur les deux tables vides, au-dessus de cette même entrée, on sculpta un bas-relief représentant la Victoire sur un char attelé de quatre chevaux. On y a joint, comme pendentifs, deux bas-reliefs qui existaient dans les cintres de l'attique, composé par Pierre Lescot. Sur le tympan du fronton, resté vide, on plaça un autre bas-relief où l'on voit Minerve, des Muses, des Génies. La figure de Napoléon, qui était au centre, a été remplacée, en 1815, par le buste de Louis XIV.

Le fronton est remarquable en ce que l'on n'a employé que deux pierres pour les deux côtés de la corniche rampante. Chacune de ces pierres provenait de la carrière de Trossy à Meudon, et avait 54 pieds de long, sur 8 de large et 18 pouces d'épaisseur. Elles ne furent posées qu'en 1674, au moyen d'une machine ingénieuse, due à un charpentier nommé Cliquin. Une de ces pierres est cassée dans sa largeur, par les effets de la gelée.

Les deux façades du côté de la Seine et de la rue du Coq furent conduites avec beaucoup de lenteur. Elles ne furent achevées que sous l'Empire. Elles furent alors couronnées de balustrades.

La cour du Louvre est un carré parfait, dont chaque côté a 58 toises. Chacun de ces côtés porte des traces de l'époque où il a été construit. La façade intérieure, du côté occidental, appartient au corps de bâtiment appelé le *vieux Louvre*, bâti par Pierre Lescot, sous François Ier et Henri II. On y voit en plusieurs endroits les chiffres de Diane de Poitiers, maîtresse de ce dernier roi. Elle fut restaurée, sous Louis XIII, par Mercier, qui éleva le pavillon placé au centre, dont l'étage supérieur fut décoré de six belles cariatides, sculptées par Sarrasin. La façade méridionale fut construite en partie par les mêmes architectes et par Mercier, qui suivit le plan et les dessins de Lescot ; les autres façades s'écartèrent à plusieurs égards de l'ordonnance du vieux Louvre. Laissées dans un état fort imparfait, elles furent complétement terminées par Napoléon. Le fronton de la rue du Coq fut sculpté, en 1815, par M. Montpellier.

Diverses académies tenaient leurs séances au vieux Louvre, ou dans les corps de bâtiment contigus ; des artistes y avaient leurs ateliers. Il en résulta de nombreuses dégradations. Les locataires ne furent écartés qu'en 1806.

La cour du Louvre était encombrée de gravois qui en avaient relevé le sol de plusieurs pieds, et de petites baraques. Elle resta dans cet état jusqu'en 1802.

Napoléon fit achever, couvrir de toitures et de balustrades, les diverses parties du Louvre : ces travaux durèrent plusieurs années. On exécuta une immense quantité de sculptures, des voûtes, des escaliers, des portes, etc. ; on fit un grand nombre de salles, on répara les anciennes. Enfin, on fit de ce monument un édifice complet et dont la beauté n'a rien à envier aux autres constructions du même genre.

Sous l'Empire, on exhaussa considérablement le sol du quai du Louvre ; des démolitions faites sur la partie septentrionale, laissèrent la place d'une large rue. On avait formé un projet de joindre le Louvre aux Tuileries, par une façade septentrionale. Les travaux, commencés en 1804, furent abandonnés lors de la Restauration. On n'a pu achever que la partie comprise entre les Tuileries et la rue de Rohan. Napoléon avait conçu le dessein de placer dans ce corps de bâtiment la bibliothèque nationale. On ne sait si ces travaux seront terminés. Quoi qu'il en soit, ils ont amené le déblaiement de la place du Carrousel, couverte auparavant de maisons jetées çà et là et sans ordre ; il reste encore, pour achever entièrement le Louvre, à paver la cour qui est dans un état déplorable, nullement en rapport avec la magnificence de l'édifice. (Voy. pour le *Musée du Louvre*, Paris sous Louis-Philippe Ier.)

Devant la belle colonnade du Louvre, se passa une des scènes les plus sanglantes de la révolution de juillet 1830. Après plusieurs heures d'un combat très acharné, le peuple parvint à chasser les suisses qui défendaient l'édifice, et à s'en emparer. Les morts furent enterrés sur le terrain situé à l'est de la colonnade et entouré d'une grille en bois. En 1840, on les a transférés dans un caveau situé sous la Colonne de Juillet ; le Louvre porte encore la trace des balles qui servirent au combat.

Les *Tuileries*. Nous avons parlé des changements qu'avait éprouvés ce palais. Louis XIV chargea Levau de le terminer et de le réparer. L'escalier, qui était regardé comme un chef-d'œuvre de construction, fut démoli et porté ailleurs. On exhaussa le pavillon du centre ou de l'horloge (1) ; on le décora de deux ordonnances, l'une corinthienne, l'autre composite, et d'un attique avec cariatides. Le comble de ce pavillon s'élevait sur un plan circulaire ; on y substitua un dôme quadrangulaire, et on ne laissa subsister, des constructions de Philibert Delorme, que l'ordonnance du rez-de-chaussée. Les deux terrasses placées sur la façade du jardin furent conservées, mais on changea la décoration des façades des bâti-

---

(1) Les pavillons des extrémités portent les noms de *pavillon Marsan* et de *pavillon de Flore* ; le premier regarde la Seine ; le second est vis-à-vis la rue de Rivoli.

ments qui sont au fond de ces terrasses, et les trumeaux des façades furent ornés de gaines et de bustes.

La galerie qui unit les Tuileries et le Louvre était terminée du temps de Henri IV. Louis XIV fit décorer l'intérieur, mais les travaux d'embellissement ne furent achevés qu'en 1802. Ce roi fit sculpter les bas-reliefs des grands pavillons d'angles des Tuileries, ainsi que tous ceux qu'on voit sur les frontons de la galerie, du côté de la Seine et du Carrousel.

La terrasse de droite, sous la Restauration, avait été transformée en galerie vitrée, conduisant du pavillon central à la chapelle. Depuis 1830, on a couvert cette terrasse de constructions nouvelles, élevées au-dessus et à fleur des douze arcades du rez-de-chaussée. On devrait couvrir de même la terrasse de gauche, afin de rétablir la symétrie de la façade.

Les guichets du côté de la Seine, situés sous la galerie du Louvre, près des Tuileries, furent ouverts, vers 1772, par M. de Marigny, directeur-général des bâtiments. Avant lui, il n'y avait de passage libre que le guichet qui est sous le pavillon du Campanile.

Les Tuileries ont vu le peuple triomphant entrer librement dans le sanctuaire des rois, le 10 août 1793 et le 29 juillet 1830. Napoléon habita ce palais; il avait conçu le projet de faire une nouvelle façade sur la place du Carrousel, mais il abandonna ce dessein gigantesque. En 1800, il fit commencer la rue de Rivoli et celle qui va du Louvre aux Tuileries. En 1809, on posa sur les piédestaux de la grille des Tuileries des statues colossales de *Victoires* par M. Petitot au midi, et M. Gérard au nord.

Louis-Philippe Ier, après la révolution de Juillet, a continué d'habiter pendant quelque temps le Palais-Royal; il n'est venu aux Tuileries que vers la fin de 1831.

Le *jardin des Tuileries* était, avant Louis XIV, séparé du palais par une rue nommée *rue des Tuileries*. Ce jardin, protégé par une forte muraille, un fossé et un bastion, près duquel était, sur le quai, la *porte de la Conférence*, renfermait une vaste volière, un étang, une ménagerie, une orangerie, et une garenne placée à l'extrémité occidentale.

Lenôtre fut chargé de dessiner, en 1665, le jardin des Tuileries sur un plan nouveau. Cet architecte environna le jardin de deux terrasses plantées d'arbres, celle du bord de la Seine et celle des Feuillants; elles encadrent le jardin de deux côtés; et, après un retour, elles s'inclinent en se rapprochant à l'extrémité occidentale, et chacune, décrivant une courbe, s'abaisse par une rampe en pente douce jusqu'au niveau du sol; elles laissent entre elles une vaste ouverture par où la vue plonge sur la place de la Concorde et les Champs-Élysées. Sous Louis XIV, le jardin se composait d'un parterre orné d'ifs, de buis en dessins contournés, d'un bosquet et de trois bassins.

Ce parterre est aujourd'hui borné par un bosquet de marronniers qui occupe la plus grande partie du jardin. Au-delà de ce bosquet est un vaste bassin octogone, accompagné de pièces de gazon. A droite du bassin est ce qu'on nomme la *Petite-Provence*, endroit retiré où les mères mènent leurs enfants, et où les vieillards viennent se réchauffer pendant l'hiver. Les marronniers placés sur la première ligne, vis-à-vis le grand bassin, ont cela de remarquable, qu'ils se couvrent de feuilles plusieurs jours avant tous ceux qui se trouvent aux environs de Paris. Par une circonstance extraordinaire, le jour où Napoléon rentra à Paris, à l'époque des Cent-Jours (20 mars 1815), un de ces marronniers, celui qui est toujours le plus avancé de tous, était couvert de fleurs.

Le parterre et le bosquet sont percés de larges allées; celle du centre est la plus étendue. Le grand bassin occupe son extrémité occidentale; un autre bassin plus petit est à son extrémité orientale. On distingue encore *l'allée des orangers*, le long de la terrasse des Feuillants, autrefois semée de gazon, aujourd'hui garnie de beaux orangers en caisse. Cette allée est le rendez-vous du monde élégant de la capitale; c'est le *prado* parisien.

Toute la largeur du jardin, du côté des Champs-Élysées, autrefois protégée par un bastion, l'est aujourd'hui par un mur de terrasse et un fossé. On en sortait de ce côté par une porte située au centre et par un *pont tournant* édifié en 1717, qu'on levait la nuit et qu'on abaissait le jour. Depuis la révolution, on lui a substitué un pont en pierre, et à la porte en maçonnerie qui était contiguë, une grille en fer. On a élargi la grande allée; on a placé des tapis de gazon, bordés de plates-bandes de fleurs et d'arbustes, au lieu des buis et des ifs, et on a entouré ces carrés de grilles de fer. On a refait les escaliers qui mènent aux terrasses, dont les arbres ont été replantés. De belles grilles ont remplacé les portes en maçonnerie, de Louis XIV.

Du côté de la terrasse des Feuillants, le jardin était clos par un vieux mur; au-dehors se trouvaient les enclos et les jardins des Capucins et des Feuillants, et une longue cour qui aboutissait aux manéges des Tuileries; c'est dans les bâtiments et sur l'emplacement de ces manéges, contigus à la terrasse des Feuillants, que l'on construisit, en 1790, une salle où l'assemblée constituante termina sa session, où siégea l'assemblée législative; la convention y tint aussi ses séances jusqu'en avril 1793 (1). Enfin cette salle servit aux séances du conseil des Cinq-Cents, jusqu'à la construction de la salle actuelle du Palais-Bourbon.

Napoléon fit ouvrir, en 1802, sur l'emplacement de cette salle, de la cour, des enclos et jardins des couvents, une large rue qui va de la place de la Concorde à la rue de Rohan, prolongement de la rue de Richelieu. Il lui donna le nom de *Rivoli*, en mémoire de la bataille ga-

(1) Elle alla siéger alors dans une salle du château des Tuileries.

gnée, en 1797, sur les Autrichiens; il fit ouvrir aussi la rue du Mont-Thabor, celle de Castiglione et celle de la Paix. Il substitua au vieux mur de clôture du jardin une grille à lances dorées, soutenue de distance en distance par des pieds-droits surmontés de vases en marbre.

Le Nôtre avait laissé aux deux angles de l'extrémité occidentale de ce jardin deux espaces séparés, contenant, l'un, l'orangerie et quelques bâtiments, l'autre, des bâtiments servant à divers usages. Ces espaces angulaires ont été joints par Napoléon au jardin. Leur sol a été exhaussé au niveau des terrasses qui les entouraient; les murs ont été rebâtis, et on y a fait des plantations régulières.

Ce beau jardin renferme de précieux morceaux de sculpture. Autour du grand bassin, on voit les statues des quatre Saisons, les groupes représentant la Seine et la Marne, par Coustou l'aîné, la Loire et le Loiret, par Vanclève, le Nil et le Tibre. A l'extrémité de la grande allée se trouve à droite le magnifique groupe de trois figures, représentant la mort de Lucrèce, commencé à Rome par Théodon, et terminé à Paris par Lepautre; à gauche est celui d'Énée, enlevant son père Anchise, par Lepautre. Au-delà du bosquet, à droite, est *la Vestale* de Legros. Le long de l'allée parallèle aux bâtiments du palais se voient d'un côté de gracieuses statues de bergers et de bergères; de l'autre, des figures d'hommes célèbres de l'antiquité. En 1819, aux deux extrémités de la terrasse qui donne sur la place de la Concorde, on a établi sur des piédestaux en pierre deux beaux lions en marbre blanc; de chaque côté de la porte d'entrée, sur la place de la Concorde, s'élèvent sur des piédestaux deux groupes en marbre, par Coyzevox, représentant : l'un la Renommée, l'autre Mercure; ils sont d'un effet médiocre. L'*Hercule* en bronze, placé dans un enfoncement près de l'entrée orientale sur la rue de Rivoli, est très estimé. On remarque encore *le Gladiateur mourant*, *Spartacus*, etc.

Ce jardin, dont la longueur est de 376 toises, sur une largeur de 168 toises, a été considérablement embelli par le roi Louis-Philippe. On a planté de nouveaux parterres devant le château ; une vaste grille a remplacé l'ancienne porte du côté du Pont-Royal, et de nombreuses statues modernes ont été ajoutées à celles qui déjà décoraient le jardin. On aperçoit, en entrant par le côté du Pont-Royal, un magnifique lion en bronze, dû à M. Barye, sculpteur distingué.

Les *Champs-Élysées*. L'emplacement de cette promenade était en culture, et n'offrait qu'une masse de jardins et de maisonnettes, lorsque, en 1670, on commença à y tracer des allées et à y planter des arbres. On la nomma d'abord le *Grand-Cours* ; mais le nom de *Champs-Élysées* qu'on lui donna sous le règne de Louis XIV prévalut. En 1770, on renouvela presque entièrement ses plantations. La longueur des Champs-Élysées, traversés par la route de Neuilly, est de plus de 400 toises; leur largeur est de 160 toises du côté des Tuileries et de 500 du côté de Chaillot. La plantation est en quinconce, et on y a ménagé de grands espaces libres où sont des cafés, reconstruits, ces dernières années, sur un modèle très élégant. On y a placé quelques fontaines d'un joli effet ; l'une d'elles est au centre du rond-point. A droite, près du rond-point, est le *Cirque national*, nouvellement construit ; de l'autre côté, se voit le *Diorama*, également élevé depuis 1830. Près du Diorama est le *grand-carré Marigny*, vaste emplacement où l'on s'exerce à différents jeux. C'est là qu'a eu lieu en 1839 l'exposition des produits de l'industrie. On parle de construire un monument définitif, dans ce but et dans ce même endroit.

A l'entrée des Champs-Elysées, par la place Louis XV, sont élevés, sur des piédestaux, deux groupes en marbre, de Coustou le jeune, représentant chacun un cheval fougueux retenu par un homme; ils sont justement admirés par les artistes. Ces chevaux étaient à l'abreuvoir de Marly; on les transféra, en 1794, à Paris, à l'aide d'un chariot que l'on conserve dans la première salle du Conservatoire des arts et métiers.

En 1815, les alliés campèrent dans les Champs-Elysées.

Pendant l'hiver de 1818 à 1819, on a exhaussé, affermi et sablé les allées et replanté environ six cents arbres. De nouveaux travaux pour le nivellement du sol ont eu lieu dans ces dernières années. Cette magnifique promenade est aujourd'hui éclairée au gaz dans toute sa longueur; la perspective dont on jouit, sur la place de la Concorde, est une des plus belles de Paris.

C'est aux Champs-Elysées que la promenade de Longchamps est aujourd'hui circonscrite. L'usage de ce pèlerinage remonte aux premières années du XVIIIe siècle. Les curieux se portaient alors vers l'abbaye de Longchamps au bord du bois de Boulogne, pour entendre chanter les ténèbres et les lamentations, les mercredi, jeudi et vendredi de la semaine sainte. Le but pieux de cette promenade n'existe plus maintenant. Longchamps a le privilége d'attirer les équipages les plus somptueux, les plus délicieuses toilettes, et de fixer les modes du printemps.

La *place du Carrousel*, située à l'est du palais des Tuileries, était un vaste emplacement entre le palais et les anciens murs de Paris. On y établit, en 1600, un jardin, appelé *de Mademoiselle* parce qu'il appartint à mademoiselle de Montpensier, et qui fut détruit en 1655. Louis XIV choisit cet emplacement pour y donner, les 5 et 6 juin 1662, un *carrousel*, c'est-à-dire une fête composée de courses et de ballets, où la cour déploya un luxe extraordinaire et qui coûta 1,200,000 francs. C'est du nom de cette fête que la place a reçu le sien. Après 1662, on y éleva plusieurs bâtiments avec des cours, qui subsistèrent jusqu'en 1800. Le 24 décembre de cette année, le premier consul Bonaparte, se rendant à l'Opéra, une machine infernale, placée à l'entrée de la rue Saint-Nicaise, fit explosion au moment du passage de la voiture, mais n'atteignit pas la personne du premier consul; quarante-six maisons furent fortement ébranlées ou endommagées. On démolit ces maisons, ce qui amena l'agrandissement de la place, et on commença la construction de la galerie septentrionale du Louvre. Depuis 1830, plusieurs démolitions ont eu lieu sur cette place; on n'a pas abandonné le projet d'achever la vaste galerie du nord.

La *place Vendôme*, située entre les rues Saint-Honoré et Neuve-des-Petits-Champs. Sur son emplacement était un hôtel accompagné de jardins, qui, après avoir appartenu au duc de Retz, passa à la maison de Vendôme par le mariage de Françoise de Lorraine avec César, duc de Vendôme, fils légitimé de Henri IV. Louvois ayant conçu le projet de faire construire une place magnifique, acheta, en 1685, l'hôtel de Vendôme et ses dépendances, fit démolir le couvent des *Capucins* (*voy.* page 223), et en rebâtir un autre dans la rue Neuve-des-Petits-Champs, dont le portail fut élevé sur l'axe même de la place projetée. Ce ministre étant mort en 1691, les travaux furent interrompus. M. de Pont-Chartrain les reprit en 1698, fit abattre toutes les constructions déjà faites et en fit élever d'autres sur les dessins de Mansard. La ville de Paris, à qui l'on abandonna tous les emplacements acquis depuis 1687 et tous les matériaux, se chargea de faire bâtir à ses frais toute la place. En 1701, elle était terminée : chaque côté de cette place a 72 toises; c'est un carré dont les angles sont à pan coupé; les bâtiments sont construits uniformément et avec goût.

Cette place, nommée d'abord *place des Conquêtes*, reçut ensuite le nom de *Louis-le-Grand*, et pendant la révolution celui de *place des Piques*. L'ancienne dénomination a toujours prévalu.

En 1699, on y érigea la statue en bronze de Louis XIV, fondue d'un seul jet, par Keller, sur les dessins de Girardon, et qui avait vingt-deux pieds de hauteur ; le piédestal, de marbre blanc, était couvert d'inscriptions et d'ornements en bronze. Louis XIV était représenté vêtu à l'ancienne mode des Grecs, et la tête affublée de sa volumineuse perruque.

Cette statue, renversée en 1792, a été remplacée en 1806 par la Colonne en l'honneur de la grande armée.

La *place des Victoires*, à l'extrémité des rues Croix-des-Petits-Champs, Neuve-des-Petits-Champs, de La Feuillade, de Vide-Gousset, des Fossés-Montmartre et du Petit-Reposoir, fut construite par le maréchal d'Aubusson de La Feuillade, qui, comblé d'honneurs et de biens par Louis XIV, voulut par là signaler sa reconnaissance. La ville de Paris coopéra aussi de ses deniers à l'embellissement de cette place dont la bâtisse fut confiée à Mansard ; l'inauguration s'en fit en 1686. Au milieu, le duc fit élever la statue du roi, représenté couronné par la Victoire, avec ces mots : *viro immortali* (à l'homme immortel). Ce groupe, en plomb doré, était de Desjardins, ainsi que les Esclaves enchaînés et les bas-reliefs qui accompagnaient le piédestal ; ce monument fut renversé en 1792 ; on fit des balles avec le plomb qui en provenait, et des canons avec le cuivre et le bronze ; quatre bas-reliefs conservés se voient au Louvre ; les Esclaves sont aux Invalides, à l'entrée de la grande porte du côté de l'Esplanade. Le maréchal de La Feuillade plaça, aux quatre coins du piédestal, des fanaux qui furent ôtés en 1717, sur la réclamation d'un Gascon, qui, faisant allusion au soleil que le roi avait pris pour emblème, s'écriait :

> La Feuillade, sandis ! jé crois qué tu mé bernes,
> Dé placer lé soleil entré quatré lanternes.

Dans son admiration pour Louis XIV, ce maréchal avait

formé le dessein d'acheter une cave dans l'église des Petits-Pères et de la conduire sous terre jusqu'au milieu de la place des Victoires, afin de se faire enterrer sous la statue du roi.

En 1793, on éleva sur cette place une pyramide en bois portant les noms des départements et des hommes morts le 10 août 1792; la place reçut le nom de *place des Victoires nationales*. Bonaparte y voulut faire construire un monument en l'honneur de Kléber et de Desaix, mais il renonça à ce projet, et y substitua une statue en bronze de Desaix, élevée sur un piédestal revêtu en marbre blanc, orné aux angles de pilastres égyptiens; une pyramide rappelait les exploits de ce général, qui était représenté tout nu. Ce monument fut supprimé en 1815; en 1821, on a placé au même endroit une nouvelle statue équestre, en bronze, de Louis XIV, par M. Bosio, fondue, dit-on, avec la matière fournie par la statue de Napoléon, qui s'élevait sur la colonne Vendôme avant 1815.

Cette place est d'une forme circulaire et d'un diamètre de 400 pieds; les bâtiments sont tous uniformes.

La *porte Saint-Antoine*, située à l'extrémité de la rue de ce nom, à l'endroit où cette rue est coupée par la partie septentrionale du boulevard. C'était une ancienne porte bâtie en 1585, ornée de bas-reliefs de Jean Goujon, qui fut convertie en 1670 en arc de triomphe en l'honneur de Louis XIV; on voyait plusieurs beaux ornements sur les faces de cet édifice, qui était couronné par un attique. A ses deux extrémités était un obélisque; au milieu, une statue allégorique; ce monument a été démoli en 1778.

L'arc de triomphe du faubourg Saint-Antoine, situé à l'extrémité de ce faubourg, fut commencé en 1670, sur les dessins de Perrault, mais ne fut pas achevé. Le régent le fit démolir en 1716; le dessin en était d'une grande beauté.

La *porte Saint-Bernard,* située sur le quai de la Tournelle, un peu au-dessus du pont de ce nom. C'était une porte ayant fait partie de l'enceinte de Philippe-Auguste, et reconstruite en 1606; elle s'appelait alors *porte de la Tournelle.* Blondel la convertit en arc de triomphe et la termina en 1674. Elle était magnifiquement décorée. On la démolit en 1787.

La *porte Saint-Denis.* Nous avons vu que cette porte avait été située d'abord entre la rue Mauconseil et celle du Petit-Lion; puis entre les rues Neuve-Saint-Denis et Sainte-Appoline. On la reconstruisit, en 1672, sur les dessins de Blondel, sur le boulevard Saint-Denis, entre la rue et celle du faubourg de ce nom, à l'occasion des victoires de Louis XIV. Ce fut la ville de Paris qui se chargea des frais de ce monument. Les sculptures furent confiées à Michel et François Anguier.

Du côté de la ville, cet arc présente deux obélisques engagés dans le mur, décorés de trophées d'armes antiques; au pied de celui de gauche est une figure assise, qui représente sous la forme d'une femme les Provinces-Unies; à droite, est la figure du Rhin, sous les traits d'un homme vigoureux, appuyé sur un gouvernail. Au-dessus de l'arcade est une table renfoncée, qui présente un bas-relief où est figuré un combat auquel assiste Louis XIV. Sur la frise est cette inscription : *Ludovico Magno* (à Louis-le-Grand).

Du côté du faubourg, la décoration est pareille, avec cette différence que le bas-relief, placé au-dessus de l'arc, a pour sujet la prise de Maëstricht, et qu'au lieu de figures humaines, on a placé des lions au bas des obélisques.

Cet arc de triomphe, le plus élevé qu'il y ait à Paris après celui de l'Étoile, a 72 pieds de largeur et autant d'élévation. L'ouverture de la grande arcade a 25 pieds, sa hauteur est de 42 pieds 10 pouces. Aux deux côtés sont pour les piétons deux portes hautes de près de 7 pieds.

En 1793, on fut à la veille de renverser ce beau monument; mais on se contenta d'en supprimer les inscriptions. On l'a restauré avec soin sous le règne impérial et dans les premières années de la Restauration.

La *porte Saint-Martin*, située sur le boulevard de ce nom, entre la rue Saint-Martin et celle du faubourg qui en est le prolongement. Elle fut construite en 1674, sur les dessins de Pierre Bullet. Ce monument a 54 pieds de large et autant de hauteur. Il est percé par trois arcades : celle du milieu a 15 pieds de largeur et 30 d'élévation; les arcades latérales ont 8 pieds de largeur et 16 de hauteur. Les pieds-droits sont travaillés en bossages vermiculés, ainsi que le bandeau de l'arcade du milieu. Au-dessus est un entablement à grandes consoles; le tout est surmonté par un attique qui porte cette inscription : *Ludovico Magno Vesontione Sequanisque bis captis et fractis Germanorum, Hispanorum, Batavorumque exercitibus, præf. et ædil. P. CC. anno D.* 1674, c'est-à-dire: « Le préfet et les édiles de Paris ont élevé ce monument l'an du Seigneur 1674, à la mémoire de Louis-le-Grand; Besançon et les Séquaniens ayant été soumis deux fois, et les armées des Allemands, des Espagnols et des Bataves, étant vaincues. »

Dans les deux arcades qui se trouvent entre les pieds-droits, le bandeau de la grande arcade et l'entablement sont deux bas-reliefs relatifs aux conquêtes de Louis XIV. Entre les consoles de l'entablement sont divers attributs militaires, et entre celles du milieu, se voit un soleil, symbole de Louis XIV.

Cet arc de triomphe a été réparé en 1819 et 1820.

L'*Observatoire* fut construit par Perrault, de 1667 à 1673, entre les rues du Faubourg-Saint-Jacques et d'Enfer, à l'extrémité méridionale de la grande avenue du Luxembourg. La place de cet édifice est un rectangle, dont les dimensions sont de 15 toises environ, en largeur et en hauteur. Aux angles de la face méridionale, sont deux tours ou pavillons octogones ; du côté du nord, est un avant-corps de 4 toises de saillie, où se trouve la porte d'entrée. Sur le comble de l'édifice, dont on admire la disposition intérieure, on a élevé, vers 1810, un bâtiment carré en pierres de taille, flanqué de deux tourelles, où se font les observations astronomiques.

Le bâtiment contigu à l'Observatoire, situé à l'est de l'édifice principal, renferme plusieurs instruments d'astronomie.

En 1811 et 1813, on a dégagé ce monument des maisons qui l'entouraient. Aujourd'hui il est complétement isolé, et correspond directement avec le Luxembourg par une large avenue plantée d'arbres. On remarque que, dans la construction de l'Observatoire, il n'est point entré de bois. Dans une salle, dite *des Secrets*, on observe un phénomène curieux : en se plaçant contre un pilier, et en parlant fort bas, on est entendu par la personne placée à l'autre extrémité de la pièce, sans que celles qui se trouvent dans les autres parties de la salle puissent saisir la moindre parole.

La ligne de la face méridionale de l'Observatoire se confond avec celle de la latitude de Paris. La ligne méridienne, tracée dans la grande salle du deuxième étage, divise cet édifice en deux parties égales, et s'étend de Dunkerque à Collioure. Ces deux lignes ont servi de base aux triangles d'après lesquels on a levé la carte générale de France, appelée *carte de Cassini*, publiée en cent quatre-vingt-une feuilles.

L'*Académie royale de peinture et de sculpture* fut fondée en 1668, et tint d'abord ses séances au Louvre. On y réunit, en 1665, une académie établie à Rome pour des artistes français, par le ministre Colbert, et où l'on envoyait des élèves entretenus par le roi. En 1795, cette société fut comprise dans la troisième classe de l'Institut, et, en 1803, dans la quatrième. En 1807, elle fut transférée, ainsi que l'Institut, au collége Mazarin. Elle juge les ouvrages des peintres, sculpteurs et architectes, aux concours qui ont lieu annuellement, et envoie les artistes qui ont remporté les grands prix, à Rome, où ils sont entretenus pendant cinq ans.

L'*Académie de Saint-Luc*. Il existait depuis fort longtemps à Paris une communauté de peintres, sculpteurs et graveurs. Cette société obtint, en 1704, la chapelle de Saint-Symphorien, et établit dans une partie de cet édifice une école de dessin. Depuis cette époque, elle porta le titre d'*académie*. Elle avait des concours, des prix et des expositions.

En 1776, cette académie fut supprimée, les élèves s'étant réunis à ceux de l'Académie royale.

L'*Académie des inscriptions et belles-lettres* fut fondée par Colbert, en 1663. Elle fut chargée de composer les sujets et les légendes des médailles, ceux des tapisseries des Gobelins, des jetons et des inscriptions pour les bâtiments ; elle dut aussi revoir et corriger les ouvrages en vers ou en prose, faits à la louange du roi. Composée d'abord de quatre personnes, cette société porta les noms de *petite académie*, de *petit conseil*. Ayant reçu plus de consistance, elle fut organisée, en 1701, sous le titre d'*Académie des inscriptions et des médailles*. Le réglement fixa à quarante le nombre des académiciens, et le lieu des séances fut établi dans un appartement du Louvre. En 1716, on changea son titre en celui d'*Académie royale des inscriptions et belles-lettres*. En 1795, on la comprit dans la troisième classe de l'Institut, sous le nom de *classe des sciences morales et physiques*; mais, en 1814, elle a repris son ancienne dénomination.

L'*Académie des sciences* fut fondée par Colbert, vers 1666, et ne reçut de forme stable qu'en 1699. Elle fut réunie au Louvre. En 1795, elle fut comprise dans l'Institut (première classe), sous le titre de *sciences physiques et mathématiques*. Elle a repris dans la suite sa première dénomination.

L'*Académie d'architecture* fut fondée, en 1671, par Colbert, et fut réglementée en 1717. Elle eut ses écoles, ses prix et ses pensionnaires à Rome. En 1795, elle a été réunie à l'Académie de peinture.

Louis XIV érigea, en 1671, l'Opéra en *académie royale de musique*. Il créa, en 1661, une *académie de danse*. Les maîtres de danse, qui étaient en même temps maîtres de violon, formaient, depuis fort longtemps, une corporation dont le chef se titrait de *roi des violons*. Ce titre ne fut supprimé qu'en 1773.

Bibliothèque du roi. Les rois de la première et de la deuxième race n'eurent point de bibliothèques. Ceux qui pouvaient rassembler quelques volumes passaient pour être savants. Saint Louis rapporta de l'Orient un grand nombre de manuscrits qui se dispersèrent après sa mort. Le roi Jean avait une bibliothèque peu considérable; elle se composait de dix à vingt volumes, presque tous livres de piété. Charles V, son successeur, qui aimait et encourageait les lettres, porta cette collection à neuf cent neuf volumes, qu'il plaça au Louvre dans la *tour de la Librairie*. Gillet-Malet, son bibliothécaire, nous en a laissé un inventaire écrit en 1373. Ces livres ou manuscrits, reliés avec magnificence et enrichis de dessins ou de miniatures, consistaient en ouvrage d'astrologie, de prières, de droit, de théologie; on y trouvait les œuvres d'Ovide, de Lucain, de Boëce; les traductions de Tite-Live, de Josèphe, de saint Augustin, de Salluste, etc. Cette bibliothèque, très considérable pour l'époque, était peut-être la seule qui existât alors (1). Charles V permit aux savants

---

(1) A l'exception de celle de la Sorbonne, rassemblée par saint Louis, et qui contenait, en 1290, plus de 1,000 volumes.

de la consulter. Après sa mort, cette collection fut en partie dispersée, et malgré les nouveaux livres qu'on y introduisit, elle ne contenait, en 1423, que huit cent cinquante-huit volumes. Le duc de Bedfort, régent de France, l'acheta et la fit transporter en Angleterre.

Louis XI rassembla les volumes que Charles V avait répartis dans diverses maisons royales, et y joignit plusieurs ouvrages. Louis XII et Charles VIII agrandirent considérablement cette collection nouvelle. Le premier la transféra à Blois, d'où François Ier la fit porter à Fontainebleau. Ce prince fit acheter un grand nombre de manuscrits grecs et plusieurs orientaux. La découverte de l'imprimerie favorisa l'accroissement de la Bibliothèque; mais les livres français étaient en très petite quantité; les manuscrits grecs dominaient.

Henri IV fit transférer, en 1594, la bibliothèque de Fontainebleau dans le collége de Clermont à Paris; il l'augmenta de la collection laissée par Catherine de Médicis, et composée de plus de huit cents manuscrits hébreux, grecs, latins, arabes, français et italiens. Après le retour des jésuites, en 1604, on transféra la Bibliothèque dans une salle du cloître du couvent des Cordeliers, puis dans une grande maison de la rue de La Harpe, au-dessus de l'église Saint-Côme, appartenant à ces religieux.

Sous Louis XIII, cette collection s'enrichit d'un nombre considérable de manuscrits grecs, syriaques, arabes, etc. Le roi ordonna, en 1617, que toute personne qui ferait imprimer ou mettre en vente un livre, en donnerait deux exemplaires à la Bibliothèque du roi. Vers la fin de ce règne, elle renfermait seize mille sept cent quarante-six volumes, tant manuscrits qu'imprimés.

Ces richesses augmentèrent sous Louis XIV. Colbert acheta plusieurs bibliothèques particulières; il envoyait en Orient et dans divers pays des voyageurs chargés de se procurer des manuscrits et des livres de toutes les nations.

En 1684, on comptait dix mille cinq cent quarante-deux manuscrits, et environ quarante mille imprimés, non compris les estampes et les cartes de géographie. Louvois fit voyager, comme Colbert, pour acheter des livres, et chargea aussi du même soin les ambassadeurs du roi près des cours étrangères; il obligea les libraires à fournir des exemplaires de leurs ouvrages (1689). En 1697, on reçut 42 volumes chinois que le chef du céleste empire envoyait en présent au roi. Avant cet envoi, il n'y avait que quatre volumes en cette langue; ils s'y sont depuis fort multipliés. Le nombre des livres de la Bibliothèque royale alla toujours en croissant; elle était devenue publique sous le ministère de Colbert.

En 1666, ce ministre la transféra dans une maison de la rue Vivienne.

Il existait dans la rue de Richelieu un hôtel immense, qu'on nommait *palais Mazarin*, et qu'avait fait bâtir ce ministre. Après sa mort, il fut divisé en deux parties: l'une, du côté de la rue Vivienne, conserva le nom d'*hôtel de Mazarin*, et appartint au duc de La Meilleraye. En 1719, Louis XIV l'acheta, et le donna à la compagnie des Indes. On y a depuis établi la Bourse. L'autre partie, située du côté de la rue de Richelieu, échut au marquis de Mancini, et devint l'*hôtel de Nevers*. On y avait placé la Banque instituée par Law, dont la durée ne fut pas longue.

En 1724, on transféra la Bibliothèque royale dans l'hôtel de Nevers. Elle s'accrut tellement, qu'en 1790 on y comptait deux cent mille livres imprimés. Ce nombre s'élève aujourd'hui à quatre cent cinquante mille volumes imprimés, quatre cent cinquante mille brochures et pièces fugitives. Cette collection s'enrichit annuellement de six mille ouvrages nationaux environ. La Bibliothèque possède, en outre, soixante mille manuscrits, un million six cent mille estampes, un cabinet qui renferme cent mille médailles, et de plus un nombre considérable de pierres gravées et autres antiquités. On fait à la Bibliothèque du roi des cours de langues orientales et d'archéologie.

Napoléon avait formé le projet de transporter la Bibliothèque dans la galerie septentrionale du Louvre, qu'il a fait commencer. On ne sait si ce projet sera repris.

La *Bibliothèque des avocats* était située dans une des salles de l'archevêché, île de la Cité. Elle fut ouverte en 1708, et fondée par un avocat nommé Riparfond, dans l'intérêt de ses confrères. Des avocats y donnaient des consultations gratuites aux pauvres, et tenaient tous les quinze jours des conférences sur des matières de jurisprudence. Cette bibliothèque, réunie à celle de la Ville pendant la révolution, est située aujourd'hui au Palais de Justice.

La *Savonnerie*, établissement existant sur le quai de Billy, au bas de Chaillot, et ainsi nommé parce qu'autrefois on y faisait du savon. En 1604, on y établit une manufacture de tapis imitant ceux de Perse. Pierre Dupont et Simon Lourdet en furent les premiers directeurs, et obtinrent de Louis XIV des lettres de noblesse. Parmi les produits de cette fabrique, on distinguait le tapis de pied qui couvrait tout le parquet de la grande galerie du Louvre, et qui se composait de quatre-vingt-douze pièces. Cet établissement a été réuni aux Gobelins en 1828.

Les *Gobelins*, grande manufacture, située rue Mouffetard, n° 270. Dès le XIVe siècle, il existait des fabriques de draps et de teinture dans le faubourg Saint-Marcel et sur la rivière de Bièvre. Une famille, celle des Gobelins, s'enrichit considérablement dans cette profession, et donna de la célébrité à un nom que l'on a appliqué au quartier tout entier et même à la rivière de Bièvre. Aux Gobelins succédèrent, au XVIe siècle, plusieurs industriels qui fabriquèrent des tapisseries de haute lice. Colbert, en 1662, acheta l'emplacement qui forme aujourd'hui la manufacture des Gobelins, et érigea la fabrique en maison royale, sous la direction du célèbre Lebrun. On y travaille à des tapisseries de haute lice. Les produits de cet établissement sont magnifiques.

Manufacture des glaces, rue de Reuilly, n° 24, au faubourg Saint-Antoine. La première fabrique de ce genre fut établie à Paris en 1654. En 1666, Colbert l'érigea en manufacture royale, et fit construire les bâtiments qu'elle occupait encore avant 1830. Le coulage s'exécutait à Saint-Gobain; à Paris, on leur donnait le poli et le tain. Cette manufacture a été, depuis 1830, transformée en caserne d'infanterie.

Fontaines de Paris. Elles étaient alimentées par les aqueducs d'Arcueil, du Pré-Saint-Gervais, de Belleville, et par la pompe de la Samaritaine. Ces constructions ne pouvant plus suffire à alimenter les fontaines publiques, par suite des trop nombreuses concessions d'eau aux particuliers, on éleva une *pompe* nouvelle, contiguë au pont de Notre-Dame, par les soins de Daniel Jolly (1671), et on établit plusieurs fontaines : celle de *Saint-Michel*, située sur la place de ce nom, et construite en 1682, sur les dessins de Bullet (elle existe encore); celle *des Cordeliers*, rue de l'École-de-Médecine, entre la rue du Paon et le passage du Commerce, bâtie en 1672, reconstruite en 1682 et 1717 (elle a été supprimée en 1806, lors de la construction de la fontaine placée dans la même rue, mais elle n'est pas entièrement tarie); la *fontaine des Capucins*, aujourd'hui *de Castiglione*, rue Saint-Honoré, vis-à-vis la place Vendôme; la *fontaine d'Amour*, située butte Saint-Roch, au coin de la rue des Moineaux et de celle des Moulins; la *fontaine de Sainte-Avoye*, rue de ce nom; celle *de Richelieu*, au coin de la rue Traversière, détruite en 1840; la *fontaine des Petits-Pères*, rue de ce nom; celle *de la Charité*, rue Taranne; celle *de Saint-Séverin*, au coin de la rue de ce nom et de la rue Saint-Jacques; celle *de la place du Palais-Royal*, construite au centre de cette place en 1671, et détruite en 1719; celle *d'Alexandre* ou *de la Brosse*, au coin des rues de Seine et de Saint-Victor, bâtie en 1686 (elle doit son premier nom à une vieille tour à laquelle elle est adossée, tour dépendante de l'ancienne abbaye de Saint-Victor). Parmi les autres fontaines de cette époque, nous citerons : celle de *Louis-le-Grand* ou *d'Antin*, à l'extrémité de la rue Neuve-Saint-Augustin, et au coin des rues de la Michodière et du Port-Mahon, construite en 1707; celle de *Desmarets* ou de *Montmorency*, rue Montmartre, entre les n⁰ˢ 166 et 168, établie en 1713, par le contrôleur général Desmarets ; la *fontaine Saint-Martin*, rue de ce nom, au coin de celle du Vert-Bois, érigée en 1712 ; enfin la *fontaine de Garencière*, rue de ce nom, construite par Anne, palatine de Bavière.

Le *Pont-Royal* communiquait des quais du Louvre et des Tuileries à ceux d'Orsay et de Voltaire. Nous avons parlé du *Pont-Barbier*, qui remplaça, en 1632, un bac, situé sur cette partie de la Seine. Ce pont ayant été emporté par les glaces, en 1640, Louis XIV le fit reconstruire en pierres, et à ses dépens, sur les dessins de Mansard, et par les soins de François Romain, religieux dominicain (1685) ; il est bordé de trottoirs et se compose de cinq arches à plein cintre ; sa largeur est de 17 mètres, sa longueur de 128.

Le *pont de Grammont* communique du quai des Célestins à l'île Louviers; il fut construit en 1671, et rebâti en bois en 1823. Sa longueur était de 41 mètres, et sa largeur de 10 mètres. Il a été supprimé en 1840, lors de la réunion de l'île Louviers à la terre ferme.

Cafés. L'usage du café fut introduit pour la première fois à Paris, en 1669, par Soliman Aga, ambassadeur de la Sublime-Porte. Quelque temps après, un Arménien, nommé Pascal, établit un café à la foire Saint-Germain, puis au quai de l'École, où il attira un grand concours de monde. Un Sicilien, nommé François Procope, vint ensuite se fixer à Paris, et s'établit en 1689, dans la rue des Fossés-Saint-Germain, en face du théâtre de la Comédie-Française. Plusieurs établissements du même genre se formèrent à Paris; mais celui de Procope devint le plus célèbre, et le lieu de réunion des gens de lettres. Le café de la Régence, situé sur la place du Palais-Royal, acquit aussi une certaine renommée : on y jouait principalement aux échecs. J.-J. Rousseau fréquentait ce café pendant son séjour à Paris.

Sous le règne de Louis XV, on comptait déjà plus de six cents cafés dans la capitale. Ce nombre est aujourd'hui de trois à quatre mille.

Les *spectacles* prirent sous Louis XIV un aspect plus régulier; il s'en forma un assez grand nombre dans la capitale. Nous allons les passer en revue.

Le *théâtre de l'hôtel de Bourgogne*, situé rue Mauconseil. Un édit de 1676 supprima la confrérie de la Passion, et unit ses revenus à l'hôpital général; aux Enfants sans-souci avaient succédé, en 1659, des comédiens italiens, que le cardinal Mazarin avait fait venir à Paris. Dans les pièces qu'ils y jouaient, figuraient toujours les mêmes personnages : *Scaramouche, Arlequin, le Docteur, Isabelle, Colombine, Pantalon, Mézetin*, etc. Ces pièces étaient écrites en français; ce qui amena diverses altercations avec les comédiens nationaux. Elles étaient fort gaies, mais très peu décentes. En 1697, un ordre du roi enjoignit de fermer ce théâtre, et les acteurs se retirèrent dans leur pays. Sous Louis XV, le régent fit venir une nouvelle troupe d'Italiens. Ce théâtre ne servait pas seulement aux Italiens; des comédiens français y jouaient alternativement. Le *théâtre du Marais*, ayant été fermé et démoli en 1673, les acteurs de la troupe qui l'avaient occupé, se réunirent en partie aux comédiens français de l'hôtel de Bourgogne. En 1680, la troupe française de ce théâtre fut réunie à celle de l'hôtel de Guénégaud.

Le *théâtre du Petit-Bourbon* était placé dans un hôtel situé près du Louvre, du côté de Saint-Germain-l'Auxerrois, qui avait appartenu au connétable de Bourbon ; la cour y donnait des fêtes et des ballets. En 1658, on donna ce théâtre à la troupe de Molière. En 1660, on le démolit pour construire la façade du Louvre.

Théâtre de Molière (1). Ce grand écrivain, qui tira la scène comique de l'état abject où elle était plongée avant lui, et qui créa la véritable comédie, avait formé une troupe de comédiens ambulants qui s'établirent d'abord (1650) dans le Jeu de Paume de la Croix-Blanche, rue de Bussy, faubourg Saint-Germain, parcoururent ensuite les provinces, et revinrent à Paris, en 1658. Louis XIV, satisfait des acteurs, leur accorda l'hôtel du Petit-Bourbon, où furent joués l'*Étourdi* et le *Dépit amoureux*. En 1660, cette troupe fut placée au théâtre du Palais-Royal.

Le *théâtre du Palais-Royal*, construit par Richelieu, fut cédé, en 1660, à la troupe de Molière, que Louis XIV gratifia d'une pension et du titre *de troupe royale*. Ce théâtre, déjà illustré par les productions de Corneille, de Racine et de Molière, se soutint avec éclat jusqu'à la mort de ce dernier, en 1673. A cette époque, la salle fut destinée à l'*Opéra*, dont nous parlerons ailleurs.

Le *théâtre de l'hôtel de Guénégaud*, rue de ce nom. La troupe royale, fondée par Molière, exclue du Palais-Royal

---

(1) Molière est né, suivant une version, rue Saint-Honoré, au coin des piliers des halles ; suivant une autre tradition plus accréditée, rue de la Tonnellerie, n° 3, en entrant par la rue Saint-Honoré et sous les piliers des halles. Il paraît que la maison occupée, rue de la Tonnellerie, par le père de Molière, et celle du coin de la même rue, donnant sur la rue Saint-Honoré, étaient communes alors, et n'en formaient qu'une. En 1799, on y plaça le buste du grand homme avec une inscription qui rappelait la date de sa naissance (15 janvier 1620) ; au-dessous, on écrivit cette devise de Santeuil : *Castigat ridendo mores*. Un autre monument à la mémoire de Molière s'élève aujourd'hui sur une petite place formée par l'embranchement des rues Traversière et de

en 1673, fut forcée de chercher un autre théâtre, et s'établit rue et hôtel Guénégaud. Le roi, en 1680, réunit à cette troupe les comédiens français de l'hôtel de Bourgogne, et, en 1688, l'autorisa à s'établir dans le jeu de paume de l'Etoile, rue des Fossés-Saint-Germain. La troupe, sous le titre de *comédiens ordinaires du roi*, resta dans cette salle jusqu'en 1770, époque où elle alla jouer sur le théâtre du palais des Tuileries, en attendant la construction d'une nouvelle salle.

Sous ce règne, plusieurs autres troupes se formèrent à Paris. Nous citerons celle de mademoiselle de Montpensier, qui, en 1661, vint s'établir rue des Quatre-Vents, faubourg Saint-Germain, et qui n'y resta pas longtemps ; et la *troupe du Dauphin*, formée par Raisin, en 1662, et établie à la foire Saint-Germain. Elle ne subsista que deux ans.

Le *théâtre des machines* fut construit au château des Tuileries, pour la représentation des ballets et des comédies (1662). Sous le règne de Louis XV, Servandoni y donna des spectacles de décorations et de pantomimes. En 1770, les comédiens français vinrent l'occuper, et y jouèrent pendant l'espace de douze ans.

L'*Opéra* ne s'établit réellement à Paris qu'en 1669. Avant cette époque, diverses troupes italiennes étaient venues représenter des *opéras*, qui eurent un grand succès. Interrompu par les troubles de la Fronde, ce spectacle fut remis en faveur par Pierre Perrin et les maîtres de la musique de la reine, Lambert et Cambert. En 1669, Pierre Perrin obtint le privilége de jouer des *opéras*, et se fixa dans le jeu de paume du Bel-Air, rue Mazarine, vis-à-vis celle de Guénégaud. En 1672, Louis XIV retira à Perrin son privilége, et le concéda au Florentin J.-B. Lully, en lui permettant d'établir une *académie royale de musique* dans Paris. En 1673, le roi donna à ce spectacle la salle du

Richelieu. Ce monument, qui doit en même temps servir de fontaine, contiendra la statue en bronze de Molière.

Palais-Royal. Brûlée en 1763, cette salle fut reconstruite en 1770, et brûlée une deuxième fois en 1782; on la reconstruisit ailleurs.

Sous le règne de Louis XIV, les femmes parurent, pour la première fois, sur la scène. Les acteurs, dans la tragédie, étaient vêtus de l'habit français, portaient une écharpe en ceinture, et avaient la tête couverte d'une volumineuse perruque. Dans les farces italiennes, les acteurs figuraient constamment avec l'habit de leur caractère. A l'Opéra, les costumes étaient d'imagination : on voyait des héros, des bergers, des dieux, ornés de guirlandes de fleurs, et les bergères portaient des paniers comme les dames d'alors.

Les seigneurs se plaçaient ordinairement sur le théâtre même et sur des bancs posés aux deux côtés et au fond de la scène; les dames de la cour faisaient porter des fauteuils ou des chaises dans la salle, qui était disposée en gradins.

Tel était notre théâtre sous Louis XIV.

L'état physique de Paris éprouva de nombreux changements. Les anciennes murailles étaient fort dégradées; on commença, en 1646, à les démolir, afin d'établir à leur place des rues nouvelles; mais les événements politiques suspendirent ces travaux. Dans les premiers mois de l'année 1670, on travailla au grand mur du rempart de la porte Saint-Antoine, et l'on planta d'arbres le boulevard qui s'étend de la porte Saint-Antoine à la rue des Filles-du-Calvaire. Ce boulevard (1), qu'on nommait *le Cours*, fut revêtu de murs dans toute sa longueur. On continua ensuite ce cours jusqu'à la porte Saint-Martin et à la porte Saint-Denis, qui fut rebâtie, puis jusqu'à la rue Saint-Honoré. Cette nouvelle enceinte septentrionale procura de l'agrandissement à la ville. Le rempart de Louis XIII

(1) On fait venir ce nom de l'usage qu'avaient les Parisiens d'aller jouer à la *boule*, sur le gazon qui couvrait le sol, près des remparts : de là *Boulevert*, qu'une légère modification aurait changé en boulevart.

aboutissait, d'un côté, dans le quartier Saint-Martin, sur l'emplacement des rues Meslay et Sainte-Apolline; plus loin, à la rue Montmartre, presque en face celle Neuve-Saint-Marc, et enfin à la rue de Richelieu, vis-à-vis la rue Feydeau. Sous Louis XIV, ce rempart fut porté à l'emplacement actuel des boulevards Saint-Martin et Montmartre, et plus loin, sur le boulevard des Italiens. De là, ce cours s'étendit jusqu'à l'entrée de la rue Royale, où était la nouvelle porte Saint-Honoré.

Pendant qu'on bâtissait et plantait des remparts du côté du nord, on comblait les fossés et on démolissait les portes de l'ancienne enceinte méridionale. En 1704, le roi ordonna que l'on fît des boulevards de ce côté; mais ces *boulevards neufs*, comme on les nomma, ne furent entièrement terminés qu'en 1761.

Dans l'intérieur de Paris, on aplanit le sol en certains lieux; plusieurs buttes furent rasées. De ce nombre fut la *butte Saint-Roch*, jadis très élevée et couverte de moulins à vent (1), qu'un rimeur du temps décrit ainsi :

> Dieu vous garde de mal encontre,
> Gentille butte de Saint-Roch,
> Montagne de célèbre estoc,
> Comme votre croupe le montre.
> Oui, vous arrivez presque aux cieux,
> Et tous les géants seraient dieux
> S'ils eussent mieux appris la carte,
> Et mis, dans leur rébellion,
> Cette butte-ci sur Montmartre,
> Au lieu d'Ossa sur Pélion.

Quelques particuliers obtinrent, en 1667, l'autorisation d'aplanir cette butte; il résulta de leurs travaux la formation d'une douzaine de rues nouvelles. Le *quartier Gaillon*, ainsi nommé à cause d'un hôtel situé sur une partie de

---

(1) Elle est située entre la rue Sainte-Anne et l'église Saint-Roch, au carrefour formé par la jonction des rues des Moineaux, des Orties et des Moulins.

l'emplacement de l'église Saint-Roch, et qui n'offrait que des champs, des granges et des jardins, se couvrit de maisons, et contribua en même temps à l'agrandissement et à l'embellissement de la capitale.

La rue de la Ferronnerie fut, en 1671, considérablement élargie; on reconstruisit les maisons situées du côté du midi : c'est là que Henri IV fut assassiné. On voit sur une maison le buste de ce roi et une inscription à sa mémoire.

On ouvrit, en 1672, la rue de Savoie, sur l'emplacement de l'hôtel de ce nom. Sur celui de l'hôtel de Luynes, qui en était voisin, on éleva plusieurs des maisons qui bordent le quai des Augustins. La rue des Arcis fut élargie, ainsi que celles de la Verrerie, Galande, de la Vieille-Draperie, des Mathurins, des Noyers; on ouvrit, en 1673, la rue de l'Hôpital-Saint-Louis, et on prolongea jusqu'au boulevard la rue du Pas-de-la-Mule, qui s'arrêtait à la rue des Tournelles. Les portes Dauphine, de Bussy et de Saint-Germain furent démolies. On adoucit, en 1685, la pente de la rue des Fossés-Saint-Victor, et on combla les fossés de la ville.

La rue de la Monnaie fut, en 1692, continuée jusqu'à la rue des Prouvaires; on établit la rue *du Roule*, qui est son prolongement, et qui tira son nom d'un fief situé dans le voisinage. En 1703, on continua la rue Neuve-Saint-Augustin jusqu'à 11 toises du mur de clôture des Capucines, et on fit la rue *Louis-le-Grand*, qui s'étendit jusqu'au rempart, près la barrière de Gaillon. Enfin, en 1704, on continua la rue de Richelieu jusqu'à la maison dite Grange-Batelière, et on ouvrit la rue Neuve-de-la-Grange-Batelière.

En même temps qu'on élargissait les rues et qu'on en créait de nouvelles, on construisait quelques quais. Celui *de Nesle*, depuis nommé *de Conti* et de *la Monnaie*, fut prolongé, en 1669, jusqu'à la rue du Bac; on construisit, en 1669, les quais *des Orfèvres* et *de l'Horloge*, et l'année suivante le mur de terrasse du *quai des Quatre-Nations*; en 1675, on termina le quai *Pelletier*, qui fit la prolongation du quai *de Gèvres*, et qui prit son nom de celui du prévôt des marchands alors en fonctions : il fut construit sur les dessins de Pierre Bullet; en 1704, on éleva le *quai de la Grenouillère*, aujourd'hui *quai d'Orsay*.

Sur le quai de l'Ecole étaient deux ponts : l'un sur le canal qui conduisait les eaux de la Seine dans les anciens fossés de la ville, comblés depuis longtemps, et qui servait alors de route à un abreuvoir; l'autre, dans l'alignement de l'ancienne façade du Louvre, sur le canal qui conduisait l'eau de la Seine aux fossés voisins du Louvre.

En 1669, on établit deux ports sur la Seine : l'un entre le pont de la Tournelle et la forteresse de ce nom; le second entre la porte Saint-Bernard et l'endroit où la Bièvre se jette dans la Seine. Ces ports furent l'origine du *Port-au-Vin*. La *Halle-aux-Vins* fut établie, en 1662, dans leur voisinage, à l'angle de la rue des Fossés-Saint-Bernard et du quai de ce nom.

Les rois, inquiets de l'accroissement rapide de Paris, avaient souvent cherché à y mettre obstacle, en renouvelant les défenses de bâtir; mais ces singulières ordonnances étaient toujours transgressées. Henri II fit deux édits à ce sujet, en 1548 et 1554, et défendit de bâtir hors des murs de Paris. Louis XIII fit la même défense en 1627, 1633 et 1638. Louis XIV ordonna que les propriétaires des maisons situées hors des limites de Paris payeraient le dixième de la valeur de ces édifices, sous peine de démolition (1670, 1672, 1673); toutes ces mesures furent inutiles : une grande ville ne s'arrête pas devant des ordonnances aussi tyranniques; elle fait craquer les murs dont on l'entoure, et saute par dessus pour déverser son trop plein hors des barrières qu'on lui a imposées.

Paris avait été, dans l'origine, divisé en quatre, puis en

huit parties ou *quartiers* (1) ; ce nombre fut doublé sous Charles VI (2), et augmenta successivement par la suite. Sous Louis XIII, il fut porté à dix-sept (3). Enfin, sous Louis XIV, en 1701, Paris fut divisé en vingt quartiers (4). Cette division se maintint jusqu'en 1791.

Plusieurs inondations de la Seine causèrent de grands désastres durant cette période. En 1649, le pont Saint-Michel fut en partie détruit, ainsi que dix-sept maisons bâties dessus. En 1651, la Seine monta à 24 pieds 10 pouces. Sept ans après, le pont Marie fut en partie emporté dans les eaux, et plusieurs personnes perdirent la vie dans cet accident ; la Seine se répandit dans Paris, et s'éleva de 20 pieds 9 pouces. Il y eut encore d'autres inondations remarquables en 1665, 1667, 1690, 1693 et 1711.

L'état civil de Paris éprouva peu de changements : la magistrature du prévôt des marchands et des échevins fut confirmée par Louis XIV, en 1669; cette juridiction fut établie sur de meilleures bases qu'auparavant. Au commencement de ce règne, on comptait à Paris huit justices royales (le Parlement, la cour des comptes, celle des aides, celle des monnaies, la trésorerie de France, l'élection, la connétablie et maréchaussée, et le Châtelet) ; six justices particulières (le bailliage du Palais, les juges-consuls, la

(1) C'étaient ceux de Saint-Germain-l'Auxerrois, de Sainte-Opportune, de Saint-Jacques-la-Boucherie, de la Verrerie, de la Grève, de la Cité, de la place Maubert et de Saint-André-des-Ars.

(2) Les nouvelles divisions furent celles de Saint-Antoine, de Saint-Gervais, de Sainte-Avoye, de Saint-Martin, de Saint-Denis, des Halles, de Saint-Eustache et de Saint-Honoré.

(3) On y ajouta le faubourg Saint-Germain.

(4) La Cité, Saint-Jacques-la-Boucherie, Sainte-Opportune, le Louvre, le Palais-Royal, Montmartre, Saint-Eustache, les Halles, Saint-Denis, Saint-Martin, la Grève, Saint-Paul, Sainte-Avoye, le Temple, Saint-Antoine, place Maubert, Saint-Benoît, Saint-André, le Luxembourg, Saint-Germain-des-Prés.

grand'-maîtrise de l'artillerie, la prévôté de l'hôtel et celles de l'Ile-de-France et des marchands), et seize justices féodales ecclésiastiques, appartenant à des chapitres ou couvents. Ces nombreuses juridictions entravaient la marche de la justice. En 1674, Louis XIV réunit au Châtelet toutes les justices féodales de Paris et de la banlieue, et créa en même temps un nouveau siége présidial qui, avec le Châtelet, partagea leur territoire. Cependant il se vit forcé de satisfaire aux réclamations de plusieurs seigneurs ecclésiastiques, et rétablit le prieur de Saint-Martin-des-Champs et l'abbé de Saint-Germain-des-Prés dans leurs droits féodaux.

On comptait alors à Paris cinq cents grandes rues, outre une infinité de petites, cent places, plusieurs marchés, dix-sept ports, neuf ponts, autant de faubourgs et plus de trente hôpitaux. On commença à tenir des registres des naissances, des mariages et des morts; mais on ne peut connaître la population de Paris que par des données approximatives. A la fin du règne de Louis XIV, cette population était d'environ cinq cent mille habitants.

Les protestants eurent beaucoup à souffrir sous ce règne : on mit des entraves à leur culte, on chercha à obtenir leur conversion par toute espèce de moyens; enfin, on finit par les bannir de France, en révoquant l'édit de Nantes, publié en leur faveur par Henri IV (1685).

L'état moral de Paris, à cette époque, est à peu près le même que sous le règne précédent. Un des épisodes principaux de ce temps fut l'*affaire des poisons*, où furent mêlées les plus grandes dames de la cour, et dont nous laissons à l'histoire de France le soin de faire le tableau.

Au nombre des meilleures ordonnances de Louis XIV, on doit mettre celle de 1680, qui qualifiait les prétendus sorciers de corrupteurs de l'esprit des peuples et de sacriléges profanateurs : cette ordonnance porta un grand coup à cette vieille superstition populaire, qui s'obstinait à croire aux sorciers et aux devins.

Louis XIV surpassa en luxe et en magnificence tous les rois ses prédécesseurs : ses prodigalités ruinèrent l'état. Les courtisans l'imitèrent, et la cour de France devint la plus brillante d'Europe. On jouait beaucoup à cette cour, et le roi donnait encore l'exemple. Les princes et les plus grands seigneurs allaient s'enivrer chez les traiteurs et dans les cabarets, y faisaient tapage et commettaient mille désordres, surtout dans les premières années du règne de Louis XIV. La manie des duels, quoique réprimée avec sévérité, était encore dans toute sa force.

Voici quelques détails sur le costume de l'époque : les hommes portaient de vastes perruques, ou laissaient tomber leur chevelure sur leurs épaules ; sur leur tête était un chapeau rond à basse forme et à bords très amples, ornés d'une ou de plusieurs plumes fort longues ; ils avaient une veste ou justaucorps descendant jusqu'à la ceinture, et auquel, avec des rubans, se rattachait le haut-de-chausse, qui était très bouffant et descendait à mi-cuisses chez les uns, et, chez les autres, allait jusqu'aux genoux. La chaussure se composait de demi-bottes à ouverture très évasée, ou de souliers à nœuds longs et tendus horizontalement. Un large baudrier en sautoir soutenait à leur côté une longue épée. Enfin, un grand manteau, nommé *balandran*, couvrait souvent l'ensemble du costume.

Les femmes avaient les cheveux tressés et fixés derrière la tête ; la plupart portaient un escoffion, dont les pointes se nouaient sous le menton ou étaient dénouées et flottaient sur les épaules ; une robe à longues manches, retroussée des deux côtés, laissait voir un jupon orné de broderies. A la fin du règne de Louis XIV, ces robes étaient devenues fort longues, et les manches, n'allant qu'un peu au-dessous du coude, laissaient voir le reste du bras.

Un auteur de ce temps, après avoir parlé du bruit affreux

des rues de Paris et de l'état des maisons, grossières en dehors et bien ornées en dedans, ajoute des détails curieux que nous allons transcrire :

« Ce n'est point exagérer de dire que tout Paris est une grande hôtellerie : on voit partout des cabarets et des hôtes, des tavernes et des taverniers. Les cuisines fument à toute heure, parce qu'on mange à toute heure. Les tables sont abondantes; les Parisiens ne mangent jamais seuls; ils aiment à boire de petits coups, mais souvent, et ils ne boivent jamais qu'ils n'invitent leurs convives à faire de même. Le menu peuple ne s'enivre que les jours de fête, qu'il ne fait rien; mais il travaille les jours ouvriers avec assiduité. Il n'y a pas un peuple au monde plus industriel et qui gagne moins, parce qu'il donne tout à son ventre et à ses habits, et cependant il est toujours content.

« Le luxe est ici dans un tel excès, que qui voudrait enrichir trois cents villes désertes, il lui suffirait de détruire Paris. On y voit briller une infinité de boutiques où l'on ne vend que des choses dont on n'a pas besoin; jugez du nombre des autres où l'on achète celles qui sont nécessaires.

« Quoiqu'il ne pleuve pas, on ne laisse pas de marcher souvent dans la boue; comme l'on jette toutes les immondices dans les rues, la vigilance des magistrats ne suffit pas pour les faire nettoyer. Cependant les dames ne vont plus qu'en mules; autrefois les hommes ne pouvaient marcher à Paris sans bottines. Un Espagnol les voyant en cet équipage, le jour de son arrivée, demanda si toute la ville partait en poste.

« Les femmes aiment ici les petits chiens avec une passion extrême, et elles les caressent avec autant de tendresse que s'ils étaient de la race du chien qui suivit Tobie.... On ne caresse que ceux qui ont le museau de loup et les oreilles coupées; plus ils sont difformes, plus ils sont honorés de baisers et d'embrassements. Les femmes ont aussi le privilége de commander à leurs maris et de n'obéir à personne. Il y en a qui écrivent et qui font des livres; les plus sages font des enfants; les plus pieuses consolent les affligés; les plus sobres mangent par jour autant de fois que les musulmans font oraison, étant la coutume du pays de saluer le soleil levant le pain à la main. Elles s'habillent toutes avec beaucoup de bienséance; on les voit à toute heure; elles aiment la conversation des personnes gaies; elles vont à la ville comme il leur plait; la porte de leur maison est toujours ouverte à ceux qui y sont entrés une seule fois..... Les plus nobles trainent par derrière une longue queue d'or ou de soie, avec laquelle elles balayent les églises et les jardins; elles ont toutes le privilége d'aller masquées en tout temps, de se cacher et de se faire voir quand il leur plait; et, avec un masque de velours noir, elles entrent quelquefois dans les églises comme au bal et à la comédie, cachées à Dieu et à leurs maris (1).

« ..... Les tailleurs ont plus de peine à inventer qu'à coudre, et quand un habit dure plus que la vie d'une fleur, il paraît décrépit. De là est né un peuple de fripiers qui fait profession d'acheter et de vendre de vieux haillons et des habits usés.... La civilité est plus étudiée en France que dans le royaume de Chine; on la pratique avec beaucoup d'agrément parmi les personnes de qualité; les bourgeois y mettent de l'affectation et le peuple s'en acquitte grossièrement; chacun en fait un art à sa mode; on trouve des maîtres qui montrent les cérémonies....

« Tout le monde porte l'épée... Les rubans, les miroirs et les dentelles, sont trois choses sans lesquelles les Français ne peuvent vivre.... Les hommes ne portent point de barbe (2), ni leurs propres cheveux, et ils couvrent avec

---

(1) Ces masques, doublés de taffetas blanc, étaient retenus par une petite verge de fil d'archal, terminée par un bouton de verre, laquelle entrait dans la bouche de la personne masquée.

(2) Sous Henri IV, on portait la barbe tout entière; sous Louis XIII,

beaucoup de soin les défauts des années, ce qui leur donne une jeunesse perpétuelle.... La mode est le véritable démon de cette nation.

« Pendant le carême, le peuple court le matin au sermon avec une grande dévotion, et l'après-dîner à la comédie avec le même empressement.... Les solliciteurs, les charlatans, les joueurs et les laquais font un des plus beaux ornements de Paris.... Le plus adroit exercice est celui des filous; ils volent avec tant d'adresse, que, s'il n'était pas honteux de se laisser voler, ce serait un plaisir de l'être par des gens si fins, si rusés.... Les filous sont toujours punis par les juges, mais c'est quand on les attrape, et qu'ils ne font pas leur métier adroitement.

« Le chocolat, le thé, le café sont très à la mode; on vit chèrement ici....

« Voulez-vous être un homme de bien à Paris pendant un mois seulement, et après vivre en scélérat? changez de quartier et personne ne vous reconnaîtra.... personne n'y prendra garde, et vous pouvez marcher par la ville, vêtu en prince ou en faquin.... Ce qu'on trouve ordinairement à Paris, sont quantité de paroles données qu'on ne tient point, de grâces reçues qu'on se fait un plaisir d'oublier; plusieurs fous dans les rues et quelques-uns renfermés; mais ce qu'on voit rarement, c'est la modestie, c'est la sagesse; ce sont des gens oisifs, des personnes sobres, et des hommes qui aient vieilli. Il est très rare de trouver des timides et des scrupuleux; mais ce qu'on n'y voit jamais et ce qu'on souhaiterait avec plus d'ardeur, c'est le repos, le secret et un ami véritable. »

En dehors de ce mouvement, vivait une population méprisée par toutes les classes de la société, dont elle était le

elle se réduisit à la moustache effilée, et à un bouquet de poils sous la lèvre inférieure; sous Louis XIV, ce bouquet de poils disparut, mais tout le monde, même les ecclésiastiques, portaient la moustache. On la coupa, dès 1680.

rebut. Les mendiants et les filous habitaient des repaires particuliers, où ils se retiraient après avoir employé les plus étranges supercheries pour émouvoir la pitié et s'attirer des aumônes. Ces repaires, nommés *cours des Miracles*, parce qu'en y entrant, les mendiants cessaient d'être aveugles, boiteux ou estropiés, étaient en grand nombre. Quelques cours ont retenu ce nom : telles sont celles situées rue du Bac, n° 63, rue de Reuilly, n° 81, rue des Tournelles, n° 26, et cul-de-sac de Jean Beausire, n° 21. Il y avait la *cour du roi François*, rue Saint-Denis, n° 328 ; la *cour Sainte-Catherine*, même rue, n° 313 ; la *cour Brisset*, rue de la Mortellerie, entre les rues Pernelle et de Long-Pont ; la *cour Gentier*, rue des Coquilles ; la *cour de la Jussienne*, rue de ce nom, n° 23 ; la *cour et passage du Marché-Saint-Honoré*, entre les rues Saint-Nicaise, Saint-Honoré et de l'Echelle. Mais la plus fameuse de ces cours, et qui porte encore le nom de *Miracles*, avait son entrée dans la rue Neuve-Saint-Sauveur, et était située entre le cul-de-sac de l'Etoile et les rues de Damiette et des Forges. Dans une myriade de petites rues sales, obscures, étroites et boueuses, vivaient de nombreuses familles, au sein de l'oisiveté et au milieu des plus dégoûtantes débauches. Ces voleurs mendiants, qui existaient sous le règne de Louis XI, parlaient un langage particulier nommé *argot*, et étaient soumis à un chef nommé *coësre*. Ce chef avait sous ses ordres les *cagoux* ou *archi-suppôts*, sorte d'officiers instructeurs, les *orphelins*, les *marcandiers*, les *retaudés*, les *malingreux*, les *capons*, les *piètres*, les *francs-mitoux*, les *callots*, les *sabouleux*, etc., qui demandaient l'aumône par des moyens particuliers à chacun d'eux. Le nombre des mendiants montait, en 1656, à quarante mille. A cette époque, on enferma les pauvres à l'hôpital général ; mais il en resta toujours assez pour commettre des vols et des brigandages. En 1667, on créa, à la place du lieutenant civil, deux offices distincts : l'un, de lieutenant civil du prévôt de Paris, et l'autre, de lieutenant du prévôt de Paris pour la police ; cette dernière fonction fut confiée à La Reinie, qui établit une surveillance active et organisa l'espionnage. C'est à ce magistrat qu'on doit l'établissement fixe des lanternes dans les rues de Paris; ces lanternes n'étaient garnies que de chandelles. Ce ne fut qu'en 1746 que l'on se servit, pour la première fois, des lanternes à réverbère, inventées par l'abbé Matherot de Preigney et Bourgeois de Châteaublanc.

Sous l'administration de la Reinie, les laquais et les pages ne portèrent plus l'épée ; les malfaiteurs furent moins nombreux. D'Argenson qui lui succéda, en 1697, organisa la police sur un plan très vaste, et multiplia considérablement le nombre des espions. Ce fut sous son successeur, M. Héraud, que fut pris le fameux *Cartouche*, rompu vif en 1721.

En 1705, on commença à se servir dans Paris de pompes à incendie, et on plaça une pompe dans chaque quartier. En 1716, on en établit seize autres, et on commit trente-deux hommes chargés d'en faire usage. En 1722, on créa pour ce service un corps de soixante hommes, vêtus d'habits uniformes. Ce fut l'origine de l'utile corps des pompiers.

Nous avons parlé, sous le règne de Jean II, des petites écoles de Paris. Vers 1699, on établit dans chaque paroisse une école gratuite, dite de *Charité*. Ces nouvelles institutions firent tomber les anciennes. Suspendues pendant la révolution, les écoles de Charité ont été rétablies sur un meilleur plan ; elles sont aujourd'hui dirigées par les frères de la doctrine chrétienne.

Le règne de Louis XIV fut l'apogée des lettres et des arts. Corneille, Racine, Molière, La Fontaine, Boileau, Bossuet, Fénelon, La Bruyère, Massillon, etc., portèrent la langue et la littérature française à un degré de perfection inconnu avant eux. Parmi les artistes, les peintres le Poussin, Lesueur, Jouvenet, Lebrun; les sculpteurs Coustou, Pujet, Anguier et Girardon; les architectes Mansard, Blondel, Bullet, Oppenord; les musiciens Rameau et Lully, se signalèrent par leur talent ou leur génie. On doit à ces architectes, à ces peintres, à ces sculpteurs, presque tous les magnifiques monuments que Paris vit élever durant cette période.

CHAPITRE XVII.

PARIS SOUS LOUIS XV.

(1715 — 1774.)

Ce roi succéda, en 1715, à Louis XIV, son bisaïeul. La régence fut décernée à Philippe, duc d'Orléans, premier prince du sang. L'événement le plus important de cette régence fut la banqueroute du gouvernement.

A la mort de Louis XIV, la dette publique s'élevait à 2 milliards 62 millions (1); le régent ne savait comment faire face à cette déplorable situation, lorsqu'un Ecossais, nommé Law, vint proposer l'établissement d'une banque générale où chacun serait libre de porter son argent, et de recevoir en échange des billets payables à vue. Cette banque offrait pour hypothèque le commerce du Mississipi, du Sénégal et des Indes orientales. Le régent s'accrocha à cette branche de salut, et la banque fut établie, en 1716, dans une partie de l'ancien palais Mazarin, rue Vivienne, où, en 1724, on plaça la Bourse. Cette banque attira un nombre considérable de personnes, empressées d'échanger leur argent contre des billets. La rue Quincampoix fut d'abord le lieu où se firent ces échanges (2).

(1) Le marc d'argent valait alors 28 francs; il a presque doublé aujourd'hui.

(2) Ce nom dérive du latin *quinque pagi* (cinq bourgs). Près de Pa-

Par suite des nombreuses émissions de billets, on comptait, en 1719, 640 millions de livres en billets de banque mis en circulation. La rue Quincampoix fut abandonnée et on transporta les bureaux dans la place Vendôme, puis à l'hôtel de Soissons.

Cet établissement, qui éleva quelques fortunes scandaleuses, ruina cent mille familles. Law (1), que la clameur et l'indignation publiques chassèrent de Paris, emporta à peine quelques louis; mais il a produit en France et en Europe un mouvement qui donna naissance à la science de la banque et du crédit public. Lors de la fuite de Law, il avait été émis pour 2,700 millions de billets de banque. On ne prit aucune mesure pour soulager les familles ruinées par leur trop grande confiance.

Le régent mourut subitement, en 1723, après avoir déjoué la conspiration de Cellamare, et les projets de l'Espagne et de la quadruple alliance. Pendant la régence, Paris redevint le siége du gouvernement, que Louis XIV avait transporté à Versailles. Les orgies du Palais-Royal et la banqueroute de Law ternirent cette période.

Après le duc d'Orléans, se succédèrent au pouvoir le duc de Bourbon, inhabile et débauché, et le cardinal de Fleury, qui gouverna avec assez de succès jusqu'à sa mort, arrivée en 1745. Sous le gouvernement de ce prêtre,

---

ris devaient être dans l'origine plusieurs petits villages; un seigneur d'un de ces fiefs dut bâtir un hôtel, sur l'emplacement duquel fut établie dans la suite une rue.

(1) Law s'était converti au catholicisme, pour mieux inspirer de la confiance. Les Français, toujours malins, firent ce couplet :

    Ce parpaillot, pour attirer
    Tout l'argent de la France,
    Songea d'abord à s'assurer
      De notre confiance.
     Il fit son abjuration,
    La faridondaine, la faridondon,
    Mais le fourbe s'est converti, biribi,
     A la façon de barbari, mon ami.

Paris fut troublé par l'affaire de la bulle *unigenitus*, et les tracasseries des jansénistes. La tombe du diacre Pâris, mort en 1727, placée dans le cimetière de l'église de Saint-Médard, fut le théâtre de prétendus miracles et le rendez-vous de la secte des *convulsionnaires*, qui attribuaient à ce tombeau la faculté de donner lieu à de pieuses convulsions, et formaient une association régulièrement organisée. Le gouvernement prescrivit, en 1632, la clôture du cimetière Saint-Médard, et persécuta avec violence cette secte, qui subsista jusqu'après l'expulsion des jésuites, en 1762. A l'affaire des convulsions se joignit celle des jansénistes. On leur avait interdit, dès avant 1742, les fonctions sacerdotales; on fit plus, on ordonna de ne donner la communion et le viatique qu'à ceux qui seraient munis d'un *billet de confession*, signé par un prêtre non janséniste. Les fâcheux résultats de ce règlement cessèrent lors du départ des jésuites.

Après avoir fait de brillantes campagnes en Flandre et à Fontenoy, Louis XV devint le plus insouciant des monarques; vertueux dans sa jeunesse, il céda dans l'âge mûr aux conseils de ses courtisans; il eut des maîtresses et s'abandonna aux voluptés d'un sérail, qu'on nomma le *Parc-aux-Cerfs*. Le 5 janvier 1757, il fut frappé d'un coup de couteau à Versailles, par Damiens. On apprit que ce criminel avait été, en 1738, au service de la société de Jésus. Les pères de cette société furent violemment soupçonnés d'avoir dirigé le poignard de l'assassin; on s'acharna après eux. Enfin, en 1764, un édit du roi chassa entièrement de France cette compagnie que les Parlements avaient déjà chassée de leur ressort en 1762 (1). Louis XV mourut dix ans après, de la petite vérole. Ce prince était peu instruit, et faible; mais il ne

---

(1) Les jésuites ont tâché de rentrer en France, à plusieurs époques et sous divers noms. Depuis la restauration, ils ont formé quelques établissements dans le royaume, sous le nom de *Pères de la Foi*.

manquait pas d'intelligence. Il avait le goût des beaux-arts. On lui doit la continuation des grandes routes du royaume. Voici les établissements fondés à Paris sous son règne.

Les monastères et leurs enclos occupaient alors la moitié au moins de la surface de Paris, et chaque règne voyait établir de nouvelles communautés religieuses. Nous ne mentionnerons ici que les plus utiles de celles qui furent créées à cette époque.

Les *filles de Sainte-Marthe* furent instituées en 1717, et établies deux ans après rue de la Muette, n° 10, quartier Popincourt, pour enseigner à lire, à écrire et à travailler, aux jeunes filles du faubourg. Cette communauté, supprimée en 1790, a été remplacée dans la suite par des sœurs de Saint-François et de Sainte-Claire, qui desservent divers hôpitaux de Paris.

Les *filles de Saint-Michel* ou *de Notre-Dame de la Charité*, furent fondées, en 1724, par le cardinal de Noailles, archevêque de Paris, et établies rue des Postes, n° 38. Dans cette communauté logeaient les filles pénitentes qui s'y présentaient de gré ou qu'on y introduisait par ordre supérieur. Cette maison fut supprimée en 1790, et a été vendue. Les religieuses qui restent de cette institution se sont logées rue Saint-Jacques, n° 193.

Les *filles de l'Enfant-Jésus*, instituées en 1732, rue de Sèvres, n° 3, au-delà du boulevard, recevaient de pauvres filles ou femmes malades. En 1751, on changea la destination de cette maison, et on y plaça trente jeunes filles nobles et pauvres qui y recevaient une éducation semblable à celle de Saint-Cyr. On construisit alors cependant des bâtiments qui furent destinés aux filles et femmes pauvres auxquelles on procura du travail. En 1800, cette maison fut réservée pour *l'hôpital des Enfants*.

Voici les édifices et les constructions de cette époque :
Saint-Pierre du Gros-Caillou, rue Saint-Dominique-

Saint-Germain, quartier du Gros-Caillou, n° 58, fut construit en 1738. On en recommença la reconstruction, en 1775, sur les dessins de M. Chalgrin ; mais la révolution interrompit les travaux. Ils n'ont pas été repris depuis. L'église paroissiale du quartier du Gros-Caillou, est aujourd'hui dans l'église de Sainte-Valère, près des Invalides.

Le *Panthéon*, situé sur le plateau et sur la place de Sainte-Geneviève. La vieille église de ce nom tombait en ruines. On résolut de la reconstruire sur un plan nouveau, et, pour subvenir à la dépense, on augmenta de quatre sous les billets de loterie fixés à vingt sous. Le monument fut commencé, en 1757, d'après les plans de Soufflot. On employa sept ans à préparer le terrain et à jeter les fondements. Louis XV vint en grande pompe, en 1764, poser la première pierre d'un des piliers du dôme.

Le plan du Panthéon représente une croix grecque de 340 pieds de long sur 250 de large, formant quatre nefs qui se réunissent au centre où est placé le dôme. Chacune de ces nefs est bordée de *bas-côtés*, élevés de cinq marches au-dessus du pavé : un rang de colonnes en marque la séparation ; ces colonnes, d'ordre corinthien, cannelées, de 37 pieds 8 pouces de hauteur, de 3 pieds 6 pouces de diamètre, sont au nombre de cent trente. Ces péristyles soutiennent un entablement dont la frise est enrichie de festons; au-dessus de l'entablement est une balustrade. La hauteur du dôme est de 243 pieds ; après quarante ans de travail, des indices firent craindre que ce dôme ne s'écroulât ; M. Rondelet parvint à remédier au mal, en reconstruisant les piliers. On remarque à l'extérieur de ce dôme une colonnade circulaire, composée de trente-deux colonnes corinthiennes de 34 pieds de hauteur, supportant un entablement couronné par une galerie découverte. Au-dessus est un attique, sur lequel s'appuie la grande voûte, qui, avec la lanterne, termine le dôme.

La façade principale du monument se compose d'un perron de onze marches, et d'un portique imité du Panthéon de Rome. Les six colonnes de face supportent un fronton, dont le tympan, dans l'origine, représentait, en bas-relief, une croix entourée d'anges adorateurs, sculptés par Coustou.

Après la mort de Mirabeau, un décret de l'assemblée nationale consacra cet édifice, sous le nom de *Panthéon français*, à recevoir les cendres des grands hommes, et fit graver au-dessous du fronton l'inscription : *Aux grands hommes la patrie reconnaissante*. Les ornements et les bas-reliefs de l'intérieur et de l'extérieur furent changés et remplacés par des sujets analogues aux vertus patriotiques. On y plaça les corps de Mirabeau, de Voltaire, etc.; celui du premier fut retiré, en 1793, pour faire place au cadavre de Marat; mais, après le 9 thermidor, le peuple exhuma ce cadavre et alla le jeter dans l'égout de la rue Montmartre.

Napoléon ordonna, en 1806, que le Panthéon serait rendu au culte, et porterait son premier nom de *Sainte-Geneviève*; il lui conserva néanmoins la destination que lui avait donnée l'assemblée constituante. La restauration ne changea rien non plus à cette disposition; mais aucun monument funèbre ne vint augmenter le nombre de ceux qui existaient déjà. Le dôme fut peint à l'intérieur d'une magnifique fresque, représentant l'apothéose de sainte Geneviève, ouvrage du célèbre Gros. Louis XVIII fit placer une inscription qui consacrait ce monument à la mémoire de la patronne de Paris, et on refit le bas-relief du fronton dans le genre de celui de Coustou (1).

En 1830, le Panthéon est redevenu l'asile des grands

(1) Pendant la révolution, on avait gravé sur ce fronton des figures allégoriques.

hommes dont s'honore la France. On a rétabli l'inscription placée pendant la révolution, et M. David a sculpté le fronton. Ce beau travail, achevé en 1837, représente la patrie donnant des couronnes à ceux qui l'ont servie par leurs talents, leur courage ou leurs vertus. On a entouré l'édifice de très belles grilles et de trépieds supportant des pots à feu pour les illuminations lors des solennités. A l'intérieur on a placé, au centre du monument, des tablettes de marbre noir, sur lesquelles sont gravées, en lettres d'or, les noms des citoyens morts dans les trois Journées. M. Gérard a fait les quatre grands pendentifs du dôme, représentant la *mort*, la *patrie*, la *justice* et la *gloire*.

Des constructions souterraines occupent toute l'étendue du Panthéon ; c'est là que sont placés les tombeaux des hommes illustres qui ont mérité cet honneur. On y remarque ceux de Voltaire, de J.-J. Rousseau, du maréchal Lannes, de Bougainville, de Lagrange, de Vien, etc. On ne peut admettre un citoyen au Panthéon que dix ans après sa mort.

Saint-Philippe-du-Roule. Jusqu'en 1722, le *Roule* fut un village ; ce ne fut qu'en cette année qu'on l'érigea en faubourg de Paris. Dès 1699, ce village avait eu une église paroissiale, qui, devenue insuffisante, fut reconstruite de 1769 à 1784, sur les dessins de Chalgrin, rue du Faubourg-du-Roule, n°s 8 et 10.

La façade est élevée sur un perron de sept marches. Quatre colonnes doriques supportent un entablement et un fronton, orné de bas-reliefs représentant la Religion et ses attributs, sculptés par Duret ; à l'intérieur, deux péristyles ioniques, chacun de six colonnes, séparent la nef des bas-côtés, à l'extrémité desquels sont deux chapelles, l'une dédiée à la Vierge, l'autre à saint Philippe. La voûte est construite en charpente, mais imite parfaitement la pierre. Cette église a été érigée, en 1802, en deuxième succursale de la paroisse de la Madeleine.

Le *marché d'Aguesseau,* situé rue et passage de la Madeleine, entre les bâtiments qui forment l'angle septentrional du boulevard et de la rue du Faubourg-Saint-Honoré. M. d'Aguesseau établit, en 1723, ce marché près de son hôtel et de la rue qui porte son nom, et sur l'emplacement de la rue dite *du Marché.* En 1745, on le transféra au lieu où il est aujourd'hui.

Le *marché Saint-Martin* fut construit en 1765, ainsi que les rues aboutissantes et la cour Saint-Martin. En 1816, on a ouvert en ce lieu un nouveau marché.

La *Halle-aux-Veaux,* située entre la rue Saint-Victor et le quai de la Tournelle. Une halle de ce nom existait rue Planche-Mibrai, au bout de la rue de la Vieille-Place-aux-Veaux ; en 1646, on la transféra au quai des Ormes, et, en 1774, sur son emplacement actuel. On y vend des veaux et du suif.

La *Halle-aux-Blés et Farines* est située au centre d'une place qu'entoure la rue de Viarmes, et où aboutissent les rues de Sartines, d'Oblin, de Vannes, de Varennes, de Babille et de Mercier (1); elle était située d'abord sur la place qu'on nomme les *halles,* où aboutissent les rues de la Tonnellerie et de la Fromagerie.

Victor-Amédée de Savoie, prince de Carignan, dernier propriétaire de l'hôtel de Soissons, étant mort, en 1741, ses créanciers démolirent son hôtel, et vendirent l'emplacement aux magistrats de la ville, qui y firent construire, de 1763 à 1772, la Halle-aux-Blés et Farines, sur les dessins de M. Lecamus de Mézières. Le plan, de forme circulaire, laisse au centre une vaste cour de même forme ; la face extérieure est percée de vingt-huit arcades et d'autant de fenêtres. On monte à l'étage supérieur par deux escaliers à double rampe. En 1783, on acheva la coupole

---

(1) Noms du lieutenant de police, du procureur du roi et de la ville, et des quatre échevins, alors en place.

de cet édifice, laquelle fut incendiée en 1802, et rétablie avec des fermes de fer coulé; elle est revêtue de lames de cuivre. La lumière pénétra, en 1812, dans l'intérieur par une lanterne, placée au sommet, et dont le diamètre est de trente-un pieds. Plusieurs portraits étaient placés sur les parois des murs intérieurs; les révolutions n'ont respecté que celui de Philibert Delorme.

A cet édifice est adossée la *colonne* dite de *Catherine de Médicis*, antique reste de l'hôtel de Soissons. On la conserva lors de la démolition de cet hôtel, et on eut quelque temps la pensée de la transporter au centre de la cour de la Halle-aux-Blés; mais on renonça à ce projet, et on se contenta de la rétablir sur des fondements plus solides. Son intérieur est vide, et contient un escalier à vis par lequel on monte à sa cîme, qui a à peu près la figure d'une sphère; l'amortissement de la colonne est en fer.

La hauteur de ce vieux monument est d'environ 90 pieds. Son diamètre, dans la partie inférieure du fût, est de 9 pieds 8 pouces, et dans la partie supérieure, de 8 pieds 2 pouces. Cette colonne appartient à l'ordre dorique altéré. Sa surface est sillonnée par des cannelures à côtes dentelées; dans ces cannelures, on voyait des couronnes, des fleurs de lis, des miroirs brisés, et les initiales des noms de Catherine et de Henri II. Ces symboles de veuvage ont disparu.

Sous Louis XV, M. Pingré plaça au sommet de cette colonne un cadran remarquable, en ce qu'il repose sur une surface cylindrique et verticale. Au bas, on construisit une fontaine, qui est surmontée par un cartel appliqué sur le fût de la colonne, et par des ornements d'un effet assez médiocre.

L'*Académie de chirurgie* fut fondée en 1631, et confirmée en 1748. Elle se composait de soixante académiciens et d'un certain nombre d'associés. Quatorze professeurs y enseignaient la science chirurgicale. Elle tint d'abord ses séances rue de l'École-de-Médecine, n° 5, et fut ensuite transférée dans le nouveau bâtiment des écoles de chirurgie, où elle se maintint jusqu'à la révolution.

L'*École gratuite de dessin* fut fondée en 1766, par le peintre Bachelier, et placée rue de l'École-de-Médecine, n° 5, dans l'emplacement qu'avait occupé l'Académie de chirurgie; on y enseigne gratuitement l'architecture et l'ornement. Il existe une autre école royale et gratuite de dessin pour les jeunes personnes; elle est située rue de Touraine-Saint-Germain, n° 7.

L'*École de droit*. La plus ancienne se trouvait rue Saint-Jean-de-Beauvais; elle fut établie, dit-on, en 1384, par Gilbert et Philippe Ponce, dans la maison de cette rue où depuis a logé l'imprimeur Robert-Étienne. On n'y enseignait que le droit ecclésiastique; le droit civil était prohibé à Paris. En 1679, Louis XIV ordonna l'établissement de la chaire de droit romain.

Le bâtiment de la rue Saint-Jean-de-Beauvais étant devenu insuffisant, on construisit, de 1771 à 1783, sur les dessins de Soufflot, l'édifice qui sert encore aujourd'hui à l'étude du droit, et qui est située sur la place du Panthéon, n° 8; on avait alors le dessein d'élever, en face de cet édifice, un autre bâtiment semblable qu'on aurait destiné aux écoles de médecine. On a repris le projet de ce bâtiment, qui doit être affecté, dit-on, à la mairie du douzième arrondissement.

Avant la révolution, la faculté de droit se composait de six professeurs en droit civil et canon, d'un professeur en droit français et de douze agrégés. Après 1792, les cours furent suspendus. Deux écoles particulières s'établirent rue de Vendôme et rue de la Harpe: la première sous le nom d'*académie de législation*, la deuxième sous le titre d'*université de jurisprudence*.

Un décret de 1804 réorganisa l'école de droit. Aujourd'hui elle comprend les cours de droit romain, droit civil français, procédure et droit criminel, droit naturel et des gens, droit administratif, etc.

L'*école royale militaire*, sur le Champ-de-Mars, entre les avenues de Lowendal, de la Bourdonnaie et de Suffren. Cet établissement fut fondé par Louis XV, en 1751, pour recevoir cinq cents jeunes gentilshommes sans fortune (1), et un certain nombre de pensionnaires nobles et catholiques, qui devaient être élevés dans toutes les sciences nécessaires à un officier. En 1712, on commença la construction de ce vaste édifice, sur les dessins de Gabriel : il ne fut terminé qu'en 1770. L'emplacement qu'il occupe est un parallélogramme de 220 toises de longueur et de 130 de largeur.

Du côté de la ville est la façade principale de cet édifice : cette façade laisse voir deux cours entourées de bâtiments et fermées par une belle grille. Au milieu de la cour royale était la statue de Louis XV, sculptée par Lemoine ; elle a disparu. Les constructions de cette cour sont décorées de colonnes doriques accouplées, ainsi que d'avant-corps couronnés par des frontons. Depuis qu'on a substitué, en 1787, une grille aux bâtiments qui cachaient la cour, on a fait, à ses deux extrémités, de nouvelles constructions dont les faces avancées présentent deux frontons, peints à fresque par Gibelin.

On compte quinze cours et jardins dans cet établissement. Nous ne parlerons que du principal corps-de-logis. Du côté de la cour, il est décoré par une ordonnance dorique, que surmonte un ordre ionique : au centre de la façade est un avant-corps orné de colonnes corinthiennes, dont la hauteur embrasse les deux étages : il supporte un fronton surmonté d'un attique. Cet attique est couronné par un dôme quadrangulaire.

Le vestibule, qui s'ouvre sur l'avant-corps du centre de

---

(1) C'est là que Napoléon, avant de passer à Brienne, a commencé son éducation.

la façade, est orné de quatre rangs de colonnes d'ordre toscan. Avant la révolution, on y voyait les figures en pied du maréchal de Luxembourg, de Turenne, de Condé, et du maréchal de Saxe. Au premier étage, est la salle du conseil, ornée autrefois d'attributs militaires, et de tableaux de Lepaon, représentant les principales campagnes de Louis XV. On ne les y voit plus. La chapelle renfermait onze tableaux de la vie de saint Louis.

En 1768, l'astronome Lalande fit construire, sur une partie du bâtiment en aile, à gauche de la première cour, un observatoire, qui a été rétabli en 1788.

Du côté du Champ-de-Mars, la façade du bâtiment principal, sans y comprendre les bâtiments latéraux placés sur la même ligne, présente deux rangs de croisées. Au centre est un avant-corps orné de colonnes corinthiennes, qui embrassent les deux étages, et soutiennent un fronton orné de bas-reliefs. Derrière, et au-dessus, est un attique, sur lequel est appuyé le dôme quadrangulaire.

En 1788, l'école militaire fut supprimée, et l'édifice fut destiné à remplacer, avec trois autres monuments de Paris, l'hôpital de l'Hôtel-Dieu. Pendant la révolution, on la transforma en caserne de cavalerie. Napoléon en fit son quartier-général, et on peut lire encore les traces des mots : *quartier Napoléon,* placés sur la frise de la façade du Champ-de-Mars. Après lui, et jusqu'à 1830, on destina l'école militaire à la garde royale. Elle est occupée de nos jours par différents corps de la garnison de Paris.

Le *Champ-de-Mars*, vaste plaine qui s'étend depuis l'école militaire jusqu'à la route qui borde la rive de la Seine. C'est un parallélogramme régulier, long de 450 toises, large de 220. Il est bordé par des fossés revêtus en maçonnerie. On y entre par cinq côtés, et chaque entrée est fermée par une grille en fer. Le long des fossés sont des allées d'arbres.

Le Champ-de-Mars fut d'abord destiné aux exercices des élèves de l'école militaire et aux revues des gardes françaises et suisses. Lors de la fédération du 14 juillet 1790, on y éleva de vastes loges pour la famille royale et les membres de l'assemblée nationale. Un autel était placé au milieu du champ, afin que tous les Parisiens fussent témoins du serment qui devait s'y prêter; on conçut, huit jours avant la solennité, le projet d'entourer cette plaine de gradins ou de tertres, pour y placer les spectateurs. On vit plus de soixante mille citoyens de toutes les classes de la société, des ducs et pairs, des évêques, des abbés, des gentilshommes, des bourgeois, les membres des sections, des femmes de la plus haute distinction, se disputer l'honneur de travailler et de traîner les brouettes. Le Champ-de-Mars fut prêt au jour fixé (1).

Ce fut au Champ-de-Mars que, en 1791, après la fuite du roi à Varennes, eut lieu une émeute populaire, que Bailly, maire de Paris, se vit forcé de repousser par la force. Ce vertueux citoyen y fut exécuté en 1793. Le Champ-de-Mars vit célébrer sur son immense terrain toutes les fêtes républicaines et nationales, notamment celle de l'Être Suprême, celles à l'occasion de l'abolition de l'esclavage, de la reprise de Toulon, de l'anniversaire de la mort de Louis XVI (1796). Le 10 novembre 1804, Napoléon, couronné empereur, y reçut le serment de fidélité des députations de tous les corps d'armes. Le 1er juin 1815, il s'y tint l'assemblée dite du *Champ-de-Mai*, dans laquelle on publia le recensement des votes sur l'acte additionnel, et où l'empereur reçut les serments des députés, de la garde nationale et de l'armée.

Le Champ-de-Mars sert maintenant aux grandes revues, ainsi qu'aux courses de chevaux.

L'hôtel des Monnaies, situé quai Conti. Sous la deuxième race et sans doute sous la première, on battait mon-

(1) Depuis, les talus ont été baissés de moitié.

naie à Paris, probablement dans le palais de la Cité. Au XIIIe siècle, cette fabrication avait lieu dans la rue de la Vieille-Monnaie. Mais vers la fin de ce siècle, on la transporta rue de la Monnaie. Sur l'emplacement de ce dernier hôtel, ont été ouvertes, en 1778, les rues *Étienne* et *Boucher*, noms de deux échevins alors en fonctions.

Sous Louis XV, on conçut le projet de bâtir un nouvel hôtel des Monnaies, sur la place qui portait le nom de ce roi; mais on préféra l'emplacement de l'hôtel de Conti, dont, en 1768, on commença la démolition. En 1771, l'abbé Terrai en posa la première pierre au nom du roi. Ce bâtiment, élevé sur les dessins de J.-D. Antoine, présente une façade principale du côté de la rivière, longue de 60 toises environ, percée de trois rangs de croisées. Au centre, est un avant-corps, dont l'étage inférieur, percé de cinq arcades, sert d'entrée, et devient le soubassement d'une ordonnance ionique, composée de six colonnes. Cette ordonnance supporte un entablement à console et un attique orné de festons et des statues de la Paix, du Commerce, de la Prudence, de la Loi, de la Force et de l'Abondance.

Dans le vestibule sont vingt-quatre colonnes doriques cannelées; à droite est un bel escalier orné de seize colonnes doriques.

Cet édifice se compose de huit cours entourées de bâtiments. Les salles sont fort nombreuses. On y trouve un *cabinet de minéralogie*, qui occupe, au premier étage, le pavillon du milieu de la façade. Ce cabinet, formé par Balthazar Sage, est décoré de vingt colonnes de stuc, imitant le marbre jaune antique. Des armoires vitrées renferment les minéraux les plus précieux. Au milieu de ce cabinet est un amphithéâtre, où se fait tous les ans un cours de chimie. Le *cabinet des médailles*, qui était au Louvre, a été transporté, en 1809, dans un bâtiment de la Monnaie donnant sur la rue Guénégaud.

Cette Monnaie a fabriqué, depuis le 23 mars 1803 jusqu'au 31 mars 1828 pour 774 millions d'espèces d'or, et pour 594 millions d'espèces d'argent. On parle de réduire tous les hôtels des Monnaies de France au seul hôtel de Paris.

La *place de Louis XV*, appelée aujourd'hui *place de la Concorde*, située entre le jardin des Tuileries et les Champs-Elysées, au sud et au nord, fut commencée en 1763, sur les dessins de Gabriel, mais ne fut achevée qu'en 1772. Son plan octogone est dessiné par des fossés revêtus en maçonnerie, bordés de balustrades, et terminés par huit pavillons, qui ont pour amortissement des socles décorés de guirlandes, sur lesquels on a élevé, depuis 1830, les statues des villes de Marseille, Lyon, Bordeaux, Nantes, Lille, Rouen, Strasbourg et Brest. Cette place fut longtemps divisée en quatre parties occupées par des pièces de gazon entourées de barrières. Sa longueur est de 125 toises, sa largeur, de l'est à l'ouest, de 87.

L'on jouit, sur la place de la Concorde, d'une perspective magnifique : au levant est le jardin, et dans le fond le château des Tuileries; au couchant, la belle avenue des Champs-Elysées et l'Arc-de-Triomphe de l'Etoile; au sud, les rives de la Seine et le Palais-Bourbon; enfin, au nord, le Garde-Meuble de la Couronne, aujourd'hui ministère de la Marine, et l'hôtel de Crillon, entre lesquels s'ouvre la rue Royale et se montre la Madeleine. Cette rue Royale fut témoin, au 30 mai 1770, de terribles accidents, occasionnés par la foule immense qui se porta au feu d'artifice tiré à l'occasion du mariage de Louis XVI, alors dauphin.

L'avenue de Neuilly fut ouverte en 1768. A l'entrée de cette route sont deux groupes en marbre, dont nous avons parlé à l'occasion des Champs-Elysées.

Sur la place Louis XV fut élevée, en 1765, la statue équestre et en bronze de Louis XV, par Bouchardon, posée sur un piédestal de marbre blanc, orné de bas-reliefs et de quatre Vertus en bronze par Pigalle. Elle fut renversée en 1792, et les matières converties en canons. Peu de temps après, on y éleva une figure de la Liberté, ouvrage de Lemot, et la place Louis XV prit le nom de *place de la Révolution*. La figure de la Liberté y resta jusqu'en 1800. On décréta alors qu'une colonne triomphale serait érigée dans chacun des départements, et à Paris sur la place de la Révolution; mais ce projet ne fut jamais exécuté.

Ce fut sur cette place que, pendant la Terreur, un grand nombre de victimes, entre autres Louis XVI, Marie-Antoinette et les girondins, furent décapités.

En 1814, on rendit à cette place son ancien nom (1); mais, en 1830, elle a reçu celui de *place de la Concorde*. Dans ces dernières années, on y a fait de grands embellissements : outre les statues dont on l'a décorée, on l'a divisée en plusieurs immenses carrés dallés en bitume, coupés par des routes qui se croisent régulièrement; au centre est l'obélisque de Louqsor. Deux belles fontaines monumentales ont été placées près de l'obélisque. On a jeté, sur les fossés du côté des Tuileries, des ponts qui répètent les passages correspondants du Cours-la-Reine et de l'avenue Gabrielle. Enfin, des colonnes rostrales, surmontées de riches candélabres éclairés par le gaz, complètent l'embellissement de cette magnifique place, qui ne peut être comparée qu'à celle de Saint-Pierre de Rome.

Le *Garde-Meuble de la Couronne* fut élevé, en 1760, sur la place de la Concorde, près des Tuileries. Ce bâtiment, qui a 48 toises de face, présente un corps principal terminé à ses extrémités par deux pavillons formant avant-corps. Un soubassement en bossages, percé de portes et d'arcades, supporte une ordonnance corinthienne composée de douze colonnes, et d'un entablement couronné par

---

(1) Sous le Consulat et jusque en 1814, elle porta le titre de *place de la Concorde*.

une balustrade. Aux deux pavillons des extrémités sont quatre colonnes corinthiennes, qui supportent des frontons ornés de bas-reliefs et de trophées.

Ce Garde-Meuble remplaça un dépôt situé près du Louvre, et destiné à conserver des objets précieux appartenant à la couronne. On y voyait les armures de plusieurs rois, des épées de Henri IV, de Casimir, du pape Paul V, des armes de différents peuples et de diverses époques, de belles tapisseries représentant des sujets historiques, religieux ou mythologiques, des vases, des coupes d'un travail remarquable, les présents des princes orientaux, la fameuse *chapelle d'or* du cardinal de Richelieu, dont toutes les pièces étaient d'or massif et enrichies de diamants. On remarquait encore la *nef d'or*, ouvrage de l'orfèvre Ballin, ornée de plusieurs diamants, qu'on servait à la table du roi dans les grandes solennités. Il y avait une collection considérable de diamants : en 1774, on en comptait sept mille quatre cent quatre-vingt-deux, sans les rubis, les topazes et autres pierres précieuses. En 1792, on vola ces objets; mais on parvint à les recouvrer (1).

Sous Napoléon, le Garde-Meuble fut destiné au ministère de la marine et des colonies. Il a depuis conservé cette destination.

L'édifice qui fait le pendant du précédent et qui appartient à M. de Crillon, lui est entièrement conforme. En 1794, on avait formé le projet de réunir les deux colonnades par un arc de triomphe, mais ce dessin ne reçut jamais d'exécution.

Les *fontaines de Paris* s'accrurent sous ce règne; voici les principales.

---

(1) Parmi ces diamants, on remarque le *Sanci*, qui a appartenu à Jacques, roi d'Angleterre, à Antoine, roi de Portugal et à Louis XIV; et le *régent*, ainsi nommé parce que le duc d'Orléans l'acheta en 1717. Il pèse près de 500 grains. Les rois le plaçaient sur leur chapeau en guise de bouton. Bonaparte le fit monter sur la garde de son épée.

La *fontaine de l'abbaye de Saint-Germain-des-Prés*, au coin de la rue Childebert, fut construite en 1716, par les religieux de ce monastère ; elle existe encore. La *fontaine des Blancs-Manteaux* fut élevée en 1719, par les religieux de cet ordre. Elle est alimentée par la pompe de Chaillot, ainsi que la *fontaine du Bas-Froi*, au coin de la rue de ce nom et de celle de Charonne ; la *fontaine Trogneux*, rue de Charonne, celle de la *Petite-Halle*, en face de l'hôpital Saint-Antoine, construites toutes les trois en 1724 ; et celle du *Marché-le-Noir*, élevée en 1719.

La *fontaine de Grenelle*, située rue de Grenelle-Saint-Germain, entres les nos 57 et 59, fut construite par les ordres du corps municipal de Paris et achevée en 1739. Elle passe pour une des plus belles fontaines de Paris ; sa façade s'élève sur un plan demi-circulaire ; elle a 15 toises d'étendue et 6 toises de hauteur. Elle se compose d'un soubassement à refend, qui, au centre, forme un avant-corps, sur lequel est une figure en marbre, assise et couverte d'une draperie, c'est la représentation de la Ville de Paris ; à ses côtés sont deux figures à demi-couchées, représentant la Seine et la Marne ; derrière ce groupe, l'avant-corps est décoré de quatre colonnes ioniques couronnées par un fronton. Au centre de ces colonnes est une table de marbre chargée d'une inscription. Aux deux côtés de l'avant-corps se présente une ordonnance de pilastres ioniques, et quatre niches où sont placées les statues des Saisons, au-dessous desquelles sont des bas-reliefs. Ce chef-d'œuvre est d'Edme Bouchardon.

La *fontaine du Regard-Saint-Jean* ou du *Regard-des-Enfants-Trouvés*, située au coin de la rue Neuve-Notre-Dame, sur le Parvis et en face de l'église de ce nom, fut construite, en 1748, sur l'hospice des Enfants-Trouvés. C'est une double fontaine dont les deux parties sont séparées par une porte du bâtiment où elles sont adossées. Chacune d'elles offre une niche où est placé un vase orné de bas-reliefs représentant des personnes abreuvant des malades.

La *fontaine du Diable* ou de l'*Echelle*, située à l'angle formé par la rencontre des rues de Saint-Louis et de l'Echelle, vis-à-vis les Tuileries, fut construite en 1759; elle est décorée d'un obélisque, d'une proue de vaisseau et de plusieurs ornements d'un goût médiocre.

Toutes ces fontaines, par suite des nombreuses concessions d'eau aux particuliers, étaient en grande partie stériles. Cet état se maintint jusque sous l'empire.

Exposition publique des tableaux au Louvre. Plusieurs expositions d'ouvrages d'art avaient eu lieu sous le règne de Louis XIV. En 1737, on leur donna une organisation fixe; les seuls membres de l'académie avaient droit d'y exposer. En 1745, l'exposition, qui auparavant avait lieu annuellement, fut fixée de deux en deux ans. Un décret de 1791 autorisa tous les artistes français et étrangers à participer aux expositions qui furent rendues annuelles en 1796. Elles duraient deux mois, du commencement de mars à la fin d'avril, comme de nos jours.

Les *francs-maçons*, dont on ignore l'origine, parurent pour la première fois à Paris en 1725. Il se forma plusieurs loges dans la capitale; celle qui s'intitula la *Grande-Loge* fut la principale et, en 1756, s'affranchit de toute dépendance et s'attribua la suprématie sur les loges de France. En 1772, un certain nombre de francs-maçons que la Grande-Loge avait refusé d'admettre, se réunirent à l'hôtel de Chaulnes, sur le boulevard, et s'érigèrent en loge suprême qui devait administrer l'ordre, sous le titre de *Grand-Orient*. Le duc de Chartres en fut le premier grand-maître. En 1774, le Grand-Orient prit possession du bâtiment du noviciat des jésuites, rue du Pot-de-Fer; il y est resté jusqu'en 1801, époque où il a été s'établir dans la rue du Four-Saint-Germain, numéro 47.

En 1799, après de longs débats, la Grande-Loge et le Grand-Orient se sont réunis.

Le *Colisée*, situé à l'extrémité des Champs-Elysées, au nord de l'avenue de Neuilly, fut construit en 1769 et fut destiné à des danses publiques, à des spectacles de curiosités, à des chants et à des fêtes. Cet établissement, bâti avec un grand luxe, n'eut pas le succès qu'on en attendait. Il fut fermé en 1778 et démoli deux ans plus tard. On ouvrit les rues d'Angoulême et de Ponthieu sur son emplacement.

Le *théâtre Français* était établi depuis 1689, dans la rue des Fossés-Saint-Germain; en 1770, il fut placé dans une partie des Tuileries. En 1782 on lui consacra l'édifice depuis nommé l'*Odéon*, construit sur l'emplacement de l'hôtel de Condé. Sous ce règne se distinguèrent comme auteurs dramatiques, Voltaire, Crébillon, Nivelle de Lachaussée, créateur du *drame,* et comme acteurs, Préville, Molé, Lekain, Bellecourt, Brisard, les demoiselles Clairon, Gaussin, Dumesnil et Dangeville. On conservait encore l'usage de paraître sur la scène en costume du temps; Lekain et mademoiselle Clairon se conformèrent cependant à l'exactitude historique du costume.

L'*Opéra* ou *Académie royale de musique* située au Palais-Royal. Ce théâtre était contigu au Palais; son entrée était sur la place et l'on y parvenait par un cul-de-sac étroit qui s'ouvrait sur la façade du bâtiment. Le premier bal de l'Opéra fut donné en 1716. La salle ayant été incendiée en 1763; les acteurs jouèrent au théâtre des machines du château des Tuileries. On rebâtit une autre salle au même lieu que la première. La façade était parallèle à la rue Saint-Honoré et attenante au Palais-Royal. Elle fut ouverte en 1770, et incendiée onze ans après. Nous y reviendrons. En 1719, on substitua des bougies aux chandelles qui servaient à l'éclairage de l'Opéra.

L'*hôtel des menus plaisirs du roi*, rue Bergère, était destiné au service de l'Opéra. On faisait, sur un théâtre, les répétitions des pièces qui devaient se jouer sur celui de l'académie royale de musique. Depuis l'empire, on y a placé le *conservatoire royal de musique et de déclamation*.

Le *Théâtre des Italiens*. Les acteurs de cette nation qui étaient venus s'établir à Paris avaient été expulsés par Louis XIV, en 1697. Le régent en rappela d'autres en 1716; ils se fixèrent à l'ancien hôtel de Bourgogne, rue Mauconseil, et sur l'emplacement du marché au cuir. Ce théâtre offrait un mélange assez agréable de scènes chantantes et bouffonnes, en langues française et italienne. Laruette, Vinentini, qui jouaient les rôles d'Arlequin, Bertinazzi, surnommé *Carlin*, Clairval et madame Favart, qui a laissé plusieurs pièces, en étaient les principaux acteurs.

Ce théâtre, qui jouissait des priviléges accordés aux comédiens du roi, fut, en 1762, réuni à celui de l'Opéra-Comique; quoique depuis 1780, il n'y eût plus d'Italiens dans la troupe, il continua à porter le nom de *Comédie-Italienne*. En 1783, les comédiens quittèrent l'hôtel de Bourgogne pour occuper la salle qui fut bâtie sur le boulevard des Italiens, dont nous parlerons plus tard.

L'*Opéra-Comique* fut longtemps un spectacle forain établi sur les boulevards du nord et à la foire Saint-Germain. Son origine remonte à 1714. Les comédiens obtinrent alors pour leur théâtre le titre d'*Opéra-Comique*, et eurent la permission de jouer de petites pièces en vaudeville, mêlées de danses, à condition qu'aucune parole n'y serait proférée qu'en chantant. Les comédiens français, jaloux de leur succès, obtinrent qu'ils ne pourraient jouer que des pantomines; ce théâtre, qui eut à souffrir de nombreuses persécutions, fut plusieurs fois supprimé et rétabli. Enfin, en 1762, on le réunit au théâtre des Italiens. Le genre de l'Opéra-Comique français finit par prévaloir sur les comédies italiennes, et demeura seul, en 1781, en possession de la scène.

L'*Ambigu-Comique*, situé boulevard du Temple, fut établi, en 1759, par l'acteur Audinot, qui y fit jouer des marionnettes (d'où le spectacle fut nommé les *Comédiens de bois*), et ensuite des enfants. Il eut, comme tous les théâtres qui s'élevaient alors, à supporter de nombreuses vexations, et, en 1771, fut forcé de payer à l'Opéra une contribution de 12,000 livres. Les pantomimes à grands spectacles caractérisaient particulièrement ce théâtre, où l'on joue maintenant des vaudevilles et des drames. Il a été transporté sur le boulevard Saint-Martin.

Le *théâtre de Nicolet* ou *des Grands-Danseurs*, situé aussi boulevard du Temple, fut établi d'abord, en 1760, dans les foires de Saint-Germain et de Saint-Laurent; on y représentait des danses, des tours de force, des voltiges sur la corde; on y voyait des singes qui exécutaient des scènes bouffonnes. On joignit à ce spectacle de petites pièces comiques, composées par Taconnet, auteur de farces et de parades fort récréatives qui s'acquit le surnom de *Molière des boulevards*. Ce théâtre, qui reçut, en 1772, le nom de *Grands-Danseurs du roi*, porte aujourd'hui celui de *théâtre de la Gaîté*.

Le *théâtre de Gaudon*, rue Saint-Nicaise, fut établi en 1769, et supprimé dix ans après; on n'y jouait que des farces et des parodies.

Divers autres genres de spectacles s'établirent à cette époque; tels furent : le *Wauxhall d'été*, ou *spectacle pyrrhique*, fondé, en 1764, par Torré, sur le boulevard Saint-Martin, et où l'on représentait des pantomimes, des illuminations, des feux d'artifice; sur son emplacement du Wauxhall a été ouverte la rue de Lancry; le *Wauxhall d'hiver*, situé dans l'enclos de la foire Saint-Germain, près de l'extrémité de la rue Guisarde, et construit en 1769; on y faisait des danses, des tours d'escamotage, etc.;

il fut démoli en 1785; le *spectacle de Ruggiéri*, établi par deux frères de ce nom, en 1765, dans un jardin situé aux Porcherons; on y représentait des illuminations et des jeux d'artifice. La plupart des maisons royales étaient pourvues de théâtres, où l'on faisait venir quelquefois les comédiens de Paris; les grands seigneurs et de riches particuliers en eurent également. L'actrice Guimard, de l'Opéra, en possédait un dans son hôtel de la rue de la Chaussée-d'Antin, n° 9 (1). Enfin, on établit dans presque chaque quartier une *comédie bourgeoise*, où jouaient gratuitement des amateurs. Ce fut sous ce règne (1768) que l'on donna pour la première fois à Paris des joûtes sur la Seine. Ce spectacle porta les noms de *jeux pléiens* et d'*exercices des élèves de la navigation*; il était établi du côté de la Gare, vis-à-vis Bercy. Après avoir changé souvent d'emplacement, il fut supprimé vers 1770. L'on voit encore des joûtes sur l'eau dans les fêtes publiques.

Le *Concert spirituel* fut établi en 1725; il avait lieu les jours de fêtes solennelles, et pendant la quinzaine de Pâques, dans une salle du château des Tuileries. Ce concert, où l'on chantait les *Stabat*, les *Miserere*, les *De profundis*, était exécuté par les chanteurs de l'Opéra. Interrompu par la révolution, il a été repris dans la suite et existe encore. Il a lieu dans la salle de spectacle du Conservatoire de musique.

Tels sont les établissements du règne de Louis XV. Pendant cette période, Paris s'accrut considérablement, par l'adjonction de quelques lieux circonvoisins, et entre autres, du faubourg du Roule (1722). Le vaste espace situé entre les quartiers Montmartre, de la Madeleine et du Roule, était anciennement rempli par des champs en culture, des marais, des jardins et des maisons de campagne. On y trouvait le village des *Porcherons* (sur son emplacement

(1) Cet hôtel, construit par Ledoux, a appartenu successivement, après la Guimard, à MM. Ditmer, Perregaux, Laffitte, etc.

est la rue Saint-Lazare); le château du *Coq* ou des *Porcherons* (presque en face de la rue de Clichy, autrefois nommée rue du *Coq*; les chapelles de Sainte-Anne et de Notre-Dame-de-Lorette, le cimetière de Saint-Eustache, une ferme nommée *Grange-Batelière* (elle existait au XIIe siècle, au milieu de terres en culture; la partie de la rue de ce nom qui aboutit au boulevard fut ouverte en 1704; l'autre partie, qui est en retour, était construite auparavant). « L'ensemble, dit Dulaure, était traversé par un chemin qui partait de la porte Gaillon, s'avançait en formant des sinuosités, coupait la rue Saint-Lazare et allait aboutir au village des Porcherons et à celui de Clichy. Cet espace était aussi traversé, dans un sens contraire, c'est-à-dire de l'est à l'ouest, par la rue Saint-Lazare et par le grand égout de la ville, égout qui était l'ancien lit du ruisseau de Ménilmontant; à découvert, encombré dans plusieurs parties, il contenait des eaux croupissantes qui infectaient l'air du voisinage. Le chemin, qui de la porte Gaillon conduisait aux Porcherons, traversait cet égout; et, au point d'intersection se trouvait un pont nommé, dans un ancien plan, *Pont-Arcans*. »

En 1720, le roi autorisa les magistrats de Paris à faire construire un nouveau quartier, entre ceux de la Ville-l'Évêque et de la Grange-Batelière, à ouvrir sur cet emplacement une rue, qui, à partir du boulevard s'étendrait jusqu'à la rue Saint-Lazare, à creuser un nouveau canal au grand égout, et à le couvrir d'une voûte, enfin à acheter les propriétés, situées depuis le boulevard jusqu'à la rue Saint-Lazare, et depuis la Grange-Batelière jusqu'à la continuation projetée de la rue d'Anjou et de la Ville-l'Évêque, qui devait atteindre la rue Montmartre. Ce plan fut promptement mis à exécution : on ouvrit des rues nouvelles, entre autres celle de la *Chaussée-Gaillon*, nommée ensuite de *l'Hôtel-Dieu*, à cause de la ferme de l'hôpital de ce nom, située rue Saint-Lazare, et enfin *de la Chaussée-*

d'Antin, parce qu'elle s'ouvrait sur la chaussée du boulevard, en face l'*hôtel d'Antin*, depuis nommé *de Richelieu;* mais cette rue n'offrait alors que des constructions éloignées les unes des autres, et était bordée de jardins et de champs. Ce ne fut que plus tard qu'elle se couvrit d'habitations contiguës. Les rues Chantereine et du Rocher ne furent ouvertes qu'en 1734 ; celle de Provence, en 1776, sur l'égout qu'on venait de couvrir ; la rue Neuve-des-Mathurins, en 1778 ; celle de Joubert, en 1780 ; celles de Saint-Nicolas et de Caumartin, en 1784 ; les autres rues de ce terrain sont encore plus récentes. Ce beau quartier, le plus régulier de tous ceux de Paris et couvert d'hôtels magnifiques, fut d'abord nommé *quartier Gaillon* et reçut ensuite le nom *de la chaussée d'Antin*. Au nord de la rue Saint-Lazare, on a construit un quartier appelé *la nouvelle Athènes*.

D'autres rues furent ouvertes sous ce règne ; nous citerons celle de Saint-Philippe-de-Bonne-Nouvelle, aboutissant aux rues de Bourbon-Villeneuve et de Cléry (1718); celle du Harlay au Marais, menant de la rue Saint-Claude au boulevard Saint-Antoine (1720); celle de Malte, allant de la rue Ménilmontant à la rue de la Tour (1739); celles de Sartines, d'Oblin, de Vannes, de Varennes, de Babille, de Mercier et de Viarmes, sur l'emplacement de l'hôtel de Soissons (1762); les rues de Henri, Saint-Marcoul, Saint-Maur, Saint-Martin, Royale-Saint-Martin (1765); la rue d'Artois, nommée autrefois de Cérutti, et menant de la rue de Provence au boulevard des Italiens (1770). Cette rue a reçu, depuis 1830, le nom *de rue Laffitte*, à cause de l'hôtel qui y est situé et qui appartient au banquier de ce nom.

En 1723, on planta *l'avenue d'Antin*, qui commence au cours la Reine, et finit à l'étoile des Champs-Élysées, et qui doit son nom au duc d'Antin, surintendant des finances. On replanta les Champs-Élysées en 1770, et on orna de plantations les allées de Marigny et des Veuves. A la place des marais qui se trouvaient entre ces avenues, on a commencé, en 1822, à construire le *quartier de François I*^{er}. En 1765, on ouvrit le passage de Lesdiguières à la rue Saint-Antoine ; il a été converti en rue, pendant la révolution ; enfin, en 1767, on agrandit la rue de Ménars qui n'était qu'un cul-de-sac conduisant à l'hôtel du président Ménars, et on la prolongea jusqu'à la rue de Grammont.

Sous ce règne, on grava des inscriptions aux angles des rues pour diriger les passants.

Les boulevards du nord avaient été plantés sous Louis XIV (1761) ; ceux du midi, et les avenues qui se trouvent entre le boulevard et l'Ecole-Militaire, entre l'Hôtel-des-Invalides et Vaugirard, ainsi que celles qui entourent le Champ-de-Mars, furent plantés sous Louis XV ; ils se sont depuis bordés de maisons.

De 1768 à 1772, on fit la belle avenue et le pont de Neuilly.

La *Gare* est située sur la rive gauche de la Seine, près de la Salpétrière. En 1769, on conçut le projet de creuser en ce lieu un port pour abriter les bateaux du commerce, mais on ne le mit pas à exécution. Ce terrain, resté longtemps désert et sans culture, est aujourd'hui couvert de guinguettes et de maisons particulières.

Le *Petit-Pont* de Paris, fort endommagé en 1649, 1651 et 1659, fut rétabli, et ensuite incendié, en 1718, avec la plupart des maisons qui le bordaient. On répara le pont, et des trottoirs remplacèrent les maisons brûlées.

La *foire Saint-Germain*, située sur l'emplacement qu'occupe aujourd'hui le marché de ce nom, fut incendiée en 1762, et reconstruite avec plus de simplicité. On y voyait des boutiques, des cafés, et quatre salles de spectacle où jouaient des comédiens qui s'y établissaient pendant la durée de la foire (du 3 février au dimanche des Rameaux). Elle fut fermée en 1786.

La *foire Saint-Laurent*, située entre les rues du Faubourg-Saint-Denis et du Faubourg-Saint-Martin (1), près la rue Saint-Laurent, et dans un emplacement nommé encore *enclos de la foire Saint-Laurent*. Cette foire fut concédée, par Philippe-Auguste, à la léproserie de Saint-Latran (1181), et passa aux prêtres de la Mission, qui avaient succédé aux religieux de cette maison, et qui l'établirent sur un vaste terrain entouré de murs, rempli de boutiques et de salles, et percé de rues bordées d'arbres. En 1661, cette foire durait trois mois, depuis le 1er juillet jusqu'au 30 septembre. On y trouvait des cafés, des salles de spectacle, des théâtres de marionnettes, une *redoute chinoise*, etc. Vers 1778, on y établit le théâtre de l'Ecluse, où se jouaient des pièces dans le genre poissard. La foire Saint-Laurent, trop éloignée du centre de Paris, perdit peu à peu de sa splendeur, et fut fermée vers 1789.

La *foire Saint-Ovide* fut d'abord composée de quelques marchands qui s'établirent devant l'église des Capucins, place Vendôme, où étaient exposées les reliques de saint Ovide, qui attiraient un grand concours de monde. Peu à peu il s'y forma une foire où se voyaient des spectacles, des bateleurs et des marionnettes. Elle s'ouvrait le 30 août. En 1791, on la transféra à la place Louis XV. Elle fut incendiée et supprimée en 1777.

La *petite Poste* fut établie, en 1758, par les soins de Chamousset, pour activer les communications dans Paris.

On trouve douze bureaux et plus de deux cents boîtes à lettres dans cette ville. Ces lettres sont distribuées cinq fois par jour en hiver, et six fois en été; trois fois par jour dans la petite banlieue, et une fois dans la grande banlieue. Le service de la petite poste est fait avec une règle digne des plus grands éloges. On évalue à quatre-vingt mille le

---

(1) L'espace compris entre ces deux rues a longtemps porté le nom de *faubourg de Gloire*. On ignore la cause et l'origine de ce nom.

nombre des lettres et journaux qu'elle est chargée de distribuer tous les jours dans Paris.

Les *réverbères* remplacèrent, en 1766, les lanternes qui éclairaient fort médiocrement les rues. En 1769, on comptait sept mille becs de lumière. Ce nombre s'est depuis augmenté; en 1809, il y en avait 11,050 ; en 1818, 11,835. Depuis quelques années, on voit le magnifique éclairage au gaz se répandre dans toutes les rues de la capitale, et se substituer aux pâles réverbères.

En 1701, un édit de Louis XIV avait divisé Paris en vingt quartiers. Cette division se maintint jusqu'en 1790.

Le *Parlement de Paris* fut dissous, en 1771 ; on lui substitua un *Conseil supérieur*, mais trois ans après, Louis XVI, rétablit le Parlement.

Les *Jésuites* ayant été chassés en 1763, on réorganisa le collége de Louis-le-Grand, laissé vacant, et on y transféra le collége de Lisieux.

La *population de Paris* était, en 1709, d'environ 509,600 habitants ; en 1762, elle s'élevait à 576,500 habitants. Cette population était répartie dans 23,565 maisons, dont 538 étaient des boutiques ou échoppes, et dont 3,140 appartenaient à des hôpitaux ou communautés ecclésiastiques. Le nombre des mendiants s'élevait de 27 à 30,000.

En 1725, sous le ministère du duc de Bourbon, les Parisiens éprouvèrent une grande famine : le pain coûta jusqu'à 10 sous la livre. On connaît ce pacte secret et criminel, qu'on a nommé *pacte de famine* ; ce pacte, cause des révoltes de 1741 et de 1752, fut entrepris dès 1730 ; des agents secrets achetaient les blés dans les provinces et en très grande quantité, puis les revendaient pour le compte du roi à des prix très élevés. On nommait les grains accaparés les *blés du roi*.

Nous devrions donner ici le tableau des mœurs de cette époque, mais la plume tombe des mains lorsqu'il faut décrire les infamies qui la souillèrent. C'est d'abord la régence avec les orgies du Palais-Royal et les crapuleuses débauches de la rue Saint-Honoré : la corruption gagna toutes les classes de la société. C'est ensuite le règne de Louis XV qui, après avoir été longtemps fidèle à ses devoirs, s'abandonne aux plus honteux plaisirs ; il livre le gouvernement et le trésor aux caprices de ses favorites. Nous ne mentionnons qu'avec dégoût l'infâme *Parc-aux-Cerfs* de Versailles, où ce roi avait un sérail de jeunes filles, à peine sorties de l'enfance. On multipliait les agents de la corruption, on plongeait dans les cachots de Vincennes et de la Bastille, les pères, les maris, qui se plaignaient de la séduction exercée envers leurs filles ou leurs femmes. Le secret des lettres n'était point respecté ; on décachetait habilement celles dont les adresses faisaient soupçonner qu'elles renfermaient le détail de quelques intrigues galantes ou politiques ; on en faisait des extraits, et, après les avoir recachetées, on les renvoyait. (C'est à Louvois, sous le règne de Louis XIV, qu'est due l'invention de cette perfide violation du secret des particuliers). Des milliers de rapports arrivaient tous les matins au lieutenant de police, qui en faisait des extraits pour les soumettre au roi. Il ne se passait rien de remarquable dans Paris, dans les lieux de débauche et même dans l'intérieur des ménages, dont le roi ne fût instruit. L'oubli des devoirs de mère et d'épouse était presque général chez les femmes de haut rang. La débauche, encouragée dans les classes supérieures, était descendue dans celles d'en bas, et l'on comptait sous Louis XV, trente-deux mille filles publiques, inscrites à la police. On en compte aujourd'hui environ trois ou quatre mille. Les maisons de jeu, non moins funestes à la morale publique, étaient établies en grand nombre dans la capitale ; elles furent ouvertes et réglementées par M. de Sartines, lieutenant de police.

Le luxe offrait une autre source de corruption. Les modes changeaient à chaque instant, comme elles ont fait de tout temps en France : « Une femme qui quitte Paris pour aller passer six mois à la campagne, dit Montesquieu dans les *Lettres persanes*, en revient aussi antique que si elle s'y était oubliée trente ans. Quelquefois les coiffures montent insensiblement, et une révolution les fait descendre tout d'un coup ; il a été un temps que leur hauteur mettait le visage d'une femme au milieu d'elle-même ; dans un autre, c'étaient les pieds qui occupaient cette place : les talons faisaient un piédestal qui les tenait en l'air... Les architectes ont été souvent obligés de hausser, de baisser et d'élargir leurs portes, selon que les parures des femmes exigeaient d'eux ce changement, et les règles de leur art ont été asservies à ces principes. »

Depuis Louis XIV, jusque vers l'époque de la révolution, les femmes portaient une chaussure garnie d'un talon en bois, dont la hauteur était au moins de trois pouces ; leur coiffure était très haute ; elles reprirent l'usage de la poudre, abandonnèrent les masques, vers les dernières années de la régence, et se contentèrent de se farder avec du blanc et du rouge, et quelquefois du bleu, et d'appliquer sur leurs visages de petits morceaux de taffetas noir gommé, ordinairement ronds, qu'on appelait *mouches*. Les *paniers* de la cour de Catherine de Médicis furent remis en honneur ; ce ridicule vêtement faisait ressembler l'ensemble d'une femme à un battoir de blanchisseuse.

Les hommes portaient des habits à larges basques; ces basques étaient raidies et étendues au moyen de baleines. Jeunes et vieux se coiffaient de perruques qui n'avaient plus l'immense volume de celles en usage sous Louis XIV; insensiblement, on adopta la mode des queues; on en porta d'abord deux, puis une seule, contenue dans les replis d'un ruban noir. A la fin du règne de Louis XV, on était généralement revenu à l'usage de montrer sa chevelure naturelle; mais on conserva celui des queues.

On portait l'épée pendue au côté, et personne n'était exempt de cette mode gênante qui a duré jusqu'à la révolution.

« La mode des *pantins*, dit Dulaure, occupa les Parisiens et presque tous les Français. On voyait, dans les rues, dans les salons, non seulement des enfants, mais des hommes avancés en âge, de graves magistrats porter dans leur poche, tenir d'une main une figure humaine en carton coloré, et tirer de l'autre un fil qui faisait mouvoir les membres de cette figure. » On fit, comme à l'ordinaire, sur ce ridicule amusement des chansons et des épigrammes, dont voici un échantillon :

> D'un peuple frivole et volage
> Pantin fut la divinité ;
> Faut-il être surpris, s'il chérissait l'image
> Dont il est la réalité ?

« Vers l'an 1760, toutes les modes étaient à la *Ramponneau*, nom d'un farceur qui tenait une guinguette aux Porcherons. Il jouait des scènes plaisantes et naïves, qui enchantaient les Parisiens. Les modes devinrent ensuite *à la grecque*; on était coiffé, chaussé, vêtu à la grecque. Le refrain d'une chanson de ce temps porte :

> Ici, tout est à la grecque ;
> Tout est à la Ramponneau.

On appliquait aussi ces dénominations aux façons de parler. La coiffure des hommes et des femmes portait spécialement ce nom; mais elle ne le garda pas longtemps: les lois de la mode sont tyranniques et peu durables. »

La littérature participa à la décadence des mœurs publiques : aux grands ouvrages qui ont illustré le règne de Louis XIV, succédèrent des pièces légères et badines, libertines ou frivoles. Les œuvres de J.-J. Rousseau, de

Buffon et de Montesquieu, furent les publications importantes de cette époque. L'école philosophique, qui convertissait l'athéisme en règles de foi, avait pour représentants Voltaire, Diderot, d'Alembert, Helvétius, le baron d'Holbach, se réunissait dans des salons de Paris, dont le plus célèbre était celui de madame Geoffrin, et élevait l'*Encyclopédie*, vaste monument de science et de scepticisme, qui eut pour résultat de préparer la révolution et d'ouvrir les voies à la liberté de la pensée.

Tel fut le règne de Louis XV, dont les vices et les fautes précipitèrent le moment de l'immense bouleversement qui allait agiter la France, et par contre-coup le monde entier.

CHAPITRE XVII.

PARIS SOUS LOUIS XVI.

(1774 — 1793.)

Louis XVI, petit-fils de Louis XV, lui succéda en 1774; il signala son avénement par plusieurs actes qui le rendirent populaire. Il rappela le Parlement, supprima l'usage de la question, fonda le Mont-de-Piété, et mit un frein à l'abus des lettres de cachet. La deuxième année de son règne fut troublée par une révolte à l'occasion de la cherté des blés; il fit alors de grands sacrifices pour alléger la misère du peuple de Paris. Dans le long hiver de 1783 à 1784, il ordonna au contrôleur général de faire donner tous les secours nécessaires aux malheureux. Les Parisiens reconnaissants lui érigèrent un singulier monument, au coin des rues Saint-Honoré et du Coq, en face de la porte du Louvre : c'était une pyramide de neige. Une autre pyramide fut élevée au coin de la rue d'Angevilliers.

Nous ne pouvons donner qu'un résumé rapide des événements de ce règne. Le déficit des finances s'élevait à 140 millions : le roi convoqua une assemblée de notables (1787), afin de trouver un remède au mal. Ce fut peu de temps avant la convocation de cette assemblée, qu'eut lieu le fameux procès du *collier*, où figurèrent des personnes de distinction et des filles publiques. Les notables ne donnèrent aucun avis, le Parlement refusa d'enregistrer deux nouveaux impôts et fut exilé à Troyes ; les désordres qui suivirent cet acte, forcèrent le roi à retirer les impôts, et à rappeler le Parlement, qui, soutenu par le peuple, continua d'agiter les esprits. En 1788, Necker est appelé au contrôle général des finances, et le 6 novembre de cette année, la deuxième assemblée des notables se réunit pour régler la manière dont seront ouverts les états-généraux, réclamés par la première assemblée. Ces états ouvrent leur session à Versailles, le 5 mai 1789 ; mais l'émeute est en permanence à Paris. Le 28 avril, les révolutionnaires pillent la manufacture de Réveillon, au faubourg Saint-Antoine ; une jeunesse turbulente s'agite dans le jardin du Palais-Royal, et discute les motions les plus incendiaires : aux bains forcés dans le bassin, succèdent les jeux cruels de la lanterne. — 12 juillet, tumulte dans Paris, échauffourée du prince de Lambesc, qui charge le peuple des Tuileries. — 14 juillet, les Parisiens courent aux armes, s'emparent de la Bastille, et égorgent le gouverneur Delaunay et le prévôt des marchands, Flesselles. — 15 juillet, Paris est divisé en soixante districts avec soixante administrateurs. Bailly est élu maire de cette ville, et La Fayette, commandant de la garde nationale qui s'est organisée en soixante bataillons d'infanterie et quatre escadrons de cavalerie. Le roi se rend, le 17, à Paris, et place à son chapeau la cocarde tricolore.—22 juillet, massacre de l'intendant Foulon et de son gendre Berthier. — 20 juillet, ovation de Necker à l'Hôtel-de-Ville. — 5 août, *Te Deum* chanté à Notre-Dame, pour remercier Dieu de l'abolition des titres et des droits féodaux. — 5 et 6 octobre, le peuple de Paris se porte à Versailles ; des gardes du corps sont massacrés. Le roi est emmené de force à Paris avec sa famille, et s'établit aux Tuileries ; depuis plus de cent ans, les rois n'y avaient résidé que momentanément. — 6 octobre, formation de la *société des Amis de la Révolution*, dans une salle de la bibliothèque du couvent des Jacobins de la rue Saint-Honoré. Le local a valu à cette société le nom de *Jacobins*. — 19 octobre, l'Assemblée nationale, transférée à Paris, tient sa première séance dans une salle de l'archevêché, et s'établit ensuite (9 novembre) dans une salle construite sur *le manége*, local compris dans l'enclos des Feuillants et attenant aux Tuileries. — 22 novembre, création des assignats. — 18 février 1790, supplice de Favras en place de Grève. — 12 mai, formation du club des Feuillants, afin de balancer celui des Jacobins. — 27 juin, nouvelle organisation de la municipalité de Paris, composée d'une chaire, de seize administrateurs, de trente-deux membres du conseil, de quatre-vingt-seize notables, d'un procureur de la commune, de deux substituts ; tous élus par les quarante-huit sections. La garde nationale est divisée en quarante-huit bataillons, dont chacun portait le nom de sa section. Le clergé de Paris est formé de trente-deux curés et d'un évêque métropolitain. — 14 juillet, première fédération au Champ-de-Mars. — 20 juin 1791, départ du roi avec sa famille ; il est arrêté à Varennes, et ramené à Paris le 25. — 17 juillet, Bailly et La Fayette, en vertu de la loi martiale, proclamée en 1789, dissipent par la force armée des groupes séditieux au Champ-de-Mars. — 14 septembre, le roi accepte la constitution, et donne quatre jours après, à cette occasion, une fête magnifique aux Tuileries. — 18 novembre 1791, installation de Péthion de Villeneuve, comme maire de Paris. — 20 juin 1792, invasion des Tuileries par le peuple des faubourgs, pour forcer Louis XVI à sanctionner le décret contre les prêtres. Le roi est forcé de se coiffer d'un bonnet rouge. — 10 août, le roi, assiégé dans le château des Tuileries, se rend avec sa famille, au sein de l'Assemblée législative, qui avait succédé à l'Assemblée nationale en 1791. Sa déchéance est prononcée ; il est enfermé au Temple. — 2 et 3 septembre, massacre des prisons, qui paraît avoir été dirigé et conduit par la commune de Paris, sous l'influence de Danton. — 22 septembre, la Convention, qui remplace l'Assemblée législative, s'installe dans les Tuileries, s'arroge tous les pouvoirs, abolit la royauté, décrète la république. Le 21 janvier 1793, Louis XVI, mis en jugement et condamné à mort, est décapité sur la place Louis XV. Ce malheureux prince, un des rois les plus vertueux qui aient régné sur la France, et auquel on n'a pu reprocher que sa faiblesse et sa timidité, expia les vices et les crimes de ses prédécesseurs.

Voici la liste des établissements fondés à cette époque.

Le *couvent des Capucins de la chaussée d'Antin*, rue Sainte-Croix, n° 5, fut établi, en 1779, et achevé en 1782, ainsi que l'église qui est extrêmement simple. Ce couvent, supprimé en 1790, fut converti en hospice, et, en 1802, en *lycée*, auquel on donna le nom de *Bonaparte* ; en 1814, il devint le *collège royal de Bourbon*. L'église est consacrée à saint Louis.

La *chapelle Beaujon*, située rue du Faubourg-du-Roule, n° 59, fut construite vers 1780, sur les dessins de Girardin, et aux frais de Nicolas Beaujon, receveur général des finances. Le portail est très simple. Dans l'intérieur, deux rangs de colonnes séparent la nef de deux galeries latérales. La voûte est décorée de caissons. A l'extrémité de la nef est une rotonde entourée de colonnes corinthiennes isolées. Cette chapelle est dédiée à Saint-Nicolas.

L'*hospice Beaujon*, situé rue du Faubourg-du-Roule, n° 54, fut bâti en 1784, sur les dessins de Girardin, et par les soins de M. Beaujon, pour renfermer vingt-quatre orphelins des deux sexes. Dans la suite, il est devenu un hôpital pour les malades; on y trouve cent lits. L'édifice est fort bien construit.

Le *collège royal de France*, place Cambrai, fut construit en 1774. Il présente une grande cour entourée de trois corps de bâtiments, contenant la salle des séances publiques et plusieurs salles où se font les cours. Depuis 1830, on a fait, dans cet édifice, de grands travaux d'agrandissements et de réparations, sous la direction de M. Letarouilly. On entre maintenant au collège de France par une belle grille qui s'ouvre sur la place Cambrai. Dans l'aile à gauche, au rez-de-chaussée, se trouve un amphithéâtre de chimie, et à l'extrémité du même corps-de-logis, un autre amphithéâtre assez vaste. Au premier étage, on voit une galerie destinée aux collections de produits chimiques, puis une salle de bibliothèque. Aux étages supérieurs sont les logements des professeurs. Dans l'aile droite, il y a, au rez-de-chaussée, un vestibule, une salle pour l'enseignement des langues, de la physique générale et des mathématiques, et un amphithéâtre de géologie. Au premier étage, se trouve une galerie de physique; au second étage, une galerie de minéralogie et de géologie. Dans le bâtiment central, au fond de la cour, sont d'abord des vestibules, puis une petite salle de cours, et à droite, un amphithéâtre pour les cours de littérature et de droit des gens. De plus, le rez-de-chaussée communique avec un jardin de botanique, situé derrière le principal corps-de-logis. Au premier étage, sont des laboratoires de physique et un amphithéâtre consacré à l'enseignement de cette science. Le deuxième étage est occupé par les logements des professeurs et par un cabinet d'anatomie. Au-dessus s'élève un observatoire et ses dépendances. Les bâtiments du côté de la rue Saint-Jacques, construits depuis 1830, contiennent d'un côté un amphithéâtre pour les cours de droit public ; et, de l'autre, un amphithéâtre d'anatomie et des salles de dissection. Au milieu s'ouvre une grande entrée, derrière laquelle est une cour, et au fond, un portique, conduisant aux amphithéâtres et galeries.

Vingt-quatre cours sont professés au collége de France. En voici la nomenclature : *Langue et littérature grecques, langues hébraïque, syriaque et chaldaïque, éloquence latine, médecine, philosophie grecque et latine, mathématiques, langue arabe, astronomie, histoire naturelle des corps organisés, histoire naturelle des corps inorganisés, histoire et morale, littérature française, poésie latine, physique, chimie, physique expérimentale, droit de la nature et des gens, persan, turc, langue et littérature sanscrites, slave, chinoise et tartare mandchou, économie politique, histoire des législations comparées* et *archéologie*.

L'école de chirurgie et de médecine était située rue Saint-Jean-de-Beauvais. Il existait aussi un amphithéâtre de chirurgie dans la rue de l'École-de-Médecine, près de l'ancienne église de Saint-Côme, dont les bâtiments sont occupés aujourd'hui par une école gratuite de dessin. En 1774, Louis XVI posa la première pierre d'un édifice consacré aux sciences médicales, qui fut élevé sur les dessins de Gondouin, et sur l'emplacement de l'ancien collége de Bourgogne, rue de l'École-de-Médecine.

La façade de cet édifice a 64 mètres de longueur ; elle offre une ordonnance d'ordre ionique, composée de seize colonnes, dont quatre de chaque côté de la principale entrée, et les autres devant la porte centrale. Ces dernières forment un péristyle qui supporte un étage supérieur. Au-dessus de la porte d'entrée est un grand bas-relief de Berruer, qui représente, sous des figures allégoriques, le Gouvernement, accompagné de la Sagesse et de la Bienfaisance, protégeant l'art de la Chirurgie, et le Génie des arts déployant le plan de cette école.

La cour est très vaste et entourée de magnifiques bâtiments. Un péristyle de six colonnes corinthiennes, couronné par un fronton, forme avant-corps et présente l'entrée de l'amphithéâtre; sur le mur du fond de ce péristyle, et dans la partie élevée, se voient les portraits de Jean Pitard, d'Ambroise Paré, de Maréchal, de la Peyronnie et de Petit, chirurgiens distingués. Dans le fronton est un bas-relief de Berruer, représentant les figures allégoriques de la Théorie et de la Pratique se donnant la main.

L'amphithéâtre peut contenir douze cents élèves. Il est décoré de trois grands morceaux de peinture à fresque, exécutés par Gibelin : le premier a pour sujet Esculape enseignant les principes de la médecine et de la chirurgie; dans le second, on voit Louis XVI encourageant les chirurgiens et les élèves; le troisième représente une scène guerrière, où l'on voit des blessés secourus par des chirurgiens.

Les autres corps de bâtiments contiennent des salles de démonstration, d'administration, des cabinets d'anatomie et une bibliothèque. C'est dans ces bâtiments que l'académie de chirurgie tenait ses séances. La faculté de médecine l'a remplacée; un grand nombre de professeurs y font des cours sur les diverses parties des sciences médicales.

L'école nationale fut fondée en 1779, à Issy, près de Paris, par les soins du comte de Thélis, en faveur de vingt-quatre orphelins pauvres. Elle fut transférée dans le Berry, en 1781, et ne se soutint pas longtemps.

L'école royale des ponts-et-chaussées, fondée en 1747, ne reçut de la consistance qu'en 1784, par les soins du sieur Perronnet; elle fut réinstituée en 1791. Depuis 1795, les élèves sont tirés de l'école polytechnique ; on leur apprend l'application du calcul, de la géométrie descriptive, de la mécanique et de la physique, à l'art de l'ingénieur des ponts-et-chaussées ; on leur enseigne encore l'architecture et la minéralogie. Cette école, située d'abord Chaussée-d'Antin, vis-à-vis la rue Sainte-Croix, puis, rue Culture-Sainte-Catherine, a été transférée depuis peu d'années dans la rue Hillerin-Bertin, n° 10.

L'*école des mines*, située d'abord rue de l'Université, n° 61, aujourd'hui rue d'Enfer, fut fondée en 1783. Un *conseil des mines*, qui donne des avis au ministère de l'intérieur sur tout ce qui concerne les salines, carrières, usines, etc., a, sous sa direction, des ingénieurs et des écoles pratiques où l'on enseigne la minéralogie, la géologie, la docimasie, le dessin, l'exploitation des mines, etc. L'école de Paris renferme une belle collection minéralogique.

L'*école de chant et de déclamation*, rue Bergère, n° 2, fut établie, en 1784, par le baron de Breteuil; Gossec en fut le premier directeur. On enseigne dans cet établissement le chant, la musique instrumentale, l'harmonie, la composition et la déclamation. Napoléon lui donna le titre de *conservatoire de musique*, qu'il possède encore. On peut citer parmi les professeurs, Méhul, Chérubini, Rode, Kreutzer, Baillot, Pradher, Lesueur, Garat, Berton, Halévy, Reicha, etc. Le conservatoire a formé, surtout pour la partie instrumentale, un grand nombre de sujets distingués.

L'*école de natation* fut établie à la pointe de l'île Saint-Louis, en 1785, par Turquin, fondateur des bains chinois. Dans la suite, une autre école de ce genre fut placée au bas du quai d'Orsay. On en compte aujourd'hui quatre ou cinq nouvelles, dont les principales sont celles du Pont-Neuf et du Pont-Royal.

L'*école des sourds et muets*, située rue du Faubourg-Saint-Jacques, n°s 254, 256, 258, fut fondée par l'abbé de l'Épée, et placée d'abord dans le couvent des Célestins (1785). Pendant la révolution, on la transféra dans les bâtiments des religieux de Saint-Magloire. On y apprend aux élèves à lire, écrire et calculer ; on leur enseigne aussi divers arts ou métiers.

L'*école des jeunes aveugles* fut fondée par Haüy, et placée, en 1786, dans le château des Tuileries, puis en 1790, rue Notre-Dame-des-Victoires. En 1801, on la réunit à l'hospice des Quinze-Vingts, rue de Charenton ; en 1815, elle fut séparée de cet hôpital et établie dans les bâtiments de l'ancien collège des Bons-Enfants, rue Saint-Victor, n°s 66 et 68. Elle vient d'être transférée dans un magnifique édifice, construit depuis 1830, et situé vis-à-vis les Invalides, à l'entrée du boulevard de ce nom. On enseigne aux élèves la lecture, l'écriture, le calcul, la musique, la géographie, et plusieurs métiers.

Le *bureau académique d'écriture*, situé rue Coquillière, fut institué en 1779. Un établissement de ce genre existait déjà ; on lui donna alors une nouvelle consistance. Ce bureau tenait des séances ; on y formait des élèves. Il est aujourd'hui représenté par la société académique d'écriture.

Plusieurs halles et marchés furent établis pendant le règne de Louis XVI. Nous citerons les suivants : le *marché Beauveau*, situé entre les rues du Faubourg-Saint-Antoine et de Charenton ; il fut construit en 1779, et reçut son nom de la dame de Beauveau-Craon, abbesse de Saint-Antoine ; le *marché de Boulainvilliers*, rue du Bac, n° 13, et rue de Beaune, n° 4 ; il fut établi, en 1781, à la demande du sieur Boulainvillers, sur l'emplacement de l'hôtel qui servait de logement aux mousquetaires de la garde royale (cet hôtel avait été construit lui-même sur l'emplacement de la *halle du Pré-aux-Clercs* ou *halle Barbier*) ; le marché Boulainvilliers a été supprimé en 1841, et on a bâti à sa place des maisons particulières ; mais le nom se lit toujours sur le vieux portail de la rue du Bac, qui subsiste encore ; le *marché Sainte-Catherine*, situé sur l'emplacement du couvent des chanoines de

Sainte-Catherine-du-Val-des-Écoliers; il fut construit par d'Ormesson, contrôleur général; on y arrive par les rues Caron et d'Ormesson. La *halle aux cuirs* était située rue de la Lingerie; en 1784, elle fut transférée sur l'emplacement de l'ancien hôtel de Bourgogne et du théâtre des Italiens, rue Mauconseil, n° 34, et rue Française, n° 5. La *halle aux draps et aux toiles*, située entre les rues de la Poterie et de la Petite-Friperie, fut construite en 1786, sur les dessins de MM. Legrand et Molinos, et sur l'emplacement d'une ancienne halle aux draps. Cet établissement a 400 pieds de longueur; il est éclairé par cinquante croisées.

Le *marché des Innocents*, situé sur l'ancien cimetière de ce nom, près de la rue Saint-Denis. Nous avons déjà parlé de ce cimetière et de l'église qui était placée à l'angle des rues aux Fers et Saint-Denis; ce vaste emplacement était borné, des quatre côtés, par une galerie couverte, sombre et humide, appelée les *Charniers*, peuplée d'écrivains et de marchands, et garnie de tombeaux, de monuments et d'épitaphes. Dans l'origine, le cimetière des Innocents était placé hors des murs de Paris; il se trouva plus tard au centre de sa partie septentrionale. Depuis plus de mille ans, on y enterrait des morts, et, dans les derniers temps, on y plaçait les cadavres des habitants de vingt-deux paroisses. Les exhalaisons pestilentielles qui s'élevaient de ce cimetière donnèrent lieu à de nombreuses réclamations. Enfin, après bien des délais, on résolut de démolir les Charniers et l'église des Innocents, et de construire un nouveau marché sur leur emplacement. Les travaux furent commencés en 1786. On enleva assez profondément les ossements et la terre, qui furent transportés hors de la barrière Saint-Jacques, dans un lieu nommé la *Tombe-Issoire*. Ce transport dura plusieurs mois. On fit disparaître les constructions hideuses et les monuments anciens qui se trouvaient dans le cimetière; le sol fut renouvelé, exhaussé et pavé. Au centre de la place, fut élevée la fontaine dont nous allons bientôt parler. On voit encore un passage étroit, sombre et infect, qui longe la rue de la Ferronnerie jusqu'à celles de la Lingerie et de Saint-Denis. Ce passage, qui porte le nom des *Charniers*, est peuplé de restaurants, de petits cafés et de bureaux d'écrivains publics (1).

Vers 1813, on a construit, autour du marché des Innocents, des galeries en bois, où les marchands en détail sont abrités. A ce marché, aboutissent : 1° la *halle aux fruits*, dont la principale entrée est rue de la Fromagerie ; 2° la *halle à la marée*, au bout de la rue de la Cossonnerie ; 3° la *halle* ou *marché aux poirées*, qui s'étend rue de la Lingerie jusqu'à la rue de la Fromagerie ; 4° la *halle aux poissons d'eau douce*, rue de la Cossonnerie ; 5° la *halle à la saline*, dont l'entrée est vis-à-vis le lieu où était le pilori ; 6° la *halle au beurre et aux œufs* ; 7° la *halle à la viande*, ci-devant la halle au blé.

La halle aux draps et aux toiles est située vis-à-vis le marché des Innocents.

Les *piliers des halles* tiennent aux rues de la Tonnellerie et Saint-Honoré ; ils sont fort anciens ; leur construction date du règne de Louis VI. A cette époque, il s'y faisait un grand commerce ; les marchands de province venaient s'établir passagèrement sous les galeries. Maintenant, ces boutiques sont occupées par des tailleurs, des fripiers, et des drapiers. C'est sous les piliers des halles, que la naissance de Molière a rendus célèbres, que Charles V, encore dauphin, fut hué et sifflé, lorsqu'il déclamait contre Charles-le-Mauvais, roi de Navarre, parce qu'il n'avait pas la bonne mine de son adversaire.

Les *dames de la halle* formaient un corps qui jouis-

(1) Il y a sur la rue Saint-Denis, vis-à-vis le marché des Innocents, à droite, une vieille maison avec pignon sur la rue, qui est d'un style agréable, et qui paraît remonter au règne de Charles IX.

saient de certains priviléges. Ces dames, ainsi que celles de la place Maubert, avaient, à la naissance d'un fils de France, au premier jour de l'an, lors d'un mariage ou d'une victoire remportée, le droit d'aller complimenter le roi, la reine et les princes, et de leur présenter un bouquet. On leur servait ensuite un bon dîner au grand commun; un officier de la maison du roi était chargé de leur en faire les honneurs, et le roi leur faisait donner de l'argent. Napoléon et la restauration rendirent aux dames de la halle ces priviléges que leur avait enlevés la révolution. Depuis 1830, ces usages sont tombés en désuétude. On a vu cependant les dames de la halle apporter un bouquet au château des Tuileries, à l'occasion du mariage de M. le duc d'Orléans, et de la naissance de S. A. R. M. le comte de Paris.

Le *pilori* des halles fut abattu sous le règne de Louis XVI, qui supprima ce genre de supplice barbare et féodal.

La *fontaine des Innocents* est une des premières établies dans l'enceinte de Paris. Elle fut reconstruite, en 1550, par Pierre Lescot, abbé de Clagny, et ornée des sculptures de Jean Goujon. Située à l'angle formé par les rues aux Fers et de Saint-Denis, elle n'avait que trois arcades; en 1788, après la démolition de l'église des Innocents, on la transporta au milieu de la place et on y ajouta une quatrième arcade. Cette entreprise hardie, dont l'idée appartient à un ingénieur nommé Six, fut exécutée par MM. Poyet, Legrand et Molinos; les figures sont de M. Pajou; les sieurs l'Huillier, Mézières et Daujon, ont sculpté les ornements et bas-reliefs qui restaient à faire.

Au-dessus de trois gradins, s'élève un vaste bassin carré. Au milieu de ce bassin est un soubassement de même forme, aux angles duquel sont placés quatre lions en plomb, moulés à Rome sur les lions de la fontaine de Termini. Sur les faces de ce soubassement, sont, en saillies, les bassins en plomb, où viennent se verser par cascades, les eaux supérieures.

Une construction quadrangulaire s'élève sur ce soubassement ; elle est percée sur chaque face, par une arcade dont les côtés sont ornés de pilastres corinthiens cannelés ; entre ces pilastres est une figure de naïade (1). L'entablement, richement décoré, est surmonté par un attique orné de bas-reliefs, par un fronton et par une coupole couverte de dalles de cuivre, en forme d'écailles de poisson.

A travers les quatre arcades, sur un piédestal élégant, on voit une vasque du milieu de laquelle jaillit une gerbe d'eau, qui se jette en nappe dans le réservoir, et retombe ensuite dans les quatre bassins en plomb placés en saillie sur les faces du monument. Versée par ces chutes abondantes, lancée par les quatre lions placés aux angles, l'eau remplit le grand bassin carré et va se répandre au dehors par quatre masques qui sont au-dessous des bandes de plomb. Tel est l'ensemble de cette fontaine, qui forme un des plus précieux monuments de la capitale.

La *fontaine de la Croix-du-Trahoir*, située à l'angle des rues de l'Arbre-Sec et de Saint-Honoré. Dans les années 1775 et 1776 elle fut reconstruite sur les dessins de Soufflot. Sa forme est très simple.

La *fontaine des Petits-Pères*, sur la place de ce nom, présente une pile de maçonnerie isolée. En 1774, elle s'enfonça subitement de la profondeur de treize pouces. On releva cette construction par le moyen de machines.

On commença, en 1774, à construire des *fontaines marchandes*, dont l'objet était de procurer aux Parisiens une eau limpide et salubre, et de préserver les porteurs d'eau des dangers qu'ils couraient en allant chercher de l'eau

(1) Les naïades des faces septentrionale, orientale et une de la façade occidentale, sont de Jean Goujon, les trois autres sont dues à Pajou.

à la Seine. Les concessions, toujours renouvelées, faisaient tarir les fontaines, et, d'un autre côté, les machines hydrauliques tombaient de vétusté ou ne donnaient que de faibles produits; cette pénurie attira l'attention des magistrats. Ils se décidèrent à permettre l'établissement de *pompes à feu*. La première fut construite au bas de Chaillot, sur le quai de Billy, n° 4. Deux pompes aspirantes et foulantes élèvent l'eau que conduit un canal d'un mètre de largeur, et sont mises en mouvement par la vapeur. Cette machine, qui fut mise en activité en 1781, amène les eaux de la Seine dans la plupart des rues de Paris. En 1805, elle a été considérablement perfectionnée.

La *pompe à feu du Gros-Caillou*, située sur la rive gauche de la Seine et sur le quai des Invalides, fut établie en 1786. Comme le sol ne présentait point d'éminence pour placer les réservoirs, on fut obligé de construire une tour carrée, haute de 70 pieds, où sont élevées les eaux qui, de là se répandent dans les canaux. Cette pompe produit, en vingt-quatre heures, 4,300 kilolitres d'eau. Elle alimente les fontaines de la partie méridionale de Paris.

On construisit un troisième bâtiment sur la rive gauche de la Seine, près de la barrière de la Gare. Ce bâtiment, qui présente une tour carrée assez élevée, n'a jamais eu de pompe en activité. Il est occupé maintenant par une fabrique.

Après avoir appartenu pendant quelques années à des compagnies, les pompes à feu devinrent, en 1788, la propriété du gouvernement; elles appartiennent aujourd'hui à l'état.

La *Société d'agriculture*, autorisée en 1761, fut la première de ce genre qui se forma à Paris; elle tenait ses séances à l'Hôtel-de-Ville, et fut supprimée pendant plusieurs années après la révolution; on l'a rétablit en 1814. Cette société distribue des prix et des médailles d'or et d'argent aux agronomes, aux agriculteurs intelligents.

Il y a maintenant un grand nombre de sociétés semblables dans le royaume.

La *Société d'émulation* fut établie, en 1776, pour l'encouragement des inventions utiles; elle tint ses séances dans divers lieux, et en définitive dans l'hôtel de Soubise. Cette société, qui distribuait des prix, ne put se soutenir longtemps, à cause de la pénurie de ses finances. Elle est remplacée aujourd'hui par la *Société d'encouragement pour l'industrie nationale*.

La *Société philanthropique*, fondée en 1780, pour le soulagement des malheureux, tenait ses séances dans une des salles du couvent des Grands-Augustins. Cette société n'a point souffert de la Révolution. Ses séances se tiennent à l'Hôtel-de-Ville.

Le *Musée de Paris* était une association de savants et de littérateurs, instituée en 1780. Il s'établit, en 1786, dans le couvent des Cordeliers, mais ne tarda pas à se fermer.

Le *Musée de Pilâtre des Rosiers*, rue de Valois, n° 2, tint sa première séance en 1781. L'objet de cette Société était le perfectionnement des sciences et arts relatifs au commerce. On y faisait des cours sur diverses parties des sciences; il s'y trouvait un cabinet de physique. A la mort de l'aéronaute Pilâtre des Rosiers (1785), les sociétaires réorganisèrent le Musée, lui donnèrent le nom de *Lycée*, et, en 1803, celui d'*Athénée*, qu'il porte encore. Les savants les plus distingués, Cuvier, La Harpe, Fourcroy, Ginguené, y ont professé tour à tour. Cette société existe toujours. Une autre association de ce genre s'est formée en 1820, dans la rue Neuve-Saint-Augustin, n° 17, et a pris le nom de *Société royale des bonnes lettres*. Nous ignorons si elle tient encore ses séances.

La *Société royale de médecine* fut instituée, en 1776, sous le nom de *Société pour l'épizootie*, et tint ses premières séances dans la grand'salle du collége royal, puis dans une des salles du Louvre. Dissoute pendant la révolution, elle a été rétablie depuis.

Le *club politique*, établi en 1782, rue Saint-Nicaise; le *club des Américains*, en 1785; le *club des arcades*, le *club des étrangers*, furent supprimés en 1787; on ne laissa subsister que les sociétés qui ne s'occupaient point des affaires de l'état. Mais à la faveur de la révolution, il se forma un grand nombre de sociétés politiques dont voici les principales :

La *Société des amis de la constitution*, fondée en 1789, et établie dans le couvent des Jacobins de la rue Saint-Honoré. Cette société, devenue si célèbre sous le nom de *Jacobins*, avait pour but de diriger l'opinion publique, et de discuter d'avance les questions qui devaient être soumises aux assemblées délibérantes, de préparer les nominations de députés patriotes, etc. Elle fut entièrement dominée par Robespierre, et fermée le 24 juillet 1794. Le nombre de ses membres s'élevait à plus de quinze cents dans Paris; elle avait, en France, des milliers de correspondants.

Le *club des Cordeliers*, fondé en 1792, tenait ses séances dans le couvent des Cordeliers. On y professait les mêmes doctrines qu'au club des Jacobins. Danton était l'âme de cette société, qui ne se soutint pas longtemps après sa mort.

Le *club monarchique* ou *société des amis de la constitution monarchique*, eut une courte existence. Ainsi que les clubs *de Richelieu* et *des Feuillants* (ou *de 1789*), cette société était en opposition avec les Jacobins, et défendait la royauté représentative établie par la constitution de 1789. Les orages de la révolution les dispersèrent à la fin de 1791.

Parmi les autres associations semblables, nous mentionnerons les clubs *des Mathurins*, *du faubourg Saint-Antoine* (chaque section avait son assemblée politique), et le *cercle social*, dont les séances se tenaient au Palais-Royal.

La *Rotonde* ou *portique du Temple* fut bâtie en 1781, dans l'ancien enclos du Temple, sur les dessins de Perrard de Montreuil. Cette construction présente quarante-quatre arcades, soutenues par des colonnes toscanes, formant, au rez-de-chaussée, une galerie couverte, bordée de boutiques. Au-dessus des arcades s'élèvent deux étages, et un troisième étage en mansardes. Au centre de la Rotonde est une vaste cour. La Rotonde du Temple, malgré sa forme oblongue et arrondie à ses extrémités, est recommandable par son élégance. Elle est habitée par des marchands.

La *loterie* existait à Paris dès le XVe siècle. Lorsque des couvents, des églises manquaient d'argent, le gouvernement les autorisait à établir des loteries. En 1776, Louis XVI ne conserva que celles des Enfants-Trouvés, de la Pitié, et la loterie royale de France; la convention les supprima entièrement en 1794. Le directoire rétablit, en 1797, la loterie de France, dont l'administration était située rue Neuve-des-Petits-Champs, n° 42. Une loi a ordonné la suppression des loteries, à partir du 1er janvier 1838.

Les *maisons de jeux* furent autorisées, en 1775, par M. de Sartines, qui ordonna que les produits qui en résulteraient seraient employés à des œuvres de bienfaisance. Il se forma divers établissements de jeux. Les plus fameux étaient ceux du Palais-Royal (aux n°s 113, 129 et 154), de Frascati, du Grand-Salon, etc. Sous la restauration, on afferma le privilége de ces jeux; l'administration payait à la ville de Paris une redevance de plusieurs millions, et était en outre tenue au service de plusieurs pensions qui se montaient à une forte somme. On peut juger par là de l'argent qui venait s'engloutir dans ces abimes. Une loi a ordonné leur suppression, à dater du 1er janvier 1838.

Le *Mont-de-Piété*, situé rue des Blancs-Manteaux, n° 18, et rue de Paradis, n° 7, fut fondé, en 1777, dans le but de prêter sur gage à un intérêt médiocre. Depuis 1830, le droit prélevé sur les sommes prêtées est de neuf pour cent. Ce taux ne saurait être abaissé, parce que l'administration, ne possédant rien en propre, et ne recevant aucune subvention, est obligée d'emprunter elle-même l'argent nécessaire à son service. Les bénéfices annuels ne s'élèvent qu'à environ 100,000 francs, qui forment une des ressources de l'administration des hôpitaux et des bureaux de bienfaisance (1).

L'emprunteur conserve pendant treize mois la faculté de dégager les objets qu'il a déposés en nantissement des sommes prêtées. Après ce temps, ils sont vendus aux enchères publiques, et le *boni*, s'il y en a, est mis en réserve pour être compté à l'ancien propriétaire. Le séjour moyen d'un nantissement dans les magasins est de sept mois vingt jours. Sur cent nantissements, plus de trente-cinq sont renouvelés chaque année, soixante pour cent sont retirés par les emprunteurs, et moins de cinq pour cent sont livrés à la vente.

Le Mont-de-Piété a une succursale, rue des Petits-Augustins, n° 28, deux bureaux auxiliaires et 23 commissionnaires dans les divers quartiers de Paris.

L'*hôpital Necker*, situé rue de Sèvres, n° 3, au-delà du boulevard, fut fondé, en 1779, par madame Necker. Nous en reparlerons.

Le *Bureau des nourrices*, rue Sainte-Apolline, n° 18, existait en 1785, et longtemps auparavant; mais on n'a

---

(1) « La dépense occasionnée à l'administration par l'entrée et la sortie, dit M. Belin dans ses notes sur Dulaure, est de 73 centimes par article ; or, les droits perçus à raison d'un prêt de 12 francs, étant de 70 centimes, il est évident que tout prêt, au-dessous de 13 francs, est onéreux à l'administration, et, comme d'après les données de plusieurs années, ces prêts forment les 8|11 des opérations du Mont-de-Piété, il en résulte que, sur 11,000,000 de prêts effectués par année sur sa caisse (ce qui représente, terme moyen, 20 millions d'argent prêté), 800,000 lui occasionnent une perte. Ainsi s'expliquent la modicité de ses bénéfices et l'impossibilité d'abaisser au-dessous de 9 pour 100 l'intérêt de ses prêts (*Histoire de Paris*, 6ᵉ édition, page 396, tome VI).

pas de donnée certaine sur l'époque de sa fondation. Ce bureau donnait aux bonnes nourrices divers prix et médailles. Il existe encore, et c'est là que les parents vont chercher des nourrices pour leurs enfants.

La *Maison de santé* ou *de retraite*, située au Petit-Montrouge, au-delà de la barrière d'Enfer, fut établie, en 1782, par les religieux de la Charité, en faveur de six militaires et de six ecclésiastiques. Cet édifice, bâti par l'architecte Anthoine, changea de destination pendant la révolution. C'est maintenant un hospice qui renferme une centaine de lits.

L'*Odéon*. Ce théâtre, situé en face de la porte du jardin du Luxembourg, fut construit par Peyre et de Wailly (1779-1782), pour les comédiens français, qui alors avaient leur salle aux Tuileries. Il occupe l'emplacement de l'hôtel de Condé (1). Ce théâtre, qui porta d'abord le nom de *Théâtre-Français*, présentait mille neuf cent treize places; c'était le plus beau de Paris. Il fut le premier éclairé par les lampes appelées *quinquets* (1784). En 1790, il prit le titre de *théâtre de la Nation*. Il fut consumé par un incendie, en 1799, et les comédiens furent réduits à jouer sur le théâtre du Palais-Royal, qu'on nommait *théâtre des Variétés*.

Napoléon le fit rebâtir (1803) pour la troupe des comédiens de l'impératrice, dirigée par Picard, auteur comique et excellent acteur. Sous l'empire, il porta les noms d'*Odéon* et de *théâtre de l'Impératrice*. En 1807, Chalgrin surmonta le fronton de la façade par un attique, et, du côté de la rue de Vaugirard, prolongea l'édifice en ajoutant un rang d'arcades.

En 1814, l'Odéon devint le *second théâtre français*; on y joua des comédies et des tragédies. En 1818, un violent

(1) Sur le territoire de l'ancien clos Bruneau, Armand de Corbie fit bâtir une maison de plaisance, qu'on nomma *Séjour de Corbie*. Jérôme de Gondi, duc de Retz, maréchal de France, l'acheta en 1610. Cet hôtel fut acquis, en 1612, par Henri de Bourbon, prince de Condé.

26.

incendie détruisit tout l'intérieur, et ne laissa subsister que les parties extérieures. MM. Baraguay et Provot furent chargés de la reconstruction de ce théâtre, qui fut ouvert au public l'année suivante. Depuis cette époque, le second théâtre français n'a jamais pu prospérer, et ses représentations ont été souvent interrompues. Après l'incendie de la salle de la place Favart (1838), les Italiens y ont joué près de trois ans. Depuis 1843, l'Odéon est redevenu *second théâtre français*; actuellement, il rivalise avec succès avec le théâtre de la rue de Richelieu.

Le *Théâtre français* ou *de la Comédie française*, situé rue de Richelieu, n° 6, attenant au Palais-Royal, fut bâti de 1787 à 1790, sur les dessins de Louis et sur l'emplacement du *parterre d'Énée* (1) ; les acteurs des *Variétés amusantes* y jouèrent jusqu'en 1799. L'incendie, arrivé en cette année à la salle de l'Odéon, força les comédiens-français de jouer sur le théâtre des Variétés, qui, pendant la révolution, porta le nom de *théâtre de la république*.

La façade principale de cet édifice est sur la rue de Richelieu ; elle est décorée de douze colonnes doriques ; au-dessus de cette ordonnance en est une autre composée d'autant de pilastres corinthiens. Tout autour de cet édifice est une galerie couverte et non interrompue. Le plan du vestibule intérieur, où se voient les statues de Voltaire (par Houdon), de Lekain et de Talma, est de forme elliptique, entourée de trois rangs de colonnes doriques, accouplées au premier rang, et isolées aux derniers ; quatre escaliers aboutissent à ce vestibule, dont le plafond, orné de sculpture a trop peu d'élévation. La décoration de la salle et celle du foyer n'ont rien de remarquable. La salle peut contenir 1,522 personnes ; elle a été restaurée en 1822, par MM. Percier et Fontaine.

(1) Ainsi nommé, parce qu'il était contigu à une galerie du Palais-Royal appelée *Galerie d'Énée*, dont les sujets étaient tirés du poëme de Virgile.

L'*Académie royale de musique* ou *l'Opéra*, était située au Palais-Royal. Ce théâtre fut consumé par un incendie en 1781 ; l'architecte Lenoir fut chargé d'en construire un nouveau près de la porte Saint-Martin, et acheva cet ouvrage en soixante-quinze jours ; la façade est d'un aspect agréable. Un soubassement à refends, orné de huit cariatides, supporte une ordonnance de huit colonnes doriques, entre lesquelles sont les bustes de Quinault, Lully, Rameau et Gluck ; au-dessus est un vaste bas-relief exécuté par Boquet. C'est aujourd'hui le *théâtre de la Porte-Saint-Martin*.

Les acteurs de l'Opéra jouèrent sur ce théâtre, jusqu'en 1793, époque où ils allèrent s'établir dans une nouvelle salle, élevée vis-à-vis la Bibliothèque royale, rue de Richelieu. Nous y reviendrons.

Le *théâtre des Italiens* ou *Opéra-Comique*, était situé rue Mauconseil, sur l'ancien emplacement de l'hôtel de Bourgogne : cette salle tombait en ruines ; on résolut d'en construire une nouvelle sur l'emplacement de l'hôtel de Choiseul, situé sur le boulevard des Italiens. L'ouverture de ce théâtre eut lieu en 1783 ; la façade de l'édifice était située sur la place ; elle offrait six colonnes d'ordre ionique faisant avant-corps. On l'appela *théâtre Favart*.

Les acteurs de ce théâtre y jouèrent jusqu'en 1797, époque où des réparations nécessaires les obligèrent à l'abandonner pour aller occuper celui de la rue Feydeau, qu'ils ont été forcés de quitter.

Les comédiens italiens, depuis qu'ils qualifiaient leur théâtre d'*Opéra-Comique*, s'étaient bornés à représenter des pièces chantantes. En 1779, ils commencèrent à jouer des pièces où des scènes parlées alternaient avec les morceaux de chant.

Lors de l'incendie de l'Odéon, en 1799, la salle Favart fut provisoirement occupée par les acteurs de ce théâtre. L'opéra italien y donna pendant longtemps des représentations. En janvier 1838, cet édifice fut incendié; on l'a rebâti avec beaucoup de soin; il n'est pas entré de bois dans sa construction. La charpente est en fer, les ornements mêmes de la salle sont en cuivre doré. Cette salle est, depuis 1840, destinée aux représentations de l'Opéra-Comique; les acteurs italiens, qui l'occupaient précédemment, ont été transférés d'abord à l'Odéon, et ensuite à la salle Ventadour où ils sont encore aujourd'hui.

Le *théâtre de Monsieur* ou *théâtre Feydeau*, situé rue Feydeau, n° 19, fut construit, en 1789 et 1790, par Legrand et Molinos. Il était destiné à une troupe venue d'Italie, qui arriva à Paris sous la protection de Monsieur, frère du roi et qui fut remplacée plus tard par les acteurs du théâtre des Italiens ou de l'Opéra-Comique. Cette salle n'existe plus : des maisons particulières s'élèvent sur son emplacement. Le théâtre de l'Opéra-Comique, situé sur la place de la Bourse, a longtemps exploité le même genre de spectacle que l'ancien théâtre Feydeau. Maintenant l'Opéra-Comique est à la place Favart; la salle qu'il occupait sur la place de la Bourse est consacrée au Vaudeville.

Le *théâtre des Variétés amusantes*, situé sur le boulevard du Temple, au coin de la rue de Bondi, fut ouvert en 1779, et réservé aux pièces badines et aux farces populaires. Ce spectacle alla s'établir ensuite au Palais-Royal, où, en 1786, on lui fit construire une salle provisoire sur l'emplacement du parterre d'Énée, en attendant l'achèvement d'une salle plus solide et plus convenable; cette dernière, commencée en 1787, fut achevée en 1790, et prit le titre de *théâtre français de la rue de Richelieu*. La troupe des Variétés y resta jusqu'en 1799, époque où les comédiens français vinrent l'occuper.

Le *théâtre des grands danseurs* ou *de Nicolet*, situé boulevard du Temple, nos 68 et 70. Nous avons déjà parlé de l'origine de ce théâtre : il se maintient encore sous le nom *de la Gaîté*. On y joue des mélodrames, des pantomimes et des vaudevilles. En 1835, un incendie consuma cet édifice, qui est maintenant rebâti avec élégance.

Le *théâtre d'Audinot* ou *Ambigu-Comique*, était situé sur le boulevard du Temple. On y joue le même genre de pièces qu'à la Gaîté. La salle ayant été incendiée, ce théâtre a été transporté, en 1828, sur le boulevard de la porte Saint-Martin, près de la rue de Lancry. Cette nouvelle salle a été construite par M. Hittorf : la façade est décorée d'un porche formant avant-corps, soutenu par des colonnes qui supportent une terrasse de niveau avec le foyer.

Le *théâtre de Beaujolais*, situé au Palais-Royal, fut ouvert en 1784. Les acteurs étaient d'abord de grandes marionnettes de bois, qui agissaient au moyen de fils invisibles ; des personnes cachées dans les coulisses, récitaient leurs rôles. Ces marionnettes furent bientôt remplacées par des enfants, et ensuite par des acteurs qui jouaient des comédies et des opéras-comiques ; mais ils se bornaient à la pantomime, tandis que de la coulisse, d'autres acteurs parlaient et chantaient pour eux. L'Opéra obtint la répression de cette licence et porta un coup fatal au théâtre de Beaujolais. La salle fut cédée, en 1790, à mademoiselle de Montansier, et les directeurs des Beaujolais vinrent se fixer sur le boulevard de Ménilmontant. Le nom de cette troupe venait de ce qu'elle avait été établie pour amuser l'enfance du comte de Beaujolais, le plus jeune des fils du duc d'Orléans.

Le *théâtre de mademoiselle de Montansier*, situé au Palais-Royal, à l'extrémité septentrionale de la galerie qui avoisine la rue de Montpensier. Ce théâtre succéda à celui des Beaujolais, en 1790 ; on y jouait l'opéra-comique et la comédie. Il a fait place au café Montansier, et en 1831 au *théâtre du Palais-Royal*, où l'on joue le vaudeville.

Les *élèves pour la danse de l'Opéra*, sur le boulevard du Temple, fut ouvert en 1778. Les élèves du conservatoire de musique y jouaient des pantomimes. Ce théâtre prit le titre de *Variétés amusantes*, lorsque celui qui portait ce nom devint le *Théâtre-Français*. Il fut incendié en 1778.

Le *théâtre des Menus-Plaisirs*, dans les bâtiments du conservatoire de musique, fut construit pour les exercices des élèves de cet établissement. En 1781, il fut momentanément destiné à l'Opéra. C'est dans cette salle que se tiennent, chaque hiver, les séances musicales de la *société des concerts du conservatoire*.

Le *théâtre des Associés*, sur le boulevard du Temple, fut ouvert en 1768. On y jouait des comédies et des tragédies; on attirait les spectateurs par des parades qui avaient lieu à la porte du spectacle. Au commencement de la révolution, on donna à cette salle le nom de *théâtre patriotique du sieur Sallé*.

Le *théâtre du Délassement comique*, situé boulevard du Temple, hôtel Foulon, fut établi vers la même époque que les précédents; on y jouait les comédies et les drames.

Le *Théâtre-Français comique et lyrique*, boulevard Saint-Martin, rue de Bondi, fut ouvert en 1790; c'était le même théâtre qu'avait occupé la troupe des *Variétés amusantes*. On y joua des comédies et des opéras-comiques. Reconstruit par Sobre, sous le titre de *théâtre des Jeunes-Artistes*, ce spectacle fut supprimé par Napoléon.

Tels sont les principaux théâtres établis à Paris sous ce règne. Nous ne parlerons pas de ceux qui ne servaient qu'à des amateurs, comme ceux de la rue de Provence, de l'Orme-Saint-Gervais, de la rue de l'Échiquier, etc.

Le *Wauxhall d'été*, boulevard du Temple et rue Samson, n° 3, fut construit en 1785, sur les dessins de Mellan, et remplaça le Wauxhall de Torré et le Colisée, qui avaient été démolis. On y voyait un café, un jardin, un salon de danse, des feux d'artifices, etc.

Le *Wauxhall d'hiver*, nommé *Panthéon*, situé rue de Chartres, fut établi pour remplacer le Wauxhall de la Foire-Saint-Germain, destiné à servir de succursale à l'Opéra et de salle pour les bals ; il se composait d'une salle de danse, d'un parterre et de deux rangs de loges. Au commencement de la révolution, on loua cet établissement au *club des étrangers*, qui y resta jusqu'en 1791.

La *redoute chinoise*, située à la foire Saint-Laurent, fut construite, en 1781, par Mellan et Mœnch. Un café souterrain, divers jeux, une salle de danse, un jardin, composaient cet établissement qui n'existait plus en 1719.

L'état physique de Paris éprouva sous ce règne plusieurs changements. Le plus important fut amené par l'établissement d'une nouvelle enceinte.

L'*enceinte de Paris* fut commencée en 1784, afin d'arrêter les progrès de la contrebande et d'assujettir aux droits d'entrée un plus grand nombre de consommateurs. Les travaux commencèrent du côté de la Salpêtrière. En 1786, l'enceinte méridionale était terminée ; on entreprit celle du nord et on y engloba les villages de Chaillot, du Roule, de Mousseau, de Clichy, etc. Les Parisiens firent éclater leur mécontentement par des jeux de mots, tels que celui-ci :

Le mur murant Paris, rend Paris murmurant.

et par des épigrammes dont nous citerons la suivante :

Pour augmenter son numéraire,
Et raccourcir notre horizon,
La ferme a jugé nécessaire
De mettre Paris en prison.

Les portes ou barrières d'entrée furent élevées sur les dessins de Ledoux, avec une grande magnificence. Après la retraite de Calonne, en 1787, M. de Brienne fit suspendre les travaux, à cause de la pénurie des finances. Les dépenses s'élevaient déjà à plus de 25 millions.

En 1791, les droits d'entrée furent abolis et les barrières devinrent inutiles. Sous le directoire, on établit une légère perception à l'entrée de Paris, et on répara l'enceinte, qui ne fut achevée que sous Bonaparte. Soixante barrières décoraient le mur et offraient autant d'entrées à la ville de Paris; deux ayant été murées, il n'en reste plus que cinquante-huit. On remarque celles de Reuilly, du Trône, Saint-Martin, de l'Étoile, du Roule, d'Enfer et d'Italie. L'étendue totale de cette enceinte est de 24,100 mètres. La superficie de Paris était, en 1788, de 3,437 hectares 43 centiares. En 1841, elle était de 3,450 hectares.

Les *boulevards extérieurs* furent établis par suite de la construction du nouveau mur d'enceinte de Paris; quatre rangées d'arbres, plantées au-delà du mur, forment ces boulevards.

Le *jardin du Palais-Royal* comprenait d'abord, outre le jardin actuel, l'emplacement des rues de Valois, de Montpensier et de Beaujolais, et des corps de bâtiment qui entourent les trois côtés du jardin qu'on voit aujourd'hui. En 1782, on commença les travaux des bâtiments nouveaux et trois galeries furent achevées sur les dessins de Louis quelques années plus tard. La quatrième face du côté du Palais resta longtemps à construire; c'est là qu'on avait établi les constructions provisoires nommées *baraques*. Il y a une vingtaine d'années, on a remplacé les galeries de bois par une galerie en pierre, dont l'aspect élégant ajoute aux agréments d'un jardin où se réunit tous les jours un grand nombre de promeneurs. En 1787, le duc d'Orléans fit construire au centre du jardin un vaste cirque, dont nous parlerons plus bas.

On remarque au milieu du jardin un bassin circulaire, d'où s'élève une gerbe d'eau du plus bel effet.

Le quartier voisin s'embellit par ces travaux. On bâtit, sur l'emplacement de l'ancien jardin, les rues de Valois, de Montpensier, de Beaujolais. Une large ouverture facilita la communication du Palais-Royal avec la rue Vivienne et les rues qui l'entourent. La rue de Valois fut étendue jusqu'à la rue Saint-Honoré; une place, devant la partie latérale du Théâtre-Français, favorisa la communication entre la rue Beaujolais et celle de Richelieu.

Le *Palais-Royal* subit quelques changements, outre ceux qu'éprouva son jardin. Le duc d'Orléans fit construire pour son usage un vaste corps-de-logis, qui régnait alors le long de la rue des Bons-Enfants : on y voyait un plafond de J.-B. Pierre. Le roi régnant a occupé cet appartement à son retour en France, avant de monter sur le trône.

Sous la convention, le Palais-Royal prit le nom de *Palais-Egalité*. Après la mort funeste du duc d'Orléans, en 1794, on transforma en salles de bal, de vente, en cafés, en tabagies, les appartements de cet édifice. En 1796, une commission militaire y fut installée. Plus tard, Beaumont y construisit une belle salle pour le tribunat. Le président et les questeurs logeaient dans ce palais, qui prit le titre de *Palais du Tribunat*.

Depuis 1788 jusqu'en 1794, le Palais-Royal fut le rendez-vous de toutes les factions, et le théâtre de la prostitution la plus effrontée. Il conserva ce dernier caractère sous le régime impérial; mais, depuis la restauration, les galeries de bois ont fait place à la belle galerie vitrée d'Orléans; la prostitution, les maisons de jeux ont été expulsées de cette belle résidence. Les bâtiments sur la cour d'honneur et sur celle qui avoisine la place du Palais-Royal, renferment de très beaux appartements enrichis d'objets précieux, de tableaux historiques. Plusieurs personnages éminents les ont habités pendant ces dernières années; nous citerons la reine Christine d'Espagne.

Le *cirque du Palais-Royal* fut construit en 1788. Il offrait dans son plan un parallélogramme allongé. Ce bâtiment était sous terre, et renfermait une salle de spectacle et plus de cinquante boutiques bâties avec beaucoup de soin. Au-dessus de ce bâtiment et au niveau du jardin, s'élevaient soixante-douze colonnes ioniques, hautes de 10 pieds environ, et des treillages d'un joli aspect. En 1799, le cirque fut entièrement ruiné par un incendie.

L'hospice des Quinze-Vingts, situé rue Saint-Honoré, au coin de la rue Saint-Nicaise, fut transféré à l'hôtel des Mousquetaires-Noirs, n° 38, rue de Charenton, par M. le cardinal de Rohan (1779). A la révolution, la propriété fut confisquée, et l'institution, abolie, ne fut rétablie qu'en 1814. Le nombre des aveugles est de trois cents. Ils sont nourris et logés, et reçoivent 1 franc 20 centimes par jour; ceux qui sont mariés reçoivent 1 franc 50 centimes. Ils confectionnent des ouvrages très curieux.

Sur l'*enclos du Temple* fut élevée, en 1781, la *Rotonde*, et en 1809, la *halle au vieux linge*.

Le *Petit-Châtelet*, démoli en 1782, donna du jour au bas du quartier Saint-Jacques, et laissa une place assez vaste à l'extrémité S. du Petit-Pont.

Les réparations faites, en 1787, dans la rue de la Barillerie, procurèrent aux avenues de l'édifice occupé par la cour des comptes plus de dignité et de grandeur. Un vaste portique, situé en face de la rue de la Calandre, sert d'entrée à la cour de la Sainte-Chapelle. Au-dessus de ce portique est un bas-relief de M. Gois, représentant le tribunal de la chambre des comptes recevant le serment de tous les généraux d'ordres séculiers et réguliers. La cour des comptes a été transférée au quai d'Orsay, en 1842, ainsi que nous l'avons dit plus haut.

On ouvrit une quantité de rues nouvelles : en 1775, la rue Neuve-Saint-Nicolas et celle de Bourgogne, en face du Palais-Bourbon; en 1776, les rues Chauchat et de Provence; on élargit alors la cour du Commerce, rue Saint-André-des-Arcs, réparée et agrandie en 1823; en 1777, les rues de Chabannais et de Laval; en 1778, celles d'Angoulême-du-Temple, Etienne, Neuve-de-Berry et Boucher; en 1779, celles de Caumartin et de Lenoir; en 1780, celles de Miroménil, Neuve-Saint-Jean, de Malte, Martel, Amelot, de la Tour, de Trudon, de Beaujolais, d'Astorg et d'Angoulême-Saint-Honoré; en 1781, les rues Sainte-Croix, Chaussée-d'Antin; en 1782, celles des Petites-Écuries, Grétry, Montpensier, de la Pépinière, Pinon, Biron, Neuve-des-Capucins; en 1783, la rue Madame; en 1784, celles de la Comète, des Trois-Bornes, Papillon, de Ponthieu, des Quinze-Vingts, Roquepine, de Rousselet, de Valois, Verte et Jarente; en 1785, celles de l'Echiquier, d'Enghien et du Faubourg-du-Roule; en 1786, celles du Contrat-Social, Lepelletier et de Tracy; en 1787, la rue Lenoir-Saint-Honoré; en 1788, les rues Caron, Neuve-du-Colombier, Saint-Jean-Baptiste, Saint-Michel, d'Ormesson, Richer et Necker; en 1790, celle du Port-Mahon; en 1792, celle de Lesdiguières.

La construction de l'Odéon, en 1781, avait amené le percement des rues de Corneille, de Racine, de Voltaire, de Molière, de Crébillon et de Regnard; celle du théâtre des Italiens fut l'occasion de la création d'un quartier nouveau et de la formation des rues Favart, Grétry, Marivaux, d'Amboise, et de la place située devant ce théâtre (1784). La rue de la Barillerie, située devant le Palais de Justice, fut élargie, et, en 1787, une belle place remplaça les hideuses masures situées vis-à-vis la principale façade du Palais. La porte Saint-Antoine fut démolie en 1778. On combla les fossés des anciens remparts. En 1786, on commença à enlever les maisons qui bordaient les ponts. Celui de Notre-Dame, le pont Marie et le Pont-au-Change, furent les premiers qui furent débarrassés des maisons qui obstruaient leur route; ce ne fut qu'en 1808 qu'on fit disparaître celles du pont Saint-Michel. On démolit alors les rues de Hurepoix et de Saint-Louis, situées sur les quais aboutissant à ce pont.

Ces divers travaux embellirent et assainirent la capitale. Il nous reste encore à en mentionner quelques-uns non moins utiles.

Le *pont Louis XVI*, appelé aujourd'hui *pont de la Concorde*, est situé vis-à-vis la place Louis XV ou de la Concorde, sur la ligne qui de la Madeleine aboutit à la chambre des Députés. On entreprit sa construction en 1787, et on l'acheva en 1790, sur les dessins de Perronnet. On employa dans la maçonnerie des pierres provenant de la démolition de la Bastille. Ce pont est fondé sur pilotis et grillage. Il a cinq arches surbaissées qui offrent une portion de cercle. L'arche du milieu a 31 mètres d'ouverture ; les arches collatérales ont 27 mètres, et les deux autres attenantes aux culées, ont chacune 26 mètres. La longueur totale entre les culées est de 150 mètres ou 461 pieds.

Chaque pile a 3 mètres ou 9 pieds d'épaisseur ; leurs avant-becs et arrière-becs, présentent des colonnes engagées qui contiennent une corniche couronnée par une balustrade servant de parapet aux trottoirs. Sur les piédestaux de la balustrade, et à l'aplomb des piles de ce pont, ont été placées, après 1830, les statues colossales, en marbre, de Sully, Suger, Duguesclin, Colbert, Turenne, Duguay-Trouin, Suffren, Bayard, Condé, Duquesne, Tourville et Richelieu ; mais ces statues, d'une trop grande proportion relativement au peu de largeur du pont, ont été, en 1836, transportées à Versailles, dans la cour d'honneur du palais. On remarque parmi ces statues celle de Condé par David.

En 1842, on a placé le long du pont de la Concorde des candélabres en fer, destinés à l'éclairage du gaz. Ils sont d'un effet médiocre.

Le *Jardin des Plantes* fut considérablement agrandi. Avant 1782, la partie principale de ce jardin se bornait vers le milieu de sa longueur actuelle, et se terminait par une muraille, au bas de laquelle avait autrefois coulé le canal de la Bièvre ; au-delà était un vaste terrain en culture. On a depuis étendu le jardin jusqu'auprès du bord de la Seine ; on l'a aussi agrandi sur la face orientale. La belle serre que l'on voit du côté de la ménagerie fut élevée sous ce règne. Nous reviendrons sur cet établissement.

Parmi les améliorations faites dans la capitale, nous citerons le transfert des cimetières hors de la ville (1779), l'éclairage continu des rues de Paris, qui n'étaient auparavant éclairées que pendant les absences de la lumière de la lune, et celui de la route de Versailles. Les rues furent assainies; on commença à entreprendre la consolidation du ciel des carrières qui se trouvent sous la partie méridionale de Paris.

Depuis le commencement de ce règne jusqu'à l'époque de la révolution, il ne s'opéra, dans l'état des citoyens et dans celui de l'administration, aucun changement notable. On adoucit la rigueur de quelques lois anciennes; on supprima la question préparatoire, ainsi que le droit de main-morte et de servitude dans les domaines du roi et dans tous ceux tenus par engagement, et on abolit le droit de suite sur les serfs et les mains-mortables. On améliora le sort des prisonniers; les prisons du Fort-l'Evêque et du Petit-Châtelet furent fermées, et on disposa l'hôtel de la Force, situé près de la rue Saint-Antoine, pour les remplacer. On renonça aux cachots du Grand-Châtelet, et les criminels furent renfermés dans des prisons moins meurtrières. En 1785, on supprima celle de Saint-Martin, réservée aux filles publiques, et on transféra les prisonnières à l'hôtel de la Force, dans une partie séparée qu'on a nommée *Petite-Force*.

C'est sous ce règne que l'assemblée constituante rapporta les lois contre les protestants et restitua à ces religionnaires les droits dont ces lois les avaient dépouillés.

L'assemblée constituante prononça, en 1789 (2 novembre), l'abolition de tous les ordres monastiques, et tous les biens du clergé furent déclarés propriétés nationales et aliénables. A cette époque, il se trouvait à Paris cinquante paroisses, dix églises qui avaient le même droit, vingt chapitres ou églises collégiales, quatre-vingts églises ou chapelles non paroissiales, trois abbayes d'hommes, huit de filles, cinquante-trois couvents et communautés d'hommes, et cent quarante-six couvents et communautés de filles. Les biens et les revenus du clergé étaient immenses ; ceux des maisons religieuses, sans y comprendre les menses abbatiales ou prieurales, ni les lieux claustraux, ni les revenus éventuels, s'élevaient, par année, toutes charges payées, à 2,026,578 livres.

La municipalité de Paris se composait, jusqu'en 1789, du prévôt des marchands, de quatre échevins et de vingt-six conseillers; elle siégeait à l'Hôtel-de-Ville. Elle cessa ses fonctions après la prise de la Bastille ; les électeurs de Paris la remplacèrent et exercèrent les fonctions municipales. Un décret de l'assemblée nationale, du 27 juin 1790, organisa une nouvelle municipalité, composée d'un maire, de seize administrateurs, de trente-deux membres du conseil, de quatre-vingt-seize notables, d'un procureur de la commune, de deux substituts, etc. Tous ces membres étaient élus par les habitants de Paris, divisés en quarante-huit sections.

Cette municipalité comprenait, en outre, un *conseil général de la commune*, qui se composait du maire, des quatre-vingt-seize notables et des trente-deux membres du conseil.

La municipalité de Paris se maintint de la sorte jusqu'au 10 août 1792 ; elle éprouva divers changements pendant les orages de la révolution, et cessa d'exister après le 9 thermidor an II. Elle fut réorganisée par décret du 14 fructidor suivant. Ensuite, par la loi du 19 vendémiaire de l'an IV (11 octobre 1795), Paris fut divisé en douze municipalités ; il l'est encore. Chacun de ces arrondissements municipaux comprend quatre divisions.

Lorsqu'il fut question de procéder à la nomination des électeurs qui devaient choisir les députés pour les états-généraux, la ville de Paris fut partagée en 60 *districts*, où eut lieu la nomination des électeurs et des rédacteurs de cahiers ou doléances. Depuis le 13 juillet 1789, jusqu'au 25 juillet 1790, les 60 districts ont gouverné Paris. Le vœu de la majorité était porté à la municipalité qui se chargeait de son exécution. Chacun d'eux fournissait un bataillon à l'armée parisienne qui, par leur réunion, se trouvait forte de 33,000 hommes. En 1790, aux 60 districts succédèrent 48 *sections* ; chacune d'elles reçut un nom de localité. Ces réunions, qui étaient considérées comme des sections de la commune, se maintinrent jusqu'en 1795, époque où Paris fut divisé en douze municipalités, ainsi que nous venons de le dire.

L'on manque encore de notions suffisantes pour donner des résultats certains sur la population de Paris. Sous Louis XV, elle montait à environ 600,000 habitants ; en 1776, suivant Buffon, à 658,000 ; en 1778, suivant Moheau, à 670,000 ; en 1784, suivant Necker, à environ 660,000 ; en 1785, elle était de 595,770 ; en 1791, de 610,620 habitants.

On a également des données peu certaines sur la consommation de Paris à diverses époques. On sait seulement qu'en 1775, la consommation des livres de pain était de 179,788,224. Le premier tableau exact qu'on possède sur cette matière est celui qui fut rédigé par Lavoisier, en 1791. En cette année, la consommation du pain était de 206,788,000 livres ; celle du vin de 250,000 muids (de 274 litres) ; on avait consommé 70,000 bœufs, 18,000 vaches, 120,000 veaux, 350,000 moutons, 35,000 porcs ; 1,280,000 livres de viande à la main, 10,000,000 de livres de poisson de mer, 972,000 têtes de poisson d'eau douce, 78,000 douzaines d'œufs, 5,850,000 livres de beurre, 2,600,000 livres de fromages secs, 3,500,000 livres de riz, 6,500,000 livres de sucre et cassonade, 2,500,000 livres de café, 75,000 livres de poivre, 538,000 livres de cire et bougie, 1,900,000 de savon, 714,000 cordes de bois, 694,000 voies de charbon de bois, 10,000 voies de charbon de terre, 6,387,000 bottes de foin, et 11,090,000 bottes de paille. A cette époque, l'industrie parisienne consommait annuellement 450,000 livres de cuivre, 2,500,000 livres d'acier, 8,000,000 livres de fer, 3,200,000 livres de plomb, 350,000 livres d'étain, 18,000 livres de mercure. Les constructions d'édifices employaient : 1,600,000 pieds cubes de bois, 1,550,000 pieds cubes de pierre, 64,000 toises cubes de moellons, 4,320,000 sacs de plâtre, 96,000 sacs de chaux, 3,849,000 ardoises, 4,025,000 tuiles, 973,000 briques, 1,360,000 pavés, pour les cours, allées, etc., sans compter ceux qui sont destinés au pavage de Paris. Il faut comparer ces documents avec ceux des années qui se sont écoulées depuis la révolution et depuis 1830, pour comprendre l'immense développement qu'a pris la capitale pendant le xixe siècle.

Nous avons déjà parlé, dans le cours de cet ouvrage, de la manière dont les impôts étaient répartis dans la capitale. Une autre manière de lever les impôts était de créer des charges qui exemptaient de la taille. On vendait ces charges, et le prix formait une contribution temporaire assez importante, mais qui tarissait la somme des produits à venir. Sous le règne de Louis XIV, on créa les charges d'officiers, courtiers, débardeurs, botteleurs de foin, langueyeurs, contrôleurs de porcs, de beurre, essayeurs de fromage, inspecteurs de veaux, gourmets sur les vins, plancheyeurs, etc. Une administration éclairée n'aurait jamais dû recourir à de pareils moyens. Les charges achetées devenaient des priviléges. « Les gens riches, dit Rabaut, les achetaient par spéculation, et les revendaient avec avantage. Tel financier avait dans son portefeuille trente charges de perruquier, qu'on lui achetait chèrement du fond des provinces.... Cette spéculation était une charge pour l'état, qui payait les gages et les intérêts de chaque office qu'il avait vendu; le nombre en était énorme. Un homme qui fut chargé de les compter, et qui se lassa, les estimait au-delà de 300,000. Un autre homme calculait que, dans l'espace de deux siècles, on avait mis sur le peuple plus de 100 millions d'impôts nouveaux, uniquement pour payer les intérêts de ces charges. » Il faut observer que cet écrivain parle en même temps de tous les offices et des charges qui se vendaient.

Depuis les temps les plus anciens, jusqu'à la révolution, pour être admis à exercer un métier quelconque, il fallait être pourvu d'une maîtrise. On appelait ainsi le droit d'être maître et d'exercer une profession dans le corps des marchands et dans les communautés d'arts et métiers. Le nombre en était limité pour chaque profession, et on ne pouvait être reçu *maître* qu'après plusieurs années d'apprentissage et de service comme garçon, et après avoir payé le brevet et la maîtrise. Pour être marchand de drap, il fallait trois ans d'apprentissage et deux ans de service en qualité de garçon; le brevet coûtait 300 livres et la maîtrise environ 3,000 livres. Pour être orfèvre, l'apprentissage était de huit ans, le brevet coûtait 186 livres et la maîtrise 1,350 livres. Pour être apothicaire, on exigeait quatre ans d'apprentissage et six ans de service comme garçon; le brevet d'apprentissage coûtait 88 livres et la maîtrise 5 à 6,000 livres. Pour être bouquetière, l'apprentissage durait quatre années et était suivi de deux ans de service chez les maîtresses bouquetières; le brevet coûtait 30 livres et la maîtrise 500 livres. Pour être savetier (1659), il fallait trois ans d'apprentissage et quatre ans de compagnonage; le brevet coûtait 15 livres et la maîtrise 360 livres; le maître, pour être définitivement admis, devait en outre fournir son chef-d'œuvre, etc., etc.

Necker parle ainsi des contributions imposées aux Parisiens, dans son ouvrage *de l'Administration des finances de France*: « Les droits perçus à l'entrée de la capitale, soit pour le compte du roi, soit au profit de la ville et des hôpitaux, s'élèvent aujourd'hui à plus de 36 millions; les impôts à la charge de cette grande ville s'élèvent de 77 à 78 millions. Le roi tire plus de revenus de sa capitale que les trois royaumes ensemble de Sardaigne, de Suède et de Danemarck ne payent de tributs à leurs souverains...... Les principales manufactures de Paris, ajoute ce ministre, consistent en bijoux de toute espèce, en montres, en vaisselle, en mode, en galons, en broderies, en chapeaux, etc. Les manufactures des Gobelins et de la Savonnerie sont célèbres par leurs ouvrages en tapis et en tapisseries. »

Les mœurs suivaient la marche des lumières; la cour offrit l'image de mœurs régulières et pures; cependant l'affaire du collier, la banqueroute du prince de Rohan, et les désordres des seigneurs, rappelèrent la licence des règnes précédents. Les salons de jeu étaient très fréquentés.

Les sciences et les belles-lettres firent de grands progrès; la liberté vint aider ce développement, et l'on vit briller de grands talents dans les discussions de l'assemblée constituante.

Parmi les découvertes faites sous ce règne, nous mentionnerons celle des *paratonnerres*, par Franklin, celle du *magnétisme animal*, par Mesmer, celle des *aérostats*, par Montgolfier (1783). Pilâtre des Rosiers est le premier qui se soit hasardé à s'élever dans les airs sur une fragile nacelle. C'est à cette époque que Cagliostro vint à Paris; ce célèbre charlatan se disait âgé de deux cents ans, et prétendait guérir toutes les maladies; il fit beaucoup de dupes, et se retira ensuite à Londres, après avoir été compromis dans la fameuse affaire du collier. Un homme acquit aussi une grande réputation : c'était Metra, le plus célèbre nouvelliste de Paris; il tenait ses séances au jardin des Tuileries, sur la terrasse des Feuillants, et lisait à tous venants des papiers qu'il tenait à la main; *que dit*

Metra ? était une expression correspondante à celle : *qu'y a-t-il de nouveau ?*

Les modes changeaient toujours de forme. Au commencement du règne de Louis XVI, les coiffures s'élevaient à une hauteur exorbitante, telle que le directeur de l'Opéra fut forcé, en 1778, de fixer la grandeur des coiffures des dames qui voulaient se placer à l'amphithéâtre. En 1780, les cheveux de la reine étant tombés par suite d'une couche, cette princesse porta une coiffure basse appelée *coiffure à l'enfant*, et cette mode devint bientôt universelle. En 1784, les dames portaient des chapeaux *à la caisse d'escompte*, parce qu'ils n'avaient pas de *fonds*.

Les dames diminuèrent peu à peu le volume de leurs vastes paniers; elles les remplacèrent par de plus petits qu'on nommait *des poches*, et qui leur donnaient des hanches énormes. Enfin, elles s'affublèrent d'une autre espèce de *paniers*, indécemment appelés *culs*. La *lévite*, vêtement de femme, parut pour la première fois, en 1780.

« Quant aux hommes, dit Dulaure, voyez-les courant chez leurs protecteurs, l'épée au côté, le chapeau sous le bras, vêtus de l'habit français, galonné ou brodé; leurs cheveux sur leur dos sont réunis dans un sac de taffetas noir, qu'on appelait *bourse*; leur tête est enfarinée de poudre, leur toupet élevé est accompagné de chaque côté de trois ou quatre boudins symétriques ou en ailes de pigeon. Ils sont chaussés de minces souliers, couverts d'une vaste boucle qui ressemble aux boucles des harnais de voiture; deux chaînes de montre, terminées par une infinité de breloques s'agitant avec bruit, descendent fort bas sur l'une et l'autre cuisse. »

Lors de la révolution, il s'opéra dans les vêtements un changement presque subit. En 1789, les femmes portaient dans toutes les promenades un jouet qu'on appelait *émigrant* : c'était une sorte de roue en bois, sillonnée sur toute sa circonférence d'une rainure profonde, et attachée à un cordonnet qui, par son balancement, lui imprimait un mouvement de rotation et de va-et-vient. L'émigrant s'éloignait et se rapprochait à volonté de la main de la personne qui le manœuvrait avec adresse.

« En 1791, dit Dulaure, on voit les Parisiens préférer la redingote à l'habit, les cordons aux larges boucles de souliers : on les voit porter leur chapeau sur la tête et non sous le bras, renoncer à la poudre, au supplice d'une belle coiffure, se contenter de leur chevelure naturelle, et ne porter l'épée que pour la défense de leur pays. Les femmes prirent des chapeaux, eurent le bon esprit de se soustraire à la gêne de leurs talons hauts, et de porter des souliers plats qui donnèrent plus d'aisance à leur démarche. Le rouge, dont elles s'enluminaient encore le visage, disparut insensiblement; il ne fut plus employé que sur la scène, et pour cacher les rides et la pâleur de la vieillesse. La nature, en peu d'années, reprit une partie de ses droits. »

Du temps de François Ier on dînait à neuf heures du matin, et l'on soupait à cinq heures du soir, suivant ces vers d'un vieux poëte :

> Lever à cinq, dîner à neuf,
> Souper à cinq, coucher à neuf,
> Font vivre d'ans nonante et neuf.

Sous Louis XII, on dînait à huit heures du matin; mais, pour plaire à sa dernière femme, ce roi changea son régime et dîna à midi : et, au lieu de se coucher à six heures du soir, il se couchait souvent à minuit. On continua, après la mort de ce roi, à dîner à neuf ou dix heures du matin, et à souper à cinq ou six heures du soir. Sous Henri IV la cour dînait à onze heures du matin ; sous Louis XIV, à la même heure. En 1791, on dînait à deux heures, le spectacle commençait à cinq, et se terminait à neuf. Bientôt après on dîna à quatre heures, à cinq et même à six heures. Les spectacles commencèrent à sept et finirent à onze heures ou à minuit. Le déjeuner se fit à onze heures du matin ou à midi. Cet usage se conserve encore.

CHAPITRE XVIII.

PARIS SOUS LA CONVENTION.

(1793 — 1795.)

Nous mentionnerons rapidement les principaux faits accomplis pendant le règne de cette assemblée souveraine. Ces faits seront toute l'histoire de Paris à cette époque.

25 février 1793, le peuple, conseillé par Marat, envahit et pille les boutiques des épiciers. Un décret d'accusation force ce monstre à se cacher. — 24 avril, il est absous par le tribunal révolutionnaire; le peuple le couronne de fleurs et le rapporte en triomphe au sein de la convention : les commissaires de la commune de Paris assistent à cette ovation. — 31 mai, lutte entre les montagnards et les girondins. Les jacobins se rassemblent sur la place Louis XV et au Carrousel, traînant après eux des pièces de canon. La montagne, soutenue par le peuple, triomphe, et la convention décrète d'accusation soixante-treize députés qui sont presque tous décapités. — 24 juin, la constitution de 1793 est votée par la convention; elle est adoptée par le peuple le 10 août suivant. — 14 juillet, assassinat de Marat par Charlotte Corday. On voit encore la maison où fut frappé ce révolutionnaire; elle est située rue de l'École-de-Médecine, n° 18. Danton et Robespierre lui firent décerner des honneurs presque divins : on lui érigea des arcs de triomphe, des cénotaphes. Sur la place du Carrousel, on éleva en son honneur une espèce de pyramide, au-dessous de laquelle était un souterrain où fut placée son effigie, sa baignoire, sa lampe, son écritoire. On lui

donna la sépulture au Panthéon ; mais plus tard son cadavre fut traîné par les rues et jeté dans l'égout Montmartre, par ce peuple qui l'avait auparavant porté en triomphe. — 10 octobre, établissement du gouvernement révolutionnaire. Les quarante-huit sections de Paris s'assemblaient et délibéraient. Quarante-huit comités civils et quarante-huit commissaires de police étaient chargés de la police, sous la surveillance de la commune de Paris. Ces comités rendaient compte au comité de sûreté générale de la convention. Chaque section avait sa force armée. Tout citoyen devait être muni d'une carte de sûreté délivrée sur un certificat de civisme. La guillotine était en permanence sur la place Louis XV, et à la barrière du Trône. — 17 octobre, supplice de la reine Marie-Antoinette sur la place Louis XV. — 31 octobre, exécution des vingt-deux députés girondins. — 7 novembre, exécution du duc d'Orléans et de madame Roland. — 14 novembre, supplice de Bailly au Champ-de-Mars.

24 mars 1794, les terroristes s'envoient tour à tour à l'échafaud. Ce jour-là Hébert est décapité. — 5 avril, supplice de Camille Desmoulins et de Danton. Règne de la terreur. Il ne reste debout que le comité de salut public, et le parti de Robespierre qui domine la convention, la commune de Paris, le tribunal révolutionnaire et les sections. — 11 mai, exécution de madame Élisabeth, sœur de Louis XVI. — 11 juin, fête de l'Être-Suprême, célébrée dans le jardin des Tuileries et au Champ-de-Mars. — 28 juillet (9 thermidor an II), Robespierre est mis hors la loi par la convention fatiguée de sa tyrannie, avec plusieurs membres de cette assemblée et de la commune de Paris. Le lendemain, Robespierre est exécuté sur la place Louis XV, avec vingt et un de ses partisans. — Le 11 thermidor, soixante-dix individus du parti déchu sont décapités. La convention décrète l'épuration des commissions populaires de Paris, réorganise le tribunal révolution-

naire ; les prisons (au nombre de trente, et où avaient été renfermées sept mille cinq cents personnes) commencent à s'ouvrir. — 12 novembre, le club des jacobins est fermé. Formation du club de Clichy, contre-révolutionnaire. Le conventionnel Fréron rallie autour de lui des jeunes gens distingués par leur mépris des institutions républicaines, et qu'on appelait la *jeunesse dorée*.

1er avril 1795, émeute populaire. Des factieux envahissent la convention, en demandant du pain et la constitution de 1793 : ils sont réprimés par Pichegru, et les conventionnels soupçonnés de les avoir excités sont proscrits. — 10 mai, mort du dauphin dans la tour du Temple. — 20 et 21 mai (1 et 2 prairial an III), les jacobins envahissent la convention et assassinent le député Féraud. On se bat au sein de l'assemblée et sur plusieurs points de Paris. La sédition est réprimée. Le parti modéré est vainqueur et scelle son triomphe par le supplice de quelques conventionnels instigateurs de ce mouvement. — 22 août, promulgation de la constitution de l'an III. — 18 octobre (13 vendémiaire an IV), les sections de Paris se réunissent et attaquent la convention. Le commandement de l'armée conventionnelle est décerné à Barras, ayant sous ses ordres le jeune Bonaparte. Les rebelles occupaient la rue Saint-Honoré, l'église Saint-Roch et le Palais-Royal. L'attaque commença par la rue de l'Échelle. Après quatre heures de combat, les sectionnaires furent dispersés et la victoire demeura à la convention. — 26 octobre (23 brumaire an IV), la convention nationale ferme sa session, après avoir déclaré que sa mission est terminée.

Cette assemblée, toujours en guerre avec l'étranger ou les factions de l'intérieur, déchirée dans son sein par les luttes de parti, ne laissa pas d'encourager les arts, les sciences et de fonder des établissements publics d'une grande importance. Voici ceux qui concernent la capitale :

L'*école normale* fut établie en 1794, dans le but de former des professeurs et d'apprendre l'art d'enseigner les lettres et les sciences. Les hommes les plus distingués de l'époque furent appelés à professer les divers cours de cet établissement. Après une courte existence, on supprima l'école normale qui fut réorganisée en 1808. Elle consista dès lors en un pensionnat, destiné à un nombre déterminé d'élèves qui étaient entretenus pendant trois ans et instruits dans l'art d'enseigner les autres. Cette institution était rue des Postes, n° 26 ; elle occupe maintenant l'ancien *collège du Plessis*.

L'*école polytechnique*, située rue de la Montagne-Sainte-Geneviève, n° 55, établie dans les bâtiments de l'ancien collège de Navarre, fut créée, en 1794, par un décret de la convention, sous le nom d'*école centrale*. Elle reçut son nom actuel l'année suivante. Elle était destinée, dès son origine, à former des élèves pour remplir les places d'officiers du génie, d'ingénieurs des ponts et chaussées, d'ingénieurs géographes, d'ingénieurs des mines et d'ingénieurs constructeurs pour les vaisseaux. On fixa à trois cent soixante le nombre des élèves de cet établissement, et à trois ans le cours complet des études. Sous l'empire, le nombre des élèves fut réduit à deux cent quatre-vingt-dix, et la durée des épreuves fixée à deux ans. En 1816, l'école reçut une nouvelle organisation. Les candidats ne purent être admis qu'après un concours, et durent payer une pension. L'école est mise sous la surveillance de plusieurs conseils et se trouve dans les attributions du ministère de la guerre.

Les *archives du royaume*, fondées en 1790, sous le nom d'*archives nationales,* furent d'abord placées dans le couvent des capucins de la rue Saint-Honoré. Elles y restèrent jusqu'en 1793, époque où elles furent transférées dans le bâtiment des Tuileries, par ordre de la convention qui rendit plusieurs décrets pour leur organisation définitive. Les *archives domaniales*, placées au Louvre, furent dans la suite réunies à celles du royaume.

Sous l'empire, les archives furent transférées au Palais-Bourbon. Elles y restèrent jusqu'en 1810. Elles furent alors placées à l'hôtel de Soubise, où elles sont encore.

Les *archives judiciaires* furent établies, en 1792, dans trois longues salles situées au-dessus de la voûte de la grand'salle du Palais-de-Justice. Elles ont conservé ce local.

L'*Institut de France*, situé dans les bâtiments du collége Mazarin, dont l'église devint le lieu de ses séances, fut fondé en 1795. Les académies étaient dissoutes ou désertes; la convention les réorganisa, et créa un institut national « chargé de recueillir les découvertes, de perfectionner les arts et les sciences. » Ce corps fut divisé en trois classes, celle des sciences physiques et mathématiques, celle des sciences morales et politiques, et celle de la littérature et des beaux-arts. Napoléon fit une nouvelle division en quatre classes : celle des sciences physiques et mathématiques, celle de la langue et de la littérature françaises, celle de l'histoire et de la littérature anciennes, et celle des beaux-arts. En 1815, on conserva à ce corps son nom d'*Institut;* mais les classes reprirent leurs vieilles dénominations. La première fut nommée *Académie des sciences;* la deuxième, *Académie française ;* la troisième, *Académie des inscriptions et belles-lettres ;* la quatrième, *Académie de peinture et autres arts.* Depuis 1831, on a rétabli l'*Académie des sciences morales et politiques.* L'Institut se compose ainsi de cinq classes ou académies.

Le *Bureau des longitudes*, établi à l'Observatoire, fut créé en 1795. Ce bureau eut dans ses attributions l'Observatoire de Paris et celui de l'école militaire, et la rédaction de la *connaissance des temps.* Il fut en outre chargé de faire chaque année un cours d'astronomie, de perfectionner les tables de cette science, les méthodes des longitudes, et de publier des observations astronomiques et météorologiques.

Le *Musée des tableaux de la galerie du Louvre* fut ouvert, en 1793, sous le titre de Musée national. On y réunit des tableaux, des bronzes, bustes, vases, porcelaines et autres objets. En l'an IX (1801), les travaux de la galerie furent achevés et le public put jouir de la vue de ce magnifique corps de bâtiment et de la collection qu'il contenait, et que les guerres de la république avaient considérablement enrichie.

On admire d'abord l'escalier qui conduit au Musée, et qui a été construit sur les dessins de Fontaine. Il est composé de quatre rampes, ornées de vingt-deux colonnes de marbre, conduisant d'un côté au salon d'exposition, de l'autre à la galerie d'Apollon. Arrivé après deux salles au salon d'exposition, on trouve à gauche une porte qui s'ouvre sur la galerie d'Apollon, et à droite une autre porte qui mène à la longue galerie des tableaux, qui a 222 toises d'étendue (432 mètres). En 1814, on comptait dans cette galerie douze cent vingt-quatre tableaux des plus grands maîtres. Les alliés la dépouillèrent d'un grand nombre d'objets précieux; malgré ces pertes, le Musée du Louvre est encore la plus belle collection de peinture qui existe dans le monde entier. Le roi Louis-Philippe vient de l'accroître récemment par l'adjonction de plusieurs galeries consacrées aux chefs-d'œuvre de l'école espagnole, à la collection des cartons et des dessins des grands maîtres, etc.

La *galerie d'Apollon*, appelée aussi *petite galerie du Louvre* et *galerie des Peintres*, fut bâtie sous le règne de Henri IV. Le plafond, qui représente Apollon et divers sujets allégoriques, fut peint d'après les dessins de Lebrun. Après la révolution, cette galerie fut destinée à contenir des dessins originaux, esquisses, etc. Elle fut en partie dépouillée en 1815. Les objets d'art qu'elle contenait (vases, figurines, lampes, etc.) ont été réunis dans diverses salles du Louvre.

Le *Musée d'artillerie*, situé dans l'ancien bâtiment des jacobins de la rue Saint-Dominique, dont l'entrée est sur la place de l'église Saint-Thomas-d'Aquin (1). Ce musée renferme une immense quantité d'armes de toute espèce, de tous les temps et de tous les pays; on y voit plusieurs armures des rois de France et de personnages célèbres. En 1815, les alliés pillèrent cette précieuse collection. Elle a éprouvé de nouvelles pertes en 1830 : les armes qu'elle contenait ont servi aux combattants de Juillet. On travaille à réparer ces pertes.

Le *Musée des monuments français*, établi dans les bâtiments du couvent des Petits-Augustins et dans la rue de ce nom, fut fondé en 1790. L'assemblée nationale, après avoir déclaré les biens du clergé propriétés nationales, décréta que ces biens ne seraient vendus qu'après qu'on aurait préalablement enlevé tous les objets d'art dignes d'être conservés. Une **commission des monuments** fut chargée de ce soin. Elle choisit le local des Petits-Augustins. M. Alexandre Lenoir fut nommé conservateur du Musée, et parvint à sauver du pillage un grand nombre de monuments précieux. En 1795, cette belle collection contenait près de cinq cents reliques de notre passé, disposées, par ordre chronologique, dans autant de salles que l'art présente d'époques depuis le commencement de la monarchie jusqu'à nos jours. Ces salles, au nombre de huit, étaient construites elles-mêmes avec les débris d'anciens monuments. On remarquait dans la décoration des cours les façades principales des châteaux d'Anet (Eure), et de Gaillon (Seine-Inférieure). En sortant des cours, on

(1) Le bâtiment, situé rue de l'Université, n° 13, par où on entrait dans le Musée, est aujourd'hui destiné au dépôt de la Marine.

entrait dans un jardin dessiné et planté en façon d'élysée : là, dans des sarcophages de forme antique, au milieu des arbres, reposaient les cendres de Turenne (1), Héloïse et Abeilard (2), Descartes, Molière, La Fontaine, Boileau, Mabillon (3), etc.

Ce musée fut supprimé en 1815 ; les monuments destinés aux princes des familles royales de France furent transférés dans l'église de l'abbaye de Saint-Denis. Diverses églises ou maisons religieuses sollicitèrent et obtinrent diverses parties de cette collection, qui prit dès lors le titre de *dépôt de monuments d'arts*. Une ordonnance de 1816 porte, qu'il sera établi sur son emplacement une *école royale des beaux-arts*. Ainsi cessa le musée des antiquités nationales.

Le *Conservatoire des arts et métiers*, situé rue Saint-Martin, nos 208 et 210, dans les bâtiments de l'ancienne abbaye de Saint-Martin, fut créé, en 1794, sur la proposition du conventionnel Grégoire, mais ne fut organisé qu'en 1798. En 1810, on y a fondé une école gratuite dont l'objet est de former les jeunes gens à la connaissance des arts et métiers. Plusieurs professeurs font en outre des cours publics sur l'économie industrielle, sur la chimie, la mécanique, etc., qui sont suivis avec beaucoup de zèle.

(1) En 1793, le corps de Turenne qui était à Saint-Denis, fut trouvé réduit à l'état de momie sèche. On le déposa au Jardin des Plantes, dans le cabinet consacré aux momies et aux oiseaux empaillés. Transférés au Musée des monuments français, en 1795, ces restes précieux furent placés, en 1805, dans l'église des Invalides par ordre de Napoléon.

(2) Ces illustres époux étaient ensevelis depuis le xiie siècle dans l'abbaye du Paraclet, près de Nogent-sur-Seine (Aube). En 1793, ils furent transférés au Musée des monuments français, et en 1816, au cimetière du Père-Lachaise. Le joli tombeau gothique qui renferme leurs restes avait d'abord contenu le corps d'Abeilard, avant sa réunion au corps d'Héloïse, en 1163. Il demeura vide pendant huit siècles ; le monument qui existait au Paraclet fut détruit en 1774. M. Lenoir réunit pour la seconde fois les deux époux dans l'ancien tombeau d'Abeilard.

(3) Les corps de Boileau, Descartes et Mabillon, sont maintenant à Saint-Germain-des-Prés.

Un grand nombre de salles et de galeries renferment des machines, instruments divers, appareils, outils, relatifs à chacun des arts utiles; des dessins, modèles, descriptions de machines ou d'appareils. Depuis 1798, ceux qui ont obtenu des brevets d'invention sont tenus de déposer au Conservatoire les originaux de leurs brevets, les descriptions, plans, dessins, modèles qui y sont relatifs ; cette mesure n'a pas peu contribué à agrandir la riche collection qu'on remarque dans cet établissement.

L'*Administration des télégraphes*. En 1793, M. Chappe découvrit l'appareil au moyen duquel on peut communiquer promptement à de grandes distances. La convention s'empressa de sanctionner cette découverte et d'établir divers télégraphes en France. On en compte aujourd'hui un très grand nombre : les nouvelles mettent deux minutes à venir de Lille, et huit minutes à venir de Lyon. L'administration des télégraphes est aujourd'hui au ministère de l'intérieur, rue de Grenelle-Saint-Germain, dans un corps de bâtiment récemment construit; c'est là qu'est le télégraphe central qui communique avec tous ceux du royaume.

Les théâtres se multiplièrent sous la convention; plusieurs prirent la couleur de l'opinion dominante, entre autres le *théâtre de Marat,* situé rue de l'Estrapade, près de la rue Dauphine.

Le *théâtre de Molière*, situé rue Saint-Martin, entre les nos 105 et 107, fut établi en 1792, par le sieur Boursault, et supprimé en 1807. La salle existe toujours. On y a donné, depuis 1830, quelques représentations; mais cette entreprise n'a pas réussi. Elle ne sert plus aujourd'hui qu'à un bal public d'hiver. Le nom du théâtre est resté à un passage qui communique de la rue Saint-Martin à celle de Quincampoix, et qu'on appelle *passage de Molière*.

Le *théâtre de Vaudeville*, situé rue de Chartres-Saint-Honoré, entre les nos 14 et 16, et rue Saint-Thomas-du-

Louvre, entre les nos 13 et 15, fut fondé en 1792, par les sieurs Piis et Barré. La salle, qui avait reçu, en 1817, d'importantes améliorations, a été incendiée en 1838, et n'a pas été rebâtie. Les acteurs du Vaudeville ont été transférés au *Café-Spectacle* du boulevard Bonne-Nouvelle. En 1840, après l'achèvement de la nouvelle salle de l'Opéra-Comique, place Favart, le Vaudeville est venu occuper le théâtre de la place de la Bourse.

Le *théâtre de Louvois*, situé rue Louvois, n° 8, fut construit, en 1791, sur les dessins de l'architecte Brongniart, et ouvert en 1793. On y a joué jusqu'en 1808. Il avait pour directeur Picard, dont les pièces firent la vogue de ce théâtre. Depuis lors, la salle Louvois a servi instantanément aux représentations du Grand-Opéra ou de l'Opéra-Italien. Aujourd'hui, cet édifice est consacré à des habitations particulières.

L'*Opéra* ou *Académie royale de musique*. En 1793, une compagnie, à la tête de laquelle était mademoiselle de Montansier, fit construire, dans la rue de Richelieu, sur les dessins de l'architecte Louis, un édifice vaste et commode, qui fut nommé *théâtre National*, puis *théâtre des Arts*. En 1794, l'Opéra, qui avait été transféré du Palais-Royal à la salle de la Porte-Saint-Martin, s'établit dans ce théâtre. Il y a demeuré jusqu'en 1820, époque à laquelle l'assassinat du duc de Berry engagea le gouvernement à faire démolir cette salle, dont le voisinage était dangereux pour la Bibliothèque royale. Sur son emplacement est aujourd'hui une vaste place plantée d'arbres. On éleva au milieu de cette place une chapelle expiatoire d'un mauvais effet. Cet édifice a été renversé après 1830, et remplacé par une fontaine monumentale.

L'Opéra fut transféré au théâtre de Louvois, puis à celui de la place Favart. En 1821, il vint occuper la salle provisoire, où on le voit encore aujourd'hui, bâtie sur l'emplacement de l'hôtel de Choiseul, et dont la façade est située rue Lepelletier. Cet édifice, construit sur les dessins de Debret, est commodément distribué. Le foyer est très vaste, et la salle est décorée avec beaucoup de goût.

La *cour Batave*, située rue Saint-Denis, n° 124, et communiquant au passage de Venise. On nomme ainsi une cour entourée de bâtiments élevés sur l'emplacement de l'ancienne église du Saint-Sépulcre et de ses dépendances; elle fut construite en 1791, par une compagnie de Hollandais ou de Bataves, ce qui lui valut son nom. Sobre et Happe en furent les architectes. Cette cour fut vendue, vers 1795, à la banque territoriale.

Le *marché de Saint-Joseph*, situé rue Montmartre, et sur l'emplacement de la chapelle Saint-Joseph, fut construit en 1794. Ce marché est commode et ouvert tous les jours.

Parmi les monuments éphémères érigés par la convention, nous avons déjà indiqué le sanctuaire dédié à Marat, sur la place du Carrousel. On éleva sur l'esplanade des Invalides un monument en plâtre, où l'on voyait le parti de Robespierre ou de la Montagne, sous la forme d'Hercule, frappant à coups de massue les crapauds du marais, c'est-à-dire les ennemis du régime de la terreur. Nous avons déjà parlé de la statue de la Liberté, improvisée sur le piédestal de la statue de Louis XV, au centre de la place de ce nom, pour la cérémonie de l'acceptation de la constitution de 1793. Cette figure, ouvrage de Lemot, était en plâtre, et colorée en bronze. Elle fut démolie en 1800, par un arrêté des consuls.

L'état des hospices était déplorable. En 1787, on proposa de remplacer l'Hôtel-Dieu par quatre hôpitaux qui seraient établis sur les dehors de Paris; mais ce projet ne fut pas mis à exécution. La convention fit transférer dans des maisons nationales une partie des malades placés dans les hospices de Paris, de manière que chacun d'eux fût seul dans un lit; elle attribua à seize de ses membres la surveillance des hôpitaux et hospices ; enfin, elle en établit plusieurs nouveaux, mais ce ne fut qu'en 1801 qu'on les soumit à une *administration générale*, qui réside à l'Hôtel-de-Ville, et qui a ses bureaux en face de l'Hôtel-Dieu, sur le parvis de Notre-Dame (1); elle fut composée d'un conseil général et d'une commission administrative de dix membres. Tous les hospices et hôpitaux civils furent placés dans ses attributions. Nul ne peut être admis dans un hôpital sans l'autorisation des membres du *bureau central d'admission*. Cette administration surveille les écoles de charité et publie des comptes-rendus annuels sur l'état des hospices. Elle dirige les maisons de secours, les secours à domicile, le bureau des nourrices, ainsi que la pharmacie centrale, la boulangerie générale, et la cave centrale (2).

L'hôpital Saint-Antoine, n° 206, rue du Faubourg-Saint-Antoine, fut établi sur l'emplacement de l'abbaye de ce nom, en 1793. On l'agrandit considérablement par des constructions nouvelles, en 1799, et dans les années suivantes. Le nombre des lits est de deux cent soixante-dix; depuis 1811, le soin des malades est confié aux sœurs de Sainte-Marthe.

L'hôpital de la Charité, rue Jacob et rue des Saints-Pères. Il fut fondé, en 1613, par Marie de Médicis, en faveur des religieux appelés les *frères de la Charité*. Le portique extérieur, qui sert d'entrée, fut construit en 1784 ; les salles sont vastes et aérées. Dans l'église a été établie une école de médecine clinique. Cet hôpital contient quatre cent vingt-six lits, non compris ceux qui servent pour l'école de clinique. Les sœurs de Saint-Augustin soignent les malades.

(1) Le bâtiment occupé par cette administration était destiné autrefois aux enfants trouvés.
(2) La première est établie quai de la Tournelle, n° 5; la deuxième, rue Scipion, n° 2 ; la troisième, rue Notre-Dame, n° 2.

Des travaux importants, commencés en 1841, augmenteront les bâtiments de cet hospice, qui aura désormais une façade et une entrée monumentale sur la rue Jacob.

L'*hospice des Orphelins*, rue du Faubourg-Saint-Antoine, n° 126, fut bâti en 1669, et nommé d'abord *hôpital des Enfants-Trouvés*. On y plaça des orphelines, mais dans la suite, on y réunit les orphelins de la Pitié (1809). On fait apprendre à ces enfants des métiers et on les met en apprentissage. L'hospice ne les abandonne qu'à leur majorité.

Cette maison peut contenir environ sept cent cinquante enfants, séparés par sexe, dans chacune des deux ailes du bâtiment.

L'*hôpital Necker*, situé rue de Sèvres, n°s 151 et 153. Cet établissement fut d'abord un couvent de Bénédictines; il était supprimé en 1779, lorsque madame Necker, femme du célèbre ministre, y fonda un hôpital. Louis XVI fournit les fonds nécessaires à cette maison, qui porta d'abord le nom d'*hospice de Saint-Sulpice et du Gros-Caillou*, et ensuite celui d'*hospice de l'Ouest*. Depuis quelques années elle a pris celui de sa fondatrice. On y trouve cent quarante lits. Cet établissement est desservi par les sœurs de la Charité.

L'*hôpital Cochin*, n° 45, rue du Faubourg-Saint-Jacques, fut fondé, en 1780, par M. Cochin, ancien curé de Saint-Jacques-du-Haut-Pas, et porta d'abord le nom de cette paroisse; il contient cent lits. Le soin des malades est confié aux sœurs de Sainte-Marthe.

L'*hôpital Beaujon*, n° 54, rue du Faubourg-du-Roule, fut fondé, en 1784, par M. Beaujon, receveur général des finances, pour vingt-quatre orphelins de la paroisse du Roule. Par un décret de la convention de 1795, cet asile des orphelins fut changé en un hôpital qui prit le nom d'*hôpital du Roule*, et plus tard celui de son fondateur; il fut construit sur les dessins de Girardin. Il est simple à l'extérieur, mais commode, aéré, et bien distribué à l'intérieur. Il est de forme carrée, et n'est composé que de deux étages. L'aile droite est réservée aux hommes, celle de gauche aux femmes. Cet hôpital contient cent soixante-dix lits; il est desservi par les sœurs de Sainte-Marthe.

Nous parlerons dans la suite des autres hospices de Paris.

CHAPITRE XIX.

PARIS SOUS LE DIRECTOIRE.

(1795 — 1799.)

La convention avait terminé sa longue et tumultueuse session. Le 25 octobre 1795, avait eu lieu la mise en activité de la constitution dite de l'an III. Le corps législatif, nouvellement élu, fut divisé en deux conseils. Les législateurs appelés à faire partie du *conseil des anciens*, restèrent dans la salle des Tuileries, qu'avait occupée la convention nationale. Le *conseil des cinq-cents* prit possession de la salle du *manége*, qui avait été témoin des travaux des assemblées constituante et législative. Le 2 novembre, fut organisé le *directoire exécutif*, qui fut logé dans l'hôtel du Petit-Luxembourg.

Par la nouvelle constitution, Paris fut divisé en douze municipalités, ayant chacune un maire, six administrateurs, un officier de l'état civil, un commissaire du pouvoir exécutif et un secrétaire de l'état civil. Chaque municipalité formait quatre divisions, lesquelles avaient chacune un juge de paix et un commissaire de police. L'administration centrale du département était, sous le nom *de directoire*, composée de cinq membres, dont l'un était président. — 3 novembre, madame royale duchesse d'Angoulême), fille de Louis XVI, est conduite sur les frontières et échangée contre quatre députés de la convention, Camus, Quinette, Drouet et Bancal, qui avaient été livrés à l'Autriche par Dumouriez. — 28 février 1796, le directoire fait fermer les clubs du Panthéon et du cercle de fer, qui demandaient la constitution de 1793. — 8 mai, arrestation du journaliste Babœuf, dont les doctrines et les menées démagogiques entretiennent l'agitation dans Paris. — 9 septembre, tandis que Babœuf et ses adhérents sont traduits devant la haute-cour de Vendôme, les anarchistes de Paris font une tentative sur le camp de Grenelle, et sont repoussés par les troupes dévouées au directoire. — 20 mai 1797, ouverture de la session de l'an v; Pichegru est porté à la présidence des cinq-cents. — 16 juillet, fondation du *cercle constitutionnel*, opposé au club monarchique de Clichy, qui dirige les délibérations des deux conseils. — 4 septembre, journée du 18 fructidor; triomphe de la majorité républicaine du directoire sur la majorité royaliste des deux conseils, lesquels sont dissous par la force armée aux ordres des généraux Augereau, Lemoine et Verdière; proscriptions des deux directeurs Carnot et Barthélemy, d'un grand nombre de députés et de plusieurs journalistes. — 9 septembre, réaction directoriale; les députés éliminés, des prêtres et des journalistes sont déportés à la Guyane; les restes de mesdames de Bourbon et d'Orléans, et du prince de Conti, sont exilés de France. — 10 septembre, le conseil des cinq-cents vient occuper le palais Bourbon. — 30 septembre, suppression des deux tiers de la rente (tiers consolidé). — 10 décembre, retour à Paris de Bonaparte, vainqueur de l'Italie; réception brillante que lui fait le directoire. — 21 mars 1798, élections de l'an vi. — 18 juin 1799, journée du 30 prairial, an vii : les directeurs Merlin, Laréveillière-Lépeaux et Rewbell sont renversés par les conseils. — 24 juillet, rétablissement des sociétés populaires; formation de la société du Manége dans la salle de ce nom. — 10 août, célébration de l'anniversaire du 10 août 1792. — 13 août, fermeture du club du Manége, qui avait transporté ses réunions dans l'église des Dominicains, rue du Bac, et qui était composé d'ardents républicains; on déclare la patrie en danger. — 3 septembre, Fouché, ministre de la police, fait saisir à Paris les presses de vingt-un journaux de toutes couleurs qui sont supprimés. — 16 octobre, retour à Paris de Bonaparte, après l'expédition d'Egypte; le peuple le reçoit avec enthousiasme. — 5 novembre, un repas lui est offert par les deux conseils dans l'église de Saint-Sulpice, devenue le temple de la Victoire; il se retire après les premiers toasts. — 8, 9 et 10 novembre, révolution du 8 brumaire; un décret transfère à Saint-Cloud les deux conseils. Bonaparte reçoit le commandement de la force armée dans Paris. Le directoire est dissous, et la révolution s'opère au profit du général qui est nommé *troisième consul* après Sieyès et Roger-Ducos. — 11 novembre, les trois consuls viennent habiter le palais directorial.

Tels sont les événements de cette période. Le directoire a organisé toutes les administrations de France; mais, occupé des guerres avec l'étranger, des séditions de l'intérieur, il ne put faire dans la capitale de nombreux établissements. Voici les seuls que nous puissions mentionner.

Le *Palais-Bourbon*, situé rue de l'Université, fut, par les ordres de Louise-Françoise, duchesse douairière de Bourbon, commencé en 1722, sur les dessins de Giardini, architecte italien, et terminé par Jacques Gabriel. Le prince de Condé, ayant fait l'acquisition de ce palais, y fit exécuter des changements et des augmentations considérables par Claude Billiard, dit Bélisart, architecte du roi, principalement au petit Palais-Bourbon, qui était l'ancien hôtel Lassay, où le prince avait l'intention de demeurer. Sous la convention, tous les bâtiments de cet édifice furent occupés par l'administration des charrois militaires. Le conseil des cinq-cents y tint ensuite ses séances, et fut remplacé par le corps législatif. A la restauration, il redevint la propriété du prince de Condé; à la mort tragique de ce prince, il a passé entre les mains de M. le duc d'Aumale, qui l'a vendu à l'état.

La façade du Palais-Bourbon, aujourd'hui *palais de la Chambre des Députés*, fut reconstruite en 1807, sur les dessins de Poyet.

Du côté du pont de la Concorde, le palais présente une vaste colonnade surmontée d'un fronton sur lequel on a récemment terminé un bas-relief, sculpté par Cortot, représentant la France entourée de la Liberté et de l'Ordre public, ainsi que du Commerce, de l'Agriculture, de la Guerre, de la Paix, de l'Eloquence, etc. On arrive à cette colonnade d'ordre corinthien, par un escalier d'environ 8 mètres d'élévation et de 34 mètres de largeur. Au bas de cet escalier, sur des piédestaux, sont les statues de la Justice et de la Prudence; et, un peu en avant, les figures assises de Sully, Colbert, l'Hospital et d'Aguesseau; ces figures sont en pierre, recouverte d'un enduit qui lui donne l'aspect du marbre.

Du côté de la rue de Bourgogne, sur la place du Palais, est l'entrée principale. Une grande porte, accompagnée de chaque côté par une colonnade corinthienne, conduit dans une grande cour, où l'on voit deux statues représentant la Sagesse et la Force.

La nouvelle salle où se tiennent les séances de la Chambre, et dans laquelle on entre par une porte latérale de l'aile occidentale, est à demi-circulaire. Au centre est la tribune, immédiatement au-dessous du bureau du président. Les députés siégent sur des bancs disposés en amphithéâtre, et derrière lesquels vingt colonnes de marbre blanc sont coupées en deux par un bandeau servant d'appui aux galeries du deuxième rang. Derrière le fauteuil du président, sont quatre statues supportées par quatre colonnes (la Force, la Justice, la Prudence, l'Eloquence) et un grand tableau qui représente S. M. Louis-Philippe, prêtant le serment d'obéissance à la charte de 1830 : toutes les figures sont historiques. De chaque côté de la tribune sont deux statues : la Liberté et l'Ordre public. La salle est couverte d'une voûte demi-sphérique, vitrée au centre.

On remarque encore dans cette salle les revêtements de marbre qui couvrent partout le mur, les bas-reliefs également en marbre qui se voient sur la tribune, et sur la ligne du bureau du président; les tapis de velours vert, enrichis de dorures massives, qui sont appliquées sur cette même face au-dessus de chaque porte d'entrée, et le beau pavé en mosaïque, que recouvre pendant l'hiver un immense tapis. Cette salle a été construite depuis 1830. C'est dans une baraque de bois, adossée au palais, et qui servait de salle provisoire, que le duc d'Orléans prêta, le 9 août 1830, serment comme *roi des Français*.

Le président de la chambre habite la partie du palais occupée autrefois par le duc de Condé (1).

En 1816, on a eu l'intention d'ériger au milieu de la place du Palais-Bourbon, qui donne sur la rue de l'Université, la statue en bronze de Louis XVIII, offrant la charte aux Français, ainsi que des bas-reliefs analogues. Le piédestal seul a été érigé.

Expositions publiques des produits de l'industrie française. La première eut lieu sous le directoire (septembre 1798), et fut établie au Champ-de-Mars. Sous Napoléon, ces expositions se renouvelèrent fréquemment, sur l'esplanade des Invalides, au petit hôtel de Bourbon et dans la cour du Louvre. En 1819, on vit une magnifique exposition dans les salles et galeries du premier étage du Louvre. Plusieurs ont eu lieu dans l'intérieur de cet édi-

---

(1) L'École Polytechnique y demeura depuis sa création jusqu'en 1805, époque où elle fut transférée au collége de Navarre. En 1806, on exposa dans ce palais les produits de l'industrie française.

fice. En 1834, les produits de l'industrie ont été exposés sur la place de la Concorde, dans quatre grands bâtiments en charpente construits exprès, et qui depuis ont été démolis ; en 1839, ils ont été placés dans des loges bâties sur le grand carré Marigny. L'exposition, qui a lieu régulièrement tous les cinq ans, doit être, en 1844, établie sur le même terrain des Champs-Élysées. On parle de construire en ce lieu un bâtiment définitif pour cet objet.

L'Octroi de bienfaisance. Afin de pourvoir aux besoins des hôpitaux de Paris, dont les biens étaient en grande parties vendus comme propriétés nationales, le corps législatif autorisa une contribution pour l'entretien de ces hospices et pour les dépenses communales. Les barrières de Paris, fermées par la convention, furent réparées et la perception commença le 22 octobre 1798. Les droits étaient peu élevés : un hectolitre de vin payait 16 fr. 50 c.; un bœuf, 15 fr., etc. Sous le régime impérial, ces droits se sont considérablement accrus.

Les *théophilanthropes*, c'est-à-dire les *amis de Dieu et des hommes*. Cette secte, plus morale que religieuse, fut fondée par un frère du célèbre physicien Haüy ; la première séance se tint, en 1797. Les théophilanthropes s'établirent dans diverses églises ; leurs réunions étaient publiques ; on y prêchait les devoirs des hommes envers leurs semblables, et on y faisait entendre des chants de reconnaissance adressés à l'Être suprême. Un autel, sur lequel était une corbeille de fleurs ou de fruits, était, avec quelques inscriptions sentencieuses, le seul ornement des lieux des séances. Un orateur faisait un discours, puis on chantait des hymnes, dont quelques-unes sont vraiment remarquables.

Cette secte fit de nombreux prosélytes dans Paris et dans les provinces. Les consuls lui défendirent, en 1801, l'entrée des édifices nationaux, et amenèrent ainsi sa ruine.

Le *palais du Luxembourg* fut ragréé sous le directoire; on y construisit une aile de bâtiment, située à l'ouest, et qui fut abattue sous Napoléon ; on commença les travaux de la grande avenue du jardin qui conduit à l'Observatoire.

Plusieurs quais furent réparés et le Jardin des Plantes reçut un accroissement considérable.

Le *théâtre de la Cité*, situé sur la place du Palais-de-Justice, et sur l'ancien emplacement de l'église de Saint-Barthélemy, fut fondé à cette époque par une partie des acteurs des Variétés amusantes, qui s'associa le sieur Franconi, directeur d'une troupe équestre. En 1807, ce théâtre fut transformé en salles de danses et de spectacles appelées *la Veillée* et depuis *le Prado*.

Le *théâtre Olympique*, rue de la Victoire, n° 30, fut élevé, en 1796, sur les dessins du sieur Dumène, et occupé par diverses troupes; fermé, en 1807, il servit à des concerts et finit par être converti en bains publics.

Le *théâtre des Victoires nationales*, rue du Bac, sur l'emplacement de l'église des Récollets. Ouvert en 1799, il fut fermé, en 1807. On y jouait tous les genres de spectacles.

Paris n'éprouva d'autres changements durant cette période, que ceux dont nous avons parlé et qui résultent de la création d'établissements nouveaux. Les enclos des communautés religieuses furent vendus et convertis en propriétés particulières. De vieux édifices furent détruits, et Paris gagna à ces travaux un aspect moins sombre et plus en rapport avec ses quartiers modernes.

Nous ne parlerons pas des horribles folies de la révolution; il nous faudrait entrer dans de trop pénibles détails, rappeler des scènes de meurtre et de crimes, faisant ombre aux tableaux du plus patriotique enthousiasme, montrer les hideux *sans-culottes* avec leur bonnet rouge, leur carmagnole, et leur pique sanglante ; *les tricoteuses*, qui suivaient les discussions des clubs les plus exaltés, et se trouvaient partout où il y avait des crimes à commettre. Les temps de vertige et de délire n'offrent à l'historien que des excès à déplorer.

Après la réaction du 9 thermidor, survint un revirement complet dans les mœurs. Les femmes quittèrent le costume simple, mesquin et sans goût de l'ère révolutionnaire ; elles abandonnèrent la modeste capote et le ridicule vert qu'elles avaient portés du temps de la terreur, et se montrèrent dans les rues avec un costume beaucoup plus élégant ; de leur côté, les jeunes gens de famille prirent la poudre, la *cadenette* et les *oreilles de chien*, coiffure qui contrastait complétement avec celles à la *Titus* et à la *Caracalla* de la période antérieure. Les introducteurs de ces nouvelles modes furent désignés par le peuple sous le nom de *muscadins*.

Le *bal des victimes* s'ouvrit aussi après la chute de Robespierre. Dans ce bal n'étaient admis que ceux qui avaient eu quelque parent atteint sous la terreur par le couteau de la guillotine. Le journal de Tallien et de Fréron parut dans le même temps, et affecta d'opposer l'urbanité la plus prononcée au sans-culottisme littéraire de Marat, d'Hébert et de plusieurs autres écrivains de la première époque. Le théâtre reprit son ancienne liberté ; les jardins de Tivoli, le Wauxhall, l'Élysée-Bourbon, offrirent un aspect plus décent que sous le régime de la terreur. Les jardins de Marbœuf, Beaujon, Frascati et le pavillon de Hanovre, devinrent le rendez-vous de la classe élevée. L'ancienne noblesse commença à reparaître, et avec elle la gaieté, l'ordre et la bonne harmonie revinrent dans la capitale. L'ardeur des plaisirs allait jusqu'à la licence. Barras avait une véritable cour, où l'immoralité se montrait à visage découvert. Les salons perdaient insensiblement de leur couleur politique. A l'enthousiasme républicain succédait l'amour de la gloire et des triomphes militaires.

Les promenades avaient peine à contenir les flots de monde qui s'y portaient; les salles de spectacle n'étaient pas moins fréquentées : *Miltiade à Marathon, les Siéges de Lille et de Thionville, Charles IX, les Victimes cloîtrées, Robert chef de brigands, la Mort de Marat, l'Ami des Lois,* excitaient chaque soir des transports d'enthousiasme difficiles à décrire; ainsi s'étaient promptement effacés les funestes souvenirs de la terreur. Un grand luxe régnait dans l'intérieur des hôtels, car d'immenses fortunes s'étaient formées à l'abri de la révolution, par l'achat des biens nationaux, des agiotages et des accaparements. Le goût des arts renaissait, des sociétés se formaient, les galeries du Louvre et le Musée des monuments français s'enrichissaient de chefs-d'œuvre précieux, des cercles littéraires attiraient les personnages les plus distingués de l'époque : tels étaient celui de madame Fanny de Beauharnais, rue de Sèvres; celui de madame de Staël, à la place Bourbon, et le cercle de madame Tallien, etc. Les classes aisées de la bourgeoisie devinrent plus recherchées dans leurs goûts, et se donnèrent les jouissances qui n'avaient été jusqu'alors que le partage des plus hautes fortunes. Des habitations et des meubles, le goût grec et romain passa dans les modes; le costume grec fut adopté par les femmes, sous l'inspiration du peintre David qui traça des modèles de vêtements pour toutes les classes.

Les jupes et les anciens corsets furent abandonnés par les femmes; de simples tuniques, formées d'étoffes légères, entouraient le corps qu'elles dessinaient entièrement; les bras étaient nus jusqu'à l'aisselle; les épaules et la gorge étaient à peine couvertes. Les châles longs, avec lesquels les femmes se drapaient, atténuaient en public l'effet de cette quasi-nudité; mais dans les salons et dans les spectacles les châles disparaissaient, et l'on voyait, pour ainsi dire, la nature sans voile. Les coiffures étaient des perruques à *l'Enfant*, à *la Titus*, à *la Circassienne* (qui formaient une espèce de couronne), et à *l'Aspasie* (qui consistait en boucles tombantes sur le cou et sur les tempes).

Les hommes portaient des redingotes courtes, à collet droit et se boutonnant comme l'ancien habit français, le pantalon de peau ou de casimir collant, et la petite bottine à la hussarde : c'était le vêtement du matin. L'habit de salon ou de cérémonie était tout à fait carré, à collet droit et boutonné jusqu'au menton ; un gilet à larges revers en piqué, un demi pantalon de reps ou de casimir et des bottes à revers tombants, complétaient ce costume. Le chapeau était très pointu, et les chapeaux à cornes et à claque coiffaient autant de citoyens dans le civil que dans le militaire.

Jamais, depuis 1789, on n'avait joui de plus de liberté : l'exercice discret du culte catholique était toléré, aussi bien que les prédications solennelles des *théophilanthropes*. Cette période fut ainsi une des plus heureuses dont eût joui jusqu'alors la capitale ; mais les plaisirs y tinrent trop de place, et la licence désordonnée de ce temps fait oublier la paix intérieure et la liberté qu'il procura à la capitale.

CHAPITRE XX.

PARIS SOUS LE CONSULAT ET SOUS L'EMPIRE.

(1799 — 1814.)

Nous ne pouvons que résumer les événements de cette époque extraordinaire. Nous traiterons surtout de ceux qui ont été relatifs à la capitale.

24 décembre 1799 (3 nivôse an VIII), proclamation de la nouvelle constitution dite de l'an VIII, qui nomme consuls Bonaparte, Cambacérès et Lebrun (1). La ville de Paris

(1) Le 10 novembre, Bonaparte avait été nommé troisième Consul, après Sieyès et Roger-Ducos.

conserve sa division en douze arrondissements ou municipalités, chacune avec un maire, deux adjoints, un juge de paix, un percepteur des contributions, un receveur d'enregistrement et un comité de bienfaisance. — 7 février 1800, établissement des préfectures de la Seine et de police (1). — 17 février, une loi établit à Paris la banque de France. — 24 décembre 1800, attentat du 3 nivôse an IX, contre la vie du premier consul, au moyen d'une machine infernale qui éclata dans la rue Saint-Nicaise. Cet événement amena la proscription de plusieurs républicains et le déblaiement d'une grande partie de la place du Carrousel. — 5 avril 1802, présentation du *concordat* à l'approbation du corps législatif. M. du Belloy est nommé archevêque de Paris, et est remplacé, le 10 juin, par l'abbé Maury. — 2 août 1802, Bonaparte est proclamé par le sénat consul à vie. — 18 mai 1804, il est proclamé empereur des Français, sous le nom de *Napoléon Ier*. — 2 décembre 1804, couronnement de Napoléon et de Joséphine par les mains du pape Pie VII. Cette même année, le Code civil est promulgué, et dix-huit maréchaux sont créés, dont un seul vit encore, M. Soult, ministre de la guerre et président du conseil en 1840; l'ordre de la légion d'honneur est fondé. — 1805, Napoléon se fait couronner roi d'Italie le 26 mai. Bataille d'Austerlitz. — 1806, organisation de la confédération du Rhin, dont Napoléon se déclare protecteur. Blocus continental. — 1807, suppression du tribunat. — 1808, la guerre d'Espagne commence; elle doit se prolonger jusqu'en 1814. — 1809, guerre avec l'Autriche. — Décembre 1809, divorce de l'empereur et de Joséphine. Paix avec l'Autriche. — 2 avril 1810, mariage de

(1) Les préfets de la Seine ont été MM. Frochot, de Chabrol, Alexandre de Laborde, Odilon-Barrot, de Bondi et Rambuteau. Les préfets de police ont été MM. Dubois, Pasquier, Bourrienne, Réal, Decazes, Anglès, Delavau, Debelleyme, Mangin, Bavoux, Vivien, Baude, Gisquet et Gabriel Delessert.

Napoléon et de Marie-Louise. — 1811, naissance du roi de Rome. — 1812, guerre avec la Russie. Tandis que l'incendie de Moscou et les rigueurs de l'hiver confondent les plans de Napoléon, une conspiration se trame à Paris ; pendant deux heures, Malet et quelques audacieux interrompent la marche du gouvernement impérial. Le préfet de la Seine, Frochot, croyant l'empereur mort, avait laissé faire les dispositions à l'Hôtel-de-Ville, pour installer un nouveau gouvernement. Le préfet de police Pasquier et le ministre Savary avaient été un instant prisonniers. — 1813, guerres avec la Prusse et l'Autriche. — 1814, coalition générale ; invasion de la France ; batailles de Brienne, Montmirail, Montereau. — 30 mars, bataille de Paris.

L'étoile de Napoléon avait pâli. La trahison s'était mise dans les rangs des Parisiens : tandis que la garde nationale et l'armée soutenaient leur empereur, les hommes placés à la tête des affaires vendaient leur patrie aux étrangers, et se concertaient avec eux sur les moyens de livrer la capitale.

Paris au pouvoir des alliés, Napoléon s'avoua vaincu : laissant la capitale au pouvoir des soldats étrangers, il signa son acte d'abdication, et se retira à l'île d'Elbe, dont les alliés lui accordèrent la souveraineté.

Voici la liste et la description des nombreux établissements dont Paris s'enrichit sous ce gouvernement.

L'*hôpital des Enfants malades*, rue de Sèvres, n° 149, fut fondé par M. Languet, curé de Saint-Sulpice, en 1732, pour les pauvres femmes de sa paroisse, et placé dans la communauté des filles de l'*Enfant-Jésus*. En 1802, il fut désigné pour recevoir les enfants malades. Il est situé dans un endroit où l'air est très salubre, et des jardins spacieux contribuent puissamment à la convalescence des jeunes malades. Il est desservi par les dames Saint-Thomas-de-Villeneuve.

L'*École clinique interne* fut établie, en 1801, dans l'hôpital de la Charité. Les élèves y suivent la marche de la maladie, sa cure et son terme, au lit du malade, sous les yeux du médecin, qui leur fait ensuite un rapport historique de la maladie; les faits sont vérifiés, en cas de mort, par l'ouverture du cadavre. Il existe encore une autre *école clinique*, située dans les bâtiments des anciens Cordeliers, sur la place de l'École-de-Médecine. (*Voy.* page 511).

L'*hôpital Saint-Louis*, situé rue du Carême-Prenant et rue de l'Hôpital-Saint-Louis, n° 2, entre les faubourgs du Temple et de Saint-Martin. Il fut fondé, en 1607, par Henri IV, et construit sur les dessins de Claude Villefaux. Il est consacré à la guérison des maladies cutanées. Bâti sur un site élevé et parfaitement aéré, et élevé de deux étages, il est complétement séparé et isolé de la ville par de vastes cours. Il présente un quadrilatère avec des pavillons au centre et au coin de chaque face; il occupe une superficie de 83,570 mètres carrés. Il contient huit cents lits. Le nombre des malades, admis en 1840, a été de huit mille deux cent quarante. Chaque jour on y donne aux indigents des consultations, des bains et des médicaments. Cet hôpital a acquis une grande célébrité pour ses bains minéraux et de vapeur. A cet hôpital est attachée une petite chapelle dont la première pierre a été posée par Henri IV.

L'*hospice des Vénériens*, n° 33, rue des Capucins, faubourg Saint-Jacques. Les vénériens étaient placés à l'hôpital des Petites-Maisons sous le règne de Charles VIII. Sous Louis XIV, on les envoyait à Bicêtre, où ils étaient fort mal traités. On transféra ensuite ces malades à l'Hôtel-Dieu et à la Salpêtrière. En 1784, on destina l'ancien couvent des Capucins à leur servir d'hôpital. De grandes réparations ont été faites, sous l'empire, à cette maison, qui contient aujourd'hui six cent cinquante lits. Le nombre des malades, admis en 1840, a été de trois mille cent vingt-sept.

L'*hospice d'accouchement*, dit *de la Maternité*, rue de la Bourbe, n° 3, occupe la place de la célèbre abbaye de Port-Royal. Il y a cent cinquante lits pour les femmes enceintes, cent pour celles en couches, vingt-cinq pour les enfants nouveau-nés, huit pour les nourrices sédentaires, et cent cinquante pour les élèves sages-femmes qui suivent les cours de l'*école d'accouchement* annexés à l'établissement. Les femmes enceintes y sont admises au huitième mois de leur grossesse. Les élèves font un ou deux ans d'études; les unes sont reçues gratuitement, les autres payent une pension de 600 francs. En sortant, elles passent un examen à la Faculté de Médecine, pour avoir un diplôme.

L'*hospice des Enfants-Trouvés et Orphelins*, dit *de l'Allaitement*, n° 74, rue d'Enfer, fut fondé par saint Vincent-de-Paul, et construit, durant l'empire, sur l'ancienne demeure des Oratoriens. Il y a deux cents berceaux et cent cinquante lits pour les nourrices. Les enfants bien portant sont envoyés en nourrice hors de Paris, où on les laisse jusqu'à douze ans; ils passent alors à la maison des Orphelins. Cet hospice reçoit environ cinq mille enfants par an. Le nombre des enfants admis, en 1670, n'était que de cinq cent douze. On peut juger par là de l'accroissement qu'a pris cette institution.

L'*hospice de la Pitié*, rue Copeau, n° 1, fut fondé en 1612, et devint, en 1657, l'asile des enfants abandonnés, puis des orphelins, qui, durant la révolution, furent appelés *élèves de la patrie*. En 1809, il fut annexé à l'Hôtel-Dieu, et les orphelins furent transférés à l'hôpital du Faubourg-Saint-Antoine; il est desservi par les sœurs de Sainte-Marthe, et renferme six cents lits.

L'*institution de Sainte-Périne*, n° 99, rue de Chaillot. Le monastère de Sainte-Périne ayant été supprimé en 1790, fut changé, en 1806, par M. Ducayla, en lieu d'asile pour des vieillards des deux sexes, qui payent pour leur admission une pension ou une somme fixe. L'impératrice

Joséphine fut une des bienfaitrices de cette institution.

L'hospice des Incurables (hommes), n° 34, rue des Récollets, et n° 150, rue du Faubourg-Saint-Martin, fut établi dans l'ancien couvent des Récollets, en 1802; auparavant, il n'existait à Paris qu'une maison d'incurables, fondée en 1637, rue de Sèvres, où les femmes et les hommes étaient réunis. Cet hospice contient quatre cent soixante-un lits, dont quatre cent onze pour les indigents attaqués de maladies graves ou âgés de près de soixante-dix ans, et les cinquante autres pour les enfants atteints de maladies incurables; lorsque leurs infirmités leur permettent d'entreprendre quelques travaux, ils en reçoivent le prix. Cet hospice est desservi par les sœurs de la Charité.

L'hospice des Incurables (femmes), n° 54, rue de Sèvres, fut fondé, en 1634, par le cardinal de La Rochefoucauld, pour des incurables des deux sexes. En 1802, on sépara de cette maison les hommes, qu'on transféra dans un bâtiment particulier. Cet hospice est commode et bien distribué; il contient six cents lits, dont cent cinquante pour les enfants, et cinquante pour les personnes employées dans le service. Le soin des malades est confié aux sœurs de la Charité.

L'hospice des Ménages, n° 28, rue de la Chaise, fut établi en 1801, dans les bâtiments des Petites-Maisons (*Voy.* page 209).

L'hospice de La Rochefoucauld, ou *Maison de retraite*, barrière d'Enfer, route d'Orléans, n° 15, fut fondé, en 1702, pour les ecclésiastiques âgés et douze officiers sans fortune, par les frères de la Charité, sous le titre de *Maison royale de santé*. Les bâtiments furent élevés sur les dessins d'Antoine. Pendant la révolution, cette maison devint l'*hospice national* de Bourg-la-Reine et des villages voisins. En 1796, elle fut affectée aux indigents des deux sexes, attaqués d'infirmités incurables. En 1802, elle fut convertie en maison de retraite pour les employés des hospices et pour les personnes âgées de plus de soixante ans qui payent une pension de deux cents ou deux cent cinquante francs; pour cette somme, ils sont logés, nourris, chauffés, habillés et soignés. Le nombre des lits est de deux cent treize. Les sœurs de la Charité desservent cet établissement.

La *maison royale de santé*, rue du Faubourg-Saint-Denis, n° 112, fut établie, en 1802, par l'administration des hospices, en faveur des personnes malades qui, sans être dénuées de ressources, ne sont pas assez aisées pour se faire traiter et soigner chez elles. Cette maison contient cent quatre-vingts lits. Le prix de la journée est, dans les salles, de 2 fr. 50 à 3 fr. 50. Dans les chambres particulières, pour hommes, 5 francs, pour femmes, 6 francs. Dans ces prix sont compris tous les frais de garde et de pansement, la nourriture, les médicaments, le linge et le chauffage.

L'*hôpital clinique de la faculté de médecine* fut établi, en 1801, sur l'emplacement des Cordeliers. Cette maison, qui dépend de l'école de médecine, contient cent quarante lits, et a pour but de faire suivre aux élèves la marche des maladies sous les yeux d'un professeur habile. La façade consiste en un portique d'ordre dorique, sous lequel est une statue représentant Esculape. De chaque côté sont des lions en bronze qui servent de fontaines.

Le *marché aux fleurs et aux arbustes*, situé sur le quai aux Fleurs, fut établi dans les années 1807 et 1808, et transféré du quai de la Mégisserie, où il était depuis longtemps. C'est un espace régulier, planté de quatre rangs d'arbres et orné de deux fontaines. Le marché a lieu les mercredis et samedis.

Le *marché des Jacobins* ou *de Saint-Honoré*, fut construit, en 1809, sur les ruines du couvent des Jacobins, qui fut détruit pendant la révolution. Il est vaste et commode, et embelli par deux fontaines. Il se compose de galeries spacieuses où sont étalées toutes sortes de comestibles.

Le *marché au Vieux-Linge* fut érigé, en 1809, sur une partie des bâtiments de l'ancien Temple, d'après les dessins de M. Molinet. Il consiste en un grand nombre de galeries contenant dix-huit cent quatre-vingt-huit boutiques. On y vend du vieux linge et des marchandises de toute espèce.

Le *marché des Augustins* ou *à la Volaille*, appelé aussi *la Vallée*, quai des Augustins, fut construit, en 1810, à la place qu'occupait l'église du couvent des religieux de ce nom. Sa longueur est de 64 mètres et sa largeur de 48. C'est là que doivent être apportés, avant d'être vendus dans Paris, la volaille et le gibier. Le marché a lieu les mercredis, vendredis et samedis.

Le *marché Saint-Martin* fut érigé, en 1807, dans l'enclos de l'abbaye Saint-Martin-des-Champs. Il se compose de deux halles parallèles soutenues par des arcades couvertes de toits en tuiles. C'est un vaste parallélogramme de 100 mètres sur 60, qui renferme quatre cents stalles ou boutiques. Dans le milieu du marché est une fontaine élevée sur les dessins de Gois, et qui consiste en un bassin supporté par trois figures allégoriques. Le marché a été élevé sur les dessins de Petit-Radel.

Le *marché des Blancs-Manteaux*, rue Vieille-du-Temple, situé sur l'emplacement du couvent des filles hospitalières de Saint-Gervais, fut commencé en 1811, et terminé en 1819. Il comprend un espace d'environ 80 mètres carrés. On y voit une halle bien construite, qui présente six arcades de face, et une autre halle destinée à la boucherie, qui est séparée de la première par une rue d'environ 30 pieds de largeur. Aux côtés de la porte d'entrée on a établi deux fontaines, dont chacune offre une tête de taureau en bronze.

Le *marché Saint-Germain*, un des plus commodes de

Paris, fut bâti, en 1811, par Blondel, sur l'emplacement de l'ancienne foire Saint-Germain, entre les nouvelles rues de Félibien, Mabillon, Lobineau et Clémencé. Le plan de cette halle est un parallélogramme de 92 mètres de long sur 75 de large. Il se compose de quatre corps de bâtiments symétriques percés de grandes arcades. Au milieu de la cour, formée par ces bâtiments, est une jolie fontaine qui était auparavant sur la place Saint-Sulpice.

Le *marché des Carmes* ou de *la place Maubert,* fut commencé en 1813 et établi, en 1818, sur l'emplacement du couvent des Carmes, dans la rue des Noyers et sur les rues des Carmes et de la Montagne-Sainte-Geneviève. Cet édifice, construit par Vaudoyer, ressemble au marché Saint-Germain.

Le *marché à la viande,* situé entre les rues des Deux-Ecus, du Four et des Prouvaires, fut construit de 1813 à 1818. Il existait une ancienne halle à la viande, située entre les rues de la Fromagerie, de la Cordonnerie et de la Tonnellerie. Son emplacement, devenu insuffisant, est aujourd'hui destiné au *marché aux légumes*. Pour construire la nouvelle halle, on a démoli plusieurs maisons et hôtels entre les rues du Four et des Prouvaires. Cette démolition a laissé un vaste espace de 112 mètres sur 53, lequel est occupé par le marché. Napoléon voulait le faire construire en maçonnerie ; mais les événements de 1814 n'ont pas permis l'exécution de ce projet. On s'est borné à bâtir des hangards en bois. Six bornes fontaines rafraîchissent et purifient ce marché.

Le *grenier de réserve,* situé sur le boulevard Bourdon et sur une partie de l'emplacement du jardin de l'arsenal, fut bâti de 1807 à 1817, sur les dessins de Delannoy. Cet édifice a près de 350 mètres de long. Il a deux étages (dans le projet il devait en avoir cinq), et sa hauteur est de 23 mètres ; sa longueur est divisée par 5 avant-corps ou pavillons percés chacun de 3 arcades, et la façade tout entière offre, dans le même étage, 67 arcades, portes ou fenêtres. Entre les toitures et et les arcades se trouve un étage éclairé par de petites fenêtres carrées. Dans ces immenses salles sont des dépôts de blés, farines, vins, huiles, etc.

L'entrepôt et halle aux vins et eaux-de-vie, situés quai Saint-Bernard. Il existait, depuis 1662, une halle aux vins au coin de ce quai et de la rue des Fossés-Saint-Bernard; elle était devenue insuffisante. Napoléon, en 1808, ordonna la construction de celle qui existe aujourd'hui sur l'emplacement de l'abbaye de Saint-Victor. La première pierre fut posée en 1813 ; mais les travaux ne furent terminés que durant la restauration, sous la conduite de M. Gaucher. Les bâtiments comprennent un espace de 26,000 mètres carrés. Sur le quai ils sont enclos d'une grille en fer de 800 mètres de long. Ce magnifique marché est divisé en places et rues qui portent les noms de Champagne, Bourgogne, Bordeaux, Languedoc et Côte-d'Or. Cette halle peut contenir environ 400,000 tonneaux de vins. Elle est bornée par les rues de Seine, de Saint-Victor, des Fossés-Saint-Bernard et par le quai Saint-Bernard.

Le *dépôt de laines et lavoir public,* situé au port de l'Hôpital, n° 35, fut fondé en 1813 et réorganisé en 1820. Les plus grandes précautions sont prises pour mettre les intérêts des dépositaires à l'abri de toute atteinte, et pour conserver, aux laines travaillées dans l'établissement, la réputation dont elles jouissent.

Les *abattoirs* sont des bâtiments destinés à l'abattage des animaux destinés à la consommation des villes. Avant la fondation de ces établissements, l'usage existait de tuer les bestiaux, à l'intérieur de Paris, dans des boucheries particulières. Cet usage entraînait des inconvénients et même de grands dangers; les habitants étaient sans cesse exposés à des accidents graves, et de ces lieux de tuerie s'exhalaient des miasmes infects. Le gouvernement impérial apporta remède à cet état de choses. Par un décret de

1809, Napoléon ordonna la construction de cinq abattoirs publics aux frais de la ville de Paris et aux extrémités de la capitale, en même temps que la suppression des abattoirs établis dans l'intérieur. Ils coûtèrent 16,518,000 fr. Le produit de l'abattage dépasse annuellement un million.

Voici la description de ces cinq abattoirs.

L'abattoir du Roule, rue Miroménil, fut construit, en 1810, sur les dessins de M. Petit-Radel. Il occupe un espace de 202 mètres de longueur sur 118 de longueur. Il se compose de 14 corps de bâtiments, autant de bouveries et 64 échaudoirs.

L'abattoir de Montmartre est situé barrière Rochechouart, à l'extrémité de la rue de ce nom et de celle des Martyrs. Il fut construit, en 1811, sous la direction de M. Poitevin ; il occupe un espace de 350 mètres de long sur 127 de large.

L'abattoir Popincourt ou *de Ménilmontant* fut bâti, en 1810, par Happe et Vautier ; il consiste en 23 corps de bâtiments et occupe un espace de 220 mètres sur 190.

L'abattoir de Grenelle ou *de Vaugirard*, place Breteuil, fut construit, en 1811, par M. Gisors. C'est dans la cour d'entrée qu'a été foré le puits artésien.

L'abattoir de Villejuif ou *d'Ivry*, situé près de la barrière d'Italie, fut construit en 1810, sur les dessins de Leloir. Ses bâtiments sont peu étendus, bien que l'enceinte de ses murs occupe un espace considérable.

Le *pont d'Austerlitz* ou du *Jardin-des-Plantes* est situé en face du Jardin-du-Roi et du boulevard Bourdon. Il a été commencé en 1801 et achevé, en 1807, par MM. Beaupré et Lamandé. Les culées et les piles de ce pont sont construites en pierres de taille ; 5 arches en fer fondu présentent chacune une portion de cercle. La longueur du pont est de 130 mètres. Il supporte les plus lourdes voitures ; il est sans ornement, mais la beauté de ses proportions en font un des ponts les plus remarquables de la capitale. Il a reçu le nom d'Austerlitz en mémoire de la victoire que remportèrent les Français, en 1805, sur les Russes et les Autrichiens. Une compagnie est propriétaire de ce pont et a le droit d'en percevoir le péage jusqu'en 1872.

Le *pont de la Cité* fut bâti, de 1801 à 1804, pour servir de communication entre la Cité et l'île Saint-Louis. Il a remplacé l'ancien *Pont-Rouge*. Ce pont, qui était en bois, avait 64 mètres de long; il se composait de deux arches doublées en cuivre et goudronnées. Les arches ont été reconstruites en 1819; les piétons seuls y pouvaient passer moyennant un péage. En 1842, des travaux ont été entrepris pour remplacer ce pont par un pont suspendu.

Le *pont des Arts*, qui communique du Louvre au palais de l'Institut, fut construit de 1802 à 1804. Les arches sont en fer posé sur des piles en pierre; le plancher est en bois; de chaque côté règne une balustrade en fer. Ce pont est le premier de ce genre qu'on ait fait en France; il doit son nom au Louvre, qui portait alors le titre de *palais des Arts*. Trop faible pour le passage des voitures, il n'est destiné qu'aux piétons. Sa longueur est de 166 mètres 59 centimètres. On y perçoit un péage.

Le *pont d'Iéna*, situé vis-à-vis du Champ-de-Mars et en face de Chaillot, fut commencé en 1809, sur les dessins de M. Dillon, et sous la direction de M. Lamandé, et fut entièrement achevé en 1813. Il consiste en six arches de forme elliptique; entre ces arches étaient sculptés des aigles entrelacés de couronnes. On y voit maintenant des corniches imitées du temple de Mars à Rome, ornées de guirlandes de lauriers et de la couronne impériale, et des lettres L qui remplacent les lettres N placées dos à dos. Aux extrémités des parapets, à chaque côté de l'entrée du pont, sont deux piédestaux destinés à recevoir des statues.

Ce pont, en pierre, a reçu son nom de la fameuse bataille gagnée sur les Prussiens, le 14 octobre 1806; aussi Blücher voulut le faire sauter, en 1814; il fallut qu'une ordonnance royale de juillet 1814 lui donnât le nom de *pont des Invalides*. En 1830, il a repris sa première dénomination.

Le *quai d'Orsai*, situé entre le Pont-Royal et celui de la Concorde, portait anciennement le nom *de la Grenouillère*. Il prit son nom actuel de Boucher d'Orsai, prévôt des marchands, qui le fit commencer en 1708. Napoléon le fit entièrement reconstruire en 1808 et 1809. Il porta d'abord le nom de *quai Bonaparte*, mais il a repris son ancienne dénomination en 1814.

Le *quai des Invalides* fait suite au quai d'Orsai ; il commence au-delà du pont de la Concorde, et se termine au pont d'Iéna. Ce quai fut entrepris en 1802; il ne fut achevé qu'après 1814.

Le *quai Debilly*, situé au bas de Chaillot, sur la rive droite de la Seine, fut construit sous l'empire. On porta son mur de terrasse au milieu du cours de la Seine, dont on déploya le lit aux dépens de la rive opposée. Ces travaux élargirent la route de Versailles. Ce quai, qui portait indistinctement les noms *de la Conférence, de Chaillot*, et *des Bons-Hommes*, reçut, en 1807, celui du général Debilly, tué à la bataille d'Iéna.

Le *quai de la Conférence* longe les Champs-Elysées et le Cours-la-Reine. Il fut commencé sous le directoire, continué sous le règne de Napoléon, et achevé ensuite.

Le *quai du Louvre*, qui s'étend depuis le Pont-Royal jusqu'au pont des Arts, fut considérablement réparé sous ce règne. Les murs, les parapets, furent construits en 1803. On éleva la route de ce quai à la hauteur de celle du pont des Arts, et sur le bord de la Seine, au bas de ce quai, on construisit un bas-port très solide et très commode (port Saint-Nicolas).

Le *quai Desaix* ou *aux Fleurs*, situé entre le pont Notre-Dame et le Pont-au-Change, sur la rive gauche de la Seine, fut construit, en 1802, sur l'emplacement de la rue de la Pelleterie. Il est bordé par le marché aux Fleurs.

Le *quai de la Cité* commence au pont de la Cité et à la rue Bossuet, et se termine au pont Notre-Dame et à la rue de la Lanterne. Il fut construit de 1803 à 1813. Sur son emplacement étaient autrefois des maisons hideuses et des rues étroites, dites Basse-des-Ursins et d'Enfer, qui menaient à la rivière. Ce quai porte, depuis 1830, le nom de Napoléon.

Le *quai Catinat* commence au pont de la Cité et à la rue Bossuet (cette rue a été ouverte entre le jardin de l'archevêché et des maisons particulières), et se termine au pont au Double et à la rue de l'Evêché. Ce quai, construit de 1809 à 1813, contourne l'ancien jardin de l'archevêché, et occupe une partie de ce jardin et du lieu appelé le *Terrain*, ou *la motte aux Papelards*. Il portait, avant 1830, le nom de quai de l'Archevêché, qu'on lui conserve encore dans quelques cartes.

Le *quai Montebello* ou *Bignon*, nommé, sous la restauration, *quai Saint-Michel* (1), commence au pont Saint-Michel, et finit au Petit-Pont ; il fut commencé en 1811 et achevé en 1813. Il est placé sur une partie du derrière des maisons de la rue de la Huchette, et des ruelles dites *des Trois-Chandeliers* et *du Chat-qui-pêche*.

Le *quai Morland* s'étendait le long de la Seine, depuis le quai des Célestins jusqu'à celui de la Rapée, vis-à-vis l'île Louviers. Il occupait l'emplacement d'un ancien *mail*, auquel succéda un chemin bordé de cabarets. Il fut construit en 1806, et reçut son nom d'un colonel tué à Austerlitz. Depuis la réunion de l'île Louviers à la terre ferme, on a fait un quai nouveau qui suit les contours de cette île, mais qui n'a pas reçu encore de nom.

Le *quai de la Tournelle* s'étend depuis le Pont-au-Double jusqu'au quai Saint-Bernard ; il fut terminé en 1819.

(1) On lui donne indistinctement ces noms aujourd'hui ; mais plus ordinairement celui de *Saint-Michel*.

Le *canal de l'Ourcq*. Le projet de ce canal remonte à 1799; mais les travaux ne furent commencés qu'en 1802. La prise d'eau est dans la rivière de l'Ourcq, à Mareuil, point situé à 96 kilomètres ou 24 lieues de la barrière de Pantin. Ce canal est creusé dans la terre, sans revêtement de construction, sans sas ni écluses. Il fut achevé en 1818, et coûta à la ville de Paris 25 millions de francs. Ses différentes branches ou ramifications portent les noms de canal de l'Ourcq, bassin de la Villette, aqueduc de ceinture, canal Saint-Martin, gare de l'Arsenal et canal Saint-Denis.

Le canal de l'Ourcq amène, en vingt-quatre heures, dans le bassin de la Villette, une masse de 1,800,000 hectolitres d'eau, suffisante aux besoins de Paris, et offre une communication navigable entre la rivière d'Ourcq et Paris. Outre l'immense quantité d'eau qu'il déverse dans les différents quartiers de la rive droite de la Seine, il entretient les réservoirs construits dans la rue Saint-Jacques et dans la rue Neuve-Racine, sur la rive gauche.

Le *bassin de la Villette*, formé par les eaux du canal de l'Ourcq, fut fait de 1805 à 1809. Il présente un parallélogramme dont la plus grande dimension est de 800 mètres et la moindre de 80 mètres. Ce bassin est revêtu de maçonnerie sur toutes ses faces. Il alimente deux branches navigables formées par la rivière de l'Ourcq : la première vient de Saint-Denis et se termine à une pièce d'eau en demi-lune située à une distance de 800 mètres au-dessus de ce bassin. La longueur totale du *canal de Saint-Denis ou de la Seine à la Seine*, commencé en 1811 et terminé en 1821, est de 6,600 mètres. D'un endroit nommé *la Briche*, point de départ de ce canal, il fallait aux bateaux, forcés de suivre les sinuosités de la Seine, trois jours pour arriver à Paris; maintenant ils peuvent en quelques heures arriver dans le bassin de la Villette.

La seconde branche, alimentée par le bassin de la Villette, se dirige, au moyen de plusieurs écluses, dans la

Seine, en traversant le faubourg Saint-Martin, ce qui lui a fait donner le nom de *canal Saint-Martin*. Elle traverse ensuite le faubourg du Temple, passe à la porte Saint-Antoine, remplit les fossés ou la *gare de l'Arsenal*, et se rend enfin à la Seine.

L'aqueduc de Ceinture. Aux deux angles de l'extrémité sud du bassin de la Villette, les eaux s'écoulent par deux issues ; la première, partant de l'angle occidental, sert aux besoins et aux embellissements d'une partie de la ville de Paris : elle vient alimenter l'*aqueduc de Ceinture*, qui va jusqu'à Monceau, en parcourant une étendue de 4,350 mètres. De cet aqueduc partent deux galeries souterraines : l'une dite *de Saint-Laurent*, a 900 mètres de longueur ; l'autre, dite *des Martyrs*, a 800 mètres d'étendue. Elles se terminent toutes deux au grand égout, mais elles ont elles-mêmes des ramifications qui parcourent environ 10,000 mètres et alimentent les bornes fontaines de la rue et du quartier Saint-Denis, celles des Innocents, du Ponceau et du Château-d'Eau.

La *fontaine monumentale de Desaix*, située sur la place Dauphine, fut érigée, en 1803, sur les dessins de Percier et Fontaine, à la mémoire du général Desaix, tué à la bataille de Marengo. Elle se compose d'un cippe qui porte le buste de ce général, couronné par la France militaire ; le Pô et le Nil y sont représentés avec leurs attributs. Sur le bas-relief circulaire, deux renommées gravent sur des écussons, l'une *Thèbes* et les *Pyramides* ; l'autre *Kehl* et *Marengo*. Plusieurs autres inscriptions rappellent les actions de Desaix. Quatre têtes de lions en bronze jettent de l'eau dans un bassin circulaire. Ce monument a été réparé en 1830.

La *fontaine du lion Saint-Marc*, située au milieu de l'esplanade des Invalides, était composée d'un piédestal de forte dimension, surmonté d'un socle, sur lequel était un lion ailé en bronze qui décorait la petite place de Saint-Marc à Venise, et que nos soldats avaient enlevé pendant les guerres d'Italie. En 1814, ce lion a été rendu à ses anciens propriétaires. La fontaine a été rebâtie, dans ces dernières années, sur un dessin très simple. Elle est décorée du buste de La Fayette, qui doit être, dit-on, remplacé par une statue de Napoléon.

La *fontaine de l'École de Médecine*, située sur la place de ce nom, fut construite en 1805. Elle présentait quatre colonnes doriques cannelées, supportant un vaste entablement. Derrière ces colonnes, était un enfoncement où l'on voyait un large bassin ; là tombait l'eau qui sortait d'une ouverture placée à la partie supérieure du monument. Sur son emplacement s'élève aujourd'hui un portique donnant entrée aux *cliniques de l'école de médecine,* établies dans l'ancien cloître des Cordeliers. De chaque côté de ce portique, on a construit une borne-fontaine, pour remplacer l'ancienne fontaine, laquelle a été supprimée.

La *fontaine de l'École*, située au centre de la place de ce nom, se compose d'un piédestal carré entouré d'un bassin circulaire et surmonté d'un vase en pierre. L'eau jaillit de la gueule de quatre lions.

La *fontaine du Palmier*, située au centre de la place du Châtelet, fut construite, en 1808, sur les dessins de M. Brolle. Un piédestal carré, dont les faces du nord et du midi sont ornées de deux aigles sculptés au milieu d'une couronne de lauriers, porte à chacun de ses angles une corne d'abondance chargée de fruits et terminée à son extrémité par une tête de monstre marin; au-dessus du piédestal, s'élève une colonne de 18 mètres de haut, dont quatre statues allégoriques, la Loi, la Force, la Prudence et la Vigilance, sculptées par M. Boisot, et plus grandes que nature, entourent la base en se donnant la main. Le fût de la colonne a la forme d'un palmier, dont les rameaux ornent le chapiteau. Des anneaux de bronze doré, bordés de lauriers tressés, et placés de distance en distance, divisent la colonne, et portent les noms de plusieurs victoires. Au-dessus du chapiteau et sur une demi-sphère se dresse une statue de la Victoire, à demi-nue, et tenant une couronne dans chaque main. L'eau jaillit par les narines des monstres marins qui terminent les cornes d'abondance, et vient tomber dans un bassin circulaire qui a 7 mètres de diamètre.

La *fontaine de Popincourt*, située dans la rue de ce nom, vis-à-vis la caserne, représente la Charité donnant à boire à plusieurs enfants.

La *fontaine de l'hospice militaire du Gros-Caillou*, située rue Saint-Dominique, fut érigée en 1809. Décorée de pilastres doriques et d'un entablement, elle présente un monument carré, sur le fronton duquel est un bas-relief représentant la déesse Hygie, secourant des soldats épuisés ; sur les côtés sont des vases couronnés par un serpent. L'eau s'échappe de gueules de dauphins.

Les *fontaines du palais des Arts* ou *de l'Institut*, quai Conti. Aux côtés du perron de la façade de l'Institut, on voit deux bassins, chacun desquels est rempli par deux jets d'eau sortis des gueules de deux beaux lions en fer fondu.

La *fontaine Égyptienne*, rue de Sèvres, représente la porte d'un temple égyptien. On y voit une statue tenant un vase dans chaque main, d'où tombe l'eau dans un bassin semi-circulaire. Sur l'entablement est un aigle égyptien.

La *fontaine de Léda* ou *de Vaugirard*, au coin de la rue du Regard, a été érigée par Brale, en 1806. Elle est ornée d'un bas-relief de Valois, représentant Léda et Jupiter sous la forme d'un cygne. A côté est une figure de l'Amour.

La *fontaine du Marché-Saint-Germain*, située au centre de ce marché, était d'abord au milieu de la place Saint-Sulpice. On la transporta, en 1814, au lieu qu'elle occupe aujourd'hui. Sa forme est celle d'un tombeau antique; elle est surmontée d'un fronton et ornée de bas-reliefs consacrés aux arts et au commerce. Vers le bas sont deux coquilles ou demi-vasques, dans lesquelles l'eau tombe pour s'échapper par des mascarons dans un bassin quadrangulaire formant le soubassement de ce monument.

La *fontaine du Lycée* ou *du collège Bourbon*, rue Sainte-Croix, Chaussée-d'Antin. Elle n'offre rien de remarquable.

La *fontaine de la rue Censier*, située au coin de cette rue et de la rue Mouffetard. On y remarque la figure, à mi-corps, d'un Satyre, qui tient sous son bras et presse une outre, d'où sort un filet d'eau.

La *fontaine* située au carrefour qui termine la rue du Jardin-des-Plantes, présentait un massif de maçonnerie dont la partie supérieure se terminait en forme cintrée; le jet sortait d'un masque en bronze. Cette fontaine a été remplacée par une autre, consacrée au célèbre Cuvier.

La *fontaine de Tantale*, adossée aux maisons qui forment la Pointe-Saint-Eustache. Dans une niche est un vase qui reçoit l'eau sortie d'une coquille, au-dessus de laquelle est une tête couronnée de fruits, qui, la bouche ouverte, semble s'efforcer, mais en vain, de se désaltérer avec l'eau dont cette coquille est pleine : c'est la cause du nom donné à cette fontaine.

La *fontaine de la place Royale* était située au centre de cette place. Du milieu d'un bassin s'élevait une gerbe d'eau du plus bel effet. Elle a été détruite en 1819, et remplacée par la statue équestre de Louis XIII.

La *fontaine de la rue du Ponceau* se composait d'un jet d'eau, situé à l'angle rentrant que forme la rue du Ponceau, et qui s'élançait à la hauteur de 10 à 12 pieds du milieu d'un bassin.

Les *fontaines du Marché-aux-Fleurs* consistent en deux bassins séparés d'où jaillissent des jets divergents.

La *fontaine du Château-d'Eau*, située sur le boulevard

Saint-Martin, vers l'entrée de celui du Temple. Elle se compose de trois socles circulaires et concentriques, formant trois bassins en pierre, surmontés d'une double coupe en fonte. Du centre de la coupe supérieure, les eaux s'échappent en un jet abondant et descendent en nappes les espèces de degrés qui composent la fontaine. Huit lions accouplés sur quatre socles carrés, lançant de l'eau par leurs gueules entr'ouvertes, ajoutent à l'ornement de cette fontaine.

La *fontaine de l'Éléphant.* Un décret de 1810 ordonna l'érection d'une fontaine, sous la forme d'un éléphant en bronze, placée sur le lieu qu'occupait jadis la Bastille. L'éléphant, de forme colossale, devait être chargé d'une tour, et l'eau devait jaillir de la trompe. On aurait atteint la tour par un escalier à vis pratiqué dans l'intérieur d'une des jambes, lesquelles auraient eu 2 mètres de largeur. Cette fontaine monumentale devait être décorée de vingt-quatre bas-reliefs en marbre, représentant les sciences et les arts. Les fondations furent posées en 1810; mais on n'a achevé que le modèle en plâtre de l'éléphant, lequel se voit encore aujourd'hui sur la place de la Bastille. On parle de construire définitivement cette fontaine à la barrière du Trône.

La *fontaine du Marché-Saint-Martin* consiste en un bassin supporté par trois figures allégoriques. Elle n'a été terminée qu'en 1817.

Égouts. La Seine, la Bièvre et le ruisseau de Ménilmontant, recevaient, dans l'origine, l'écoulement des eaux pluviales. Lorsqu'on eut creusé des fossés autour de la muraille de Paris, ces fossés servirent d'égouts. Quelques parties, aujourd'hui voûtées, conservent encore la direction des fossés : telle est celle de l'égout qui, de la rue de l'École-de-Médecine, se jette dans la Seine, au-dessus de l'Institut. Hugues Aubriot, prévôt de Paris au XIVe siècle, fit couvrir de maçonnerie une partie de la rigole qui se jetait dans le ruisseau de Ménilmontant, et qui se trouvait enserrée dans l'enceinte que fit construire Charles V. Avant 1412, il existait un égout couvert sous la rue Saint-Antoine, qui versait ses eaux dans les fossés de la Bastille; on détourna alors cet égout, appelé *Pont-Perrin*, et on le dirigea, à travers la Culture-Sainte-Catherine, par la rue des Égouts et celle de Saint-Louis, à l'extrémité de laquelle on le retourna à l'ouest, parallélement aux murs de l'enclos du Temple. Arrivé à la porte de ce nom, il traversait le fossé de la ville par un canal en maçonnerie, et parvenait au ruisseau de Ménilmontant; là, il recevait dans sa direction un autre égout, qui venait de la rue Saint-Denis, suivait les rues du Ponceau et du Vertbois, jusqu'à son entrée dans le fossé. Ces deux égouts étaient à découvert. Plusieurs petits ponts laissaient le passage libre au public. Les eaux du quartier des Halles se rendaient au ruisseau de Ménilmontant, en suivant la rue actuelle du Cadran. L'égout voûté de Montmartre traversait les fossés de la ville sur un canal en bois, et se jetait dans le ruisseau de Ménilmontant, nommé alors le *Grand-Égout* de la ville. Les choses restèrent en cet état jusqu'en 1605. A cette époque, François Miron, prévôt de Paris, fit voûter l'égout du Ponceau, depuis la rue Saint-Denis jusqu'à la rue Saint-Martin.

A la fin du règne de Louis XIII, on comptait 1,207 toises d'égouts couverts, et 4,121 toises d'égouts découverts. Sous Louis XIV, on en fit voûter plusieurs; on construisit celui de l'Hôtel des Invalides, et on répara celui de la rue Vieille-du-Temple. En 1718, on rebâtit celui de la rue Saint-Louis; en 1737, on revêtit de murs et on voûta le Grand-Égout, entre le Calvaire et Chaillot; en 1754, celui de la rue Montmartre; la même année, on exécuta celui de l'École Militaire, et ceux de la rue Saint-Florentin et de la place Louis XV. Ceux qui entourent le Palais-Royal datent du temps où fut construit cet édifice;

ils se jettent dans l'égout de la place du Carrousel, reste des fossés de l'enceinte de Charles VI.

Maintenant, tous les égouts de l'intérieur de Paris sont revêtus de maçonnerie et voûtés ; ces travaux ont été faits en grande partie sous l'empire. Le *Grand-Égout* commence rue Vieille-du-Temple, entoure une étendue considérable des quartiers septentrionaux de Paris, et se prolonge, en suivant l'extrémité des Champs-Elysées, jusqu'au quai de Billy, au bas de Chaillot, où il se jette dans la Seine. Dans son cours, il reçoit plusieurs branches moins importantes, dont nous ne parlerons pas. L'*égout de Rivoli* s'étend depuis le palais des Tuileries jusqu'à la rue Saint-Florentin, en suivant la direction de la rue de Rivoli ; les travaux ont été achevés en 1807. L'*égout de la rue Saint-Denis*, dont la voûte sert de base à l'aqueduc dit *galerie de Saint-Laurent*, a été terminé en 1800 ; l'*égout de la rue Montmartre*, qui sert de base à la conduite des eaux du canal de l'Ourcq, a été terminé en 1812 ; celui de la rue du Cadran, en 1813. La longueur des égouts était, en 1830, de 40,000 mètres ; en 1836, de 81,000 mètres, et ce nombre s'augmente toutes les années.

Bains. Leur usage remonte au temps de la domination romaine. Au moyen âge, ils portaient le nom d'étuves. L'usage général était de se baigner avant le repas. Les barbiers, au XVIIe siècle, étaient étuvistes, et on allait se baigner chez eux. Aujourd'hui il existe à Paris plusieurs établissements de ce genre : les *Bains chinois*, construction bizarre et pittoresque, situés sur le boulevard des Italiens ; les *Bains Saint-Sauveur*, construits sur l'emplacement de l'église de ce nom ; les *Bains turcs*, rue du Temple, et ceux *de Tivoli*. On remarque aussi les bains placés sur la Seine, auprès du Pont-Royal, du Pont-Neuf, etc.

Les *bornes-fontaines.* Leur idée est due à Napoléon. Ces bornes, si utiles à l'assainissement de Paris, sont établies dans chaque quartier, et des inspecteurs, qui en ont la clé, en font jaillir les eaux à des heures fixes. Leur nombre s'est beaucoup augmenté depuis 1830.

Les *Catacombes*. Ces immenses excavations qui s'étendent du sud au nord, dans la partie méridionale de Paris, depuis Gentilly, Montsouris et Montrouge, jusqu'aux rues de l'Ecole-de-Médecine et du Vieux-Colombier, de l'est à l'ouest, depuis le Muséum d'histoire naturelle jusqu'à la barrière de Vaugirard, sont dues à l'exploitation d'anciennes carrières, situées dans cette partie du territoire parisien. Les exploitations se firent pendant plusieurs siècles au gré des entrepreneurs qui fouillèrent fort avant dans la campagne et même sous la ville. L'Observatoire, le Luxembourg, l'Odéon, le Panthéon, l'église Saint-Sulpice, les rues Saint-Jacques, de La Harpe, de Tournon, de Vaugirard, etc., sont suspendus sur des abîmes.

Des éboulements, des affaissements de terrain avaient lieu à diverses époques. Vers la fin du XVIIIe siècle, on fit une visite générale des excavations et on leva leurs plans. On acquit la certitude que les quartiers méridionaux de Paris étaient près de s'abîmer dans des gouffres immenses. En 1777, on créa une compagnie d'ingénieurs, qui furent chargés de consolider toutes les excavations; les travaux continuent encore. Chaque galerie souterraine correspond à une rue de la surface du sol, et les numéros des maisons ont en bas des numéros qui leur correspondent en haut, de sorte que s'il arrive un éboulement, on sait aussitôt à quel endroit doit se faire la réparation.

C'est dans une partie de ces souterrains qu'on a établi, dès 1786, des ossuaires composés de tous les ossements du cimetière des Innocents et d'autres cimetières de l'intérieur de Paris où depuis plusieurs siècles étaient venues s'engloutir de nombreuses générations. L'on a estimé que la population des Catacombes était huit fois plus nombreuse que celle qui respire à la surface du sol de Paris. Les ossements sont symétriquement superposés et forment des pans alignés au cordeau; entre les piliers qui soutiennent les voûtes des galeries, 3 cordons de têtes contiguës décorent ces singulières murailles. Des inscriptions apprennent de quel cimetière, de quelle église, ces mânes ont été extraites. D'espace en espace on lit aussi des sentences tirées des livres sacrés, des écrivains anciens et modernes. C'est à M. Frochot, préfet de la Seine, qu'on doit l'idée d'avoir donné de l'agrément aux sombres demeures de la mort (1810-1811). Les Catacombes ont trois entrées : la première par le pavillon occidental de la barrière d'Enfer, la seconde à la Tombe-Isoire, sur l'ancienne route d'Orléans, la troisième dans la plaine de Montsouris; la première était la plus fréquentée. Des accidents graves, éprouvés par des curieux dans leurs visites aux Catacombes, en ont fait interdire l'entrée depuis plusieurs années.

Cimetières. Avant 1790, on enterrait les morts dans l'intérieur des églises et dans des cimetières situés sur des places et près de rues populeuses. En 1786, on supprima les cimetières de l'intérieur de la ville. L'assemblée constituante défendit, quatre ans après, d'enterrer dans les églises. En 1804, Napoléon renouvela cette défense et ordonna que plusieurs champs de repos seraient établis hors de l'enceinte de Paris. Nous allons les décrire.

Le *cimetière du Père-Lachaise,* ou *de l'Est,* situé au bout de la rue de la Roquette. Dans les premiers temps de la monarchie, cet endroit s'appelait *le Champ-l'Evêque.* Au XIVe siècle, un nommé Regnault y éleva une maison que le peuple nomma la Folie-Regnault, et qui devint la propriété des jésuites de la rue Saint-Antoine; elle prit dès lors le nom de *Mont-Louis.* Cet emplacement passa en diverses mains (1), jusqu'à ce qu'enfin M. Frochot, préfet de

(1) Son nom lui vient de François de Lachaise, jésuite de Paris et confesseur de Louis XIV, qui obtint du roi la propriété de Mont-Louis, laquelle a été démolie en 1820.

la Seine, l'acheta, en 1804, pour le convertir en cimetière. Ce cimetière occupe une surface de 12 hectares; formé de terrains montueux, sa position est des plus pittoresques; il est couvert de constructions en bois, en marbre, en pierres, en bronze, etc. On y remarque surtout les tombeaux de Desèze, de Casimir Périer, de Cuvier, de Monge, des maréchaux Lefebvre, Davoust, Masséna, Suchet, du général Foy, d'Héloïse et d'Abeilard, de Delille, Chénier, Parny, etc. En 1814, tandis que les alliés s'approchaient de Paris, de formidables batteries furent élevées sur ce cimetière; les élèves de l'école d'Alfort occupaient cette position, le 30 mars, et résistèrent à deux attaques des Russes. Ceux-ci finirent par se rendre maîtres du cimetière, et y formèrent leur camp.

Le *cimetière Montmartre*, situé au pied de la butte de ce nom, entre les barrières de Rochechouart et de Clichy, est le premier cimetière qui ait été hors de Paris. On y remarque les monuments des familles Voyer d'Argenson, d'Aguesseau, de Ségur, les tombeaux de Legouvé, de Saint-Lambert et de la duchesse de Montmorency.

Le *cimetière du Mont-Parnasse* ou *de Vaugirard*, situé dans le milieu de la plaine de Montrouge, entre les barrières d'Enfer et de Mont-Parnasse, a plus de 10 hectares de superficie; l'entrée est décorée de deux pavillons. On y remarque les tombes du marquis d'Aguesseau, de la duchesse de Gèvres, de La Harpe, etc. C'est là que sont enterrés les cadavres des personnes condamnées pour crimes politiques: ceux de Fieschi, Pepin, Morey et Alibaud y ont été déposés.

Le *cimetière Sainte-Catherine*, rue des Francs-Bourgeois-Saint-Marcel, fermé en 1815, ne contient d'intéressant que le tombeau de Pichegru.

Le *cimetière de Picpus*, rue de Reuilly, n'est pas public. Il contient les restes des familles de Noailles, de Grammont, de Lamoignon et du général La Fayette.

La *Bourse*, située sur la place de ce nom. La première Bourse fut fondée, vers 1690, par le célèbre Law, dans un hôtel de la rue Quincampoix ; mais elle ne reçut d'existence régulière qu'en 1724. On l'appela *place de Change*, et on l'établit au Palais-Mazarin, rue Vivienne. Pendant la révolution, elle fut transférée dans l'église des Petits-Pères ; sous Napoléon, dans les galeries de bois du Palais-Royal, puis dans une maison de la rue Feydeau. La première pierre du monument qu'on voit aujourd'hui fut posée en 1808, sur l'emplacement du couvent des Filles-Saint-Thomas. Les travaux, conduits successivement par Brongniart et Labarre, n'ont été terminés qu'en 1826. Ils ont coûté 8,149,192 francs.

Le plan de cet édifice est un parallélogramme dont la longueur est de 69 mètres et la largeur de 41 mètres. Un soubassement d'environ 3 mètres de haut supporte 70 colonnes corinthiennes de 1 mètre de diamètre sur 10 d'élévation, espacées de 4 mètres entre elles. Ces colonnes soutiennent un entablement et un attique, et forment une galerie spacieuse et ouverte à laquelle on arrive par un perron de seize marches.

L'intérieur offre une salle immense de 38 mètres de profondeur sur 25 de largeur. Chaque face de cette salle est décorée, vers le haut, de tableaux en grisaille peints par Meynier et Abel de Pujol. Au fond, se trouve la salle des agents de change. Ce vaste édifice renferme encore des chambres pour le tribunal de commerce, les greffes et bureaux qui en dépendent et la salle des faillites.

La Bourse est ouverte tous les jours, excepté les jours fériés, depuis deux heures jusqu'à cinq, aux citoyens et aux étrangers ; les femmes n'y sont point admises (1).

La *Banque de France* fut organisée en 1803 et 1806 ; elle

(1) En face du palais de la Bourse, une rue spacieuse a été ouverte, qui conduit à la rue de Richelieu, en traversant la rue des Colonnes. De chaque côté du palais, plusieurs rangées d'arbres offrent une belle

a seule le privilége d'émettre des billets payables au porteur et à vue, pendant quarante ans, à partir du 23 septembre 1803. Ses opérations consistent à escompter des lettres de change et billets à ordre, à faire des avances sur des fonds publics et sur des lingots ou monnaies étrangères, à tenir une caisse de dépôts volontaires pour titres, effets publics, obligations, lingots, monnaies, etc.; à se charger du recouvrement des effets sur Paris, etc.

L'hôtel de la Banque fut construit par Mansard, pour le duc de la Vrillière, en 1720; il contient des appartemens spacieux, qui étaient autrefois décorés avec une grande profusion d'ornements. La galerie de peinture, formée par le comte de Toulouse, qui a été possesseur de cet hôtel, a été détruite pendant la révolution.

Le *palais de la Légion-d'Honneur*, ci-devant *hôtel de Salm*, fut bâti, en 1786, pour le prince de ce nom. Devenu propriété nationale, il fut affecté, en 1802, à l'administration de la Légion-d'Honneur, qui y est encore établie. Il est situé rue de Lille, n° 70.

La *compagnie d'assurance contre les incendies* fut fondée, en 1810, par une société de capitalistes. C'est la première de ce genre établie à Paris.

La *colonne de la place Vendôme* fut élevée de 1806 à 1810, au centre de la place Vendôme, et à la gloire de la grande armée, par les soins de MM. Denon, Gondouin et Lepère. Cette colonne, dont les fondements furent jetés à dix mètres de profondeur, a une élévation totale de 45 mètres, le socle compris, et un diamètre de 4 mètres. Un escalier à vis de 176 marches, pratiqué dans le noyau en pierres de taille, conduit à une galerie régnant au-dessus du chapiteau et qui est surmontée d'une sorte de lanterne terminée en dôme. 276 plaques de bronze enveloppent le noyau de la colonne d'une immense spirale. C'est

promenade; enfin la place de la Bourse s'est embellie de magnifiques maisons particulières, qui en font un des plus beaux quartiers de Paris.

avec le bronze de douze cents canons, pris sur l'ennemi, que ces bas-reliefs furent exécutés sur les dessins de M. Bergeret. Les quatre faces du piédestal offrent des trophées composés d'armes diverses, de drapeaux et de costumes militaires. Aux angles sont placés quatre aigles qui soutiennent des guirlandes. Au-dessus de la porte de l'escalier une inscription rappelle à quelle occasion la colonne a été élevée. Sur le dôme était placée une statue de Napoléon en empereur romain, exécutée par Chaudet et fondue par Lemot, laquelle fut enlevée en 1814 et remplacée par une énorme fleur de lis, surmontée d'une lance où flottait un drapeau blanc. En 1833, on a posé sur la colonne une nouvelle statue de Napoléon, exécutée par M. Crozatier, sur les dessins de M. Seurre. On a reconstruit en granit de Corse le soubassement et les gradins sur lesquels s'élève le monument.

La *place du Carrousel* fut fort agrandie et débarrassée de la plupart des maisons qui l'encombraient; la rue Saint-Nicaise disparut presque entièrement après l'explosion de la machine infernale. On construisit la grille du château des Tuileries, et on ouvrit la rue qui va rejoindre le vieux Louvre. On commença la galerie septentrionale du Louvre, que les événements politiques n'ont pas permis d'achever. La place du Carrousel a maintenant 280 mètres de longueur sur 210 de largeur.

L'*arc de triomphe du Carrousel*, placé à la principale entrée de la cour des Tuileries, fut fondé en 1806 et construit sur les dessins de Percier et Fontaine. Ce monument a 15 mètres de haut et 20 de large sur 7 de profondeur; il a été construit sur le modèle de l'arc de triomphe de Septime-Sévère à Rome. Il présente trois arcades sur sa face principale, celle du milieu est plus grande que les deux autres. Une quatrième arcade, ouverte dans l'épaisseur du monument, coupe les trois autres. Quatre colonnes corinthiennes, de marbre rouge de Languedoc, dont les bases et les chapiteaux sont en bronze, supportent l'entablement. Sur le front de l'attique et au-dessus de chaque colonne, est la statue en marbre d'un soldat de l'armée de Napoléon avec l'uniforme de chaque corps. On remarque sur les quatre faces de l'arc six bas-reliefs en marbre, représentant les événements mémorables de la campagne de 1805, remplacés à la restauration par d'autres bas-reliefs en plâtre, représentant des sujets tirés de la campagne d'Espagne; les anciens ont été remis sur les faces de l'arc de triomphe depuis 1830. Cet arc est couronné par un char triomphal traîné par quatre chevaux de bronze, dus à Bosio; ces chevaux ont remplacé, en 1828, ceux de Saint-Marc de Venise, dits de *Corinthe*, que les alliés ont repris en 1815. Sur le char est la figure d'une femme qui représente la Restauration.

Sous l'empire, Paris éprouva de grands changements. Nous venons de voir les nombreux établissements qui furent exécutés : la fondation de superbes édifices, la création d'un vaste système d'égouts et d'arrosage public, de l'eau donnée en abondance aux fontaines qui en manquaient auparavant, des quartiers assainis et agrandis; les cimetières, transportés hors de l'enceinte de Paris, avec les abattoirs, tels furent les bienfaits dont Paris est redevable au gouvernement impérial. Un grand nombre de rues nouvelles furent percées. Nous citerons celle de *Rivoli*, sur l'emplacement de l'ancien manége, des écuries qui en dépendaient, et du terrain des Capucins et des Feuillants; la rue *de Castiglione*, qui va du jardin des Tuileries à la place Vendôme, et *la rue de la Paix* qui suit cette dernière, et va aboutir au boulevard des Capucins.

C'est à cette époque que fut décidé le percement d'une rue qui devait se nommer *rue Impériale*, et qui, partant du Louvre, aurait abouti en ligne droite à la barrière du Trône. La tour Saint-Jacques-la-Boucherie se trouverait au milieu. Le projet de cette rue, qui recevrait maintenant le nom de *rue Louis-Philippe*, n'est pas abandonné.

Napoléon avait eu l'idée de bâtir pour son fils un palais qui égalât en magnificence celui de Versailles. Pour son emplacement, il choisit le plateau situé sur les hauteurs de Passy, près de la barrière des Bons-Hommes, vis-à-vis le Champ-de-Mars. D'après le projet, toute la plaine qui s'étend entre Passy et le bois de Boulogne devait être transformée en un vaste jardin, les maisons qui bordaient le quai jusqu'à la barrière furent achetées, démolies, et les fondations du palais commencées; mais la restauration vint arrêter ce projet. Depuis 1814, l'on a planté en cet endroit une promenade qui a reçu le nom de *Trocadéro*.

C'est sous l'empire que le grand Châtelet fut démoli. On voit encore dans une sale rue qui va par crochet de la place dite du Châtelet au quai, un reste de muraille du vieux monument. Il y avait là autrefois un passage sombre et fétide, qu'on était obligé d'éclairer nuit et jour. Cette démolition (1802) amena la disparition de rues étroites et malsaines, telles que celles de *Saint-Leufroi*, de *la Triperie*, de *Trop-va-qui-dure*, de *la Vallée-de-Misère*. Au lieu de ces rues est une vaste place, au centre de laquelle s'élève une fontaine monumentale, dont nous avons parlé.

Les *boulevards* furent prolongés, dans la partie septentrionale, depuis la rue Saint-Antoine jusqu'à la Seine. De grands travaux furent exécutés sur toute la longueur de ceux qui existaient déjà. Depuis 1830, on a baissé ou exhaussé ce terrain en divers endroits ; de larges trottoirs ont été construits de chaque côté ; animés par une foule de promeneurs, par un grand nombre de théâtres et de magnifiques cafés et magasins, les boulevards forment aujourd'hui la plus belle promenade de Paris. Le boulevard du nord se subdivise en douze parties portant les noms de boulevards Bourdon, Beaumarchais, des Filles-du-Calvaire, du Temple, Saint-Martin, Saint-Denis, Bonne-Nouvelle, Poissonnière, Montmartre, des Italiens, des Capucines et de la Madeleine. Le boulevard du midi a été divisé en sept parties : les boulevards de l'Hôpital, des Gobelins, de la Glacière, Saint-Jacques, d'Enfer, du Mont-Parnasse et des Invalides. Au-delà des barrières sont les *boulevards extérieurs* qui entourent la capitale.

Les mœurs éprouvèrent peu de changement sous l'empire, cependant leur licence diminua sensiblement ; la littérature fit quelques progrès, et c'est à cette époque que fut écrit le *Génie du Christianisme*. Le théâtre, où brillaient Talma, Lafont, Michot, mesdemoiselles Duchesnois, Georges, Raucourt, Contat et Mars, ne produisit que des tragédies d'une grande faiblesse, et quelques comédies agréables, mais ayant ce ton prétentieux qu'on reproche aux productions de l'empire.

Les modes changèrent de face. Les robes des femmes collaient sur le corps et tombaient presque sans plis. Les manches, coupées presque à la naissance du bras, le laissaient voir en entier. Le corsage était très étroit et se terminait sous les seins, qu'il ne cachait pas en entier. Les châles, qui datent de l'expédition d'Égypte, commencèrent dès lors à être en vogue. Les femmes qui s'étaient coiffées à la Titus sous le directoire, reprirent sous l'empire la chevelure naturelle ; les coiffures à la Danaë, à l'Endymion et à la Chinoise furent celles qui durèrent le plus longtemps. Le costume des hommes se composait de l'habit, d'un pantalon serré, de bottes à la Souwaroff, d'un gilet droit, et en hiver du petit manteau appelé *carrick*. La magnificence des vêtements éclata surtout dans les habits militaires. Napoléon aimait à voir ressortir la simplicité de son costume au milieu de vêtements resplendissants d'or et de pierreries.

Telle est l'histoire de Paris durant cette période ; peu de choses nous restent à dire pour compléter cette histoire jusqu'à nos jours.

CHAPITRE XXII.

PARIS SOUS LA RESTAURATION.

(1814 — 1830.)

Nous résumerons en peu de mots l'histoire de Paris à cette époque. Cette histoire est tellement liée à celle de la France, que nous trouvons peu de faits particuliers à la capitale.

31 mars 1814, entrée des alliés à Paris par la barrière de l'Étoile; ils sont reçus avec enthousiasme; les postes se partagent entre les étrangers et la garde nationale parisienne. — 1er avril, le sénat prononce la déchéance de Napoléon et crée un gouvernement provisoire, composé de cinq membres; la garde nationale prend la cocarde blanche. — 6 avril, Louis XVIII est appelé au trône par un décret du sénat. — 12 avril, entrée du comte d'Artois à Paris, au milieu d'une joie universelle; le drapeau blanc remplace partout le drapeau tricolore. — 30 avril, *traité de Paris*, par lequel la France abandonne cinquante-trois places fortes au-delà des anciennes limites de la France, avec un matériel de douze cents bouches à feu, trente-un vaisseaux et douze frégates. — 3 mai, entrée solennelle de Louis XVIII à Paris; organisation d'une cour à la vieille mode. — 1er juin, le sieur Delahaye, héraut d'armes, fait, dans les rues de la capitale, la proclamation du traité du 30 avril. — 2 juin, l'empereur de Russie et celui d'Autriche quittent la France; rétablissement des cent-suisses, des gardes-du-corps, de la procession du vœu de Louis XIII. — 29 août, fête magnifique donnée au roi par la ville de Paris. — 7 septembre, cérémonie au Champ-de-Mars pour la bénédiction et la distribution des drapeaux de la garde nationale; le roi y assiste en personne, et la duchesse

d'Angoulême attache les cravates aux drapeaux.— 13 décembre, distribution de croix de la Légion-d'Honneur à la garde nationale de Paris.

—20 janvier 1815, fouilles pour l'exhumation des restes de Louis XVI et de Marie-Antoinette dans le cimetière de la Madeleine; ordonnance pour la célébration d'un service annuel pour le repos de l'âme de Louis XVI. — 21 janvier, translation de ces restes à Saint-Denis.— 7 mars, nouvelle du débarquement de Napoléon; le chancelier d'Ambrai déclare Bonaparte traître et rebelle, et ordonne de lui *courir sus;* le conseil municipal et la garde municipale protestent au roi de leur dévouement.— 19 mars, fuite du roi.— 20 mars, entrée de Napoléon aux Tuileries; la bourgeoisie est dans la stupeur; le peuple manifeste un vif enthousiasme; le drapeau tricolore flotte sur tous les édifices; les effets publics sont en hausse; l'empereur réorganise son gouvernement; Masséna est nommé commandant de la garde nationale parisienne. — 4 mai, formation de la confédération parisienne, qui s'engage à prendre les armes pour repousser les Bourbons. — 1er juin, assemblée du Champ-de-Mai, dans lequel on publie le recensement des votes sur l'acte additionnel aux constitutions de l'empire. — 22 juin, abdication de Napoléon; les chambres nomment un gouvernement provisoire. — 28 juin, Paris est mis en état de siége; le gouvernement provisoire arrête que les approches de la capitale seront seules défendues par les troupes de ligne, qui resteront campées hors des murs de la capitale. — 29 juin, Blücher arrive devant ces lignes, construites entre Saint-Denis et Vincennes; quatre-vingt-dix mille hommes de troupes de ligne et douze mille fédérés parisiens défendent toutes les positions; Davoust protége Montmartre et Saint-Denis; Vandamme est à Montrouge. — 30 juin, Blücher traverse la Seine à Saint-Germain; il s'empare de Saint-Cloud et de Versailles, et pousse son avant-garde à Meudon et Issy; Wellington s'est jeté dans la forêt de Bondi, et occupe le village de Gonesse; agitation du parti des Bourbons dans la capitale; une partie de la garde nationale reprend la cocarde blanche. — 3 juillet, Wellington et Blücher acceptent une capitulation du maréchal Davoust, qui porte que l'armée française évacuera Paris et se portera derrière la Loire, et que le service intérieur de cette ville continuera à être fait par la garde nationale et la gendarmerie municipale. — 5 juillet, la proclamation de Louis XVIII, écrite à Cambrai, est déchirée dans Paris; menées du parti royaliste; déclaration des chambres hostiles à Louis XVIII. — 7 juillet, fermeture des chambres; le lendemain, le roi, qui demeurait depuis le 5 à Arnouville, près de Gonesse, entre dans Paris; les royalistes font éclater leur joie par des chants et des danses dans le jardin des Tuileries; les alliés occupent les points militaires de Paris; ils dévalisent les musées et obligent le roi à changer les noms des places, ponts, édifices qui rappellent des victoires de l'armée française. — 8 août, les journaux de Paris sont soumis à une commission de censure. — 16 août, Paris est autorisé à s'imposer additionnellement d'une somme de 3 millions, pour subvenir aux charges de l'invasion. — 21 novembre, traité de Paris entre les grandes puissances, qui resserre les limites du territoire français. — 7 décembre, le maréchal Ney est fusillé dans l'avenue de l'Observatoire, près de la grille du Luxembourg.

13 avril 1816, licenciement de l'école polytechnique. — 17 juin, mariage du duc de Berry à Notre-Dame. — 4 juillet, exécution de trois patriotes, Pleigner, Carbonneau et Tolleron. — 16 octobre, inauguration du monument expiatoire élevé dans le cachot de la conciergerie qu'avait occupé Marie-Antoinette. — 12 décembre, l'effectif de la garde nationale est porté à trente-deux mille hommes.

Août 1817, disette à Paris et dans le royaume. — 6 décembre, transfert des tombes royales à l'église de Saint-Denis.

Mars 1818, incendie de l'Odéon. — 25 août, inauguration de la statue équestre de Louis XVIII.

23 juin 1819, ordonnance du roi, qui réduit le service de la garde nationale à quelques postes d'honneur et de sûreté. — 29 juillet, troubles dans l'école de droit de Paris, à l'occasion du cours de M. Bavoux, qui est suspendu de ses fonctions, puis acquitté par la cour d'assises, devant laquelle il a été traduit. — 25 août, ouverture de l'exposition des produits de l'industrie au Louvre. — 25 novembre, troubles dans les écoles.

13 février 1820, assassinat du duc de Berry, dont le corps est transféré à Saint-Denis. — 2 et 7 juin, procès de Louvel devant la Chambre des Pairs; agitation et émeutes dans Paris; le meurtrier est décapité en place de Grève. — 19 juin, augmentation du cadre de la gendarmerie parisienne. — 5 juillet, mesures rigoureuses prises pour l'admission aux écoles. — 20 juin, adoption de la loi des élections, dont la discussion a causé des troubles dans Paris. — 20 août, découverte d'un complot militaire en faveur de la famille de Napoléon; trois inculpés sont condamnés à mort un an plus tard. — 29 septembre, naissance du duc de Bordeaux, qui est baptisé à Notre-Dame, le 1er mai suivant.

27-29 janvier 1821, des pétards font explosion sur le passage du duc d'Angoulême et dans les environs des Tuileries; les auteurs de ces attentats restent inconnus. — 13 avril, ouverture du canal de Saint-Denis. — 21 juin, une ordonnance ne laisse à la garde nationale que six postes. — 20 octobre, mort du cardinal de Talleyrand-Périgord, archevêque de Paris; M. de Quélen lui succède.

3 janvier 1822, l'église Sainte-Geneviève est consacrée au culte. — 4 mars, troubles dans les églises, à l'occasion des prédications des missionnaires. — 5 mars, troubles à

l'école de Droit, dont les cours sont suspendus. — 22 avril, tumulte au Théâtre-Français, à l'occasion de la tragédie de *Sylla*, pièce remplie d'allusions à Napoléon. — 24 août, supplice en place de Grève, de Bories, Pommier, Raoux et Goubin, condamnés à mort par la cour d'assises de Paris, comme auteurs des troubles de La Rochelle. — 25 août, inauguration de la statue de Louis XIV sur la place des Victoires, et exposition des produits de l'industrie, au Louvre. — 17 septembre, organisation nouvelle de l'École Polytechnique, laquelle est mise sous la protection du duc d'Angoulême. — 18 novembre, troubles à la Faculté de Médecine, qui est supprimée, puis réorganisée.

1823. — 7 mars, la garde nationale proteste contre l'insubordination du sergent Mercier qui a refusé de mettre la main sur le député Manuel, expulsé par ses collègues. — 15 mars, départ du duc d'Angoulême pour la guerre d'Espagne. — 9 octobre, ordonnance pour l'achèvement de l'arc-de-triomphe de l'Étoile. — 23 novembre, ordonnance portant que les effets publics et les emprunts des gouvernements étrangers, seront côtés sur le cours authentique de la Bourse à Paris. — 2 décembre, entrée triomphale du duc d'Angoulême; réjouissances publiques dans Paris.

4 mars 1824, ordonnance portant que le prix Monthyon sera décerné par l'Académie française. — 15 août, rétablissement de la censure préalable des journaux. — 16 septembre, mort de Louis XVIII; son corps embaumé est exposé aux Tuileries dans la salle du Trône; un service funèbre est fait à Notre-Dame, le 20 septembre; les théâtres, la Bourse sont fermés pendant une semaine; plusieurs corps de marchands font célébrer chacun un service pour le monarque défunt. — 23 septembre, transport du cadavre royal à Saint-Denis; l'inhumation a lieu le 25 octobre.

16 septembre 1824, avénement de CHARLES X; le corps

municipal, la garde nationale vont lui rendre hommage. — 27 septembre, entrée du roi à Paris; il se rend à Notre-Dame au milieu des élans d'un enthousiasme général; la capitale est illuminée. — 29 septembre, abolition de la censure, qui cause une joie universelle. — 30 septembre, revue de la garde nationale et de la garde royale au Champ-de-Mars.

24 mai 1825, sacre du roi à Reims; il est reçu avec allégresse à Paris le 6 juin; une fête brillante a lieu à l'Hôtel-de-Ville. — 28 novembre, obsèques du général Foy; une souscription est ouverte à Paris pour les enfants de cet illustre député. Elle produit un million dans moins de six mois.

30 mars 1827, mort et funérailles du duc de Larochefoucauld-Liancourt; des désordres s'y commettent. — 17 avril, retrait de la loi contre la presse, déjà adoptée par la chambre élective. — 29 avril, revue de la garde nationale; à la suite des cris menaçants que quelques légions poussent contre les ministres, une ordonnance déclare la garde nationale licenciée. — 24 août, funérailles de Manuel; des troubles y ont lieu. — 19 novembre, élections libérales de Paris; elles sont suivies d'une illumination générale, et de quelques désordres.

8 août 1829, formation du ministère Polignac.

Juillet 1830, conquête d'Alger; Charles X se rend à Notre-Dame pour entendre le *Te Deum*, chanté à l'occasion de la prise de cette nouvelle colonie. — 25 juillet, impression dans le *Moniteur* des fameuses ordonnances, dont l'une suspendait la liberté de la presse, la seconde prononçait la dissolution de la Chambre des Députés, quoiqu'elle ne fût pas encore constituée, la troisième changeait entièrement la loi d'élection, la quatrième ordonnait la réunion des chambres pour le 28 septembre, et les deux autres faisaient de nombreux changements dans l'ordre administratif.

L'opinion publique est vivement émue. Quarante-quatre journalistes de l'opposition signent une protestation qui déclare les ordonnances illégales et l'intention formelle de résister, et qui appelle les députés élus à se réunir pour délibérer sur la marche à suivre. — Le 26 juillet la police fait briser les presses des journaux qui ont imprimé cette protestation, mais la journée finit sans que la tranquillité ait été troublée. Charles X donne au duc de Raguse le commandement de la division de Paris, forte de onze à douze mille hommes. Plusieurs réunions de députés libéraux eurent lieu, mais il n'en sortit aucune délibération; ils hésitaient à sortir de la légalité et à se jeter dans le mouvement.

27 juillet, quelques charges ont lieu dans la direction des boulevards, du Carrousel et du Palais-Royal. La force armée a le dessus et la tranquillité paraît se rétablir. Les rues désertes, et privées de la lumière des réverbères qu'on avait brisés, présentent un aspect triste et effrayant.

Mercredi 28 juillet, des barricades se forment partout, le peuple se prépare à une énergique résistance; des magasins d'armuriers sont pillés, et les enseignes de la royauté détruits; on opère le désarmement de plusieurs postes importants, entre autres de celui de l'Hôtel-de-Ville. — Une ordonnance royale met Paris en état de siége. — Les députés, réunis chez M. Audry de Puyraveau, envoient MM. Laffitte, Casimir Périer, Gérard, Lobau et Mauguin, chez le duc de Raguse pour lui demander une suspension d'hostilités, et le prier d'arracher au roi le retrait des ordonnances, et le renvoi des ministres; les ministres rejettent ces conditions et le roi ordonne au commandant de Paris de concentrer ses forces et d'agir avec des masses. — Cette journée vit des engagements meurtriers dans toutes les rues, et l'attaque de l'Hôtel-de-Ville, dont le peuple ne put encore se rendre maître; le soir, les troupes qui avaient défendu cet édifice se replient sur les Tuileries. — Un gouvernement provisoire s'organise, et les députés adoptent une protestation, rédigée par M. Guizot, en se promettant de se jeter dans le mouvement, si cette protestation n'a pas de résultat. — La nuit se passe dans ces alarmes ; la capitale présente un vaste champ de bataille, que rend plus effrayant l'obscurité profonde de la ville.

Jeudi 29 juillet, le gouvernement provisoire s'installe à l'Hôtel-de-Ville. — MM. de Sémonville et d'Argout vont à Saint-Cloud supplier le roi de rapporter les ordonnances, et reviennent avec une ordonnance qui prend cette décision, qui renvoie le ministère, et en nomme un nouveau composé d'hommes du parti libéral. — Le combat, qui s'est engagé à 7 heures du matin, s'étend dans toutes les rues ; le peuple s'empare du Louvre, et le duc de Raguse est forcé d'effectuer la retraite de ses troupes ; il se rend à Saint-Cloud. — Le nombre des morts monte à sept cent quatre-vingt-huit hommes du côté du peuple, qui eut aussi quatre mille cinq cents blessés. On n'a jamais su exactement les pertes de l'armée royale. — Partout, le peuple a montré la plus grande modération ; les édifices et les propriétés ont été respectés. — Ce jour-là, les députés se sont jetés dans l'insurrection. Le général La Fayette a été nommé général en chef de l'armée parisienne, et le général Gérard, chef des opérations actives, avec M. Pajol. — On installe à l'Hôtel-de-Ville une commission municipale, composée de cinq membres, et chargée des affaires générales ; la garde nationale est réorganisée ; on nomme provisoirement des administrateurs généraux ; la commission invite les bons citoyens à reprendre leurs travaux et met les établissements publics sous leur sauvegarde. — Les courriers, qui n'avaient pu partir depuis trois jours, vont porter aux départements la nouvelle de la révolution. — Le soir, trois commissaires envoyés de Saint-Cloud, viennent apporter à l'Hôtel-de-Ville les ordonnances qui changent le ministère, et retirent celles qui avaient causé tout le mal; mais la révolution était accomplie, et les commissaires ne reçurent d'autre réponse que ces mots : *Il est trop tard*.

Vendredi 30 juillet, les Parisiens sont en proie à une grande perplexité sur les résultats de la révolution ; on craint le retour de l'armée royale, qui peut à chaque instant recevoir des renforts; on se prépare à de nouveaux combats. — Les citoyens morts dans les journées du 28 et du 29 sont ensevelis devant le Louvre et sur quelques places publiques ; cette cérémonie simple et attendrissante a lieu devant une foule immense et recueillie. — On organise des souscriptions nationales en faveur des veuves, des orphelins et des blessés.

Cependant les députés, pour établir l'ordre sur des bases solides, et fermer la révolution qui vient de s'accomplir, appellent par une résolution solennelle M. le duc d'Orléans à la lieutenance-générale du royaume, tandis que la commission municipale nomme un ministère provisoire, proroge toutes les échéances commerciales de dix jours, en défendant toutes poursuites, distribue des secours aux ouvriers et aux parents des morts.

31 juillet, le duc d'Orléans, arrivé la veille au soir de Neuilly, accepte le titre de lieutenant-général. — La Chambre des Députés adopte le fameux manifeste aux Français, rédigé par M. Guizot, où étaient promis le rétablissement de la garde nationale, l'intervention des citoyens dans les élections municipales, le jury pour les délits de la presse, etc. — Les députés, ayant le duc d'Orléans à leur tête, se rendent ensuite à l'Hôtel-de-Ville, où se passe une scène d'enthousiasme et d'attendrissement.

2 août, abdication de Charles X et du duc d'Angoulême en faveur du duc de Bordeaux. — 3 août, départ du roi et de sa famille. — Ouverture de la session législative. 4 août, la Chambre des Députés se déclare en permanence.

— 5 août, M. Casimir Périer est nommé président. — 7 août, la Chambre appelle au trône, au nom du peuple français, Louis-Philippe, duc d'Orléans. La Chambre des Pairs adhère à cette déclaration. — 9 août, Louis-Philippe vient prêter serment de fidélité à la charte, que les Chambres viennent de réformer. — 16 août, Charles X s'embarque pour l'Angleterre, avec sa famille.

La restauration n'a produit en architecture aucun monument remarquable. Voici la liste des constructions de cette époque.

Le *quartier de François Ier*, situé aux Champs-Elysées. Une grande partie de terrain, située entre les avenues d'Antin et du Cours-la-Reine, et l'allée des Veuves, était occupée par des marais ; une compagnie de spéculateurs s'offrit pour remplacer ces marécages par un quartier (1823). Les constructions, commencées sur les dessins de M. Mazois, se sont bornées à des rues, celles de Jean Goujon et de Bayard ; il y a une place circulaire de 34 mètres de diamètre, appelée *place de François Ier*. La fontaine qui devait exister au milieu n'est pas encore achevée. Le seul ornement de ce quartier imparfait, quoique devant être par sa position un des plus agréables de Paris, est la *maison dite de François Ier*. Cette construction était située à Moret (forêt de Fontainebleau), où elle servait de rendez-vous de chasse. En 1826, le gouvernement la vendit à un amateur, qui, par les soins de M. Biet, architecte, l'a fait transporter pierre à pierre à Paris, et reconstruire sur un nouveau plan.

Cette charmante maison, bâtie dans le style de la renaissance, forme un carré parfait et se compose de deux étages élevés sur caves voûtées. La façade principale est exposée au midi ; les angles sont ornés de petits pilastres avec chapiteaux sculptés ; l'attique est embelli par des bas-reliefs représentant des génies supportant des écussons aux armes de France, enlacés dans des guirlandes de fleurs et de fruits. Au-dessus des arcades du rez-de-chaussée règne une frise sur laquelle sont sculptés des médaillons entourés d'ornements; ils représentent Louis XII, Henri II, François II, Marguerite de Valois, Anne de Bretagne et Diane de Poitiers. On attribue à Jean Goujon les sculptures qui décorent ce gracieux monument, lequel a été construit en 1572; l'intérieur n'offre rien de remarquable.

La *Synagogue* des juifs était située rue Sainte-Avoye. En 1819, on en construisit une nouvelle sur les dessins de M. Sylveira, rue Notre-Dame-de-Nazareth, n° 15. Cet édifice est peu remarquable.

Le *séminaire de Saint-Sulpice*, situé sur la place et auprès de l'église de ce nom, entre les rues Férou et du Pot-de-Fer, fut commencé en 1820. Sa façade principale se compose d'un corps central et de deux pavillons en saillie de chaque côté. Sa longueur est de 60 mètres. Au milieu de la façade on a construit un porche élevé de 7 degrés au-dessus du sol de la place; il est large de 10 mètres et profond de 4 mètres environ. Il présente trois arcades, au-dessus desquelles règne une terrasse de plein-pied avec le premier étage.

Les bâtiments de ce séminaire forment un parallélogramme, au centre duquel se trouve une cour carrée de 36 mètres, entourée d'une galerie couverte et en arcades. Ces bâtiments se composent d'un rez-de-chaussée construit sur des caves, et de trois étages surmontés, à l'exception de la façade, d'un étage de mansardes. Ils renferment 260 chambres, outre les salles d'exercice, réfectoires, parloirs, etc.

La *chapelle expiatoire* ou *monument de Louis XVI*, rue d'Anjou-Saint-Honoré. Le cimetière de l'ancienne église de la Madeleine était situé entre les rues d'Anjou et de l'Arcade. C'est là que furent déposées les dépouilles mortelles des victimes de la journée du 10 août 1792, de Louis XVI et de Marie-Antoinette, morts en 1793. Les cendres de ce roi et de son épouse y reposèrent jusqu'en 1815. Louis XVIII fit recueillir ce qui restait de ces tristes débris et les fit transporter à Saint-Denis. Il ordonna en même temps l'érection d'une chapelle expiatoire sur le lieu qui avait reçu ces dépouilles.

Ce monument, construit sur les dessins de Percier et Fontaine, est entièrement clos de murs, masqués par une plantation de cyprès. Des deux côtés de la chapelle règnent deux sortes de galeries, représentant des suites de tombeaux; ces cénotaphes devaient rappeler les noms des grands personnages victimes de la révolution. La chapelle a la forme d'une croix, dont les trois branches sont terminées par des hémicycles. Dans celui du milieu est un autel en marbre blanc, avec un christ et six flambeaux. Dans celui de droite est un groupe en marbre blanc, par Bosio, représentant Louis XVI, supporté par un ange; enfin, dans l'hémicycle de gauche, est un autre groupe en marbre blanc, par Cortot, représentant Marie-Antoinette et la Religion. Sur le socle du premier groupe est gravé le testament de Louis XVI; sur celui du second est écrite la lettre adressée par la reine à madame Elisabeth.

Au-dessus de la chapelle s'élève une coupole de 24 pieds de diamètre, qui repose sur quatre grands arceaux; les pendentifs sont ornés de bas-reliefs; des escaliers conduisent à des caveaux souterrains, où sont élevés des cénotaphes en mémoire du roi et de la reine, construits sur l'emplacement même où ont été trouvés leurs restes.

La *chapelle du cimetière du Père-Lachaise*, située sur la partie la plus élevée de ce cimetière, occupe un parallélogramme de 33 pieds de largeur sur 65 pieds de profondeur. Aux quatre angles extérieurs de ce monument sont des pilastres d'ordre dorique, qui soutiennent un entablement décoré de modillons et de triglyphes. Au levant et au couchant, cet entablement est surmonté d'un fronton;

on entre, du côté de l'ouest, par une grande porte entourée d'un chambranle qui supporte une corniche. De chaque côté du perron de sept marches qui précède cette entrée, sont des trépieds avec des cassolettes de fonte, posés sur des socles de pierre. Le nu des murs extérieurs est décoré de refends.

A l'intérieur règne la plus grande simplicité. L'autel, élevé de deux marches au-dessus du pavé, est en marbre blanc; à droite et à gauche, des socles de marbre bleu turquin supportent des candélabres en marbre blanc.

Le jour pénètre par une ouverture pratiquée au milieu de la voûte.

Cette chapelle, construite sur les dessins de M. Godde, a été inaugurée en 1834.

Notre-Dame-de-Bonne-Nouvelle, église située entre la rue Beauregard et la rue de la Lune, fut bâtie de 1624 à 1725. De grandes réparations y ont été faites en 1825 par M. Godde. Le portail, d'ordre dorique, est divisé en trois nefs non voûtées, séparées par des colonnes d'ordre ionique. Le maître-autel est placé dans un abside; au-dessus est une fresque peinte par Abel de Pujol.

Sainte-Elisabeth, rue du Temple, n° 107, fut érigée en 1628, et dédiée à sainte Elisabeth de Hongrie. Le portail est décoré de pilastres doriques et ioniques; l'intérieur, rebâtie en 1829, est d'ordre dorique.

Saint-Denis-du-Sacrement, n° 50, rue Saint-Louis au Marais, a été bâti de 1826 à 1835, sur l'emplacement des *filles du Saint-Sacrement*. C'est la troisième succursale du 8e arrondissement. Son portail est orné de quatre colonnes ioniques. L'intérieur est divisé en trois nefs. On y remarque quelques fresques d'Abel de Pujol et de Picot.

Saint-Pierre-du-Gros-Caillou. C'est par erreur que nous avons dit que les travaux n'avaient pas été repris depuis la révolution (page 416). Cette église, érigée en 1822, sur les dessins de M. Godde, est remarquable par sa beauté et sa simplicité. Le portail se compose de six colonnes toscanes, couronnées par un fronton. L'intérieur a 54 mètres de long sur 24 de haut. On n'y remarque aucune peinture digne d'examen.

Le *Grand-Opéra*, situé rue Lepelletier. Cette salle provisoire a été construite en 1820, après la démolition de celle de la rue de Richelieu. La façade se compose d'une série d'arcades au rez-de-chaussée, formant un double vestibule; son élévation est de 12 mètres; le vestibule intérieur est orné de colonnes doriques, et de chaque côté est un escalier qui conduit au premier rang de loges et au foyer. Cette salle peut contenir 1,940 personnes. L'Opéra reçoit du gouvernement une subvention annuelle de 760,000 francs.

Le *théâtre de Madame* ou le *Gymnase*, boulevard Bonne-Nouvelle, fut érigé en 1820. Son entrée est sur le boulevard. Ce théâtre qui peut contenir 1,280 spectateurs est destiné aux vaudevilles et aux comédies.

Le *théâtre des Nouveautés*, place de la Bourse, fut ouvert en 1827. La façade est ornée de colonnes ioniques et corinthiennes, de pilastres et de niches, où sont placées des statues. L'intérieur est de forme circulaire, et contient 1,300 personnes. Ce théâtre, après avoir servi longtemps à l'*Opéra-Comique*, est depuis 1840, occupé par le *Vaudeville*.

Le *théâtre Ventadour*, dans la rue Neuve-des-Petits-Champs, porta d'abord le nom de *théâtre Nautique*, puis de *théâtre de la Renaissance*. Après avoir vu périr plusieurs entreprises dramatiques, elle est échue aux *Italiens*. La façade principale présente une rangée de neuf arcades couronnées par un attique. Un portique formé par ces arcades conduit à un vestibule. L'intérieur de ce théâtre est semi-circulaire; les panneaux de la salle et les loges sont richement ornés; le plafond est peint par Ferry et représente une coupole; les figures qui le supportent sont de Klagmann. Le foyer est très riche. Ce théâtre contient 1,200 personnes.

L'*Ambigu-Comique*, boulevard Saint-Martin, a été construit par Stouff et Lecointe, et ouvert en 1828. La façade est ornée de colonnes supportant une corniche et son entablement; le péristyle est surmonté par une terrasse. Ce théâtre contient 1,900 places. On y joue des mélodrames et des vaudevilles.

Le *Cirque-Olympique*, boulevard du Temple, fut construit en 1827. Il a la forme d'un parallélogramme, et peut contenir 1,800 personnes. Ce spectacle se compose de mélodrames, ballets, pantomimes équestres. Il n'a lieu que pendant l'hiver.

Le *Gymnase des Enfants*, passage de l'Opéra, fut établi en 1829. Il rivalise avec le théâtre de M. *Comte*.

Théâtre de M. Comte, passage Choiseul. On y représente des vaudevilles et des comédies souvent entremêlées de danses. Les acteurs sont pour la plupart des enfants. M. Comte donne aussi des scènes de fantasmagorie, de ventriloquie et de prestidigitation.

Le *collége royal de Henri IV*, rue de Clovis, est situé sur une grande partie de l'emplacement de l'abbaye de Sainte-Geneviève. L'aile occidentale est du XIVe siècle; et la tour du XVIe. La façade de la rue Clovis fut bâtie en 1825. Sous l'empire, ce collége porta le nom de *lycée Napoléon*. C'est là que les princes de la famille royale actuelle ont fait leurs études.

L'*école centrale des Arts et Manufactures*, rue de Thorigny, fut fondée en 1828 et établie sur le plan de l'école Polytechnique. Elle a pour but l'éducation des ingénieurs civils, directeurs de manufactures, etc.

L'*hospice Le Prince*, n° 85, rue Saint-Dominique, fut fondé en 1819, en exécution du vœu de Le Prince. Il contient vingt vieillards, qui sont soignés par des sœurs de la Charité.

L'*hospice militaire du Val-de-Grâce* occupe les bâtiments de cette abbaye. Il fut créé sous l'empire et réparé en 1825. On y compte mille lits.

L'*infirmerie de Marie-Thérèse*, rue d'Enfer, n° 86, a été fondée en 1819, par madame de Châteaubriand, en faveur d'ecclésiastiques pauvres et de femmes bien élevées, maltraitées par le sort. Elle ne contient que quinze lits.

Les *dames Saint-Michel* furent établies à Paris en 1821, au faubourg Saint-Jacques. Ces dames se consacrent à recueillir et à ramener à la vertu les filles coupables qui veulent expier par leur repentir le scandale de leur vie privée.

L'*asile royal de la Providence*, rue du Cherche-Midi, fut fondé en 1824. C'est une maison de retraite pour les individus des deux sexes âgés de 60 ans au moins.

Le *dépôt de la préfecture de Police* est situé dans les bâtiments de cette administration. Il a été construit en 1828. C'est là que sont mises les personnes arrêtées temporairement par la police. La *salle Saint-Martin* est occupée par ceux qui peuvent payer la nourriture et le logement.

Le *pont de l'Archevêché* se compose de trois arches ayant de 18 à 20 mètres de largeur. Ce pont, construit en 1828, va de la pointe orientale de la Cité au quai de la Tournelle.

Le *pont d'Arcole*, construit en 1828, établit la communication entre la place de Grève et la Cité. Il est suspendu à des chaînes de fer; une maçonnerie en pierres de taille, surmontée d'une espèce de porte, le soutient vers son milieu. Ce pont, appelé jusqu'en 1830 *pont de Grève*, a pris sa dénomination nouvelle d'un jeune homme qui y perdit la vie, le 28 juillet, en allant poser le drapeau tricolore sur le milieu de ce pont. Il ne sert qu'aux piétons.

Le *pont des Invalides*, communique du quai de la Conférence au quai d'Orsay. Construit en 1825, il consiste en trois travées suspendues par des chaînes de fer. Sa longueur est de 361 pieds et sa largeur de 26. L'ouverture de la principale travée est de 206 pieds. Il sert au passage des plus grosses voitures.

Le *marché au beurre, aux œufs et au fromage,* bâtiment triangulaire, situé au nord du marché des Innocents, a été construit en 1822.

Le *marché des Blancs-Manteaux,* fondé en 1819, occupe l'emplacement du couvent des filles hospitalières de Saint-Gervais.

Le *marché des Carmes* ou de la *place Maubert,* établi en 1818 sur l'ancien couvent des Carmes, ressemble à celui du marché Saint-Germain, qui est vaste et commode.

La *halle aux Poissons,* bâtie en 1822, occupe l'emplacement de l'ancien pilori et de la place qui portait le nom de *Carreau de la Halle,* entre les rues de la Tonnellerie et du Pilier-d'Etain. Sa forme est un parallélogramme de 49 mètres de long sur 28 de large. Elle est ornée de 28 colonnes posées sur des socles en pierre; elle a à l'extérieur plusieurs bornes-fontaines, et à l'intérieur plusieurs petits bassins où l'eau coule sans cesse. C'est là que le poisson arrive chaque matin; il est immédiatement mis aux enchères et adjugé par pièces ou par lots à celui qui offre le prix le plus élevé.

Passages. Il y a quarante ans, Paris n'avait encore que des passages sales, étroits, incommodes, privés de jour et d'air. Le *passage des Panoramas* parut alors une merveille. C'est un des premiers qui aient été construits à Paris. En 1821, on entreprit les galeries qui communiquent du boulevard des Italiens au théâtre de l'Opéra. La *galerie Vivienne* fut construite en 1823, sur l'emplacement du jardin du restaurateur Grignon. Elle va par crochets, de la rue Vivienne aux rues des Petits-Pères, et Neuve-des-Petits-Champs. Le *passage Véro-Dodat,* situé en face de la rue Montesquieu, et menant de la rue du Bouloy à celle de Grenelle-Saint-Honoré, doit son nom à deux riches charcutiers, MM. Véro et Dodat, qui le firent construire en 1823. C'est un des plus agréables. Le *passage de Henri IV*, qui conduit de la rue Mazarine à la rue de Seine, a été achevé en 1824. Le *passage Violet*, entre les rues Hauteville et du faubourg Poissonnière, fut terminé en 1823 ; il est découvert. Le *passage d'Artois* ou *Laffitte*, qui va de la rue Laffitte à la rue Lepelletier, fut ouvert en 1828. A la même époque, on a construit la *galerie Colbert*, qui va par crochet de la rue Neuve-des-Petits-Champs à la rue Vivienne ; la *galerie Choiseul*, qui va de la rue Neuve-des-Petits-Champs à la rue Neuve-Saint-Augustin, etc. Depuis lors, le nombre des passages s'est fort augmenté. La plupart sont des bazars très animés et très bien bâtis.

Le *marché aux légumes* fut construit en 1818, sur l'emplacement qui servait autrefois de halle pour la viande. Une eau abondante y jaillit de cinq bornes-fontaines.

La *caserne des sapeurs-pompiers* fut bâtie en 1821, sur l'emplacement d'anciens bâtiments qui faisaient partie du couvent des Capucins. Elle est située rue de la Paix, n° 4, et se compose de trois arcades surmontées de deux étages.

Le *bureau central de vérification de l'octroi de Paris*, rue Chauchat, fut élevé de 1821 à 1824, sur une partie de l'ancien hôtel Grange-Batelière, sur les dessins de M. Luçon. Cet établissement, qui a 80 mètres de longueur sur 16 de largeur, contient quatorze magasins servant de lieu de dépôt aux marchandises que les particuliers confient à l'administration ; il est destiné à éviter aux particuliers la vérification des malles, collis, caisses, etc., qu'ils veulent introduire dans Paris. La visite se fait sous les yeux des particuliers. On peut y laisser en dépôt, pour un temps plus ou moins long, ses marchandises. Ces dépôts, étant très peu importants, la ville a résolu de convertir en marché cette construction et de la remplacer par des hangars auprès des barrières.

La *Caisse d'épargne*. Cette institution, qui ne remonte qu'à 1818, en France, a pour objet de recevoir en dépôt les sommes qui sont confiées à l'administration, et d'aider les personnes laborieuses à se créer des économies. La caisse reçoit les dimanches et lundis, depuis 1 jusqu'à 300 fr. par dépôt. Aucun déposant ne peut avoir à son compte plus de 2,000 fr. en capital. L'intérêt de quatre pour cent est réglé tous les ans, et ajouté au capital pour produire des intérêts. Les dépôts peuvent être retirés à volonté en tout ou en partie, en prévenant huit jours d'avance. Cette caisse, située rue Croix-des-Petits-Champs, à la Banque de France, a huit succursales dans Paris, et plusieurs dans la banlieue.

La *fontaine de Gaillon*, placée entre les rues du Port-Mahon et de la Michodière. Elle forme, par l'élégance de ses sculptures, l'ornement du quartier où elle est située. Elle date du règne de Charles X.

L'*Académie royale de Médecine*, 8, rue de Poitiers, a été fondée sous la Restauration ; elle se compose de 75 académiciens titulaires, 60 honoraires, 30 associés libres et 80 associés ordinaires. L'objet principal de ses travaux est de répondre aux questions du gouvernement touchant les épidémies, les épizooties, la médecine légale, etc., elle se divise en trois sections consacrées à la médecine, à la chirurgie, à la pharmacie.

Sous le règne Louis XVIII, on s'occupa de l'embellissement et de l'assainissement des rues. Le canal de l'Ourcq, la Bourse, furent continués ; les alignements des rues suivis avec rigueur. On commença à répandre l'éclairage au gaz ; on propagea l'établissement des bornes-fontaines. On éclaira pour la première fois l'horloge de l'Hôtel-de-Ville (1822). La coupole Sainte-Geneviève fut peinte par Gros (1824). On restaura les peintures de la coupole du dôme des Invalides (1819). On éleva un monument à Malesherbes dans la salle des Pas-Perdus, au Palais de Justice (1822). La statue de Henri IV fut érigée sur le Pont-Neuf (1818); celle de Louis XIII, sur la place Royale (1820); celle de Louis XIV, sur la place des Victoires (1823). La place Royale subit quelques changements; en 1824, on y construisit quatre fontaines en pierres, au milieu de quatre pièces de gazon; elles produisent un très bel effet; mais ne remplacent pas la belle gerbe qui s'élevait au centre avant l'érection de la statue de Louis XIII. La cathédrale fut réparée : on plaça sur le trumeau de la porte latérale (nord) du grand portail (1818), une statue de la Vierge, ouvrage du XIVe siècle, enlevée à la chapelle de Saint-Aignan, pour remplacer celle qui avait été brisée pendant la révolution; on éleva dans cette église un monument à la mémoire de du Belloy. Les autres monuments religieux éprouvèrent des restaurations analogues. On répara le Palais de Justice et on démolit les masures extérieures qui l'entouraient. Le marché Saint-Jacques-la-Boucherie fut reconstruit sur un plan régulier. La porte Saint-Martin fut réparée. On enleva les échoppes qui masquaient la colonnade du Louvre, et on planta à leur place des pièces de gazon. Des travaux importants amenèrent la création d'allées nouvelles aux Champs-Élysées. L'esplanade des Invalides fut considérablement agrandie et embellie.

Le vaste espace compris entre la rue Caumartin et l'église de la Madeleine, le boulevard de ce nom et la rue Neuve-des-Mathurins, n'était occupé, avant 1820, que par des chantiers de bois. En 1820, on perça la rue Godot-de-Mauroy; dans les années suivantes, celles de Tronchet, Chauveau-Lagarde, Desèze, Neuve-de-la-Ferme-des-Mathurins. Depuis 1830, ce quartier s'est fort agrandi. Il est maintenant couvert de rues, et les chantiers ont presque entièrement disparu.

On doit à Louis XVIII l'acquisition du zodiaque de Denderah, qui décore la Bibliothèque royale. Sous son règne, la caisse de prévoyance fut fondée, et le régime des hospices et prisons amélioré. L'enseignement mutuel, introduit en France sous le ministère Carnot, pendant les Cents-Jours, prit un essor qui ne s'est pas ralenti depuis.

Le règne de Charles X a vu élever et changer la Bourse et l'Entrepôt des Vins, s'élever les ponts des Invalides et d'Arcole. Le Jardin du Roi reçut des augmentations et des accroissements considérables. On commença à construire l'église Notre-Dame-de-Lorette. Plusieurs autres églises furent restaurées. Charles X encouragea les arts : c'est à lui que la France est redevable du musée d'antiquités égyptiennes, et la belle suite de vases grecs peints, ainsi qu'une foule d'objets curieux provenant de Pompéï et d'Herculanum. Les galeries qui renferment ces richesses précieuses ont été peintes sous son règne.

M. Debelleyme, nommé préfet de police, en 1828, donna une direction nouvelle à cette administration : le corps des sergents de ville comprima la prostitution qui ne s'était jamais montrée plus éhontée depuis l'empire; il rendit beaucoup de services à Paris, sous le rapport de la sûreté, de la salubrité et de la propreté de cette ville.

Telle est l'histoire de Paris sous les deux rois qui ont rempli l'ère de la restauration. On comprendra pourquoi nous nous abstenons de parler de l'état politique de la capitale à cette époque; les événements sont trop rapprochés de nous pour que nous croyons convenable de nous y arrêter plus longtemps.

CHAPITRE XXIII.

PARIS SOUS LOUIS-PHILIPPE Ier.

(1830 — ....)

Par les mêmes motifs de réserve qui nous ont empêché de faire le tableau des mœurs parisiennes pendant le temps de la restauration, nous nous abstiendrons de faire l'historique de ce règne, commencé en 1830. Nous nous bornerons à présenter la notice la plus complète des établissements qui ont été fondés, ou des monuments qui ont été terminés dans la période de ces douze dernières années (1830-1843).

La Madeleine. — Nous avons vu (page 371) que la construction de cet édifice avait été entreprise en 1764, et suspendue pendant l'ère révolutionnaire. En 1806, les travaux furent repris ; Napoléon ordonna l'achèvement du monument qui devait être converti en *Temple de la Gloire*. Sur de longues tables d'or, d'argent, de bronze et de marbre, on aurait inscrit les noms des militaires signalés par leur courage et leurs exploits. Les statues des maréchaux de France et des généraux auraient également décoré l'intérieur de cet édifice. M. P. Vignon, architecte, fut chargé de la conduite des travaux. A l'exception de quelques constructions et des fondations, tout fut démoli ; on recommença sur de nouveaux frais, et bientôt on vit s'élever, sur un soubassement d'environ 5 mètres de haut, cinquante-deux colonnes corinthiennes de 15 mètres de hauteur et de 2 mètres de diamètre. Sous la restauration, le temple de la Gloire redevint *l'église de la Madeleine*, destinée à recevoir les monuments commémoratifs de Louis XVI et de sa famille. Les travaux interrompus un instant, reprirent en 1816, mais avec lenteur. Enfin, depuis 1830, M. Huvé, qui a remplacé M. Vignon, a continué cette construction et l'a entièrement terminée.

Cette église a la forme et le style d'un temple antique : c'est un vaste parallélogramme de 100 mètres de long sur 42 de large; les deux faces antérieure et postérieure présentent huit colonnes chacune, et dix-huit colonnes occupent chacune des faces de la longueur. Au nord et au midi sont deux vastes perrons : celui qui fait face à la place Louis XV a trente marches et offre la principale entrée : cette entrée est surmontée d'un fronton, orné d'un bas-relief de 37 mètres de long sur 7 mètres 50 centimètres de hauteur; il est dû à M. Lemaire, qui l'a achevé en 1834, et représente le *Jugement dernier*. Au milieu du fronton est le Christ; à sa gauche, la Madeleine est à genoux et semble implorer le pardon des pécheurs placés derrière elle et figurés par les sept péchés capitaux; un ange, armé d'une épée flamboyante, les repousse; à la droite du Christ, un autre ange vient de sonner la trompette du Jugement dernier; derrière lui, sont les Vertus théologales personnifiées. Le fronton du côté du nord n'est pas encore fait; c'est derrière ce dernier qu'on a ménagé un espace où on placera les cloches.

La porte principale a été composée et exécutée par M. H. de Triquetti, et fondue en bronze, sous sa direction, par MM. Richard, Eck et Durand; elle a 10 mètres de hauteur sur 5 de largeur, et représente les commandements de Dieu. Les deux premiers sont contenus dans l'imposte; les troisième, quatrième, cinquième et sixième dans le battant de gauche, et les autres dans celui de droite. Autour de cette porte, est d'un côté la statue de saint Philippe, de l'autre celle de saint Louis. La galerie de droite, partant toujours de la façade, présente les statues des saints Gabriel, Bernard, Hilaire, Iréné, François de Sales, Martin de Tours, Grégoire et Raphaël, et des saintes Thérèse, Cécile, Adélaïde, Hélène, Agathe et Agnès.

La galerie de gauche présente les statues des saints Michel, Denis, Charles Borromée, Ferdinand, Jérôme, Grégoire-le-Grand, Jean Chrysostôme, de l'Ange Gabriel, et des saintes Anne, Élisabeth, Christine, Jeanne de Valois, Geneviève et Marguerite d'Écosse. La face de la rue Tronchet offre les statues des quatre évangélistes. Voilà pour l'extérieur.

L'église est une nef simple, éclairée par trois coupoles : on y arrive par un porche intérieur, dont les extrémités sont occupées par deux chapelles, celle des fonts baptismaux et celle des mariages. Un petit ordre ionique orne les divisions de la nef, qui présente six chapelles latérales, trois de chaque côté : le même ordre décore également le rond-point par lequel la nef se termine, et dont le centre est occupé par le maître-autel. Les six grands espaces demi-circulaires au-dessus des chapelles, sont ornés de peintures représentant la vie de sainte Madeleine. Autour du mur du rond-point s'étend un grand bas-relief. L'intérieur de cette église est remarquable par sa magnifique décoration. Partout l'éclat des dorures rehausse des revêtements en marbre, de superbes sculptures et peintures. Une balustrade en marbre blanc encadre toutes les constructions qui s'adossent au grand mur d'enceinte. On admire la grande composition peinte sur l'abside par M. Ziégler, qui représente l'*histoire du Christianisme*. Dans les pendentifs de chaque dôme sont les apôtres sculptés par MM. Rude, Foyatier et Pradier, et sur le plafond du vestibule d'entrée, la Foi, l'Espérance et la Charité, par MM. Guersent, Lequien et Brion. Les bénitiers sont de M. Moine. Sur le maître-autel est le Ravissement de la Madeleine, par M. Marochetti. Dans les chapelles sont Vincent de Paul, saint Augustin, sainte Amélie, sainte Clotilde, Jésus-Christ et la Vierge.

Tout l'édifice est couvert d'un toit à deux égouts, formé d'une charpente en fer et de tables de cuivre. Une grille entoure le monument, qui a été livré au culte en 1842.

L'*église Saint-Vincent-de-Paul*, située au haut de la rue Hauteville, sur la partie la plus élevée du faubourg Poissonnière, a été commencée en 1824. Le plan est un rectangle dirigé du nord au midi. La façade est décorée d'un portique à trois rangs de colonnes ioniques, couronnées par un fronton triangulaire. Les dimensions à l'extérieur sont de 80 mètres sur 36, et à l'intérieur de 66 sur 34. Ce beau monument, élevé sur les dessins de MM. Lepère et Ytorf, n'est pas encore terminé.

Notre-Dame-de-Lorette. Cette église, située au bout de la rue Laffitte, a été commencée en 1824 et terminée en 1836, sur les dessins de M. Hippolyte Lebas, et sous la surveillance de M. Dommey. Elle a la forme d'un carré long, présentant une largeur de 33 mètres sur 70 mètres de longueur. La plus grande hauteur, prise de la coupole, est de 19 mètres. Des trottoirs et des grilles l'isolent de tous côtés. La façade principale présente, au milieu, un avant-corps de même largeur que la grande nef, et formant un portique orné de quatre colonnes d'ordre corinthien de 13 mètres de proportion ; ce portique est surmonté d'un entablement dans la frise duquel est gravée l'inscription : *Beatæ Mariæ virgini Lavretanæ* (à la bienheureuse vierge Marie de Lorette). Tout cet avant-corps soutient un fronton dont les trois angles offrent les statues de la Foi, de l'Espérance et de la Charité, par MM. Foyatier, Lemaire et Laitié, et dont le tympan présente un bas-relief de Nanteuil, dont le sujet est l'adoration des anges devant la Vierge et l'enfant Jésus. Une large porte au milieu du portique et deux portes latérales, ouvertes sur la face de l'arrière-corps, donnent entrée dans l'église.

L'ordre ionique remplace à l'intérieur l'ordre corinthien du portique. La nef est séparée, des deux bas-côtés, par quatre rangées de chacune huit colonnes. Elle est enfermée, près de l'entrée, par un porche supportant le buffet d'orgue, et à l'extrémité, par le chœur, garni de stalles et par l'hémicycle du maître-autel. Quatre chapelles principales forment les quatre angles des bas-côtés. La première, à droite en entrant, est consacrée au baptême; M. Royer a été chargé de sa décoration; la cuve des fonts baptismaux, exécutée en bronze sur les dessins de M. Lebas, est surmontée d'une statue de saint Jean-Baptiste, ouvrage de M. Duret. A l'extrémité du bas-côté est la chapelle de la communion, peinte par M. Perrin. En face, de l'autre côté du chœur, est la chapelle de la Vierge ou des mariages, décorée par M. Orsel; la statue en marbre de la Vierge est de M. Dumont. Dans la quatrième chapelle, celle des morts, les peintures sont de M. Blondel. Outre ces chapelles, il en existe six autres dédiées aux saints Hippolyte, Hyacinthe, Philibert, Etienne, et aux saintes Thérèse et Geneviève. Les peintures sont de nos meilleurs artistes. Au milieu de la nef se trouve à droite la chaire à prêcher en chêne sculpté. Deux séraphins de M. Elshoëct soutiennent l'abat-voix.

Deux rangées de colonnes supportent les côtés intérieurs de la nef qui représentent l'histoire de la Vierge. Au-dessus des orgues, à l'entrée du chœur, sont les quatre prophètes; au-dessus des statues, on voit divers tableaux de MM. Heim, Drolling, Picot. La coupole est supportée par quatre pendentifs représentant les quatre évangélistes; elle est peinte par M. Delorme. Le maître-autel se compose d'un baldaquin appuyé sur quatre colonnes de granit oriental, avec bases et chapiteaux en bronze doré; deux anges se reposant sur la boule du monde, sculptés par M. Elshoëct, lui servent de couronnement. Sur la table de l'autel est un groupe en bronze doré de la Vierge et du Christ, par M. Nanteuil. De chaque côté de l'autel sont deux anges en adoration.

Cette église est resplendissante de dorures et de peintures; elle ressemble plus, par la richesse de ses décors, à un musée qu'à un temple chrétien.

L'*Assomption*. Cette église est maintenant succursale de la Madeleine. La chapelle contiguë à l'église, construite en 1822 et dédiée à Saint-Hyacinthe, sert aujourd'hui de caserne.

Saint-Julien-le-Pauvre, en face de l'Hôtel-Dieu, a été mis aux enchères en avril 1843, pour être démoli.

L'*Hôtel-Dieu*. Nous avons vu (page 105) l'origine de cet hospice et son histoire jusqu'au temps de saint Louis. Les successeurs de ce prince, principalement Henri IV, Louis XIII, Louis XIV, Louis XV, le comblèrent de bienfaits, contribuèrent à son agrandissement et lui firent des donations. Louis XVI avait fait porter le nombre des lits à deux mille quatre cents pour trois mille malades ; mais la misère a souvent porté le nombre des malades de cinq à six mille, qui étaient obligés de coucher jusqu'à quatre dans un lit. On s'occupa, en 1786, du projet de quatre hôpitaux, qui seraient situés hors des barrières et remplaceraient l'Hôtel-Dieu ; mais les événements n'en permirent pas l'exécution. En 1793, on distribua les malades d'après la nature de leur maladie, dans divers hôpitaux récemment créés ou déjà existants. L'Hôtel-Dieu se trouva déchargé de la grande quantité de pauvres qui s'y rendaient autrefois. Les salles renfermèrent des lits suffisamment espacés où les malades couchèrent seuls. Les pauvres des deux sexes y sont reçus : douze salles sont réservés pour les hommes et onze pour les femmes ; elles contiennent mille deux cent soixante lits. Il y a des jardins pour les convalescents des deux sexes, qui sont séparés. Enfin on y trouve une pharmacie, une lingerie, des bains, des salles pour la visite, un amphithéâtre de démonstration, etc. Les religieuses de saint Augustin soignent les malades.

L'Hôtel-Dieu est composé d'une réunion de bâtiments irrégulièrement disposés, construits et ajoutés les uns aux autres en différents temps. Le portail fut bâti en 1793.

Le vestibule, élevé en 1804, est orné des bustes de Bichat et de Dussault. L'amphithéâtre est entouré des portraits des plus célèbres médecins de l'hospice. Les constructions s'étendent sur la partie septentrionale et sur la partie méridionale de Paris; elles communiquent entre elles par le *pont Saint-Charles*, exclusivement consacré au service de l'hôpital. Une partie des bâtiments qui se trouvaient sur la rive gauche de la Seine est tombée pour faire place à la prolongation de la ligne des quais. La chapelle fut bâtie vers 1380, aux frais d'Oudard de Maucreux; on l'a démolie en 1802. Depuis cette époque jusqu'en 1843, c'est une partie de l'ancienne église de Saint-Julien-le-Pauvre, qui a servi de chapelle à l'Hôtel-Dieu. On ignore si on en bâtira une nouvelle pour remplacer cette dernière qui vient d'être vendue.

L'hôpital des Vénériennes (femmes), situé rue de l'Oursine, n° 95, a été établi dans la *maison de refuge*, fondée par M. Debelleyme; il contient trois cents lits. Le nombre des malades admises en 1840 a été de trois mille quatre-vingt-trois.

L'hospice de la Salpétrière ou *de la Vieillesse* (femmes). Nous avons déjà parlé de cet établissement (page 365). Depuis 1802, les habitants de cet hospice sont divisés en cinq classes: 1° les reposantes ou femmes vieillies au service; 2° les infirmes octogénaires; 3° les femmes septuagénaires affectées de maladies incurables; 4° les indigents; 5° les personnes épileptiques et aliénées. Le nombre des lits est de cinq mille.

L'hôpital militaire du Gros-Caillou, rue Saint-Dominique, fut fondé par le duc de Biron, en 1765, pour les gardes françaises. Il contient sept cents lits et en contiendra bientôt cinq cents de plus par suite de l'agrandissement qu'on lui donne.

L'hôpital militaire de Picpus, rue de Picpus, n° 18, est succursale du Val-de-Grâce et institué sur les mêmes bases.

L'hospice de Villas a été fondé en 1835, par l'administration des hospices civils de Paris, en vertu du testament de M. de Villas, un des fondateurs de l'entrepôt de Bercy, qui a légué son immense fortune à cette institution. Cet hospice est destiné aux vieillards ayant au moins soixante-dix ans, atteints d'infirmités incurables, et inscrits au contrôle des pauvres.

Bicêtre. Nous avons parlé de cet hospice (page 365) et de sa fondation; il était destiné à toute espèce de malades. Les sexes, les âges, les infirmités y étaient confondus. Depuis la révolution, de nombreux changements ont été opérés dans cet établissement. Sa prison a été supprimée en 1837 et transportée dans la rue de la Roquette; l'hospice renferme des fous, des vieillards des deux sexes, etc. Un grand nombre sont occupés à divers travaux, métiers et arts. La population de Bicêtre monte à plus de trois mille habitants.

On y remarque un magnifique puits, ouvrage de Boffrand, creusé dans le roc vif, à la profondeur de 171 pieds. Ce puits a 15 pieds de diamètre. L'eau est puisée par deux sceaux pesant chacun quatre cents livres, que fait monter et descendre un mécanisme ingénieux; elle se déverse dans un réservoir de 53 pieds carrés, d'où elle se distribue, au moyen de tuyaux, dans toutes les parties de la maison.

Paris renferme de nos jours un grand nombre de sociétés charitables. Voici les principales : *L'établissement des blessés indigents*, rue du Petit-Musc, n° 9; les *maisons de secours aux noyés et asphyxiés*, le long des rives de la Seine; la *société maternelle*, rue de Richelieu, n° 89, qui vient au secours des pauvres mères de famille; la *société philanthropique*, rue du Grand-Chantier, n° 12, fondée en 1780: la *société de la Providence*, rue des Pyramides, n° 5; la *société protestante de prévoyance et de secours mutuel*, rue de l'Arbre-Sec, n° 46; la *société anglaise de charité*, rue du Faubourg-Saint-Honoré, n° 37; la *société des enfants en faveur des vieillards*, rue Coq-Héron, n° 5; *l'institution pour les jeunes filles délaissées*, rue Notre-Dame-des-Champs; la *société charitable de Saint-François-Régis*, qui fournit des fonds nécessaires aux pauvres gens, pour faire cesser leur concubinage et faire légitimer leurs enfants.

Dans chacun des douze arrondissements se trouve un *bureau de charité*, où sont délivrés des secours aux personnes âgées ou infirmes, et aux femmes pauvres ayant une famille nombreuse. Ces bureaux sont sous la direction du préfet de la Seine et du conseil général des hospices. Les secours consistent en distribution d'aliments, de bois, de lits, d'habillements, etc.

Nous avons mentionné dans le cours de cet ouvrage plusieurs écoles ou colléges actuellement existants. Voici ceux dont nous n'avons pu parler : le *collége Stanislas*, rue Notre-Dame-des-Champs; il ne reçoit que des internes; le *collége des Écossais*, rue des Fossés-Saint-Victor, n° 25; le *collége des Irlandais*, rue des Irlandais, n° 5, construit en 1780 : il possède une belle bibliothèque, et renferme cent élèves.

Il existe un grand nombre d'écoles d'instruction primaire, sous la direction des frères de la doctrine chrétienne et des religieuses de diverses communautés, ou d'enseignement mutuel. On compte cent vingt écoles primaires, vingt-quatre asiles, vingt-six classes d'adultes, etc.

Saint-Lazare, rue du Faubourg-Saint-Denis, n° 117. Cette prison était autrefois le couvent des Lazaristes; elle est destinée à recevoir les femmes détenues préventivement, ou condamnées à un emprisonnement dont le terme n'excède pas une année. Elles sont occupées à des travaux propres à leur sexe. Le régime de cette maison est excellent. Le service intérieur est confié aux sœurs de la charité.

Les *Madelonnettes*, rue des Fontaines-du-Temple,

n° 16, occupent les bâtiments des filles de la Madeleine. Cette prison reçoit les femmes condamnées pour dettes et pour délits, et les jeunes filles renfermées par correction paternelle.

La *prison pour Dettes*, rue de Clichy, est nouvellement construite. Chaque prisonnier a une cellule séparée, et reçoit 30 fr. par mois de celui qui le fait incarcérer. Avant la construction de cette maison, les prisonniers pour dettes étaient placés à Sainte-Pélagie.

La *Grande-Force*, rue du Roi-de-Sicile, n° 18, renferme les prévenus de délits ou de crimes. C'est une des plus vastes prisons de Paris et des mieux distribuées.

La *Petite-Force*, rue Pavée, n° 22, renferme les prostituées. On les occupe à divers travaux.

La *prison de l'Abbaye*, rue et place Sainte-Marguerite, est destinée aux militaires. Elle fut le théâtre des massacres de septembre en 1792.

La *Conciergerie*, située sous les voûtes du Palais de Justice, reçoit les individus mis en arrestation, dont on instruit les procès criminels.

La *prison de Montaigu*, rue des Sept-Voies, n° 16, occupait une partie de l'ancien collège de Montaigu; elle était consacrée aux déserteurs et aux accusés militaires. En 1842, les prisonniers ont été transférés dans la nouvelle *prison du conseil de guerre*, rue du Cherche-Midi, et les bâtiments de Montaigu ont été affectés à la bibliothèque Sainte-Geneviève.

Sainte-Pélagie, rue de la Clef, était jadis un couvent de religieuses. On y renfermait autrefois les prévenus pour dettes. Cette prison est maintenant consacrée aux détenus politiques, à quelques prévenus de vol, et aux individus condamnés à un emprisonnement qui n'excède pas un an. Il y a de quatre cents à cinq cents détenus, logés séparément. Le régime de la maison est extrêmement sévère.

La *prison pour les Jeunes Détenus*, rue de la Roquette, n° 43, vient d'être construite sur les dessins de M. Lebas. Le bâtiment offre un hexagone régulier, ayant des tourelles aux angles. Six autres bâtiments, ayant six cours séparées, l'entourent; chaque cour contient un grand réfectoire et deux ateliers de travail.

La *prison de la Roquette*, rue de ce nom, près le Père-Lachaise, reçoit les prisonniers condamnés aux travaux forcés ou à la mort. Elle vient d'être bâtie par M. Gau, et peut contenir trois mille personnes; elle est bien aérée, fortement construite. C'est là qu'est mis en pratique l'isolement des détenus.

Plusieurs sociétés existent pour l'amélioration du sort des prisonniers. Telles sont la *société pour le soulagement et la délivrance des prisonniers pour dettes*, sous la présidence de l'archevêque; la *société royale pour l'amélioration des prisons*, destinée à réformer les abus qui peuvent se glisser dans leur administration; la *société pour le patronage des jeunes libérés*, fondée en 1823, et qui concourt à la moralisation des jeunes prisonniers, en leur fournissant, à l'expiration de leurs peines, des moyens d'existence.

Le *palais de l'Élysée-Bourbon*, situé rue du faubourg Saint-Honoré, avenues de Marigny et de l'Élysée-Bourbon aux Champs-Élysées, fut construit, en 1718, sur les dessins de Molé, pour le comte d'Évreux; c'est un des plus beaux hôtels de Paris. La marquise de Pompadour en fit l'acquisition et l'occupa; elle agrandit considérablement le jardin. Après sa mort, Louis XV l'acheta du marquis de Marigny, pour en faire un hôtel des ambassadeurs extraordinaires. Ce palais appartint ensuite au financier Beaujon (1773), et à la duchesse de Bourbon. En 1792, il fut déclaré propriété nationale et passa entre les mains de différents spéculateurs qui y établirent des jeux, des restaurants, etc. En 1804, il devint la propriété de Murat, qui l'occupa jusqu'à son départ pour Naples; il fut la résidence favorite de Napoléon, jusqu'en 1814. L'empereur de Russie et Wellington y logèrent. En 1816, Louis XVIII en fit don au duc de Berry, qui y demeurait lorsqu'il fut assassiné par Louvel. Depuis 1830, une loi a affecté l'Élysée-Bourbon comme résidence de la reine en cas de veuvage.

On remarque dans ce palais le salon des aides de camp, celui de réception et le salon de travail, qu'affectionnait Bonaparte.

L'*Hôtel-de-Ville*, situé place de Grève. Cet édifice fut commencé sous le règne de François Ier, en 1533 (*voy.* p. 205), et terminé en 1605. La façade se compose d'un grand bâtiment flanqué à ses extrémités de deux avant-corps percés d'une arcade. Sur le milieu est un campanille où se trouve une horloge exécutée par Lepaute, en 1781. Au-dessus de la porte principale est un bas-relief représentant Henri IV à cheval. Une série de niches renferme les statues des magistrats les plus célèbres de Paris, depuis les premiers temps. L'architecture du monument n'est pas uniforme; elle se ressent du long espace de temps qu'on a mis à le construire, et du passage du genre gothique au genre de la renaissance.

Cet hôtel a été considérablement agrandi depuis la révolution. On a démoli l'église et l'hôpital du Saint-Esprit, situés au nord, et une partie de l'église de Saint-Jean-en-Grève. Sur l'emplacement de ces édifices ont été élevées de nouvelles constructions. Depuis 1830, on a entrepris la restauration complète et l'achèvement de l'Hôtel-de-Ville. La façade a été allongée de manière que l'hôtel forme un immense quadrangle et présente quatre façades de même architecture que l'ancienne. Les maisons qui y étaient accolées ont disparu. Sur le quai est un petit jardin demi-circulaire entouré d'une grille. Ce monument occupe maintenant une superficie de terrain de 120 mètres de longueur sur 80 de largeur. Les nouvelles parties sont exactement semblables aux anciennes, quant à l'architecture et aux ornements.

Trois cours sont ménagées dans ce palais : dans celle du milieu est la statue de Louis XIV par Coysevox. Tout le monument n'a qu'un étage au-dessus du rez-de-chaussée et du soubassement ; cet étage est surmonté de combles. Dans les soubassements sont logés les portiers, les corps-de-garde, plusieurs bureaux. Au rez-de-chaussée, sont les bureaux de l'octroi, le conseil de préfecture, les passages, les cours, etc.; au premier étage, la salle du Trône, les appartements du roi, les salons, la salle de bal, les appartements du préfet de la Seine, la salle du conseil municipal; et dans les combles, sous la toiture, sont les archives, les magasins de réserve et la bibliothèque, qui renferme près de 50,000 volumes.

Toutes les parties de ce magnifique palais sont décorées avec une grande richesse. On remarque la *salle du Zodiaque*, le *Salon vert* ou cabinet du préfet, la *salle Saint-Jean*, celle *du Trône*, etc.

Le *palais du quai d'Orsay*, situé entre les rues de Poitiers, Belle-Chasse, de Lille et le quai d'Orsay, fut commencé sous l'empire, durant l'administration de M. de Champagny, et destiné au ministère des affaires étrangères (1810). Les travaux restèrent suspendus jusqu'à l'année 1830, que Charles X les fit reprendre dans l'intention d'employer ce bâtiment pour l'exposition des produits de l'industrie française. Depuis cette époque, les travaux ont été continués et terminés sous la direction de M. Lacornée ; ils ont coûté plus de 12 millions. Cet édifice a une vaste cour, entourée de quatre magnifiques bâtiments, et deux autres cours plus petites. La façade du côté de la rivière présente une longue ligne de fenêtres formées par des arcs sous une colonnade ionique ; au-dessus est répété le même nombre de fenêtres et de colonnes d'ordre dorique. La cour est entourée par une double série d'arcades italiennes et de galeries au-dessus ; les plafonds sont peints en panneau et figurent différentes espèces de bois richement dorés. On voit quatre escaliers superbes, un à chaque coin de la cour. Sous les galeries, la frise est de plusieurs couleurs marbrées. A l'intérieur, il y a de très belles salles, entre autres celle *du Trône*.

Ce monument, après avoir demeuré longtemps sans destination fixe, est maintenant occupé par le conseil d'état et par la cour des comptes.

Le *palais des Beaux-Arts*, situé rue des Petits-Augustins, a remplacé l'ancien couvent des Petits-Augustins, où M. Lenoir avait réuni le Musée des monuments français. Cet édifice, commencé, en 1819, par M. Debret, a été achevé par M. Duban. On traverse deux cours pour arriver au palais ; l'ancien arc Gaillon sépare ces deux cours ; dans la première, à droite, on aperçoit le portail du château d'Anet, bâti en 1548. Le palais renferme un grand nombre de salles décorées dans le goût de la renaissance et servant aux expositions des envois de Rome et des élèves de l'école. Dans une de ces salles est la collection des ouvrages de tous ceux qui ont remporté les premiers grands prix, depuis plus d'un siècle. Le cabinet d'architecture renferme des modèles des plus fameux monuments.

A ce palais est annexée une école de peinture, sculpture, architecture et gravure, sous la surveillance d'un conseil de cinq membres. Les élèves peuvent concourir aux grands prix de Rome.

L'arc de triomphe de l'Étoile, situé hors Paris, barrière de l'Étoile. Un décret impérial ordonna, en 1806, sa construction en l'honneur des armées françaises. La première pierre fut posée le 15 août de cette année; M. Chalgrin dirigea les travaux jusqu'au-dessus de la corniche du piédestal ; à sa mort, arrivée en 1811, M. Goust suivit l'exécution du projet jusqu'à la hauteur de l'imposte du grand arc. Les travaux furent interrompus en 1814 et ne furent repris qu'en 1823, après la campagne du duc d'Angoulême en Espagne, dont ce monument devait consacrer la mémoire. M. Goust éleva l'arc de triomphe jusqu'à la première assise de l'architrave de l'entablement. En 1828, M. Huyot fit exécuter le grand entablement, la voûte ogivale destinée à supporter le dallage supérieur, et la sculpture d'ornement de la grande voûte. La révolution de 1830 rendit cet édifice à sa première destination. M. Blouet fut appelé à conduire les travaux qui se terminèrent en 1836 ; il a fait achever l'attique, la grande salle voûtée, le dallage de la plate-forme, la balustrade supérieure et l'acrotère qui surmonte le monument. L'arc de triomphe fut inauguré le 29 juillet. Ce monument, le plus grand de ce genre qui existe au monde, a 51 mètres de hauteur, 46 de largeur et 23 mètres d'épaisseur ; le grand arc a 30 mètres de haut sur 15 de large, et les petits arcs ont 19 mètres de hauteur sur 8 mètres 50 centimètres de largeur. Les fondations ont 18 mètres 50 centimètres de profondeur au-dessous du sol, sur 56 mètres de long et 28 mètres de large.

Les faces du côté des Tuileries et de la route de Neuilly, présentent chacune deux groupes de sculpture de grandes proportions. Du côté des Tuileries, à droite est le *Départ* (1792), par M. Rude ; à gauche, le *Triomphe* (1810), par M. Cortot ; du côté de Neuilly, est à droite la *Résistance* (1814), par M. Etex ; à gauche la *Paix* (1815), par M. Etex. Sur la première face sont entre l'imposte du grand arc et l'entablement, deux bas-reliefs; celui de droite représente les *funérailles de Marceau*, par M. Lemaire; celui de gauche, par M. Seurre aîné, la *bataille d'Aboukir*. Sur la face de Neuilly, est à gauche la *prise d'Alexandrie*, par M. Chaponnière ; à droite, le *passage du pont d'Arcole*, par M. Feuchère. Le bas-relief de la face latérale de droite, par M. Gecther, représente la *bataille d'Austerlitz* ; celui de la face latérale de gauche, par M. Marochetti, la *bataille de Jemmapes*. Les renommées, placées dans les quatre tympans des deux grands arcs, sont de M. Pradier. Dans la frise du grand entablement, et tout à l'entour du monument, règne un bas-relief représentant d'un côté le *Départ*, de l'autre côté le *Retour des armées*. Cette frise est de MM. Brun, Laitié, Jacquot, Cailhouette, Seurre aîné et Rude. On a inscrit sur trente boucliers, placés dans la hauteur de l'attique, trente noms de nos plus grandes victoires. Une balustrade composée de palmettes et de têtes de Méduse surmontent l'attique. Il manque encore à cet édifice un couronnement.

Quant à la décoration intérieure, on voit deux sujets sur les tympans des petits arcs, représentant l'*Artillerie*, par M. Debay, et la *Marine*, par M. Seurre jeune. Sous les voûtes du grand arc on lit les noms de quatre-vingt-seize victoires. Les massifs des arcades latérales offrent les noms de trois cent quatre-vingt-quatre généraux. Au-dessous de ces noms, on lit ceux des différents corps d'armées. Quatre bas-reliefs allégoriques surmontent ces inscriptions ; ces groupes contiennent des figures de victoires et de génies.

Dans l'intérieur de l'arc de triomphe, sont de vastes salles et des escaliers qui conduisent à la plate-forme d'où l'on jouit d'une vue magnifique. L'approche du monument est défendue par des chaînes de fer. Il est éclairé au gaz par un grand nombre de candélabres.

L'*Obélisque de Louqsor*. Ce monument, formé d'une seule et énorme masse de granit rose, a 72 pieds de hauteur et pèse cinq cents milliers. Il a été commencé sous le règne de Rhamsès II, roi d'Égypte, et achevé sous celui de Rhamsès III, ou Sésostris. Extrait des carrières de Syène, il fut transporté à Thèbes et destiné à la décoration d'un grand édifice, il y a plus de trois mille ans. En avril 1831, le gouvernement français fit partir le vaisseau le *Louqsor*, qui, sous la direction de M. de Verninhac-Saint-Maur, arriva le mois suivant à Alexandrie, et remonta le Nil jusqu'à Thèbes. Après des travaux inouïs pour l'abattage, le transport et l'embarquement de l'obélisque on arriva à Paris le 23 décembre 1833. Enfin, le 25 octobre 1836, au milieu d'un immense concours de spectateurs et en présence de la famille royale, M. Lebas érigea le monolithe sur un énorme piédestal de granit français.

La *colonne de Juillet,* sur la place de la Bastille, est située au milieu de la voûte sous laquelle passe le canal Saint-Martin. Le roi Louis-Philippe en posa la première pierre en 1831. Cette colonne, qui a été inaugurée en juillet 1840, repose sur trois soubassements de marbre, l'un carré, orné de vingt-quatre médaillons en bronze, les deux autres, circulaires, superposés et différents en grandeur. La colonne proprement dite se compose d'un piédestal carré, de son fût, de son chapiteau, d'un tambour et de la statue dorée représentant le génie de la Liberté. Elle a depuis sa base jusqu'au sommet 47 mètres de hauteur. Elle est toute en bronze ainsi que son escalier intérieur, qui contient 205 marches. 615 noms de victimes sont incrustés sur le fût de la colonne. Aux quatre angles sont des lions et des coqs sculptés par M. Barye; les médaillons sont de M. Marbœuf, la statue de M. Dumont, et les dessins généraux de la colonne, de MM. Alavoine et Duc.

Les *Musées du Louvre.* On en compte plusieurs. Le *Musée des tableaux des écoles italienne, flamande et française,* occupe l'aile du Louvre, bâtie sous Henri II et Charles IX, et se prolonge tout le long de la galerie : on s'y rend par un escalier richement décoré, donnant dans le vestibule du Musée des statues. Le plafond de la salle du vestibule offre le *Réveil des arts,* d'Abel de Pujol, et *Minerve protégeant les arts,* de Meynier. La première salle du Musée contient quelques tableaux du moyen âge; une autre salle, appelée le *Grand-Salon,* éclairée par le haut, contient quelques peintures de grande dimension. En tournant à droite on entre dans la grande galerie qui est coupée par des arcades supportées par des colonnes de marbre. On y compte quatorze cent six peintures, dont trois cent soixante-treize de l'école française, cinq cent quarante des écoles allemande et flamande, et quatre cent quatre-vingt-cinq de l'école italienne. — Le *Musée des tableaux des écoles espagnoles*, dans les salles au premier étage du côté de l'est, a été formé sous le règne actuel, et se compose de quatre cent cinquante-quatre tableaux. — Le *Musée des dessins*, dans les salles situées au premier étage du vieux Louvre, renferme les dessins de toutes les écoles et de tous les grands maîtres ; en tout, douze cent quatre-vingt-dix-huit dessins (1842). Parmi les salles qui les contiennent, on remarque l'antichambre, du temps de Henri II, dont le plafond représente l'Histoire, écrivant les événements de la bataille de Bouvines ; la grande salle du conseil, dont le plafond représente la France recevant la Charte de Louis XVIII. La salle du comité du contentieux, représentant la Loi descendant sur la terre.— Le *Musée des antiques*, dans les appartements qu'habitait Anne d'Autriche, en 1660, date de 1797, et renferme onze cent seize objets. On remarque la *salle de Diane*, celle des *Cariatides*, où sont les colossales statues sculptées par Jean Goujon, etc. — Le *Musée grec et égyptien*, au premier étage de l'aile méridionale du Louvre, est divisé en deux files de salons, dont les murs sont revêtus de stuc, et qui sont décorés de pilastres d'ordre ionique, avec des chapiteaux dorés. Les plafonds sont peints par les premiers artistes de l'époque, et représentent *l'apothéose d'Homère*, par Ingres ; le *Vésuve recevant les foudres de Jupiter* ; les *nymphes de Parthénope*, par Meynier ; *Cybèle protégeant Pompéï des foudres du Vésuve*, par Picot, etc. Les armoires de ce Musée renferment des momies et des antiquités égyptiennes, des débris trouvés à Pompéï et à Herculanum. Dans les salons du côté du midi se voient des armes du moyen âge, de magnifiques tableaux, des meubles du siècle de Louis XIV, etc. — Le *Musée de la marine* est placé dans quelques salles du second étage du côté nord de la cour. On y remarque une collection d'armes, de canots, et d'autres objets provenant des îles de la mer du Sud et de l'Océan, le trophée formé des débris du vaisseau de La Pérouse, des modèles de canons, de vaisseaux, des instruments nautiques, les plans des ports de mer, etc. Les bustes des grands marins français ornent les salles de cette galerie. — Le *Musée de la sculpture française,* dans les salles du rez-de-chaussée de la partie ouest du vieux Louvre. On y entre par le vestibule du pavillon de l'horloge. Il est disposé dans cinq pièces construites en pierres et ornées de marbres précieux ; les murs et les corniches sont richement décorés. On y trouve des sculptures de grands artistes français et modernes. — Le *Musée anglais* ou *salle Standish*, est au premier étage, et contient environ deux cents tableaux des diverses écoles. On y voit aussi quatre mille volumes très rares, parmi lesquels est la Bible du cardinal Ximénès. Cette collection a été léguée au roi par M. de Standish, en 1838.

On doit encore mentionner les *salles historiques du Louvre*, situées dans l'aile orientale, derrière la colonnade. Elles ont été habitées par plusieurs de nos rois. On y remarque celle de *Henri II*, et la *chambre à coucher de Henri IV*, où ce roi rendit le dernier soupir.

Le *Jardin du Roi*, a maintenant une contenance de 500 ares. Il se divise en *jardin bas*, s'étendant des bords de la Seine aux galeries, et consacré à la culture des végétaux ; en *jardin haut*, servant uniquement de promenoir, planté d'arbres verts, d'une manière irrégulière, appropriée aux accidents du terrain montueux ; et en *vallée Suisse*, contiguë au jardin bas, et distribuée suivant les besoins des animaux qui l'habitent. Il y a plusieurs serres chaudes, construites en fer forgé ou fondu. La serre tempérée s'étend sur une longueur de 200 pieds, une largeur de 24 et une hauteur de 27. A droite du jardin haut est une petite butte formant une promenade agréable; à gauche est une colline fort rapide, couverte d'arbres verts; elle est surmontée d'un kiosque d'où l'œil plane sur une grande partie de Paris. On aperçoit, le long de la route qui mène à ce pavillon, un cèdre du Liban, planté en 1734, par Bernard de Jussieu, et une colonne de granit à la mémoire de Daubenton. Vers le bord de la Seine on a construit, en 1821, une ménagerie pour les animaux féroces. On remarque encore dans cet immense jardin, la cage des singes, nouvellement construite, plusieurs ménageries d'oiseaux, de magnifiques promenades, et les galeries que nous allons décrire :

Le *Muséum d'histoire naturelle* comprend les galeries de zoologie, de minéralogie, de botanique, d'anatomie comparée, le jardin botanique et la ménagerie. La première contient quinze cents mammifères, six mille oiseaux, cinq mille poissons, vingt-cinq mille espèces d'animaux articulés avec vertèbre; des coquillages et des polypes. Le *cabinet de minéralogie et de géologie* est disposé dans un nouveau bâtiment construit le long de la rue de Buffon, à la partie-est du jardin. Il contient les produits les plus magnifiques et les plus curieux que renferme le sein de la terre; une riche collection de fossiles et de pétrifications, des échantillons de tous les minéraux, des dentrifications, etc. La *galerie de botanique* comprend plus de cinquante mille espèces de plantes de toutes les parties du monde, conservées avec beaucoup de soin. La *galerie d'anatomie comparée*, placée entre la rue de Seine et la vallée Suisse, renferme les squelettes des animaux de toute espèce, classés par le célèbre Cuvier. La *bibliothèque*, située vis-à-vis la grille donnant sur la rue du Jardin du Roi, se compose de dix mille volumes relatifs à l'histoire naturelle, des herbiers de Tournefort et de Levaillant. On y remarque une collection de dessins renfermés dans plus de cent volumes in-folio et connus sous le nom de *vélins du Muséum*.

Le *musée Dupuytren*, rue de l'École-de-Médecine, fut fondé par l'Université de Paris. Il se compose d'une collection formée par le célèbre Dupuytren et relative à l'anatomie pathologique. Elle renferme des morceaux d'ostéologie, des pièces injectées et l'imitation en cire de plusieurs maladies chirurgicales, et particulièrement des maladies de la peau, etc. Cette collection est placée dans le réfectoire du couvent des Cordeliers.

Les *bassins de la rue Racine*, réservoirs destinés à l'aménagement des eaux de l'Ourcq, ont été commencés en 1836. Ils sont au nombre de trois et renferment près de 6,000 mètres cubes d'eau ; on a employé pour leur construction le béton hydraulique.

Les *fontaines de la place de la Concorde* ont été édifiées en 1839. Celle du côté de la Seine est dédiée aux mers : près du bord on remarque des tritons et des néréides, tenant tous un poisson dont la bouche donne passage à un jet d'eau ; au milieu du bassin est un groupe composé de six figures assises ayant le gouvernail en main ; ces figures représentent l'Océan, la Méditerranée, la pêche du poisson de mer, celle des perles, celle du corail et celle des coquillages ; aux pieds des six figures sont des dauphins qui les entourent de gerbes d'eau ; trois génies figurent la Navigation maritime, le Commerce, l'Astronomie ; sur un énorme tronc de palmier s'élèvent les vasques qui déversent l'eau en cascades. La fontaine du côté du Garde-Meuble est dédiée aux fleuves : six figures assises la décorent : deux représentent le Rhône et le Rhin, les quatre autres les récoltes du sol français : raisins, blés, fleurs et fruits ; trois génies représentent l'Agriculture, la Navigation fluviale, et l'Industrie. Toutes ces figures ont été exécutées dans l'usine de M. Muel, sous la direction de M. Hittorf; elles sont en fonte de fer.

Le *Château d'eau*, dont nous avons mentionné la fondation, est situé en face du Palais-Royal; il contient des réservoirs d'eau de la Seine et d'Arcueil, qui communiquent au Palais-Royal et aux Tuileries. Son architecture est en bossage rustique vermiculé. Dans les projets d'achèvement du Louvre, ce bâtiment doit disparaître.

La *fontaine de la place Richelieu*, située vis-à-vis la bibliothèque Royale. Nous avons déjà dit que sur cette place était, jusqu'en 1820, l'Opéra. Après la mort du duc de Berry, on démolit ce théâtre et on construisit une chapelle, qui a été détruite en 1830. La place a été déblayée, on y a planté des arbres, et érigé une fontaine monumentale (1835). Cette fontaine se compose d'un vaste bassin de pierre en forme circulaire avec un piédestal orné de bas-reliefs en bronze qui supporte un bassin garni de gueules lançant de l'eau; au milieu sont les figures en bronze de la Seine, de la Saône, de la Loire et de la Garonne.

La *fontaine de la place de l'École*, située sur le quai de l'École, se compose d'un piédestal carré entouré d'un bassin circulaire. L'eau jaillit de la gueule de quatre lions; le piédestal est surmonté d'un vase en pierre.

La *fontaine de Vendôme*, rue du Temple, faisait autrefois partie de l'enclos du Temple; elle a reçu son nom du chevalier de Vendôme, grand-prieur de France. Elle est surmontée d'une coupole et d'un trophée militaire.

La *place de Grève*, quai Pelletier. En 1141, les officiers municipaux achetèrent de Louis VII, pour la somme de 70 livres, le droit de conserver toujours cette place libre de bâtiments. Elle a acquis une grande importance. C'est là que se donnaient les fêtes publiques, que s'allumait le bûcher de la Saint-Jean, et qu'avaient lieu les exécutions(1); maintenant c'est le rendez-vous des ouvriers et principalement des maçons sans ouvrage. On parle d'agrandir la place de Grève et de la rendre parfaitement symétrique.

La *fontaine Cuvier* ou *du Jardin des Plantes*, au coin des rues Cuvier et Saint-Victor. Elle remplace celle qui avait été construite, en 1761, par Bernini; elle est due à M. Vigoureux. Ce monument se compose d'un piédestal semi-circulaire, supportant deux colonnes ioniques surmontées d'un entablement où se lisent ces mots : *à Georges Cuvier*. Entre les deux colonnes est une niche dans laquelle est assise une femme, représentant le génie de l'histoire naturelle. A ses côtés, sont à gauche un hibou, à droite un lion; au-dessus de sa tête un aigle tient dans ses griffes un agneau; à ses pieds sont plusieurs poissons et animaux terrestres. Les volutes des chapiteaux sont formées de coquillages. Une espèce de frise entoure le haut du piédestal, qui est orné de diverses têtes d'animaux. MM. Feuchères et Pomarateau ont sculpté ces figures.

La *fontaine de Molière*, rue de Richelieu au coin de la rue Traversière-Saint-Honoré. Ce beau monument n'est point terminé.

Le *jardin botanique de l'École de Médecine*, n° 46, rue d'Enfer, est destiné à la culture des plantes médicales et autres; chacune porte une étiquette avec son nom.

Le *théâtre de l'Opéra-Comique*, place Favart, reconstruit en 1839 et ouvert l'année suivante. La façade offre un portique de six colonnes; l'intérieur est de forme semi-circulaire et présente trois rangs de loges, dont quelques-unes ont un petit salon décoré avec élégance; le ton qui domine dans les ornements de la salle est le blanc mêlé à l'or. Ce théâtre reçoit une subvention annuelle de 246,000 fr.

Le *théâtre du Palais-Royal*, sous le péristyle Montan-

(1) Elles se font aujourd'hui à la barrière Saint-Jacques.

sier, a été ouvert en 1831 ; il est bien décoré, mais trop petit : il ne contient que neuf cent trente personnes ; on y représente des vaudevilles.

Le *Cirque-Olympique*, aux Champs-Élysées. Ce théâtre, destiné aux représentations équestres pendant l'été, est de forme circulaire, en pierres ; à l'est, il présente un portique élégant avec fronton ; l'intérieur est une salle immense, décorée avec magnificence, qui peut contenir six mille personnes, et qui est éclairée par un lustre ayant cent trente becs de gaz. Ce théâtre a été achevé en 1840.

Parmi les autres théâtres de la capitale, nous citerons *les Folies-Dramatiques*, sur le boulevard du Temple, théâtre érigé en 1830, et consacré à la représentation de vaudevilles et de comédies ; *la Porte-Saint-Antoine*, fondée en 1836 ; genre : petits mélodrames, farces et vaudevilles ; les *Délassements-Comiques*, même genre, boulevard du Temple, fondés en 1842 ; le *Panthéon*, rue Saint-Jacques et place Saint-Benoît, ouvert en 1832 ; il occupe l'intérieur de l'ancienne église de Saint-Benoît, et donne des représentations de vaudevilles et mélodrames ; le *théâtre du Luxembourg*, rue de Fleurus ; celui de *Saint-Marcel*, rue Pascal ; celui des *Funambules*, boulevard du Temple ; celui *de Lazary*, même boulevard ; celui de *Séraphin*, n° 121, au Palais-Royal, destiné aux marionnettes, ombres chinoises, etc. Ces derniers théâtres sont sans importance.

Le *Navalorama*, à l'entrée des Champs-Élysées. C'est un panorama naval, où l'on voit des vaisseaux naviguant sur une mer agitée, etc.

Le *Panorama*, aux Champs-Élysées, du côté de la Seine, représente des tableaux de grandes dimensions, tels que l'incendie de Moscou, etc. Le premier de ce genre fut exposé à Paris, en 1799, dans le passage dit *des Panoramas*.

La *Morgue* est un petit bâtiment en pierre, de forme régulière, situé près du pont Saint-Michel, sur la Seine ;

il est destiné à recevoir les cadavres des personnes dont le domicile ou la famille sont inconnus. La construction actuelle a été élevée en 1835. On y a fait d'importantes améliorations. Elle renferme une salle pour les autopsies.

Marchés. Parmi les marchés ouverts depuis 1830, nous citerons celui de la Madeleine, entre la place de ce nom et la rue Castellane; *le marché aux fleurs*, qui se tient les mardis et vendredis autour de l'église de la Madeleine. Nous avons dit que le *marché aux chevaux* fut transféré, en 1642, au boulevard de l'Hôpital; en 1818, on y planta des arbres. Ce marché se tient encore au même endroit, les mercredis et samedis. Près de là, est le *marché aux chiens*, qui a lieu le dimanche. Une fois tous les ans, il se tient, sur le boulevard d'Austerlitz, un marché où l'on ne vend que de la charcuterie; il dure quinze jours et commence avec la semaine sainte : c'est la *foire aux jambons*.

Le *pont de Bercy* ou de *la Gare* a été construit à la barrière de la Rapée, et fait communiquer la Gare avec Bercy; il est suspendu à des chaînes supportées par deux piles de maçonnerie à arcades. La première pierre de ce pont a été posée par S. M. Louis-Philippe 1er, le 28 juillet 1831. Il a été inauguré six mois après, en présence du roi.

Le *pont Louis-Philippe* établit la communication entre les îles Saint-Louis, de la Cité et le port au Blé; il se compose de deux grandes piles percées d'arcades. C'est le premier à Paris dans la construction duquel on ait employé des câbles de fil de fer. Ce pont, construit par MM. Séguin, Brothers et Amionay, a été livré aux passagers moyennant péage, le 1er mai 1834.

Le *pont du Carrousel* ou *des Saints-Pères* est construit entre le quai Voltaire et le quai du Louvre. Il a été bâti, en 1834, par M. Polonceau, et n'a que deux piles en pierres et deux culées. Les trois arcades sont formées par des tuyaux de fonte remplis de goudron et de planches de sapin, et réunis entre eux par des anneaux également en fonte. Le plancher est en bois recouvert de sable sur une couche de béton.

Le *pont de Constantine*, aboutissant du quai de Béthune au quai Saint-Bernard, et le *pont de Damiette*, aboutissant du quai des Célestins au quai d'Anjou, sont suspendus et ne peuvent être traversés que par les piétons. Ils n'ont été entièrement terminés qu'en 1837.

Le *Pont-au-Double*, qui conduit de la rue de la Bûcherie au parvis Notre-Dame, fut construit, en 1634; il n'est composé que deux arches. Dans l'origine, on payait un double tournois ou 2 deniers pour le traverser, et c'est de là qu'est venu ce nom. Une grande partie de la largeur de ce pont était autrefois occupée par les dépendances de l'Hôtel-Dieu; l'autre partie était publique et servait aux piétons. Depuis 1830, ce pont est livré en entier au public.

Le *pont Saint-Charles*, qui suit le même trajet que le précédent, et qui en est voisin, est entièrement occupé par une galerie vitrée servant de promenade aux malades de l'Hôtel-Dieu.

Il existe six petits ponts sur la Bièvre : boulevard des Gobelins, rue Saint-Hippolyte, rue Mouffetard, rue du Jardin-des-Plantes, boulevard de l'Hôpital et quai de l'Hôpital.

Le *puits artésien de Grenelle*, à l'abattoir de Grenelle, fut entrepris le 1er janvier 1834, sous la direction de M. Louis Mulot. En décembre 1836, la sonde avait pénétré à 383 mètres; elle avait traversé successivement la couche de terres d'alluvion, les sables, les bancs alternatifs de craie et de silex, et elle était dans une craie dure continue. En juin 1840, la sonde fut enfoncée à 466 mètres, et elle perçait toujours le banc de craie. Enfin, l'eau jaillit le 26 février 1841. Ce puits donne à peu-près 3 mètres cubes par minute, ou 4,320 mètres par jour. La température de l'eau est en général de 28 degrés centigrades.

Cette eau, longtemps mélangée de sable, est maintenant d'une grande limpidité.

Le puits a 547 mètres de profondeur. Son orifice a en haut 55 centimètres de diamètre et au fond 18 ; il est tubé en tôle galvanisée très forte jusqu'à 539 mètres. Ainsi la sonde qui servit à forer ce puits avait près de cinq fois et demie la hauteur du dôme des Invalides.

L'eau s'élève à plus de 30 mètres du sol ; elle tombe provisoirement dans une vasque de fer, par où elle s'écoule dans le grand égout de l'abattoir. On doit ériger, vers le Panthéon, une fontaine monumentale qui sera le réservoir où ira aboutir cette eau, et par où elle se répandra dans les quartiers de la capitale.

Les *quais*. Les rives de la Seine sont maintenant bordées par une ligne de quais non interrompus et spacieux, qui forment de chaque côté une barrière contre les débordements du fleuve. Les plus anciens sont le quai des Augustins, qui date de 1312, et le quai de la Mégisserie, de 1369. Sous Louis XIII et Louis XIV, les quais s'augmentèrent, particulièrement dans la Cité et l'île Saint-Louis. Napoléon en fit faire un grand nombre de nouveaux. Enfin, le roi Louis-Philippe en a embelli plusieurs, tels que le quai du Louvre au Pont-Neuf, celui qui va du Pont-Neuf au Pont-au-Change, du pont Notre-Dame à la Grève, de la Grève au Pont-Marie, les quais qui longent le canal Saint-Martin, depuis la barrière de Pantin jusqu'à la place de la Bastille, le quai des Grands-Degrés, vis-à-vis l'Hôtel-Dieu, celui qui va de la porte des Bons-Hommes jusqu'à Sèvres ; les quais de la Mégisserie, Pelletier et de Grève ont été entièrement reconstruits ; celui de l'École a été élargi et redressé. Ces quais, vastes, plantés d'arbres, garnis de trottoirs, éclairés au gaz, sont une des promenades les plus agréables de Paris.

Ports. Il en existe plusieurs. Les principaux sont le *port de la Rapée*, le *port Saint-Nicolas*, quai des Tuileries, rétabli en 1804, celui d'*Orsay*, et celui des *Invalides*, qui sert pour le bois.

Les *rues* ont été assainies et embellies ; la plupart ont été pourvues de trottoirs. De nombreuses percées ont eu lieu dans la Cité, et dans le quartier de l'Hôtel-de-Ville. Un nouveau système de chaussées a rendu les rues plus propres. L'éclairage au gaz, répandu dans la plupart des quartiers, a aussi ajouté à l'embellissement de Paris, et à la sécurité de ses habitants. Nous ne parlerons pas des divers pavages en bois ou autres matières, ce ne sont que des essais qui n'ont pas été pratiqués en grand. On a ouvert plusieurs rues nouvelles. Sans parler de celles qui ont été faites dans le nouveau quartier de la Madeleine, lequel acquiert une très grande importance, nous citerons la rue *Rambuteau*, depuis longtemps désirée et attendue, et qui met en communication directe les halles et la place de la Bastille. On évalue le nombre des rues à près de douze cents.

En décembre 1841, il existait à Paris, 1,548 bornes-fontaines, 111,675 mètres d'égouts, 165,411 mètres de conduits d'eau, 142,610 de trottoirs, et 190,370 de chaussée bombée.

Il serait trop long de décrire les améliorations entreprises dans la capitale sous ce règne. Nous nous bornerons à indiquer les travaux nouvellement exécutés, tels que les gares des chemins de fer de Versailles (rive gauche), barrière du Maine ; d'Orléans, boulevard de l'Hôpital; de Versailles (rive droite), de Saint-Germain et de Rouen, rue Saint-Lazare, n° 120. Nous mentionnerons également les plantations faites sur les places Mazas et Richelieu, sur les quais et plusieurs boulevards, etc.

En résumé, le règne de S. M. Louis-Philippe a fait, pour la capitale, beaucoup plus que tous les gouvernements qui se sont succédé jusqu'à ce jour, soit dans l'intérêt, soit dans l'agrément des habitants, et Paris, par la magnificence de ses édifices, par la beauté de ses nouvelles rues, a acquis la prééminence sur toutes les grandes villes d'Europe.

Une loi, datée du 4 avril 1841, a ordonné la construction d'un système de fortifications autour de Paris. Les travaux doivent comprendre une enceinte continue, embrassant les deux rives de la Seine, et protégée par quatorze forts détachés : ceux de Charenton, de Nogent, de Rosny, de Noisy, de Romainville, de l'Est, du Nord, de la Briche, du Mont-Valérien, de Vanvres, d'Issy, de Montrouge, de Bicêtre et d'Ivry. Les chambres n'ont adopté cette loi qu'après un mûr examen, et après s'être formé la conviction que les fortifications ne présentaient aucun caractère menaçant pour la liberté des citoyens.

CHAPITRE XXIV.

NOTIONS STATISTIQUES SUR PARIS.

Paris est situé à 19° 53′ 45″ de longitude, du méridien de l'île de Fer, et à 48° 50′ 13″ de latitude septentrionale. Sa hauteur, au-dessus du niveau de la mer, est de 65 mètres. Les plus grandes variations du thermomètre ont été dans cette ville de — 18° Réaumur de froid, et de + 32° de chaud. Année commune, la température est de 10° 6′. Les hivers les plus rigoureux, observés dans le dernier siècle et dans celui-ci, sont ceux de 1709 (15° au-dessous de zéro), 1716 (15°), 1742 (13°), 1747 (12°), 1776 (15°), 1788 (17°), 1795 (18°), 1830 (13° $1/2$).

Paris est entouré au nord par une chaîne de petites collines, dont celles de Charonne, de Ménilmontant, de Belleville et de Montmartre, sont les plus importantes. Au midi, sont des éminences moins hautes, telles que les plateaux de Sainte-Geneviève et de Mont-Souris. A l'ouest, est une chaîne qui se compose des hauteurs de Villejuif, de Rungis, de Bagneux, de Meudon, de Saint-Cloud et du Mont-Valérien, la plus haute des montagnes qui entourent Paris. Ces hauteurs recèlent un grand nombre de carrières qui fournissent une pierre excellente. On y a trouvé des restes nombreux de fossiles, ou d'animaux qui paraissent remonter à l'époque du déluge.

Il tombe habituellement, dans le département de la Seine, 21 pouces d'eau par an et par mètre carré, ce qui donne pour Paris une quantité de 1,904,000 mètres cubes. Dans l'espace de 135 ans (1689-1824), on a compté trois fois seulement un mois sans pluie. Année commune, il y a 140 jours pluvieux.

Nous avons parlé plusieurs fois des débordements de la Seine; les plus forts des deux derniers siècles et du siècle actuel sont ceux de 1690, 1693, 1740 (la Seine monta à 25 pieds au-dessus de son niveau), 1751, 1764, 1799, 1802 et 1807. Le point le plus bas où les eaux soient descendues, a été de 27 centimètres au-dessous du zéro du pont de la Tournelle (1767). Les quais mettent désormais la capitale à l'abri des plus redoutables inondations.

La superficie de Paris était :

sous Jules-César	de	15 hect.		28 cent.	
— Philippe-Auguste	—	252	—	85	—
— Charles VI	—	439	—	20	—
— Henri III	—	483	—	60	—
— Louis XIII	—	567	—	80	—
— Louis XIV	—	1,103	—	70	—
— Louis XV	—	1,137	—	12	—
— Louis XVI	—	3,437	—	43	—
Elle est actuellement	—	3,450	—	00	—

Sa circonférence est de 27 kilom. 287 mèt. (environ 7 lieues de 2,000 toises).

La population de Paris était, en 1313, de 49,110 hab.
— — 1474, 150,000 —

		1590,	200,000 —
—	—	1719,	509,640 —
—	—	1762,	576,630 —
—	—	1791,	610,620 —
—	—	1802,	546,856 —
—	—	1806,	580,609 —
—	—	1817,	713,492 —
—	—	1820,	713,966 —
—	—	1827,	890,905 —
—	—	1831,	774,338 —
—	—	1833,	786,000 —
—	—	1837,	909,126 —
—	—	1842,	935,261 —

La *garde nationale* du département de la Seine comprend 75,000 hommes, dont 55,000 pour Paris. Elle est divisée en douze légions d'infanterie, quatre légions pour la banlieue, une légion de cavalerie pour Paris, et deux escadrons de cavalerie pour les 1re et 2e légions de la banlieue. La *garde municipale* forme un corps de 3,200 hommes, dont 600 sont à cheval. Elle est sous les ordres du préfet de police, et veille au maintien de la tranquillité publique. Le *corps des sapeurs-pompiers* renferme 636 hommes, est divisé en quatre compagnies. Il est également sous les ordres du préfet de police.

Le budget de la ville de Paris était, en 1797, de 503,818 fr. pour les recettes, et de 1,940,171 fr. pour les dépenses. En 1799, les recettes s'élevaient à 10,406,659 fr., et les dépenses à 12,247,457 fr. Depuis cette époque, les dépenses ont presque toujours été moindres que les recettes ou ne les ont dépassées que de très peu. En 1830, les recettes étaient de 44,020,456 fr., les dépenses de 45,178,103 fr.

1831, dépenses, 48,366,894 f. 06 c.; recettes, 48,366,894 f. 06 c.
1832, dépenses, 57,947,694 f. 03 c.; recettes, 61,362,381 f. 03 c.

1833, dépenses, 38,276,435 f. 21 c.; recettes, 41,824,283 f. 23 c.
1834, dépenses, 39,553,590 f. 98 c.; recettes, 42,031,078 f. 18 c.
1835, dépenses, 42,180,085 f. 83 c.; recettes, 45,020,624 f. 52 c.
1836, dépenses, 42,427,872 f. 18 c.; recettes, 45,146,055 f. 15 c.

De 1797 à 1837, le chiffre des dépenses a été de 1,365,615,923 fr. 64 c., et les recettes de 1,380,614,667 fr. 52 cent.

Le budget de Paris s'élevait, pour l'exercice 1842, à la somme totale de 42,227,536 fr. Le chiffre des recettes balance exactement celui des dépenses.

Voici quelques détails sur la consommation de Paris à diverses époques de ce siècle.

En 1815, on consomma 642,445 hectolitres de vin; 60,694 d'eau-de-vie; 22,545 de cidre, poiré, etc.; 14,448 de vinaigre et 79,448 de bière; 78,122 bœufs; 11,910 vaches; 77,466 veaux; 358,502 moutons; 81,397 porcs et sangliers; 135,403 kil. d'abats et issues; 10,669,062 bottes de foin; 11,713,965 de paille; 1,138,833 hect. d'avoine; 940,62 stères de bois dur, neuf ou flotté; 159,589 de bois blanc; 1,021,120 voies de charbon de bois (de 2 hect.); 21,251 hect. de chaux; 779,195 mètres cubes de plâtre; 36,522 de moellons; 17,492 milliers de pierres de taille, marbres, granits.

En 1819, on consomma 801,524 hectolitres de vin; 42,693 d'eau-de-vie; 15,926 de cidre, poiré, etc.; 20,756 de vinaigre; 71,996 de bière; 2,618,566 demi-kil. de raisin; 70,728 bœufs; 6,481 vaches; 67,723 veaux; 329,070 moutons; 64,822 porcs et sangliers; 291,727 kil. d'abats et issues; 11,054,374 bottes de paille; 923,029 hect. d'avoine; 723,284 stères de bois; 151,635 de bois blanc; 3,388,304 cents de fagots; 862,419 voies (de 2 hect.) de charbon de bois; 490,261 hect. de charbon de terre; 30,194 hect. de chaux; 1,224,818 mètres cubes de plâtre; 62,153 de moellons; 370,660 milliers de pierres de taille, marbres, granits : 4,791,836 milliers d'ardoises ; 5 millions de briques et tuiles ; 35,077 stères de chêne pour charpentes ; 3,005,999 mètres de chêne pour sciage ; 1,267,564 kil. de fromages secs ; 3,864,357 kil. de sel; 75,012,950 kil. de suif en pains et en chandelles.

Voici la consommation en 1831 : 776,784 hect. de vin ; 28,573 hectolitres d'eau-de-vie ; 7,580 *id.* de cidre et poiré ; 17,648 *id.* de vinaigre ; 112,359 *id.* de bière ; 1,161,136 kil. de raisins ; 61,670 bœufs ; 14,389 vaches ; 62,867 veaux ; 288,203 moutons ; 76,741 porcs et sangliers ; 2,928,870 kil. de viande à la main ; 526,836 kil. de charcuterie ; 867,703 d'abats et issues ; 996,369 de fromages secs ; pour 3,415,159 fr. de marée ; 702,180 d'huîtres ; 477,610 fr. de poissons d'eau douce ; 6,426,648 de volailles et gibiers ; 9,117,091 de beurre ; 3,904,387 d'œufs ; 8,031,479 bottes de foin ; 11,980,413 bottes de paille ; 919,479 hect. d'avoine.

En 1835, on a consommé 932,402 hectolitres de vin ; 36,910 d'eau-de-vie ; 17,024 de cidre et poiré ; 18,515 de vinaigres ; 110,621 de bières ; 727,129 kilogrammes de raisins ; 71,634 bœufs ; 16,439 vaches ; 73,947 veaux ; 364,875 moutons ; 86,904 porcs et sangliers ; 242,466 kil. de pâtés, terrines, viandes confites, écrevisses et homards ; 783,024 de viandes à la main ; 2,351,191 de charcuterie ; 1,107,943 d'abats et issues ; 1,180,421 de fromages secs ; pour 4,469,096 fr. de marée ; 1,120,562 d'huîtres ; 510,939 de poissons d'eau douce ; 7,993,800 de volailles et gibiers ; 10,677,873 de beurre ; 4,592,424 d'œufs ; 7,814,377 bottes de foin ; 11,903,606 de paille et 987,885 hect. d'avoine.

Année moyenne, il se consomme à Paris : 113,880,000 kil. de pain (238,500 kil. par jour) ; 325,000 hect. de pommes de terre ; 1,090,000 stères de bois dur et blanc ; 4,000,000 cents de fagots ; 2,000,000 hect. de charbon de bois ; 1,000,000 hect. de charbon de terre ; 85,000 hect.

d'orge ; 4,040,000 kil. de sel ; 160,000 de cire blanche et bougie ; 6,450,000 de suif en pain et en chandelles; 19,165,000 hect. (1 hect. vaut 4 voies $^1/_5$), d'eau puisée aux fontaines soumises aux droits ; 80,000 hect. d'huile.

Les bois et matériaux employés annuellement dans les constructions, sont : bois de charpente, 85,000 stères ; bois de sciage, 260,000 mètres cubes ; bois de bateaux, 26,000 mètres carrés; lattes, 350,000 bottes de 50 ; chaux, 80,000 hect. ; plâtre, 3,600,000 hect. ; moellons, 200,000 mètres cubes ; pierre de taille, 60,000 mètres cubes ; marbres et granits, 1,600 mètres cubes ; ardoises, 8,850,000 ; tuiles, 5,500,000 ; briques, 8,500,000 ; carreaux, 12,500,000 ; argile et sable, 5,400 sacs.

Ces détails statistiques complètent l'histoire de Paris. Ici s'arrête notre tâche.

FIN DE L'HISTOIRE DE PARIS.

TABLE DES CHAPITRES.

Chapitre I. Paris depuis son origine jusqu'à la fin de la domination romaine (de l'an 50 av. J.-C. au ve siècle de l'ère chrétienne). ... 1
Chapitre II. Paris sous la première race des rois francs (445-752). ... 7
Chapitre III. Paris sous la deuxième race (752-987). ... 22
Chapitre IV. Paris sous les premiers rois de la troisième race (987-1180). ... 33
Chapitre V. Paris sous Philippe-Auguste (1180-1223). ... 55
Chapitre VI. Paris sous Louis VIII et saint Louis (1223-1270). ... 88
Chapitre VII. Paris depuis Philippe III, jusqu'à Philippe VI (1270-1328). ... 113
Chapitre VIII. Paris depuis Philippe VI, jusqu'à Charles V (1328-1364). ... 130
Chapitre IX. Paris sous Charles V (1364-1380). ... 156
Chapitre X. Paris depuis Charles VI, jusqu'à Charles VIII (1380-1483). ... 170
Chapitre XI. Paris depuis Charles VIII, jusqu'à François Ier (1483-1515). ... 183
Chapitre XII. Paris depuis François Ier, jusqu'à Henri III (1515-1574). ... 202
Chapitre XIII. Paris sous Henri III et la Ligue (1574-1589). ... 222
Chapitre XIV. Paris sous Henri IV (1589-1610). ... 245
Chapitre XV. Paris sous Louis XIII (1610-1643). ... 278
Chapitre XVI. Paris sous Louis XIV (1643-1715). ... 347
Chapitre XVII. Paris sous Louis XV (1715-1774). ... 412
Chapitre XVIII. Paris sous Louis XVI (1774-1793). ... 443
Chapitre XIX. Paris sous la Convention (1793-1795). ... 481
Chapitre XX. Paris sous le Directoire (1795-1799). ... 494
Chapitre XXI. Paris sous le Consulat et l'Empire (1799-1814). ... 503
Chapitre XXII. Paris sous la Restauration (1814-1830). ... 534
Chapitre XXIII. Paris sous Louis-Philippe Ier. ... 554
Chapitre XXIV. Statistique sur Paris. ... 583

TABLE
GÉNÉRALE ET ANALYTIQUE DES MATIÈRES
PAR ORDRE ALPHABÉTIQUE.

A

Abattoirs. 512.
Abbaye-aux-Bois. 359.
Abbon (le moine). Son poëme sur le siége de Paris. 23.
Abeilard. Sa réputation. Ses écoles. 36. Son tombeau. 488 (note).
Abreuvoir de Mâcon. 196.
Académie. — Fondée par Julien à Paris. 7. — D'architecture. 391. — De chirurgie. 420. — De danse. 391. — Française. 336 et suiv. — Des inscriptions et belles-lettres. 390. — Royale de médecine. 552. — De poésie et de musique. 239. — Royale de musique. 391, 463. — Royale pour la noblesse. 339. — De peinture et de sculpture. 389. — De Saint-Luc. 390. — Des sciences. 390. — Morales et politiques. 485.
Acrostiche du mot *Paris*. 202.
Adam de Petit-Pont. 36.
Administration générale des hospices. 492.
Aérostats. 478.
Alez. Signification de ce mot. 52.
Aller au diable-au-vert. 102.
Ambigu-Comique. 433, 465, 548.
Année (fixation du commencement de l'). 238.
Annonciades. Célestes ou Filles-Bleues. 287. — Du Saint-Esprit. 288.
Antonins. 164.
Aqueducs. — D'Arcueil. 6, 306. — De Belleville. 78, 181. — De Ceinture. 518. — De Chaillot. 4, 78. — Du Pré-Saint-Gervais. 78.
Arc de Triomphe du Carrousel. 530. — De l'Étoile. 568. — Du faubourg Saint-Antoine. 386.
Archevêché de Paris. 331.
Archichapelain. 94.
Architecture sous la 1re race. 21. Introduction du genre gothique. 56. Architecture au XVIIe siècle. 239.
Archives du Palais. 313. — Judiciaires. 485. — Du Royaume. 484.
Arcis. Origine douteuse de ce mot. 26.
Ardents (mal des). 29.
Armagnacs. Leur lutte avec les Bourguignons. 195.
Arsenal. 219.
Asile royal de la Providence. 549.
Assomption. 288.
Assurance contre l'incendie. 529.
Ateliers de charité. 336.
Athénée. 457.
Athènes (la nouvelle). 436.
Aubriot (Hugues). 195.
Augustins (Grands-). 100. — (Petits-). 254. — Déchaussés. 284.
Aumônière. 152.
Ave-Maria (couvent, puis caserne de l'). 101.
Avenue d'Antin. 436. — De Neuilly. 426, 437.

B

Badaud. Origine de ce nom. 241.
Bailli du Palais. 221.

TABLE ALPHABÉTIQUE. 591

Bains. 197, 524.
Baise-mains. 335.
Bal des Victimes. 501.
Ban du roi. 150.
Banque générale de Law. 412. — De France. 528.
Barbares. Leur invasion dans l'empire romain. 7.
Barbe. Son histoire. 87, 244, 408.
Barbiers étuvistes. 197.
Barnabites. 285.
Barrés. Surnom des Carmes. 101.
Barrière de la Conférence. 325. — Des Sergents. 49.
Barthélemy (la Saint-). 212 et suiv.
Bas de soie. Leur introduction. 242.
Basoche du Châtelet. 126. — Du Palais. 123, 125.
Bassin. De la Villette. 517. — De la rue Racine. 575.
Bastille. Sens de ce mot. 139. — Saint-Antoine. 139, 221, 444. — Du Temple, 139. — Saint-Denis. 139.
Bataille de Paris en 1814. 505.
Béguines. 100.
Bénédictines de la Ville-l'Évêque. 286. — Anglaises. 287. — De N.-D. de Liesse. 292. — De Notre-Dame-de-Consolation. 293.
Bénédictins anglais. 282.
Bibliothèque de l'Arsenal ou de Paulmy. 219. — Des Avocats. 394. — Mazarine. 374. — Du Roi. 391.
Bicêtre. 365, 562.
Bièvre. Son cours est détourné au XIIe et au XIVe siècles. 53. — Canal de Bièvre. 163. (Voy. *Canal* de Bièvre.)
Billettes (Carmes). 116.
Biscornet. Serrurier célèbre. 60.
Blancs-Manteaux. 104.
Blason de Paris. 191.
Blé. Sa valeur sous Philippe-Auguste. 87.
Bœuf gras. 197.
Boileau. Son tombeau. 95.
Bon-Pasteur (couvent du). 361.
Bons-enfants. Signification de ce mot. 76.
Bons-hommes ou Minimes. 185.
Bornes-fontaines. 524, 582.
Boucherie (Grande-). 50, 189. —
De Saint-Germain-des-Prés. 113.
Boulangerie Générale des hospices. 300, 492.
Boulevards. 400, 437, 468, 532. — Des Tuileries. 235.
Bourdon, cloche de Notre-Dame. 60.
Bourse. Sac pour les cheveux. 479. — (La). 528.
Bravaches. 335.
Brioché, joueur de Marionnettes. 42, 342.
Brumaire (révolution du 18). 496.
Bruscambille. 341.
Budget de Paris. 585.
Bureau académique d'écriture. 451.
Bureaux. — Des longitudes. 485. — Des nourrices. 460. — Des pauvres. 206. — De la ville. 236. — Central de vérification de l'octroi. 551. — De charité. 563.
Butte ou Champ-des-Copeaux. 320. — Saint-Roch ou des Moulins. 327, 401.

C

Cabinet des médailles. 425. — De minéralogie. 425.
Café des Muses. 355. — De la Rotonde. 108. —s. 396.
Cagliostro. 478.
Caisse d'épargnes. 552.
Canaux. — De Bièvre. Nouvelle direction. 163. La Bièvre rentre dans son premier lit. 164. — De l'Ourcq. 517. — Saint-Denis. 517. — Saint-Martin. 518.
Capitulaires de Charlemagne. 22.
Capucines. 256.
Capucins. — 223, 283, 384. — De la Chaussée-d'Antin. 446.
Cariath-Sepher. Sermon hébreu de Paris. 36.
Carmélites. 255, 289.
Carmes. — 101. — Billettes. 116. — Déchaussés. 281.
Carreaux. Signification de ce mot. 78.
Carrefour de Glatigny. 196. — du Temple. 104.
Carrosses. 243.
Carte de Cassini. 389.

Caserne des Sapeurs-Pompiers. 551.
Catacombes. 525.
Cathédrale de Paris (quelle fut la première). 12.
Catholiques (nouvelles). 294.
Catolocus. Doutes sur la signification de ce nom. 9.
Cave centrale des hospices. 492.
Ceinture dorée. Proverbe. 201. — De Saint-Éloi. 13, 39, 235.
Célestins. 157, 159.
Chaillot. 364, 467.
Chambois. 16.
Chambre des Comptes. 122. — Du Domaine. 331. — De St-Louis. 121, 313. — De Justice ou de l'Arsenal. 331. — De la Monnaie. 210. — Souveraine. 331. —s du Parlement. 120.
Champ crotté ou champ de foire. 184.
Champeaux (les). 52.
Champ-Fleuri. 196.
Champ-Gallard. 86.
Champ-de-Mai. 424.
Champ-de-Mars. 423.
Champs-Élysées. 382, 436.
Chanoinesses du Saint-Sépulcre. 292.
Chapeau-Rouge. 49.
Chapelle Beaujon. 446. — Expiatoire de Louis XVI. 544. — Du cimetière du Père-Lachaise. 545. — Des Porcherons. 365. — St-Joseph. 296. — Sainte-Marine. 34. — Saint-Nicolas. 34. — De la Tour. 107. — De St-Yves. 133.
Chapitre de Notre-Dame. 64.
Charité (la). 73, 254, 492.
Charibert. Roi de Paris. 8.
Charlemagne. 22.
Charles-le-Chauve. 22.
Charles IV le Bel. 128.
Charles V le Sage. 156.
Charles VI. 170. — *VII.* 179. — *VIII.* 183. — *IX.* 212 — *X.* Titre donné au cardinal de Bourbon. 234. — *X.* 538. — De Navarre. 143 et suiv.
Charniers des Innocents. 66, 452, 453.
Chartreux. 102.
Chastel de bois. 167, 194. — Du Grand-Pont. 79, 125.

Château-d'eau de la place du Palais-Royal. 325. — St.-Martin. 521.
Château-Gaillard. 42, 259.
Châtelet (Grand-). Son origine. 40. Sa destination. 79, 125, 532.
Châtelet (Petit-). Son origine. 40. Sa reconstruction. 41. Il devient la demeure du prévôt de Paris. Sa démolition 41, 163, 470.
Chaussée-d'Antin. 435-436.
Chaussée de la Nouvelle-France. 365.
Chemin des Clercs. 49. —s de fer. 582. — D'Issy. 102. — Des Vaches. 328.
Chemises. Leur rareté au xve siècle. 201.
Cherche-Midi (couvent du). 293.
Chevaliers de Rhodes ou de Malte. 44. — Du Guet. 109. 236.
Chevaucheurs des princes royaux. 54.
Childebert prend le titre de roi de Paris. 8.
Childéric. 8.
Chilpéric. 8.
Chirurgiens de robe courte et de robe longue. 114.
Christianisme. Son introduction dans les Gaules. 9.
Cimetière des Innocents. 66. — St-Père. 274. —s sont transportés hors la ville. 473. Leur état actuel. 526.
Cirque-Olympique. Etablissement du premier cirque. 223, 548, 578.
Cirque du Palais-Royal. 469.
Cité (île de la). 3 et 4. Son enceinte primitive. 18. Ses différents noms. 19. Ses édifices sous la première race et ses désastres. 12, 13, 19. Nouvelle enceinte. 27. Etat de l'île sous la deuxième race. 27, 28. Au xve siècle. 191.
Clément (Jacques). 234.
Clercs. Signification de ce nom. 77.
Clergé. Son état sous la deuxième race. 30. Sous Henri III. 240. Sous Henri IV. 277. Son état et ses revenus sous Louis XVI. 474.
Clichy. 467.
Cloître Saint-Jean. 129.
Clos (liste et signification des). 45, 50 et suiv. — Des Arènes. 51.

— Bourgeois. 51. — Du Breuil. 45. — Bruneau. 44, 51. — De la Cendrée. 45. — Du Chardonnet. 45, 51. — Copeau, 45. — De Cuvron ou des Francs-Mureaux. 51. — Drapelet. 52. — Saint-Éloi. 52. — Entechelière. 52. — Saint-Etienne-des-Grés. 51. — L'Evêque. 51. — De Garlande. 51. — De Gautier ou de Masures. 53. — De Georgeau. 53. — De Gratard. 45. — Du Hallier. 53. — Des Jacobins. 51. — De Laas ou de Lias. 6. — De Malevart. 53. — Margot. 52. De Mauvoisin. 51. — De Mont-Cétard. 45. — Des Mors-Fossés. 45. — Des Mureaux. 51. — Des Poteries ou des Métairies. 51. — Le Roi. 51.
Clos de Sainte-Geneviève. 50 — De Saint-Germain-des-Prés. 50. — De Saint-Gervais. 52. — De Saint-Magloire. 52. — De Saint-Marcel. 50. — De l'abbaye Saint-Martin. 52. — De Saint-Médard. 50. — De Saint-Merry. 52. — De Saint-Sulpice. 50. — De Saint-Symphorien. 51. — De Saint-Victor. 50, 51. — Des Saussayes. 45. — Des Treilles. 45. — Du Temple. 52. — Tyron. 51. — Vignerai. 50. — Des Vignes ou des Courtilles. 50.
Clotaire. Roi de Paris. 8.
Clovis. Se rend maître de Paris et l'habite. 8.
Clubs de la Révolution. 458. — De Clichy. 483.
Coche. Carosse primitif. 243.
Coiffure d'Isabeau de Bavière. 200. — Sous Louis XIII. 336. — Sous Louis XVI. 479. — Sous le Directoire. 501. 502.
Coligny (l'amiral de). 213.
Colisée. 431.
Collége des Allemands. 137. — D'Arras. 133. — D'Aubusson. 136. — d'Autun. 135. — De Bayeux. 119. — Des Bernardins. 98. — De Boncourt. 137. — Des Bons-Enfants. 76. — Royal de Bourbon. 446. — De Bourgogne. 133. — De Calvi. 108. — De Cambrai ou des trois évêques. 136. — Du cardinal Lemoine. 118. — De Chanac, de St-Michel ou de Pompadour. 135. — Des Cholets. 118. — De Clermont ou des Jésuites. 217, 284. — De Cluny. 108. — De Constantinople. 76, 178. — De Coquerel. 173. — Des Cornouailles. 130. — De Dainville. 169. — Des Danois ou de Dace. 43. — De l'hôtel Saint-Denis. 99. — Des Dix-Huit. 108. — Des Dormants ou de Beauvais. 168. — Des Écossais. 134, 358. — De l'Égalité. 284. — De Fortet. 173. — Royal de France. 204, 447. — De Grassin. 218. — Grec. 76. — D'Harcourt. 113. — De Henri IV. 69, 548. — De Hubant ou de l'Ave Maria. 135. — De Justice. 138. — De Laon et de Presles. 119. — De Lisieux. 134. — Des Lombards. 134. 357. — Royal de Louis-le-Grand. 118. 217, 284, 439. — Saint-Louis. 113. — Du Mans. 203. — De maître Clément. 136. — Gervais ou de Notre-Dame de Bayeux. 168. — De la Marche. 178. — De la Petite-Marche. 76, 178. — De Marmoutiers. 133. — Mazarin ou des Quatre-Nations. 372. — De la Merci. 203. — De Mignon. 135. — De Montaigu ou des Aicelins. 126. — De Narbonne. 127. — De Navarre. 118. — Du Plessis. 128. — Des Prémontrés. 108. — De Presles. 168. — De Reims. 173. — Rollin. 209, 360. — Sainte-Barbe. 209. — De Séez. 179. — De Soissons. 119. — De Tournay. 137. 357. — De Tours. 134. — De Tréguier ou de Léon. 128. — Du Trésorier. 108. — De Vendôme. 138.
Colléges actuels. 563.
Colonne de la Halle-au-Blé. 217, 420. — De Juillet. 571. — De la place Vendôme. 529.
Combats judiciaires. 54, 148.
Comédie bourgeoise. 434. — Italienne. 432.
Comités révolutionnaires. 482.
Commanderie de Malte. 44.

Commerce de Paris sous la 1re race. 20. — Sous la 2e. 29, 30.
Comtes de Paris. 19, 28.
Concert spirituel. 434.
Conciergerie. 221, 564.
Conciles de Paris. 11, 12, 85.
Confession donnée aux condamnés. 202. Affaires des billets de confession. 414.
Confrères de la Passion. Leur premier établissement. 75. Leur histoire, 172. Leur état sous Louis XII. 198.
Confrérie de l'Aloyau. 131. — Des Arbalétriers. 173. — Des Archers. 174. — Des Arquebusiers. 174. — Du Chapelet. 234. — Des Chirurgiens. 114. — Du Cordonnet et du saint nom de Jésus. 234. — Des Marchands. 109, 143. — De Notre-Dame-de-Lorette. 365. — De Notre-Dame ou des bourgeois de Paris. 68. — Du Saint-Esprit. 136. — Du Saint-Rosaire ou du Chapelet. 90. — Du Saint-Sépulcre. 131.
Congrégation de la propagation de la Foi. 286.
Conseil des Anciens. 494. — Des Cinq-Cents. 494. — Général de la Commune. 474. — Des Quarante. 234. — Du roi (grand). 183. — Des Seize. 232.
Conservatoire des arts et métiers. 35. 488. — De musique. 450.
Consommation de Paris en 1791. 475. actuelle. 586.
Consulat. 503.
Contributions de Paris sous Louis XVI. 477.
Convention nationale. 446, 481.
Convulsionnaires. 414.
Cordelières (Petites). 115, 288. — Du Faubourg-Saint-Marcel. 115.
Cordeliers. 91. — de la Terre-Sainte. 356. — (club des). 92. 458.
Corrozet (Gilles), libraire, auteur d'un livre sur Paris. 102, 197.
Costumes. Celui des Gaulois et des Francs des deux premières races. 30, 32. — Sous Philippe-Auguste. 87. — Sous Louis IX. 113. — Sous Jean II. 151, 152. — Sous Louis XII. 199, 201.

Leur richesse sous François 1er et les règnes suivants. 241. — Sous Henri IV. 276 et suivants. — Sous Louis XIII. 334. — Sous Louis XIV. 406. — Sous Louis XV. 441. — Sous Louis XVI. 479. — Sous le Directoire. 501, 502. — Sous le Consulat et l'Empire. 533.
Coupe-Bourses. 274, 332.
Cour des Aides. 312. — Batave. 131, 491. — De Cassation. 313. — Du Commerce. 470. — Des Comptes. 122, 470. — Du Mai. 309. — Des Miracles. 196, 410. — Des Monnaies. 210.
Cours-la-Reine. 314.
Court-Orry. 324.
Courtille. Nom générique des clos. Ce qu'on nomme aujourd'hui ainsi. 53.
Courtille, ou clos de l'abbaye St-Germain-des-Prés. 49, 50.
Couvent où Dieu fut bouilli. 116.
Couvre-feu. 148.
Criages de Paris. 83.
Crieries de Paris au XIIIe siècle. 148.
Croisée de Paris. 78.
Croix. 272. — De la Reine. 75. — De Triomphe. 94.
Cuisines de Saint-Louis. 121, 308.
Cul-de-sac des Juifs. 154. — Aux Peintres. 81.
Culture de Sainte-Catherine. 88.

D

Dames de la Halle. 453. — Saint-Michel. 549.
Damiens. Assassin. 414.
Danse macabre ou des morts. 66, 67, 199.
Dauphin. Origine de ce titre. 90.
Dentelin. Duché dont Paris est la capitale. 8.
Dépôt de la comptabilité générale du royaume. 285. — De laines et lavoir public. 512. De la préfecture de police. 549.
Dieux locaux des Parisii. 4.
Diorama. 382.
Directoire. 494.
Disettes. 274, et passim.
Districts (division de Paris en). 475.

Docteur de Sorbonne. Thèses qu'il avait à soutenir. 97
Dominicains. 74.
Dragon (procession du). 65.
Droit de hallage 110. — De tonlieu. 110. — De prise. 54, 155. — Romain. Son introduction. 55.
Duché de France. 28.
Duels. Sous Henri IV. 275. Sous Louis XIV. 406. — Judiciaires. 65, 109.

E

Echelles. Signification de ce mot au moyen âge. 272.
Echevins. 19, 20, 143.
Ecoles. Sous Charlemagne. 26. — Particulières sous la première race. 27, 30. Leur état. 32. — Sous les premiers rois de la deuxième race. 36. — Particulières. 36. Nombre des écoliers, au xiie siècle. 36. Leur état sous Philippe-Auguste. Priviléges que ce roi leur accorde. 84, 85. Leurs désordres. *Id.* et 237. Multiplicité des écoles. Désordres des écoliers toujours renouvelés. 333.
Ecole. — D'Accouchement. 509. — Royale des Beaux-Arts. 568. — Centrale des Arts et Manufactures. 548.— De Chant et de Déclamation. 450. — De Chirurgie et de Médecine. 448. — De Clinique interne. 506. — De Droit. 421.—Des Jeunes-Aveugles. 451. — De Médecine. 181. — Royale Militaire. 422.—Des Mines. 450. — De Natation. 450. — Nationale. 449. — Normale. 484. — De Pharmacie. 212. — Polytechnique. 484. — Royale des Ponts-et-Chaussées. 449.— Des Sourds-Muets. 450. —s Buissonnières. 147. — De Charité. 411. — (Petites). 147.
Ecoliers. Voyez écoles et Université.
Ecriture. Sa réforme. 340.
Egout (grand). 189. —s 522, 582.
Elèves de la danse pour l'Opéra. 465.
Elysée-Bourbon. 565.

Emigrant. Sorte de jouet. 479.
Empire (l'). 504. — De Galilée. 122.
Enceintes de Paris. — De la Cité. 19. — Des romains. — De Louis VI. 41, 42. — De Philippe-Auguste. 79 à 83. — De Jean II. 138, 140. — De Charles V. 162, 163. — Sous Henri III et la Ligue. 235. — Sous Henri IV. 270 et suiv. — Sous Louis XIII. 325. — Sous Louis XIV. 400. Sous Louis XVI. 467.
Enclos de la foire Saint-Laurent. 438.
Enfants-Bleus. 75.
Enfants-sans-Souci. 198, 227, 262.
Enfants-Trouvés. 210, 366, 507.
Enseignement mutuel. 554.
Entrées de Paris. Sous Philippe IV. 115. — Des rois et des reines de France. 146, 198.
Entrepôt et halle aux vins et eaux-de-vie. 512.
Envoultement. Pratique superstitieuse. 150, 277.
Epée. Tout le monde la porte. 441, et *passim.*
Epervier de Montaigu. 127.
Epingles (leur introduction). 152.
Epreuves du fer et de l'eau. 32. 84.
Etablissement de Saint-Louis. 109.
Etienne Boileau. Prévôt de Paris. 109.
Etuves. 197, 524.
Eudistes. 357.
Evêques. Les premiers évêques de Paris. 10. Leur juridiction. Leur demeure. 64, 65.
Exposition publique des tableaux. 430. —s publiques des produits de l'industrie. 498.

F

Faculté des Arts sous Jean II. 148. — De Théologie à la Sorbonne. 97.
Famines horribles de 779 à 940. 29. — Au xiie siècle. 54, 87. — Au xiiie siècle. 87. — Au xive siècle. 142. — Au xve siècle. 195. — Au xvie siècle. 274.

Fanfarons. 335.
Farces. 198, 226.
Fard. 441.
Faubourg méridional de Paris. Son état sous les Romains. Son nom ancien. 5. Son nom au xve siècle. 5. — Septentrional. Son état sous les Romains. Découvertes qu'on y a faites. 4. — St-Germain. 192. Sous la ligue. 235. — De Gloire. 438 (note). — Saint-Jacques. 192. — Saint-Marceau. 161, 192. — Du Roule. 434. Saint-Victor. 192. — Saint-Honoré. 327. — Montmartre. 327.
Fausse poterne Saint-Paul. 81.
Fêtes. — Des fous. 65. — Des sous-diacres. 65. — Pour la chevalerie des fils de Philippe-le-Bel. 151. — Pour le retour de Jean II. 146. — Pour l'entrée d'Isabeau de Bavière. 198.
Feu sacré. 29. — De la Saint-Jean. 244.
Feuillants. 224. — De la rue d'Enfer. 285. — (Club des). 458.
Feuillantines. 290.
Fiacres. 284.
Filles. — Du Calvaire. 287. — De la Conception. 291. — De la Croix. 293, 360. — Dieu. 92. — De l'Enfant-Jésus. 415. — De l'Immaculée Conception. 292. — De l'Instruction chrétienne. 359. — Pénitentes. 291. — Du Précieux-Sang. 292. — De la Providence. 293, 359. — De St-Chaumont ou de l'Union-Chrétienne. 358. — De Sainte-Elisabeth. 291. — De Sainte-Marthe. 415. — De Saint-Michel. 415. — De Saint-Thomas-d'Aquin. 292. — De Sainte-Valère. 362.
Filles publiques. Leurs priviléges. Leur corporation. Lieux qu'elles habitaient au moyen âge. 86. Voyez *prostituées*.
Flamel (Nicolas). Sa légende. 37.
Foire du Caire. 93. — Saint-Germain. 183, 275, 437. — Aux Jambons. 579. Du Landit. 114. — Saint-Laurent. 438. — Saint-Ovide. 438.
Folie Eschalart. 320.

Fontaine d'Alexandre ou de Labrosse. 396. — D'Amour. 395. — Du Bas-Froi. 429. — De Birague. 225. — Des Blancs-Manteaux. 429. — Des Capucins ou de Castiglione. 395. — De la Charité. 395. — Des Cordeliers. 395. — De la Croix-du-Trahoir. 204, 455. — Des Cultures-de-St-Martin. 191. — Cuvier. 577. — Desaix. 518. — De Desmarets ou de Montmorency. 396. — Du Diable ou de l'Echelle. 430. — De l'Ecole. 519. — De l'Ecole de Médecine. 519. — Egyptienne. 520. — De l'Eléphant. 522. — De l'Esplanade des Invalides. 371. — Des Filles-Dieu. 78, 191. — De Gaillon. 552. — Garencière. 396. De Grenelle. 429. — Des Halles. 78, 191. — Des Haudriettes. 313. — De l'hospice du Gros-Caillou. 520. — Des Innocents. 78, 191, 208, 454. — Du Jardin des Plantes. 521. — De l'Institut. 374, 520. — De Léda ou de Vaugirard. 520. — Du Lion-Saint-Marc. 518. — De Louis-le-Grand ou d'Antin. 396. — Du Lycée ou du collége Bourbon. 521. — s Marchandes. 455. — Du marché aux Fleurs. 521. — Du marché Lenoir. 429. — Du marché Saint-Germain. 520. — Du marché Saint-Martin. 522. — Maubuée. 78, 191. — Du Palais. 261. — Du Palmier. 519. — De la Petite-Halle. 429. — Des Petits-Pères. 395, 455. — De la place de la Concorde. 575. — De la place de l'Ecole. 576. — De la place du Palais-Royal. 395, 576. — De la place Richelieu. 576. — De la place Royale. 521. — Du Ponceau. 191. — De Popincourt. 520. — De la porte Baudoyer. 191. — Du Regard-Saint-Jean ou des Enfants-trouvés. 429. — De la Reine. 191. — Richelieu. 395. — De la rue Saint-Avoye. 191, 395. — De la rue Bar-du-Bec. 191. — De la rue Censier. 521. — De la rue des Cinq-Diamants. 191. — De la rue du Ponceau. 521.

— De la rue Salle-au-Comte ou de Marle. 191. — De Sainte-Anne. 261. — De Saint-Germain-des-Prés. 429. — De Saint-Julien. 191. — De Saint-Lazare. 78, 191. — De St-Martin. 396. — De Saint-Martin-des-Champs. 78. — Saint-Michel. 295. — St-Séverin. 395. — De Tantale. 521. — Du Temple. 191. — De la Trinité. 191. — Trogneux. 429. — De Vendôme. 576.
Force (la). 473, 564.
Forêt. Charpente de Notre-Dame. 63.
Fort-l'Évêque. 64, 221, 473.
Fortifications de Paris. 583.
Fossé des Trahisons. 74.
Fossés-Jaunes. 326.
Fourches patibulaires. 220.
Fourchettes. Leur introduction. 244.
Fous. Bouffons des rois. 156.
*François I*er. 202.
François II. 211.
Francs-maçons. 430.
Francs. Invasion dans les Gaules. 8, 19.
Frères âniers ou de la Trinité aux ânes. 75. — Aux ânes. 73. — De la Charité. 254. — Des Écoles chrétiennes. 355. — Mineurs. 74. — Sachets. 99. — De Ste-Croix. 104.
Fronde. 247 et suiv.

G

Gaillon (quartier). 401.
Galerie d'Apollon au Louvre. 207, 486. — Vitrée du Palais-Royal. 469.
Galeries du Louvre. 258, 378, 571. — Du Luxembourg. 303. — Des Merciers. 311.
Garde bourgeoise. 236.
Garde-Meuble de la couronne. 427.
Garde nationale. 585.
Gare. 437.
Gauthier Garguille. 341.
Gazette de France. 340.
Généraux des Monnaies. 210.
Gésine (spectacle religieux de la). 37.
Gibet de Montigny. 220.

Gobelins 395.
Grand carré Marigny. 382.
Grand'-Gore. Signification de ce mot. 201.
Grand-Orient. 430.
Grands-Degrés. 42.
Grange-Batelière. 435.
Grec. L'étude de cette langue se répand à Paris sous Charles VII. 202.
Grenier de Réserve. 511.
Gros-Guillaume. 341.
Guet. 109. — Assis. 236. — Des Métiers ou des Bourgeois. 109. — Royal. 236.
Guillemites ou Guillemins. 105.
Guillot-Gorju. 341.
Guise (le duc de). Ses projets et sa mort. 229, 232.
Gymnase des enfants. 548.
Gymnase lyrique. 547.

H

Halle-aux-Blés et aux Farines. 419. — Aux Cuirs. 452. — Aux Draps et Toiles. 452. — Aux Fruits. 453. — A la Marée. 453. — Aux Poirées. 453. — Aux Poissons. 550. — Du Pré-aux-Clercs ou Barbié. 451. — A la Saline. 453. — Aux Veaux. 419. — Aux Vins. 403, 512.
Halles. Sous Philippe-Auguste. 77. — Sous Saint-Louis. 109, 110. — Sous Philippe III. 115.
Hanse parisienne. 83, 143.
Hardy, poëte tragique. 265, 267.
Haudriettes (chapelle et hôpital des). 118.
Henri Ier. 34. — II. 206, 211. — III. 222, 229. — IV. 234, 258.
Homme au masque de fer (l'). 347.
Hôpital ou Maison-Dieu. 92. — Beaujon. 446, 493. — De la Charité. 492. — Clinique de la Faculté de Médecine. 509. — Cochin. 493. — Des Convalescents. 298. — Des Enfants Malades. 505. — Des Enfants-Rouges. 205. — Général. 365. — Des Incurables. 299, 508. — Necker. 460, 493. — Notre-Dame de la Miséricorde. 299. — Des Orfè-

vres ou de Saint-Éloi. 171. — Des Orphelins. 493. — De l'Oursine ou de la Charité Chrétienne. 211. — Des Pauvres Clercs. 67. — Des pauvres Femmes Veuves. 178. — Des Petites-Maisons. 209. — De la Pitié. 299. 507. — Du Roule. 173. — Sainte-Anne ou de la Santé. 256. — Saint-Antoine. 492. — Sainte-Catherine. 75. — Du Saint-Esprit. 136. — Saint-Louis. 256, 506. — De la Trinité. 75. — Du Val-de-Grâce. 290. — Des Vénériennes. 561. — Des Vénériens. 283. 506.

Hospice d'Accouchement, 507. — De M. Dubois. 274. — Des Enfants-Trouvés et Orphelins, dit de l'Allaitement. 507. — Du Gros-Caillou. 561. — Le Prince. 548. Des Ménages. 209, 508. — Militaire du Val-de-Grâce. 549. — De Picpus. 561. — De Larochefoucauld. 508. — De Villas. 562.

Hospitalières de la Charité de Notre-Dame. 116. — De la Roquette. 293.

Hôtel d'Argent. 269, 342. — De Bellièvre. 188. — De Bourbon ou du Petit-Bourbon. 208. — De Bourgogne. 198. — De Bretonvilliers. 317. — De Cluny. 185. — De la Compagnie des Arbalétriers et des Arquebusiers de Paris. 174. — De Condé. 461. — Coquillière. 80. — De la Couronne-d'Or. 188, 560. — Dieu. 105. — De Flandre. 198. — De Guénégaud ou de Conti. 49. — De Guise ou de Soubise. 231. — Lambert. 317. — Mazarin. 393. — Des Menus-Plaisirs. 431. — Des Monnaies. 424. — De Neste. 180, 204, 205, 216. — De Nevers. 181, 328, 393. — D'O. 44. — Petit-Bourbon ou Fief des Valois. 289. — Des Postes. 182. — Des Princesses. 217. — De la Reine. 217. — Saint-Paul. 159, 162. — De Sens. 162. — De Soissons. 216, 217, 419. — De Soubise. 339. — De Toulouse. 529. — Des Tournelles. 176. — De la Trémouille ou de la Couronne-d'Or. 188. — De Vendôme. 384. — -de-Ville. Sa Fondation. 169, 566.

Hugues Aubriot, prévôt de Paris. 198.

Hugues Capet. 33.

I

Idolâtrie subsiste encore au vi{e} siècle (l'). 11, 12.
Ile de Bucy ou de Bussi. 142. — De la Cité. *Voy.* Cité. — Aux Juifs. 142. — St-Louis ou Notre-Dame. 141, 316. — Louviers ou aux Javeaux. 141. — Du Palais. *Voy.* Cité et 19. — Tranchée. 142. — Aux Treilles. 142. — Aux Vaches. 142.
Impôts au moyen âge. 154, 156. — Sous Louis XVI. 476.
Imprimerie. Son introduction en France. 181 et suiv. — Royale. 330.
Infirmerie de Marie-Thérèse. 549.
Innocents (église des). 66.
Innocents (cimetière des). 66.
Institut de France. 485.
Institution de Sainte-Perrine. 507.
Invalides. 367.

J

Jacob. Chef des Pastoureaux. 107.
Jacobins ou Dominicains de la rue Saint-Jacques. 74, 89, 91. — De la rue Saint-Honoré. 281. — Du faubourg Saint-Germain. 282.
Jacobins (club des). 458, 483.
Jardin des Apothicaires, 212. — Botanique de l'École de Médecine. 577 — Dédalus. 192. — De l'Infante. 208. — De la Reine Ultrogothe. 6. — Du Luxembourg, 304. — Du Palais-Royal. 468. — Des Plantes. 320, 472, 573. — Des Tuileries. 315, 378.
Jean II. 136.
Jean Farine. 341.
Jésuites de la rue St-Antoine. 213.
Jésuites. Sont chassés de France et rappelés peu de temps après. 252. Leurs établissements. 280. Leur expulsion. 414.

DES MATIÈRES.

Jeu. Passion du Jeu sous Henri IV. 275. Maisons de jeu sous Louis XV. 440. Sous Louis XVI. 459.
Jeu de Cocagne. 197.
Jeunesse dorée de Fréron. 483.
Jeux de Paume. 220.
Jeux pléiens. 434.
Joconde (Jean). Cordelier et Architecte. 190.
Jodelet. 24.
Jonathas. Histoire de ce Juif. 116.
Jongleurs ou Gouliars. 86, 132.
Journée des Barricades sous la Ligue. 231. Sous la Fronde. 349.
Joûtes sur la Seine. 434.
Juifs. Leur état sous saint Louis. 110. Détails sur ce peuple à diverses époques de l'Histoire. 153. Leur synagogue. 154, 544.
Juridiction. Leur confusion au moyen âge. 29 et *passim*. 84, 236. Sous Louis XIV. 404.
Juridictions des Juges et Consuls. 218.
Justices. 220, 404.

K

Karoli-Vana. Château près de Paris. 42.

L

Landit, (foire, champ, orme du). 114.
Lanternes. 411. Elles servent à éclairer les rues.
Law. 412.
Lecteurs royaux. 204.
Lettres de noblesse accordées aux bourgeois de Paris. 194.
Lévite. 479.
Lieutenant-Civil du Prévôt de Paris. 411. — *Lieutenant-Civil* du Prévôt de Paris pour la Police. 411.
Ligue. 219, 245.
Lion de Saint-Marc. 371.
Logis du roi à Saint-Lazare. 43.
Lombards. Leur état à Paris. Sont chassés par Charles-le-Bel. 128.
Long-Champs. 383.
Loterie. 459.
Louis VI. 35. — VII. 43. — VIII. 88. — IX. 88. — X. 126. — XI. 181. — XII. 185. — XIII. — 278. XIV. 347. — XV. 412. — XVI. 443. — XVIII. 536.
Louis-Philippe 1er. 555.
Loups. Leurs ravages dans Paris. 195, 275. — Sorte de masques. 278.
Louvre. Origine de son nom. Tour du Louvre. Sa destination. 79. État du Louvre au XIIIe siècle. 165, 168. Il est démoli par François 1er pour être réédifié. 206. Henri II continue la reconstruction. *Vieux-Louvre.* État du monument sous ce roi. 207. Galerie du Louvre. 208. État du Louvre sous Louis XIII. 328. Sous Louis XIV. 374.
Lucotitius ou Locotitie, faubourg méridional de Paris sous les Romains. 5.
Lunettes d'approche. 277.
Lupara. Nom latin du Louvre. 79.
Lutèce. Est choisie par les Parisiens pour leur place de guerre. 2. — Événements qui s'y passèrent. 2. Son état physique. Personnages qui l'habitèrent. 3. — Son changement de nom. 3. — Sa description sous les Romains. 4. (*Voy.* Cité).
Luxembourg. 300, 500. — (Petit-). 302, 306.
Luynes. 279.
Lycée. 457. — Impérial. 284.

M

Machine infernale de la rue Saint-Nicaise. 384. 504.
Madeleine. Nom que reçoit l'Assomption. 288.
Madeleine (La). 371, 555.
Madelonnettes. 287, 563.
Magasin des fourrages du gouvernement. 292.
Mahoîtres. 200.
Maillotins. 194.
Maires du Palais. *Passim* aux chap. II et III.
Maison-Dieu. 106. — De François 1er. 543. — De Marat. 481. — Des Miracles. 116. — Du Patriarche. 212. — De Saint-Char-

600 TABLE ALPHABÉTIQUE

les. 283. — De santé ou de retraite. 461, 508. — Royale de santé. 509. — de Scipion. 300.
Maître Gonin. 342.
Maîtrises. 477.
Manéges des Tuileries. 380.
Manufacture royale de glaces. 395. — Mosaïque. 92.
Marais de Paris sous les Romains. 52.
Marais (le). 327.
Marat. 481, 482.
Marc d'argent. Sa valeur sous Philippe-Auguste. 87. Sous Louis XIV. 412.
Marcel (Étienne). 138, 143, 145.
Marchand. Architecte. 190. —*s* (Compagnie des). 238.
Marché d'Aguesseau. 419. — Des Augustins ou à la Volaille. 510. — Beauveau. 451. — Au Beurre. 550. — Des Blancs-Manteaux. 510, 550. — Boulainvilliers. 451. — Des Carmes ou de la Place Maubert. 511, 550. — Aux Chevaux. 177. 320, 579. — Aux Chiens. 579. — Aux Fleurs et aux Arbustes. 509. — Des Innocents. 452. — Des Jacobins ou de Saint-Honoré. 509. — Aux Légumes. 551. — De la Madeleine. 579. — Sainte-Catherine. 451. — Saint-Germain. 510. — Saint-Joseph. 491. — Saint-Martin. 35, 419, 510. — A la Viande. 511. — Au Vieux linge. 510.
Masques. Leur ancien usage. 242, 278, 408, 441.
Maternité. 508.
Mathurins. 73.
Mayenne (le duc de). 234 et suiv.
Mazarin. 347 et suiv.
Ménétriers. 86. 132.
Mercure français. 339.
Méridienne de Saint-Sulpice. 364.
Métiers (Premier livre des). 109.
Métra. Célèbre nouvelliste. 478.
Mignons. 240.
Minimes. 185, 281.
Miramiones. 361.
Miroirs. 277.
Molière. 398. — (fontaine de). 577.
Monceau-Saint-Gervais. Bourg. 42.
Monnaie. Existait au IXe siècle. 30. Époque où l'on commença à mettre l'effigie des rois sur les monnaies. 245. — De singe. Origine de cette expression. 40, 41.
Monsieur Legris ou maître Pierre Le Jeûneur. 64.
Mont Cétard. 16.
Montfaucon. 220.
Montlouis. 526.
Montmartre. Doutes sur l'origine de ce nom. 4. — (Église de). 40.
Mont-de-Piété. 459.
Montre. Fête célébrée par les clercs du Parlement et du Châtelet. 124, 126.
Montres. Leur introduction. 278.
Monument de Malesherbes. 312.
Moralités. Sorte de spectacles. 178. 198. 226.
Morgue. 578.
Mortier. Toque des présidents du Parlement. 120.
Mouches. 336. 441.
Mouffetard. 16.
Moulins du Temple. 190.
Mousseau. 467.
Municipalité de Paris. Ses diverses organisations. 474, 494.
Muscadins. 501.
Musée d'antiquités de M. Du Sommerard. 189. — D'Artillerie. 487. — Dupuytren. 92, 575. — *s* Du Louvre. 486, 571. — Monétaire. 425. — Des Monuments français. 487. — De Paris. 457. — De Pilâtre-des-Rosiers. 457.
Muséum d'histoire naturelle. 574.
Mystères. Sorte de Spectacle. 172.

N

Napoléon. 504. — Son tombeau. 371.
Navalorama. 578.
Neustrie. Division de la Gaule franque, dans laquelle Paris est compris. 8.
Normands. Leurs incursions dans le territoire de Paris. Ils assiégent cette ville. 22, 23.
Notre-Dame. Église existant sur l'emplacement de la Cathédrale, 56. — Des Anges. 286. — Des Blancs-Manteaux. 105. — Aux

DES MATIÈRES.

Bois. 359.—Des Bois. 25. — Des Bonnes-Nouvelles. 208, 327, 546. — Des Champs, ou des Vignes. 16, 35. — Prend le nom d'église des Carmélites. 16. 35. — De Lorette. 558. — De Panthemont, ou Abbaye du Verbe incarné. 360. — De Paris. 56. 65. — De Sion. 291. — Des Victoires. 284. — De la Victoire de Lépante (Couvent de). 294.
Nouveaux convertis. 285.

O

Obélisque de Louqsor. 570.
Observatoire. 388.
Octroi de Bienfaisance. 499. — De Paris. 467, 468.
Odéon. 461.
Opéra. 323, 399, 431, 463, 490, 547.
Opéra-Comique. 432, 463, 577.
Oratoire. 282, 355.
Ordre du Saint-Esprit. 100. — Royal, Hospitalier, Militaire du Saint-Sépulcre de Jérusalem. 132.
Ordres monastiques. Sont supprimés. Leur nombre. 473.
Orphelins de la Mère-Dieu, ou de Saint-Sulpice. 355.
Othon II, empereur d'Allemagne. Attaque Paris. 23. 24.

P

Pacte de famine. 439.
Palais des Beaux-Arts. 568. — Bourbon. 496. — Bourbon (Petit) 496. — Cardinal. 323. — De la Chambre des Députés. 497. — De la Chambre des Pairs. 303. — De la Cité. 19. 34. — Du Consulat. 303. — Du Directoire. 302. — Doré de Saint-Germain. 14. — Egalité. 469. — Épiscopal. 64. — De Justice. Remplace le palais de la Cité. 121. Description de cet édifice. 122, 307. — De la Légion-d'Honneur. 529. — Mazarin. 374, 393. — D'Orléans. 301. — Du quai d'Orsay. 567. — Du Roi de Rome.

532. — Royal. 327, 469. — Du Tribunat. 469.
Paniers. Partie du costume des dames. 242, 441.
Panorama. 578.
Panthéon. 416.
Pantins. 442.
Pape de la Sainte-Chapelle. 95.
Papelards (Motte ou Terrain aux), 46.
Parc-aux-Cerfs. 414, 440.
Paris. Regardé par les chroniqueurs comme le fondateur de Paris. 1.
Paris (le diacre). 414.
Parisii ou Parisiens. Leur premier séjour. Leur établissement sur les bords de la Seine. 1. Leur territoire. Ses limites. Lutèce. 2. Etymologie du nom des Parisii. 2. Leur histoire sous la domination romaine. 2. Ils sont compris dans diverses provinces. 2.
Parlement. Son origine. Ses vicissitudes. 119. Siége de sa juridiction. 120. Son histoire *passim*. Sa juridiction. 236.
Parterre d'Enée. 462.
Parvipontains. Secte philosophique. 53.
Parvis-Notre-Dame. 63.
Pas (Petit-). de Saint-Martin. 20.
Passage de la Madeleine. 68. — Molière. 489. — Du Petit-Saint-Antoine. 165. — De Saint-Chaumont. 358.
Passages modernes. 550.
Pastoureaux. 107.
Paul, évêque de Paris. 10.
Pauvre-Maison. Ancien nom de la Sorbonne, 96.
Pauvres. Leur nombre au XIIIe siècle. 238. Au XVIIe. 410. Au XVIIIe 439.
Pauvres Capettes de Montaigu. 127.
Pavillon de Flore. 377. — De l'Horloge. 377. — Marsan. 377. — De la Reine ou de l'Infante. 208.
Pays latin. 191.
Pépin. 22.
Père-Lachaise (le). 526.
Pères de la doctrine chrétienne. 283. — De Nazareth. 285.
Perruques. 406, 441.
Pet-au-Diable. 154.

34.

Petit-Bourbon. 306.
Petites écoles. 147.— Maisons. 209.
Petite-Marche. 76. — Seine. 319.
Petits-Maîtres. 335. — -Pères. 284.
Pharmacie des hospices civils de Paris. 361, 492.
Philippe Ier. 35. — II (Auguste). 55. — III. 113. — IV. 115. — V. 127. — VI. 130.
Philippe-le-Bel (statue de) à Notre-Dame. 62.
Picpus. 253.
Pierre Comestor ou le Mangeur. 36.
Piliers des Halles. 453.
Piloris. 49, 219, 454.
Place au Bonhomme. 129. — Du Carrousel. 383, 530. — Du Châtelet. 532. — Du Commerce ou St-Michel. 19. — Dauphiné. 259. —Favart. 471. — de France. 327. — François Ier. 543. — De Grève. 576. — Louis XV ou de la Concorde. 426. — Du marché Saint-Jean. 129. — Saint-Michel dans la Cité. 19. — Aux Pourceaux. 72. — Royale. 260, 321. — Du Trahoir ou du Tiroir. 65, 271. — Vendôme. 384. — Des Victoires. 385.
Planche-Mibrai. 175.
Poches. Remplacent les paniers. 479.
Pompe à feu de Chaillot. 456. — Du Gros-Caillou. 456. — Notre-Dame. 395.
Pompes à incendie. 411.
Pont de l'Archevêché. 549. — d'Arcole. 549. — Des Arts. 514. — d'Austerlitz. 513. — Barbié. 316, 396. — De Bercy ou de la Gare. 579. — Du Carrousel ou des Sts-Pères. 579. — -au-Change. 175, 313. — De la Cité. 514. — De Constantine. 580. — De Damiette. 580. — -au-Double. 580. — (Grand-). 4. — De Grammont. 396. — D'Iéna. 514. — Des Invalides. 549. — Louis XVI ou de la Concorde. 472. — Louis-Philippe. 579. — -Marchand. 260. — Aux-Marchands. 163. — -Marie. 318. — Aux Meuniers. 190, 260. — -Neuf. 175, 235, 257, 330, 332. — Notre-Dame. 190. — Perrin.

189. — (Petit-). 4, 53, 87, 108, 142, 170, 190, 437. — Rouge. 316, 318, 514. — -Royal. 390. — Saint-Bernard-aux-Barrés. 170, 175. — Saint-Charles. 175, 580. — Saint-Michel. Ses désastres au XIIIe siècle. 210, 315. — De la Tournelle. 318. — Tournant des Tuileries. 380.
Ponts. On enlève les maisons qui les recouvrent. 471. — Sur la Bièvre. 580. — Neufs. 330.
Population de Paris. Sous Jean II. 145. — Au XVe siècle. 198. — Sous Henri III. 238. — Sous Henri IV. 274. — Sous Louis XIV. 405. — Sous Louis XV. 439. — Sous Louis XVI. 473, — actuelle. 584.
Porcherons (les). 434.
Port des Barrés. 190. — de Bourgogne. 190. — Au Foin. 190. — Français. 190. — De la Grève. 190. — De Notre-Dame. 160. — Du Louvre. 190. — De Nesle. 190. — De la Saunerie. 901. — De Saint-Bernard. 190. — De Saint-Gervais. 190. — De Saint-Jacques. 190. — De Saint-Landri. 190. — De Saint-Nicolas. 190. — De Saint-Paul. 190. — Au Vin. 403.
Ports actuels. 581.
Porte-Croix ou Croisiers. 104.
Port-Royal. 291.
Porte des Aveugles. 80. — De Bahaigne, de Bohême ou de Coquillière. 80. — Barbette. 81, 138. — De la Barre. 42. — De Baudet ou Baudoyer. 81. — De Bordet, Bordelle ou Saint-Marcel. 82. — De Braque, ou Neuve. 81. — De Bussy. 82, 271, 402. — De la Conférence. 235, 325. — Des Cordeliers, des Cordelles ou des Frères Mineurs. 82. — Dauphine. 259, 270, 402. — Gibert, Gibard, de Fer, d'Enfer ou de Saint-Michel. 82, 270. — Montmartre ou Saint-Eustache. 80, 139, 270, 326. — De Nesle. 82, 270. — Neuve. 270. — Nicolas Huidelon. 81. — De Notre-Dame-des-Champs. 82, 271. — Papale. 47. — De Philippe Hamelin. 180,

DES MATIÈRES.

Richelieu. 326. — St-Antoine. 139, 270, 386, 471.—St-Bernard. 387.— St-Denis ou aux Peintres. 81. — Saint-Denis (2e). 81. 139, 270, 387. — Saint-Germain. 271, 402. — Saint-Honoré. 80, 139, 270, 326. — De Saint-Jacques. 82, 271. — De Saint-Martin. 139, 270, 388. — Ou arche Saint-Merry. 42. — Saint-Victor. 271. — Du Temple. 139, 270. — De la Tournelle ou de Saint-Bernard. 83, 271. 387.
Poste aux Lettres. 182. — (Petite). 438.
Poterne Saint-Paul (Fausse). 81.
Poudre à cheveux. 242, 278, 441.
Poulaines. 200.
Prado. 35, 500.
Pré-aux-Clercs. 77, 237, 270, 320. (Petit-). 164. 319.
Préau de la foire Saint-Germain. 184.
Préfectures de la Seine et de police. 504.
Prélat de la Sainte-Chapelle. 94.
Prémontrés réformés. 355.
Pressoir du Roi. 51, 300.
Prêtres de la maison de St-Louis. 223. — De la mission. 183. — De Saint-François-de-Sales. 358.
Prévôt des Marchands. 143, 236, 404. — de Paris. 35, 54. Sa demeure. 40. Ses fonctions. 84, 109, 194-195, 236. — De St-Julien. 132.
Prince des Sots. 198.
Prison de l'Abbaye. 564. — De la Bastille. 221. — Du Grand-Châtelet. 220. — Du Petit-Châtelet. 121, 473. — De la Conciergerie. 221. — De Glaucin. 119. — Pour Dettes. 564. — Pour les Jeunes Détenus. 565. — De Montaigu. 564. — De Nesle. 221. — Du Louvre. 220. —De Notre-Dame-de-Paris. 222. — De l'Officialité. 223. — Du Prévôt des Marchands. 221. — De la Roquette. 565. — De St-Martin-des-Champs. 222. 471.— Du Temple. 222.
Priviléges accordés aux bourgeois. 54.
Procession de la rue aux Ours. 197.
Prostituées (voy. *filles publiques*). Règlement de saint Louis. 110. Leur nombre sous Louis XII. 195. Sous Louis XV. 440.
Prostituées royales. 86.
Protestantisme. Son introduction. 203. — Son état sous Henri II et les règnes suivants. La Saint-Barthélemy. 212 et suivants. Son état sous Henri IV. 274. Sous Louis XIII. 331. Sous Louis XIV, 405. Sous Louis XVI. 473.
Provence (Petite-). 379.
Prudentius, évêque de Paris. 10.
Prytanée. 284.
Puits-d'Amour ou d'Ariane. 19. — De Saint-Germain-des-Prés. 14. — Artésien de Grenelle. 580.
Pyramide de Jean Chastel. 252.—s En l'honneur de Louis XVI. 443. —De Marat. 481.

Q

Quai Debilly. 515.—Des Bons-Hommes. 235, 515. — Catinat. 516. — Des Célestins. 271. — De la Cité. 516. — De la Conférence. 515.—Desaix ou aux Fleurs. 515. — De l'École. 272. — De Gloriette. 210. — De la Grenouillère. 403. — De l'Horloge. 403. — Des Invalides. 515.—Du Louvre. 515. — Malaquest ou Malaquais. 319. — De la Monnaie. 402. — Montebello ou Bignon. 516. — Morland. 516. — De Nesle ou de Conti. 142. 402.—Des Orfèvres. 403. — D'Orsay. 403, 515. — Pelletier. 403. — Port au Foin. 272. — De la reine Marguerite. 319. — Saint-Michel. 516. — De la Tournelle. 516. — Voltaire. 354.
Quais actuels. 581.
Quartier de François Ier. 437, 543. —Gaillon. 436.—D'Outre Grand-Pont. 140.—D'Outre Petit-Pont. 140.—s. Leur nombre. 403, 404, 439.
Queues. Partie de la coiffure des dames. 441.
Quinze-Vingts. 105, 470.

R

Raffinés d'honneur. 335.
Rampouneau. 442.
Récluses. 66.
Récollettes. 292.
Récollets. 254.
Redoute chinoise. 467.
Régence (la). 412.
Régent (le). 428.
Religieuses anglaises. 360. — De la Charité de Notre-Dame. 293. — De la Présentation Notre-Dame. 360. — De Saint-Anastase. 44. — De Saint-Michel. 286. — Du Saint-Sacrement. 292.
Repas (heures des) à diverses époques. 480.
Restauration (la). 536.
Réverbères. 411. 439.
Révolution. Son histoire. (Voy. *Convention*). 444. — De juillet 1830. 540.
Ribauds. 85.
Richebourg. (Voy. *Saint-Médard*).
Richelieu (le cardinal de). 280 et suiv.
Rivage Saint-Denis. 79.
Robert. 33, 34.
Robes mi-parties. 199.
Rodomonts. 335.
Roi et Prévôt de Saint-Julien. 132. — Des Ribauds. 86. — Des Violons. 391. — De Paris. 8.
Rotonde ou portique du Temple. 459.
Roule. 418, 434, 467.
Rue d'Alez. 52. — D'Amboise. 471. — Amelot. 470. — D'Angoulême. 431, 471. — D'Angoulême du Temple. 470. — D'Anjou. 327. — Des Arcis. 40. — D'Arras. 86. — D'Astorg. 471. — Des Grands-Augustins. 99. — Babille. 419. — Baille-Hoë. 168. — De la Barillerie. 309, 471. — Des Barrés. 101. — De Beauce. 327. — De Beaujolais. 327, 468, 471. — De Beautreillis. 161. — De Belle-Chasse. 292. — Berry (Neuve de). 470. — Des Billettes. 196. — Biron. 471. — Boucher. 425. 470. — Des Boucheries Saint-Germain. 118. — De la Bouclerie. 196. — Bourbon-Villeneuve. 139, 327. — Des Bourdonnais. 188. — De Bourgogne. 327, 470. — De la Bourse. 528. — De Bretagne. 327. — De Bretagne (Neuve). 287. — Capucins (Neuve des). 471. — Des Carmes. 101. — Caron. 471. — Du Petit-Carreau. 78. — De Castiglione. 381, 531. — Caumartin. 436. 470. — De la Cerisaie. 161. — Chabannais. 470. — Chantereine. 436. — Chapon. 196. — De la Charonnerie. 80. — Chauchat. 470. — De la Chaussée-d'Antin. 435, 371. — Chauveau-Lagarde. 553. — Des Chollets. 118. — Du Cimetière-Saint-André-des-Ars. 100. — De Cléry. 327. — Du Cloître-Notre-Dame. 64. — Du Colombier. 49. — Du Colombier (Neuve du). 471. — De la Comète. 471. — Du Contrat-Social. 471. — Coquillière. 80. — Des Cordeliers. 82. — Corneille. 471. — Crébillon. 471. — Croix-des-Petits-Champs. 273. — Dauphine. 100, 259. — Desèze. 553. — De l'Échiquier. 471. — De l'Écorcherie, 221. — Des Deux-Ecus. 216. — De l'École-de-Médecine. 82, 91. — D'Enfer. 102. — D'Enghien. 471. — Étienne. 425, 470. — Du Faubourg-du-Roule. 471. — Favart. 471. — De la Ferronerie. 66, 80, 402. — Ferme-des-Mathurins (Neuve-de-la-). 553. — Aux Fers ou au Fèvre. 66. — De Fleurus. 304. — Du Forez. 327. — Des Fossés-Montmartre. 327. — Du Fouare. 148. — Française. 80. — Froid-Manteau. 168, 196. — Galande. 402. — De Glatigny. 86. — Godot-de-Mauroy. 553. — Grange-Batelière. 402. — Grétry. 471. — De Harlay, au Marais. 436. — Hautefeuille. 42. — De Henri. 436. — De l'Hôpital-Saint-Louis. 402. — Des Jacobins. 74. — Jarente. 471. — Des Deux-Jeux-de-Paume. 220. — Joubert. 436. — Du Jour. 80. — De Judas. 154. — De la Jussienne. 99. — Laffitte ou d'Artois. 436.

—Laval. 470. — Lenoir. 470. — Lenoir-Saint-Honoré. 471.—Lepelletier. 471.—De Lesdiguières. 437, 471.—De Lille. 328. — Des Lions. 161. — Louis-le-Grand. 402. — Louis-Philippe ou Impériale. 531.—Madame. 471. — Du Mail. 327. — De Malte. 436, 470. —De La Marche. 327.— Marivaux. 471.— Martel. 470.— Des Mathurins. 402. — Des Mathurins (Neuve). 436. — De Ménars. 437. — Des Ménétriers. 132. — Neuve-de-Ménilmontant. 287. — Mercier. 419. — De Miroménil. 470. — De Molay. 205. — Molière. 471. — De Montpensier. 468, 471. — Du Mont-Thabor. 381. — Necker. 471. — Neuve-Notre-Dame. 63. — Des Noyers. 402. — Oblin. 419. — D'Orléans-Saint-Honoré. 216. — D'Ormesson. 471. — De la Paix. 256, 381, 531. — Papillon. 471. — Du Pas-de-la-Mule. 402. — De la Pépinière. 471. — Du Perche. 327. —Du Petit-Musc. 161. — Des Petites-Écuries. 471. — De la Petite-Saulnerie. 77. — Des Petits-Augustins. 328.—Des Petits-Champs. 327. — Pinon. 471. — Du Pont-de-Lodi. 100. — De Ponthieu. 431, 471.—Du Port-Mahon. 471. — Des Deux-Portes. 148. — Des Deux-Portes-Saint-Jean. 148. — Des Deux-Portes-Saint-Sauveur. 148.— Des Trois-Portes. 148. — De Provence. 436, 470.— Quincampoix. 412. — Des Quinze-Vingts. 471. — Racine. 471. — Rambuteau. 582. — De Régnard. 471.— Richelieu. 327, 402. — Richer. 471. — De Rivoli. 378, 380, 531. —Robert de Paris. 196.—du Rocher. 436. — Roquepine. 471.—De La Roquette. 293. — Du Roule. 402. — Rousselet. 471.— Des Sachettes. 100. — Saint-Anastase. 327. — Sainte-Anne. 327. — Saint-Augustin. 327. — Sainte-Croix. 471. — Sainte-Croix-de-la-Bretonnerie. 104. — Saint-Dominique. 328.—Saint-Eloi. 38.

— Neuve-Saint-Eustache. 327. — Saint-Gervais. 327. — Saint-Jacques. 42. — Saint-Jean-Baptiste. 471.—Saint-Jean (Neuve). 470.—Saint-Marcoul. 436. — Saint-Martin. 436. — Saint-Martin (Royale). 436. — Saint-Maur. 436. — Saint-Michel. 471. — Saint-Nicolas. 436. — Saint-Nicolas (Neuve). 470. — Saint-Philippe-de-Bonne-Nouvelle. 436. — De Sartines. 419.—De Savoie. 402. — De la Tâcherie. 150. — Thibotodé. 188. —De la Tour. 471.— De Tracy. 471.—Des Trois-Bornes. 471.— Tronchet. 553.—Trudon. 471. — Tyron. 196. —Des Ursulines. 286. — De Valois. 324, 468, 471. —De Vannes. 419.— De Varennes. 419. — De Vauvert. 102. — De Verneuil. 328. — De la Verrerie. 402. — Verte. 471. — De Viarmes. 419.— Des Victoires. 327. — De la Vieille-Draperie. 402. — Voltaire. 471.

Rues de Paris. Leur état au XIIe siècle. 53. Sont pavées pour la première fois. 77. Leur nombre sous Jean II. 140.—Leur état sous Louis XII. 189.—Leur nombre au commencement du XVIIe siècle. 272. Leur état sous Louis XIII. 329, 330. Sous Louis XIV. 405. Leur état actuel. 582.

Ruggieri. Son spectacle. 434.

Ruisseau de Ménilmontant. 52, 189.

S

Sachettes (sœurs). 99.
Sachets (frères). 99.
Saint-Aignan (chapelle). 40.
Saint-Ambroise. 288.
Saint-André-des-Ars. 71.
Saint-Antoine (petit). 164. — Des Champs. 74.
Saint-Barthélemy. 24.
Saint-Benoît. 15.
Saint-Bon. 39, 40.
Sainte-Catherine. 13. — Du Val-des-Écoliers. 88.
Sainte-Chapelle-du-Palais. 93.

Saint-Christophe (église de). 13, 63. — (Statue de). 62.
Saint-Côme et St-Damien. 71, 72.
Sainte-Couronne. 93.
Sainte-Croix. 38. — De la Bretonnerie. 104. — et Saint-Vincent. 12, 13.
Saint-Denis. Ses actes. Son supplice. 9, 10. — De Paris, de la Prison ou de la Chartre 12. — Du Pas. 39, 64. — Du Sacrement. 546.
Sainte-Elisabeth. 291, 546.
Saint-Eloi (abbaye et église). 26, 38.
Saint-Etienne. Première cathédrale de Paris. 12, 56. — Des Grès. 15. — Du Mont. 69, 70.
Saint-Eustache. 106, 295.
Saint-François-d'Assise. 283.
Saint-François-Xavier ou église des Missions étrangères. 356.
Sainte-Geneviève. Sa légende, son tombeau. 10, 11, 69. — Titre affecté au Panthéon. 417. — Des Ardents ou la Petite. 38, 63, 64. — (Abbaye). Sa fondation. Son nom primitif. 11, 13. Son changement de nom. 26. Sa réforme. 45. Ses écoles. 45. Son église. 68. Ses reliques. 68. Bibliothèque de l'abbaye. 69. Reste de ce monument. 69.
Saint-Georges, 26, 93.
Saint-Germain-l'Auxerrois. 17, 26, 34, 177.
Saint-Germain-le-Rond. 17.
Saint-Germain-des-Prés. 12, 14, 34, 45, 46, 50.
Saint-Germain-le-Vieux. 24.
Saint-Gervais. 17, 43, 73, 171.
Saint-Hilaire. 72.
Saint-Hippolyte. 45.
Saint-Honoré. 72.
Saint-Jacques-de-la-Boucherie. 37. 38.
Saint-Jacques-du-Haut-Pas. 217.
Saint-Jacques-de-l'Hôpital. 129.
Saint-Jean-en-Grève. 73, 128.
Saint-Jean-de-Latran. 44.
Saint-Jean-le-Rond. 13, 64.
Saint-Josse. 107.
Saint-Julien-des-Ménétriers. 132.
Saint-Julien-le-Pauvre. 15, 560.
Saint-Landry. 25.
Saint-Laurent. 18.
Saint-Lazare (léproserie de). 43, 563.
Saint-Leu et Saint-Gilles. 93.
Saint-Leufroi. 24.
Saint-Louis et Saint-Paul. 224. — En l'Ile. 317. — De la Chaussée-d'Antin. 446.
Saint-Lucain, apôtre de Paris. 10.
Sainte-Madeleine (hôpital). 92. — De la Cité (église). Ses confréries. 68.
Saint-Magloire. 24, 26, 93.
Saint-Marcel. 10. — (Eglise). 16, 17.
Sainte-Marguerite. 298.
Sainte-Marie. Premier nom de l'église cathédrale. 12. — L'Egyptienne. 99.
Saint-Martial (abbaye de). 13, 26.
Saint-Martin. 38. — Des Champs. 18, 34, 35. — Des Orges. 47.
Saint-Maur-des-Fossés. 38.
Saint-Médard ou Saint-Mard (village de). 44, 45.
Saint-Merry. 26, 205.
Saint-Michel. 93. — De la Place. 121.
Saint-Nicolas ou Beaujon (chapelle). 446. — Ou la Vierge-Marie. 93. — Des Champs. 39, 72, 73. — Du Chardonnet. 89. — Premier nom de Saint-Landry. 25. — Du Louvre. 67. — Du Palais. 34.
Sainte-Opportune. 25.
Saint-Paul. 18, 165.
Sainte-Pélagie. 361, 564.
Sainte-Perrine ou Ste-Geneviève ou Notre-Dame-de-la-Paix. 361.
Saint-Philippe-du-Roule. 418.
Saint-Pierre. 18, 26. — Ou Saint-Père. 73. — Des Arcis. 25. — Aux Bœufs. 38. — De Chaillot. 364. — Du Gros-Caillou. 415. — Et Saint-Paul. 11, 13.
Saint-Roch. 296.
Saint-Sauveur. 107.
Saint-Sépulcre. 131.
Saint-Séverin. 15.
Saint-Sulpice. 362.
Saint-Symphorien ou chapelle de Saint-Leu. 13, 47.
Saint-Thomas-d'Aquin. 282.
Saint-Thomas-du-Louvre. 67.
Sainte-Valère. 362.
Saint-Victor (abbaye de). 37, 203.
Saint-Vincent-de-Paul. 558.

DES MATIÈRES. 607

Salle des Pas-Perdus. 308, 311.
Salle des Veillées. 25, 500.
Salpêtrière. 365, 561.
Samaritaine. 261.
Sancy. 428.
Sans-Culottes. 500.
Sapeurs-Pompiers. 585.
Satire Ménippée. 90.
Savonnerie. 257, 394.
Scabins. 19, 20.
Scaramouche. 342.
Secte ecclésiastique du XIII° s. 85.
Sections (division de Paris en). 475.
Seine. Ses inondations. *Passim* à la fin de chaque chapitre.
— (Petite). 47.
Seize (conseil des). 232.
Séjour de Corbie. 461. — D'Orléans (petit). 299. — Du Roi. 80.
Séminaire anglais. 356. — Des clercs irlandais. 358. — Des Ecossais. 358. — Des Missions étrangères. 356. — Des prêtres irlandais. 357. — De Saint-Charles. 284. — De Saint-Firmin. 76. — De Saint-Louis. 306. — De Saint-Nicolas-du-Chardonnet. 285. — De Saint-Pierre et de St-Louis. 357. — Du St-Sacrement. 358. — De St-Sulpice. 357, 544. — Des Trente-Trois. 285.
Sergents d'armes. 85.
Siéges de Paris. 274, 535.
Société d'Agriculture. 456. — D'Emulation. 457. — Royale de Médecine. 457. — D'Encouragement pour l'industrie nationale. 457. — Philanthropique. 457. — Royale des Bonnes-Lettres. 457. — Des amis de la Constitution. 458. — Des concerts du Conservatoire. 466. — *s* Charitables. 562, 565.
Soieries (première manufacture de). 202.
Sonneur des trépassés. 150.
Sorbonne. Son premier nom. Ses prétentions. 96. Histoire du monument. 97. — (Petite). 108.
Sorciers. 196, 277, 405.
Sotties. 198, 236.
Spadassins. 335.
Spectacles. Leur état au XIII° siècle. 172. Sous Louis XII. 198. Sous Henri IV. 264. Sous Louis XIII.

344. — Sous Louis XIV. 400. Sous Louis XV. 432 et suiv.
Statistique de Paris. 583 et suiv.,
Statue équestre de Henri IV. 313, 577. — Louis XIII. 322. — Louis XIV. 385, 386. — De Louis XV. 427. — De la Liberté. 491. — De la Vierge à Notre-Dame. 553.
Sully (Maurice de), évêque de Paris. 56.
Superficie de Paris.
Superstitions. 21, 32, 240. 277.
Synagogue israélite. 544.

T

Tabac. Son introduction. 335.
Tabarin. 343.
Table de marbre. 121.
Taconnet.. 433.
Taille. 154, 155.
Télégraphes. 489.
Température de Paris. 583.
Temple de Jérusalem. 213.
Temple. 44, 117. *Tour du Temple* 117. — Des Protestants de la Confession d'Augsbourg. 117. —*s* Des Protestants de la Confession de Genève. 283, 286.
Terrasse des Feuillants. 224, 380.
Terre d'Alez. 52.
Théatins. 354.
Théâtre des Associés. 466. — D'Audinot. 465. — D'Avenet. 342. — Bazochien. 198-199. — De Beaujolais. 465. — De la Cité. 25, 500. — Des Colléges, 199. — De M. Comte. 548. — Du Délassement-Comique. 466. — Des Délassements. 578. — De l'Ecluse. 438. — Favart. 463. — Feydeau. 464. — Des Folies-Dramatiques. 578. — Français. 431, 462. — Français (Second). 461. — De la rue Richelieu. 464. — Comique et Lyrique. 466. — Des Funambules. 578. — De la Gaieté. 464. — De Gaudon. 433. — Des Halles. 199. — De l'hôtel de Bourgogne. 262, 340, 397. — De l'hôtel Guénégaud. 398. — Italien. 228, 269, 342, 396, 431, 463. — Des Jeunes Artistes. 466. — De Lazary. 578. — De Louvois. 490. — Du Luxembourg.

578.—Des Machines. 399. — De Madame. 547. — Du Marais. 341, 397. — De Marat. 489. — Des Menus-Plaisirs. 466. — De Molière. 398, 489. — De Monsieur. 464. — De mademoiselle Montansier. 465. — Nautique. 547. De Nicolet ou des Grands-Danseurs. 433, 464. — Des Nouveautés. 547.— Olympique. 500. —Du Palais-Royal. 323, 342, 398, 577. — Du Panthéon. 16. — De la Passion. 225-228. (voy. Confrères et théâtre de l'hôtel de Bourgogne). — Du Petit-Bourbon. 376. — De la Porte Saint-Antoine. 578.— De la Porte St-Martin. 463. — De la Renaissance. 547.— Saint-Marcel. 578. — De Sallé. 466. — Séraphin. 578. — Des Variétés Amusantes. 464. — Du Vaudeville. 489. — Ventadour. 547.— Des Victoires-Nationales. 500.

Théophilanthropes. 365, 499.
Thermes (palais des). 5-6.
Tireurs de laine. 274, 332.
Tombe Isoire. 67.
Topographie de Paris. 583.
Tour Barbette. 81. — De Billy. 218. — Dubois. 139, 328. — Qui fait le coin. 80, 163. — De l'Écluse ou de Billy. 139. — De l'Horloge. 311. — De la Librairie. 167, 391. — Loriaux. 142. — du Louvre. Voy. *Louvre.* — De Nesle. 82, 147, 328, 372. — De Philippe Hamelin. 82, 180. — De Roland ou de Marquefas.
Tourelle de la place de Grève. 189.
Tournelle de Saint-Bernard ou des Bernardins. 42, 83, 271.
Tournelles (hôtel des). 156.
Tour qui fait le Coin. 163.
Trahoir (place du). 65, 272.
Traité de Paris. 536.
Tribunal de Commerce. 218.
Tricoteuses. 500.
Trocadéro. 532.
Trou-Punais. 163, 211.
Truanderie (grande et petite). 196.
Tuileries. Premières constructions et état de ce monument sous Charles IX. 205, 215. Travaux sous Henri IV. 358. État du jardin sous Louis XIII. 325. Sous Louis XIV. 377.
Turenne. Son tombeau. 488.
Turlupin. 341.
Turlupinades. 341.

U

Université. N'existait pas sous Charlemagne. 27. Privilèges que lui accorde Philippe-Auguste. 84-85. Ce qu'on y enseignait. Son origine. Ses privilèges. 112. — Où elle tenait ses assemblées. 74. — Division de Paris au XVe siècle. 191.
Ursulines. 286.

V

Val-d'Amour. 86.
Val-de-Grâce. 289.
Vallée de Fécan. 331. — De Misère. 169.
Vauvert (château de). 102.
Vendémiaire (journée du 13). 483.
Vertugardins. 335.
Vicomtes de Paris. 29.
Victorin. évêque de Paris. 29.
Vieux-Cimetière. 129.
Ville. Division de Paris au XVe siècle. 140, 191.
Ville-l'Évêque. 52, 371.
Villeneuve (la) bourg. 140, 208, 235, 327.
Villeneuve-du-Temple. 117.
Visitation de Sainte-Marie. 286. — De Chaillot. 359.
Vœu de Louis XIII à Notre-Dame. 61.
Voie royale ou grande rue. 42.
Voile. Leur usage au moyen âge. 152.
Voleurs. Leur nombre au XVIe siècle. 237 ; au XVIIe siècle. 273. Lieux qu'ils fréquentaient. Leur état sous Louis XIII. 332, 409.
Wauxhall d'été. 433, 466. — D'hiver. 433, 466.

Z

Zodiaque remarquable à Notre-Dame. 60. — De Denderah. 554.

FIN DE LA TABLE.

www.ingramcontent.com/pod-product-compliance
Lightning Source LLC
Chambersburg PA
CBHW060411230426
43663CB00008B/1454